U0961593

❖ 图 2-1　多因子模型净值表现

✧ 数据来源：[周冠伟 2016]

❖ 图 2-3　大 / 小盘轮动策略收益率曲线

✧ 资料来源：[曹源 2010]

❖ 图 2-5　顺周期行业轮动策略的收益率图示

✧ 资料来源：[周冠伟 2016]

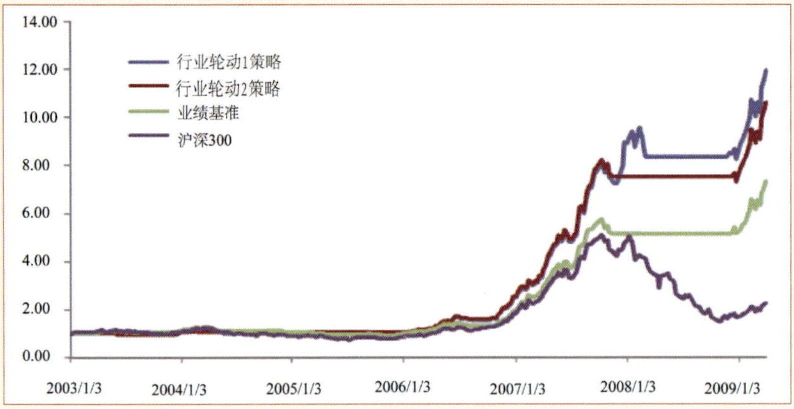

❖ 图 2-7 市场情绪行业轮动收益率曲线

✧ 资料来源：[谢江 2010]

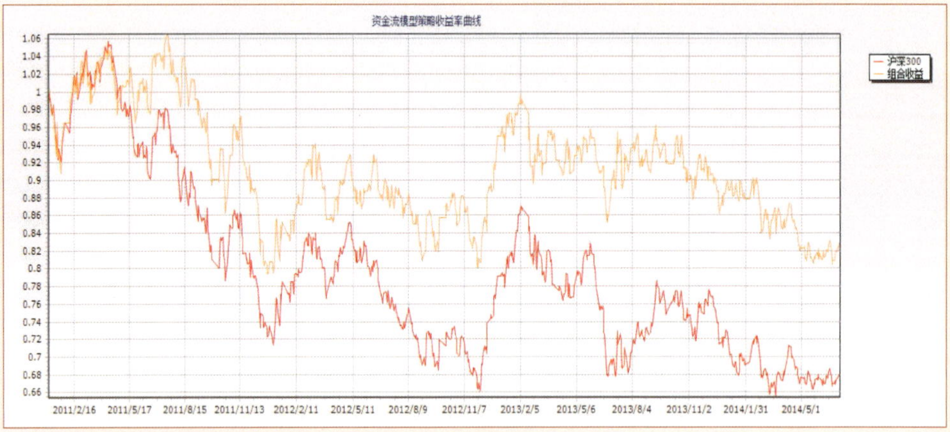

❖ 图 2-8 资金流模型策略收益率曲线（沪深 300 -1 个月）

✧ 数据来源：[周冠伟 2016]

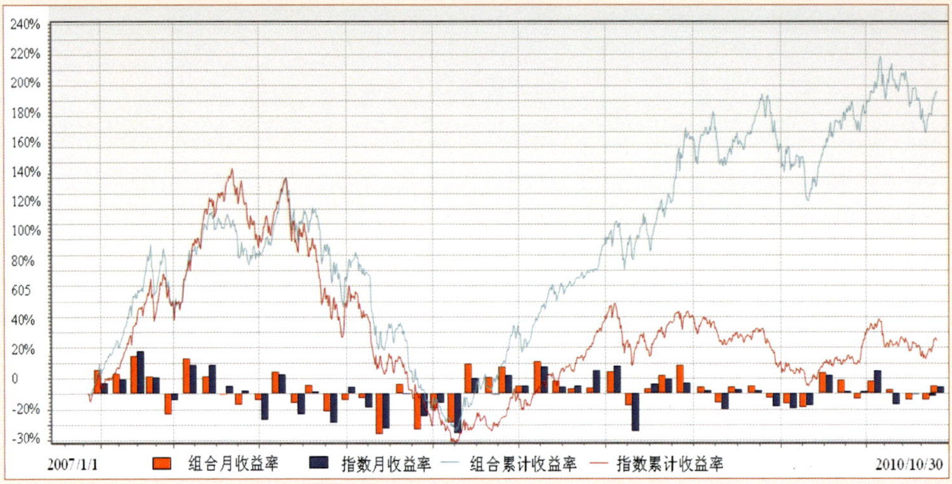

❖ 图 2-9 资金流模型策略收益率曲线（全市场 -3 亿 -1 个月）

✧ 数据来源：D- Alpha 量化对冲交易系统

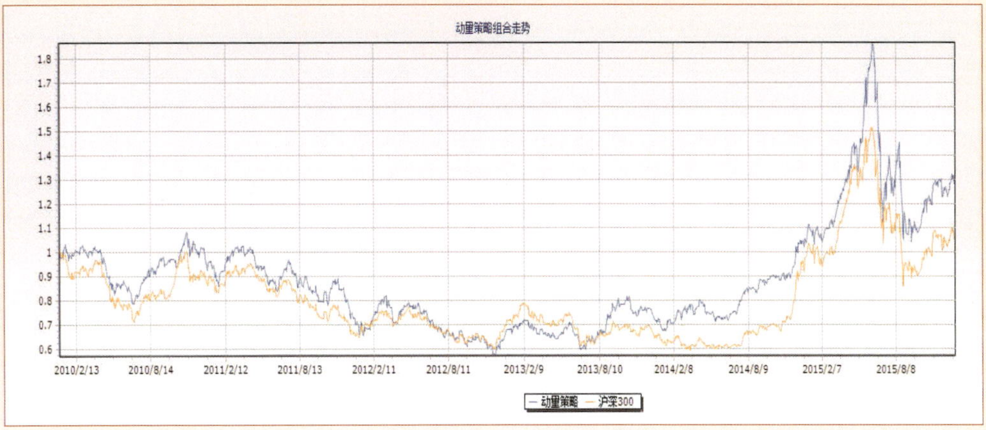

❖ 图 2-10 动量策略组合走势

✧ 资料来源：[周冠伟 2016]

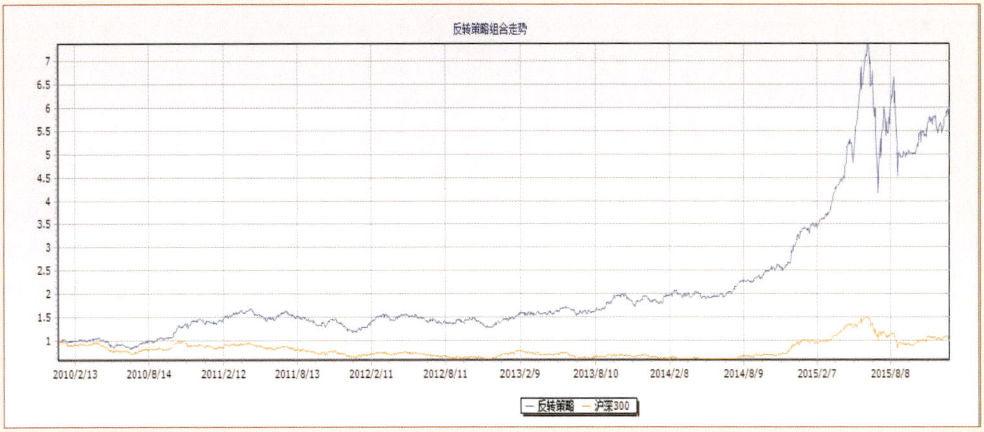

❖ 图 2-11 反转策略组合走势

✧ 资料来源：[周冠伟 2016]

❖ 图 2-12 2006 年一致预期 EPS 相对于 2005 年实际 EPS 的增速

✧ 资料来源：[谢江 2008]

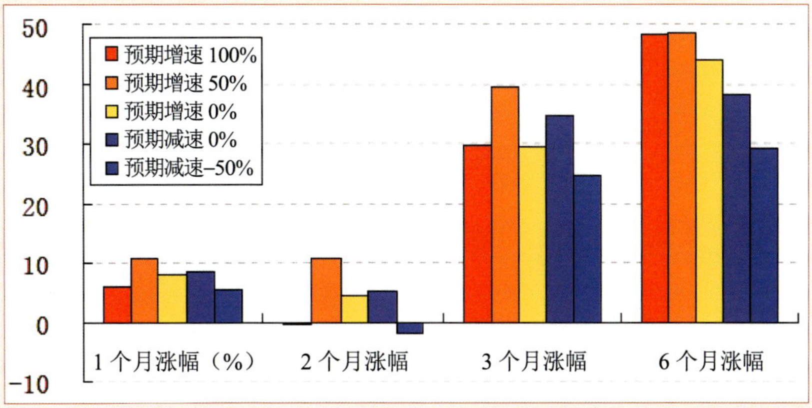

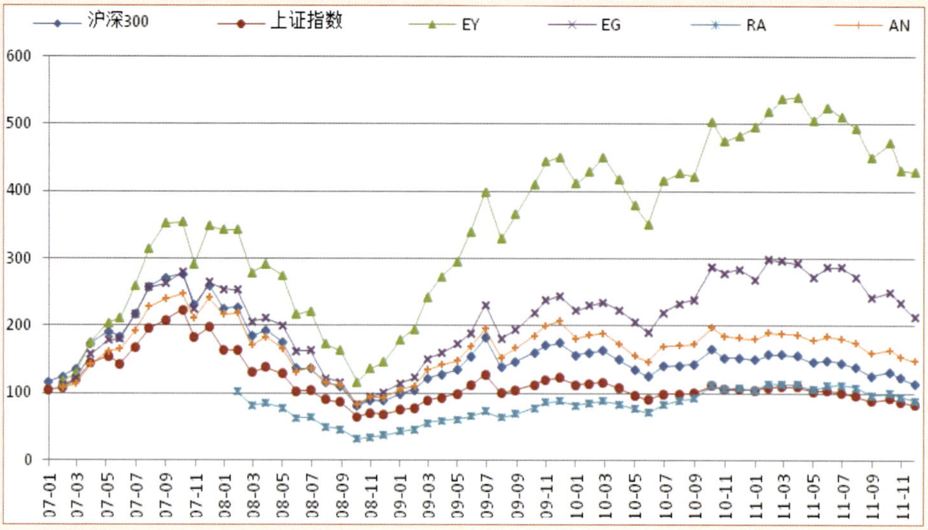

❖ 图 2-14 不同一致预期指标的收益率曲线

✧ 数据来源：[卜永强 2012]

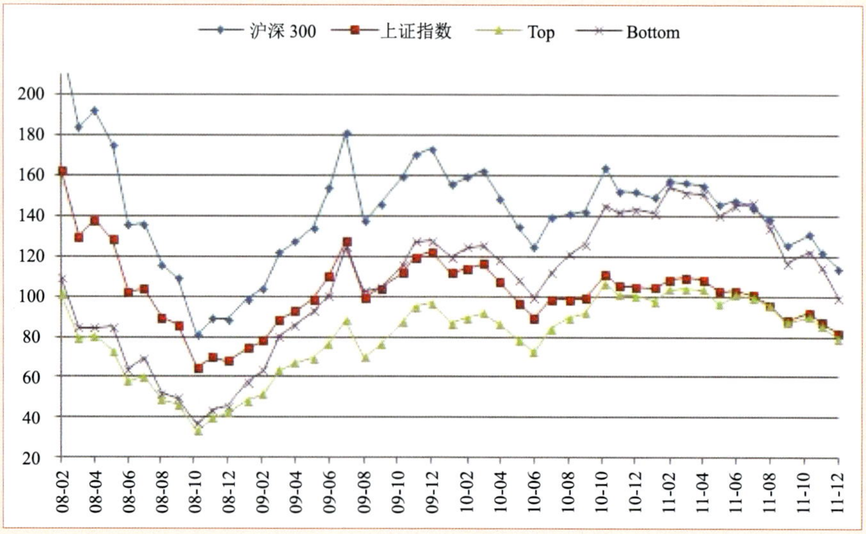

❖ 图 2-15 综合评估法（Ca）一致预期模型的收益率曲线

✧ 数据来源：[卜永强 2012]

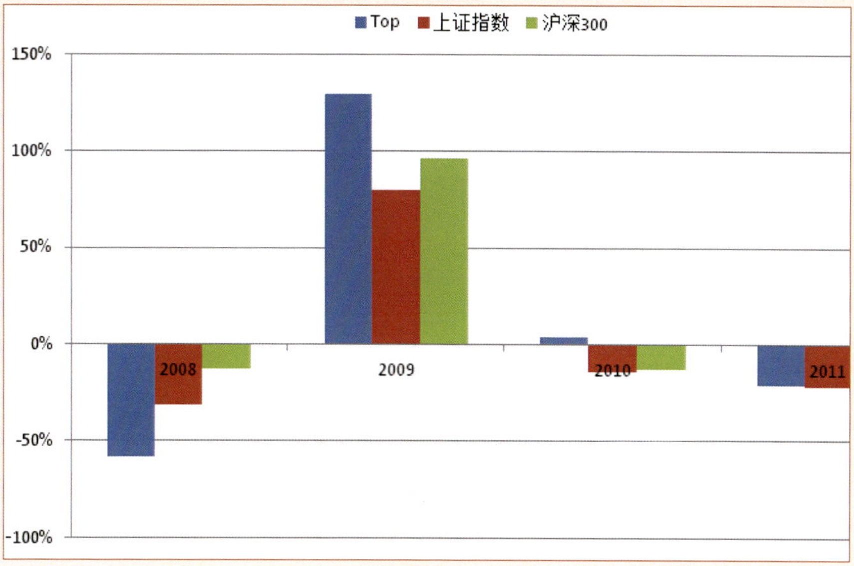

❖ 图 2-16 综合评估法（Ca）一致预期模型投资组合与业绩基准的比较

✧ 数据来源：[卜永强 2012]

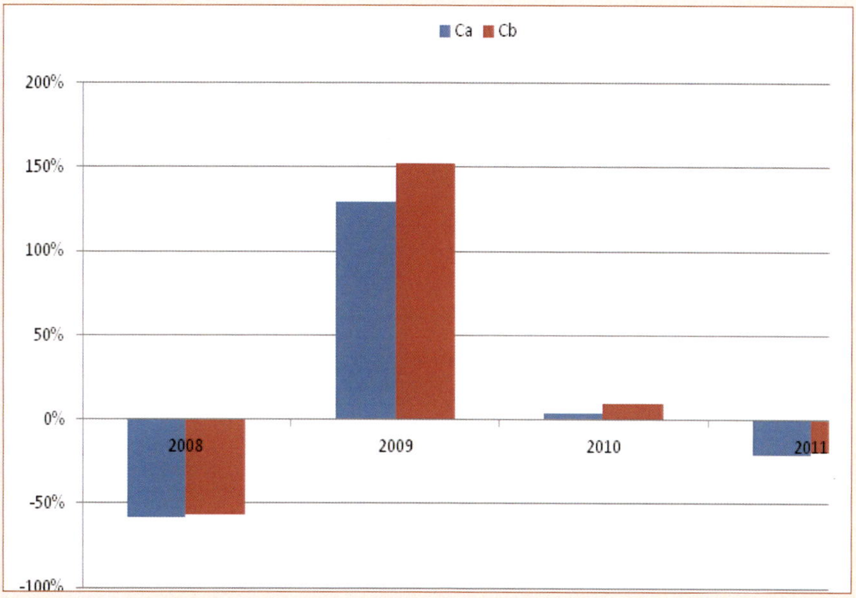

❖ 图 2-17 综合评估法中一致预期模型 Ca 和 Cb 之间的比较

✧ 数据来源：[卜永强 2012]

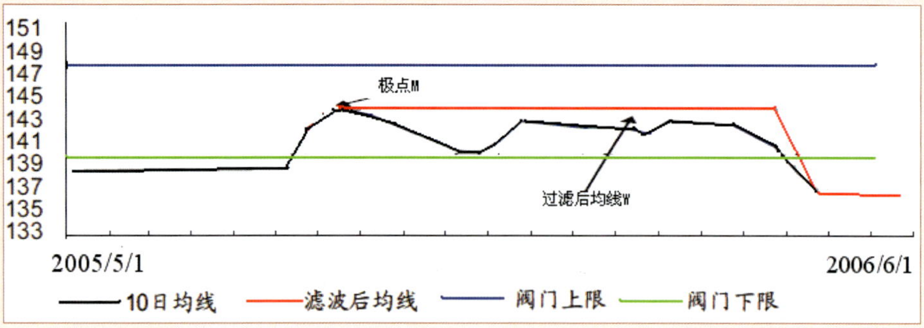

❖ 图 2-20 万科 A 过滤后的均线情况

✧ 数据来源：[俞文冰 2009]

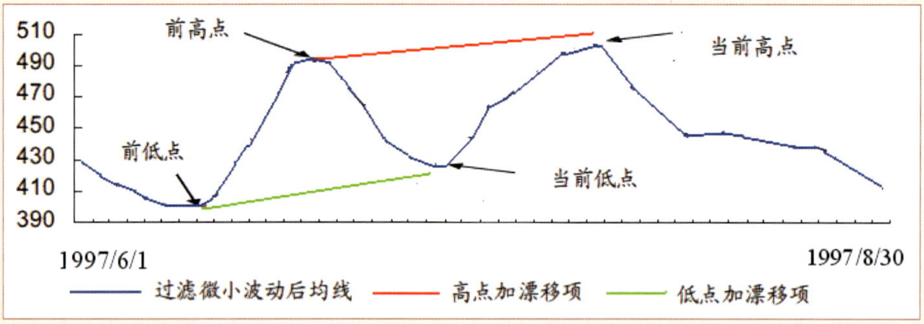

❖ 图 2-23 带漂移项的万科 A 的买卖点

✧ 数据来源：[俞文冰 2009]

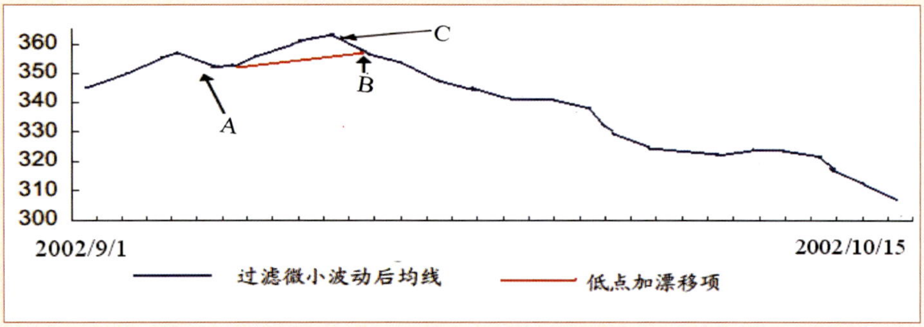

❖ 图 2-24 趋势追踪策略中规则二的买卖点情况

✧ 数据来源：[俞文冰 2009]

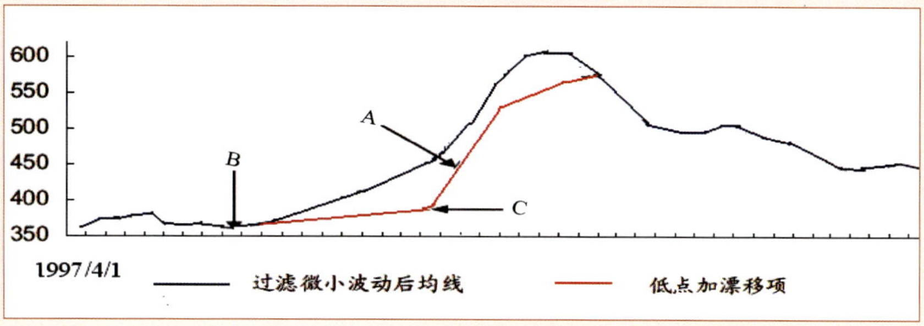

❖ 图 2-25 趋势追踪策略中大波段保护机制的买卖点

✧ 数据来源：[俞文冰 2009]

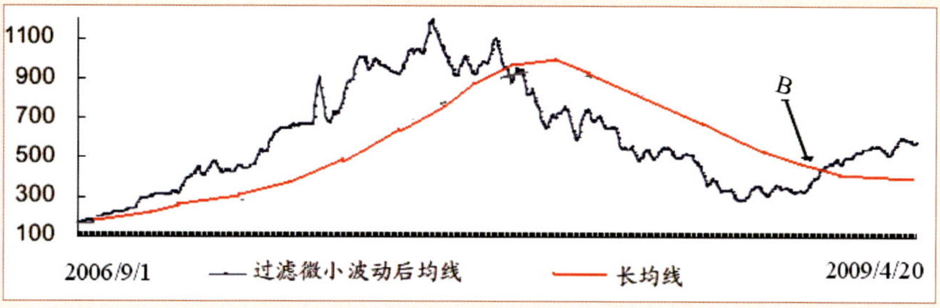

❖ 图 2-26 趋势追踪策略中长均线保护机制

✧ 数据来源：[俞文冰 2009]

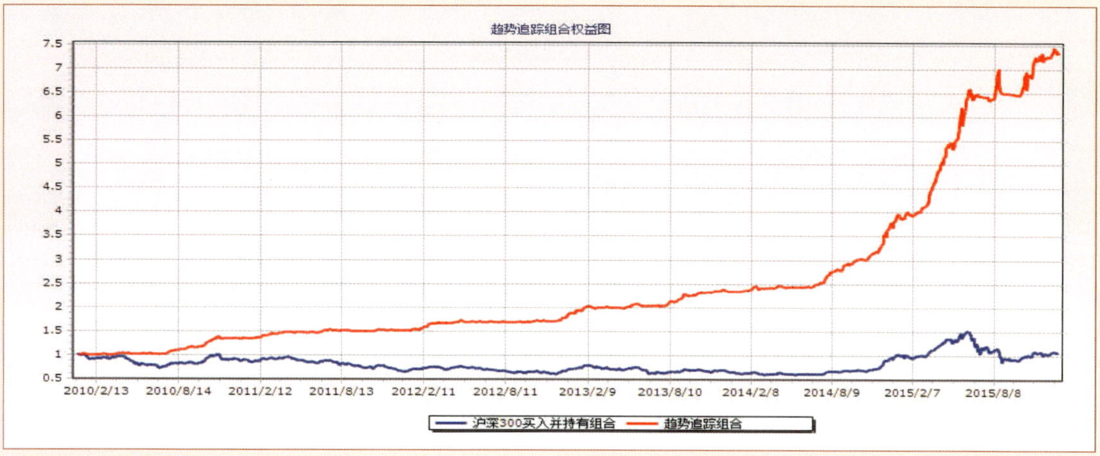

❖ 图 2-27 趋势追踪技术收益率

✧ 数据来源：[周冠伟 2016]

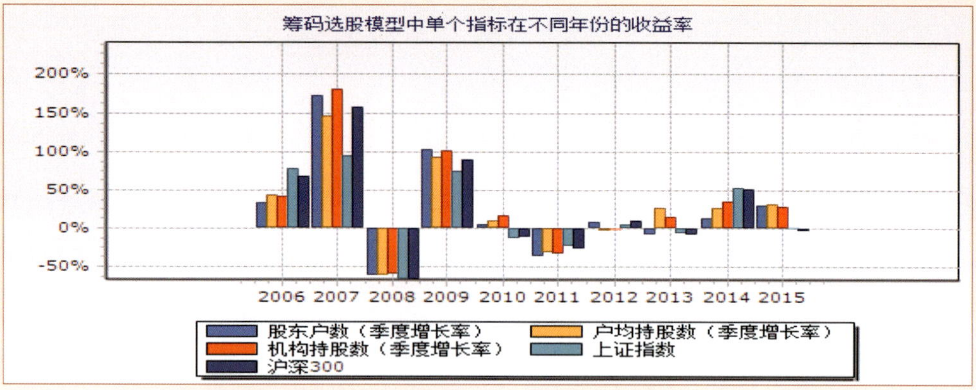

❖ 图 2-28 筹码选股模型中单个指标在不同年份的收益率情况

✧ 资料来源：[周冠伟 2016]

❖ 图 2-29 筹码选股模型中单个指标的总收益率曲线

✧ 资料来源：[周冠伟 2016]

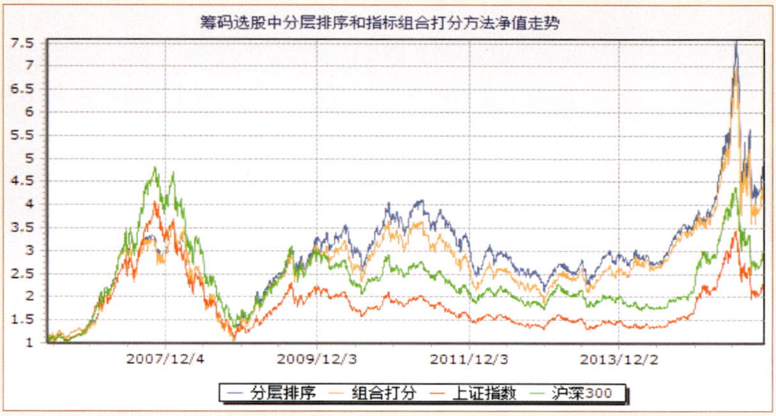

❖ 图 2-30 筹码选股中分层排序和指标组合打分方法净值走势

✧ 资料来源：[周冠伟 2016]

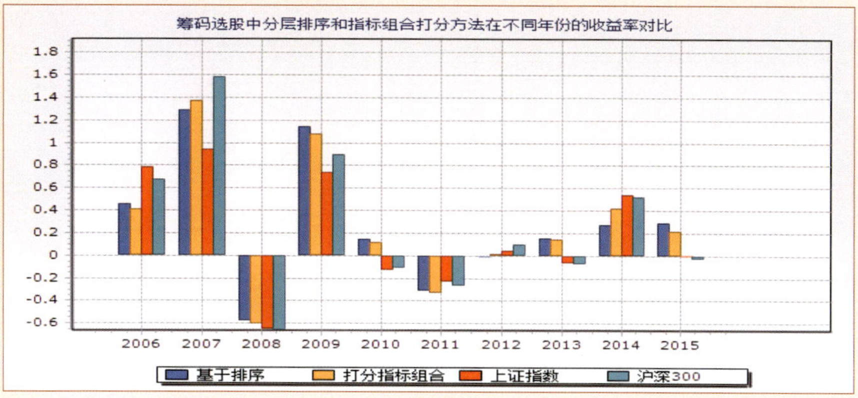

❖ 图 2-31　筹码选股中分层排序和指标组合打分方法在不同年份的收益率对比

✧ 资料来源：[周冠伟 2016]

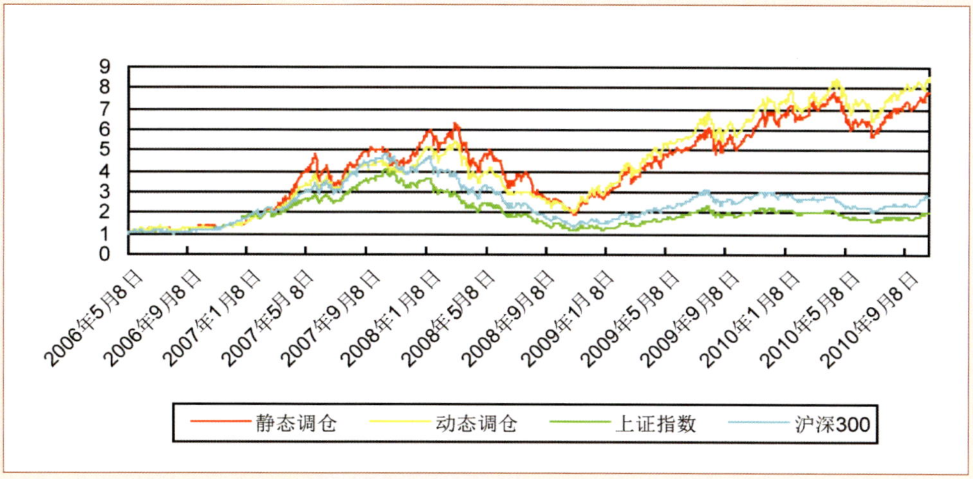

❖ 图 2-32 筹码选股模型中静态调仓和动态调仓的收益率对比

✧ 资料来源：D-Alpha 量化对冲交易系统

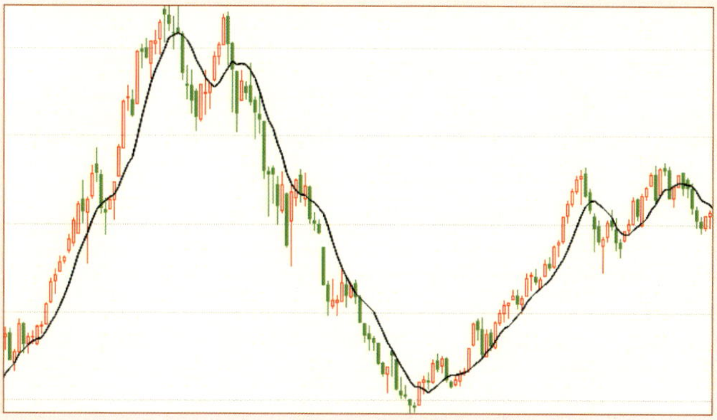

❖ 图 3-2　深证成指周线图与自适应均线（2007—2009 年）

✧ 数据来源：D-Alpha 量化对冲交易系统

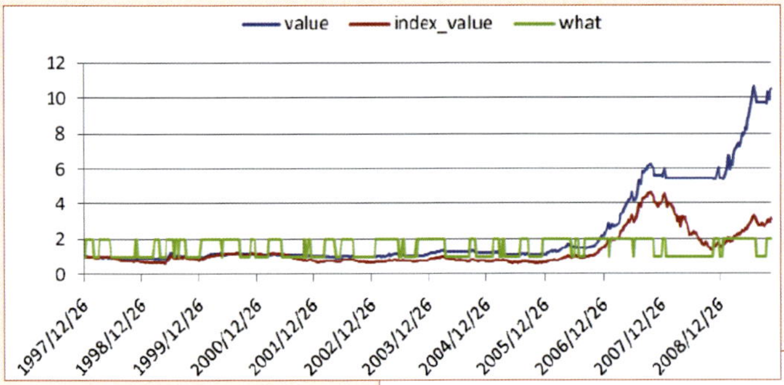

❖ 图 3-3 自适应均线择时策略在深证成指上的收益率曲线

✧ 数据来源：[曹力 2008]

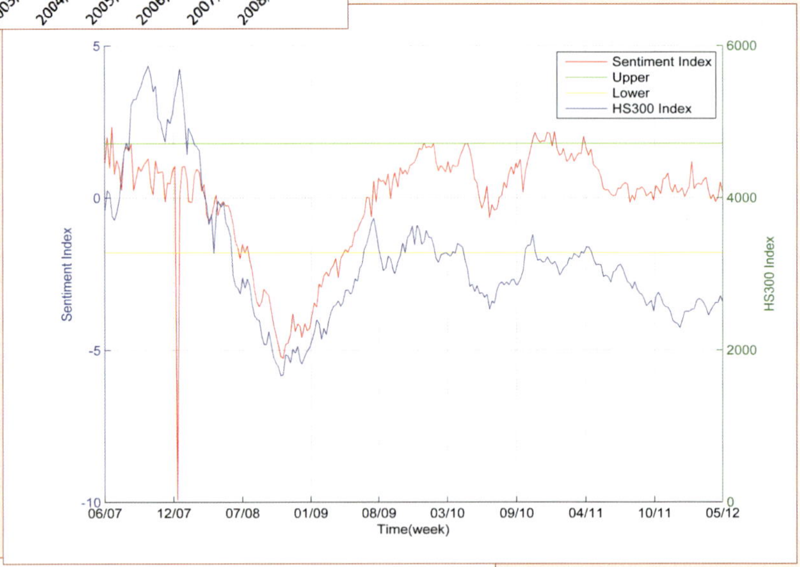

❖ 图 3-4 情绪指数长期风险区域

✧ 资料来源：[张翔 2012]

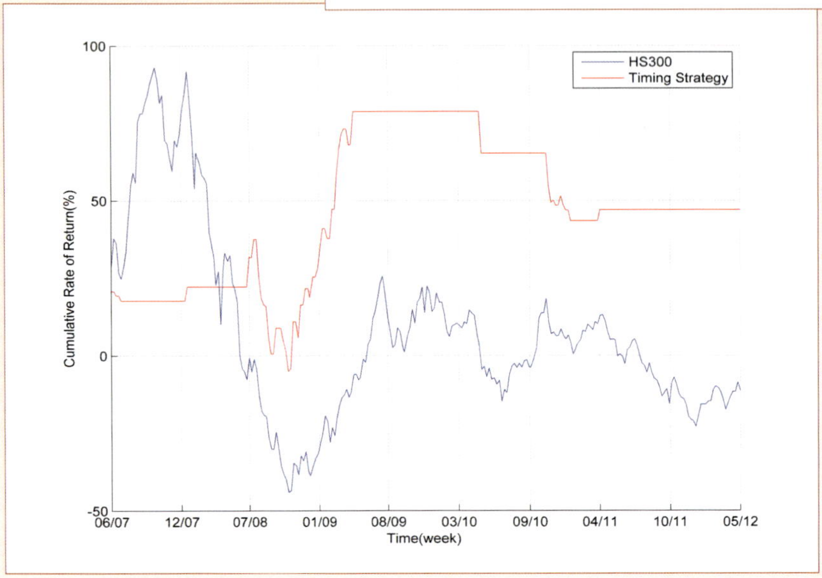

❖ 图 3-5 情绪指标择时策略收益率曲线

✧ 资料来源：[张翔 2012]

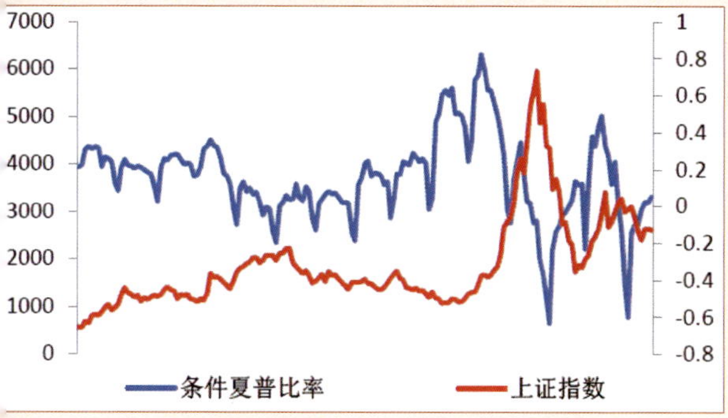

❖ 图 3-6 月度 Tsharp 值与上证综指的关系

✧ 数据来源：[程志田 2010]

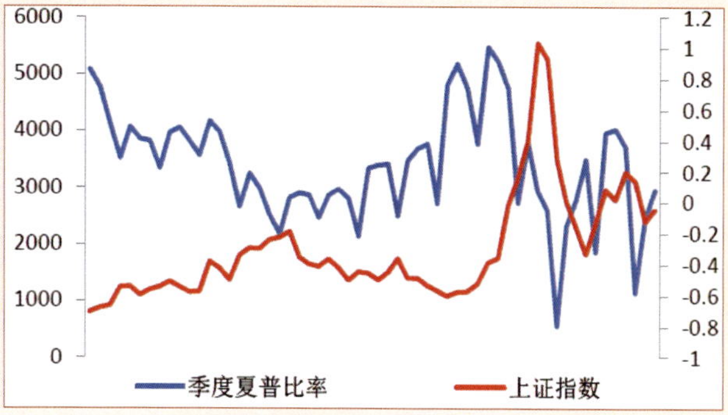

❖ 图 3-7 季度 Tsharp 值与上证综指的关系

✧ 数据来源：[程志田 2010]

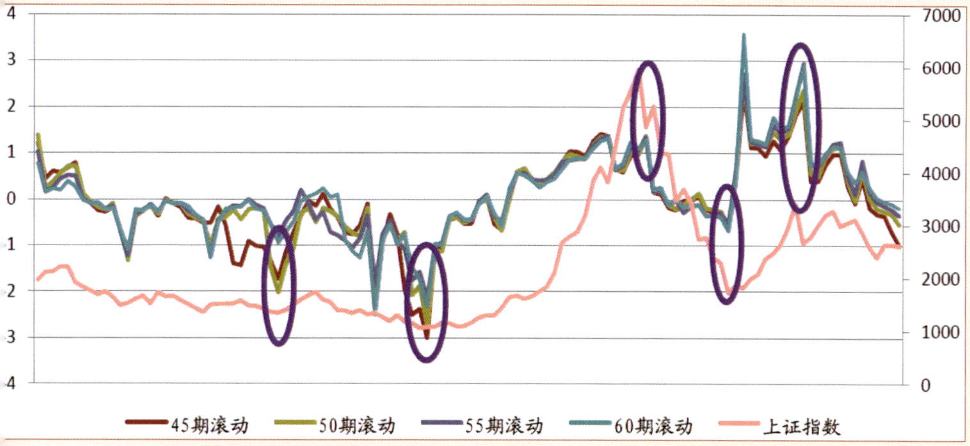

❖ 图 3-8 不同周期下的预测 Tsharp 值

✧ 数据来源：[程志田 2010]

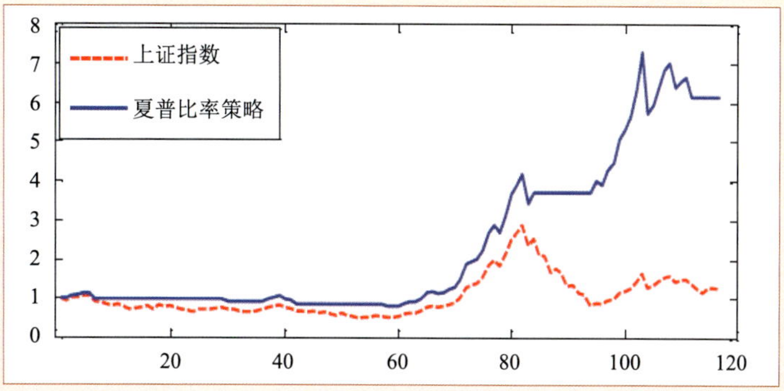

❖ 图 3-9 月度 Tsharp 最大买卖胜率夏普比率策略收益曲线

✧ 数据来源：[程志田 2010]

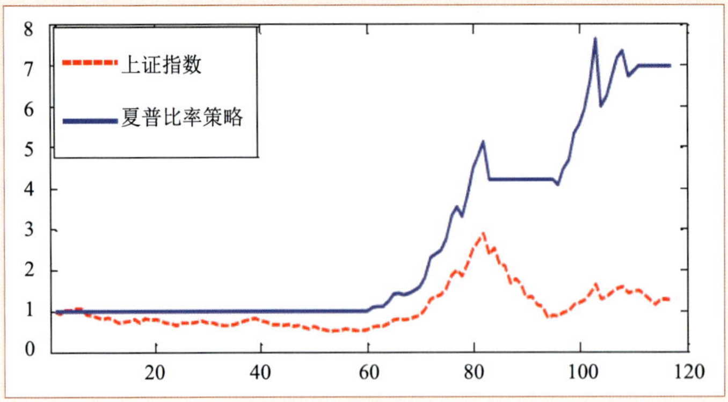

❖ 图 3-10 月度 Tsharp 最大累计收益率夏普比率策略收益曲线

✧ 数据来源：[程志田 2010]

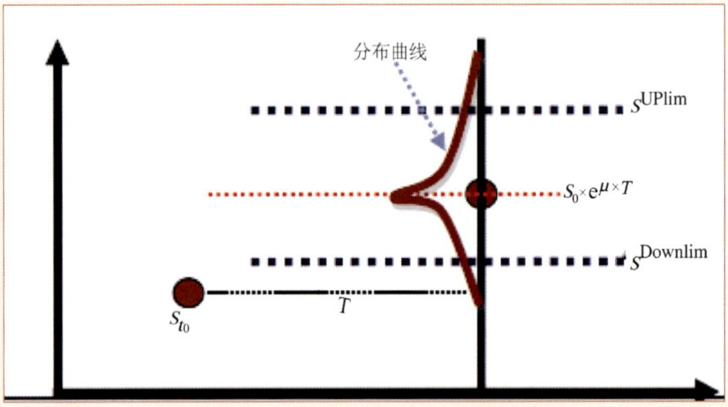

❖ 图 3-13 股价布朗运动示意图

✧ 资料来源：[程志田 2011]

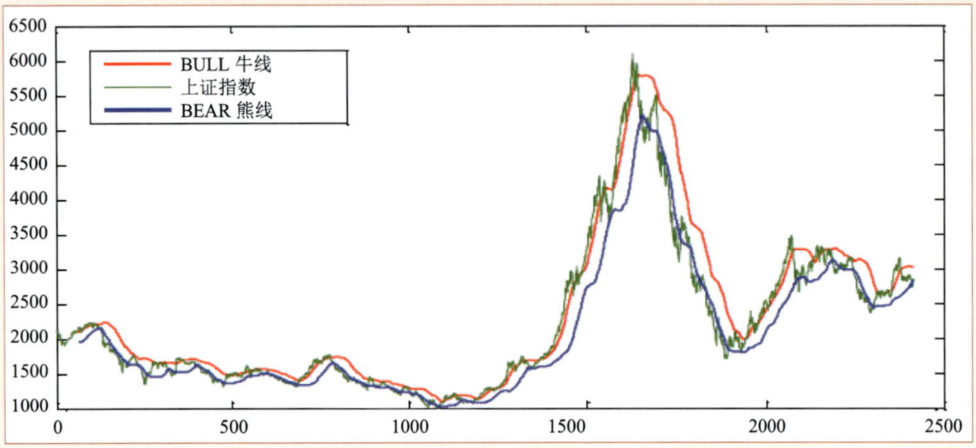

❖ 图 3-14 上证指数牛熊线

✧ 资料来源：[程志田 2011]

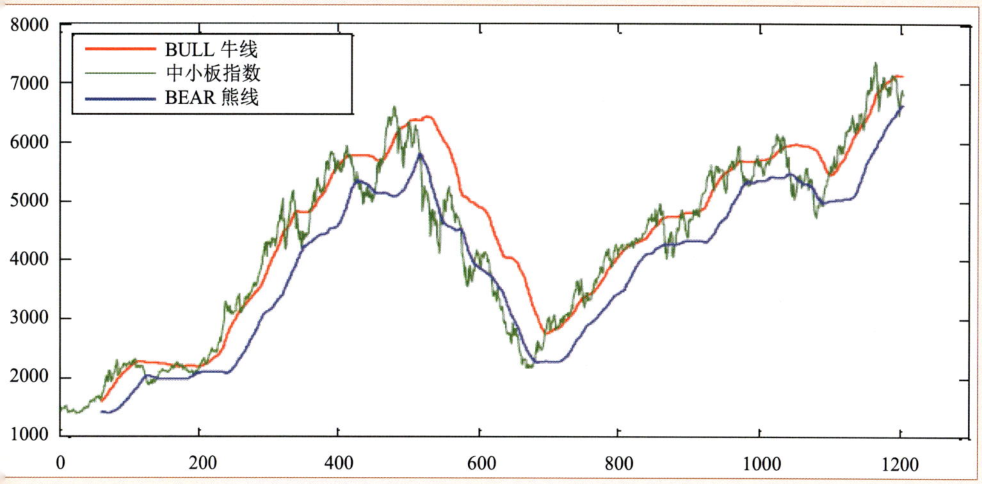

❖ 图 3-15 中小板指数牛熊线

✧ 资料来源：[程志田 2011]

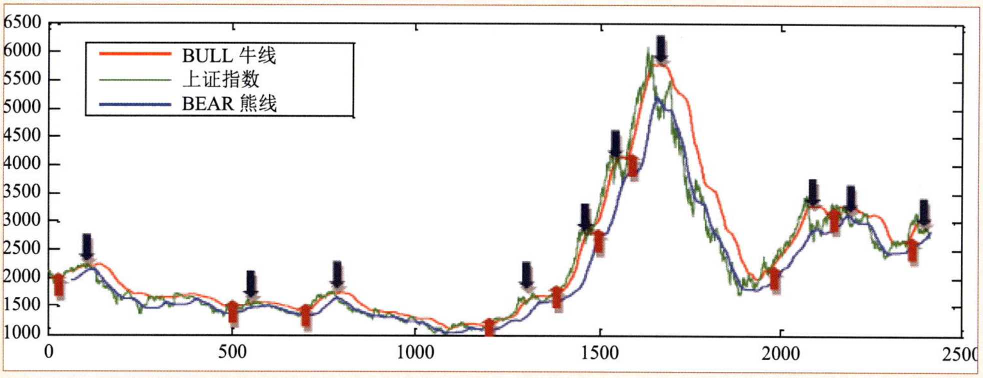

❖ 图 3-16 上证指数牛熊线择时操作明细

✧ 资料来源：[程志田 2011]

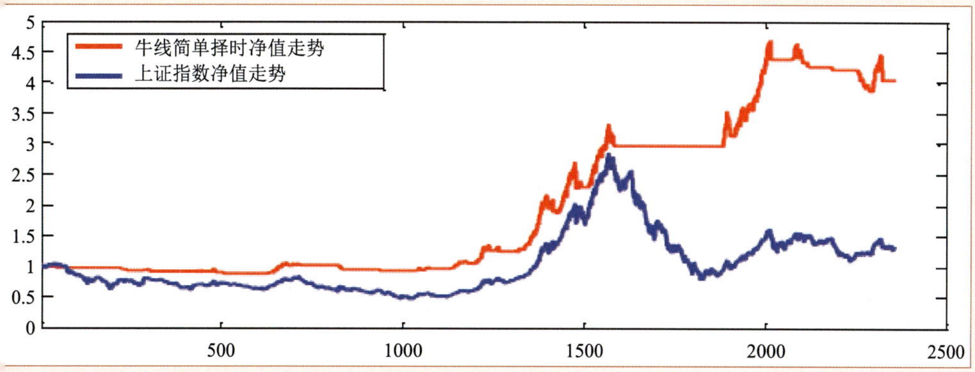

❖ 图 3-17 上证指数牛熊线择时收益率曲线

✧ 资料来源：[程志田 2011]

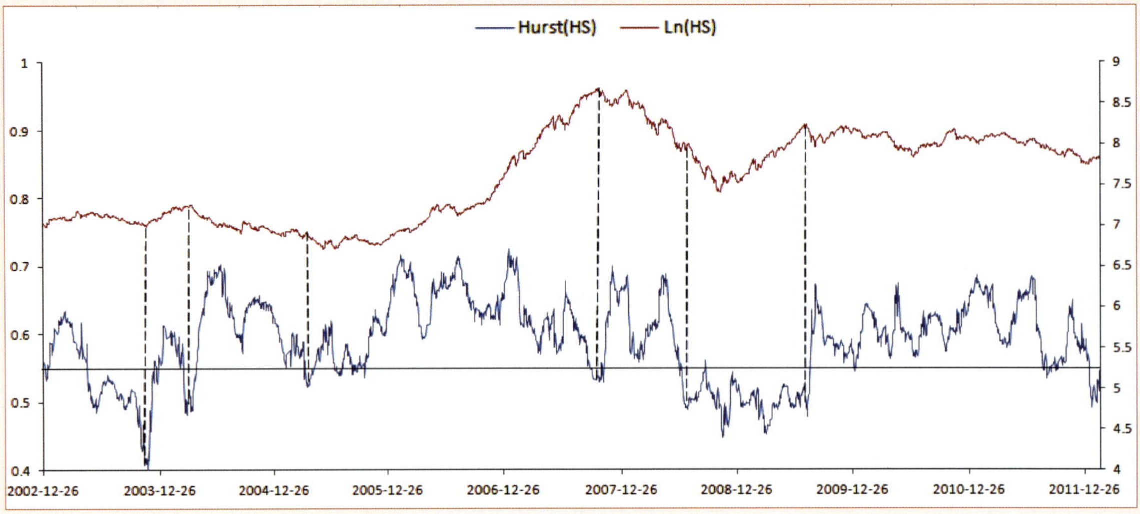

❖ 图 3-18 上证指数与对应 Hurst 指数的关系

✧ 资料来源：[高钢杰 2012]

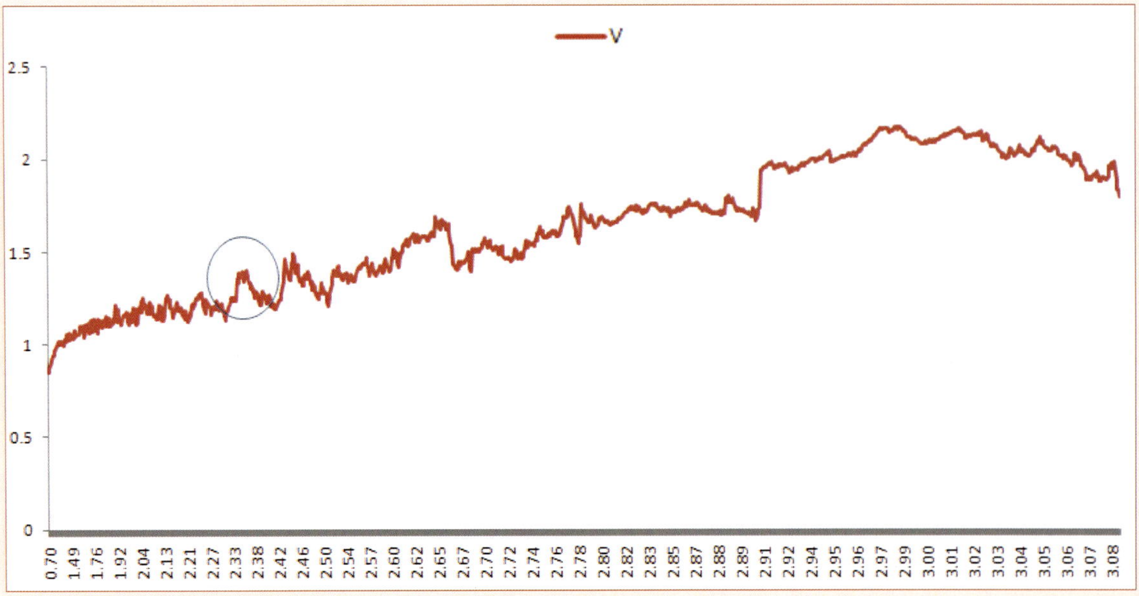

❖ 图 3-19 上证综指和深证成指 R / S 分析——平均循环周期

✧ 资料来源：[高钢杰 2012]

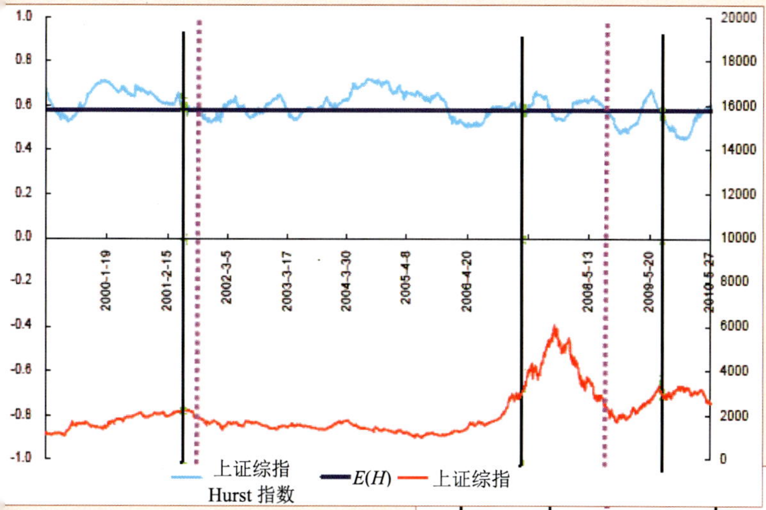

❖ 图 3-20 上证综指 Local Hurst 指数

注：黑色实线表示卖出信号；紫色虚线表示买入信号。

✧ 资料来源：[曹源 2010]

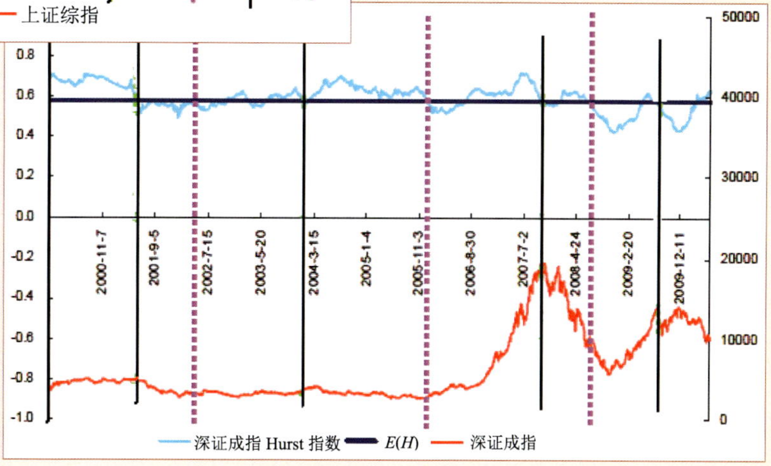

❖ 图 3-21 深证成指 Local Hurst 指数

注：黑色实线表示卖出信号；紫色虚线表示买入信号。

✧ 资料来源：[曹源 2010]

❖ 图 3-23 SVM 模型趋势交易策略收益率曲线

✧ 资料来源：D-Alpha 量化对冲交易系统

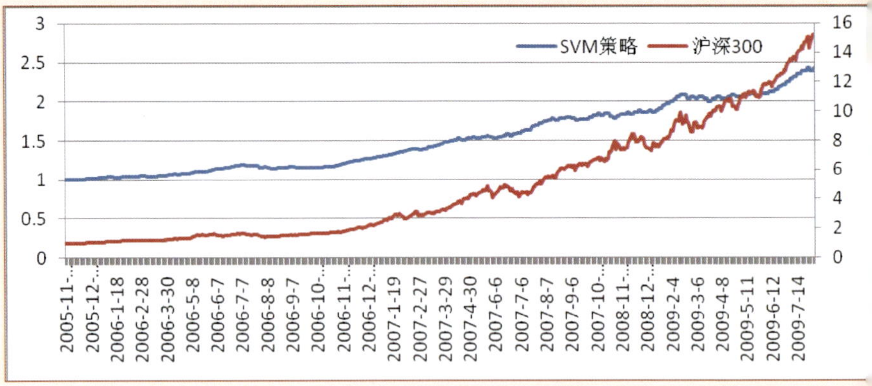

❖ 图 3-24 上涨周期 SVM 模型趋势交易策略收益率曲线

✧ 资料来源：D-Alpha 量化对冲交易系统

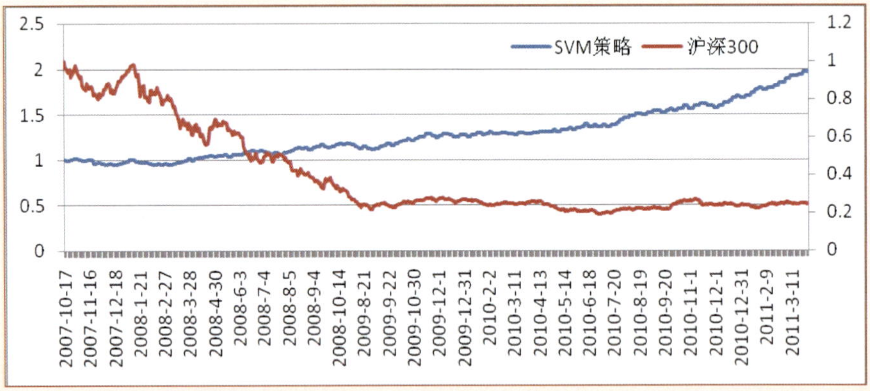

❖ 图 3-25 下跌周期 SVM 模型趋势交易策略收益率曲线

✧ 资料来源：D-Alpha 量化对冲交易系统

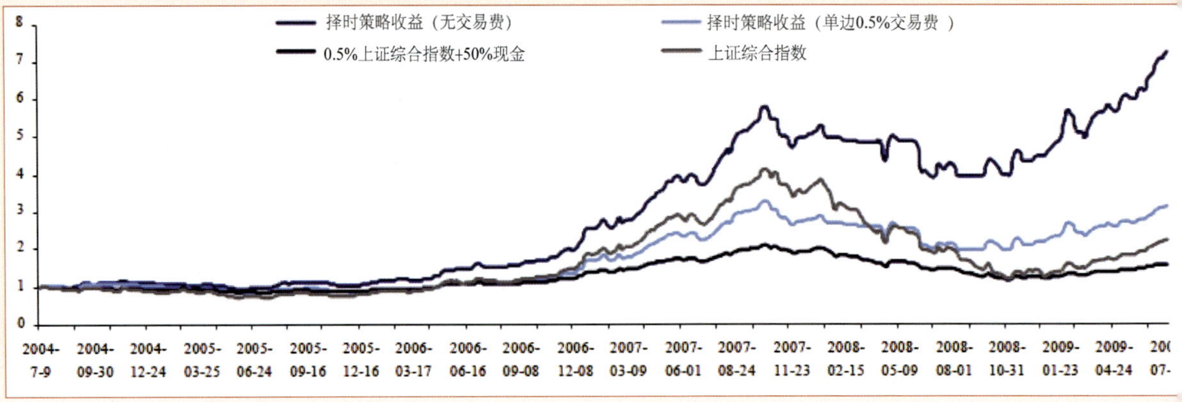

❖ 图 3-28 SWARCH 模型在上证指数择时的收益率曲线

✧ 资料来源：[张峰 2009]

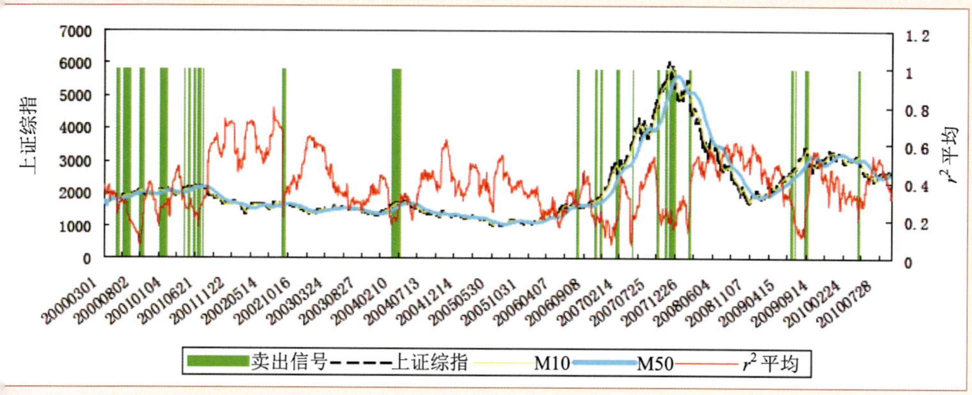

❖ 图 3 31 兴登堡凶兆模型中卖出信号与上证综指 r^2 平均分化指标

✧ 资料来源：[阚先成 2011]

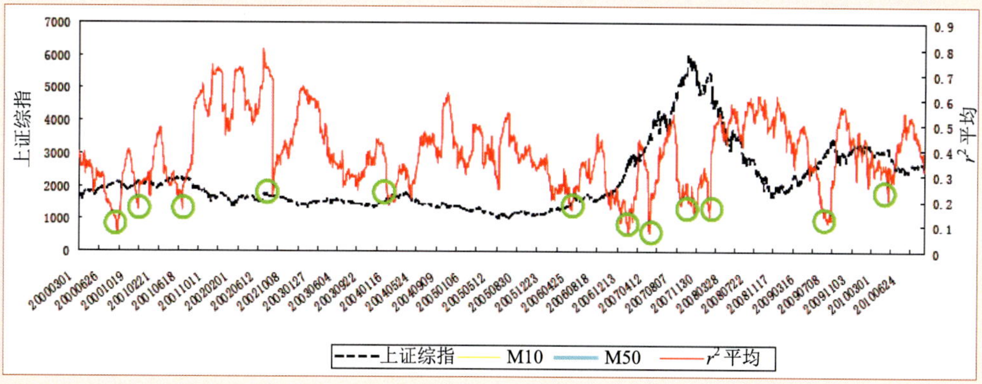

❖ 图 3-32 长期上证综指 r^2 平均趋同指标探底回升统计

✧ 资料来源：[阚先成 2011]

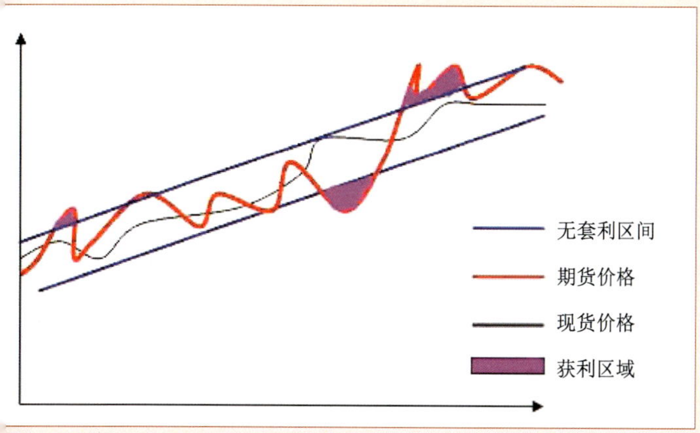

❖ 图 5-6 商品期货期现套利无套利区间

❖ 图 5-9 棕榈油和豆油价差
关系
✧ 数据来源：[张昊星 2010]

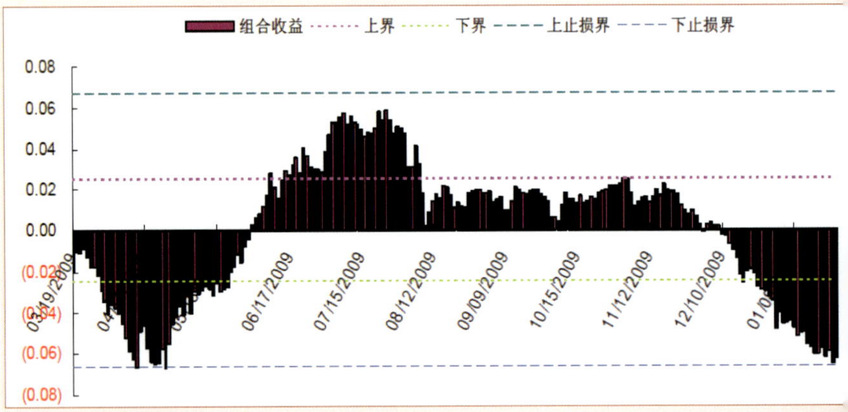

❖ 图 5-11 棕榈油—豆油跨品
种套利交易时机
✧ 数据来源：[张昊星 2010]

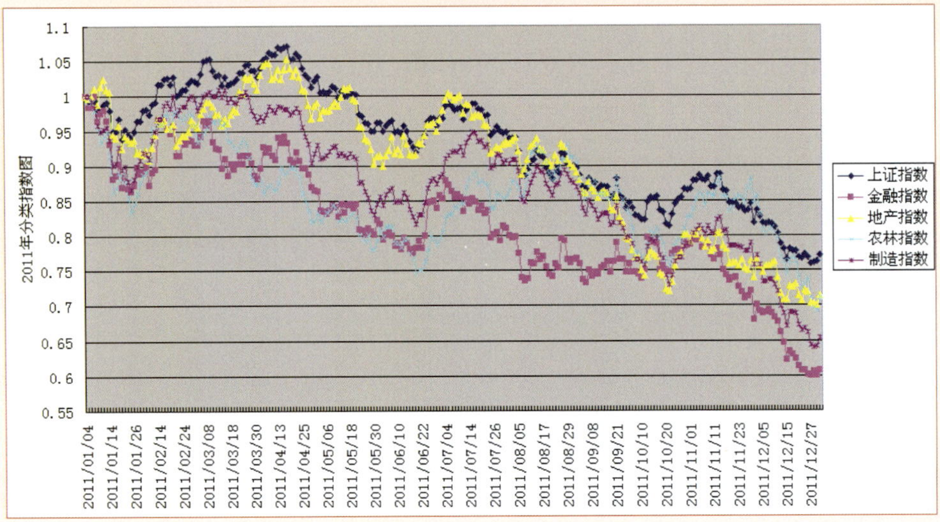

❖ 图 6-4 2011 年上
证指数及部分行
业指数走势图
✧ 资料来源：[金志
宏 2012]

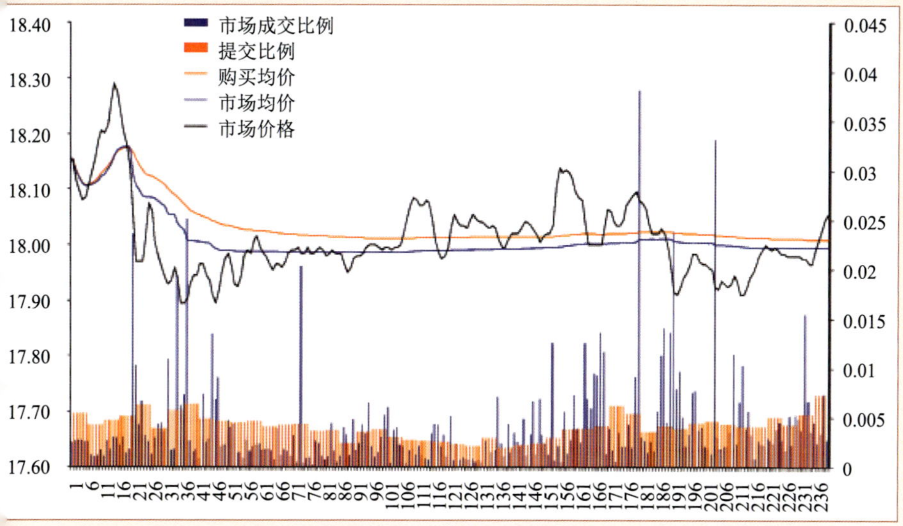

❖ 图 8-2 上海机场 VWAP 交易算法对比

✧ 数据来源：[曹力 2010]

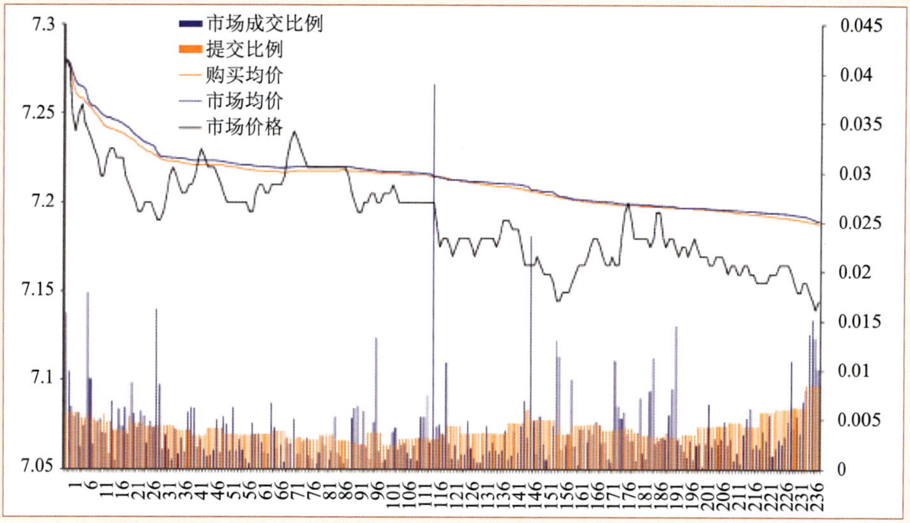

❖ 图 8-4 首创股份改进型 VWAP 算法效果

✧ 数据来源：[曹力 2010]

❖ 图 9-1 等权重封闭式基金组合净值与沪深 300 指数比较

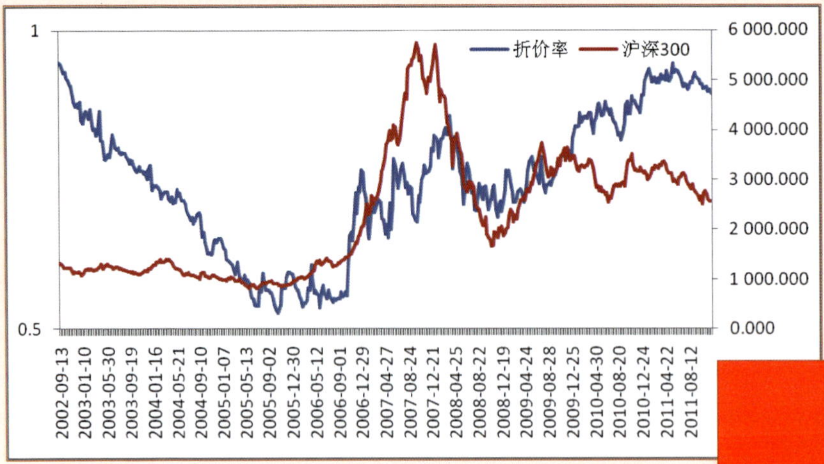

❖ 图 9-2 封闭式基金折价率与沪深 300 指数的关系

❖ 图 14-3 Julia 集生成的图形

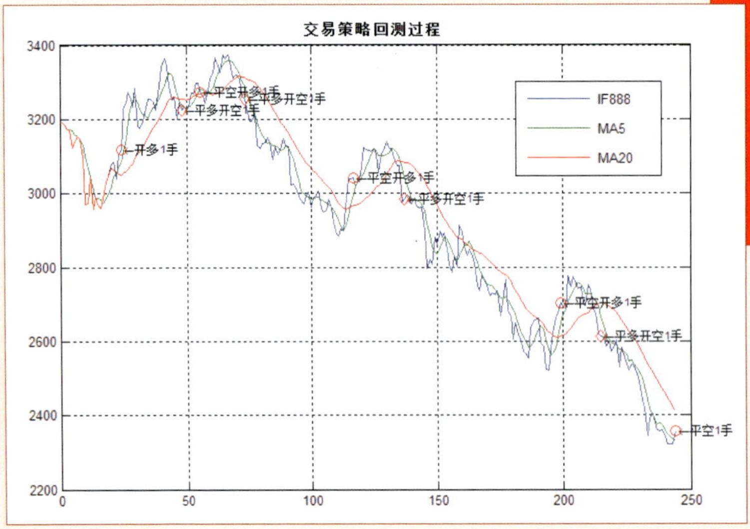

❖ 图 16-3 交易策略回测过程

✧ 资料来源：[李洋 2010]

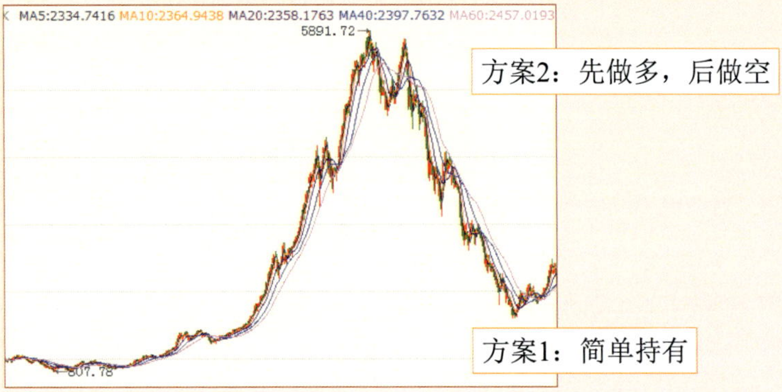

❖ 图 19-7 简单持有与动态调整收益率比较

Q 大数据金融丛书

Quantitative Investment

量化投资

策略与技术

精装版

丁鹏　编著

電子工業出版社
Publishing House of Electronics Industry
北京・BEIJING

内容简介

本书是一本全面解读量化投资策略方面的著作。畅销书全新改版，全书用60多个案例介绍了量化投资各个方面的内容，主要分为策略篇、技术理论篇和金融理论篇三部分。策略篇主要包括量化选股、量化择时、股指期货套利、商品期货套利、统计套利、期权套利、算法交易和另类套利策略等。技术理论篇主要包括人工智能、数据挖掘、小波分析、支持向量机、分形理论、随机过程、IT技术主要数据与工具及D-Alpha量化对冲交易系统等。金融理论篇阐述了与量化投资有关的各种经典金融理论，包括投资组合理论、定价理论及金融市场理论。

本书适合基金经理、产品经理、证券分析师、投资总监及有志从事金融投资的各界人士阅读。

未经许可，不得以任何方式复制或抄袭本书之部分或全部内容。
版权所有，侵权必究。

图书在版编目（CIP）数据

量化投资：策略与技术/丁鹏编著. —北京：电子工业出版社，2016.9
（大数据金融丛书）

ISBN 978-7-121-29713-7

Ⅰ. ①量… Ⅱ. ①丁… Ⅲ. ①投资—研究 Ⅳ. ①F830.59

中国版本图书馆CIP数据核字（2016）第196504号

策划编辑：李　冰
责任编辑：李　冰
特约编辑：田学清　罗树利等
印　　刷：北京捷迅佳彩印刷有限公司
装　　订：北京捷迅佳彩印刷有限公司
出版发行：电子工业出版社
　　　　　北京市海淀区万寿路173信箱　　　邮编100036
开　　本：787×980　1/16　印张：41.25　字数：816千字　彩插：10
版　　次：2016年9月第1版
印　　次：2023年10月第16次印刷
定　　价：168.00元

凡所购买电子工业出版社图书有缺损问题，请向购买书店调换。若书店售缺，请与本社发行部联系，联系及邮购电话：（010）88254888，88258888。

质量投诉请发邮件至zlts@phei.com.cn，盗版侵权举报请发邮件至dbqq@phei.com.cn。

本书咨询联系方式：libing@phei.com.cn。

前　言

2012 年笔者的这本《量化投资——策略与技术》问世之时，业内还没有多少人知道什么是量化投资；到了今天，量化投资的会议、书籍、报告如雨后春笋般涌现，而量化投资的金融产品也以其收益稳、规模大而受到投资者的广泛关注，主流的金融机构几乎都设立了量化投资部门，建立了量化投资团队，开发了量化投资产品。量化投资与对冲基金正在从小众产品走向更大规模的发展。

和传统投资相比，量化投资的主要优点：（1）赌大概率事件，通过分散投资、对冲交易、增加交易频率来使得整个投资过程的胜率大大提高；（2）化解人性的弱点，恐惧与贪婪是人性中无法克服的弱点，依靠自身的修炼无法做到，只能通过机器交易来完成；（3）精细化交易，这对于大资金的机构投资者尤其重要，通过计算机将大的委托单拆分成小单，可以在尽量不影响市场的情况下完成交易，降低交易成本。

正是由于量化投资的这些优点，在过去的全球金融市场中，量化投资得到了如火如荼的发展，成为和价值投资并列的两大投资理论之一。量化投资在国内虽然刚刚起步，但依然得到了银行、保险、券商等顶级机构的青睐。尤其对于大的机构而言，量化投资所能管理的资金规模比传统投资大大增多。另外，在国内监管日趋严格的情况下，传统投资很容易触及监管的边界，但是量化投资基于数据分析，基本上和内幕消息、老鼠仓绝缘，大大降低了监管成本。

所以量化投资这种新的投资理论和投资模式，无论是对于监管层还是民间投资来说，都是最佳选择，这也是国内量化投资得到大力发展的重要原因。目前有很多年轻人正在进入这个行业，他们的蓬勃朝气，相信会对改变中国未来的金融环境起到推动作用。

2012 年 1 月，笔者发起组建了中国量化投资学会，目前已成为量化投资领域全国影响力最大的民间学术性组织，和电子工业出版社共同策划的“量化投资与对冲基金丛书”也出版了 10 本左右。从 2016 年开始，这套丛书改名为“大数据金融丛书”，并且邀请了更多业内顶尖人士参与丛书的编写，分享他们的经验与理论，力图为中国的金融行业提供持续的理论支持。在这种情况下，笔者在原来典藏版的基础上增加了一篇“金融理论篇”，形成精装版，奉献给读者。

本书特色

第一，实战性。书中的案例绝大多数来自实际的市场数据，只有很少一部分是纯理论的分析。尤其是策略篇中的内容大部分来自专业投资机构的研究报告，具有极强的实战价值。

第二，基于中国市场。与量化投资最接近的书籍当属“金融工程”，但目前金融工程中绝大多数的案例来自国外市场，很多策略在国内市场还不具备投资条件。本书中的案例基本上是对国内市场（股票、期货等）实际交易数据的分析，特别适合国内的投资者。

第三，理论性。量化投资离不开最新的数学和计算机理论的支持，本书用了将近一半的篇幅来阐述与量化投资有关的基础理论，并用了很多案例来说明这些理论的应用方法，避免了一般投资策略书籍重技术而轻理论的缺点，从而使量化投资更加科学化。

精装版主要内容

本书分为三篇：策略篇、技术理论篇和金融理论篇。策略篇阐述了各种量化投资的策略与方法，技术理论篇和金融理论篇则详细介绍了支持量化投资的各种数学工具。

策略篇共介绍了 8 个方面的投资策略，分别是量化选股、量化择时、股指期货套利、商品期货套利、统计套利、期权套利、算法交易及另类套利策略，具体内容如下表所示。

投资策略	概　述
量化选股	量化投资最重要的策略，主要研究如何利用各种方法选出最佳的股票组合，使得该股票组合的收益率尽可能高的同时，尽可能地保持稳定性。这一章阐述了 8 种不同角度的策略，分别为多因子模型、风格轮动模型、行业轮动模型、资金流模型、动量反转模型、一致预期模型、趋势追踪模型和筹码选股模型
量化择时	量化投资中最难的、也是收益率最高的一种策略，主要研究大盘及个股走势，并进行相应的高抛低吸操作。如果能够正确判断大盘，则收益率会比单纯的买入并持有策略高很多。这一章主要阐述了 8 种择时模型，分别是趋势择时、市场情绪择时、时变夏普比率模型、牛熊线模型、Hurst 指数模型、SVM 择时模型、SWARCH 模型和异常指标择时

续表

投资策略	概　述
股指期货套利	由于择时操作存在巨大风险，而对于稳健型的资金，则希望寻找一种能够稳定收益的交易策略。股指期货套利研究的是如何利用股指期货和现货组合的对冲，去掉系统性风险后，获得无风险收益。这一章阐述了有关股指期货套利的一些主要方法，包括期现套利、跨期套利、冲击成本、保证金管理等
商品期货套利	与股指期货类似的是在商品期货市场从事套利交易。商品期货市场波动更大，机会更多，当然风险也更大。这一章主要包括期现套利、跨期套利、跨市场套利和跨品种套利 4 个部分
统计套利	统计套利是利用不同投资品种之间的相关性进行投资的一种方法。当两个品种的价格差拉大到正常边界时进行多空同时建仓的操作，当恢复到正常的时候再双向平仓，从而可以规避系统性风险。这一章主要包括配对交易策略、股指套利、融券套利、外汇套利等内容
期权套利	期权套利是利用看涨看跌期权或者牛熊证进行各种配对，规避系统性风险后赚取波动差的投资方式。由于期权的高杠杆性，期权套利可以获得比其他套利方式更高的收益率。这一章主要包括股票—期权对冲、转换套利与反向转换套利、跨式套利、宽跨式套利、蝶式套利、飞鹰式套利等内容
算法交易	算法交易是研究如何利用各种下单方法，尽可能降低冲击成本的交易策略，一般分为主动式交易和被动式交易两类，本章主要研究的是被动型交易算法（VWAP）
另类套利策略	另类套利讨论了封闭式基金套利、ETF 套利、LOF 套利和高频交易 4 种策略。这 4 种策略并不是投资的主流方法，但是在不同的市场环境下，往往存在无风险套利机会，比较适合追求稳健的大资金操作

技术理论篇主要阐述了支持量化投资的各种数学和计算机工具，这部分内容对读者的数学功底有较高的要求。本篇共有 9 章，分别是人工智能、数据挖掘、小波分析、支持向量机、分形理论、随机过程、IT 技术、主要数据与工具、量化对冲交易系统：D-Alpha，具体内容如下表所示。

技术理论	概　述
人工智能	人工智能主要研究如何利用计算机技术模拟人的思维和解决问题的方式，主要内容包括机器学习、自动推理、专家系统、模式识别、人工神经网络和遗传算法。人工智能在量化投资中的应用，介绍了模式识别短线择时、RBF 神经网络股价预测和基于遗传算法的新股预测 3 种方法
数据挖掘	数据挖掘主要研究如何从海量、杂乱的数据中挖掘出有价值的模式和知识，主要内容包括分类与预测、关联规则和聚类分析。数据挖掘在量化投资中的应用，介绍了基于 SOM 网络的股票聚类分析方法和基于关联规则的板块轮动两种方法
小波分析	小波分析主要研究如何将一个函数分解为一系列简单基函数的表示方法，其可以看作傅里叶变换的升级版。小波分析的基础知识包括：连续小波变换、连续小波变换的离散化、多分辨分析和 Mallat 算法。小波分析在量化投资中的应用，主要介绍了 K 线小波去噪和金融时序数据预测两种方法

续表

技术理论	概　　述
支持向量机	支持向量机主要用于分类分析，由于具有分类效果好、学习算法简单的特点，得到了广泛应用。SVM 的内容包括：线性 SVM、非线性 SVM、SVM 分类器、模糊 SVM 等。SVM 在量化投资中的应用，阐述了复杂金融时序数据预测和趋势拐点预测两种方法
分形理论	分形理论以其简单有效成为近几年投资者大量应用的一种新的数学工具，它是将复杂的世界抽象成简单分形的组合的一种研究方法。这一章的内容包括：分形定义、典型分形、分形维数、L 系统、IFS 系统等。分形理论在量化投资中的应用，阐述了大趋势预测和汇率预测两种策略
随机过程	一组随机变量的变化规律。在研究随机过程时，人们透过表面的偶然性描述出必然的内在规律，并以概率的形式来描述这些规律。这一章的内容包括：随机过程分布函数、数字特征、常见随机过程等。随机过程在量化投资中的应用，主要阐述了利用灰色马尔科夫链来预测股市的方法
IT 技术	概要介绍了与量化投资相关的主要 IT 技术，包括数据仓库技术、GPU 编程、MATLAB 语言、C#语言。由于 IT 技术的通用性，所以这里只是简单介绍，更详细的编程技术需要参阅相关的参考书
主要数据与工具	介绍了一些主要的数据和工具，包括名策多因子模型、Multicharts 程序化交易平台、交易开拓者期货自动交易平台、大连交易所套利交易指令和 MT5 外汇自动交易平台
量化对冲交易系统：D-Alpha	阐述了笔者开发的 D-Alpha 量化对冲交易系统，包括系统构架、策略分析流程、核心算法及验证结果。从全球市场的验证结果显示，D-Alpha 系统具有稳健的收益率

金融理论篇主要阐述了与量化投资有关的各种经典金融理论，这些理论是开发策略的理论基础，在策略的升级、优化和实战中起着重要的指导作用。

金融理论	概　　述
投资组合理论	投资组合理论所要讨论的是如何通过不同组合的构建，在控制风险的基础上获得更高的收益率。马科维茨的证券选择理论将预期收益率和方差分别代表标准投资组合的收益水平和风险水平，开创了现代金融的量化分析基础。策略组合模型是笔者的原创性贡献，将投资的分析扩展到收益、风险、资金容量三个维度，并且定义了相关系数矩阵来进行具体的策略分散与组合
定价理论	定价问题需要解决的是资产的合理价格问题，如果市场价格被低估则对资产进行买入，如果被高估则进行做空操作，等市场回归合理价格从而获得收益。目前主流的定价理论包括：资本资产定价模型，其基本思想就是资产的收益与其所承担的风险正相关；套利定价理论，阐述了同一资产应该在不同的市场上具有相同的价格，否则套利资金将抹平这种不均衡。对期权定价有较大影响力的是 Black-Scholes 模型和二叉树模型，这两个模型给整个金融衍生品市场的发展带来了决定性的影响。对于传统的股票投资者而言，需要的是对股票内在价值的判断，这就是各种股票、基金定价模型的价值所在

续表

金融理论	概　述
金融市场理论	传统的定价理论都基于几个假设：投资者是理性的，但是在实际的市场运用中，越来越多的证据表明，投资者并不是完全理性的，因此金融市场本身可能并不是一个完美的市场，这就带来了与金融市场本身特性的研究课题；随机游走理论认为金融产品的价格与历史数据完全无关，是无法被预测的；有效市场假说则将金融市场的成熟程度分为弱有效、半强有效和强有效三个层次，在不同的层次所需的分析信息是不一样的；行为金融学则认为投资者的情绪、认知缺乏会造成市场的异常，这些异常会长期存在，从而带来套利机会；分形市场则将分形几何用于金融市场的建模和分析，并且发展了多个指标，例如 Hurst 指数等，来对金融市场走势进行判断

读者对象

本书适合各种不同的投资者使用。对于专业量化投资者来说，书中的理论篇提供了基本的理论方法和算法，可以在此基础上开发出更高效、更精确的策略模型，提高自己的投资收益率和收益率的稳定性。

对于采用传统方法的专业投资者来说，策略篇中的很多量化方法可以作为传统投资方法的补充，在投资决策中采用正确的数量模型可以降低很多人为的误差和情绪影响，弥补传统投资决策的缺陷。

对于普通投资者来说，可能缺乏数据和模型方法的技巧，但是书中各种策略的思路和方法同样可以给予他们启迪和帮助，特别是在开阔思路、加强交易能力等方面，量化投资是普通投资者的一件利器。

致谢

在本书的编写过程中，得到了业界同仁的大力协助。其中，陈晨硕士校对了本书的第 1～3 章，梁冠群博士校对了第 4～9 章，翟淑星博士校对了第 10～13 章，李心洁硕士校对了第 14～17 章，周冠伟校对了第 19～21 章，在此表示诚挚的感谢。

曾经犹豫是否要出版此书，因为有业内的朋友告诫我：“你将策略模型说出去，自己赚不到钱了。”我不同意他们的观点，因为策略模型是在不断深化中发展的。没有一家公司可以靠一个产品包打天下，宽客也不可能只靠一个模型吃一辈子。只有更多的人来研究量化投资，才能开发出更多更稳定的投资模型，才能促进中国整体对冲基金的发展。人类现代科技的基石就是“分享”，不是吗？

由于自己才疏学浅，此书只能起抛砖引玉的作用，希望将来有更多更好的研究书籍问世，也希望中国能涌现出自己的量化投资大师，给投资者带来持续稳定的收益。

出版社的编辑告诉我，希望推出《量化投资——策略与技术（精装版）》，我深感荣幸，同时心中也很是不安。目前中国资本市场衍生品的发展速度不快，除了沪深300指数期货和国债期货外，缺乏更多的做空工具，也使得国内的量化投资与对冲基金在蹒跚中前进。希望再过两年，能够对“精装版”做一次大面积的修订，给读者更多的帮助。

国内的量化投资发展可以用一波三折来形容。2013—2015 年是量化对冲的黄金元年，大量产品以稳健持续的业绩征服了投资人；2015 年后对股指期货和程序化交易的限制，又使得量化投资进入了低潮期。“青山遮不住，毕竟东流去”，笔者相信随着中国金融市场的发展、人民币国际化和全球化的进一步推进，量化投资在中国必将迎来新一波的高潮，宽客们的好时代刚刚开始！

丁　鹏

2016 年 8 月于上海

目　录

策 略 篇

技术理论篇

表 目 录

策 略 篇

本篇是策略篇，主要介绍量化投资领域的不同策略和实现算法。

投资策略总的来说分为两大类：判断趋势型和判断波动率型。

判断趋势型是一种高风险的投资方式，通过对大盘或者个股的趋势判断，进行相应的投资操作。如果判断趋势向上则做多，如果判断趋势向下则做空，如果判断趋势盘整则进行高抛低吸。这种方式的优点是收益率高；缺点是风险大，一旦判断错误则可能遭受重大损失。所以趋势型投资方法适合风险承受度比较高的投资者，在承担大风险的情况下，也有机会获得高额收益。本篇用两章的篇幅来介绍这种趋势型投资方法，分别是量化选股和量化择时。

判断波动率型投资方法，本质上是试图消除系统性风险，赚取稳健的收益。这种方法的主要投资方式是套利，即对一个或者 N 个品种进行买入的同时卖出另外一个或 N 个品种的操作，也叫作对冲交易。这种方法无论大盘向哪个方向波动，都可以获得比较稳定的收益。在牛市中，这种方法的收益率不会超越基准；但是在熊市中，它可以避免大的损失，而且会有不错的收益。股指期货套利是在股票和股指期货之间的对冲操作，商品期货是在不同的期货品种之间的对冲操作，统计套利是在有相关性的品种之间的对冲操作，期权套利则是在看涨看跌期权之间的对冲操作。本篇用 4 章的笔墨来阐述这 4 种波动率型投资方法。

无论采用哪种投资方式，最终都需要通过一笔笔的订单来实现。每个投资者的订单对市场都是有影响的，买入的订单会推动价格上涨，卖出的订单会造成价格下跌，这就是冲击成本的由来。冲击成本会降低投资者的收益率，因此需要采用某种算法来尽可能地减少对市场的影响，降低冲击成本。算法交易一章专门阐述如何采用被动交易算法，在完成订单任务的情况下，尽可能地减少对市场的冲击。

策略篇中的策略采用了很多数学模型和算法，限于篇幅，在策略篇中并没有仔细讨论，而是将其留到理论篇中。读者如果在策略篇中对某些算法或模型不甚理解，则可以参阅后面的理论篇。

第 1 章　量化投资概念

◆ 摘要 ◆

本章主要阐述与量化投资有关的一些基本概念，包括量化投资的定义、量化投资的优势、量化投资的历史、量化投资的主要策略、量化投资的主要理论基础等。

量化投资就是利用计算机技术并且采用一定的数学模型去践行投资理念、实现投资策略的过程。量化投资的优势在于纪律性、系统性、及时性、准确性和分散化。量化投资的历史可以追溯到20世纪50年代，最近十年得到飞速发展，量化投资基金的数量增加值也远远超过传统投资基金。在国内，量化投资基金于2009年起步，现在正处于朝阳阶段。

量化投资的主要内容包括量化选股、量化择时、股指期货套利、商品期货套利、统计套利、期权套利、算法交易、ETF/LOF套利、高频交易等。

量化投资的基础理论知识包括人工智能、数据挖掘、小波分析、支持向量机、分形理论和随机过程。

量化投资需要的IT技术包括数据库、数据仓库、面向对象编程等。

1.1　什么是量化投资

1.1.1　量化投资定义

简单来讲，量化投资就是利用计算机科技并采用一定的数学模型去践行投资理念、实现投资策略的过程。

传统的投资方法主要有基本面分析法和技术分析法两种，与它们不同的是，量化投资主要依靠数据和模型来寻找投资标的和投资策略。

对于量化投资中模型与人的关系，有点类似于病人和医生的关系。在医生治病的方法中，中医与西医的诊疗方法不同，中医是望、闻、问、切，最后判断出结果，在很大程度上取决于中医的经验，定性程度大一些；西医就不同了，先要病人去拍片子、化验等，这些都要依托医学仪器，最后得出结论，对症下药。

医生治疗病人的疾病，投资者治疗市场的疾病，市场的疾病是什么？就是错误定价和估值，没病或病得比较轻，市场是有效或弱有效的；病得越严重，市场越无效。投资者将资金投资于低估的证券，直到把它的价格抬升到合理的水平上。但是，定性投资和量化投资的具体做法有些差异，这些差异如同中医和西医的差异，定性投资更像中医，更多地依靠经验和感觉判断病在哪里；量化投资更像西医，依靠模型判断，模型对于量化投资基金经理的作用就像 CT 机对于医生的作用。在每一天的投资运作之前，投资者会先用模型对整个市场进行一次全面的检查和扫描，然后根据检查和扫描结果做出投资决策。

与传统定性的投资方法不同，量化投资不是靠个人感觉来管理资产，而是将适当的投资思想、投资经验，甚至包括直觉反映在量化模型中，利用计算机帮助人脑处理大量信息，帮助人脑总结归纳市场的规律，建立可以重复使用并反复优化的投资策略（经验），并指导我们的投资决策过程。

因此，我们看到量化投资只是一种工具，可以用数量化工具去实现我们的投资理念。我们所关心的不仅仅是投资理念本身是不是成功，同时也要关心所采用的量化工具是不是成功，即是不是准确地把握了投资理念本身并准确地实现了投资理念。

1.1.2 量化投资理解误区

1. 不是基本面分析的对立者

量化投资并不是基本面分析的对立者，海外量化投资的经验是量化投资模型很多基于基本面因素，同时考虑市场因素、技术因素等。因此，量化投资也不是技术分析，而是基于对市场深入理解而形成的合乎逻辑的投资理念和投资方法。

量化投资是一种主动型投资策略，主动型投资的理论基础就是市场是非有效的或弱有效的，基金经理可以通过对个股、行业及市场的驱动因素进行分析研究，建立最优的投资组合，试图战胜市场从而获取超额收益。与海外成熟市场相比，A 股市场的发展历史较短，投资理念还不够成熟，相应地留给主动型投资发掘市场的潜力和空间也更大。量化主动投资策略以正确的投资理念为根本，通过各种因素的分析，以全市场的广度、多维度的深度视角扫描投资机会，在中国市场的应用将更显其优势。

不少投资者对量化基金还存在一种误区，认为这类基金依靠数量模型作为投资运作的基础，那么基金经理包括投资团队所发挥的作用就不大了。实际上，在市场出现转折或者小概率事件的时候，计算机无法代替基金经理的判断；此外，在一个波动剧烈的非单边市场环境下，量化模型对新数据的反应也并不完全令人满意。因此，在量化基金的运作中，仍需要经验丰富的基金经理和投资团队来把握一些更加宏观的和大的趋势，而计算机模型的作用是在市场正常的情况下，极大地减少基金经理的工作量，以及避免由于人的情绪所带来的失误。

量化投资不仅可以结合定性思想（投资理念），而且也可以让量化投资模型与基金经理的个人判断相结合，这些都将基金投资变得更加完美，也能把基金经理和投资总监从琐碎的日常信息分析中解放出来。基金经理完全可以花更多的心思考虑市场趋势的变化、市场拐点的状况、市场结构的变化、市场上的黑天鹅，以及向量化模型中添加更多更有用的新信息，更好地为投资决策服务。

2. 主动而非被动投资

很多人认为，量化投资是依循预先设计好的模型被动执行投资运作，因此与指数化投资一样属于被动投资。实际上完全相反，量化投资是一种主动投资。量化投资和指数化投资的理论基础完全不同。指数化等被动投资的理论基础是认为市场是完全有效的，任何企图战胜市场的努力都是徒劳的，既然这样，不如被动地复制指数，以取得与市场一样的收益水平。

而量化投资的理论基础是市场是无效的，或者弱有效的，因此投资人可以通过对于市场、行业基本面及个别公司的分析，主动构建一个可以取得战胜市场的超额收益的组合。因此，量化投资属于主动投资策略。

3. 不是神秘主义

量化投资不是神秘主义，更不是一个战无不胜的秘籍。量化投资不是靠一个投资模型就能永远赚钱，而且也不是使用一个模型就能解决一切问题，更不是靠一个模型就能胜任任何市场状况。量化投资模型只是一种工具，量化投资的成功与否在于使用这种数量化工具的投资者是否真正掌握了量化投资的精髓。

我们需要建立很多量化模型，如选股模型、行业配置模型、择时模型、交易模型、风险管理模型、资产配置模型、套利模型、对冲模型等。量化投资模型只是一种工具、一种方法、一种手段，能实现成熟而有效的投资理念，并不断根据投资理念的变化、市场状况的变化而进行修正、改善和优化。

同时，量化投资模型都必须经历不断地跟踪检验、优化、实证等过程。量化投资是一个不断改进的过程，最重要的就是投资者的投资思想，包括对投资的理解、理念、经验，所有模型都是建立在这些投资思想上的。

4. 捕获大概率

量化投资策略从本质上讲是寻找较大概率获胜的机会，那么量化投资必然会观察市场的规律，试图寻找各个因素与未来股票收益之间的关系，并寻找较为成功，即大概率成功的规律。

要从大概率上获取较好的收益，量化投资模型需要着重考虑对资产未来收益看法的估计和辨别，而且主要包括对个股的看法、行业的看法等估计的准确性。对资产未来收益的看法既可以是绝对的收益水平，也可以是相对的收益水平（或称为 Alpha）。对于共同基金而言，对后者即 Alpha 的估计和预测可能需求更多，量化模型也主要是在寻找最佳的 Alpha 模型。

在确定投资品种后，量化投资策略需要考虑具体的交易策略和风险控制策略等方面。有较好的交易策略才能最大限度地降低交易成本（包括佣金、税费及冲击成本等），而通常交易成本对业绩的表现也有重要的影响。交易策略主要解决的问题是冲击成本的问题，假设一只基金买某只股票的成本是 5%，而收益率却达不到这个水平，那么这个投资策略和方法就不可行——虽然对资产未来收益看法的预测模型很好。

量化投资需要综合考虑资产的鉴别（个股选择、行业配置、资产配置等）、交易（包括择时）和风控（包括对风险收益的平衡等）等方面因素，寻找到成功概率最大的投资组合，达到收益最大化。

1.2 量化投资与传统投资比较

1.2.1 传统投资策略的缺点

投资策略一般可分为主动型投资策略和被动型投资策略，被动型投资即一般所说的指数化投资，而主动型投资策略又可分为传统投资策略和量化投资策略，如图 1-1 所示。

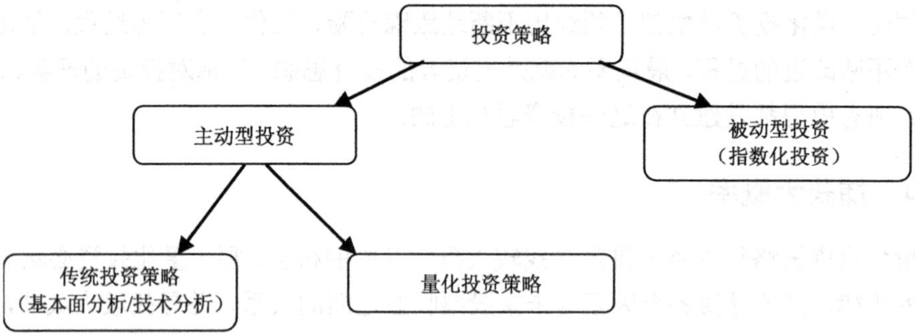

图 1-1　投资策略分类

所有的主动型基金经理都试图战胜市场以期获得超过市场基准的超额收益。然而，传统的主动型基金经理的绩效一般很难达到期望值，这也许印证了有效市场理论（EMH）的观点——市场是无法被超越的。但是，我们可以从另外一个角度去思考这个问题，传统主动型投资策略有时的失败也许并不是因为无法超越市场效率的限制，而是由于其本身内在的缺点所致。

（1）传统主动型投资策略受到人类思维可以处理的信息量的限制。人类思维在任何时候都只能考虑有限数目的变量，因此对任何一个基金管理者来说，对大量股票都进行深入分析是不现实的。例如，对于 600 只的股票样本，被一个传统主动型基金经理紧密跟踪的也许只包括 200 只，这样就会明显排除从其他股票获益的机会。

（2）传统主动型投资策略容易受到认知偏差的影响。任何人的认知偏差及根深蒂固的思维习惯都会导致决策的系统误差。例如，大多数人都只愿意记住自己成功的喜悦而不愿记住失败的教训，所以在处理问题时一般都会表现出过度自信。行为金融学的研究也表明，认知偏差会歪曲投资者的决策，从而对其投资行为产生影响。

（3）传统主动型投资策略更强调收益率而不是风险控制，更加偏重个股挖掘而不是投资组合构造。由于对传统主动型基金的业绩衡量基准缺乏明确的定义，相应地，对其基金经理的投资资产配置也就缺乏严格的限制，这使得基金经理倾向于偏离潜在的业绩基准，在盲目追求高收益的同时，较少考虑相应的风险控制，这也是传统主动型投资策略未能取得期望优异绩效的原因之一。

1.2.2 量化投资策略的优势

量化投资和传统的定性投资本质上是相同的，二者都是基于市场非有效或是弱有效的理论基础，而基金经理可以通过对个股基本面、估值、成长性等方面的分析研究，建立战胜市场、产生超额收益的组合。不同的是，传统定性投资较依赖对上市公司的调研，并加以基金经理的个人经验及主观判断，而量化投资则是将定性思想与定量规律进行量化应用的过程。

量化投资策略有五大方面的优势，包括纪律性、系统性、及时性、准确性、分散化等。

（1）纪律性：严格执行量化投资模型所给出的投资建议，而不是随着投资者情绪的变化而随意更改。纪律性的好处很多，可以克服人性的弱点，如贪婪、恐惧、侥幸心理，也可以克服认知偏差，行为金融理论在这方面有许多论述。纪律化的另外一个好处是可以跟踪和修正。

量化投资作为一种定性思想的理性应用，客观地在组合中去体现这样的组合思想。一个好的投资方法应该是一个透明的盒子，而不是黑盒子。每个决策都是有理有据的，无论是股票的选择、行业选择，还是大类资产的配置等，都是有数据支持、模型支持及实证检验的。

（2）系统性：量化投资的系统性特征主要包括多层次的量化模型、多角度的观察及海量数据的观察等。多层次模型主要包括大类资产配置模型、行业选择模型、精选个股模型等。多角度观察主要包括对宏观周期、市场结构、估值、成长、盈利质量、分析师盈利预测、市场情绪等多个角度的分析。

量化投资的系统性还有一个方面就是数据多，即海量数据的处理。人脑处理信息的能力是有限的，当一个资本市场只有 100 只股票时，这对定性投资基金经理是有优势的，他可以深刻分析这 100 家公司，这就表现出定性基金经理深度研究的优势。但在一个很大的资本市场，比如有成千上万只股票的时候，强大的量化投资的信息处理能力能反映它的优势，能捕捉更多的投资机会，拓展更大的投资机会。

（3）及时性：及时、快速地跟踪市场变化，不断发现能够提供超额收益的新的统计模型，寻找新的交易机会。

（4）准确性：准确、客观地评价交易机会，克服主观情绪偏差，妥善运用套利的思想。量化投资正是在找估值洼地，通过全面、系统性的扫描，捕捉错误定价、错误估值带来的机会。定性投资经理大部分时间在琢磨哪家企业是伟大的企业，哪只股票是可以翻倍的股票；而量化投资经理的大部分精力花在分析哪里是估值洼地，哪个品种被低估了，买入低估的，卖出高估的。

（5）分散化：在控制风险的条件下，充当准确实现分散化投资目标的工具。分散化，也可以说量化投资是靠概率取胜的。这表现为两个方面：一是量化投资不断地从历史中挖掘有望在未来重复的历史规律并且加以利用，这些历史规律都是有较大概率获胜的策略；二是依靠筛选出股票组合来取胜，而不是依靠一只或几只股票来取胜，从投资组合的理念来看也是捕获大概率获胜的股票，而不是押宝到单只股票上。

1.2.3 量化投资与传统投资策略的比较

1. 投资策略比较

如表 1-1 所示为各种投资策略的差异，基于基本面选股的传统策略年追踪误差是所有策略中最高的。“与基准组合的差异”表明了运用不同投资策略的组合收益有别于基准收益的原因，即影响投资组合期望跟踪误差的关键因素。

表 1-1 不同投资策略对比

投资策略	指数化策略	结构化策略	高度风险控制主动策略	主动量化策略	分散化主动策略	专业化主动策略
选股方法	复制指数	量化选股	量化选股	量化选股	基本面选股	基本面选股
年跟踪误差	0.20%	1%～2%	2%～3%	3%～4%	3%～4%	≥4%
与基准组合的差异	无差异	个股有限差异	个股温和差异、行业有限差异	个股温和差异、行业温和差异、规模/风格有限差异	规模/风格温和差异、择时无/有限差异	无约束

数据来源：Vanguard Investment Counseling & Research，[蒋瑛琨 2008]

从表 1-1 中可以看出，基本面选股的年跟踪误差最高，量化选股其次。其中，我们对各种策略“与基准组合的差异”进行进一步分析。

（1）个股：投资组合中某只个股的配置比例可能有别于其在基准指数组合中的配置比例。例如，一个采用主动量化策略的基金经理可能将基金的 5%配置于某只股票，但基准指数组合在该股上的配置比例为 4%；而对一个专业化主动投资的基金经理来说，他的投资组合中可能根本就没有配置该股。

（2）行业：投资组合中某板块的配置比例可能有别于基准指数组合中该板块的

配置比例。例如，某基金对高科技板块的配置比例为 35%，而基准指数组合中该板块的配置比例仅为 25%。

（3）规模/风格：不同的投资策略可能对股票的规模或者风格有不同侧重，这可能有别于基准指数组合。例如，某些基金经理可能更注重股票的市值规模（大、中、小市值），某些基金经理可能更注重股票的风格特性（价值、成长型），从而导致其对所偏好的风格特性的股票进行超配，这就产生了与基准指数组合的配置比例不一致的情形。

（4）择时：基金经理可能会综合分析上述 3 种因素，在不同的时期采用不同策略。例如，某基金经理可能根据不同板块在不同阶段的市场表现不同而采用板块轮动策略，超配（或低配）下阶段看好（或看淡）的板块。

2．不同投资策略的业绩对比

采用不同投资策略的基金投资业绩比较如图 1-2 所示。这里分别列出了 3 种类型的基金 1 年期、3 年期、5 年期和 10 年期的信息比率（Information Ratio），数据覆盖时间区间为 1996 年 1 月 1 日至 2005 年 12 月 31 日。

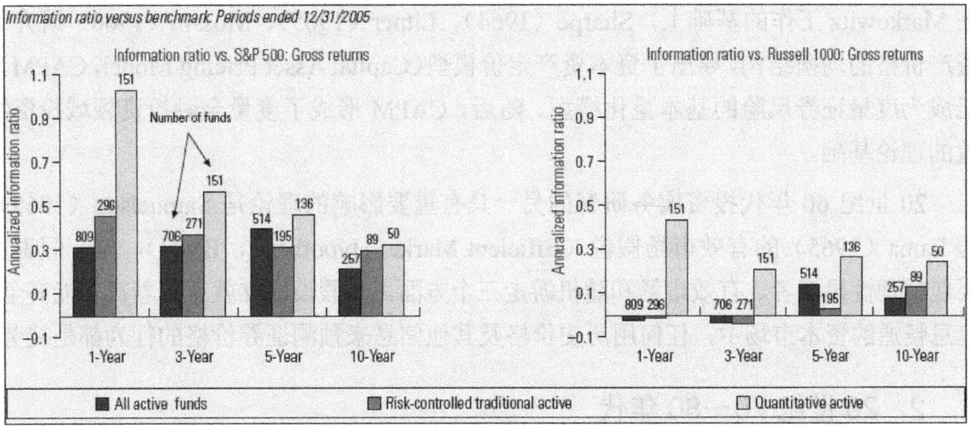

图 1-2 量化投资与传统投资策略业绩比较（1996—2005 年）

数据来源：Möbius, Vanguard Investment Counseling & Research，[蒋瑛琨 2008]

第一种类型表示以 Russell 1000 指数或者 S&P 500 指数为投资基准组合（Benchmark）的所有传统主动型投资基金（All Active Funds）；第二种类型表示偏重风险控制的传

统主动型投资基金（Risk-controlled Traditional Active Funds）；第三种类型表示量化投资基金（Quantitative Active Funds）。

从图 1-2 中可以看出，在 1996—2005 年间，量化基金的信息比率最高，投资业绩优于其他两种类型的基金，相对于传统的主动型投资策略，量化投资基金能够取得更高、更稳定的超额收益。

1.3 量化投资历史

1.3.1 量化投资理论发展

量化投资和数理金融具有很大的共同性，很多量化投资的理论、方法和技术都来自数理金融。数理金融学是近几十年来兴起的新学科，而其作为学科名称正式出现至今不过十几年的时间。下面我们就从数理金融的发展来回顾整个量化投资的历史。

1．20 世纪 50～60 年代

Markowitz 于 1952 年建立的均值——方差模型，第一次把数理工具引入金融研究。在 Markowitz 工作的基础上，Sharpe（1964）、Litner（1965）、Mossin（1966）研究了资产价格的均衡结构，导出了资本资产定价模型（Capital Asset Pricing Model，CAPM），已成为度量证券风险的基本量化模型。随后，CAPM 形成了度量金融投资领域投资绩效的理论基础。

20 世纪 60 年代投资实务研究的另一具有重要影响的理论是 Samuelson（1965）与 Fama（1965）的有效市场假说（Efficient Market Hypothesis，EMH），这一假说主要包括理性投资者、有效市场和随机游走三个方面。该假设成立就意味着在功能齐全、信息畅通的资本市场中，任何用历史价格及其他信息来预测证券价格的行为都是徒劳。

2．20 世纪 70～80 年代

20 世纪 70 年代，随着金融创新的不断进行，衍生产品的定价成为理论研究的重点。1973 年，Black 和 Scholes 建立了期权定价模型，实现了金融理论的又一大突破。该模型迅速被运用于金融实践，使金融创新工具的品种和数量迅速增多，金融市场创新得到空前规模的发展。此后，Ross（1976）建立了套利定价理论（Arbitrage Pricing Theory，APT）。在投资实务中，多因素定价（选股）模型可以看作 APT 理论最典型的代表。

3. 20 世纪 80～90 年代

20 世纪 80 年代，现代金融创新进入鼎盛时期。在此期间诞生了所谓的 20 世纪 80 年代国际金融市场四大发明，即票据发行便利（NIFs）、互换交易、期权交易和远期利率协议。金融理论的一个新概念——“金融工程”也诞生了。金融工程作为一门新的学科从金融学中独立出来。

20 世纪 80～90 年代，对期权定价理论的进一步研究刺激了对倒向随机微分方程求解的发展，从而对期权定价理论的研究开启了新的动力。同时，对倒向随机微分方程的理论和数值计算的研究又会促使期权定价理论数学模型的新研究。

20 世纪 90 年代，金融学家更加注重金融风险的管理。可以说，风险管理是 20 世纪 90 年代以来对金融机构管理的中心论题。在风险管理的诸多模型中，最著名的风险管理数学模型是 VaR（Value at Risk）模型，其中以 JP.摩根的风险矩阵（Risk Metrics）为主要代表。目前，这种方法已被全球各主要银行、公司及金融监管机构所接受，并成为最重要的金融风险管理方法之一。

同时，在这一时期还形成了另一具有重要影响力的学术流派——行为金融学。有效市场理论在 20 世纪 70 年代在学术界达到顶峰，是那个时期占统治地位的学术观点。但是，进入 20 世纪 80 年代以后，关于股票市场的一系列经验研究发现了与有效市场理论不相符合的异常现象，如日历效应、股权溢价之谜、期权微笑、封闭式基金折溢价之谜、小盘股效应等。面对这一系列金融市场的异常现象，一些研究学者开始从传统金融理论的最基本假设入手，放松关于投资者是完全理性的严格假设，吸收心理学的研究成果，研究股票市场投资者行为、价格形成机制与价格表现特征，取得了一系列有影响的研究成果，形成了具有重要影响力的学术流派——行为金融学。

4. 20 世纪 90 年代末至今

20 世纪 90 年代末，非线性科学的研究方法和理论在金融理论及其实践上的运用极大地丰富了金融科学量化手段和方法论的研究。无疑，这将开辟金融科学量化非线性的新范式的研究领域。

非线性科学的研究方法和理论不仅在金融理论研究方面开辟了崭新的非线性范式的研究领域，而且在金融实践和金融经验上也取得累累硕果。其中最为著名的是桑塔费（Santa Fe）于 1991 年创立的预测公司，它是使用非线性技术最有名的投资公司之一。其声名远扬主要归功于其创始人 Doyne Farmer 博士和 Norman Packard 博士。

他们在系统地阐述李雅普诺夫指数对于混沌分类的重要性方面和重构相空间的延迟方面都有着重要贡献，而且还使用一些不同的方法，如遗传算法、决策树、神经网络和其他非线性回归方法等建立模型。令人遗憾的是，根据专有合同，他们的技术属于瑞士银行集团。因此，他们投资过程的细节和业绩记录都是专有财产。

总之，非线性科学的研究方法和理论为人们进一步探索金融科学数量化的发展提供了最有力的研究武器。目前的研究表明，发展一种将人们所能看到的非线性结构并入金融理论和金融经验的研究与应用的过程才刚刚起步，这里有许多工作需要人们去开创、丰富和发展。

1.3.2 海外量化基金

1. 海外量化基金的发展

目前来说，对于量化基金并没有严格的定义。Bloomberg 认为量化基金因使用量化投资方法而得名。量化基金通过数理统计分析，选择那些未来回报可能会超越基准的证券进行投资，以期获取超越指数基金的收益。对于一个完全的量化基金来说，其最终的买卖决策完全依赖于量化模型。

在我国证券市场，基本面研究占据市场的主流地位，然而随着证券市场的不断发展、证券数目的增加、衍生品的出现及新业务的推出，基金要想战胜指数的难度也不断增加，量化投资将发挥越来越重要的作用。西方国家多年来资本市场的发展涌现出一大批优秀的量化投资基金。根据 Bloomberg 的数据，截至 2008 年 11 月 4 日，1184 只量化基金管理的总资产高达 1848 亿美元，相比 1988 年 21 只量化基金管理的 80 亿美元资产来说，年均增长速度高达到 20%。而同期非量化基金的年均增长速度仅为 8%。图 1-3 和图 1-4 所示分别是量化基金的数目和管理的总资产。

量化基金在正常市场环境下已经被证明能带给投资者丰厚的收益，但在金融危机中是否还能屹立不倒，或是帮助投资者将损失降到最低呢？

早在 1998 年，长期资本管理公司的失败已经证明，量化策略和量化模型并不能被完全信赖，即使严密的模型也有百密一疏的时候。毕竟模型苛刻的假设条件和适用条件与现实有一定的差距。

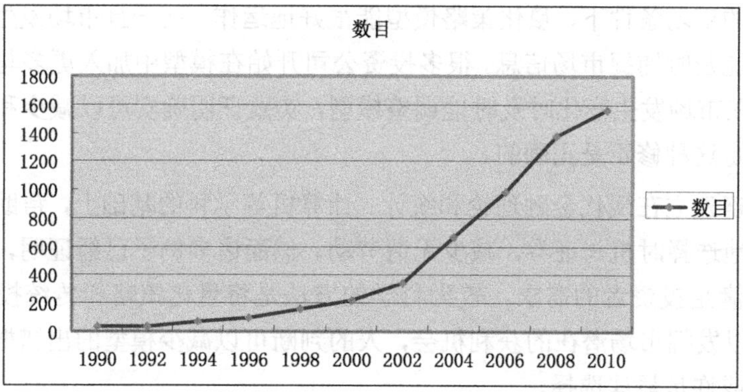

图 1-3 1988—2008 年成立的量化基金数目

数据来源：Reuters

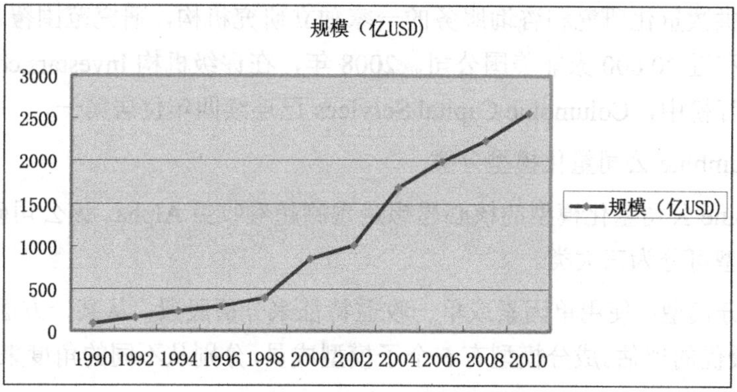

图 1-4 海外量化基金规模发展

数据来源：Reuters

量化投资策略在 2007 年以来的次贷风波中又一次向我们真实展现了其风险的一面。在遭遇金融危机时，量化投资策略是否能帮助投资者免遭损失？答案是否定的。但经过多次的风暴洗礼，量化研究正在逐步成熟，在 2007 年的风暴中，已有一部分量化基金能够及时地改进模型以减少损失，加上量化策略与生俱来的特点，可以看到，量化投资仍有广阔的发展空间。

从量化策略的失败原因推测其未来的发展趋势，大致有 3 个方向，即模型数据多样化、参数市场化和定量定性相结合。

在正常的市场条件下，量化策略模型能很好地运作，而一旦市场发生转折，量化模型却未必能及时捕捉市场信息。很多投资公司开始在模型中加入更多与市场有关的变量，或是在市场发生变化时及时地调整模型，实践证明确实可以减少和挽回一部分损失，前提是这种修正是正确的。

量化策略建立在现代金融理论和统计、计算机等学科的基础上，帮助投资管理人更好、更快地选择时机与证券，减少无谓劳动。然而诸多例子已经证明，单一的量化策略不足以满足投资者的需求。较为科学的方法是将量化策略和传统投资策略相结合，模型可以发掘市场潜在的获利机会，人的判断可以减少模型的出错概率，定量与定性的结合或许是最佳选择。

2．案例：Columbine Capital Services

Columbine Capital Services 成立于 1976 年，是为职业财富管理人和基金等大型机构投资者提供数量化研究和咨询服务的一家独立研究机构，研究范围覆盖超过 6000 家美国公司和近 20 000 家非美国公司。2008 年，在评级机构 Investars.com 对研究机构的业绩排行榜中，Columbine Capital Services 已连续四年位居第一。

1）Columbine 公司量化模型分类

Columbine 公司量化模型的核心思想是预测超额收益 Alpha。该公司研发的 Alpha 预测量化模型可分为三大类。

（1）成分模型：使用单因素或单一收益特征来分析股票，从某一方面为投资经理提供客观、最优的评估。成分模型有 5 个子模型成员，分别从不同的角度来预测 Alpha。

（2）个股选择模型：使用多因素或多重收益特征来预测 Alpha，选出买入和卖出个股组合。个股选择模型有 6 个子成员，每个选股模型都有其独特风格。

（3）国际化模型：是致力于某一国家或地区的 Alpha 预测模型，寻找单一市场上所没有的超额收益。Columbine 公司拥有除美国以外的 28 个国家和地区的历史数据来建立某一国家和地区特有的模型版本，其余的市场则由新兴市场模型版本覆盖。

2）Columbine 公司量化模型评级系统构建

（1）因子选取：Columbine 公司量化投资模型的构建基于各种收益和风险因子的定义与选择。因子的选取标准如下：首先，每个因子必须具有经济意义；其次，每个因子必须具备显著的预测能力。

（2）模型评级：在定义了各个收益和风险因子后，就可以根据不同的需要选择合适的因子来建立不同类型的多因素量化模型，进而对股票进行筛选、排序和分级。量化模型一般将股票池中的股票分为 10 个等级，分别标记为 1～10，1 表示最好，10 表示最差，再根据模型分级的高低做出“买入”、“中性”或者“卖出”评级。

根据历史业绩，Columbine 公司的量化投资模型近年来的绩效表现相当好，基本都能保持选股的有效性。

1.3.3 量化投资在中国

正因为 A 股市场不是特别有效的市场，量化投资策略正好可以发挥其纪律性、系统性、及时性、准确性、分散化的优点而捕获国内市场的各种投资机会。

1. 量化投资适合 A 股市场

相比定性投资，现阶段 A 股市场的特点更适合采用客观、公正而理性的量化投资风格。股票市场复杂度和有效性的增加已对传统定性投资基金经理的单兵作战能力提出了挑战。相对于海外成熟市场，A 股市场的发展历史较短，有效性偏弱，市场上被错误定价的股票相对较多，留给量化投资策略去发掘市场的无效性、寻找超额收益的潜力和空间也就更大。事实上，尽管在国内发展历程较短，从国内已有的采用了量化投资方法并且已经运作了一段时间的基金来看，量化基金可以被证明是适应中国市场的。

2. 百花齐放的量化基金产品

对于量化基金的产品设计，虽然量化基金一般采用多因素模型对股票进行分析和筛选，但不同的量化基金的侧重点是不一样的，也就是包括投资思路、观察角度、分析方法在内都是不同的。

在个股筛选和分析的角度、行业分析的角度、大类资产的配置等方面均有不同的思路，可以体现出各自不同的投资理念和投资特色。

这里所指的量化基金产品包括但不限于量化共同基金产品、指数基金产品、指数增强型基金产品、行业指数基金产品、风格类指数基金产品、策略指数基金产品、ETF 产品、收益分级型产品等。

从量化投资提供的工具和方法来看，给投资者提供的基金产品可以说是百花齐放，也可以做到有的放矢，满足投资者不同风险收益偏好的投资需求。

3. 量化投资本土化前景

量化投资可以为投资者带来更多更丰富、更有特色的基金产品，丰富机构的产品线。只有建立完善的产品线，才能满足不同投资者的需求，才能在不同的市场状况下获得发展，才能有强大的基金公司。机构可以从量化投资所带来的无限量基金产品线上获益良多。

量化投资不仅可以增加基金的产品线，而且量化投资策略本身也是对机构投资者传统投资的一个强有力的补充和增强。量化投资的好处是可以将各种适合不同经济环境、不同市场环境的投资理念明确地刻画出来，并加以建议。那些成功的投资理念通过量化的方式就可以方便地加入投资决策中去。量化投资策略对提升机构投资者的投资决策能力无可限量。

总而言之，量化投资在中国前景无限。

1.4 量化投资主要内容

一个典型的投资流程如图1-5所示，从中可以看出，量化投资技术几乎覆盖了投资的全过程，包括量化选股、量化择时、股指期货套利、商品期货套利、统计套利、算法交易、资产配置、风险控制等。

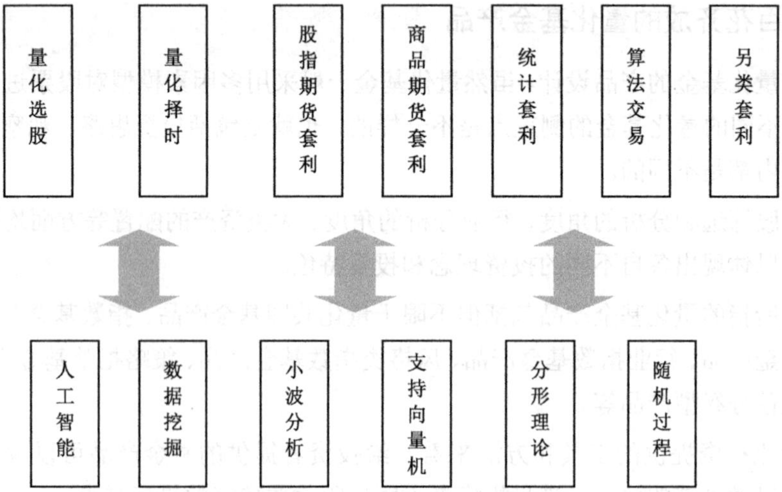

图1-5 量化投资学科体系结构

1. 量化选股

量化选股就是采用数量的方法判断某家公司是否值得买入的行为。根据某种方法，如果该公司满足了该方法的条件，则放入股票池；如果不满足，则从股票池中剔除。

量化选股的方法有很多种，总的来说，可以分为公司估值法、趋势法和资金法三大类。

公司估值法是上市公司基本面分析的重要利器，在“基本面决定价值，价值决定价格”的基本逻辑下，通过比较公司估值法得出的公司理论股票价格与市场价格的差异，判断股票的市场价格是否被高估或者低估，从而寻找出价值被低估或被高估的股票，指导投资者的具体投资行为，如买入、卖出或继续持有。

趋势法就是根据市场表现，如强势、弱势、盘整等不同的形态，做出对应的投资行为的方法。可以追随趋势，也可以进行反转操作等。

资金法的本质思想是追随市场主力资金的方向，如果资金流入，则应该伴随着价格上涨；如果资金流出，则应该伴随着价格下跌。也可以通过持仓筹码的分布来判断在未来一段时间股价的上涨和下跌情况。资金法本质上是一种跟风策略，追随主流热点，从而期望在短时间内获得超额收益。

2. 量化择时

股市的可预测性问题与有效市场假说密切相关。如果有效市场理论或有效市场假说成立，股票价格充分反映了所有相关的信息，价格变化服从随机游走，那么股票价格的预测将毫无意义。从中国股票市场的特征来看，大多数研究报告的结论支持中国的股票市场尚未达到弱有效，也就是说，中国股票市场的股票价格时间序列并非与序列无关，而是序列相关的，即历史数据对股票的价格形成发挥作用，因此，可以通过对历史信息的分析预测价格。

随着计算机技术、混沌、分形理论的发展，人们开始将股票的市场行为纳入非线性动力学研究范畴。众多研究发现，我国股市的指数收益中，存在经典线性相关之外的非线性相关，从而拒绝了随机游走的假设，指出股价的波动不是完全随机的，它貌似随机、杂乱，但在其复杂表面的背后，却隐藏着确定性的机制，因而存在可预测成分。当然，认为股价可预测，并不是说可以 100%地准确预见，而是指可以使用经济预测的方法，建立起能在一定误差要求之下预测股价变动的模型。一批学者先后证实了证券市场的确存在一些可利用的规律，其成功率之高和稳定性之久，远远超出了随机行走理论可以解释的范围。因此，最近 20 年，持证券市场缺乏效率观点的人越来越多，证券市场预测的研究再次成为人们关注的热点。

3. 股指期货套利

股指期货套利是指利用股指期货市场存在的不合理价格，同时参与股指期货与股票现货市场交易，或者同时进行不同期限、不同（但相近）类别股票指数合约交易，以赚取差价的行为。股指期货套利主要分为期现套利和跨期套利两种。

我国沪深 300 股指期货已经推出，为券商、基金等机构投资者提供了金融创新的工具。使用这些工具，机构投资者可以按照金融工程的理论框架去探索新的盈利模式。股指期货套利交易就是一种值得研究的新型盈利模式，开展股指期货套利交易对于恢复扭曲的市场价格关系、抑制过度投机和增强市场流动性都有着重要的作用。

股指期货套利的研究主要包括现货构建、套利定价、保证金管理、冲击成本、成分股调整等内容。

4. 商品期货套利

商品期货套利盈利的逻辑原理是基于以下几个方面的：相关商品在不同地点、不同时间对应都有一个合理的价格差价；由于价格的波动性，价格差价经常出现不合理；不合理必然要回到合理；不合理回到合理的这部分价格区间就是盈利区间。

正是基于以上几个方面，才产生了套利机会。套利者所赚取的利润就是从不合理到合理这部分空间，所以套利者所做的就是当价差出现扭曲甚至严重扭曲的时候及时捕捉到机会，稳定赚取这部分利润。

对相关合约之间的价差数据变化规律进行科学的统计分析是商品期货套利过程成功实施的重要前提，只有借助统计分析工具和图表，结合基本面和技术分析，才能预测出今后一段时间内相关合约价差数据变化的趋势，从而把握最佳的套利时机。因此，历史数据的统计分析对成功实施商品期货套利来说非常重要。

另外，考虑到套利交易中的资金成本运用问题，能够通过历史数据变化规律的分析，帮助投资者在继续持有套利头寸和提前结束头寸之间做出恰当的选择也是非常必要的。

5. 统计套利

有别于无风险套利，统计套利是利用证券价格的历史统计规律进行的套利，是一种风险套利，其风险在于这种历史统计规律在未来一段时间内是否继续存在。

统计套利在方法上可以分为两类，一类是利用股票的收益率序列建模，目标是在组合的β值等于零的前提下实现 Alpha 收益，我们称之为β中性策略；另一类是利用股票的价格序列的协整关系建模，我们称之为协整策略。前者是基于日收益率对均衡关系的偏离，后者是基于累计收益率对均衡关系的偏离。基于日收益率建模的β中性策略是一种超短线策略，只要日偏离在短期内不修复，策略就会失效。并且，如果日偏离是缓慢修复的，那么这种策略很难搜索到合适的平仓时机。

很多分析也表明，β中性策略经常会发出错误的交易信号。而协整策略直接利用了原始变量——股价进行建模，当累计收益率偏离到一定程度时建仓，在偏离修复到一定程度或反向时平仓。

6. 期权套利

期权套利交易是指同时买进卖出同一相关期货，但不同敲定价格或不同到期月份的看涨或看跌期权合约，希望在日后对冲交易部位或履约时获利的交易。期权套利的交易策略和方式多种多样，是多种相关期权交易的组合，具体包括水平套利、垂直套利、转换套利、反向转换套利、跨式套利、蝶式套利、飞鹰式套利等。

期权具有杠杆高、损失有限的特点，使得利用期权进行套利交易比期货套利的效率更高、收益率更大。期权套利分析主要需要解决的问题有高低损益平衡点确定、套利空间计算、交易成本、市场容量等。

7. 算法交易

算法交易又被称为自动交易、黑盒交易或者机器交易，它指的是通过使用计算机程序来发出交易指令。在交易中，程序可以决定的范围包括交易时间的选择、交易的价格，甚至可以包括最后需要成交的证券数量。

根据各个算法交易中算法的主动程度不同，可以把不同的算法交易分为被动型算法交易、主动型算法交易、综合型算法交易三大类。

8. 资产配置

资产配置是指资产类别选择，即投资组合中各类资产的适当配置及对这些混合资产进行实时管理。量化投资管理将传统投资组合理论与量化分析技术结合，极大地丰富了资产配置的内涵，形成了现代资产配置理论的基本框架。它突破了传统积极型投资和指数型投资的局限，将投资方法建立在对各种资产类股票公开数据的统计分析上，通过比较不同资产类的统计特征，建立数学模型，进而确定组合资产的配置目标和分配比例。

现在，全世界有超过万亿美元的资产全部或部分以量化分析为基础进行资产配置。资产配置一般包括两大类别、三大层次，两大类别分别为战略资产配置和战术资产配置，三大层次分别为全球资产配置、大类资产配置及行业风格配置。

1.5 量化投资主要方法

量化投资涉及很多数学和计算机方面的知识和技术，总的来说，主要有人工智能、数据挖掘、小波分析、支持向量机、分形理论和随机过程这几种。

1. 人工智能

人工智能（Artificial Intelligence，AI）是研究使用计算机来模拟人的某些思维过程和智能行为（如学习、推理、思考、规划等）的学科，主要包括计算机实现智能的原理、制造类似于人脑智能的计算机，使计算机能实现更高层次的应用。人工智能将涉及计算机科学、心理学、哲学和语言学等学科，可以说几乎是自然科学和社会科学的所有学科，其范围已远远超出计算机科学的范畴。人工智能与思维科学的关系是实践和理论的关系，人工智能处于思维科学的技术应用层次，是它的一个应用分支。

从思维观点来看，人工智能不仅限于逻辑思维，还要考虑形象思维、灵感思维才能促进人工智能的突破性发展。数学常被认为是多种学科的基础学科，因此人工智能学科也必须借用数学工具。数学不仅在标准逻辑、模糊数学等范围发挥作用，进入人工智能学科后也能促进其得到更快的发展。

金融投资是一项复杂的、综合了各种知识与技术的学科，对智能的要求非常高。所以人工智能的很多技术可以用于量化投资分析中，包括专家系统、机器学习、神经网络、遗传算法等。

2. 数据挖掘

数据挖掘（Data Mining）是从大量的、不完全的、有噪声的、模糊的、随机的数据中提取隐含其中的、人们事先不知道的，但又是潜在有用的信息和知识的过程。

与数据挖掘相近的同义词有数据融合、数据分析和决策支持等。在量化投资中，数据挖掘的主要技术包括关联分析、分类/预测、聚类分析等。

关联分析是研究两个或两个以上变量的取值之间存在某种规律性。例如，研究股票的某些因子发生变化后，未来一段时间股价之间的关联关系。关联分为简单关联、时序关联和因果关联。关联分析的目的是找出数据库中隐藏的关联网。一般用支持度和可信度两个阈值来度量关联规则的相关性，还不断引入兴趣度、相关性等参数，使得所挖掘的规则更符合需求。

分类就是找出一个类别的概念描述，它代表了这类数据的整体信息，即该类的内涵描述，并用这种描述来构造模型，一般用规则或决策树模式表示。分类是利用训练数据集通过一定的算法而求得分类规则。分类可被用于规则描述和预测。

预测是利用历史数据找出变化规律，建立模型，并由此模型对未来数据的种类及特征进行预测。预测关心的是精度和不确定性，通常用预测方差来度量。

聚类就是利用数据的相似性判断出数据的聚合程度，使得同一个类别中的数据尽可能相似，不同类别的数据尽可能相异。

3. 小波分析

小波（Wavelet），顾名思义，就是小的波形。所谓“小”是指它具有衰减性；而称之为“波”则是指它的波动性，其振幅是正负相间的震荡形式。与傅里叶变换相比，小波变换是时间（空间）频率的局部化分析，它通过伸缩平移运算对信号（函数）逐步进行多尺度细化，最终达到高频处时间细分、低频处频率细分，能自动适应时频信号分析的要求，从而可聚焦到信号的任意细节，解决了傅里叶变换的困难问题，成为继傅里叶变换以来在科学方法上的重大突破，因此也有人把小波变换称为数学显微镜。

小波分析在量化投资中的主要作用是进行波形处理。任何投资品种的走势都可以看作一种波形，其中包含了很多噪声信号。利用小波分析，可以进行波形的去噪、重构、诊断、识别等，从而实现对未来走势的判断。

4. 支持向量机

支持向量机（Support Vector Machine，SVM）方法是通过一个非线性映射，把样本空间映射到一个高维乃至无穷维的特征空间中（Hilbert 空间），使得在原来的样本空间中非线性可分的问题转化为在特征空间中线性可分的问题，简单地说，就是升维和线性化。升维就是把样本向高维空间进行映射，一般情况下这会增加计算的复杂性，甚至会引起维数灾难，因而人们很少问津。但是对于分类、回归等问题来说，很可能在低维样本空间无法线性处理的样本集，在高维特征空间却可以通过一个线性超平面实现线性划分（或回归）。

一般的升维都会带来计算的复杂化，SVM 方法巧妙地解决了这个难题：应用核函数的展开定理，就不需要知道非线性映射的显式表达式；由于是在高维特征空间中建立线性学习机，所以与线性模型相比，不但几乎不增加计算的复杂性，而且在某种程度上避免了维数灾难。这一切都要归功于核函数的展开和计算理论。

正因为有这个优势，使得 SVM 特别适合进行有关分类和预测问题的处理，这就使得它在量化投资中有了很大的用武之地。

5. 分形理论

被誉为大自然的几何学的分形理论（Fractal）是现代数学的一个新分支，但其本质却是一种新的世界观和方法论。它与动力系统的混沌理论交叉结合、相辅相成。它承认世界的局部可能在一定条件下，在某一方面（形态、结构、信息、功能、时间、能量等）表现出与整体的相似性，它承认空间维数的变化既可以是离散的也可以是连续的，因而极大地拓展了研究视野。

自相似原则和迭代生成原则是分形理论的重要原则。它表示分形在通常的几何变换下具有不变性，即标度无关性。分形形体中的自相似性可以是完全相同的，也可以是统计意义上的相似。迭代生成原则是指可以从局部的分形通过某种递归方法生成更大的整体图形。

分形理论既是非线性科学的前沿和重要分支，又是一门新兴的横断学科。作为一种方法论和认识论，其启示是多方面的：一是分形整体与局部形态的相似，启发人们通过认识部分来认识整体，从有限中认识无限；二是分形揭示了介于整体与部分、有序与无序、复杂与简单之间的新形态、新秩序；三是分形从一个特定层面揭示了世界的普遍联系和统一的图景。

由于这种特征，使得分形理论在量化投资中得到了广泛的应用，主要可以用于金融时序数列的分解与重构，并在此基础上进行数列的预测。

6. 随机过程

随机过程（Stochastic Process）是一连串随机事件动态关系的定量描述。随机过程论与其他数学分支如位势论、微分方程、力学及复变函数论等有密切的联系，是在自然科学、工程科学及社会科学各领域中研究随机现象的重要工具。随机过程论目前已得到广泛的应用，在诸如天气预报、统计物理、天体物理、运筹决策、经济数学、安全科学、人口理论、可靠性及计算机科学等很多领域都要经常用到随机过程的理论来建立数学模型。

研究随机过程的方法多种多样，主要分为两大类：一类是概率方法，其中用到轨道性质、随机微分方程等；另一类是分析方法，其中用到测度论、微分方程、半群理论、函数堆和希尔伯特空间等，实际研究中常常两种方法并用。另外，组合方法和代数方法在某些特殊随机过程的研究中也有一定作用。研究的主要内容有多指标随机过程、无穷质点与马尔科夫过程、概率与位势，以及各种特殊过程的专题讨论等。

其中，马尔科夫过程很适于金融时序数列的预测，是在量化投资中的典型应用。

第 2 章　量化选股

◆ 摘要 ◆

量化选股就是利用数量化的方法选择股票组合，期望该股票组合能够获得超越基准收益率的投资行为。量化选股策略总的来说可以分为两类：第一类是基本面选股；第二类是市场行为选股。

本章中基本面选股介绍了多因子模型、风格轮动模型和行业轮动模型；市场行为选股介绍了资金流模型、动量反转模型、一致预期模型、趋势追踪模型和筹码选股模型。

多因子模型是应用最广泛的一种选股模型，其基本原理是采用一系列的因子作为选股标准，满足这些因子的股票则被买入，不满足的则卖出。多因子模型相对来说比较稳定，因为在不同的市场条件下，总有一些因子会发挥作用。

风格轮动模型是利用市场的风格特征进行投资，比如有时候市场偏好小盘股，有时候偏好大盘股，如果是在风格转换的初期介入，则可以获得较大的超额收益。

行业轮动与风格轮动类似，由于经济周期的原因，总有一些行业先启动，有的行业跟随。在经济周期过程中，依次对这些轮动的行业进行配置，则比买入持有策略有更好的效果。

资金流选股的基本思想是利用资金的流向来判断股票的涨跌，如果资金流入，则股票价格应该上涨；如果资金流出，则股票价格应该下跌。所以将资金流入流出的情况编成指标，则可以利用该指标来判断在未来一段时间股票价格的涨跌情况。

动量反转模型是指股票的强弱变化情况。过去一段时间强势的股票在未来一段时间继续保持强势，过去一段时间弱势的股票在未来一段时间继续保持弱势，这叫作动量效应。过去一段时间强势的股票在未来一段时间会走弱，过去一段时间弱势的股票在未来一段时间会走强，这叫作反转效应。如果判定动量效应会持续，则应该买入强势股；如果判断会出现反转效应，则应该买入弱势股。

一致预期是指市场上的投资者可能会对某些信息产生一致的看法。比如大多数分析师看好某只股票，可能这只股票的价格在未来一段时间会上涨；如果大多数分析师看空某只股票，可能这只股票的价格在未来一段时间会下跌。一致预期策略就是利用大多数分析师的看法来进行股票的买入卖出操作。

趋势追踪属于图形交易的一种，就是当股价出现上涨趋势的时候，则追涨买入；当股价出现下跌趋势的时候，则杀跌卖出，其本质上是一种追涨杀跌策略。判断趋势的指标有很多种，包括 MA、EMA、MACD 等，其中最简单也是最有效的是均线策略。

筹码选股是另外一种市场行为策略，其基本思想是：如果主力资金要拉升一只股票，则会慢慢收集筹码；如果主力资金要卖出一只股票，则会慢慢分派筹码。所以根据筹码的分布和变动情况，就可以预测股票价格未来是上涨还是下跌。

有关量化选股业绩评价要从两个方面来考虑：一个是收益率，另一个是风险指数，只是收益率高的策略并不能成为最好的策略，只有综合考虑收益率和风险情况才能判断一个选股策略的好坏。量化选股需要考虑的是在承担多大的风险情况下的收益率情况。

2.1 多因子

◆ 摘要 ◆

市场上的投资者，不管是价值投资者，还是投机者，或者短线交易者，都会根据某些因子来判断股票的涨跌。当有一群交易者同时采用某个因子的时候，就会造成该因子有效。例如，当很多投资者认为低 PE 的价值型的股票是好的投资标的时，他们纷纷买入低 PE 的股票，会使得该股票价格出现上涨，或者超越大市。这样就使得低 PE 这个因子的有效性得以体现。

市场上有很多这样的因子，它们在不同的市场环境下或多或少会起作用，从量化分析的角度来看，这些因子和收益率之间存在因果关系。本节的多因子模型就是要研究市场上有哪些因子对最终收益率的作用比较大，它们在不同市场阶段的表现如何。

2.1.1 基本概念

多因子模型是一类重要的选股模型，它的优点是能够综合很多信息最后得出一个选股结果。多因子模型的表现相对来说比较稳定，因为在不同的市场情况下，总有一些因子会发挥作用。因此，在量化投资界，不同的投资者和研究者都开发了很多不同的多因子模型。各种多因子模型的核心区别一是在因子的选取上，二是在如何用多因子综合得到一个最终的判断上。

一般而言，多因子选股模型有两种判断方法：一是打分法；二是回归法。

打分法就是根据各个因子的大小对股票进行打分，然后按照一定的权重加权得到一个总分，根据总分再对股票进行筛选。打分法根据加权方法的不同又可以分为静态加权和动态加权。打分法的优点是相对比较稳健，不容易受到极端值的影响。

回归法就是用过去的股票的收益率对多因子进行回归，得到一个回归方程，然后把最新的因子值代入回归方程得到一个对未来股票收益的预判，最后以此为依据进行选股。回归法的优点是能够比较及时地调整股票对各因子的敏感性，而且不同的股票对不同因子的敏感性也可以不同。回归法的缺点是容易受到极端值的影响，在股票对因子敏感度变化较大的市场情况下效果也比较差。

2.1.2 策略模型

多因子选股模型的建立过程主要分为候选因子的选取、选股因子有效性的检验、有效但冗余因子的剔除、综合评分模型的建立和模型的评价及持续改进 5 个步骤。

1. 候选因子的选取

候选因子可能是一些基本面指标，如 PB、PE、EPS 增长率等，也可能是一些技术面指标，如动量、换手率、波动等，或者其他指标，如预期收益增长、分析师一致预期变化、宏观经济变量等。候选因子的选择主要依赖于经济逻辑和市场经验，但选择更多和更有效的因子无疑是增强模型信息捕获能力、提高收益的关键因素之一。

2. 选股因子有效性的检验

一般检验方法主要采用排序的方法检验候选因子的选股有效性。具体而言，对于任意一个候选因子，在模型形成期的第一个月初开始计算市场中每只正常交易股票的该因子的大小，按从小到大的顺序对样本股票进行排序，并平均分为 n 个组合，一直持有到月末，在下月初再按同样的方法重新构建 n 个组合并持有到月末，每月如此，一直重复到模型形成期末。

组合构建完毕后，计算这 n 个组合的年化复合收益、相对于业绩基准的超出收益、在不同市场状况下的高收益组合跑赢基准和低收益组合跑输基准的概率等。为确定选股因子的有效性，建立如下数量标准。

（1）序数为 1～n 的组合年化复合收益应满足一定的排序关系，即组合因子的大小与收益应具有较大的相关关系，从统计的角度看，因子能较为显著地影响组合预期收益。假设序数为 i 的组合年化复合收益为 x_i，那么 x_i 与 i 的相关性绝对值 Abs (Corr (x_i, i)) 应满足如下关系：

$$\mathrm{Abs}(\mathrm{Corr}(x_i, i)) \geqslant \mathrm{MinCorr}$$

其中，MinCorr 为模型所设定的收益和序数最小相关性阈值。

（2）令序数为 1 和 n 的两个极端组合相对基准的超额收益分别为 AR_1 和 AR_n，如果 $AR_1 > AR_n$（该假设表示因子越小，收益越大），那么二者应满足如下条件：

$$AR_1 > \mathrm{Min}AR_{\mathrm{top}} > 0 \text{ 和 } AR_n < \mathrm{Min}AR_{\mathrm{bottom}} < 0$$

反之，如果 $AR_1 < AR_n$（该假设表示因子越大，收益越小），那么与上面不等式类似，二者应满足：

$$AR_n > \mathrm{Min}AR_{\mathrm{top}} > 0 \text{ 和 } AR_1 < \mathrm{Min}AR_{\mathrm{bottom}} < 0$$

其中，$\mathrm{Min}AR_{\mathrm{top}}$、$\mathrm{Min}AR_{\mathrm{bottom}}$ 分别为两个极端组合的最小超出收益阈值。以上条件保证因子最大和最小的两个组合中，一个是明显跑赢市场的赢家组合，另一个是明显跑输市场的输家组合。

（3）无论在上涨、下跌还是整个模型形成期，序数为 1 和 n 的两个极端组合中，较高收益的组合应该能以较高的概率跑赢市场，而较低收益的组合则能以较高的概率跑输市场。

符合以上 3 个条件的因子至少说明在过去的一段时期内表现出较好的选股能力，可以作为进一步筛选的有效选股因子。

3．有效但冗余因子的剔除

不同的选股因子可能由于内在的驱动因素大致相同等原因，所选出的组合在个股构成和收益等方面具有较高的一致性，因此其中的一些因子需要作为冗余因子剔除，而只保留同类因子中收益最好、区分度最高的一个因子。假设需要选出 k 个有效因子，样本期共 m 个月，那么具体的冗余因子剔除步骤如下。

（1）先对不同因子下的 n 个组合进行打分，分值与该组合在整个模型形成期的收益相关，收益越大，分值越高。具体方法为：令组合 1 和 n 相对基准的超额收益分别为 AR_1 和 AR_n，如果 $AR_1<AR_n$，则将组合 i 的分值设为 i；反之，$AR_1>AR_n$，组合 i 的分值为 $n-i+1$，即所有组合的分值取 1～n 间的连续整数。组合得分确定后，再将其赋给每个月该组合内的所有个股。

（2）按月计算个股的不同因子得分间的相关性矩阵，令第 t 个月的个股因子得分相关性矩阵为：$(\text{Score\_Corr}_{t,u,v})$，$u,v=1,2,\cdots,k$，$u$ 和 v 为因子序号。

（3）在计算完每个月因子得分相关性矩阵后，计算整个样本期内相关性矩阵的平均值，计算公式为：$(\frac{1}{m}\sum_{t=1}^{m}\text{Score\_Corr}_{t,u,v})$，$u,v=1,2,\cdots,k$。

（4）设定一个得分相关性阈值 MinScoreCorr，对得分相关性平均值矩阵中大于该阈值的元素所对应的因子只保留与其他因子相关性较小、有效性更强的因子，而其他因子则作为冗余因子剔除。

4．综合评分模型的建立

综合评分模型选取去除冗余后的有效因子，在模型运行期的每个月月初对市场中正常交易的个股计算每个因子的最新得分，并按照一定的权重求得所有因子的平均分。如果有的因子在某些月份可能无法取值（例如，有的个股因缺少分析师预期数据而无法计算预期相关因子），那么按剩下的因子分值求加权平均。最后，根据模型所得出的综合平均分对股票进行排序，然后根据需要选择排名靠前的股票。例如，选取得分最高的前 20%股票，或者选取得分最高的 50～100 只股票等。

5．模型的评价及持续改进

一方面，由于量化选股方法是建立在市场无效或弱有效的前提之下的，随着使用多因子选股模型的投资者数量的不断增加，有的因子会逐渐失效，而另一些新的因子可能被验证有效而加入到模型中；另一方面，一些因子可能在过去的市场环境下比较有效，而随着市场风格的改变，这些因子可能在短期内失效，而另外一些以前无效的因子会在当前市场环境下表现较好。

另外，在计算综合评分的过程中，各因子得分的权重设计、交易成本考虑和风险控制等都存在进一步改进的空间。因此，在综合评分选股模型的使用过程中，会对选用的因子、模型本身做持续的再评价和不断改进以适应变化的市场环境。

2.1.3 实证案例：多因子选股模型

本案例选取 2008—2015 年共 8 年作为样本期，其中 2008—2011 年作为因子检验筛选期（共 4 年），2012—2015 年作为选股模型的样本外检验期（共 4 年）。所选股票样本为所有正常交易且上市时间超过一个季度的 A 股股票，业绩基准为上证指数。

1. 候选因子的选取

本案例从估值、成长性、资本结构、技术面等角度，选取了 30 个较为常见的指标作为模型的候选因子，具体的因子选取如表 2-1 所示。

表 2-1 多因子选股模型候选因子

估值因子	成长因子	资本结构因子	技术面因子
账面市值比	ROE	资产负债率	6 个月动量
盈利收益率	ROA	固定资产比例	12 个月动量
PEG	ROE 变动	流通市值	1 个月反转
股息率	ROA 变动		换手率
现金收益率	EPS 增长率		换手率变动
	主营收入增长率		波动
	EBITDA 增长率		波动变化
	主营毛利率		震荡指标
	主营毛利率变动		
	收入净利率		
	收入净利率变动		
	再投资率		

数据来源：[周冠伟 2016]

注：再投资率=[(过去 12 个月每股收益−每股分红)/期初每股净资产]，反映了公司将盈利留存并进行再投资的情况。

震荡指标=[(前月最高价−最低价)/(前月月初股价+月末股价)]，来源于一个简单的市场经验：横有多长，竖有多高。

2．选股因子有效性的检验

首先，在 2008 年 1 月到 2011 年 12 月间的每个月月初，根据表 2-1 所列的候选因子，分别计算每只个股相应的因子得分，具体步骤如下：

（1）在每个月月初计算每只个股的各因子指标，在涉及财务指标的计算上尽量采用最新报表以反映最新的财务信息，例如，EPS 的计算采用 12 个月的 EPS。

（2）根据因子指标的计算结果，从小到大对样本股票进行排序并分为 5 个等份组合，从而在整个样本期内形成不同因子下的 5 个排序组合。

（3）分别计算不同因子下的 5 个排序组合的流通市值加权年化复合平均收益、相对于业绩基准的平均年化超额收益、在不同市场环境下第 1 和第 5 组合战胜或跑输基准的概率，如表 2-2 所示。

表 2-2　多因子模型候选因子初步检验

因　子	年化复合平均收益	超额收益	收益与分值相关性	跑赢概率（所有）	跑赢概率（牛市）	跑赢概率（熊市）
账面市值比	−12.63	6.13	0.752	66.67	70.83	62.5
盈利收益率	−15.74	3.02	0.590	60.24	50	70.83
PEG	−21.96	−3.2	0.451	50	37.5	62.5
股息率	−21.34	−2.6	0.611	54.16	62.5	54.9
现金收益率	−19.1	−0.34	0.469	64.5	70.83	58.33
P/SALES	−11.37	7.3	−0.643	64.58	33.33	95.83
EV/EBITDA	−16.13	2.63	−0.732	54.2	70.83	37.5
ROE	−18.99	−0.23	0.580	56.25	66.67	45.83
ROA	−16.45	2.3	0.793	56.25	50	62.5
ROE 变动	−8.2	10.14	0.861	62.5	41.6	83.3
ROA 变动	−10.99	7.77	0.879	60.4	41.6	79.1
EPS 增长率	−21.08	−2.32	0.222	54.2	37.5	70.8
主营收入增长率	−15.11	3.65	0.859	56.25	41.6	70.8
EBITDA 增长率	−16.2	2.74	0.314	64.5	70.8	58.3
主营毛利率	−14.86	3.9	0.583	56.25	37.5	75
主营毛利率变动	−13.34	5.33	0.788	56.25	45.83	66.67
收入净利率	−18.34	0.42	0.394	50	25	75

续表

因　子	年化复合平均收益	超额收益	收益与分值相关性	跑赢概率（所有）	跑赢概率（牛市）	跑赢概率（熊市）
收入净利率变动	−18.9	−0.001	0.519	62.5	45.83	79.17
再投资率	−21.67	−2.63	0.559	54.17	50	58.33
资产负债率	−16.43	2.33	−0.779	58.33	62.5	54.17
固定资产比例	−16.58	2.18	−0.49	60.42	52.5	58.3
流通市值	−9.00	9.76	−0.743	64.58	75	54.17
6 个月动量	−16.72	2.04	−0.671	52.08	54.17	50
12 个月动量	−13.57	5.19	−0.845	64.59	58.33	70.83
1 个月反转	−12.46	6.29	0.792	60.42	62.5	58.33
换手率	−18.64	0.12	0.263	56.25	79.17	33.33
换手率变动	4.63	23.39	0.968	72.9	62.5	83.3
波动	−16.8	1.96	−0.761	58.3	50	66.7
波动变化	−22.59	−3.83	0.157	52.08	45.83	58.33
震荡指标	−19.54	−0.78	−0.415	54.17	50	58.33

数据来源：[周冠伟 2016]

从表 2-2 中可以看出，表现最好的是换手率变动这个指标，4 年的年化复合平均收益为 4.63%，而同期的上证指数年化复合平均收益只有-18.9%。

综合考虑了复合收益、超额收益及相关性后，获得如表 2-3 所示的通过检验的有效因子。

表 2-3　多因子模型中通过检验的有效因子

估值因子	成长因子	资本结构因子	技术面因子
账面市值比	ROE 变动	流通市值	换手率变动
盈利收益率	ROA 变动		波动
PEG 现金收益率	EBITDA 增长率 主营业务利润率变动		12 个月动量
P/SALES	收入净利率		1 个月反转

数据来源：[周冠伟 2016]

3. 有效但冗余因子的剔除

对这些初步有效的因子计算相关性矩阵，假定得分相关性阈值取 0.5，表 2-3 中盈利收益率和 PEG 的相关性为 0.89，ROA 变动和 ROE 变动的相关性为 0.70，盈利收益率和收入净利率的相关性为 0.59，1 个月反转和 12 个月动量的相关性为 0.94，这些项目的相关性均超过阈值，因此取其中超额收益相对较高的因子，最终剔除的因子为 PEG、ROE 变动和收入净利率，共剩下 11 个选股因子，如表 2-4 所示。

表 2-4　多因子模型中剔除冗余后的因子

估值因子	成长因子	资本结构因子	技术面因子
账面市值比	ROA 变动	流通市值	换手率变动
盈利收益率	EBITDA 增长率		波动
现金收益率	主营业务利润率变动		1 个月反转
P/SALES			

数据来源：[周冠伟 2016]

4. 综合评分模型的建立和选股

最终的综合评分模型由 11 个分值相关性较小的有效因子组成。为了评估个股的综合表现，模型在选股日对所有正常交易的股票按 11 个因子分别评分后再按照一定的权重计算加权平均值，如果有的因子没有取值，那么该因子不参与平均值的计算。在综合打分后，去掉所有的 ST、PT 股票，将市场所有股票按平均分重新排序，选取其中得分最高的若干股票进入当月组合，即完成了模型选股的完整过程。

5. 模型的检验

本案例采用 2012 年 1 月到 2015 年 12 月共 4 年的数据验证该模型的有效性。每月月初将样本股票按最新的综合评分从大到小排序，分为 Q1～Q5 共 5 个股票数量相同的流通市值加权组合，持有到月末，再在下月月初用同样的方法重新构建组合，一直到检验期末。假设在 2012 年年初将 10 000 元投资于这 5 个组合及上证指数，那么在 2015 年年末，Q1～Q5 的净值分别为 32 780 元、20 799 元、15 961 元、10 565 元和 6525 元，而投资于上证指数的组合净值仅为 11 287 元。另外，如果投资于沪深 300 指数，则期末净值为 16 230 元；如果投资于中证 500 小市值公司指数，则期末净值为 23 863 元。详细的组合收益描述如表 2-5 所示。

表 2-5 多因子模型组合分段收益率

	Q1	Q2	Q3	Q4	Q5
累计收益（%）	227.80	107.99	59.61	5.65	−35.75
年化复合收益（%）	34.56	20.09	12.40	1.38	−10.47
年化超额收益（%）	21.69	7.22	−0.47	−11.94	−23.34
信息比率	9.17	3.62	−0.184	−4.01	−4.86
月最大超额收益（%）	10.92	4.89	5.22	4.51	9.75
月最小超额收益（%）	−2.33	−5.27	−8.56	−11.33	−21.58
跑赢基准月份占比（%）	81.25	66.67	56.25	43.75	37.50
上升市场跑赢基准月份占比（%）	73.08	73.08	57.69	50.00	46.15
下跌市场跑赢基准月份占比（%）	90.91	59.09	54.54	40.90	27.27
正收益月份占比（%）	60.42	62.50	60.42	56.25	52.08

数据来源：[周冠伟 2016]

组合及各指数的净值走势如图 2-1 所示。得分最高的 Q1 组合年化复合收益为 34.56%，而同期上证指数年化收益为 13.04%，超出指数 21.52%；信息比率为 9.17，大约 68.42%的月份跑赢上证指数，其中上证指数上涨的月份中大概有 73.08%的月份跑赢指数，而指数下跌的月份中有 90.91%的月份跑赢指数。总体而言，下跌市场中的表现要好于上升市场。

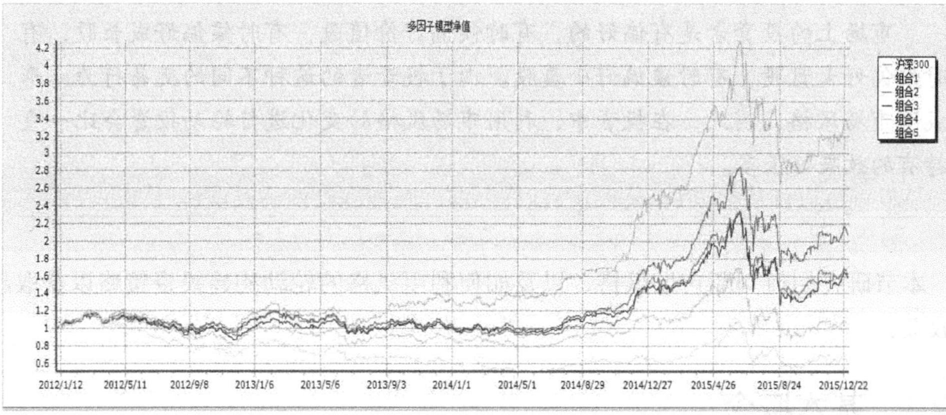

图 2-1 多因子模型净值表现

数据来源：[周冠伟 2016]

本节小结

总体而言，本案例所建立的多因子选股模型简单易行，有较好的稳健性，样本外的表现也很好，当然，仍然存在较大的改进空间。

首先，在因子选择上还可以选取更多的指标。例如，可以在候选因子中增加分析师预期因子，如6个月一致预期的改变、未来两年分析师每股收益预测相对前两年的复合增长、基于一致预期的市盈率等；也可以加入一些宏观指标，使得选股模型能包含更多的信息，提高选股能力。

其次，本案例采取静态的因子评分加权平均的方法，而在实际模型构建中，可以根据因子在前期的表现及个股所在行业、市场状况等，动态调整因子评分的比重，使得选股模型能更加贴近市场的现实状况。

最后，组合持有期长短的动态调整、交易成本的优化、模型运行过程中的风险控制等都可以考虑到选股模型中，使得模型具有更大的灵活度和操作性。

2.2 风格轮动

◆ 摘要 ◆

市场上的投资者是有偏好的，有时候偏好价值股，有时候偏好成长股，有时候偏好大盘股，有时候偏好小盘股。由于投资者的这种不同的交易行为，形成了市场风格，因此，在投资中，利用市场风格的变化进行轮动投资会比一直持有的效果好很多。

本节研究如何判断市场风格，以及如何利用风格的轮动构建投资策略以获取超额收益。

2.2.1 基本概念

投资风格是针对股票市场而言的，是指投资于某类具有共同收益特征或共同价格行为的股票，即某类投资风格很受欢迎，并且在某一个时间段内具有持续性和连续性（例如，价值投资和成长型投资两种风格，或者大盘股和小盘股两种风格，总是轮流受到市场追捧）。由于投资风格的存在，从而产生一种叫作风格动量的效应，即在过去较短时期内收益率较高的股票，在未来的中短期收益也较高；相反，在过去较短时期内收益率较低的股票，在未来的中短期也将会持续其不好的表现。

投资风格的形成主要来源于对股票市场异象的研究成果。在长期的市场研究中，研究人员发现存在大量市场异象，主要包括公司属性效应、趋势效应等。市场有效性程度不是一成不变的，会随时间不断变化。也就是说，追逐这些市场失效现象能获取超额投资收益。所以，风格投资从本质上来说是通过执行各种投资决策，从某些特定分割的、异质的市场或从某类错误定价的股票中获得超额收益。

1. 风格鉴别方法

国外投资风格鉴别技术一般可分为两种：一种是持股特征基础的投资风格鉴别法（HBS），包括晨星公司的风格箱法和新风格箱法、罗素公司的风格分类系统、富兰克罗素和所罗门兄弟公司开发的风格分类系统等；另一种是收益率基础的投资风格鉴别法，如夏普的鉴别方法等。

1）持股基础判别法

晨星风格箱法是一个 3×3 矩阵，从大盘和小盘、价值型和成长型来对基金风格进行划分，介于大盘和小盘之间的为中盘，介于价值型和成长型之间的为混合型，共有 9 类风格，如表 2-6 所示。

表 2-6 晨星市场风格判别法

价　值	混 合 型	成 长 型
大盘价值	大盘混合	大盘成长
中盘价值	中盘混合	中盘成长
小盘价值	小盘混合	小盘成长

数据来源：MorningStar

（1）规模指标：市值。通过比较基金持有股票的市值中值来划分，市值中值小于 10 亿美元为小盘；大于 50 亿美元为大盘；10 亿～50 亿美元为中盘。

（2）估值指标：平均市盈率、平均市净率。基金所持有股票的市盈率、市净率用基金投资于该股票的比例加权求平均，然后把两个加权平均指标和标普 500 成分股的市盈率、市净率的相对比值相加，对于标普 500 来说，这个比值和是 2。如果最后所得比值和小于 1.75，则为价值型；大于 2.25 为成长型；介于 1.75～2.25 之间为混合型。

2）夏普收益率基础的投资风格鉴别

夏普收益率基础的投资风格鉴别将所有股票分为 4 类。

（1）将标普 500 指数成分股按净市比（B/P）排序分为两类，分界点是两类股票的总市值大小一样，高 B/P 的股票为价值股，其余为成长股，更新频率是 6 个月。

（2）将非标普 500 指数成分股按市值高低分为两类，从高到低排序后占总市值前 80%的股票称为中市值股，剩下的则为小市值股。

夏普收益率基础的投资风格鉴别如表 2-7 所示。

表 2-7　夏普收益率基础的投资风格鉴别

股　票	风　格
标普 500 成分股	价值股 成长股
非标普 500 成分股	中市值股 小市值股

2．经济解释

（1）经济周期。当宏观经济表现强劲时，小市值公司有一个较好的发展环境，易于成长壮大，甚至还会有高于经济增速的表现，因此，小盘股表现突出的概率高于大盘股。而当经济走弱时，由于信心的匮乏和未来市场的不确定性，投资者可能会倾向于选择大盘股，起到防御作用，即使低通货膨胀、货币走强，也不足以冒险去选择小盘股。

研究发现，经济名义增长率是用来解释规模效应市场周期的有力变量。当名义增长率提高时，小市值组合表现更优，因为小公司对宏观经济变动更为敏感，当工业生产率提高、通货膨胀率上升时，小公司成长更快。

（2）反应过度/不足。Fama and French（1995）认为风格的周期性轮换是由于投资者的趋势追逐特性造成的。当某类风格的股票在某段时间内具有较好走势时，趋势投资者就会增加对该风格资产的投资，风格走势得以延续。但过度反应会使得该种风格的股票积累过多风险，泡沫最终破灭，形成了不同风格的周期性表现。

（3）价值回归。过度反应的最终结局还是泡沫破灭，而反应不足最终也会被市场纠错，这是由价格最终要向价值回归的本质决定的。这也为我们研究风格策略提供了方向。通过研究某一风格的股票价格是否远离其价值、扣除手续费等费用后是否有足够的利润空间，来给出策略建议。

2.2.2 盈利预期生命周期模型

盈利预期生命周期模型刻画了投资者对盈利预期演化的各个阶段，如图 2-2 所示。该模型认为几乎所有的股票都会经历上述的部分阶段，不过并非任何股票都要完整经历所有阶段，而且不同股票经历盈利预期生命周期循环的速度不同。此外，在子阶段中也可能存在完整的盈利预期循环。

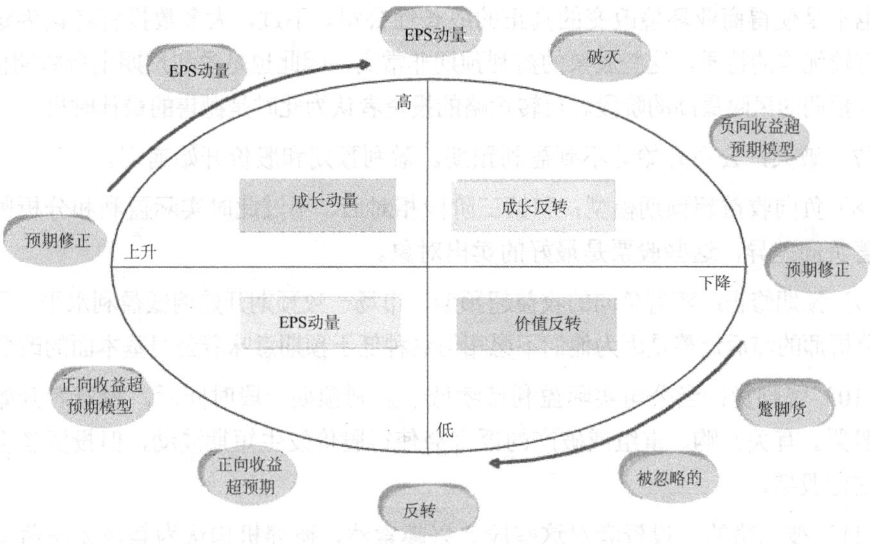

图 2-2　盈利预期生命循环周期模型

数据来源：Bernstein, Richard,"Style Investing: Unique Insight into Equity Management",JohnWiley & Sons,1995

1. 阶段特征

（1）反转：反转策略投资于具有较低盈利预期的股票，多数投资者认为这些股票不具有吸引力或风险过高。

（2）正向收益超预期：具有较低预期的公司开始发布稍微乐观的信息，股票重新获得投资者的注意，对于这些股票的研究覆盖开始增多。

（3）正向收益超预期模型：基于实际盈利和分析师预期有显著正向差异的选股模型。传统的正向收益超预期模型指持有股票直至实际盈利发布，这样就从盈利预期生命周期模型的第三阶段过渡到了第二阶段。

（4）预期修正：随着正向的收益超预期，市场一致预期开始调升盈利水平，部分分析师的滞后调整是因为他们不愿相信这种超预期意味着基本面的改变。

（5）EPS 动量：盈利动量策略的投资者基于预期和实际盈利的增长，以及 EPS 的年度同比增加而买入股票。

（6）成长性：当强劲的盈利动量持续相当长一段时间时，股票被认为具有成长性。这些股票既不是像在第四或第五阶段那样，属于被先知先觉的投资者新挖掘的成长股；也不是使得商业环境改变的真正的成长性公司。不过，大多数投资者认为这些股票具有较优秀的特质，这些股票的盈利预期非常高，因此也是盈利预期生命周期模型中不符合预期的风险最高的阶段。反转策略的投资者认为此时是抛售的最佳时机。

（7）破灭：公司开始达不到盈利预期。盈利预期和股价开始崩塌。

（8）负向收益超预期模型：和第三阶段相对应，不过此时实际盈利和分析师预期有显著负向差异，这些股票是最好的卖出对象。

（9）预期修正：随着负向的收益超预期，市场一致预期开始调低盈利水平。同样，部分分析师的滞后调整是因为他们不愿相信这种低于预期意味着公司基本面的改变。

（10）蹩脚货：当公司实际盈利持续低于盈利预期一段时间后，投资者开始回避这些股票。有关并购、重组或破产的谣言会使得股价发生短期波动，但投资者会尽量回避这些股票。

（11）被忽略的：投资者对这些股票兴趣索然，研究机构认为其毫无覆盖的价值而将其剔除，缺乏相关的研究信息也许意味着一个新周期的开始。

2. 投资风格

按照此盈利预期生命周期模型，区分了成长风格和价值风格的投资者。成长风格的投资者一般对投资标的有较高的预期；而与之相对应，价值风格的投资者对投资标的的预期较低。因此，成长风格和价值风格的投资者分别处于盈利预期生命周期模型图的上半部分和下半部分。

根据盈利预期生命周期模型，还可以区分基于好公司和坏公司的投资策略，我们也可以理解为基于盈利预期动量和盈利预期反转的投资策略。基于好公司的投资策略寻找那些处于预期上升阶段的公司，而不管盈利预期较好或较坏，只要预期改善即可；而基于坏公司的投资策略则高买低卖，即在预期最乐观的时候卖出，在最悲观的时候买入。因此，基于好公司和坏公司的投资策略，分别处于盈利预期生命周期模型图的左半部分和右半部分。

将以上两种划分结合起来，就可以得到 4 种风格策略：成长动量、成长反转、价值动量和价值反转。

2.2.3　策略模型

1．传统的风格预测方法

实施风格轮换战略，在不同的风格类别之间进行切换，需要对各类风格的收益特性有较好的把握和对未来风格走势有较准确的判断。风格评估和预测的方法可分为相对价值法和场景预测法两类。

（1）相对价值法的核心是均值回归理论，被低估的股票价格最终将被市场发现而向均值回归，被高估的股票价格也将下跌至均值水平。能获得低估或高估收益的投资者，必然是对某类股票、企业有着长期的追踪研究并具备价值发现能力的投资者。当市场出现价格偏差时，能在第一时间发现并调整组合，及时判断出市场未来走势。

（2）场景预测法的核心：同一风格股票的收益率之间存在某种相似属性和因素敏感性，因此，当外部环境发生变化时，受某类因素正面影响的风格类型将取得超额收益；反之则会获得低于市场的收益。场景预测法可分为两个步骤：

① 对影响股票收益的各个因素建立因素模型。

② 设想未来可能出现的不同场景，对未来的风险状况进行预测。

2．风格轮动的定量预测

由于市场风格轮动，保持单一的投资风格并不一定是最佳的投资策略，积极的风格转换策略有助于提高投资绩效。风格转换主要涉及两个问题，即在何时进行风格转换，以及风格转换能否弥补交易成本。

风格转换策略模型实际上是在建立了一系列基本预测变量的基础上，寻找一个适用于风格转换的合理模型。从已有文献看，主要有以下 3 类方法：

（1）将风格相对收益率对相关变量进行回归。但由于建立精确关系较为困难，因此这种方法基本被排除。

（2）Markov Switch 模型。该模型主要关注相对收益率的历史表现（按照 Levist 的变量分类办法，这些指标主要是技术变量），并不关注其他基本经济变量，因此这种方法可能遗漏了很多可用信息。

（3）Logistic 概率模型。在任意时点，风格转换的结果无非有两种，即转换或不转换。如果预期下期某类风格占优，则将现有风格转化为占优的风格。

标准 Logistic 模型如下：

$$p_t = p\left(y_{t+1}\right) = 1 - \mathrm{e}^{-x_1'\beta} \Big/ \left(1 + \mathrm{e}^{-x_1'\beta}\right)$$

其中，如果构建期后一月份的某风格（如价值股）收益率大于另一风格（如成长股）收益率，则 y_{t+1}=1，否则 y_{t+1}=0。建立递归预测方法，当构建期往后延伸时，则形成时间序列 $y_1, y_2, \cdots, y_T$。

在建立 Logistic 预测模型前，需要首先选择 n 个可能的影响因素（宏观、基本面与技术面等），这可以通过逐步回归、主成分分析等方法选择。然后，利用 Y 对 n 个解释变量建立多元 Logistic 回归模型。可采用 Jackknife method 等检验方法对多元 Logistic 模型的稳定性进行检验，并确定模型最佳的判别点。比较按最佳判别点确定的风格转换策略所获得的收益是否大于任何简单的买入并持有策略，若难以超越，则认为简单的买入持有策略为最佳策略；若超过，则考虑交易成本后的最佳转换风格的交易策略。

2.2.4 实证案例：中信标普风格

案例　风格轮动策略

本案例的实证数据采用了中信标普风格指数进行，选取的数据段为 2006 年 1 月至 2015 年 12 月的 A 股数据。如表 2-8 所示为中信标普风格指数。

表 2-8 中信标普风格指数

市值范围	进取型成长	成　长	价　值	深度价值
大盘	100 纯成长	100 成长	100 价值	100 纯价值
中盘	200 纯成长	200 成长	200 价值	200 纯价值
大中盘	300 纯成长	300 成长	300 价值	300 纯价值
小盘	小盘纯成长	小盘成长	小盘价值	小盘纯价值

资料来源：中信标普指数服务

在中信标普风格指数中，构建了两类风格指数系列：穷尽型风格指数系列和纯风格指数系列。穷尽型风格指数系列可以有效地成为指数基金和衍生品的构成基础，使产品能够宽泛且经济地投资于某种特定的风格板块；纯风格指数系列包括风格指数系列中那些具有显著成长或价值特征的股票。

纯成长指数和纯价值指数之间没有任何重合的股票。这些指数没有因使用市值权重而造成规模偏差。相反，股票按其相对的风格吸引力被赋予权重。因此，纯风格指数系列较为适合实证研究，更能体现出指数的不同风格收益差。

本案例所选用的具体数据为：选择 6 个风格指数，分别是大盘价值（100 纯价值）、大盘成长（100 纯成长）、中盘价值（200 纯价值）、中盘成长（200 纯成长）、小盘价值（小盘纯成长）、小盘成长（小盘纯价值）。

为了避免牛市/熊市效应，对动量策略和反转策略的检验采用了多头/空头的配置方法，而不是仅仅考虑多头组合的盈利情况。

1. 风格动量策略

（1）构建投资组合的观测期为 j 个月（j=1,3,6,12），计算每个指数的收益率。

（2）根据风格组合收益率从大到小进行排序，其中最高的一个（或者两个）风格组合被定义为赢者组合，最低的一个（或者两个）风格组合被定义为输者组合，通过买入赢者组合、卖空输者组合来构建多空头套利组合，并持有 k 个月。

（3）持有期分别为 1 个月、3 个月、6 个月、12 个月。

（4）在持有期末，重复步骤（2）和（3）的操作。

2. 风格反转策略

风格反转策略除了步骤（2）为构建相反的头寸，即买入输者指数，卖出赢者指数，并持有 k 个月外，其余步骤均与动量交易策略相同。

结果判定：如果套利组合具有正的月均收益，则认为是风格动量；如果套利组合是负的月均收益，则认为是风格反转。同时，对套利组合的收益进行 t 检验，如果 t 值统计显著，则认为存在相应的动量或者反转效应。

3. 实证结果

按照上述策略，为了使实证结果贴近实际投资绩效，所有股票的收益结果都采用了几何平均值。分别按照观测期 j=1,3,6,12 和持有期 k=1,3,6,12 构建了 16 个套利组合，并分别测算了赢家组合、输家组合和套利组合的月均收益，如表 2-9 所示。

表 2-9　风格动量策略组合月均收益率

月　数	组　合	k=1	k = 3	k = 6	k = 12
1	赢者组合	1.352	1.202	1.010	1.525
	输者组合	1.416	1.376	1.973	1.358
	套利组合	−0.032	−0.123	−0.617	0.156
	（t 值）	（4.76**）	（1.10）	（1.72*）	（0.53）
3	赢者组合	1.372	1.346	1.040	1.599
	输者组合	1.655	1.802	1.998	1.697
	套利组合	−0.141	−0.275	−0.649	0.004
	（t 值）	（0.27）	（5.44**）	（6.74**）	（3.79**）
6	赢者组合	1.150	1.431	1.342	1.500
	输者组合	1.672	1.708	1.721	1.811
	套利组合	−0.238	−0.248	0.420	−0.515
	（t 值）	（0.28）	（0.46）	（0.11）	（0.14）
12	赢者组合	1.433	1.494	1.323	1.618
	输者组合	1.455	1.852	2.047	1.564
	套利组合	−0.011	−0.280	−0.618	−0.316
	（t 值）	（1.56）	（1.01）	（2.08*）	（0.43）

注：**标记表明 t 值在 1%水平上统计显著，*标记表明 t 值在 5%水平上统计显著。

资料来源：[宋曦 2007]

从上面的实证结果可以发现如下一些结论。

（1）风格动量效应不明显：在所有套利组合中，仅有 3 个组合出现了风格动量效应，即观测期 j 和持有期 k 分别为(1,1)、(1,6)、(6,12)，这 3 个组合中只有(1,1)统计显著性达到了 1%。

（2）风格动量效应时间较短：实证结果表明，只有观测期为 1 个月，买入并持有 1 个月的组合统计在 1%水平上显著；而其余两个具有动量效应的组合只在 5%水平上显著。

（3）中期风格反转迹象较为明显：在观测期为 3 个月的 4 个组合中，3 个组合具有风格反转效应（套利组合收益为负，且统计显著），即观测风格动量 3 个月并分别持有前 3 个月表现最差的组合 3 个月、6 个月和 12 个月均出现了显著的风格反转效应。

（4）长期风格动量与反转效应均不明显：在观测期为 6 个月和 12 个月时，8 个投资组合中仅有 1 个组合出现了较为显著的风格动量。中国市场并未出现长期的风格动量或者反转效应，这与国外已有的实证结果——“中期动量，长期反转”差异较大。

各种实证研究结论表明，中国股市的风格投资具有如下特点。

（1）积极的风格管理能创造出超额收益。

① 如果一个投资者能够准确进行风格选时，就能创造出显著超额的收益。

② 进行大盘/小盘风格选时潜在获利能力强于价值/成长。

③ 对大盘/小盘轮动的选时频率可以频繁进行，一年内可以多次进行，但价值/成长轮动频繁转换的意义不大，适合进行年度或者更长时间周期的选时及轮动。

（2）建立风格选时的量化投资模型，操作难度较大。虽然通过运用支持向量机（SVM）方法进行风格选时的预测，但结果依然差强人意。预测精度与国外同类模型的输出相比，仍然较差。主要原因如下：

① 中国股市与宏观经济指标的关联性差。

② 数据来源受限，无法得到一些风格指数的成分数据。

（3）风格动量效应不明显，持续时间较短。如果要进行积极的风格动量投资，则应当对前 1 个月的受欢迎投资风格进行重点观测，即增强配置前 1 个月受欢迎风格的股票、降低配置不受欢迎风格的股票能够显著提高组合的投资收益。

（4）中期风格反转效应较明显。3 个月的风格效应容易出现反转，即密切观测以 3 个月为一个周期的风格动量具有比较强的现实意义。对于积极风格管理者来说，不妨以 3 个月为周期进行风格反转操作，建议持有期在 3 个月以上。

（5）积极风格管理的适用对象为中短期投资者。由于长期的风格收益差及风格动量并不十分明显，因此，主动风格轮动策略适用于积极的中短期投资者。对于长期投资者来说，构建风格中性的投资组合或许是最佳选择（风格中性：指投资组合不偏向某一种特定的投资风格，平衡配置各种风格的股票）。

2.2.5 实证案例：大/小盘风格

案例 大/小盘风格轮动策略

大/小盘轮动最为投资者所熟知，本案例就 A 股市场的大/小盘风格轮动进行实证研究，通过建立普通的多元回归模型来探寻 A 股的大/小盘轮动规律。

1. 大/小盘风格轮动因子

大/小盘风格轮动因子如下。

（1）M2 同比增速：M2 同比增速为货币因素，表征市场流动性的强弱。当流动性趋于宽松时，小盘股相对而言更容易受到资金的追捧。

（2）PPI 同比增速：PPI 反映生产环节价格水平，是衡量通胀水平的重要指标；且 PPI 往往被看成 CPI 的先行指标。

（3）大/小盘年化波动率之比的移动均值：波动率表征股票的波动程度，同时也在一定程度上反映投资者情绪；可以认为大/小盘年化波动率之比能够反映出一段时间内大/小盘风格市场情绪的孰强孰弱，而经过移动平滑处理后的数值则更加稳定。

（4）工业增加值同比增速：工业增加值反映企业与国家是在创造价值还是在消耗财富，工业增加值同比上升，对市场有着推动意义。

2. 预测模型

基于上面所讲的风格因子建立如下回归模型：

$$D(R_t)=\alpha+\beta_1\cdot MG_{t-1}+\beta_2\cdot PG_{t-2}+\beta_3\cdot \sigma_{t-3}+\beta_4\cdot IND_{t-2}+\varepsilon_t$$

其中，$D(R_t)$为当月小/大盘收益率差（对数收益率）；MG_{t-1}为上月 M2 同比增速；PG_{t-2}为2个月前PPI同比增速；σ_{t-3}为3个月前小/大盘年化波动率之比的移动平滑值；IND_{t-2}为 2 个月前工业增加值同比增速；ε_t为误差项。

本案例采用滚动 60 个月的历史数据对模型进行回归，得到回归系数后对后一期

的 $D(R_t)$进行预测，由修正预测值的正负来进行大/小盘股的投资决策。数据预测期为 2010 年 1 月至 2014 年 12 月。

3. 实证结果

在 60 个月的预测期中，准确预测的月数为 33 个月，准确率约为 55%，并不十分理想。但值得一提的是，2012 年 3 月至 2013 年 2 月，模型的预测效果非常好，准确预测的月数为 10 个月（仅在 2012 年 5 月和 2013 年 1 月出现了差错），该段时间的预测准确率达 83.33%，结果如表 2-10 所示。

表 2-10 大/小盘风格轮动策略月收益率均值

2010.1—2014.12	年化收益率均值	夏普比率	累计收益率
轮动策略	6.68%	0.284	38.07%
大盘策略	−0.08%	−0.003	−0.38%
小盘策略	3.37%	0.140	18.01%
上证综指	−0.06%	−0.003	−0.28%
2013.1—2014.12	年化收益率均值	夏普比率	累计收益率
轮动策略	31.22%	1.448	72.96%
大盘策略	17.32%	0.796	38.14%
小盘策略	27.57%	1.314	63.36%
上证综指	20.00%	1.083	42.03%

资料来源：[曹源 2010]

若从 2010 年 1 月开始按照轮动策略进行投资，则截至 2014 年 12 月底，轮动策略的累计收益率为 38.07%，同期上证综指的收益率为-0.28%，小盘组合的累计收益率为 18.01%；轮动策略稍强于小盘组合，但仍较大幅度地跑赢了市场指数。

如图 2-3 所示，轮动策略在 2014 年尾端的大牛市中能够很好地跟随大盘股的节奏，而在之前的结构性行情中又能较好地捕捉小盘股的投资机会。

若从 2013 年年初开始采用轮动策略进行投资，则截至 2014 年 12 月底，累计收益率可达 72.96%，同样超越同期上证综指及大、小盘组合的收益率。

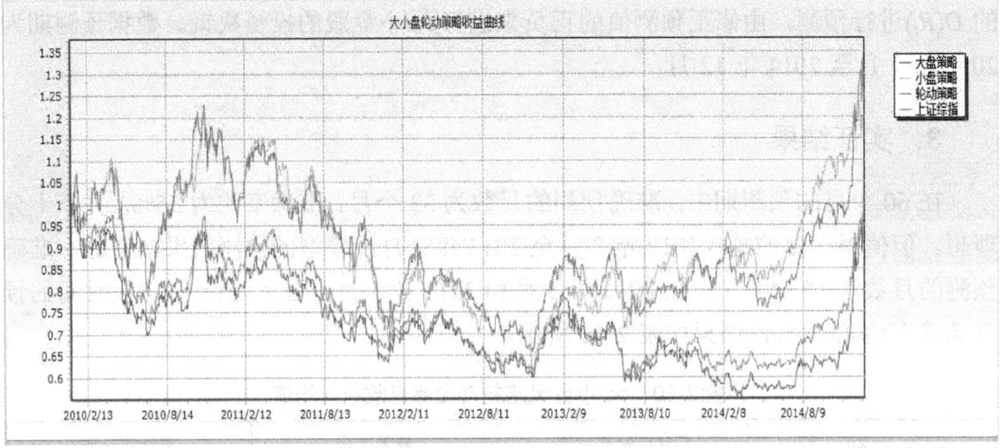

图 2-3 大/小盘轮动策略收益率曲线

资料来源：[曹源 2010]

本节小结

本节阐述了有关风格轮动的原理、策略和方法，并且用两个案例来验证该方法的有效性。从实证的结果来看，风格轮动策略比单纯的持有策略具有明显的超额收益，这说明 A 股市场确实存在风格效应。

2.3 行业轮动

◆ 摘要 ◆

与风格轮动类似，行业轮动是另外一种市场短期趋势的表现形式。在一个完整的经济周期中，有些是先行行业，有些是跟随行业。例如，对某个地方基础设施的投资，钢铁、水泥、机械属于先导行业；投资完成后会带来房地产、消费、文化行业的发展，这就属于跟随行业。

研究在一个经济周期中的行业轮动顺序，从而在轮动开始前进行配置，在轮动结束后进行调整，则可以获取超额收益。本节研究这种行业轮动的规律和策略。

2.3.1 基本概念

1. 行业配置与宏观经济

自上而下的投资分析方法认为，宏观经济决定了资产的收益率。因此，对于一个坚持自上而下分析的投资者来说，一般先关注宏观经济运行指标的变动，然后进行资产配置，或者调整投资组合的风格，并且指导股票资产中的行业组合进行积极管理。

从股票投资的方向来看，利用宏观经济指标驱动行业配置的理念和作用在于：

（1）在自上而下的投资分析中，行业层面是最基本的分析，也是由宏观经济来指导的。

（2）在股票收益分解过程中，实证结果表明行业因子是股票收益的重要贡献因子，因此，能够预测到行业未来的变动，选择强于整体市场的行业进行配置，获得超额收益的概率也将较高。

2. 宏观经济周期对行业配置的指导

作为自上而下投资策略的重要组成部分，行业配置是投资管理中一个重要的环节。国外许多实证研究表明，在环球资产配置中，行业配置对组合收益的贡献的重要性甚至超过了国家配置，而且认为行业配置的重要性在未来相当长一段时间内也将保持。行业轮动策略的有效性原因是，资产价格受到内在价值的影响，而内在价值则随着宏观经济因素变化而波动。而周期性行业在不同经济周期表现差异较大的原因是，其经济产业链上的位置所决定的现金流量不均衡。

研究表明，板块/行业轮动在机构投资者的交易中最为获利的盈利模式是基于行业层面进行周期性和防御性的轮动配置，这也是机构投资者最普遍采用的策略。此外，周期性股票在扩张性货币政策时期表现较好，而在紧缩环境下则支持非周期性行业。行业收益差在扩张性政策和紧缩性政策下具有显著的差异。

3. 货币政策周期的划分标准

国际上的研究者一般根据 FED 的利率方向性变化采用 FED 贴现率来划分货币政

策的周期，他们认为依赖于 FED 的贴现率而不是联邦基金利率具有两个好处：一是 FED 贴现率自 FED 成立以来就一直存续，比基准利率存在时间长；二是贴现率与联邦基金利率存在相对应的转换点。

由于我国利率并没有实现市场化，而是由政府管制的，因此我国货币政策实际能运用的利率进行调整的范围并不大。如果按照利率政策来看，进行行业轮动期间跨度过长，并不能反映中央银行实际所执行的货币政策及货币周期的变动。

除了按照央行的货币政策对利率和存款准备金率进行调整外，央行实际可以运用的货币政策手段还有公开市场操作、调整再贴现利率及窗口指导等，而这些手段最终可以反映货币供应量的变化。根据货币供应量的变化来判断货币政策周期，而 M2 正是广义的货币，反映了社会总需求的变化和未来通货膨胀压力。M2 同比增速则可以反映流通中的货币供应量变化，即货币政策效果的实际反映。因此，可以用 M2 来判断货币政策或者货币供应处于扩张还是紧缩的周期。

由于月度 M2 的波动仍然比较剧烈，需要采用移动平均的方法进行平滑，结果如图 2-4 所示。

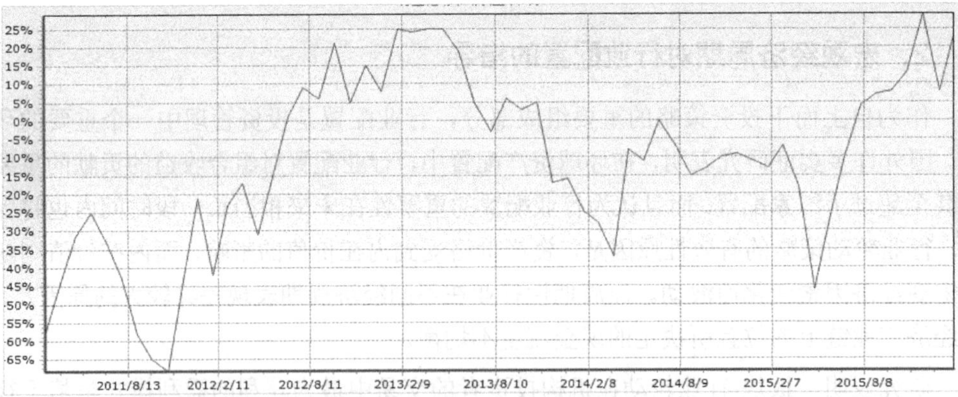

图 2-4　国内经过移动平均平滑后的 M2 同比增速

数据来源：[卜永强 2012]

通过移动平均线平滑后的 M2 增速，将 2011 年 1 月至 2015 年 12 月划分成如表 2-11 所示的几个货币周期。

表 2-11 中国货币周期分段（2011—2015 年）

	起 点	终 点	状 态
第一阶段	2011 年 1 月	2011 年 5 月	扩张
第二阶段	2011 年 6 月	2012 年 10 月	紧缩
第三阶段	2012 年 11 月	2013 年 1 月	扩张
第四阶段	2013 年 2 月	2014 年 3 月	紧缩
第五阶段	2014 年 4 月	2014 年 6 月	扩张
第六阶段	2014 年 7 月	2014 年 8 月	紧缩
第七阶段	2014 年 9 月	2015 年 1 月	扩张
第八阶段	2015 年 2 月	2015 年 4 月	紧缩
第九阶段	2015 年 5 月	2015 年 12 月	扩张

数据来源：[周冠伟 2016]

从货币周期来讲，货币周期的一个阶段持续时间最短为一个季度，最长达到了一年左右，平均持续时间在 7 个月左右，比较适合作为中期战术性组合管理的依据。

4．行业分类：周期性 VS 非周期性行业

为了将行业划分为周期性行业和非周期性行业，这里选取沪深 300 行业指数，并且以沪深 300 指数作为市场组合，利用 CAPM 模型计算行业的 Beta 值和均值方差。

从 Beta 值来对行业的周期性和非周期性进行区分，周期性行业有能源、材料、工业和金融，非周期性行业有可选、消费、信息、医药、电信和公用。

从表 2-12 中可以看出，年均收益率最高的行业为医药，其次是信息和消费，收益率最低的行业是金融。

表 2-12 沪深 300 行业指数统计

	年均收益率	年化波动率	Beta 值	类别确定
沪深 300 能源	−12.99%	35.26%	1.45	周期
沪深 300 材料	−2.89%	33.13%	1.42	周期
沪深 300 工业	0.67%	25.61%	1.10	周期
沪深 300 可选	−8.26%	26.27%	0.99	非周期
沪深 300 消费	14.62%	25.58%	0.46	非周期
沪深 300 医药	22.71%	31.31%	0.65	非周期
沪深 300 金融	−28.02%	27.07%	1.08	周期

续表

	年均收益率	年化波动率	Beta 值	类别确定
沪深 300 信息	19.20%	31.78%	0.79	非周期
沪深 300 电信	−19.23%	29.65%	0.94	非周期
沪深 300 公用	−22.44%	18.44%	0.75	非周期

数据来源：[周冠伟 2016]

2.3.2 M2 行业轮动策略

案例　M2 行业轮动策略

针对上述对周期性和非周期行业的划分，构建周期性行业和非周期性行业的轮动策略。

数据与轮动策略的建立

（1）信息的同步性：考虑到 M2 的披露时间及信息的传导时间，所有投资时段都滞后了一个月的时间。

（2）组合的构建策略：在货币政策处于扩张时等权重配置周期性行业，紧缩时等权配置非周期性行业。

首先统计周期性行业和非周期性行业在货币政策处于扩张或者紧缩时期的不同表现，同时计算每个阶段要进行 10 个行业的等比例投资，具体情况如表 2-13 所示。

表 2-13　不同货币阶段不同行业的收益率

投资时期	状　态	周 期 性	非周期性	行业平均
2011.2.1－2011.6.30	扩张	−7.67	−9.94	−9.09
2011.7.1－2012.11.30	紧缩	−29.90	−18.40	−22.81
2012.12.1－2013.2.28	扩张	18.03	1.92	7.54
2013.3.1－2014.4.30	紧缩	−31.84	−2.26	−13.71
2014.5.1－2014.7.30	扩张	0.32	−1.13	−0.69
2014.8.1－2014.9.30	紧缩	9.25	6.72	7.50
2014.10.1－2015.3.30	扩张	53.21	30.70	37.69
2015.4.1－2015.5.30	紧缩	33.51	31.50	31.90
2015.6.1－2015.12.30	扩张	−27.19	−12.36	−17.54

资料来源：[卜永强 2012]

通过对周期性行业和非周期性行业在不同阶段收益的比较，4 个紧缩阶段非周期性行业组合战胜周期性行业组合的胜率为 50%，但未战胜的两次收益率相差很小。在 5 个扩张周期中，4 次周期性行业战胜非周期性行业的表现，胜率为 80%。在 3 次较大的下跌市场环境中，投资于非周期性行业均规避了较大的市场风险，其防御性特征可见一斑。而在牛市中，周期性行业和非周期性行业的投资收益相差较小。

按照顺周期策略（策略 1）构建投资组合并查看组合的收益及对应的逆向投资（扩张时投资非周期性行业，紧缩时投资周期性行业，初始资金为 1000 万元）。

如图 2-5 所示为周期性行业和非周期性行业按照顺周期策略进行轮动的资产损益变动图。在每个周期开始时都重新调整等比例投资，等权分配所投资行业的权重。

从 2011 年 1 月至 2015 年 12 月的策略收益来看，不考虑交易成本，顺周期行业轮动策略获得最高的累计收益率（36.01%），远胜于行业平均（4.11%）和逆周期策略（-27.56%），逆周期策略表现最差。

在此期间业绩基准为沪深 300 指数的收益为-7.84%，顺周期的行业轮动策略则战胜沪深 300 指数达到 43.85%，年化超额收益超过 6.61%。即便扣除 2%的单次换仓成本，行业轮动策略同样远远战胜同期沪深 300 指数和行业平均投资策略的表现。

该策略具有如下优点：理念容易理解，且符合自上而下的投资理念，适合机构投资者进行行业配置；将行业划分为周期性和非周期性进行投资，这种分类标准与实际投资中对行业属性的认识也非常接近，减少了对行业基本面和公司信息的依赖；在紧缩时由于选择投资于非周期性行业能够避免较大的不确定性，使得整个组合的风险大大降低，抗风险能力得到增强；依据货币供应增速 M2 进行轮动，使得策略具有较强的可操作性。

时　期	策略 1	逆周期策略	行业平均
2011/02/0121	1000	1000	1000
2011/06/30	933	919	922
2002/11/30	703	563	636
2013/02/28	903	621	752
2014/04/30	864	435	646
2014/07/30	915	471	686
2014/09/30	968	496	726
2015/03/30	1601	704	1080
2015/05/30	1818	896	1320
2015/12/30	1360	724	1041

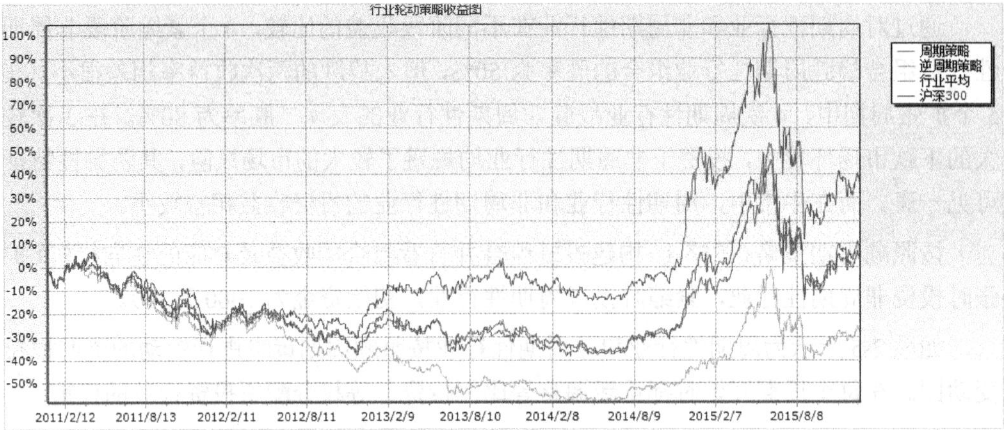

图 2-5　顺周期行业轮动策略的收益率图示

资料来源：[周冠伟 2016]

从对货币周期的划分，再到按照货币周期的紧缩和扩张进行行业轮动策略的实证来看，货币供应量 M2 是宏观经济运行中的重要指标，也是货币政策效果的集中体现，用它来指导行业配置确实能够起到增强组合收益、降低组合风险的作用。

从上述实证研究可以看到，在行业配置过程中考虑到了行业周期性和非周期性因素的影响，实际上如同在组合配置过程中进行风格配置一样，是价值股还是成长股，抑或是大盘股和小盘股的风格轮动。

在投资中，风格选时对组合收益的贡献大约为 50%，如果对周期性和非周期性行业做出正确的判断而进行适时轮动，则对组合收益的贡献将不低于风格选时，且持续性较强。从难易程度上讲，驱动风格轮动的因子变量仍不明确，一般采用宏观经济模型、基本面模型和风险模型进行综合建模；而周期性行业和非周期性行业基本可以确信为由宏观经济因子，特别是货币因素所驱动，因此，判断难度大大降低，增强了进行周期性和非周期性行业轮动的可操作性。

2.3.3　市场情绪轮动策略

轮动投资策略主要通过对特定代理变量的观测适时投资强势投资品种，从而获取超额收益。轮动投资策略有主动轮动和被动轮动之分。对于行业轮动来说，主动轮动通过代理变量的预示作用选择未来表现强势的行业进行投资；被动轮动则在轮动趋势确立后进行相关行业的投资，代理变量主要用来刻画轮动趋势。

前一节的基于M2这一代理变量观测货币政策周期进行周期性行业和非周期性行业的轮动策略就属于主动轮动策略，本节探讨一种被动轮动策略：基于市场情绪的行业轮动。

市场情绪指标种类繁多，最常见的是市场技术指标。对于趋势型技术指标，虽然指标值完全基于历史市场信息，但在趋势性市场中这些指标也能刻画出市场趋势动量的强度。基于此，可以认为趋势性市场情绪指标对行业轮动具有一定的指导意义，有可能开发出实用的被动型行业轮动策略。

1. 策略模型

基于市场情绪设计行业轮动投资策略主要考虑两点：一是哪些行业处于上扬趋势，即哪些行业从市场情绪来看变得可投资；二是这些可投资的行业中哪些行业更具备比较优势，即哪些行业具有比业绩基准更强的上扬趋势。

市场情绪的刻画手段有很多，例如，种种技术指标都是从某一角度来刻画市场情绪的，但必须选择交易信号指示明确的趋势性市场情绪指标。值得注意的是，一般市场情绪指标由于过度依赖历史信息而在遭遇行情剧烈波动时往往会发生误判，所以基于市场情绪的行业轮动策略中止损策略的考虑必不可少。

本案例主要设计了两种行业轮动策略，如图 2-6 所示：策略 1 主要利用市场情绪指标评估行业的绝对趋势强度和相对趋势强度；策略 2 主要利用市场情绪指标评估业绩基准趋势强度，然后在此基础上评估行业的相对趋势强度。这两个策略的投资标的为沪深 300 的十大行业。

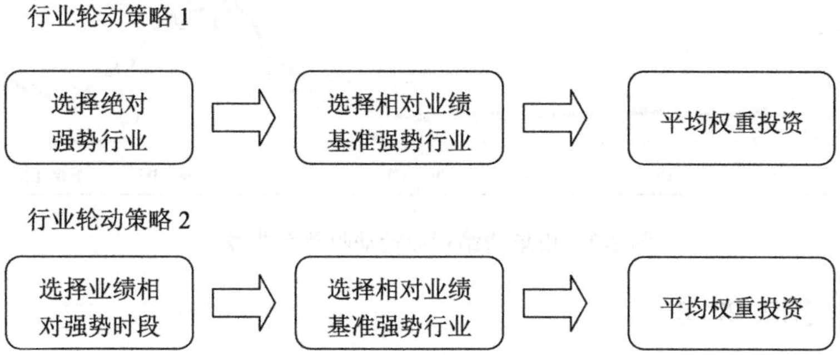

图 2-6 市场情绪行业轮动策略 1 和策略 2

2. 实证案例

案例　市场情绪轮动策略

案例中设计的行业轮动策略中，市场情绪指标采用最普遍的 MACD 市场指标进行刻画。MACD 属于趋势类指标，在趋势型市场中比较有效，但在剧烈波动或盘整市场中效率比较低。在本案例的行业轮动策略中，MACD 指标的短期均值取历史 20 周，长期均值取历史 40 周。

策略观测频率为周，因为周数据可以过滤大量的市场噪声而保留市场主要趋势。策略回溯期为 2003 年至 2009 年 4 月 3 日，时间跨度 6 年 3 个多月，共 349 周，沪深 300 指数同期收益率为 129.45%。止损水平设定为 5%，即当周亏损达到 5%时，当期头寸完全退出。业绩基准采用沪深 300 指数在市场情绪 MACD 指示下择时投资的累计收益。可投资行业的权重配置策略为平均配置，即每周符合投资条件的行业以平均权重进行配置。

设计的两个市场情绪行业轮动策略的最终收益率如图 2-7 所示。策略 1 的收益率为 1093.93%，策略 2 的收益率为 965.26%，策略收益远远大于择时性质的业绩基准，当然也远远大于沪深 300 指数同期收益水平。

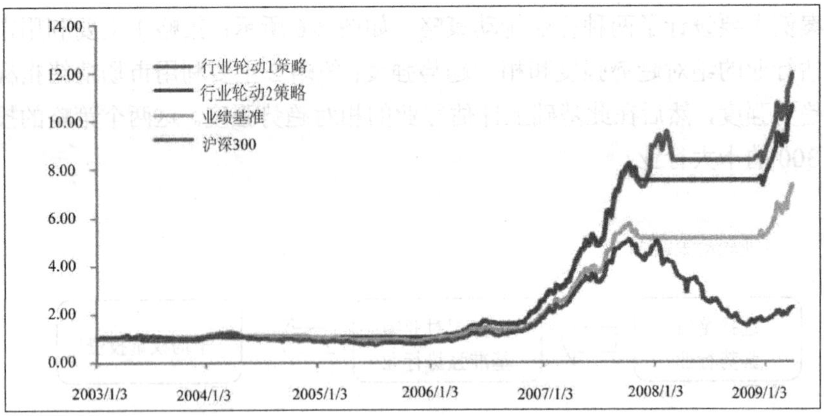

图 2-7　市场情绪行业轮动收益率曲线

资料来源：[谢江 2010]

逐年来看，除 2003 年外，其余年份两个轮动策略均跑赢沪深 300 指数；除 2003 年、2008 年外，其余年份两个轮动策略也均跑赢业绩基准。

策略成功的关键在于市场情绪指标的选取、指标计算参数的选择及适当止损。市场情绪指标必须选择交易信号指示明确的趋势性市场指标；情绪指标计算参数的选择决定了交易机会的触发和中止，主要决定策略的收益率水平；而止损水平则是一把双刃剑，在控制策略的系统性风险的同时有可能损失高波动中的收益机会。

情绪指标计算参数及止损水平的选择对策略收益影响较大，这些经验参数的设置可通过历史回溯获得。从提高策略稳健性的角度出发，可选择多组参数多策略地同时进行轮动投资。

本节小结

行业轮动的原理来自宏观经济周期，在中国的宏观经济调控中，不同的行业会有不同的受益程度，从而形成了独特的行业轮动现象。本节讨论了行业轮动的基本思想和主要策略，介绍了两个行业轮动的策略。

从宏观经济运行出发，找到 M2 同比增速来作为测量货币政策环境的一个重要变量，在此基础上，构建了周期性行业和非周期性行业轮动策略。该策略的理念是：周期性行业具有较大的风险和较高的收益，因此在货币环境宽松、宏观经济繁荣时表现更好；而在货币环境处于紧缩时往往意味着经济下滑，而非周期性行业更具有防御性，投资效果会较好。通过实证研究发现，周期性行业能够在货币政策处于扩张阶段远远战胜非周期性行业；而紧缩时期即在市场下跌时，非周期性行业能够起到更好的防御优势。

第二个策略是基于市场情绪指标进行被动型行业和行业龙头股的轮动投资策略。该策略的设计有两大要点：一是通过市场情绪择时选择强势行业；二是在此基础上进一步选择更具比较优势的行业进行最终投资。该策略成功的关键在于市场情绪指标的选取、指标计算参数的选择及适当止损。市场情绪指标必须选择交易信号指示明确的趋势性市场指标；情绪指标计算参数的选择决定了交易机会的触发和中止，主要决定策略的收益率水平；而止损水平则是把一双刃剑，在控制策略的系统性风险的同时有可能损失高波动中的收益机会。

2.4 资金流

◆ 摘要 ◆

在市场中，经常存在交易性机会，这是指股价在短期内可能受到某些消息的影响，或者某些市场内在因素的改变从而产生剧烈波动带来的价差投资机会。其中，一个典型的交易性策略就是资金流模型，该模型使用资金流流向来判断股票在未来一段时间的涨跌情况。如果是资金流入的股票，则股价在未来一段时间可能会上涨；如果是资金流出的股票，则股价在未来一段时间可能会下跌。那么，根据资金流向就可以构建相应的投资策略。

2.4.1 基本概念

1. MF 指标

巴菲特曾经说过："股市从短期看是投票机，从长期看一定是称重机。"有些投资者对股票基本面进行分析和预测来判断股票的长期价值，有些人则通过技术指标来进行短线投机交易。不管是长期还是短期，投资者必须通过投票机的方式来交易股票，而这种投票行为反映潜在的信息。股市高频数据行情准确地记录了交易者每天数以万亿计的投票数据，我们将这些涓涓细流的委托信息按照驱动股票方向的委托流汇总成资金流净额，揭示了潜藏在股潮澎湃下的暗流，这些主导了大盘和个股的此起彼伏，就是我们下面要重点研究的资金流模型。

资金流是一种反映股票供求关系的指标。传统的量价无法区分市场微观结构中的流动性和私有信息对股价的影响，而根据委托测算的资金流，能够有效地观察微观市场交易者的真实意图及对股价造成的影响。

资金流定义如下：证券价格在约定的时间段中处于上升状态时产生的成交额是推动指数上涨的力量，这部分成交额被定义为资金流入；证券价格在约定的时间段中下跌时的成交额是推动指数下跌的力量，这部分成交额被定义为资金流出；若证券价格在约定的时间段前后没有发生变化，则这段时间中的成交额不计入资金流量。当天资金流入和流出的差额可以认为是该证券当天买卖两种力量相抵之后，推动价格变化的净作用量，被定义为当天资金净流量。数量化定义如下：

$$\text{MoneyFlow}=\sum_{i=1}^{n}(\text{Volume } i)\times P_i\frac{P_i-P_{i-1}}{|P_i-P_{i-1}|}$$

其中，Volume 为成交量，P_i为 i 时刻收盘价，P_{i-1}为上一时刻收盘价。

从资金净流量的定义可以发现以下问题：

（1）任何证券当日的买入金额总等于卖出金额，因此资金净流量并不表示当日真正新买进证券的资金量，而仅表示当日推升或压低股票价格的买卖力量对比。

（2）若股票在统计时段的首尾价格不发生变化，则不管该时间区段是否有过价格波动，区段内发生的所有交易金额将被简单忽略而并不计入资金流量。

（3）由于在计算资金流量时的成交金额为时间区段中的成交汇总，而判定是否变化的价格为时间区段末的瞬时成交价格，因此在时间区段中部存在异常数据扰动，有可能导致统计结果存在重大方向性差异。

（4）统计资金流量的时间区段越短，该指标受到区间内价格扰动的可能性越小。从理论上讲，若资金流量指标的实际使用意义很大，则该指标对高频数据有依赖性。

（5）高频成交数据对资金流量也是一把双刃剑，在超高频数据下资金流量的计算结果呈现显著的钝化，在较低频率下的统计规律可能将不再有效。这是由于当统计资金流量的时间区段由分钟级别提升至秒级时，两次间隔报价相等的情况大幅增加，当日大部分的成交金额可能被视为无方向资金流量而遭废弃。

（6）当资金发生净流入时，股价就会上涨，这是由资金流量的算法决定的，因此大部分时间资金流量仅是股价变化的同步指标。

（7）资金发生净流入与股价上涨尽管呈现极强的正相关性，但二者并不等价。资金净流入与股票交易量加权平均价格（VWAP）涨幅的相关性高于一般直观上看到的时间加权平均价格（TWAP）涨幅。

（8）当股票价格全天在小范围内振动时，资金净流入的计算结果可能失真。当股票成交量较低时，资金净流入占当日总成交金额的比例可能受到盘中异常单笔大单成交的影响。这类异常市况下获取的相应指标往往无法得到既定的统计规律。

（9）在计算资金净流入和横向比较时，不考虑盘口挂单数据、各股票价格高低及流通股本数量等重要参考数据。

2. 资金流测算方法

严格意义上讲，每一个买单必须有一个相应的卖单，因此真实的资金流入无法准确计算，只能通过其他替代方法来区分资金的流入和流出，通过高频数据，将每笔交易按照驱动股价上涨和下跌的差异，确定为资金的流入或流出，最终汇聚成一天的资金流净额数据。测算资金流的方法很多，主要差别：一是在时间频率上；二是在参考价格上。

在测算资金流时间频率上的选择非常重要，目前有些采取日数据计算，即当日价格上涨全部计算为流入，否则计算为流出；而有些采取高频数据计算，如每笔数据或者 1 分钟数据等时间间隔，在选择时间频率上的差异会导致测算的资金流净额存在差异。

在参考价格上，有些采取前收盘价格，有些采取最近成交价或者前一个（或者后一个）报价，参考价的选择不同，也会导致差异较大。通常区分资金流入和流出时，按照交易价格与之前的成交价比较，如果大于等于前成交价则为流入，小于等于前期成交价则为流出。当分时数据测算时，使用该方法较好，但是其损失部分相等价格的交易量。也可采取成交价与最近报价进行比较，如果成交价大于等于卖方最优价则为流入，如果成交价小于等于买方最优价则为流出。然而指令驱动市场，报价是实时匹配的，有可能买卖价格同时到达而配对成功，尤其在 A 股市场报价不是实时广播的，而是间隔 3～5s 产生成交均价和报单行情，这样就会导致采取该策略，许多成交价位于最优买卖报单之间的交易量未被统计进来。

3. 招商资金流指标（CMSMF）

招商证券的研究员开发了 CMSMF 指标，采用高频数据进行资金流测算，主要出于以下两方面考虑：一是采用高频数据进行测算，可以尽可能反映真实的市场信息；二是采取报价（最近买价、卖价）作为比较基准，成交价大于等于上期最优卖价视为流入，成交价小于等于上期最优买价视为流出。具体计算方法如表 2-14 所示。

表 2-14 招商资金流模型（CMSMF）计算方法

	类　型	条件说明
开盘集合竞价	流入	集合竞价的成交价大于昨收盘价的交易金额
	流出	集合竞价的成交价小于昨收盘价的交易金额

续表

	类　型	条件说明
连续竞价	流入	成交价大于等于最近卖方最优价的交易金额
	流出	成交价小于等于最近买方最优价的交易金额
涨跌停	流入	涨停时成交价额
	流出	跌停时成交价额
尾盘集合竞价	流入	集合竞价的成交价大于最近卖方最优价的交易金额
	流出	集合竞价成的交价小于最近卖方最优价的交易金额

资料来源：[罗业华 2011]

除此之外，为了得到更多资金流的信息，衍生出了资金流信息含量、资金流强度、资金杠杆倍数等更多指标，定义如表 2-15 所示。

表 2-15　招商资金流模型（CMSMF）选股指标定义

指　标	定　义	意　义
资金流净额（MF）	根据 CMSMF 模型测算的资金流净额	资金流绝对金额
资金流信息含量（IC）	资金流净额/交易额	资金流中有效信息含量
资金流强度（MFP）	资金流净额/流通市值	标准化资金流的强度
资金流杠杆倍数（MFP）	流通市值/资金流净额	衡量资金流的撬动效应

资料来源：[罗业华 2011]

2.4.2　策略模型

1．逆向选择理论

在非强势有效的 A 股市场，普遍存在信息不对称的问题。机构投资者与散户投资者在对同一信息的评估能力上存在差异。在大部分情况下，散户投资者缺乏专业的投资能力和精力，那么根据“搭便车”理论，希望借助机构投资者对股价的判断进行投资，一旦机构投资者率先对潜在市场信息做出反应，羊群效应的散户投资者则追涨杀跌，往往导致在很多情况下市场对潜在信息反应过度。这样根据逆向选择理论，能够准确评估信息价值的投资者便会对反应过度的股价做出交易，买入低估的、卖出高估的股票，从而纠正这种信息反应过度行为。

根据市场对潜在信息反应过度的结论及市场投资者的行为特征，可以采取逆向选择模型理论来构建选股模型，即卖出前期资金流入、价格上涨的股票，买入前期资金流出、价格下跌的股票。按照这个思路，对一些指标参数进行回测分析，可以得到稳定的选股模型。

2. 策略模型

根据资金流各个指标的特点，在选股模型中采用比较简单的方法，即以指标排序打分的方式来筛选股票。首先通过对各个资金流指标进行排序打分，然后将股票对各个指标的得分进行求和，最后以总得分值大小来筛选股票。具体步骤如下。

（1）确定待选股票池。在选择组合构建时，剔除上市不满一个月的股票；剔除调仓期涨跌停及停牌的股票，防止因涨/跌停无法交易；剔除信息含量小于 10%的股票，因为这部分股票信号不明显，无法取得有效信息。

（2）构建股票组合。

① 指标打分：首先将待选股票池中的股票按照各个指标进行排序（指标即为前面介绍的 GSMS 和 CMSMF 系列指标），然后采用百分制整数打分法进行指标打分，即以股票在各个指标中所处位置的百分数作为股票对于该指标的得分，前 1%得分为 1，依次递减，最后 1%得分为 100。

② 求和排序：将股票相对于各个指标的得分进行求和，将和值从小到大排序，进行分组比较；另外，选择排名靠前的 N 只股票构建组合。

③ 股票权重：采用等量权重。

（3）组合定期调整，调整时间为 1～3 个月不等。持有到期后，利用更新后的指标数据重新确定待选股票池，重复步骤（2）的打分求和过程，并将股票按照指标得分从小到大排序，将原来分组中跌出组合的股票剔除，调进新的股票，同时将新组合内样本股的权重调整到相等。

（4）统计检验。分别计算各组合的收益率情况，考察组合的效果。

2.4.3 实证案例：资金流选股策略

本案例的结果主要数据情况如下。

（1）后验开始时间：2011-1-1；后验结束时间：2015-7-1。

（2）股票池范围：沪深 300 成分股。

（3）调仓时间：1 个月，2 个月，3 个月。

（4）撮合规则：高频数据撮合，与交易所类似。

1. 案例结果：沪深 300

该结果的股票池来自沪深 300 成分股，结果如表 2-16 所示。

表 2-16 资金流模型策略——沪深 300

调仓间隔	股票总收益率（%）	股票年化收益率(%)	超额收益率（%）	超额年化收益率（%）
沪深 300	−31.65	−10.31	—	—
1 个月	−16.63	−5.07	15.24	5.24
2 个月	−22.29	−6.96	9.36	3.35
3 个月	−23.65	−7.43	8.00	2.88

数据来源：[周冠伟 2016]

从表 2-16 中可以看出，在调仓期限为 1 个月时效果最好。收益率曲线如图 2-8 所示。

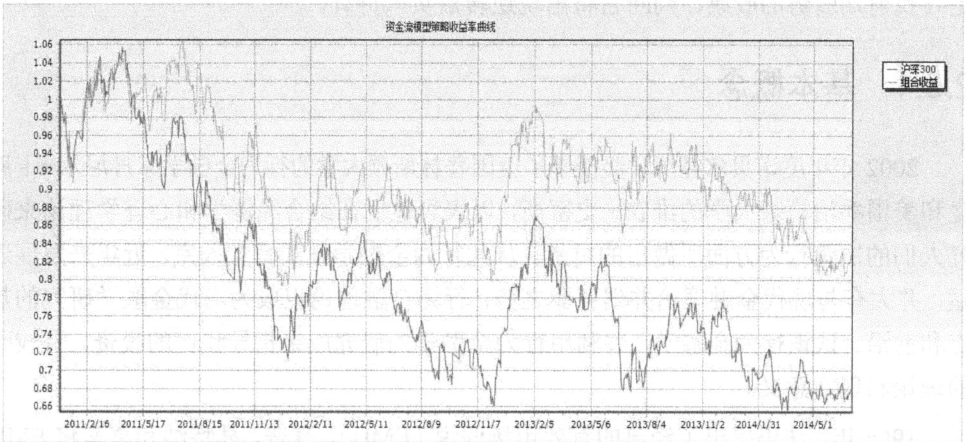

图 2-8 资金流模型策略收益率曲线（沪深 300 -1 个月）

数据来源：[周冠伟 2016]

本节小结

资金流模型是非常易于理解的一种选股方式，但是传统的资金流模型效果并不明显，这可能是因为市场的有效性越来越强。招商证券在研究员的基于高频数据的基础上，开发了加强版的资金流模型 CMSMF，取得了较好的效果。D-Alpha 对冲交易系统的高频数据后验平台对资金流模型进行了测试，结果证明该指标具有良好的收益。

2.5 动量反转

◆ 摘要 ◆

动量与反转效应是市场上经常出现的一种情况。所谓动量效应就是在前一段时间强势的股票，在未来一段时间继续保持强势；反转效应就是在前一段时间弱势的股票，在未来一段时间会变强。但问题的关键是这个强势和弱势会保持多长时间和多大幅度，这是动量、反转策略需要考虑的关键问题。

动量策略就是寻找前期强势的股票，判断它将继续强势后买入持有；反转策略就是寻找前期弱势的股票，判断它将出现逆转后买入持有。

2.5.1 基本概念

2002 年年度诺贝尔经济学奖授予了美国普林斯顿大学的行为金融学家丹尼尔·卡恩曼和美国乔治梅森大学的维农·史密斯，以表彰他们在结合经济学和心理学理论来研究人们的决策行为方面所做出的贡献。从此行为金融学正式登堂入室，近年来发展迅猛，并大有与现代金融理论并驾齐驱之势，行为金融理论也成为当代金融学研究的热点和前沿。认识行为金融学，并利用行为金融学的研究成果指导我们的投资，有较强的理论和现实意义。

1965 年，法玛提出了经典的有效市场假说（EMH），夏普、林特纳和莫辛将 EMH 和马科维茨的资产组合理论结合起来，建立了一个以一般均衡框架中的理性预期为基础的投资者行为模型——资本资产定价模型（CAPM）。CAPM 和 EMH 成为现代金融学的两大基石。

但随着市场的发展也出现了一系列无法用传统金融理论解释的现象，如羊群效应、小公司和规模效应、股权溢价之谜等，给现代金融理论构成了强有力的挑战，行为金融学也随之产生。

现代金融理论和 EMH 是建立在有效市场竞争的基础上的，能够在市场竞争中幸存下来的只有理性投资者。而相关研究表明，在某些情况下，非理性投资者实际上可以获得比理性交易者更高的收益，非理性投资者仍然可以影响资产价格。

市场上的许多行为从传统的金融学理论上往往无法解释，因为传统金融学严格的假设条件影响了其在实践中的运用，而行为金融学更加接近市场，一些研究结论对证券市场投资也有较大的启发和指导意义。从我国的实践角度来看，行为金融依然具有较强的指导意义，并对证券投资有较大帮助。

1. 行为金融学

1）羊群效应

羊群效应是指投资者在交易过程中观察并模仿他人的交易行为，从而导致一段时间内买卖相似的股票。在信息高度不对称的市场环境下，投资者无法直接获得别人的私有信息，却可以通过观察机构投资者的买卖行为来推断其私有信息，此时容易产生个人投资者和机构投资者的羊群行为，出现群体压力等情绪下的非理性行为。

长期以来，我国证券市场上存在较为典型的羊群效应，庄家行为、股评效应等极为显著，寻找庄家建仓等待拉升一度成为市场追捧的投资策略。随着庄股的破灭及价值投资理念的崛起，基金等机构投资者的行为也成为信息弱势群体研究的重点。因此，在借鉴他人优势的同时，投资者也应防止陷入新的羊群效应；在追随潮流的同时，也应保持独立的判断能力。

2）小公司效应

小公司效应是指小盘股比大盘股的收益率高。1981 年，Banz 发现了股票市值随着公司规模的增大而减少的趋势。随后，Reimganum 也发现了公司规模最小的普通股票的平均收益率要比根据 CAPM 模型预测的理论收益率高，且小公司效应大部分集中在 1 月份。由于公司的规模和 1 月份的到来都是市场已知信息，这一现象明显地违反了有效市场假说。

我国证券市场上也一度存在小公司效应。例如，小盘股、小市值的公司往往成为炒作的重点；一些庄家借助送股、转增等题材不断炒作，一些公司的股价出现了非理性上扬。小公司效应产生的根源在于其投资价值，处于成长期的小公司往往比成熟的大公司有更高的成长性。

3）反应过度与反应不足

反应过度和反应不足是投资者对信息反应的两种情况。人们进行投资决策时存在两种错误范式：其一是选择性偏差，即投资者过分重视近期数据的变化模式，而对产生这些数据的总体特征重视不够，这种偏差导致股价对收益变化的反应不足；另一种是保守性偏差，投资者不能及时根据已变化的情况修正自己的预测模型，导致股价过度反应。

在证券市场上的表现就是涨过头和跌过头。在我国证券市场上，反应过度与反应不足现象较为突出，如 2000 年网络股泡沫出现的反应过度，投资者热情的膨胀将股价不断推高。而在市场的下跌趋势中也会对利好表现麻木，市场弥漫悲观氛围时也会对具有投资价值的公司视而不见，市场既有出现非理性上涨的冲动，也会造成非理性的恐慌性抛售。

4）动量效应与反转效应

所谓动量效应是指早期收益率较高的股票在接下来的表现仍会超过早期收益率低的股票；而反转效应就是买进过去表现差的股票而卖出过去表现好的股票来进行套利的投资方法。

1993 年，美国学者 Je-gadeeshkg 与 Titman 在对资产股票组合的中间收益进行研究时发现，以 3～12 个月为间隔所构造的股票组合的中间收益呈连续性，即中间价格具有向某一方向连续的动量效应。一些研究显示，如选择低市盈率（PE）的股票，选择股票市值与账面价值比值低、历史收益率低的股票，往往可以得到比预期收益率高很多的收益，而且这种收益是一种长期异常收益。

而在我国市场上，热点的切换及投资者的偏好会经常发生转变，这也使得动量效应和反转效应在一段时间内反复出现。

2. Alpha 动量模型

1）Alpha 动量

一只股票未来回报的预期可以拆成 Alpha、Beta 及残差 3 个部分，用公式描述为：

$$r_p=\alpha+\beta_m+\varepsilon$$

式中第二项是股票随着市场总体涨落带来的市场回报，最后一项代表的是无法提前预知的股票相对于市场回报的差异。而式中第一项同样也是偏离市场的回报，但是它与残差不同，Alpha 代表了提前预知的偏离。

从量化投资的角度来说，积极型股票投资者的目标可以理解为寻找正的 Alpha 动量，这个过程通常是通过基本面分析来完成的。而动量模型的目标是通过数量方法寻找到股票持续的正的 Alpha。量化投资方法可以观测到通常投资者不容易观测到的股票细微变化，同时也可以观察更多的股票，快速建立投资股票池，帮助投资者选择股票。另外，当股指期货推出以后，投资者也可以找出有 Alpha 的股票进行套利。股指期货非常接近市场的回报，可以用来消除股票中的 Beta，使投资者获得纯粹的 Alpha，从而不用在意市场的涨跌而得到绝对回报。

2）Alpha 能否持续

在正常情况下，股票的 Alpha 不会长期持续不为 0。这是因为一只股票如果估值有偏差，那么在被人发现以后，Alpha 就会迅速归零。股票一般不会总是被低估或者高估，它的 Alpha 有时表现为正，有时表现为负，这也是为什么使用常规的方法在市场中通常难以发现股票具有明显持续的 Alpha 的原因。

尽管长期而言每只股票的 Alpha 都应该为 0，但是市场中存在部分股票的 Alpha 在一段时间内可能持续大于 0 或者小于 0。股票的 Alpha 会持续主要有以下两个原因：

（1）如果股价向股票的价值收敛的速度比较慢，知情投资者就更容易从中获利，所以这些交易者会倾向于更缓慢地把价格推向股票的实际价值。

（2）中国股票市场存在一种股票轮动现象，一个行业或部分股票常常会在一段时期内保持强于或弱于市场总体水平。

因此，动量策略的目标是从股票市场上千只股票的大海中筛选出这样的股票，即当它出现正（负）的 Alpha 时，之后的 Alpha 也会为正（负）。找到以后，便可以使用对应的策略进行投资，因此这种筛选股票的策略称为 Alpha 动量策略。

3）Alpha 动量模型

假设股票的 Alpha 是一个随机过程。出于简化的目的，假设 Alpha 是最简单的 AR(1)过程，股票的收益率就能表示为下面的形式：

$$r_{pt}=\alpha_t+\beta r_{mt}+\varepsilon_t$$

$$\alpha_t=\delta\alpha_{t-1}+V_t$$

在这个模型中，当 δ 小于 0 时，α_t 会出现反转，这种情况意味着这只股票存在过度反应的现象。当 δ 介于 0～1 之间时，随着时间的变化 α_t 总会向 0 靠近，决定其减为 0 速度的关键是 δ 的大小。一只股票的 δ 越大，代表它的 α_t 向 0 回归的速度越慢。换句话说，如果我们能找到一些股票的 δ 与现在的 α_t 都比较大，那么这只股票在接下来的时间内 α_t 大于 0 的可能性也比较大。

可以使用马尔科夫链蒙特卡罗方法估计该模型的参数，使用模拟结果的均值作为各个参数的估计值。

2.5.2 策略模型

虽然以往的实证研究在不同的市场发现存在动量及反转效应，但从实践的角度来看，要将动量效应及反转效应在 A 股市场投资实践中应用，有必要对 A 股市场的动量及反转效应进行测试。

这里选择 2000 年 1 月 1 日至 2012 年 6 月 30 日所有上证 180 成分股股票的复权价格数据作为基础数据。为了避免生存者偏差的影响，对基础数据进行了重构，加回了目前已经退市或者被并购的股票的历史价格数据，以求尽可能还原测试时点的真实情况。

1. 动量效应测试

对动量效应进行测试时，分别以 P（P=1,2,⋯,24）个月为形成期，以 Q（Q=1,2,⋯,12）个月为持有期，验证 P 个月内累计收益率最高的一组股票，在接下来 Q 个月内的表现（下文中将形成期为 P、持有期为 Q 的动量组合记为(P,Q)动量组合）。

由于 A 股市场目前仍为单边市，不能卖空，这里仅对买入方向进行单边测试。为了增加样本容量及规避时点选择对测试结果的影响，对测试样本进行逐月滚动，即在每个月均对上述所有的(P,Q)动量组合是否存在动量效应进行一次测试。

为了使所有的(P,Q)动量组合具有相同的测试样本数量，分别选择 2000 年 1 月至 2010 年 6 月的每个月第一个交易日作为组合构建时点，因此对应于每一对(P,Q)动量组合的测试样本共有 114 个。在每一个测试时点对于每一对(P,Q)动量组合均按下列流程进行测试：

（1）确定待选股票池。选择组合构建时点上证 180 成分股股票，剔除连续停牌股票及形成期初未上市的股票后，剩下的股票进入待选股票池。

（2）构建初始股票组合。将待选股票池中的股票分别按照测试时点前 P 个月的累计收益率从大到小排序，选取排名前 1/5 的股票等权重构建动量组合，并以待选股票池中全部股票等权重构建基准组合。

（3）收益率计算。持有组合至 Q 个月后的第一个交易日，计算动量组合及基准组合在 Q 个月内的累计收益率，分别作为(P,Q)动量组合及基准组合对应于这一测试时点的收益率，以(P,Q)动量组合收益率与基准组合收益率的差作为(P,Q)动量组合这一样本的超额收益。

在所有的测试时点均测试完成后，分别计算每一对(P,Q)动量组合的所有样本的平均超额收益，作为(P,Q)动量组合的超额收益；同时，计算在所有样本中超额收益率为正值的样本所占的比例，作为(P,Q)动量组合战胜基准的频率。具体测试结果如表 2-18 所示。

表 2-18 动量组合相对基准的平均年化超额收益（部分）

		持有期					
		1	3	5	7	9	12
形成期	1	−5.09%	−3.96%	−2.94%	−1.89%	−0.71%	−1.09%
	3	−3.02%	−1.93%	−1.62%	−0.12%	−0.65%	−0.76%
	5	−3.81%	−3.81%	−2.00%	−2.05%	−1.73%	−2.27%
	7	−4.82%	−3.53%	−3.81%	−2.19%	−2.85%	−3.24%
	9	−2.55%	−2.55%	−1.56%	−1.51%	−2.01%	−1.96%
	12	−0.98%	−2.46%	−2.43%	−1.33%	−1.16%	−1.44%
	14	−5.57%	−2.68%	−2.20%	−0.79%	−0.55%	−1.43%
	18	−3.78%	0.11%	0.02%	0.91%	0.25%	−1.37%
	22	−7.32%	−2.43%	−1.65%	−1.84%	−2.23%	−3.08%
	24	−5.41%	−2.83%	−3.22%	−2.58%	−3.18%	−4.14%

来源：[杨卫东 2012]

从超额收益角度来看，形成期 P 为 18 个月、持有期 Q 为 7～9 个月的动量组合可以取得超额收益；当形成期或者持有期过短时，动量组合均没有超额收益。

从战胜基准的频率角度来看（出于篇幅原因，数据没有在这里列出），共有 8 对不同(P,Q)动量组合战胜基准的频率在 70%以上，这 8 对组合的形成期 P 集中在 12～22 个月间，持有期 Q 则集中在 3～7 个月间。

综合超额收益和战胜基准频率两方面的因素可以看出，形成期 P 为 18 个月、持有期 Q 为 9 个月的动量组合从整个样本来看效果最佳。

2．反转效应测试

与动量效应的测试相似，在对反转效应进行测试时，分别以 P（$P=1,2,\cdots,24$）个月为形成期，以 Q（$Q=1,2,\cdots,12$）个月为持有期，验证 P 个月内累计收益率最低的一

组股票在接下来 Q 个月内的表现（下文中将形成期为 P、持有期为 Q 的反转组合记为(P,Q)反转组合）。

由于 A 股市场目前仍为单边市，不能卖空，这里仅对买入方向进行单边测试。为了增加样本容量及规避时点选择对测试结果的影响，对测试样本进行逐月滚动，即在每个月均对上述所有的(P,Q)反转组合是否存在反转效应进行一次测试。

为了使所有的(P,Q)反转组合具有相同的测试样本数量，分别选择 2001 年 1 月至 2010 年 6 月的每个月第一个交易日作为组合构建时点，因此对应于每一对(P,Q)反转组合的测试样本共有 114 个。在每一个测试时点对于每一对(P,Q)反转组合均按下列流程进行测试：

（1）确定待选股票池。选择组合构建时点上证 180 成分股股票，剔除连续停牌股票及形成期初未上市的股票后，剩下的股票进入待选股票池。

（2）构建股票组合。将待选股票池中的股票分别按照测试时点前 P 个月的累计收益率从小到大排序，选取排名前 1/5 的股票等权重构建反转组合，并以待选股票池中全部股票等权重构建基准组合。

（3）收益率计算。持有组合至 Q 个月后的第一个交易日，计算反转组合及基准组合在 Q 个月内的累计收益率，分别作为(P,Q)反转组合及基准组合对应于这一测试时点的收益率，以反转组合收益率与基准组合收益率的差作为(P,Q)反转组合这一样本的超额收益。

在所有的测试时点均测试完成后，分别计算每一对(P,Q)反转组合的所有样本的平均超额收益，作为(P,Q)反转组合的超额收益；同时，计算在所有样本中超额收益为正值的样本所占的比例，作为(P,Q)反转组合战胜基准的频率。具体测试结果如表 2-19 所示。

表 2-19 反转组合相对基准的平均年化超额收益（部分）

		持有期					
		1	3	5	7	9	12
形成期	1	26.93%	0.58%	5.40%	2.63%	−1.11%	1.97%
	3	−5.53%	−7.80%	−6.50%	−8.17%	−7.26%	−6.61%
	5	−0.40%	−6.50%	−6.94%	−7.66%	−6.04%	−5.98%
	7	0.69%	−7.20%	−6.10%	−8.54%	−7.29%	−5.05%
	9	−2.41%	−5.28%	−6.46%	−6.85%	−4.47%	−5.10%

续表

		持有期					
		1	3	5	7	9	12
形成期	12	−4.69%	−5.59%	−6.33%	−6.37%	−6.08%	−6.28%
	14	0.73%	−6.79%	−6.89%	−7.14%	−5.56%	−5.07%
	18	−6.04%	−7.38%	−7.61%	−6.96%	−4.30%	−3.88%
	22	−0.74%	−2.08%	−4.86%	−5.62%	−1.83%	−0.44%
	24	−1.29%	−1.90%	−3.82%	−3.18%	0.40%	−2.35%

资料来源：[杨卫东 2012]

从超额收益角度来看，当形成期 P 为 1 个月、持有期 Q 为 1 个月时，反转组合可以取得较高的超额收益（年化后 25%以上）；当形成期 P 或者持有期 Q 过长时，反转组合超额收益显著变小或者没有超额收益。

从战胜基准的频率角度来看，测试结果显示（出于篇幅原因，这里没有列出数据）共有 3 对不同形成期 P 和持有期 Q 的反转组合战胜基准的频率在 60%以上，这 3 对组合均是短期组合，分别为(1,1)反转组合、(2,1)反转组合及(1,5)反转组合。

综合超额收益和战胜基准频率两方面的因素可以看出，形成期 P 为 1 个月、持有期 Q 为 1 个月的反转组合从整个样本来看效果最佳。

2.5.3 实证案例：动量选股策略和反转选股策略

前面的测试结果表明 A 股市场存在短期的反转效应及中长期的动量效应。但前面的测试并没有考虑交易费用及组合的再平衡问题，当实际中存在这些问题时，这两种策略是否还能有效，值得怀疑。因此，本节对这两种策略进行了历史回测实证。

由于待选股票池前 20%包含的股票数量太多，所以在回测时选择股票数量为待选股票池的 10%。在构建投资组合时，为了测算简便，仅考虑了单边 0.25%的固定交易成本。

1. 动量策略

案例 动量选股策略

初始投资组合的构建：以 2010 年 1 月 4 日为初始投资组合构建日，选择待选股票池中 2008 年 6 月 1 日至 2009 年 12 月 31 日累计涨幅最大的前 10%股票，等权重配置作为初始投资组合。

组合的再平衡：持有投资组合 9 个月，以到期后的第一个交易日为再平衡日，将投资组合中的股票调整为再平衡日前 18 个月内累计涨幅最大的前 10% 股票，同时将新投资组合内样本股的权重调整至相等。重复上述过程，直至 2015 年 12 月 30 日。收益率曲线如图 2-10 所示。

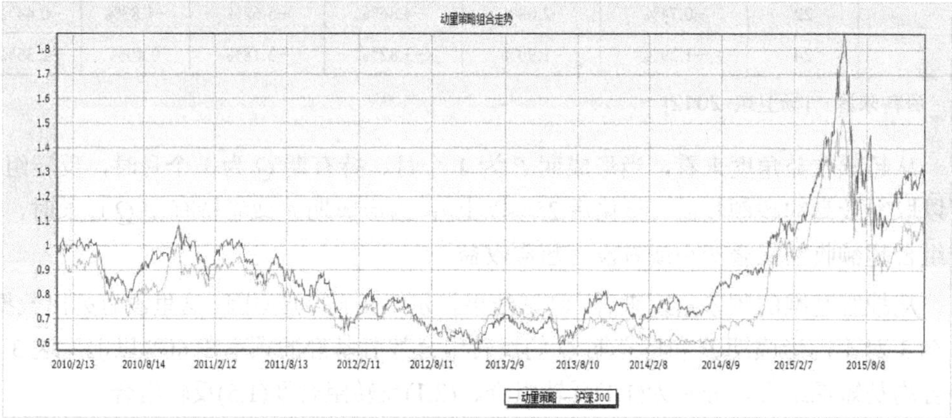

图 2-10　动量策略组合走势

资料来源：[周冠伟 2016]

考虑交易成本以后，在长达 6 年的回测过程中，动量策略取得了 30.26%的累计收益，高于同期沪深 300 指数取得的 5.54%的累计收益。回测期内这一动量策略的年化复合增长率为 4.51%，同期沪深 300 指数的年化复合增长率为 0.90%。

在回测过程中，动量策略持有股票数量大约为 30 只。

从不同的市场阶段来看，动量策略在熊市阶段表现略明显。动量策略相对于沪深 300 平均每个月可以取得 0.29 %左右的超额收益，战胜基准的频率在 52%以上。但是这一策略在牛市和震荡市中并不能显著战胜基准。动量策略风险收益率分析如表 2-20 所示。

表 2-20　动量策略风险收益率分析

	组合累计收益率（考虑交易成本）	组合年化收益率（考虑交易成本）	沪深 300 累计收益率	沪深 300 年化收益率	组合夏普比率	沪深 300 夏普比率
全阶段	30.26%	4.51%	5.54%	0.90%	0.166	0.036

资料来源：[周冠伟 2016]

2. 反转策略

案例 反转选股策略

初始投资组合的构建：以 2010 年 1 月 4 日为初始投资组合构建日，选择待选股票池中 2009 年 12 月 31 日前 1 个月内累计涨幅最小的前 30 只股票进行等权重配置作为初始投资组合。

组合的再平衡：持有投资组合 1 个月，以到期后当月的第一个交易日为再平衡日，将投资组合中的股票调整为再平衡日前 1 个月内累计涨幅最大的前 30 只股票，同时将新投资组合内样本股的权重调整至相等。重复上述过程，直至 2015 年 12 月 31 日。

考虑双边 3‰交易成本以后，在长达 6 年的回测过程中，(2,1)反转策略取得了 500.82%的累计收益，远高于同期沪深 300 指数取得的 5.54%的累计收益。回测期内这一反转策略的年化复合增长率为 34.91%，年化波动率为 27.38%；同期上涨指数的年化复合增长率为 17.25%，年化波动率为 25.00%。

在回测过程中，(2,1)反转策略持有股票数量大约为 30 只，每 1 个月换手一次。由于换手率较高，这一策略交易成本对收益的影响很大，平均到每个月大约为 30bps。

从不同的市场阶段来看，反转策略在牛市和震荡市阶段表现出色。阶段反转策略相对于沪深 300 平均每个月可以取得接近 2.54%的超额收益，战胜指数的频率接近 77.5%。而在熊市阶段，反转策略基本上与指数战平。反转策略风险收益率分析如表 2-21 所示，走势图如图 2-11 所示。

表 2-21 反转策略风险收益率分析

	组合累计收益率（考虑交易成本）	组合年化收益率（考虑交易成本）	沪深 300 累计收益率	沪深 300 年化收益率	组合夏普比率	沪深 300 夏普比率
全阶段	500.82%	34.91%	5.54%	0.90%	1.275	0.036

资料来源：[周冠伟 2016]

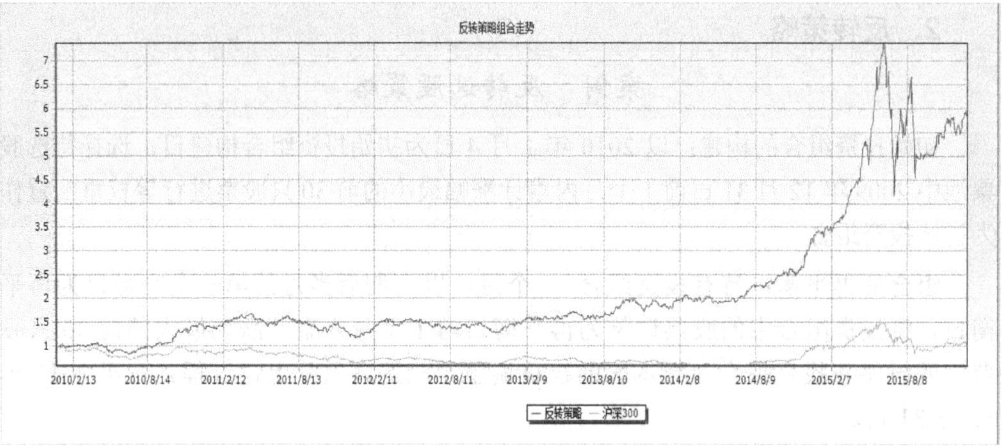

图 2-11　反转策略组合走势

资料来源：[周冠伟 2016]

本节小结

根据实证结果，A 股市场确实存在动量及反转效应。

（1）A 股市场存在动量效应及反转效应，其中形成期为 18 个月、持有期为 9 个月的动量组合，以及形成期为 1 个月、持有期为 1 个月的反转组合，表现较为出色。

（2）根据回测系统的结果显示，回测期内这一动量策略的年化复合增长率为 4.51%，同期沪深 300 指数的年化复合增长率为 0.90%。

（3）回测期内这一反转策略的年化复合增长率为 34.91%，年化波动率为 27.38%；同期上涨指数的年化复合增长率为 0.90%，年化波动率为 25.00%。

2.6　一致预期

◆ 摘要 ◆

一致预期是指市场上对某股票有一致看法——看多或者看空。在众多分析师的一致预期下，投资者会产生羊群效应，大量买入或者大量卖出，从而使得某股票持续上涨或者持续下跌，这就是一致预期选股的基本原理。

一致预期选股策略采用分析师的评级数据来构建相应的组合，试图找出最适合的一致预期参数。

2.6.1 基本概念

股票的长期收益并不仅仅依赖于实际的利润增长情况，还取决于实际的利润增长与投资者预期的利润增长之间的差异。持续的成长性可以消弭估值的泡沫，只有超预期的成长性才能带来价值重估的机会，从而才有可能获得更高的估值水平，因此带来更多的投资收益。

从历史经验来看，市场热衷于追捧一致预期看好的股票，而摒弃预期不好的股票；同时，市场也会迎合那些未来有高成长预期的股票，并因此提升个股或行业的估值水平。也就是说，市场预期本身很重要，因此我们可以利用市场的一致预期数据去挖掘投资的机会。

这里采用朝阳永续的一致预期数据来分析市场的反应。该数据主要指基于各券商分析师调查的上市公司盈利预期数据平均值，该指标的核心目标是力图权威地反映市场对公司未来盈利的预期水平。在海外，它是投资者在上市公司年报发布前后的重要投资参考依据。

采用沪深 300 的样本股票进行分析，来看一看一致预期数据在投资组合方面的效果。由于数据区间的限制，仅仅考虑其提供的 2006 年度的一致预期 EPS 数据，以此作为参考，分析结果如图 2-12 所示。

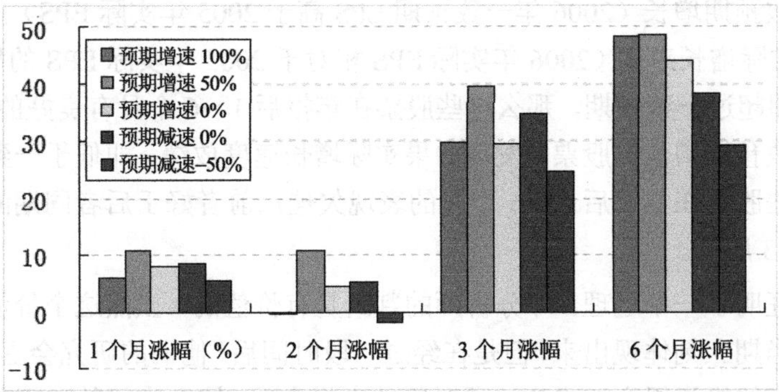

图 2-12 2006 年一致预期 EPS 相对于 2005 年实际 EPS 的增速

资料来源：[谢江 2008]

1．超预期带来的超额回报

从2006年的一致预期EPS与实际EPS的对比来看，实际EPS大于一致预期EPS（“超预期”）的股票在年报后1～6个月的平均收益好于低于预期（实际EPS小于一致预期EPS）的股票的表现。

更为细致地观察，可以看到：超预期100%以上的股票在年报后2～6个月的平均收益远远高于超预期低于50%及低于预期的股票的同期平均收益，超预期越多的股票在年报后的走势越好（平均收益）。

2．一致预期代表市场的情绪

从历史来看（业绩公告前一年的股票走势），年报后业绩超预期的股票在过去一年的平均收益水平低于那些低于预期的股票同期的表现，也就是说由于预期与实际情况的不同，超预期股票和低于预期的股票在年报公布前后的表现正好相反。

而从预期增长和预期减速来看，预期增长的股票在一年内的平均涨幅要高于预期减速的股票同期的表现。因此，在市场一致预期偏于乐观的情绪下，股票走势也反映出这种情绪；反之，悲观的预期即带来较低的收益。

可以看到，年报后1～3个月，本来预期增长的股票在年报出来后的平均表现不如预期减速的股票同期的表现；从年报后半年的表现，才可以看到预期增长的股票的表现好于预期减速的股票的表现。

3．理想与现实

对于一致预期增长（2006年一致预期EPS高于2005年实际EPS）的股票，可以发现，如果实际增长速度（2006年实际EPS相对于2005年实际EPS的增长速度）加快的话，亦即超过一致预期，那么这些股票在年报后1～6个月有良好的表现。另外，对于那些一致预期增长的股票，发现如果实际增长速度放缓，即低于一致预期增长速度，那么这些股票在年报后1～6个月的表现欠佳；前者好于后者同期的表现，分析结果如图2-13所示。

这充分证明了一个道理，即分析师的判断是有价值的，虽然这个价值不会在发布研究报告的当期立刻体现出来，但是在经过一段时间后，他们的研究会逐步影响市场，从而推动相应的投资组合在未来一段时间的良好表现。这个中间的时间差可能与投资者的决策流程有关，因为大型机构投资者从收到研究报告到转换成相应的市场行为，需要一个较长的时间。

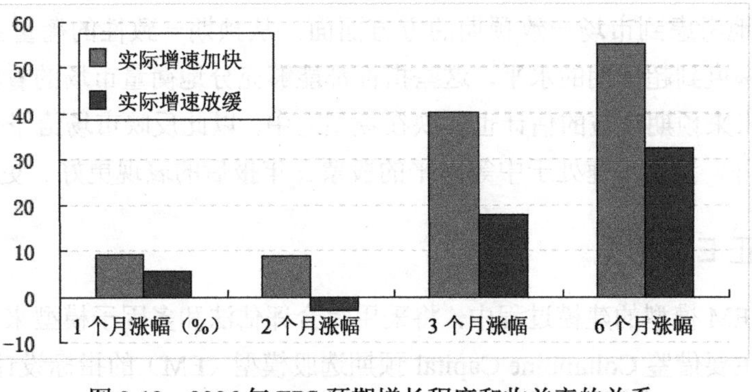

图 2-13　2006 年 EPS 预期增长程度和收益率的关系

资料来源：[谢江 2008]

对于那些一致预期减速（2006 年一致预期 EPS 低于 2005 年实际 EPS）的股票，可以发现，2006 年度实际 EPS 为增长的及实际 EPS 减速放缓的股票在年报后 1～2 个月的表现要好于实际减速加快的股票同期的表现。

因此可以得出结论，成长性是产生投资回报的源泉，而市场的情绪也是推动市场前进的不可或缺的力量。市场的一致预期本身就代表着市场对未来的一种看法、一种判断、一种情绪，能够持续成长的股票可以给投资者带来投资回报，但只有能够带来惊喜（超预期）的股票才能持续地给投资收益增添光彩。

2.6.2 策略模型

国外很多量化投资研究机构都会采用一致预期数据构造选股的模型，以充分把握市场的看法和市场的情绪，从而至少获取可观的阶段性收益。

其中比较有名的是 Columbine Capital 的预期选股模型（Expectational Model，EM）。从该模型的历史表现来看，过去 10 年此模型选股组合的年超额回报率达到 4%。

1. 传统 EM 模型

Columbine Capital 的预期选股模型主要利用一致预期数据构造五大指标，即分析师预期的一致性指标、分析师调整预期的信心指标、分析师调整预期的幅度指标、超预期水平及预估的期望回报率等。

EM 模型首先按照各个指标对个股进行打分评级，然后通过最优梯度选股策略来决定各个指标间的关系，从而得到最后的评级，以此做出买入或卖出的指令。这 5 类指标综合性地考虑到市场一致预期的方方面面，从预期一致性的衡量到分析师的信心，从调整幅度到超预期的水平，这些指标都能够充分地衡量市场的看法，把握市场的情绪。对未来预期收益的估计也反映在模型之中，以此反映市场给予个股估值水平的高低。另外，预期增速处于中等水平的股票在年报后的表现更好、更稳定。

2. 修正 EM 模型

在修正 EM 模型的建模过程中，将采用综合评估法和多因子模型来替代。在指标选取方面，主要借鉴 Columbine Capital 预期选股模型（EM）的指标设计体系。然而，国内的一致预期在指标数据的采集上很难获得一致预期方面更为详细的数据，因此只能设计替代的指标体系。

该修正模型仍然采用朝阳永续所提供的一致预期 EPS 数据(按照朝阳永续的一致预期算法，对机构影响力和时间影响力进行双重加权)，并做进一步的加工、整理和分析。朝阳永续一致预期数据所构造的一系列指标的计算方法和含义如下。

（1）EG：一致预期 EPS 的增长速度（EPS Growth）。每个月度，提取市场对下一年度的 EPS 预期的增长数据。EG 指标反映市场中卖方分析师对个股下一年度 EPS 的增长预期，预期越高自然理应获得更好的回报。EG 越大，分析师越看好个股的未来成长速度。

（2）RC：卖方分析师在调整预期 EPS 时的信心（Revision Confidence）。每个月可以看到分析师对下一年度 EPS 预期的调整状况。设定 EPS*a* 为分析师当月对下一年度 EPS 的预期值，EPS*b* 为分析师上月对下一年度 EPS 的预期值。RC 采用以下计算公式：

$$RC=(EPSa-EPSb)/\text{上月收盘价}$$

可以看到随着时间的变化，分析师依据当前的股价基础也对未来的预期 EPS 做出适当的调整，这也反映出分析师对未来 EPS 预期调整的信心水平。RC 越大，说明分析师有可能非常有信心认可个股未来的每股收益水平；反之，则信心欠佳。

（3）RA：分析师对个股未来 EPS 水平的乐观态度。用分析师对下一年度一致预期 EPS 高过历史上平均 EPS 的水平来表示。对于未来预期 EPS 高过历史平均 EPS（采用前两年的 EPS 平均值）的那些股票，分析师对其未来成长持乐观态度；对于未来预期 EPS 低于历史平均 EPS（采用前两年的 EPS 平均值）的股票，分析师则持悲观态度，即不看好其未来的成长水平。

（4）AN：关注个股的分析师数量。采用 log(1+分析师数量) 来给出 AN 的值。对个股关注的分析师数量越多，那么市场对它的了解程度也越深，市场对它的追捧程度也可能更大。如果分析师的数量越多，那么反映市场的情绪可能更加合理和准确；而关注的分析师数量越少，那么一致预期的数据可信度可能会低一些，当然并不是说这些股票质地不好。仅从分析师数量的多少不可能辨别股票的优劣，但是可以反映出市场追捧的情绪。

（5）ANV：关注个股的分析师数量的变动率。用当月 AN 值减去上月 AN 值来表示。若 ANV 为正，则表示关注这只股票的分析师数量在增加；ANV 值越大，分析师数量增加得越多，关注度可能越大。若 ANV 为负，则表示关注这只股票的分析师数量在减少，关注度可能在减弱。

（6）EY：预估的 EPS 回报率。用当月分析师对下一年度 EPS 的一致预期值与上月收盘价的比值来计算 EY 值。这个比率是市场分析师对当前股价水平所能获得未来 EPS 水平的看法。EY 值越大，表示分析师更加看好未来的回报率；EY 值越小，表示分析师可能不太看好这只股票未来 EPS 的回报率水平。从 EY 角度来看，可以评价预期未来的 EPS 水平是否能支撑现在的股价水平。在这里，EY 的倒数就是未来预期的市盈率水平。

这六大类指标主要试图量化地刻画市场卖方分析师对未来预期的一致性看法和情绪，也就是采用量化的指标来衡量分析师在调整未来一致预期数据时的信心、态度、人气度等，这些可以通过观察分析师调高或调低一致预期 EPS 的幅度大小、预期未来市盈率的倍数等来得出结论。

选股的时候则根据 EG、RC、RA、AN、ANV、EY 这六大指标进行 EM 预期选股模型的构造。一种方法是采用综合评估的办法，即分别按照各个指标对个股进行打分，然后给予每个指标一定的权重，进行加和得到个股最终的总分评级排序。另一种方法就是采用多因素模型，考察六大指标与个股未来收益之间的关系，同时以下一期六大指标水平预测个股未来一期的收益率水平，以此对各只股票进行排序。

2.6.3 实证案例：一致预期模型案例

本案例采用以上介绍的 EM 预期选股模型进行历史的测试，试图找出对收益率最有效果的指标和参数。

1. 模型构建

1）数据

（1）一致预期 EPS。一致预期 EPS 的数据来自朝阳永续，每个月采集一次分析师对个股的下一年度一致预期 EPS 相关的数据及当月股票收盘价格、涨跌幅度等数据。因此，这里的一致预期数据分别是指分析师对 2007—2012 年度 EPS 的预期。

（2）考察区间。由于朝阳永续提供的一致预期数据最早从 2006 年开始，所以考察区间也选择这个时间点作为起点，至 2011 年 12 月份。以年度作为考察区间，共有 6 个考察区间。

① 第一个考察区间：2006 年 1 月至 2006 年 12 月（每个月调整一次股票组合，一致预期数据为 2006 年度预期 EPS）。

② 第二个考察区间：2007 年 1 月至 2007 年 12 月（每个月调整一次股票组合，一致预期数据为 2007 年度预期 EPS）。

③ 其余考察区间依此类推。

最后推荐的股票数据采用 2011 年度一致预期 EPS 数据。

（3）业绩基准。采用市场上具有代表性的上证综合指数和沪深 300 指数作为基准。

2）备选股票池

采用初步筛选的方式构造备选股票池。每一年度（5 月份左右），根据上市公司前 3 年的 ROE 水平均不低于 8%这一条件筛选出备选股票池，然后采用 EM 预期选股模型进行进一步的精选。分别利用 2005 年、2006 年、2007 年（包括）这 3 年的 ROE 水平来进行初步筛选。

3）指标设置

主要采用 EG、RC、RA、AN、ANV、EY 六大指标进行 EM 预期选股模型的构造。在考察区间，每个月采用模型对股票进行排序，然后对前 1/5 和后 1/5 的股票均持有一个月。不考虑交易费用（仅供模型测试）。

4）投资组合配置

分别考察根据 EM 预期选股模型排序的前 1/5 和后 1/5 的股票，并采用等比例配置。

2. 实证效果

1）单个指标的效果

首先观察各个指标筛选股票的效果。在这里，分别采用各个指标从备选股票池中筛选股票和排序，并因此选取排名最前的 1/5 的股票构成 Top 组合（等比例配置），选取排名最后的 1/5 的股票构成 Bottom 组合（等比例配置）。每月换仓一次，不考虑交易费用。收益率曲线如图 2-14 所示。

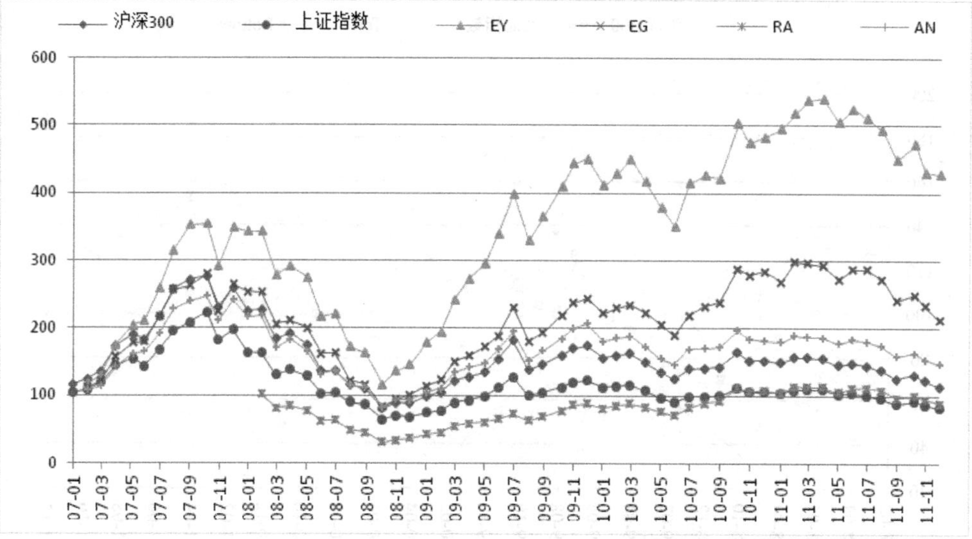

图 2-14 不同一致预期指标的收益率曲线

数据来源：[卜永强 2012]

从 2007—2011 年度的表现来看，多数指标所筛选出的 Top 组合能够战胜业绩基准（上证指数和沪深 300 指数）的表现。其中，采用 EY 指标筛选的 Top 组合表现最为突出；采用其他指标筛选的 Top 组合在前期的表现也基本上可以与基准持平，后期有较好的表现。从图 2-14 中可以看到，各个指标在 2009 年的筛选效果显著，其中表现最好的仍然是 EY 指标。

2）EM 模型的效果

下面阐述了采用综合评估法和多因素模型进行选股的投资效果，前者可以直观地刻画采用一致预期数据所提炼和构建的指标之间的关系，可恰当地反映投资者的偏好、投资的风格；后者采用计量的办法，可以更加客观地观察指标之间的关系及这些关系之间的敏感性特征。

（1）综合评估法。综合评估法设定六大指标按照等比例加，也就是说，认为所有指标是同等重要的情况下进行选股的效果，此模型记为 Ca。从各年来看，综合评估法（等权）所筛选出的 Top 股票组合并未超过业绩基准，同时未战胜 Bottom 股票组合的表现。收益率曲线如图 2-15 所示。

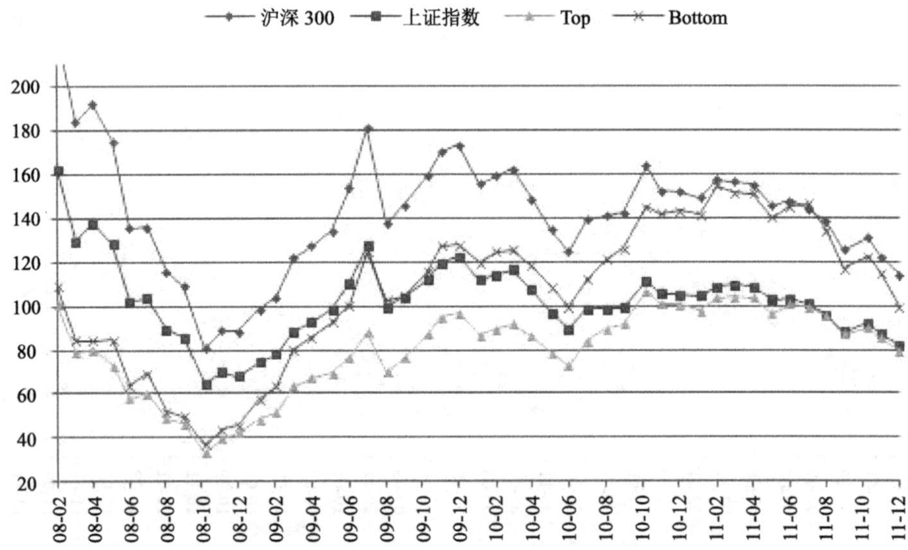

图 2-15　综合评估法（Ca）一致预期模型的收益率曲线

数据来源：[卜永强 2012]

从 2008—2011 年这 4 年的效果来看，采用等比例权重的综合评估法（Ca）所筛选出的 Top 股票组合有 3 年超过业绩基准指数的表现。其中，2009 年 Top 组合的年度平均收益率高达 129%，相对于上证指数的年度超额收益率也高达 50%左右，相对于沪深 300 的月度超额收益率稍低一些，如图 2-16 所示。

此外，可以通过观察指标的特征来对基本的综合评估法加以改进和完善，这样就可以加入投资者对市场的理解和看法。这里分别用各个指标进行股票的筛选，然后统计 Top 股票组合月度收益率大于业绩基准指数（上证指数和沪深 300 指数）月度收益率的频率。

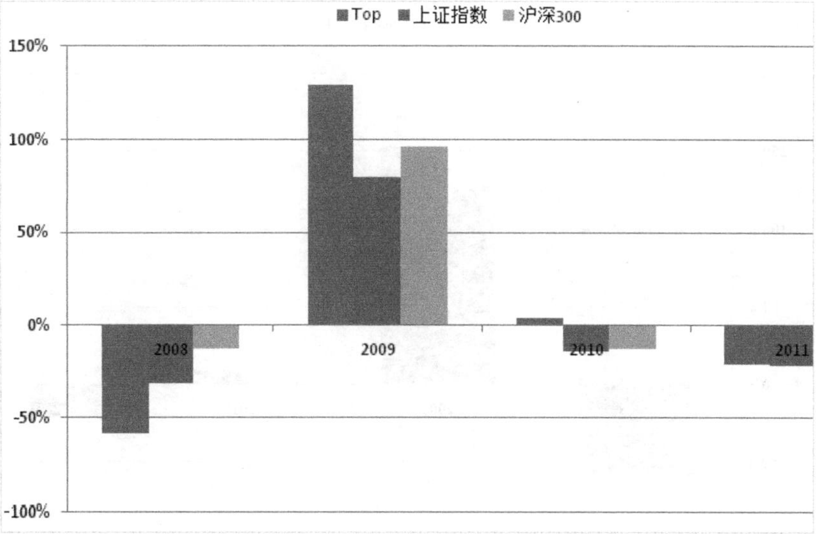

图 2-16　综合评估法（Ca）一致预期模型投资组合与业绩基准的比较

数据来源：[卜永强 2012]

结果发现，EY 指标筛选的 Top 股票组合月度收益率大于业绩基准月度收益率的频率高达 80%，而 EG、RC、RA 这 3 个指标的相应频率在 60%左右，最低的是 AN、ANV 指标。同时，所有指标的这种频率均超过 50%。综合考虑之前的一些结果，可以认为 EY 指标具有很强的筛选能力，EG、RC、RA 指标次之。

所以，这里考虑 EY、EG、RC、RA、AN、ANV 六大指标的比例为 2:1:1:1:0. 5:0.5，即强化 EY 指标在综合评估法中的作用，记为 Cb。

模型 Ca 与 Cb 的比较如图 2-17 所示，可以看到，综合评估法（Cb）模型更为看重 EY 指标。从筛选股票的效果来看，偏重于显著性指标 EY 的综合评估法（Cb）模型要好于等比例指标配置的综合评估法（Ca）。这也说明需要观察有效的、显著性的指标，以此增强选股模型的效果，从而达到良好的投资收益。

（2）多因素模型。多因素模型采用六大指标与股票未来一个月收益率之间的关系进行建模，做截面回归分析。每次采用上月计算的指标系数并通过 6 类指标来计算下月各只股票的排序情况，以此进行股票的筛选。从实证分析来看，在 2006 年和 2007 年采用多因素模型筛选的 Top 股票组合均战胜业绩基准指数的表现。

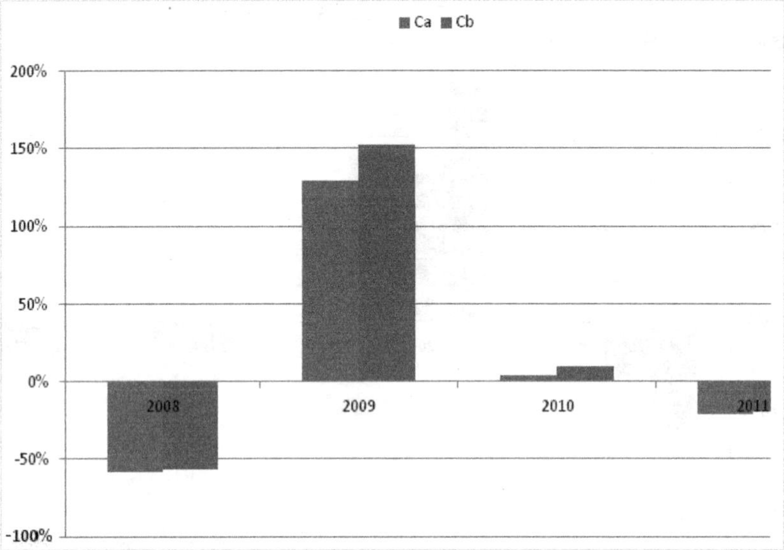

图 2-17　综合评估法中一致预期模型 Ca 和 Cb 之间的比较

数据来源：[卜永强 2012]

通过比较综合评估法和多因素模型的选股能力可以发现，在 2006 年，多因素模型（MF）与综合评估法（Ca）的筛选股票能力相当，而与综合评估法（Cb）相比稍逊一筹；在 2007 年，多因素模型（MF）更是远逊于综合评估法（Ca）和综合评估法（Cb），如图 2-18 所示。

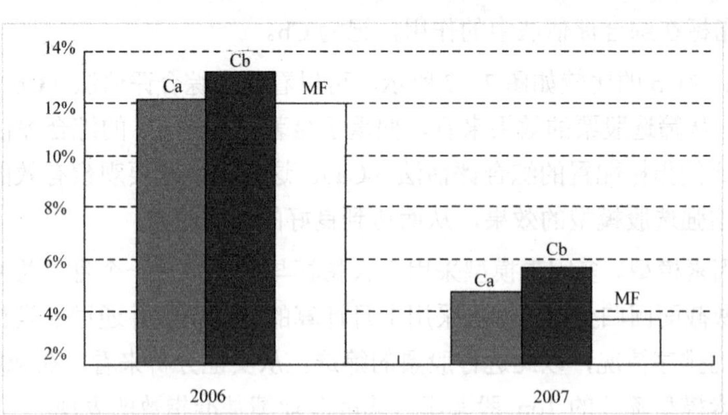

图 2-18　几种一致预期模型的比较（Ca、Cb、MF）

数据来源：[卜永强 2012]

本节小结

从本节的案例可以看出，通过一致预期数据所构造的反映市场情绪的新指标体系确实能够有效地揭示市场的运行特征。这些指标能够把握市场分析师对未来一致预期的看法，投资者就可以根据分析师的看法去做适当的股票筛选；还可以把握分析师对未来一致预期的态度，恰当地刻画分析师在调整未来一致预期 EPS 时的信心。

通过对市场数据的进一步观察，可以看到案例中新构造的指标确实能够有效地区分和筛选出好的股票。当然，有的指标会有较为显著的区分能力。如 EY 指标，即预期的 EPS 回报率，也为预期的市盈率（PE）的倒数，它具有很强的预测和筛选个股的能力。

实际上，EY 是代表市场对个股未来收益的一种预期，也是衡量市场对个股信心的重要指标。那么，投资者就可以综合考虑这些指标，并进行相应的股票筛选，给自己的投资带来更好的收益。

2.7 趋势追踪

◆ 摘要 ◆

趋势追踪的基本思想是追随大的走势。例如，对于一只股票来说，当向上突破重要的压力位后可能意味着一波大的上涨行情的到来，或者向下突破某重要的阻力位后可能意味着一波大的下跌行情的到来。

趋势追踪策略就是试图寻找大的趋势波段的到来，并且在突破的时候进行建仓或者平仓操作，以期获得大的波段收益。

2.7.1 基本概念

投资者选股，主要基于 3 个方面的信息：基本面、技术面和消息面。这 3 种方法各有其优点和缺点。

基本面分析的经济逻辑较强，对事件的解释性也较强，比较容易给出一套逻辑来判断某种状态下股价被低估。但是基本面分析也有其弱点，不容易判断被低估价值的股票价格何时或者以怎样的过程恢复到其对应的价值，对短期行情的判断缺乏指导性。

技术面分析是对历史已发生的行情进行统计，得出指标来推断将来的行情。其优点是既可运用于长期的判断，也可运用于短期的判断，并且依据的信息是已经发生的可靠信息，可操作性最强。但是它也有自身的缺点，由于它利用的主要是已发生的信息，因此总是存在滞后性。

消息面分析认为拥有超额信息才能拥有超额收益，拥有非对称信息可以获得超额收益。但是内幕消息交易是法律上禁止的，且其获得有一定的门槛和成本。并且假消息也充斥于资本市场之上，辨识其真伪有一些难度。所以每种方法都在一个方面和一定程度上对股价的判断具有指导作用，但又各有其弱点，需要其他方法来做有益的补充。

只用来自一个方面的信息选股，难以保证其选股成功率足够高。例如，基于基本面的某方法选择的股票，用大范围的样本进行测试，其成功率为60%，那么当前如果买入某只用该种方法选择的股票A，则胜率只会有60%。但是如果从另一角度（比如基于技术面的某方法选股，该方法的大样本统计成功率也为60%）也选出了股票A，这就意味着两个因素都支持股票A的上涨概率为84%。

1. 趋势追踪逻辑

中国股市追涨杀跌气氛较浓，容易形成连续的趋势，用趋势追踪的方法判断行情走势有两个基本的理论逻辑。

1）市场中的投资者并非完全理性

传统的有效市场理论认为，在有效市场的前提下，证券的历史信息充分反映在股价上，利用历史信息进行分析是无效的。但是有效市场假说有一个前提，就是投资者是理性的，对信息的解读和理解是准确到位的。但是在实际投资中，即使专业的投资者，也会受知识、情绪和个人投资理念的影响，众多的投资者对信息的解读往往千差万别，所以有效市场和实际市场有所区别。由于绝大多数投资者并不能充分挖掘出历史信息，因此深入地研究历史信息仍然是有意义的。

2）价格以趋势方式演变

趋势概念是趋势追踪技术的核心。这是因为当股价受到某个新信息冲击时，投资者获取该信息的时间不一致，即使同时获取该信息，进行投资操作的时点也不会完全相同。但是投资者又会依据获取的信息来做出投资的判断，这种对信息不同时的反应，往往让证券价格表现出趋势。实际投资中投资者也会有所感觉，顺应趋势不容易造成大的亏损。

2. 利用趋势追踪技术构建组合的方法

利用趋势追踪的方法构建组合主要分为 3 步：

（1）探讨指标，找寻出一系列刻画趋势的指标，然后经过细化处理，令其能较好地跟踪各个级别行情的趋势。

（2）选择样本内大样本数据进行建模，然后再选择样本外大样本数据（若干年时间）进行外推测试。需要证明样本内数据建立的模型在样本外进行外推测试仍然有良好效果，这样的模型才有意义。

（3）模型参数稳定后，则每天可以得到当前发出买入和卖出信号的股票，这样可以给每只股票分配一笔资金，买入（或者重配）当日发出买入信号的股票，卖出（或者低配）发出卖出信号的股票，用这种方式来构建股票组合。

以上是完全用技术指标来构建组合，如果和基本面、消息面结合起来选股，则是先给出当日发出买入信号的股票组合，然后再结合基本面和消息面进行分析，确定最后的投资标的。

2.7.2　策略模型

下面介绍一个由多个指标组合的策略来跟踪股票趋势，其流程图如图 2-19 所示。

衡量股票趋势的指标最重要的就是均线系统，因为它是应用最为广泛的趋势追踪指标，所以均线是不可或缺的，把它作为捕捉大盘主趋势的基石。但是纯粹的均线由于噪声等原因，经常会出现误操作，需要有更多的处理机制，包括极点、过滤微小波动、高低点比较策略、高低点突破策略、长波的保护机制、长均线的保护机制等概念和技术细节。

1. 均线简化

股票价格的波动会让人感觉价格变化飘忽不定，很难把握。为了便于捕捉趋势，需要对价格走势曲线进行简化处理，这可以借助均线方法。将 a 个（a 为模型参数）连续交易日的收盘价取一个均值，形成 MA(a)，比如 a 为 10，即将 10 个交易日的数据取一个均值，就可以得到股价的 10 日均线 U，完成对价格曲线的第一步简化。

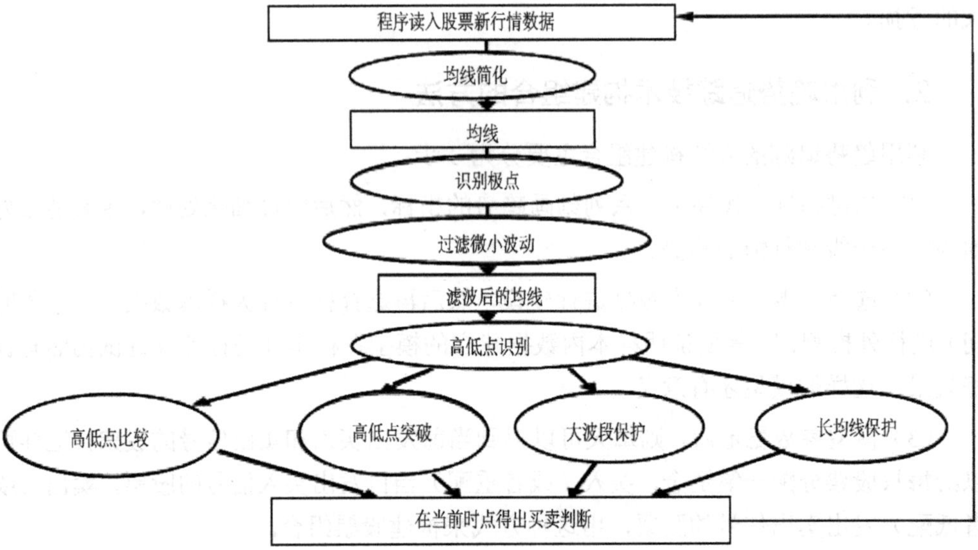

图 2-19　个股趋势追踪策略模型

数据来源：[俞文冰 2009]

2. 记录极点

极点就是局部的高点或者低点，在极点处股价出现了转折，所以它们是记录股价变化的关键点，包含了比较多的信息。如果股价上涨至此，接下来又出现下跌，那么就形成一个局部的高点；如果股价下跌至此，接下来又出现上涨，那么就形成一个低点。这些就叫作极点，它们往往是股价变化的关键信息点，将它们记录下来，以备进一步制定策略。

3. 设置阀门，过滤微小波动

均线策略最大的优势是跟踪趋势效果比较好，在形成趋势时能紧跟趋势；但是最大的问题在于碰到盘整行情，均线就摇摆不定，容易频繁地发出交易信号，所以必须对其进行进一步处理。

可以结合记录的极点形成过滤微小波动的方法。当股价形成一个极点 M 后，接下来股价波动在 M 点股价的上下 B 个（B 为模型参数）指数点内，就认为股价和 M

点相比没有变化，这样就可以得到过滤了微小波动的均线趋势线 *W*。如图 2-20 所示为万科 A 过滤后的均线走势。

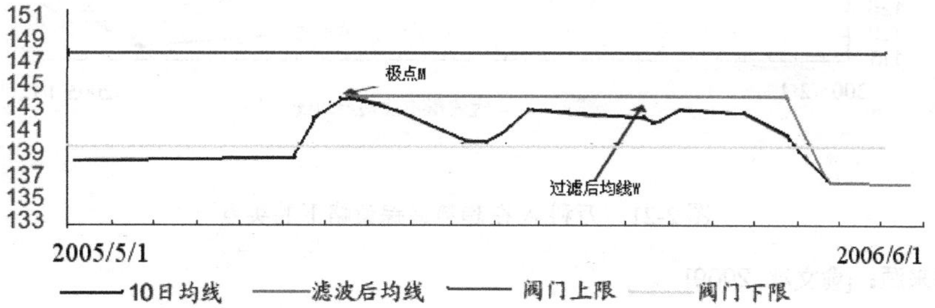

图 2-20 万科 A 过滤后的均线情况

数据来源：[俞文冰 2009]

4．高低点比较策略，判断主趋势

过滤了微小波动后的均线趋势线 *W* 基本能代表价格变动的主趋势，与最初的价格曲线相比过滤了许多干扰因素，且能刻画出价格变化的主趋势。这样就可以将过滤微小波动后均线 *W* 上行情发生转折的点识别出来（上涨转为下跌处为高点，下跌转为上涨处为低点），然后可以在其上设计策略。

通常人们判断趋势处于上升的理由是，当前低点比前一个低点要高，当前高点也比前一个高点要高；判断趋势处于下跌的理由是，当前低点比前一个低点要低，当前高点也比前一个高点要低，所以就产生了高低点比较判断规则一。

规则一

如果当前低点比前一个低点要高，而且是卖出信号发出后第一次出现低点高于前低点，那么认为目前是一个买入点。如果当前高点比前一个高点要低，而且是买入信号发出后第一次出现高点低于前高点，那么认为目前是一个卖出点。

图 2-21 显示了万科 A 在趋势追踪策略下的买点。

从图 2-21 中可以看到，当前低点高于前一个低点时，认为当前低点发出买入信号。同样，如图 2-22 所示，如果经历一段上升后，出现当前高点比前一个高点低，那么当前高点为卖出点。

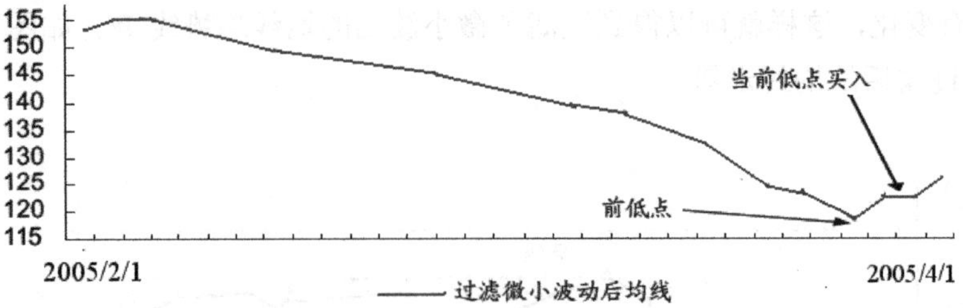

图 2-21　万科 A 在趋势追踪策略下的买点

数据来源：[俞文冰 2009]

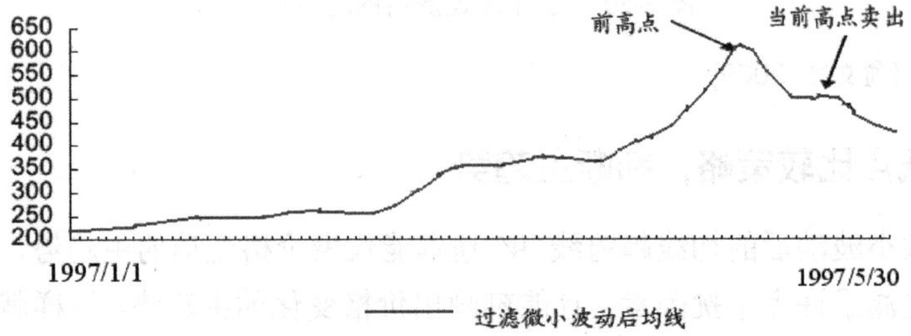

图 2-22　万科 A 在趋势追踪策略下的卖点

数据来源：[俞文冰 2009]

对规则一的补充

如果仅仅以高低点的比较去判断趋势的涨跌，这样的情况发出次数太多，并且有时会出现指数形成了一个新的高点，与前面一个高点相比上涨幅度不大，那么很可能是假突破行情。另外，简单的高低点比较策略没有考虑时间的因素，比如，股价经过很短时间就有明显上涨，和股价经过较长时间才上涨同样幅度，这显然是不一样的。

时间短的上涨趋势比时间长的同幅度上涨趋势涨势更强劲，所以设置一个根据时间变动的附加项 drift 来对原来的策略进行修正，这样形成对规则一的补充。

补充：如果当前低点高于前一个低点再加一个附加的漂移项 drift，则认为当前是一个买入点；如果当前高点低于前一个高点再加一个附加的漂移项 drift，则认为当前高点是一个卖出点。

这个 drift 是一个时间的函数，比如和时间成正比，drift=time×K（K 是模型参数，是用高频数据估计出来的）。当然 drift 也可以是时间的其他函数。

如图 2-23 所示，红线表示高点加漂移项的画线。*W* 线当前高点处高于前低点，但是低于前高点+漂移项的画线（红线），则认为当前高点处就是一个卖出点。

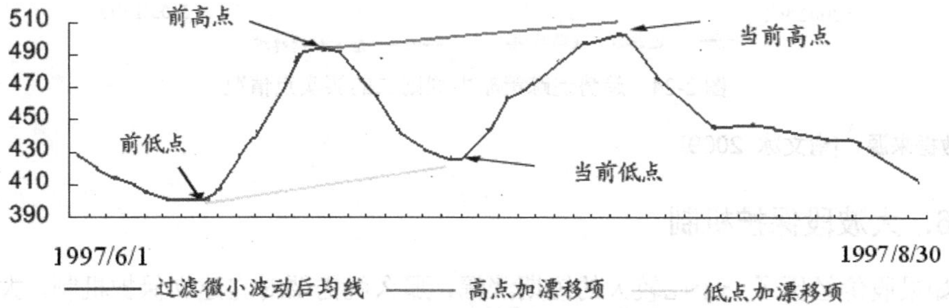

图 2-23 带漂移项的万科 A 的买卖点

数据来源：[俞文冰 2009]

5．突破高低点策略，对高低点比较策略的补充

高低点比较只是典型的行情情况之一，还有另一种典型情况。比如，行情有时可能会出现从最高点开始形成一个大幅下跌段，但是却并非具备当前高点比前一个高点要低的条件，如果用高低点比较策略，则无法捕捉到此次卖出机会。为了避免这种极端情况，需要制定高低点突破策略来完善策略系统，见规则二。

规则二

如果过滤了微小波动的均线趋势线 *W* 向上突破了前一个高点加上漂移项 drift，则认为出现了一个买入点。如果过滤了微小波动的均线趋势线 *W* 向下突破了前一个低点加上漂移项 drift，则认为出现了一个卖出点。

如图 2-24 所示，股价从最高点 *B* 点开始下跌，虽然不符合高低点比较策略的条件发出卖出信号，但是如果下跌到 *C* 点时，突破了前一个低点 *A* 加漂移项的位置，则认为发出了卖出信号。同样，如果股价从低点上涨，向上突破了前一个高点加漂移项的位置，则认为发出了买入信号。

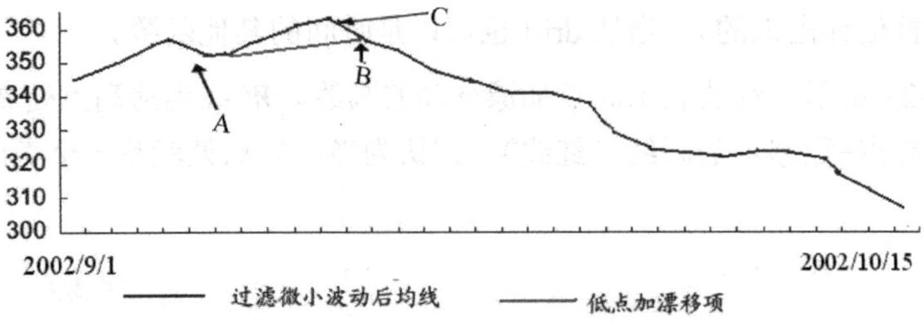

图 2-24　趋势追踪策略中规则二的买卖点情况

数据来源：[俞文冰 2009]

6. 大波段保护机制

如果股价经历了一个比较大的短期涨幅，那么就需要对它建立保护机制。大涨后容易出现较大幅度的下调，所以需要对盈利头寸进行保护，设置从低点加漂移项的延伸线为止损线。

规则三

如果股价经过较大涨幅，比如当前股价已经比上次低点出现后有 C（这里 C 为模型参数）的涨幅，即现股价为上次低点股价的$(1+C)$倍，那么就把止损位（前次低点+漂移项 drift）的价格上提 D（D 为模型参数），即止损位变成当前股价乘以$(1–D)$。

如图 2-25 所示，当股价从最低点 B 上涨，从低点延伸出来的带斜率的延伸线（红线）为止损线，但是股价上涨速度比止损线上升要快，那么我们设置大波段保护机制，即到 A 点，经历了一个较大涨幅的上涨并超过了某个阈值，此时止损线延伸到了 C 点处，那么把止损线（红线）从 C 点处突然上移到高点的位置，若股价突破止损线（红线）则卖出。

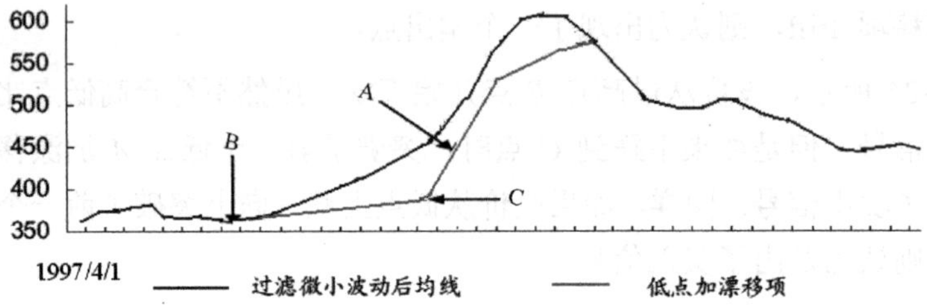

图 2-25　趋势追踪策略中大波段保护机制的买卖点

数据来源：[俞文冰 2009]

7. 长均线保护机制

当股价处于明显的下降通道中，且股价表现非常弱势时，是不应该贸然买进的，而需要增设长均线的保护机制。当股价位于 E 日均线之下时，即使其他买入条件成立也不发出买入信号。如图 2-26 所示，在 B 点以前，股价一直处于 E 日长均线（E 为模型参数）之下，这时发出的买卖信号可以忽略，一直等到 B 点突破才发出买入信号。

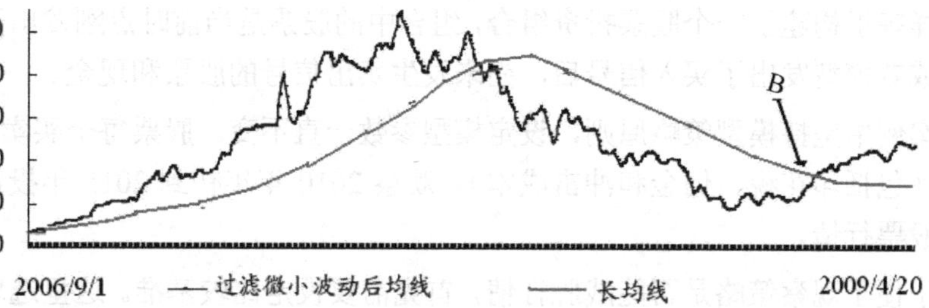

图 2-26　趋势追踪策略中长均线保护机制

数据来源：[俞文冰 2009]

2.7.3 实证案例：趋势追踪选股模型

1. 个股模型的建立

本案例的思路是首先对个股建立模型，比如选择股票万科 A，找到它从上市到 2015 年的复权行情数据，用它 2009 年前的数据作为样本内数据建立模型。即用以上的一整套策略流程构建模型，把均线的天数、滤波的阀门宽度等设置成参数，然后进行第二步参数的优化。

2. 参数的优化

优化的方法是寻找某组参数，使得其在样本内数据上模型的收益率达到最大。优化的意义在于寻找到最好的适应历史行情的一组参数。虽然未来的行情并非按照历史的模式去演绎，但是经过优化后的参数能保证模型运行的参数至少不会是一组非常极端的参数值。假如它是一项非常极端的参数值，则它不可能是最能适应历史行情的，因为极端事件不可能在历史上是大概率的。

3. 组合的构建

选择沪深 300 指数的 300 只成分股 2001—2009 年的复权行情数据作为样本外测试数据。在对个股建立了模型和确定了模型参数以后，每只股票从 2010 年至今，会按策略产生一系列的买点和卖点。假定在 2010 年年初有 300 万元，平均给每只股票分配 1 万元，这样每只股票的初始资金是 1 万元，然后按照策略的买卖点对该股进行买卖，这样 300 只股票各自会在持有股票和持有现金这两种状态之间轮换。

这样等于构建了一个股票投资组合，组合中的股票是当前时点刚发出买入信号的股票，或者模型发出了买入信号后，尚未发生卖出信号的股票和现金。

该案例中坚持模型策略原则，设定模型参数一直不变。股票每个买卖来回计 8‰ 的费用（包括印花税、佣金和冲击成本）。观察 2010 年年初到 2015 年投资组合是否能战胜股票行情。

为了便于观察策略是否能战胜行情，首先需要设定比较基准。这里选取的比较基准是买入并持有策略，假定给每只股票事先都平均分配 1 万元，每只股票行情的涨跌会使事先分配给它们的资金值的大小出现变化，到期末也会有组合的资金值。比较按照趋势追踪策略买卖形成的投资组合资产变化轨迹和按照买入并持有策略形成的投资组合资产变化轨迹。收益率曲线如图 2-27 和表 2-22 所示。

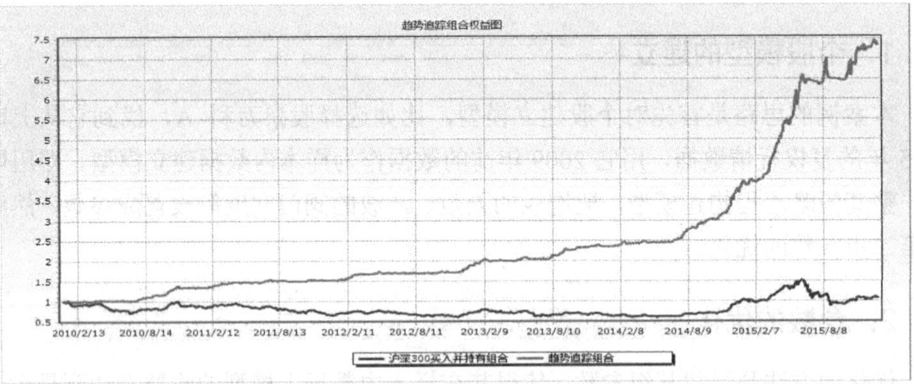

图 2-27　趋势追踪技术收益率

数据来源：[周冠伟 2016]

表 2-22　趋势追踪技术收益率

组合初始资金值总额（元）	3 000 000
趋势追踪策略组合期末资金值（元）	22 007 875

续表

买入并持有策略组合期末资金值（元）	3 166 315
趋势追踪策略收益率	633.6%
趋势追踪对买入持有的超额收益率	628.1%
相对基准的个股平均超额收益率	606.1%

数据来源：[周冠伟 2016]

从表 2-22 中可以看到，从 2010 年年初到 2016 年，趋势追踪策略期末资金变成 22 007 875 元，组合的收益率为 633.6%。平均每只股票可以获得相对于对应股票行情 601.1%的超额收益率。即从 2010 年年初到 2016 年，每只个股上的超额收益率的简单平均值为 601.1%，按期末资金量为权重的加权平均值为 628.1%。比较基准买入并持有投资策略的年化夏普比率为 0.036，趋势追踪投资策略的年化夏普比率为 3.556。

从案例中可以看出，按照事先设定的策略构建投资组合并坚持原则按策略操作，长期来看是可以战胜买入并持有策略的。

本节小结

趋势追踪技术的关键在于判断大趋势，并且力图避免小的扰动对趋势的影响，这样可以抓住大的波段操作，从而捕获股票的主要收益趋势。从实证结果来看，按照事先设定的策略构建投资组合并坚持原则按策略操作，长期来看是可以战胜基准的。

本节给出的趋势追踪模型对原始均线有多种优化方法，包括均线简化、识别极点、过滤微小波动、高低点识别、高低点比较、高低点突破、大波段保护、长均线保护等。

趋势追踪策略的实证案例显示，该策略在样本验证期间获得 628% 的超额收益，远远超过买入并持有策略。

2.8 筹码选股

◆ 摘要 ◆

筹码选股的基本思想是通过判断某只股票的筹码分布情况来判断股票未来的涨跌。根据主力持仓理论，如果主力资金开始收集筹码，则意味着在未来一段时间该股票价格出现上涨的概率比较大；如果主力资金开始派发筹码，则意味着在未来一段时间该股票价格出现下跌的概率比较大。

筹码选股策略就是通过筹码分布数据，选择筹码集中度越来越高的股票，以期获得超额收益的方法。

2.8.1 基本概念

在股票投资实务中，不少投资者青睐使用“筹码”作为股票的代名词，在他们看来，股票市场实际上是多空双方进行博弈的场所，而筹码则是博弈的核心。

1. 筹码运动与股票投资收益

由于在二级市场上流通股票的份额是相对固定的，股票价格走势的变化必然是市场中资金与筹码之间交替互换的结果。一般地，股票价格走势都会经历“筑底—上升—作顶—下降”4 个阶段，相应地，筹码变化的特征则会遵循“由分散到集中，发散度下降—由集中到分散，发散度上升—由分散到集中，发散度下降—由集中到分散，发散度上升”的路径。

因此，筹码分布理论应运而生。筹码分布的学术名为“流通股票持仓成本分布”，它反映的是在不同价位上投资者的持仓数量。

筹码分布理论是通过股票价格和成交量来研究筹码和现金可逆互换的理论。该理论的主要假设是：所有影响股票内在价值和供求关系的因素都可以由筹码来还原。依据该理论，股票投资的收益无非是来自现金在低位转换为筹码（股票），再将筹码在高位兑换为现金的过程。

也就是说，任何一轮行情都将经历由低位换手到高位换手，再由高位换手到低位换手，即筹码的运动过程是实现股票投资收益的过程，因此，股价运动的本质等于成交量背后的筹码运动状态，简而言之，是资金与筹码之间的博弈。

筹码分布和股价的变动相关，当某一股票筹码分布较为集中时，表明主力正在收集筹码，股价上涨的概率较大；当某一股票筹码分布较为分散时，表明主力正在抛售，股价下跌的概率较大。

上市公司股东人数的变化与其二级市场走势存在一定的相关性。股东人数越少，表明筹码越集中，股价走势往往具有独立个性，并常常逆大势而动；股东人数越多，表明筹码越分散，股价走势往往较疲软，不具有独立性，常常跟随大盘而动。

2. 筹码形态与运动

筹码分布的形态主要有密集与分散两种，筹码分布的运动主要有集中与发散两类。

成交密集的区域，形成筹码峰，两峰之间的区域则形成谷，这是筹码分布的视觉形态，筹码的运动伴随筹码的集中与发散。密集也分为高位密集和低位密集。

任何一轮行情都将经历由低位换手到高位换手，再由高位换手到低位换手，即筹码的运动过程是实现利润的过程（当然也可能是割肉亏损的过程）。

低位充分换手是吸筹阶段完成的标志，高位充分换手是派发阶段完成的标志。成本密集是下一阶段行情的准备过程，成本发散是行情的展开过程。

3. 活跃筹码

筹码分布能让投资者看出别人持股成本的分布情况，是进行成本分析时很有效的工具。在仔细观察筹码分布的变化情况时，可以发现在股价附近的筹码是最不稳定的，也是最容易参与交易的，因为在股价附近的股票持有者最经受不住诱惑，盈利的想赶快把浮动盈利换成实际盈利；被套的想趁着亏损得还少赶快卖掉，利用资金买另外的股票，把亏损赶快挣回来。

活跃筹码就是反映股价附近的筹码占所有流通筹码的百分比。它的取值范围为0～100，数值越大表示股价附近的活跃筹码越多，数值越小表示股价附近的活跃筹码越少。

活跃筹码的多少还可以用来描述筹码的密集程度。例如，如果今天的活跃筹码的值是 50，则表示在股价附近的筹码呈密集状态；如果今天的活跃筹码的值是 10，则表示在股价附近的筹码很少，大多数筹码都在远离股价的地方，获利很多，或者亏损很多。

当活跃筹码的数值很小时，是非常值得注意的一种情况。比如，一只股票经过漫长的下跌后，活跃筹码的值很小（小于 10），大部分筹码都处于被套得较深的状态，这时多数持股者已经不愿意割肉出局了，所以这时候往往能成为一个较好的买入点；又如，一只股票经过一段时间的上涨后，活跃筹码的值很小（小于 10），大部分筹码都处于获利较多的状态，如果这时控盘强弱的值较大（大于 20），前期有明显的庄股特征，总体涨幅不太大，也能成为一个较好的买入点。所以，在股价运行到不同的阶段时，考虑一下活跃筹码的多少，能起到很好的辅助效果。

4. 筹码集中度与预期股票收益率

筹码是股市博弈的核心。在熊市中现金为王，在牛市中筹码为王。在市场中，谁掌握更多的筹码，谁将在未来的博弈中夺得主动权。

筹码运动的形式表现为筹码的集中与发散。筹码集中度是指人（股东）均所持的股票多少在流通总股本中所占的份额。根据实战经验总结得出，上市公司股东人数的变化与其二级市场的走势存在一定的相关性，股东人数越少，表明筹码越集中，市场观点越统一，股价走势往往具有独立个性，股价容易攀升；反之，股东人数越多，表明筹码越分散，反映市场对未来股票的走势分歧越大，股价走势往往较疲软。因此，筹码的集中过程是下一波行情的准备过程，而筹码的发散过程则是行情的展开过程。

综上所述，每当筹码集中度增加时，则预示着在下一阶段股票将会有较好的预期表现，这就是筹码选股基本思想的由来。

对于筹码集中度选股策略，主要方法如下：

（1）筹码集中度高的股票（10 以下）的爆发力强，上涨或下跌的幅度比较大。

（2）筹码集中度低的股票（尤其是 20 以上）的上涨力度明显减弱。

筹码的集中过程是下一阶段行情的准备过程，而发散过程是行情的展开过程。需要强调的是：

（1）不是只有集中，股价才会上涨。

（2）达到集中，上涨的幅度增大。

（3）不集中的股票，价格也会上涨。

筹码集中度衡量指标包括：

（1）户均持股比例。是指股东平均所持的股票在流通总股本中所占的份额。户均持股比例越大，表明筹码越集中；反之越发散。

（2）上市公司股东人数。股东人数越少，表明筹码越集中；反之越发散。

2.8.2 策略模型

为了考察筹码集中度高的股票是否能带来较高的预期收益，本策略中选取 3 个有关筹码集中度的指标：股东户数（季度增长率）、户均持股数（季度增长率）、机构持股数（季度增长率），并结合涨跌幅指标对备选股票进行双重筛选，最终精选出符合标准的 50 只股票构建投资组合，希望在目标投资期内获取超越市场基准的绩效表现。详细的股票筛选方法和投资组合的构建流程如下。

1. 样本测试时间

考虑到在股改之前的 A 股市场并不是全流通状态，则按照定义的筹码集中度指标并不具有实际意义，因此选择 2005 年 5 月 8 日为第一次建仓日。

2. 假设

假设 1：所有相关指标的原始数据来源是正确无误的。

假设 2：我们的投资组合初始构建日定为 2005 年 5 月 8 日，以后每季度再调整日发生在 5 月 8 日、9 月 1 日、11 月 11 日。

年报披露的截止日期为每年的 4 月 30 日之前。

第一季报披露的截止日期为 4 月 30 日之前。

半年报披露的截止日期为 8 月 31 日之前。

第三季报披露的截止日期为 10 月 31 日之前。

假设 3：可以用收盘价买到需要购买的股票，不考虑冲击成本和流通成本，交易费用为 0.15%（双边）。

3. 筛选方法

假设：截至上市公司季报最后发布日，如果季报中 3 个指标较上一季度有所增加，则表明该股票的筹码集中度增加，预示着市场主力资金在本季度增加了对该股票筹码的收集，预计在下一季度或将来，该股票很有可能会掀起一波行情。循此思路，对股票池进行双重筛选。

首先，在每季度末，从股票池中根据筹码集中度［股东户数（季度增长率）、户均持股数（季度增长率）、机构持股数（季度增长率）］对所有股票进行排序，选出其中增长率最高的前 100 只股票。

其次，依据涨跌幅指标，对上一轮筛选出的 100 只备选股票进行由高到低的排序，并淘汰 50 只涨幅最低的股票，保留另外 50 只在本季度表现最优的股票。

4. 筛选步骤

（1）投资组合初始构建日定为2005年5月8日，在每年的5月8日、9月1日、11月1日在最新的季报完全公布后调仓。

（2）由于ST的股票风险较大，因此剔除当前被ST的股票，剔除筛选指标在考察期内没有记录的股票样本，从而形成初始股票池。

（3）在步骤（2）的基础上，分别根据股东户数（季度增长率）、户均持股数（季度增长率）、流通股中机构持股数（季度增长率）、单个指标及其分层组合和打分组合进行选择。

（4）对最后精选出的 n 只股票按照等金额构建期初投资组合，以后每季度仍遵循步骤（1）～（3）对组合进行调整。在目标投资期末，将评估该优化选股策略的投资绩效，并与市场基准作对比。

5. 业绩评估基准

关于业绩比较的基准，选取上证A股综合指数。

2.8.3 实证案例：筹码选股模型

根据上一节的策略，所获得的投资组合结果如下。

1. 单个指标实验结果对比

表2-23所示是单个指标收益率情况的对比。从表中可以看出，机构持股数（季度增长率）是效果最好的指标，获得年化19%的收益率，而同期上证指数仅获得9%的年化收益率。这可能是因为机构对市场的影响力比较大造成的。

表2-23 筹码选股模型中单个指标的收益率情况对比

	累计收益率（%）	年化收益率（%）	夏普比率
股东户数（季度增长率）	192	12	0.19
户均持股数（季度增长率）	309	16	0.20
机构持股数（季度增长率）	422	19	0.38
上证指数	125	9	0.15

资料来源：[周冠伟 2016]

图 2-28 所示是单个指标在不同年份的收益率情况。从图中可以看出，机构持股数（季度增长率）指标在 2007 年和 2009 年的牛市中均超越其他指标，这可能是因为在牛市中，机构的力量造成了比较大的趋势；而在熊市中，机构持股不卖，使得其也容易遭到更大的损失。

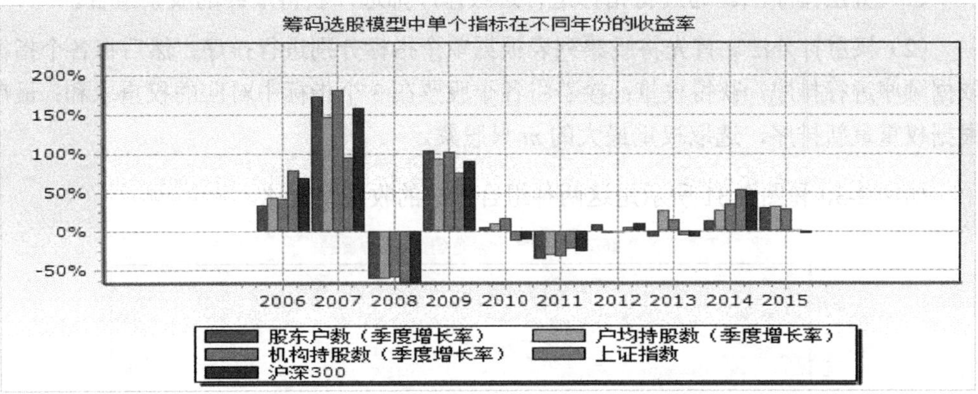

图 2-28 筹码选股模型中单个指标在不同年份的收益率情况

资料来源：[周冠伟 2016]

图 2-29 所示是单个指标的净值走势图。从图中可以看出，基于股东户数（季度增长率）、户均持股数（季度增长率）、机构持股数（季度增长率）的 3 种方法中，基于机构持股数（季度增长率）的指标效果最好，户均持股数（季度增长率）次之。

图 2-29 筹码选股模型中单个指标的总收益率曲线

资料来源：[周冠伟 2016]

2. 组合指标实验结果

上面单个指标说明了各自的市场表现，而将这些指标组合起来，结果可能会更好。组合指标有以下两种方法：

（1）分层排序法。通过将指标进行逐级排序筛选，获得最终的股票组合。

（2）权重打分法。首先将股票列表根据单个指标分别进行排序；然后将各个指标依据顺序进行排序，获得权重；接着将各个股票在 3 个指标中对应的权重求和；最后根据权重重新排序，选取权重最大的 *m* 只股票。

如图 2-30 和图 2-31 所示是这两种组合方法的收益率对比。

图 2-30　筹码选股中分层排序和指标组合打分方法净值走势

资料来源：[周冠伟 2016]

图 2-31　筹码选股中分层排序和指标组合打分方法在不同年份的收益率对比

资料来源：[周冠伟 2016]

从图 2-30 和图 2-31 中可以看出，在这几个指标中，基于分层排序的方法与基于权重打分的方法相比，基于分层排序的方法结果较好。

3. 动态调仓

前面的投资组合都是基于静态的即固定的时间进行投资组合的调整，这种方法具有简单、方便的优点，但是过于死板、不够灵活。在这里实证了一种动态调仓的方法，步骤如下：

（1）若季度报告披露截止日之前的某日，从某只股票季度报告中得出筹码集中度指标满足提前入池条件，则该只股票提前入股票组合。同时将组合内涨幅最低的上期单只股票剔除。

（2）若该季度报告披露截止日，新进股票组合的股票数未达 N 只（上期股票未全部被替换），则在该日计算备选池中将所有剩余股的筹码集中度指标一次性补齐至 N 只，同时剔除所有未剔除的上期股票。

（3）若该季度报告披露截止日，新进组合的股票数正好等于 N 只，则股票组合构建完毕。

（4）若该季度报告披露截止日之前，新进组合的股票数已达 N 只，若后续某日又出现符合条件的股票，则将其放入备选股票池中。

动态调仓方法和静态调仓方法的收益率对比如图 2-32 所示。

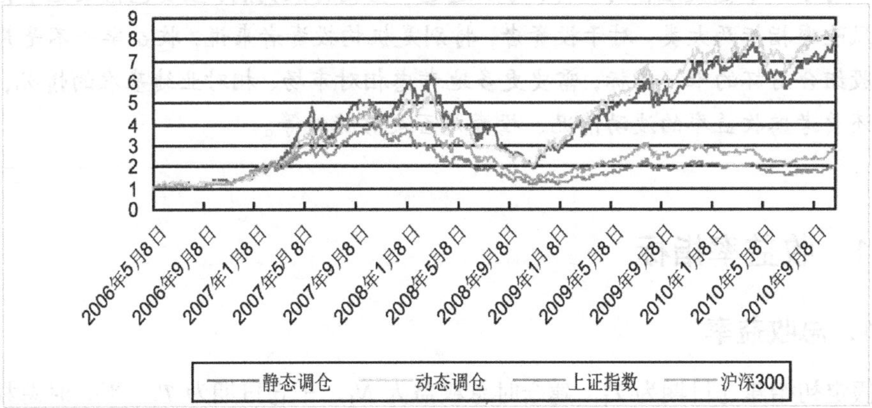

图 2-32　筹码选股模型中静态调仓和动态调仓的收益率对比

资料来源：D-Alpha 量化对冲交易系统

从图 2-32 中可以看出，动态调仓和静态调仓策略相比，在 2006 年、2008 年、2009 年、2010 年收益率都有一定的提高，但是提高的幅度不是很大，并且动态调仓涉及的条件和参数较多，需要深入测试与研究。

本节小结

本节讨论了筹码量化选股策略，从筹码选股的思想来看，其本质上是一种跟随主力资金的方法，如果发现某只股票有主力建仓的迹象，则跟随买入，将有比较大的概率获得超额收益。

从 D-Alpha 量化对冲交易系统的 A 股历史数据的实证来看，基于筹码集中度的选股方法可以取得较好的中长期投资收益，基本上可以获得超越市场基准的投资绩效。尤其是在熊末牛现、市场上升前期和牛末熊初、市场下跌盘整的阶段，该策略较大盘表现更胜一筹。

2.9 业绩评价

◆ 摘要 ◆

对于一个选股组合的好坏，可以通过一些指标来判别，主要包括收益率指标和风险率指标两大类。对于投资者，特别是机构投资者来说，收益率并不是判断选股组合好坏的唯一指标，需要更多地考虑相对市场、相对业绩基准的情况，并且还要考虑收益率的波动情况、投资是否足够稳健等。

2.9.1 收益率指标

1. 总收益率

假定初始建仓日期为 T_1，建仓时总权益为 N_1，平仓日期为 T_2，平仓时总权益为 N_2，则总收益率可以用下面的公式计算出来：

$$总收益率=(N_2-N_1)/N_1-1$$

2. 年化复合收益率

单独看总收益并不能说明一个投资组合的好坏，因为总收益率与投资期限有关系，从常理上说，投资期限越长，获得的收益率应该越高。所以判断一个投资组合的好坏，用年化复合收益率更适合。

$$年化复合收益率=(1+总收益率)^{1/[(T_2-T_1)/365]}$$

其中，(T_2-T_1)表示投资期限，$(T_2-T_1)/365$ 表示将投资期限折算成年数。

3. 相对收益率

相对收益率用来查看某个投资组合的收益率相对于基准收益率的好坏程度，用以下公式表示：

$$相对收益率=总收益率-业绩基准收益率$$

业绩基准收益率主要有沪深 300 指数、上证指数、行业指数等。

4. Alpha 收益率

Alpha 收益率主要是指在利用股指期货对冲掉系统性风险后，某投资组合所能创造的超额收益。与相对收益率不同的是，Alpha 收益率中需要考虑股指期货保证金占用所带来的总投资增加的问题。假定初始建仓时股指期货权益为 M_1，平仓时权益为 M_2，则：

$$\text{Alpha 收益率}=[(N_2-N_1)+(M_1-M_2)]/(N_1+M_1)-1$$

股票是先买后卖，所以股票部分权益是(N_2-N_1)；股指期货是先卖后买，所以股指期货部分权益是(M_1-M_2)。

2.9.2 风险度指标

1. 贝塔（β）系数

贝塔系数是统计学上的概念，它所反映的是某一投资对象相对于大盘的表现情况。其绝对值越大，显示其收益变化幅度相对于大盘的变化幅度越大；其绝对值越小，显示其变化幅度相对于大盘越小。如果是负值，则显示其变化方向与大盘的变化方向相反，即大盘涨的时候它跌，大盘跌的时候它涨。

若$\beta>1$，则股票的波动性大于业绩评价基准的波动性；反之亦然。如果$\beta=1$，则市场上涨10%时，股价上涨10%；市场下滑10%时，股价相应下滑10%。如果β=1.1，则市场上涨10%时，股价上涨11%；市场下滑10%时，股价下滑11%。如果β=0.9，则市场上涨10%时，股价上涨9%；市场下滑10%时，股价下滑9%。

这一指标可以用来考察投资策略降低投资波动性风险的能力。在计算贝塔系数时，除了投资策略的表现数据外，还需要有反映大盘表现的指标。其定义式为：

$$\beta_k = \frac{\mathrm{Cov}(r_k, r_m)}{\mathrm{Var}(r_m)}$$

其中，r_k表示某类资产组合K的市场收益率，r_m表示市场组合的收益率，$\mathrm{Cov}(r_k,r_m)$表示某类资产组合的收益率与市场收益率的协方差，$\mathrm{Var}(r_m)$表示市场收益率的方差。

系数一般有3种估计模型，分别是基于β系数定义、CAPM及单指数模型的估计。

1）基于β系数定义估计

根据β系数的定义，得到以下估计：

$$\beta_k = \frac{\mathrm{Cov}(r_k, r_m)}{\mathrm{Var}(r_m)} = \frac{\sum_{r=1}^{T}(r_{kt} - \overline{r_k})(r_{mt} - \overline{r_m})}{\sum_{r=1}^{T}(r_{mt} - \overline{r_m})^2}$$

其中，r_{kt}表示第K种证券在第t个单位时间段（如日、周、月、年等）的收益率，$\overline{r_k}$表示第K种证券在某时间段（如T天、T周、T月、T年等）的平均收益率，T表示时间段的长度，r_{mt}表示证券市场组合在第t个单位时间段的收益率，$\overline{r_m}$表示证券市场组合在某个时间段内的平均收益率。这种做法假设在某个时间段T内的β系数不变，没有衡量时变的β系数。

2）基于CAPM估计

CAPM指出，在市场处于均衡状态的时候，某种证券或组合的投资收益和风险存在一定的关系。CAPM可表示为：

$$E(r_k) = r_f + \beta_k(E(r_m) - r_f)$$

这里，$\beta_k = \frac{\mathrm{Cov}(r_k, r_m)}{\mathrm{Var}(r_m)}$是资产$K$的$\beta$系数，也是收益率对随机折现系数的敏感度，它表示资产K的系统风险测度，从而可以利用β系数将资产组合的风险区分为系统风险和非系统风险。r_m是最优风险证券组合的收益率，$\mathrm{Var}(r_m)$是最优风险证券组合的方差，

r_k是某种资产的收益率，$\mathrm{Cov}(r_k,r_m)$为资产 K 与最优风险证券组合之间收益率的方差，r_f为无风险证券收益率。

3）基于单指数模型估计

与 CAPM 相比，单指数模型也叫市场模型，是一种基于现实市场中证券资产的价格或收益变动普遍存在的同涨同跌现象，认为这种联动关系是由市场收益这个共同因素影响的。模型不需要太多的假设，可以表示如下：

$$r_{k,t}=\alpha_k+\beta_k r_{m,t}+\varepsilon_{k,t}$$

其中，α_k、β_k是模型的参数。与 CAPM 中估计的β系数相同，这样得到的β系数也被认为不是时变的，也可以类似 CAPM 进行时变模型的转化处理，得到：

$$r_{k,t}=\alpha_{k,t}+\beta_{k,t}r_{m,t}+\varepsilon_{k,t}$$

2. 夏普比率

1）夏普比率的计算公式

$$S_p=\frac{\overline{r_p}-\overline{r_f}}{\sigma_p}$$

其中，$\overline{r_p}$是收益率均值，$\overline{r_f}$是无风险利率，σ_p为收益率标准差。

它反映了单位风险投资组合净值增长率超过无风险收益率的程度。如果夏普比率为正值，则说明在衡量期内投资组合的平均收益率超过了无风险利率。在以同期银行存款利率作为无风险利率的情况下，说明该投资组合比银行存款要好。夏普比率越大，说明投资组合单位风险所获得的风险回报越高。

以夏普比率的大小对投资组合表现加以排序的理论基础在于，假设投资者可以以无风险利率进行借贷，这样，通过确定适当的融资比例，高夏普比率的投资组合总是能够在同等风险的情况下获得比低夏普比率的投资组合高的投资收益。

例如，假设有两个投资组合 A 和 B，A 投资组合的年平均净值增长率为 20%，标准差为 10%，B 投资组合的年平均净值增长率为 15%，标准差为 5%，年平均无风险利率为 5%，那么，投资组合 A 和投资组合 B 的夏普比率分别为(20%−5%)/10%=1.5 和(15%−5%)/5%=2。依据夏普比率，投资组合 B 的风险调整收益要好于投资组合 A。

为了更清楚地对此加以解释，可以以无风险利率的水平融入等量的资金（融资比例为 1:1），投资于 B，那么 B 的标准差将会扩大 1 倍，达到与 A 相同的水平，但这时 B 的年平均净值增长率为 25%（2×15%−5%），即大于投资组合 A。

2）夏普比率在运用中应该注意的问题

夏普比率在计算上尽管非常简单，但在具体运用中仍需要对夏普比率的适用性加以注意：

（1）用标准差对收益进行风险调整，其隐含的假设就是所考察的组合构成了投资者投资的全部。因此，只有当考虑在众多的投资组合中选择投资某一只组合时，夏普比率才能够作为一项重要的依据。

（2）使用标准差作为风险指标也被人们认为不合适。

（3）夏普比率的有效性还依赖于可以以相同的无风险利率借贷的假设。

（4）夏普比率没有基准点，因此其大小本身没有意义，只有在与其他组合的比较中才有价值。

（5）夏普比率是线性的，但在有效前沿上，风险与收益之间的变换并不是线性的。因此，夏普指数在对标准差较大的投资组合的绩效衡量上存在偏差。

（6）夏普比率未考虑组合之间的相关性，因此纯粹依据夏普值的大小构建组合存在很大问题。

（7）夏普比率与其他很多指标一样，衡量的是投资组合的历史表现，因此并不能简单地依据投资组合的历史表现进行未来操作。

（8）计算上，夏普比率同样存在一个稳定性问题：夏普比率的计算结果与时间跨度和收益计算的时间间隔的选取有关。

尽管夏普比率存在上述诸多限制和问题，但它仍以其计算上的简便性和不需要过多的假设条件而在实践中获得了广泛的运用。

3. 最大回撤

最大回撤是投资者，尤其是机构投资者，如基金公司、资产管理公司等管理人需要密切关注的一个指标，因为最大回撤往往代表了投资人所能忍耐亏损的极限。很多基金产品都会有一个止损线，一旦突破该止损线，将被强制清盘。所以纵然管理人对自己的策略多么有信心，认为在未来一段时间肯定会挽回亏损，但是短期的回撤一旦超过止损线，将会强制出局，再也没有挽回的余地。因此，从实战角度来说，最大回撤往往比收益率和夏普比率更加重要。

另外，最大回撤也决定了产品所能使用杠杆的比例。例如有一个策略，最大回撤是 20%，那么理论上可以用 20%的自由资金做保底设计一个结构化产品，该产品亏损 20%的时候先从自有资金中扣除，这样的产品就相当于获得了 5 倍的杠杆，放大了本金，从而可以获得更大的收益。

最大回撤主要有两种：一种是历史回溯后的最大回撤；另一种是对未来的预期最大回撤。历史最大回撤就是在某个时间段上，收益率最低的那个数值；对未来的预期最大回撤就是在某个置信区间下，未来最大回撤的值是多少。

具体形式化定义如下：给定历史数据区间 D_1 为起始日，D_n 为终止日，D_i 为 D_1 与 D_n 之间的第 i 日，P_1 为起始日的组合市值，P_n 为终止日的组合市值，P_i 为第 i 日的组合市值，则最大历史回撤 Max-Recall 为$(P_i-P_1)/P_1$ 中的最小值。计算伪代码如下：

```
For j=1 to n-1
For i=j+1 to n
Recall(i)=(Pi-Pj)/Pj                    // 第 i 日的收益率
End
Max-Recall(j)=min(Recall(i))            //以 j 日为起始点的最大回撤
End
Max-Recall=min(Max-Recall(j))           //这是最终的最大回撤
```

而对未来最大回撤的预计，则可以借鉴 VaR 的思想。也就是说，在未来的 N 日中，在 M%的置信区间下，最大期望回撤为 Max-Recall-R。

这里有两种方法：一是直接根据 Max-Recall(i)的数据进行排序，计算出在 M%置信区间下的 Max-Recall-R；二是根据 Max-Recall(i)的值拟合某个分布，然后根据分布来计算。

总而言之，在实战中最大回撤的计算是极为重要的，最大回撤涉及杠杠比例的大小，最终影响收益。

这里我们用 M_R 和 M_Rr 分别表示历史最大回撤和期望最大回撤，在后面的章节讨论中还会用到这个符号。

4. 信息比率

信息比率（Information Ratio，IR）的定义：以马科维茨的均异模型为基础，用来衡量超额风险带来的超额收益，比率高说明超额收益高。它表示单位主动风险所带来的超额收益。

信息比率的计算公式为：IR=TD/TE（TD 表示资产跟踪偏离度的样本均值；TE 为资产的跟踪误差）。

合理的投资目标应该是在承担适度风险的情况下，尽量追求高信息比率，而非单纯追求高信息比率。

为什么需要信息指针来衡量基金绩效？投资人皆知道，高报酬伴随着高风险，因此主动操作的经理人会提高投资组合风险以期得到较高报酬，但若经理人仅靠提高系统风险（Market Risk）所得到的报酬并不表示具有优越的操作绩效，因为多数投资人也可以做到。因此，若经理人有较好的选股技巧，在相同的非系统风险下，应该得到较高的超额报酬。

进一步分析指标的内含意义。此指标可视为“技巧”、“宽度”与“效率”3 部分的结合。“技巧”指择股技巧，用于衡量经理人投资预测的准确度；“宽度”是指投资决策的数目，亦即衡量经理人在一年内真正将择股技巧用于最终投资决策的次数；“效率”用于衡量投资组合构建的质量，也就是在考虑交易成本与投资限制下，经理人择股技巧实际转换成投资组合的成效。因此，本指标所考虑的选股能力确实兼具深度与广度。

另外，主动操作的经理人为了让绩效击败指数，通常持有股票或债券的权重会偏离指数，而此指标可衡量经理人善用其所拥有的信息以偏离指数的能力，较高的信息比率表示此基金确实优于被动管理的基金。

在不能卖空的市场中，因为系统性风险无法对冲，所以投资者无法对一个绝对收益低而 IR 高的基金通过杠杆放大得到上述效果。

但是信息比率仍然对管理者具有非常重要的意义，因为其奖励的不是绝对业绩，而是奖励业绩持续稳定者，这一点对投资者的吸引力显而易见。

由于主动管理者都是相对某一基准而非现金，因此，如果可以通过卖空而对冲系统风险，那么高 IR 就是管理者唯一的目标。而在缺乏卖空机制的情况下，管理者应该以此为主要目标。

主要目标的含义是指 IR 对管理者非常重要，但并非唯一。主要原因是通过理论和实践的证明，在不能卖空的市场中，承担风险的边际效用是递减的，即在承担的风险达到一定程度后，进一步承担风险所带来的收益就比较小。也即随着承担风险的提高，风险调整后的收益就越低。

总之，投资人在投资基金时，应以投资人本身资产的投资组合为考虑，因此绩效评估指标可以作为投资人主动管理基金时的参考评估依据之一。

5. 特雷诺指数

特雷诺指数用 Tp 表示，是指每单位风险获得的风险溢价，是投资者判断某一基金管理者在管理基金过程中所冒风险是否有利于投资者的判断指标。特雷诺指数越大，单位风险溢价越高，开放式基金的绩效越好，基金管理者在管理过程中所冒风险越有利于投资者获利；相反，特雷诺指数越小，单位风险溢价越低，开放式基金的绩效越差，基金管理者在管理过程中所冒风险不利于投资者获利。

特雷诺指数是对单位风险的超额收益的一种衡量方法。在该指数中，超额收益被定义为基金的投资收益率与同期的无风险收益率之差。该指数的计算公式为：

$$T=(Rp-Rf)/\beta p$$

其中，T 表示特雷诺业绩指数，Rp 表示某只基金投资考察期内的平均收益率，Rf 表示某只基金考察期内的平均无风险利率，βp 表示某只基金的系统风险。

特雷诺指数给出了基金份额系统风险的超额收益率，通俗地讲就是衡量基金对于每单位系统风险的收益率。特雷诺指数考虑的是系统风险，而不是全部风险，因此，无法衡量基金经理人的风险分散程度。系统风险不会因为投资组合的分散而降低，因此，即便基金经理人的风险分散做得很好，特雷诺指数可能并不会因此而变大。

总而言之，在构建一个投资策略时，不能仅考虑收益率，而是要更多地考虑风险度调整之后的一个值，那样才是更客观、更有价值的。笔者也碰到过很多做私募的朋友在短期内做出了很棒的业绩，年收益率超过 200%的大有人在，但是能持续保持这种收益的几乎没有。因为他们的业绩之所以出色，是因为承担了巨大的风险，有的投资策略的成功率基本上和买彩票差不多。成功的背后是更多的失败，所以笔者一向不赞同这种高风险的策略，只有经过风险调整后的收益率才能真正证明投资经理人的价值。

第 3 章 量化择时

◆ 摘要 ◆

择时交易是指利用某种方法来判断大势的走势情况，是上涨，还是下跌，或者是盘整。如果判断是上涨，则买入持有；如果判断是下跌，则卖出清仓；如果判断是震荡，则进行高抛低吸，这样就可以获得远远超越简单买入并持有策略的收益率，所以择时交易是收益率最高的一种交易方式。但是由于大盘走势和宏观经济、微观企业、国家政策、国际形势等密切相关，因此想要准确判断大盘走势具有相当的难度。

量化择时就是利用数量化的方法，通过对各种宏观、微观指标的量化分析，试图找到影响大盘走势的关键信息，并且对未来走势进行预测。本章共介绍了 8 种量化择时方法，分别是趋势择时、市场情绪择时、有效资金模型、牛熊线、Hurst 指数、SVM 分类、SWARCH 模型及异常指标模型。

趋势择时的基本思想来自技术分析，技术分析认为趋势存在延续性，因此只要找到趋势方向，跟随操作即可。趋势择时的主要指标有 MA、MACD、DMA 等，本章讨论了普通均线和自适应均线的择时策略。

市场情绪择时就是利用投资者的热情程度来判断大势方向。当投资者情绪热烈、积极入市时，大盘可能会继续上涨；当投资者情绪低迷、不断撤出市场的时候，大盘可能继续下跌。

有效资金模型和选股模型中的资金流模型类似，其是通过判断推动大盘上涨或者下跌的有效资金来判断走势的，因为在顶部和底部时资金效果具有额外的推动力。

牛熊线择时的思想就是将大盘的走势划分为两根线，一根为牛线，一根为熊线。在牛熊线之间时大盘不具备方向性，如果突破牛线，则可以认为是一波大的上涨趋势的到来；如果突破熊线，则可以认为是一波大的下跌趋势的到来。

Hurst 指数是分形理论在趋势判断中的应用。分形市场理论认为，资本市场是由大量具有不同投资期限的投资者组成的，且信息对不同投资者的交易周期有着不同的影响。利用 Hurst 指数可以将市场的转折点判断出来，从而实现择时。

SVM 是一种分类技术，具有效率高、推广性能好的优点。SVM 择时就是利用 SVM 技术进行大盘趋势的模式识别，将大盘区分为几个明显的模式，从而找出其中的特征，然后利用历史数据学习的模型来预测未来的趋势。

SWARCH 模型是海通证券开发的一种利用宏观经济指标来判断大盘的策略，该模型主要刻画了货币供应量 M2 和大盘走势之间的关系，揭示我国证券市场指数变化与货币供应量之间的相关关系。

异常指标模型主要处理一些特殊情况下的择时，例如，在大盘出现顶点或者低点的时候，有些指标容易出现异常数据，这里介绍了市场噪声、行业集中度和兴登堡凶兆 3 个策略。

3.1 趋势追踪

3.1.1 基本概念

技术分析是与基本面分析相对应的一种证券交易分析方法，也是实际操作中运用最多的分析方法之一。关于利用技术分析进行市场交易的有效性问题，无论在学术界和实务界历来都争议不断，姑且不论其最终结果如何，但就从实际操作中来看，较好地理解和运用技术分析，对于实现投资收益、减小波动风险都是十分有意义的。

技术分析的理论基础基于 3 项市场假设：市场行为涵盖一切信息；价格沿趋势移动；历史会重演。从这 3 个基本假设出发，产生了不同流派的技术分析研究方法和理论体系，其中，包括道氏理论、K 线图分析、波浪理论等在内的诸多方法已经广为流传和发展，并在数年的证券交易发展史中产生了巨大影响。

从实际运用的角度来看，不同的技术分析方法，不论其产生的历史背景和基本原理如何，都是在证券交易的价量等历史资料基础上，通过统计分析、数学计算乃至绘制图表等方法的处理，最终用来预测各种证券未来价格走势，从而为投资决策服务。一般来说，可以将技术分析方法分为 5 类：指标类、切线类、形态类、K 线类、波浪类。

技术指标是技术分析中使用最多的一种方法，通过考虑市场行为的多个方面建立一个数学模型，并给出完整的数学计算公式，从而得到一个体现证券市场的某个方面内在实质的数字，即所谓的技术指标值。指标值的具体数值和相互间的关系直接反映证券市场所处的状态，为我们的操作行为提供指导方向。

目前证券市场上的各种技术指标数不胜数，如相对强弱指标（RSI）、随机指标（KD）、趋向指标（DMI）、平滑异同移动平均线（MACD）、能量潮（OBV）、心理线（PSY）等。这些都是很著名的技术指标，并在证券市场应用中长盛不衰。而且随着时间的推移，新的技术指标还在不断涌现。根据指标的设计原理和应用法则，可以将技术指标分为“趋势型指标”、“反趋势指标”、“能量指标”、“大盘指标”、“压力支撑指标”等类别。本节中只研究趋势型指标的择时操作。

在技术分析中，大多数技术指标都是选股和择时兼顾，即在合适的情况下选择股票进行交易；也有部分技术指标只用于择时，如大盘指标等。这里只考虑利用技术指标进行市场的择时。本章重点研究趋势型指标、大盘类指标和超买超卖类指标等几种。择时交易的标的资产是大盘指数，比较基准是买入并持有策略。为了与国内证券投资者的使用习惯一致，这里采用上证综指作为研究对象。

3.1.2 传统趋势指标

1. 趋势型指标的计算

趋势型指标是投资者运用最多，也最容易在市场中获利的方法。市场中最为著名的格言“让利润充分增长，限制损失”，是趋势型指标的真实反映。趋势型指标通常利用两根线的交叉作为交易信号，并以此作为买卖时点的判断。

常用的趋势型指标包括：移动平均（MA）、振动升降指标（ASI）、佳庆指标（CHAIKIN）、平均差（DMA）、趋向指标（DMI）、区间震荡指标（DPO）、简易波动指标（EMA）、指数平滑异同移动平均线（MACD）、三重指数平滑平均线（TRIX）、终极指标（UOS）、十字滤线（VHF）、量价曲线（VPT）、威廉变异离散量（WVAD）等。这里重点研究其中最常用的 MA、MACD、DMA 和 TRIX 这 4 个指标的择时情况。

1）MA（移动平均）

移动平均分析是利用统计学上移动平均的原理，对每天的股价或成交数据进行平均化处理，以消除偶然变动，减弱季节和循环变动的影响。移动平均线是以道·琼斯的平均成本概念为理论基础，采用移动平均分析的方法，将一段时期内的股票价格平均值连成曲线，用来显示股价的历史波动情况，进而反映股价指数未来发展趋势的技术分析方法。

股价移动平均线是目前股票市场上使用最简单、应用最广泛的技术分析方法之一。由于移动平均线客观精确、适应性强，因而成为绝大多数研究运行趋势的基础。按照计算时间区间的不同，移动平均线可分为短期、长期等类型，一般来说，计算期间在 20 天以内称为短期，20 天以上称为长期。不同计算长度的移动均线可以用来判断不同时段市场的趋势。

移动平均的计算方法有多种，最常用的是算术移动平均，又称为简单移动平均（SMA），其计算公式为：

$$\mathrm{SMA}(N)_t = \frac{1}{N}\sum_{t=0}^{N-1} P_{t-i}$$

其中，N 为移动平均期间，MA_t 为第 t 天的移动平均数，P_{t-i} 为第$(t-i)$天的收盘价或股价指数。

此外还有加权移动平均，包括线性加权、指数加权等方法，而在实际运用中主要以简单的算术移动平均为主。

利用移动平均线进行择时交易的方法众多，其中最为著名的是葛南维移动平均线八大法则。其中，4 条用来研判买进时机，4 条用来研判卖出时机。简单来说，移动平均线在价格线之下又呈上升趋势时是买进时机；反之，移动平均线在价格线之上又呈下降趋势时则是卖出时机。

利用移动均线择时的另外一种常用方法是交叉择时法则，即当一条短期均线从下向上穿过长期均线时，形成所谓金叉，此时应该做多；而当一条长期均线从上向下穿过短期均线时，形成所谓死叉，此时应该做空或空仓。

利用金叉和死叉进行择时不仅在移动均线中运用广泛，而且是趋势型指标的一个通用法则，在后面的 MACD、DMA 和 TRIX 择时策略中都将以此为基础。

2）MACD

MACD 即指数平滑异同移动平均线，是一种研究判断股票买卖时机、跟踪股价运行趋势的技术分析工具。

MACD 指标是根据均线的构造原理，通过分析短期（常用为 12 日）指数移动平均线与长期（常用为 26 日）指数移动平均线之间的聚合与分离状况，对买进、卖出时机做出判断的技术指标，是一种典型的趋势型指标。

MACD 的计算：

（1）计算短期（S 日）指数移动平均线和长期（L 日）指数移动平均线 EMA1、EMA2。

（2）计算离差值 DIF=EMA1−EMA2。

（3）计算 DIF 的 M 日指数移动平均线，即 DEA。

（4）计算 MACD=2×(DIF−DEA)。

在 MACD 的计算和测试中，需要设定的参数主要包括短期均线和长期均线的计算天数 S、L，以及 DEA 的计算天数 M。

MACD 的运用：

（1）DIF、DEA 均为正，DIF 向上突破 DEA，买入信号。

（2）DIF、DEA 均为负，DIF 向下跌破 DEA，卖出信号。

（3）DEA 线与 K 线发生背离，行情反转信号。

（4）分析 MACD 柱状线，由红变绿（由正变负），卖出信号；由绿变红，买入信号。

3）DMA

DMA 指标即所谓平均线差指标，是股市分析技术指标中的一种中短期指标，它常用于大盘指数和个股的研究判断。DMA 指标也是一种运用较多的趋势型分析指标。

DMA 是依据快慢两条移动平均线的差值情况来分析价格趋势的一种技术分析指标。它主要通过计算两条基准周期不同的移动平均线的差值，来判断当前买入、卖出的能量大小和未来价格走势。

DMA 的计算：

（1）计算短期（S 日）移动均线和长期（L 日）移动均线 MA1、MA2。

（2）计算平均线差 DMA=MA1−MA2。

（3）计算 DMA 的 M 日移动平均线，即 AMA。

在 DMA 的计算中，需要设定的参数主要是短期均线和长期均线的计算天数 S、L，以及 AMA 的计算天数 M。

DMA 的运用：

（1）DMA 向上交叉其平均线 AMA 时，买进。

（2）DMA 向下交叉其平均线 AMA 时，卖出。

（3）DMA 与股价产生背离时的交叉信号，可信度较高。

4）TRIX

TRIX 指标即三重指数平滑移动平均指标，是一种研究股价和市场长期运行趋势的技术分析工具。

TRIX 指标是根据移动平均线理论，对一条平均线进行 3 次平滑处理，再根据这条移动平均线的变动情况来预测股价的长期走势。

TRIX 的计算：

（1）计算 N 日的指数移动平均线 EMA。

（2）对上述 EMA 再进行两次 N 日指数移动平均后得到 TR。

（3）计算 TRIX=(TR−昨日 TR)/昨日 TR×100。

（4）计算 TRIX 的 M 日简单移动平均 MATRIX。

在 TRIX 的计算中，需要设定的参数主要是 3 次移动平均的天数 N，以及 MATRIX 的计算天数 M。

TRIX 的运用：

（1）TRIX 由下往上交叉其平均线时，为长期买进信号。

（2）TRIX 由上往下交叉其平均线时，为长期卖出信号。

2. 单指标择时测试与参数选择

案例 传统趋势指标择时

选择 MA、MACD、DMA 和 TRIX 这 4 个指标进行趋势型指标择时模型的构建的原因是：它们都是市场中常用的技术指标，受到投资者数年的实践检验，长盛不衰；它们的运用方法都以交叉法则为主，择时相关性较好，便于后面的叠加。

上述每一种指标都是经过前人长期检验的，其有效性或有用性是有保证的，但就单只证券而言，不同的计算参数将导致不同的择时效果。因此，在进行择时模型构建时，首先需要检验单个指标不同参数的测试效果，并选择一个相对较好的参数，然后再将多个指标结合起来，构建一个多指标的择时模型。

在测试区间选择上，考虑到不同的时间阶段和不同的市场行情，参数对择时的情况也会有所不同。因此在本节中，分别测试了不同时间区间的择时情况，然后从中选择一种相对稳定的参数指标。具体来说，将1994—2011年的18年划分为3个6年，分别测试各种参数组合在3个区间内的择时表现，然后对其进行打分，选择得分最高的一组参数作为最优参数。3个测试期间为1994.1—1999.12、2000.1—2005.12、2006.1—2011.12。

交易成本是影响择时交易的一个重要因素，在单个指标择时中我们不考虑交易成本，只在综合指标择时中计算1%的双边交易成本。

1）MA

MA指标利用短期移动均线与长期移动均线的交叉来进行择时交易，具体法则如下：

$$\text{Signal}=\begin{cases}1, & \text{SMA}_t>\text{SMA}_{t-1}\ \&\ \text{SMA}_t>\text{LMA}_t\ \&\ \text{SMA}_{t-1}<\text{LMA}_{t-1}\\ 0, & \text{LMA}_t<\text{LMA}_{t-1}\ \&\ \text{SMA}_t<\text{LMA}_t\ \&\ \text{SMA}_{t-1}>\text{LMA}_{t-1}\end{cases}$$

其中，Signal=1表示买进，Signal=0表示卖出。

测试参数包括计算短期均线天数S和长期均线天数L。在每个测试期间内，S以2天为间隔，测试范围从2天到20天；L以5天为间隔，测试范围从20天到120天。测试中采用遍历的搜索方法，分别计算不同参数匹配下的择时交易情况。

从测试情况来看，MA指标适合长线择时。在不考虑交易成本的情况下，交叉择时交易法则能获得不错的收益表现。综合而言，以4日为短期均线、40日为长期均线进行交叉择时效果相对较好；从长期的择时收益来看，MA择时能大幅跑赢指数收益，如表3-1所示。

表3-1　MA指标择时测试最好的20组参数及其表现

	收益率		
区间（S-L）	1994.1—1999.12	2000.1—2005.12	2006.1—2011.12
2-30	139.7055%	15.2461%	89.6807%
2-40	95.7076%	0.8033%	266.5444%
2-55	101.1579%	−3.6491%	292.2083%
2-65	126.8295%	−10.2765%	283.9404%
2-70	56.2791%	−3.3556%	347.3881%
4-35	135.3355%	20.4150%	158.3764%
4-40	114.3548%	12.2246%	212.9089%
4-65	99.8283%	−19.4431%	346.1152%

续表

区间（S-L）	收益率		
	1994.1—1999.12	2000.1—2005.12	2006.1—2011.12
4-70	39.7951%	−7.7508%	380.3649%
4-75	38.6308%	−9.3614%	373.9609%
6-35	92.8735%	14.0859%	146.3404%
6-40	116.1128%	0.8419%	192.1448%
6-70	66.4828%	−15.9698%	377.1127%
6-75	36.3584%	−2.2996%	366.2688%
8-35	56.8283%	37.0839%	157.4256%
8-40	88.6305%	−4.4887%	282.7918%
8-50	76.7762%	10.0772%	245.0511%
8-55	46.7380%	19.6556%	274.6968%
8-60	71.2832%	−14.1985%	336.4202%
14-40	65.8874%	6.5493%	208.7987%
上证指数	63.8782%	−17.4431%	86.2393%

资料来源：[李洋 2012]

2）MACD、DMA、TRIX 择时测试

出于篇幅的限制，下面只给出 MACD、DMA、TRIX 这 3 个指标的择时方法和最终结果的比较，不再单独列出每个指标择时的具体效果。

MACD 指标的测试中采用 DIF 和 DEA 的交叉进行择时交易，按照使用惯例，在买入信号产生中加入 DIF 和 DEA 为正，卖出则必须为负的约束。具体操作法则如下：

$$\text{Signal}=\begin{cases}1, & \text{DIF}_t>\text{DIF}_{t-1}\ \&\ \text{DIF}_t>\text{DEA}_t\ \&\ \text{DIF}_{t-1}<\text{DEA}_{t-1}\ \&\ \text{DIF}_t>0\\ 0, & \text{DIF}_t<\text{DIF}_{t-1}\ \&\ \text{DIF}_t<\text{DEA}_t\ \&\ \text{DIF}_{t-1}>\text{DEA}_{t-1}\ \&\ \text{DIF}_t<0\end{cases}$$

其中，Signal=1 表示买进，Signal=0 表示卖出。

测试参数包括计算 DIF 的长期均线天数 L、短期均线天数 S 和 DEA 的计算天数 M。在每个测试期内，S 以 2 天为间隔，测试范围从 2 天到 20 天；L 以 5 天为间隔，测试范围从 20 天到 120 天；M 以 5 天为间隔，测试范围从 5 天到 60 天。测试中采用遍历的搜索方法，分别计算不同参数匹配下的择时交易情况。

DMA 指标的测试也采用 DMA 与 AMA 的交叉进行择时交易，具体操作法则如下：

$$\text{Signal}=\begin{cases}1, & \text{DMA}_t > \text{DMA}_{t-1} \,\&\, \text{DMA}_t > \text{AMA}_t \,\&\, \text{DMA}_{t-1} < \text{AMA}_{t-1} \\ 0, & \text{DMA}_t < \text{DMA}_{t-1} \,\&\, \text{DMA}_t < \text{AMA}_t \,\&\, \text{DMA}_{t-1} > \text{AMA}_{t-1}\end{cases}$$

其中，Signal=1 表示买进，Signal=0 表示卖出。

测试参数包括计算 DMA 的长期均线天数 L、短期均线天数 S 和 DEA 的计算天数 M。在每个测试期内，S 以 2 天为间隔，测试范围从 2 天到 20 天；L 以 5 天为间隔，测试范围从 20 天到 120 天；M 以 5 天为间隔，测试范围从 5 天到 60 天。测试中采用遍历的搜索方法，分别计算不同参数匹配下的择时交易情况。

TRIX 指标的测试采用 TRIX 及其均线 MATRIX 交叉进行择时交易，具体操作法则如下：

$$\text{Signal}=\begin{cases}1, & \text{TRIX}_t > \text{TRIX}_{t-1} \,\&\, \text{TRIX}_t > \text{MATRIX}_t \,\&\, \text{TRIX}_{t-1} < \text{MATRIX}_{t-1} \\ 0, & \text{TRIX}_t < \text{TRIX}_{t-1} \,\&\, \text{TRIX}_t < \text{MATRIX}_t \,\&\, \text{TRIX}_{t-1} > \text{MATRIX}_{t-1}\end{cases}$$

其中，Signal=1 表示买进，Signal=0 表示卖出。

测试参数包括计算 TRIX 的天数 N，以及计算 MATRIX 的天数 M。在每个测试期内，N 以 2 天为间隔，测试范围从 2 天到 20 天；M 以 5 天为间隔，测试范围从 20 天到 120 天。测试中采用遍历的搜索方法，分别计算不同参数匹配下的择时交易情况。

从 4 个趋势型指标的独立择时交易情况来看，通过调整指标计算参数，均可以获得较好的择时效果。从 4 个指标的最优参数择时效果来看（如表 3-2 所示），在相对较长的时期内均能稳定战胜买入并持有策略下的交易收益，并且风险调整收益也更具优越性。其中，MA、MACD 和 TRIX 的择时交易次数要明显低于 DMA 指标，因此，如果考虑交易费用，那么 DMA 的择时效果会打折扣。

表 3-2　4 个趋势型指标最优参数下的独立择时交易表现比较

	收益率		
区　间	1994.1—1999.12	2000.1—2005.12	2006.1—2011.12
MA	114.3584%	12.2246%	212.9098%
MACD	142.0249%	20.4894%	152.8145%
DMA	195.4027%	18.4644%	111.8712%
TRIX	195.4762%	17.9575%	61.5471%
上证指数	63.8782%	−17.4431%	86.2393%

资料来源：[李洋 2012]

3. 组合指标择时策略

单个指标的择时效果从某种程度上讲具有较大的偶然性，并且效果优劣和参数的选择有很大关系。为了增强择时的稳定性和鲁棒性，这里考虑将 4 个趋势型指标的择时策略结合起来，构建一个综合性的趋势型指标择时模型。

在前面的单指标择时测试中，每个具体策略都会产生一个信号序列，即前面的 Signal 变量，其数值为 1 或 0。这里将 4 个指标最优参数策略下的 Signal 变量叠加起来，构成一个新的信号变量，记为 Flag，显然 Flag 的取值范围为{0,1,2,3,4}。假如在某个时点 Flag 为 0，则表示 4 个指标在此刻均发出卖出信号；如果 Flag 为 1，则表示 1 个指标发出买入信号，3 个指标发出卖出信号，依此类推。

根据历史数据测试，考虑 1%的双边交易费用，包括费税成本和冲击成本，测试结果显示（如表 3-3 所示），由于交易过于频繁，后面几种择时策略的收益惨不忍睹。由此可见，只有在择时准确率和择时频率之间进行权衡，才能找到一种最优的择时策略。就上面的趋势型指标综合择时而言，最优的择时策略是 3-3 组合，即最少 3 个买入信号和 3 个卖出信号发出时进行相应的交易是相对最优的。图 3-1 所示为在历史 18 年的测试情况。

表 3-3 有交易成本情况下不同信号个数下的综合择时策略

	收 益 率		
区 间	1994.1—1999.12	2000.1—2005.12	2006.1—2011.12
4-4	184.9273%	20.3933%	61.4395%
4-3	170.2435%	25.8765%	51.4376%
3-3	184.9273%	43.5166%	100.2326%
3-2	164.1234%	23.8759%	89.6574%
2-3	155.2879%	22.9987%	61.2310%
2-2	132.9870%	23.3425%	56.9876%
2-1	166.8769%	33.7658%	41.2341%
1-3	96.3115%	24.3421%	88.9876%
1-2	176.2234%	22.2567%	81.9876%
1-1	196.3115%	19.6895%	85.2734%
上证指数	63.8782%	-17.4431%	86.2393%

资料来源：[李洋 2012]

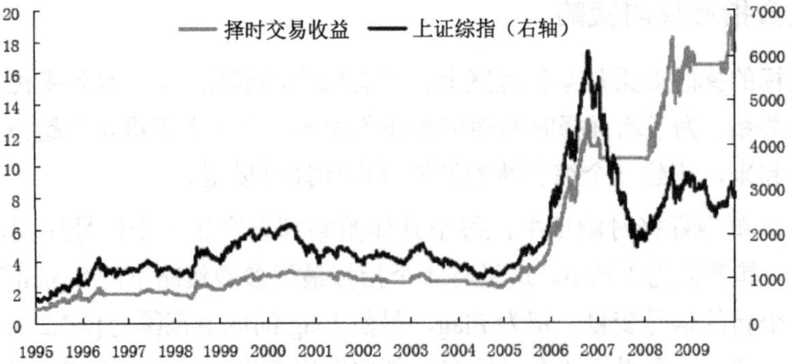

图 3-1　趋势型指标最优综合择时策略历史表现

资料来源：[易海波 2010]

从实证结果来看，趋势型指标确实具有较好的择时效果，当采用多指标组合后，可以在有效地降低风险的同时提高收益率。趋势型指标简单有效，往往可以抓住大的波段行情，获得超额收益。

3.1.3　自适应均线

上一节介绍的固定均线是最简单的情况，虽然效果很好，但是也有很大的缺点。通常均线总是有一个给定的参数，如 10 日均线、60 日均线，其中 10 日均线变化快一点，60 日均线变化慢一点。这个参数是由人给定的，一旦给定了，在整个画线的过程中不管行情怎么变动都不会变化。比如，在市场反复震荡时短期均线频繁地转向，而在市场快速上升或者下跌时长期均线反应迟钝，这就会造成频繁发出错误的开平仓信号。

那么，能不能把均线做成自适应的，在行情反复震荡的时候慢一点，在行情快速变化的时候快一点跟上趋势？我们可以期待，因为一个自适应的系统有自动学习和自动调整的功能，应该比一个固定的系统做得更好一点。解决方案是有的，新的工具叫自适应均线，该均线由考夫曼所创造。

1. 自适应均线的算法

1）价格轨迹的效率

一般来说，投资者都有这样的经验，就是在反复震荡的走势上要使用较慢的均线，在趋势快速展开的走势上要使用更快的均线。

如何用数量化的方法来区分这两种不同的走势？这里需要引入一个价格轨迹效率的概念。

在行情的走势图中，可以大致分为两种走势：一种是一直上攻的走势，被称为高效率的，因为每天收盘价格的变动都直接贡献于总的涨幅；另一种是反复震荡的走势，被称为低效率的，因为很多次收盘价格的变化相互抵消。类似于物理学中路程和位移的概念，如果走过的路程很长，但是位移很小，在实现位移的目标考量下，这样的运动可以称为低效率的。

很自然地，可以导出价格轨迹的效率定义。

假定在过去 n 个收盘价格分别为 $p_1,p_2,\cdots,p_n$，那么这个价格序列的效率为：

$$E=\frac{|p_n-p_1|}{\sum_{i=1}^{n-1}|p_{i+1}-p_i|} \tag{1}$$

即位移和路程之比。

2）动态平均算法

动态平均是一个迭代的定义，比如时间序列 y_t 是另一个时间序列 x_t 的动态平均，则意味着：

$$y_t=ax_t+(1-a)\,y_{t-1}$$
$$y_0=x_0 \tag{2}$$

其中，参数 a 是每一步的加权因子，它可以随着时间的变化而变化，因而可以实现调节平均线的快慢而达到自适应的效果。

价格轨迹的效率 E 是给定长度的价格历史序列的统计特征，加权因子 a 应该随着 E 变化，其变化的法则可以设置成：

$$a=(c+dE)^{\delta} \tag{3}$$

其中，c,d,δ 都是新的参数，加上计算 E 必须用到的参数 n，这个自适应系统有了 4 个参数，看起来比之前的固定平均线参数更多，更需要人工设置，但是这 4 个参数对不同的行情是不太敏感的，一旦设置好，可以适应更多种不同形态的行情。正如一个智能化的机械不可避免地会增加更多部件。

可以发现，对于上证指数，最近 5 年用 60 日均线的效果很好（因为市场大起大落波段是清晰的），但是回溯到 2005 年前，市场的波动形态就不这么明显，60 日均线就无法适应了。利用自适应均线，虽然参数较多，但在给定一套合适的参数下，可以做到既适合2005年后的市场，也适合之前的市场。

总结起来，自适应均线的算法如下：

（1）计算从当前收盘价起，最新的 n 个历史收盘价格的效率 E。

（2）根据本节公式（3）计算 a。

（3）根据公式（2）计算价格序列的动态平均值。

2．利用自适应均线择时交易的实证

案例　自适应均线择时模型

根据自适应均线的买卖策略是：

（1）自适应均线自下向上拐头，买进。

（2）自适应均线自上向下拐头，卖出。

拐头与否可以这样定义：自适应均线的每一个周期的增长率如果从正值变为负值，即为下拐头；从负值变为正值，即为上拐头。

为了避免某些时候自适应均线频繁地拐头，可以设置一个很小的安全垫，自适应均线的每一个周期的增长率如果从正值变为负值，而且和0的距离大于很小的常数即为下拐头；从负值变为正值，而且和0的距离大于同一个很小的常数，即为上拐头。

在图3-2中，自适应均线非常适合深证成指的周线趋势跟踪，市场每一次较大的转折都能很快被自适应均线跟踪到，从而做出正确的决策。错误的扰动也有，比如2008年年初的上拐，但是并不会造成大的损失。

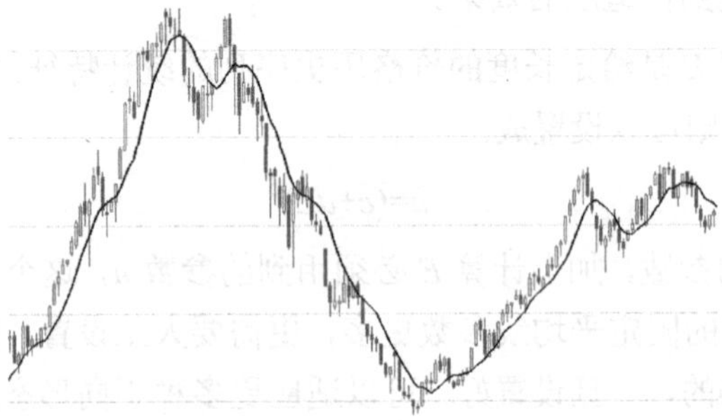

图3-2　深证成指周线图与自适应均线（2007—2009年）

数据来源：D-Alpha量化对冲交易系统

假定买卖的对象是上证指数和深证成指，每一次买入或者卖出的交易成本计为

0.3%，买入时满仓买入，卖出时空仓。自适应均线都采用同一套参数，拐头判断时用同一个保护垫大小。从 1998 年以来，在不同时间段内，一种是依照自适应均线法则买卖，另一种是一直持有指数，所有收益率的计算都是根据周线收盘价格，然后对二者的收益率进行对比，如表 3-4 所示。

表 3-4　自适应均线择时策略收益率分析

时 间 段	名　称	指数收益	策略收益	超额收益
1998.1—2009.11.12	上证指数	163.237%	388.214%	224.977%
	深证成指	212.996%	949.108%	736.112%
1998.1—2005.1	上证指数	6.257%	35.973%	29.716%
	深证成指	−26.367%	18.944%	45.311%
2005.1—2009.11.12	上证指数	147.629%	271.181%	123.552%
	深证成指	324.924%	837.365%	512.441%

数据来源：[曹力 2008]

可以清楚地看到，在 3 种不同的时间段内，考虑到交易成本，依照自适应均线的交易策略在总收益上明显地战胜了指数本身。

图 3-3 是自适应均线择时策略在深证成指上的收益率曲线图，图中的方波记载了策略仓位的变化，高位代表满仓，低位代表空仓。可以看到这个策略的调仓次数比较多，特别是在市场震荡频繁的时候，会引起该策略的仓位较频繁地变化，这是因为自适应均线比较敏感。敏感的好处是能够更快地抓住市场趋势的变化；但弱点也很明显，就是信号过多导致交易过多。如果交易成本和冲击成本较高，则这个策略并不适合平衡市场。因为交易频繁的缺点，利用自适应均线交易的策略更适合较小资金的调仓策略。

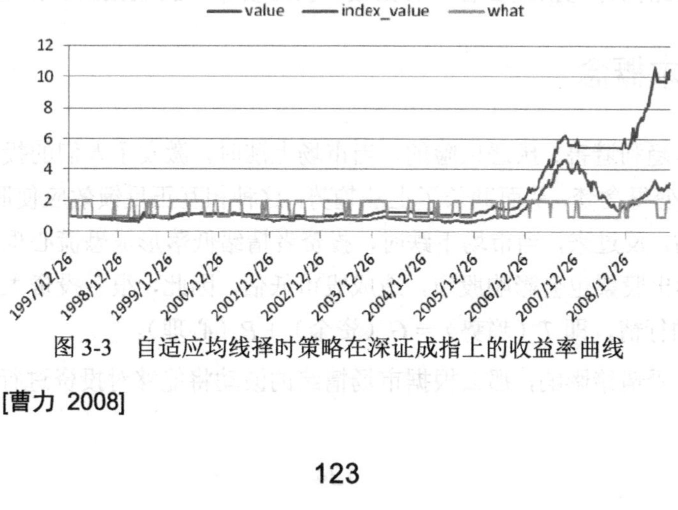

图 3-3　自适应均线择时策略在深证成指上的收益率曲线

数据来源：[曹力 2008]

本节小结

趋势型指标择时是最简单，也是最有效的择时指标之一。通过对主要趋势型指标的实证结果来看，以均线为主的择时策略具有明显的超额收益，可以抓到大的波段（不管是牛市还是熊市）；但是在小波段震荡市的时候，由于频繁交易，容易造成连续错误和损失。

因为自适应的特点，所以自适应均线比固定均线在更多种不同波动形态的市场中能够有效跟踪趋势，即便在考虑交易成本的前提下，能够实现的超额收益也让人印象深刻。

3.2 市场情绪

◆ 摘要 ◆

A 股市场正处于半强势有效阶段，个人投资者居多，由于缺乏时间、精力及知识能力去分析股票的投资价值，往往会受到周围人的影响，具有羊群效应。大盘上涨的时候，投资者情绪激动，一窝蜂地买入；大盘下跌的时候，投资者情绪低迷，一窝蜂地卖出，从而造成市场趋势的持续。

市场情绪择时就是利用市场上投资者的情绪指标来判断大盘在未来一段时间走势的策略。情绪指标包括投资者信心指数、折溢价率、新股数据、投资者行为等。

3.2.1 基本概念

人天生是趋利避害、厌恶风险的，当市场上涨时，激发了人们的投资情绪和投资比重，投资者变得贪婪，从而助长了上涨趋势，这种相互正反馈效应使股市节节攀升，形成股市高估。反过来，当市场下跌时，投资者情绪低落形成恐慌心理而对投资失去信心，纷纷卖出股票也会影响股市，造成股市低估。因此，很多投资大师认为心理情绪造就 90%的行情，即 T（趋势）$=G$（资金）$+P$（心理）。

既然市场受情绪影响，那么根据市场情绪的波动将能够对投资进行指导。基于市场情绪的择时策略的思路如下：首先，捕捉市场情绪，即寻找能够反映市场情绪波动的指标，包括投资者信心指数、封闭式基金折溢价率等；其次，量化市场情绪，即采取主成分分析将这些指标合成一个情绪指数，寻找能有效反映市场情绪的主成分；最后，应用情绪指数，根据市场情绪指数的特点来指导投资的择时策略。

市场中反映投资情绪的指标比较多，指标归类后具体如表 3-5 所示。

表 3-5 市场情绪类别

类 型	案 例
直接调查	投资者信心指数
折溢价率	权证、转债转股溢价率，基金折价率
新股	中签率、上市涨跌幅、新股收益率
市场指标	上涨下跌家数、创新高（低）家数、换手率
投资者行为	新增开户数、基金仓位、卖空比例、保证金交易

资料来源：[罗业华 2010]

从数据分析可以发现，单个指数的缺点是无法全面反映真实的市场情绪，有时候会受到政策因素的影响而出现数据缺失，如新股发行等。另外有些指标可能不是真实的数据，比如基金仓位，都是根据历史数据估算出来的，可能与真实值存在偏差。因此，这里只选取封闭式基折价率、转股溢价率、IPO 首日涨跌幅、IPO 发行 PE、上涨家数百分比、混合型基金平均仓位、股票型基金平均仓位 7 个指标，以此来反映市场整体的情绪水平及变化，具体如下。

1. 直接调查

为了直接获得投资者的情绪状况，国内外许多机构采取直接问卷调查的方式。比如耶鲁大学与北京大学中国经济研究中心在 2005 年推出了《耶鲁-CCER 中国股市投资者信心指数》，基于由耶鲁大学罗伯特·希勒教授首先发起的投资者信心指数调查，针对中国的投资者信心指数调查提供了一个全新的信息来源。

招商证券股份有限公司联合国务院发展研究中心金融研究所也发布了《中国城市居民投资信心及投资意愿指数报告》。该报告调查数据由全球著名的尼尔森市场研究公司执行，在上海、广州、北京、深圳、成都、杭州、武汉、长沙、南宁、昆明、西安、兰州、太原、沈阳、青岛、大连 16 个城市进行，共收集了 2100 个样本，收集时间为 2008 年 9 月 16 日至 10 月 5 日。每季度发布一次，调查居民未来 3 个月的整体投资市场信心，其中有关于股票基金市场的投资者信心指数。

2. 折溢价率指标

折溢价率是反映市场情绪的重要指标，市场情绪较高时则折溢价率较高，市场情绪较低时则折溢价率较低。权证受市场投机影响价格波动较大，能够反映市场情绪，但是由于品种少、到期期限不同，因此其代表性不是很强。这里选取了转债转股溢价率和封闭型基金的折价率来反映市场情绪。由于转债的市场规模较大，所以转债转股溢价率相对于权证更具有代表性，更能反映机构投资者的投资行为。

3. 新股指标

新股是指通过 IPO 新上市的公司，其上市首日涨跌幅和市场定价一般受市场情绪的影响。如果市场情绪高昂，则涨幅较大，PE 也很高；如果市场情绪低迷，则上市有可能跌破发行价，市场参与者较少，公司上市意愿不强，IPO 数量减少，同时政策也将会停止新股审批。因此，新股一些指标能够有效地反映市场情绪。下面的月度数据都是对当月所有 IPO 进行算术平均计算出来的。

4. 市场指标

市场指标包括很多方面，有资金流量，有创新高、新低股票，有涨停家数等，这里主要取上涨家数百分比指标。

5. 投资者行为

投资者行为是指投资者的投资意愿，主要包括新增开户数、基金仓位、卖空比例、保证金交易、资金出入等。目前能够获得的数据主要有基金仓位的变化，该数据是通过回测股票（混合）型基金整体市场的风险（β值）变化来体现基金仓位的变化。

3.2.2 情绪指数

1. 情绪指数的构建

样本频率为周频率，样本区间从 2007 年 4 月 6 日到 2012 年 7 月 23 日，共 271 周。

单个情绪指标只能针对市场某个细分部分反映投资者的情绪水平，整体来看是过于碎片式的，可能仅反映了不同的投资者情绪或某一方面（比如封闭式基金折价率更多地反映了个体投资者情绪，而基金仓位则主要反映机构投资者的情绪等）。

为了综合测量市场整体的情绪水平及变化，这里运用主成分分析法，将 7 个指标（封闭式基金折价率、转股溢价率、IPO 首日涨跌幅、IPO 发行 PE、上涨家数百分比、混合型基金平均仓位、股票型基金平均仓位）进行分析，并最终构造了度量投资者情绪的复合指数，分别为情绪指数及情绪变化指数，以此来反映市场整体的情绪水平及变化情况。

（1）市场情绪指数构建如下：

情绪指数=−0.3579×封闭式基金折价率−0.4426×转股溢价率+0.1684×IPO 首日涨跌幅+0.3576×IPO 发行 PE−0.0039×上涨家数百分比+0.5115×混合型基金平均仓位+0.5081×股票型基金平均仓位

（2）情绪变化指数是将 7 个指标的周度变化数据进行主成分分析得出的结果，第 3 个主成分与指数变化相关系数最高（0.4927），该指数将能够反映市场情绪的变化。其公式如下：

情绪变化指数=−0.2816×Δ 封闭式基金折价率−0.6432×Δ 转股溢价率+0.1335×ΔIPO 首日涨跌幅+0.1792×ΔIPO 发行 PE+0.6756×Δ 上涨家数百分比−0.0186×Δ 混合型基金平均仓位−0.0168×Δ 股票型基金平均仓位

2．情绪指数当期收益率分析

建立好情绪指数之后，按照 1 倍标准差（σ=1.7928）将其分为 4 个区域：σ以上、σ到 0、0 到−σ、−σ以下，分别标注为 1、2、3、4。从 2007 年 4 月 6 日到 2012 年 7 月 23 日共计 271 周，位于 4 个区域的周份数占总周份的比重分别为 7.38%、61.62%、15.87%、15.13%。然后分别统计位于这 4 个区域的沪深 300 指数的周平均收益率。

从表 3-6 中可以看出，位于区域 1、2 的平均收益率明显比区域 3、4 的平均收益率要高，同时比总的平均收益率也要高。从表中还可以看出，位于区域 1、2 的正收益周份占比明显比区域 3、4 高，并且比总的正收益周份占比高，而区域 4 的正收益周份占比只有 43.90%，表现最差。

表 3-6 沪深 300 指数在不同情绪区域的当月收益率比较

情绪区间	1	2	3	4	平 均
HS300 收益	0.44%	0.13%	−0.31%	−0.20%	0.04%
周份数	20	167	43	41	271
区间占比	7.38%	61.62%	15.87%	15.13%	

续表

情绪区间	1	2	3	4	平　均
正收益周份	12	81	20	18	131
正收益周份占比	60.00%	48.50%	46.51%	43.90%	48.34%

资料来源：[张翔 2012]

情绪变化指数也按照其标准差（σ=1.0785）分为 4 个区域，分别为命名为 1、2、3、4，位于这 4 个区域的周份数占总周份数的比重分别为 12.18%、35.42%、39.85%、12.55%。从表 3-7 中可以看出，位于区域 1、2 的平均收益率明显高于位于区域 3、4 的平均收益率，也高于总的平均收益率。其中位于区域 1 的正收益周份占比高达 90.91%，而区域 4 则只有 20.59%的正收益周份占比。

表 3-7　沪深 300 指数在不同情绪变化区域的当月收益率比较

情绪变化区间	1	2	3	4	平　均
HS300 收益	4.75%	0.91%	−1.18%	−3.15%	0.04%
周份数	33	96	108	34	271
区间占比	12.18%	35.42%	39.85%	12.55%	
正收益周份	30	57	37	7	131
正收益周份占比	90.91%	59.38%	34.26%	20.59%	48.34%

资料来源：[张翔 2012]

从直接调查的信心指数到统计的情绪指数及情绪变化指数可以看出，市场情绪受最近的市场状况影响较大。情绪指数与当周收益率的相关系数为 0.0186，与下周收益率的相关系数为−0.0432。而情绪变化指数，在高情绪区域 1 的上涨周份高达 90.91%，在低情绪区域 4 的上涨周份只有 20.59%，这些都说明情绪指数变化受单周影响很大。

3.2.3　实证案例：情绪指标择时策略

1．市场情绪对未来的影响

情绪指标受当期市场影响较大，那么其对下期的影响如何，是继续延续原来走势还是出现反转效果呢？按照上面的分类方法对指数下周回报进行了统计。从统计的结果（如表 3-8 所示）可以看到，区域 3 的平均收益率最差，区域 1 的平均收益率最好，区域 4 的平均收益率比单周明显提高很多。也就是说，在情绪高涨区域，高涨的情绪会得到延续；在情绪低迷区域会继续低迷，但是如果是非常低迷，就有可能反转，因为市场会纠正因情绪带来的过度反应。

表 3-8 沪深 300 指数在不同情绪区域的次月收益率比较

情绪区间	1	2	3	4	平　均
HS300 收益	0.39%	–0.07%	–0.28%	0.54%	0.04%
周份数	20	166	43	41	270
区间占比	7.41%	61.48%	15.93%	15.19%	
正收益周份	11	78	20	21	130
正收益周份占比	55.00%	46.99%	46.51%	51.22%	48.15%

资料来源：[[张翔 2012]

对情绪变化指数的下周指数回报进行了统计，从统计的结果（如表 3-9 所示）可以看到，区域 4 的平均收益率最好，区域 1 的平均收益率最差，其他区域与总的均值没有明显的差异。也就是说，在当周市场情绪高涨乏力时，其下周收益会较差；在当周市场情绪非常低迷时，其下周反弹的可能性极大，因为市场会纠正因情绪带来的过度反应。

表 3-9 沪深 300 指数在不同情绪变化区域的次月收益率比较

情绪区间	1	2	3	4	平　均
HS300 收益	–1.19%	0.11%	0.22%	0.29%	0.04%
周份数	33	96	107	34	270
区间占比	12.22%	35.56%	39.63%	12.59%	
正收益周份	15	45	52	18	130
正收益周份占比	45.45%	46.88%	48.60%	52.94%	48.15%

资料来源：[张翔 2012]

2．择时投资策略

案例　情绪指标择时策略

根据情绪指标的特点及对下周收益的影响，可以有两种择时的方法：长期看区域和短期看变化。即在大周期内，情绪指数能够明显地反映股票水平处在历史的阶段，在低风险区（情绪低迷）购买股票，在高风险区（情绪高涨）卖出股票，反情绪周期操作；在短期则看情绪变化，主要是剔除区域 1 的周份，将能够获得较高的收益。

1）长期看区域

尽管恐慌和贪婪情绪会对市场造成很大的影响，但是无法改变市场的大趋势。从大周期看，情绪低迷时股市被低估，情绪高涨时股市被高估。彼得·林奇的鸡尾酒会理论也正反映这样一个现象。因此，根据市场情绪周期来判断股市的周期，在市场情绪处于低迷时购买股票，在市场情绪处于高涨时卖出股票。当然，情绪高涨（低迷）的积累是一个长期的过程，因此反转的过程可能非常漫长，这就无法确认精确的高点和低点，只能判断一个顶部或者底部区域。根据长期反转策略进行投资，必须有足够的耐心和意志，坚持长期投资的观念。

从图 3-4 来看，要预测一个准确的拐点很难，但是通过情绪指数的 1 倍标准差能够将市场分为几个明显的区域，投资决策就变得简单了。以 1 倍标准差作为分界线，在“上界”以上区域是高风险区，作为长期投资应该谨慎；在“下界”以下为安全区域，投资者大胆介入将能获得较高的安全边际和收益。

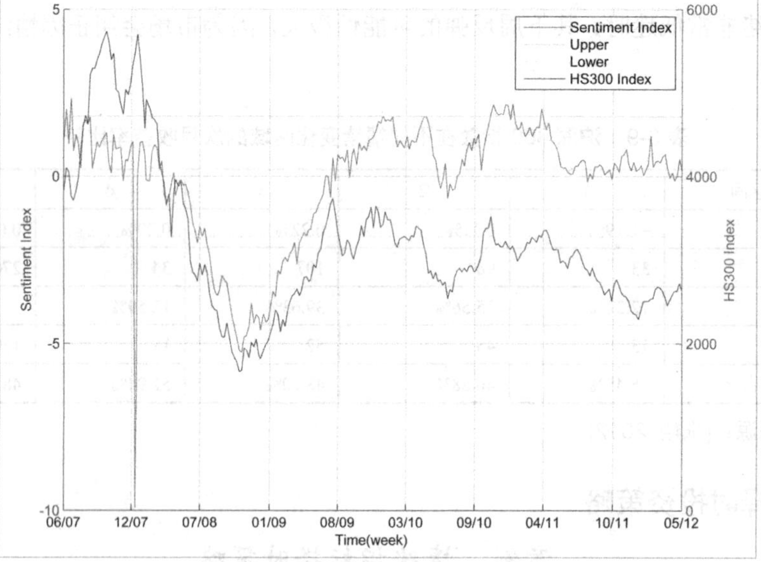

图 3-4　情绪指数长期风险区域

资料来源：[张翔 2012]

2）短期看变化

如表 3-10 所示，一般情况是在情绪高涨区域会继续表现较好，在情绪低迷区域会继续表现低迷，但是极端低迷时可能会出现反转。贪婪和恐慌情绪会对市场造成短暂影响，使投资者对新信息反应过度或不足，从而造成股票短暂高估或者低估，随着时间推移市场会纠正这种过度反应，主要表现为当市场上涨过度时便会回调，当市场下跌过度时可能会反弹。我们可以根据情绪对市场的短期冲击的特点来进行投资。

表 3-10 情绪指标择时收益率统计

	累计收益	月 均 值	最大值（月）	最小值（月）	超额收益
HS300	47.00%	0.95%	15.84%	−8.78%	
情绪择时	−19.30%	0.02%	16.21%	−15.01%	66.30%

资料来源：[张翔 2012]

由于情绪指数的短期变化较小，不利于短期择时。而情绪变化指数可以有效地弥补这个缺陷。根据统计发现，位于区域 2、3 的周份收益率非常差，因此在择时把最差的周份去掉，选择其他区域的周份，就能够获得较高的超额收益。如图 3-5 所示为情绪指标择时策略收益率曲线。以沪深 300 指数作为择时指数，时间为 2007 年 4 月 16 日至 2012 年 7 月 23 日。

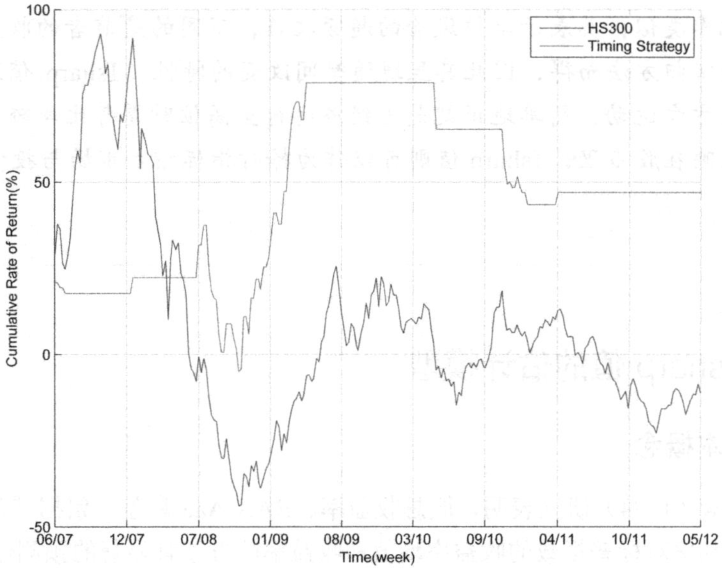

图 3-5 情绪指标择时策略收益率曲线

资料来源：[张翔 2012]

本节小结

通过量化分析后的情绪指标择时策略——“短期看变化，长期看区域”，确实能够获得较好的超额收益。当月的情绪对下月的影响各不相同，在情绪指数高涨区域会继续表现较好，在情绪低迷区域会继续表现低迷，但是极端低迷时可能会出现反转。贪婪和恐慌情绪会对市场造成短暂影响，使投资者对信息反应过度或不足，从而高估或者低估股票。随着时间的推移，市场会纠正这种过度反应，主要表现为当市场上涨过度时便会回调，当市场下跌过度时可能会反弹。本策略就是根据情绪指数这一特点来指导投资决策的。

3.3 时变夏普比率

◆ 摘要 ◆

Tsharp 值（Time-varying Sharpe Ratio）由 Robert F.Whitelaw 首次提出，与夏普比率类似，其表示单位风险的超额收益，不同的是前者的收益率与方差系通过回归方法而得，因此其呈现随时间改变的特性。Tsharp 值通常与经济周期反方向运动，简单地说就是当经济运行至高位时夏普比率较小，反之亦然。反映在股市里，Tsharp 值则可以作为择时指标指导市场与投资决策。

3.3.1 Tsharp 值的估计模型

1. 基本概念

Whitelaw（1994）研究表明，股息收益率、BAA-Aaa 息差、票据-国库券息差、一年期国债利率对标普指数的收益率均值和收益率的方差有显著的预测作用。将模型设定为：

$$R_{t+1} - R_f = X_t \times \beta + \epsilon_{1,t+1} \tag{1}$$

$$\sqrt{\pi/2}\times\left|\in_{1,t+1}\right| = X_t\times\gamma+\in_{2,t+1} \qquad (2)$$

其中，R_{t+1}表示指数在$(t+1)$期的收益率，R_f表示无风险利率，$\in_{1,t+1}$表示方程（1）的残差项，X_f表示由股息收益率、BAA-Aaa 息差、票据–国库券息差、一年期国债利率组成的解释变量矩阵，β和γ是模型回归系数。

$$S_{t+1}=\frac{X_t\times\hat{\beta}}{X_t\times\hat{\gamma}} \qquad (3)$$

其中，$\hat{\beta}$和$\hat{\gamma}$为模型中β和γ的模型参数估计结果，S_{t+1}为$(t+1)$时刻的 Tsharp 值。

2. Tsharp 值与指数的关系

Whitelaw（1994）的研究中选取 1953 年 4 月到 1995 年 12 月的月数据，利用文中叙述的 Tsharp 值作为择时指标，获得了比长期持有指数稳定的超额收益。

那么，在国内市场应用 Tsharp 值择时是否会产生超额收益？考虑到国内市场的特殊情况，可以对模型有哪些改进？由于国内市场的实际情况，如不定期发放股息，商业票据数据期限较短。同时国内学术界也已证明存在对股市有解释作用的变量，如货币供应、储蓄等。在引入上述模型的过程中，本节对模型的解释变量进行调整，删除股息收益率、票据–国库券息差，增加 M1、储蓄等。

这里选取的标的指数为上证综合指数，无风险收益率为活期存款利率。数据选取期限从 1996 年 1 月到 2010 年 8 月的月度数据，共 176 个样本点。

1）月度 Tsharp 值

将全样本月度数据按照 Tsharp 估计模型就可得到样本内每月 Tsharp 值。

如图 3-6 所示为 1996 年 1 月到 2010 年 8 月 Tsharp 值与上证综指走势图，从图中可以看出，Tsharp 值与上证综指相关性较强，走势相反。Tsharp 值越大，表示此刻指数处于低位，未来有上涨可能；反之，Tsharp 值越小，表示指数处于高位，未来有下跌风险。

2）季度 Tsharp 值

与月度计算 Tsharp 值类似，把样本数据替换为 1996 年 1 月到 2010 年 8 月的季度数据，共 58 个样本点。如图 3-7 所示为 1996 年 1 月到 2010 年 8 月季度 Tsharp 值与上证综指走势图，从图中可以看出，季度 Tsharp 值与上证综指的走势也相反。

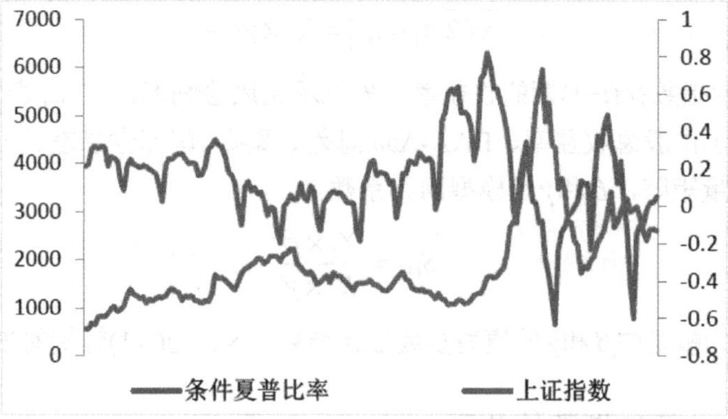

图 3-6　月度 Tsharp 值与上证综指的关系

数据来源：[程志田 2010]

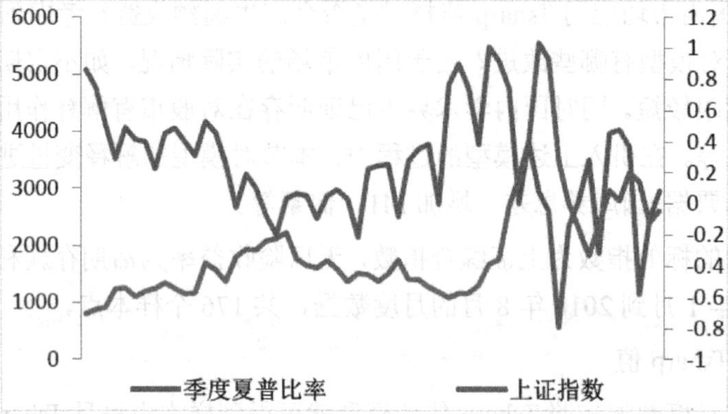

图 3-7　季度 Tsharp 值与上证综指的关系

数据来源：[程志田 2010]

3.3.2　基于 Tsharp 值的择时策略

从上面的讨论我们知道，在时刻 t，可以预测$(t+1)$期的 Tsharp 值，而且 Tsharp 值与指数有很好的负相关性。下面我们讨论如何利用预测 Tsharp 值作为择时指标并构建择时策略，这里我们将得到的预测 Tsharp 值作为择时指标，观察该策略能否得到稳定的收益。

设计策略决策过程如下：

首先计算预测 Tsharp 值。观察模型可以发现，若要预测$(t+1)$期的 Tsharp 值，只需选取一定的预测期 n，回归模型需要的数据为 $R_t,R_{t-1},\cdots,R_{t-n+1}$ 和 $X_{t-1},X_{t-2},\cdots,X_{t-n}$，其中 X_{t-1} 为$(t-1)$时刻的解释变量矩阵，R_t 为 t 时刻指数收益率，利用上述数据回归得到 $\widehat{\beta}$ 和γ。利用公式（3）及 X_t 就可得到$(t+1)$期预测 Tsharp 值。

其次选取最优阈值。由于 Tsharp 值越大，表示此刻指数处于低位，未来有上涨可能；Tsharp 值越小，表示指数处于高位，未来有下跌风险。所以我们的策略选取为当预测条件夏普比率高于某一阈值 a 时，把现金全部买入指数；当预测条件夏普比率低于某一阈值 b（$a>b$）时，把指数全部卖出，换取现金。分别以累计收益和买卖胜率作为优化目标，获得最优的阈值(a,b)。最后，在确定的最优阈值(a,b)的条件下，考查投资收益并与同期上证综指的收益进行对比。

3.3.3 实证案例

1. 以月度为频率的 Tsharp 值策略

由于预测期 n 不同，对同一时间点的预测可能由于回归误差等原因导致得到的预测夏普比率不同。如图 3-8 所示为在不同的预测周期下得到的 Tsharp 值。从图中可以看出，预测期 n 越大，我们的预测越准确。

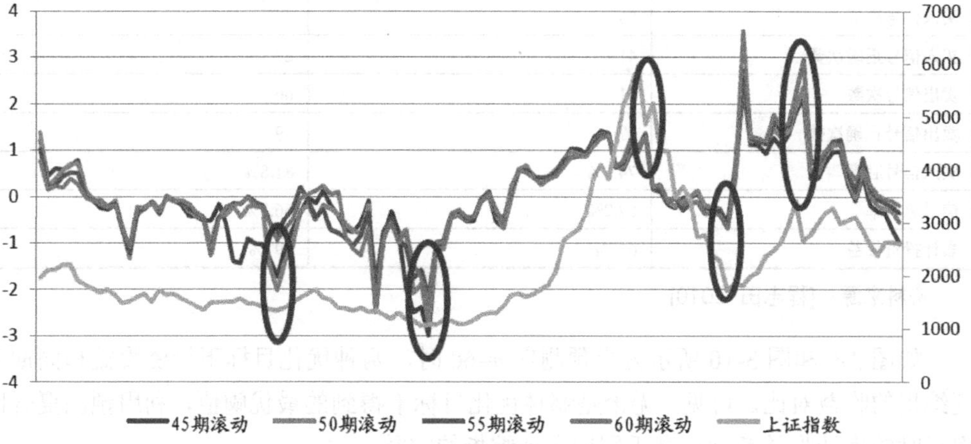

图 3-8　不同周期下的预测 Tsharp 值

数据来源：[程志田 2010]

从图 3-8 中我们发现，每当 Tsharp 值跳跃时，大盘反转的概率非常大，几乎每次 Tsharp 值跳跃，大盘都会做出回应。由此，Tsharp 值跳跃将作为我们判断大盘的趋势与反转的重大信号。

下面我们以预测期 n=60 为例，选取两种最优投资目标，分别以买卖胜率和累计投资收益作为优化目标，选取最优的阈值结果如表 3-11 所示。

由表 3-11 可知，当 n=60 时，若选择买入卖出胜率作为优化目标，则可以得到最优阈值为(0.1,0.1)，样本期内共发出买入信号 55 次，卖出信号 61 次。其中，买入信号成功 41 次，胜率为 74.5%；卖出信号成功 37 次。累计收益为 615%，同期长期持有指数累计收益为 145%。若选取累计收益作为优化目标，则可以得到最优阈值为(0.54,0.19)，样本期内共发出买入信号 33 次，卖出信号 66 次。其中，买入信号成功 27 次，胜率为 81.8%；卖出信号成功 39 次。累计收益为 697%，同期长期持有指数累计收益为 145%。

表 3-11　月度 Tsharp 择时模型统计结果

	最大买入卖出胜率	最大累计投资收益
	n=60	n=60
买入阈值 a	0.1	0.54
卖出阈值 b	0.1	0.19
决策期个数	116	116
买入信号次数	55	33
买入信号正确次数	41	27
卖出信号次数	61	66
卖出信号正确次数	37	39
买入信号胜率	74.5%	81.8%
信号总胜率	67.2%	66.7%
累计投资收益	615%	697%

资料来源：[程志田 2010]

如图 3-9 和图 3-10 所示为当预测期 n=60 时，两种优化目标下投资收益和同期上证综指的收益对比。可见，无论是哪种优化目标下得到的最优阈值，利用预测夏普比率择时的累计收益都远远高于同期上证综指的收益。

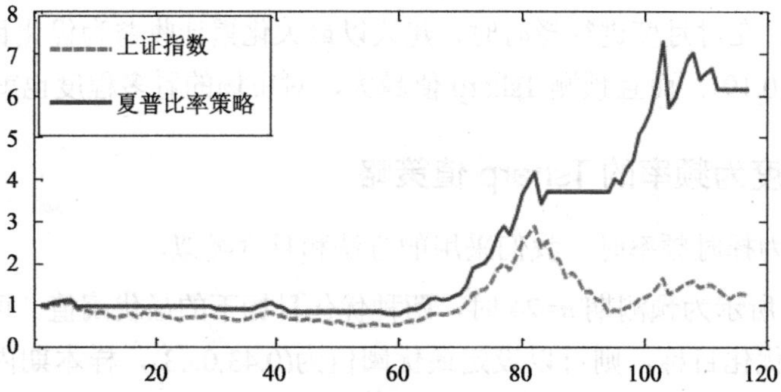

图 3-9 月度 Tsharp 最大买卖胜率夏普比率策略收益曲线

数据来源：[程志田 2010]

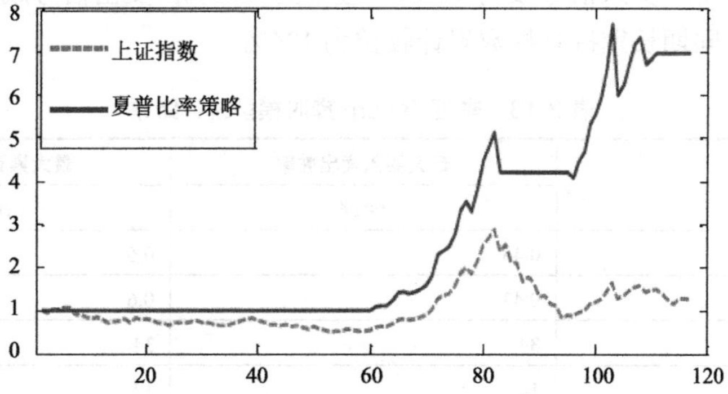

图 3-10 月度 Tsharp 最大累计收益率夏普比率策略收益曲线

数据来源：[程志田 2010]

我们以得到的预测 Tsharp 值为解释变量，对上证综指的超额收益进行回归，结果如表 3-12 所示。可见，月度条件夏普比率对上证综指超额收益回归系数为正。所以当预测夏普比率越大时，对市场的看多程度也就越大；反之亦然。

表 3-12 预测 Tsharp 值（月度）对上证综指的预测作用

	上证超额收益
常数项	0.004
Tsharp 值	0.125
R^2	0.04
F 检验	4.54

数据来源：[程志田 2010]

综上所述，在对月度进行择时时，建议以最大化累计收益为优化目标，即买入卖出阈值为(0.54,0.19)。而且预测 Tsharp 值越大，对市场的看多程度也就越大。

2. 以季度为频率的 Tsharp 值策略

考察季度为择时频率时，我们采用的方法和月度类似。

如表 3-13 所示为预测期 n=24 时，两种优化目标下的最优阈值。可见，若选择买入卖出胜率为优化目标，则可以设定最优阈值为(0.43,0.43)，样本期内共发出买入信号 14 次，卖出信号 20 次。其中，买入信号成功 11 次，胜率为 78.6%；卖出信号成功 14 次。累计收益为 658%，同期长期持有指数累计收益为 136%。若选取累计收益为优化目标，则可以设定最优阈值为(0.6,0.6)，样本期内共发出买入信号 12 次，卖出信号 22 次。其中，买入信号成功 10 次，胜率为 83.3%；卖出信号成功 15 次。累计收益为 734%，同期长期持有指数累计收益为 136%。

表 3-13　季度 Tsharp 择时模型统计结果

	最大买入卖出胜率	最大累计投资收益
	n=24	n=24
买入阈值 a	0.43	0.6
卖出阈值 b	0.43	0.6
决策期个数	34	34
买入信号次数	14	12
买入信号正确次数	11	10
卖出信号次数	20	22
卖出信号正确次数	14	15
买入信号胜率	78.6%	83.3%
信号总胜率	73.5%	73.5%
累计投资收益	658%	734%

资料来源：[程志田 2010]

如图 3-11 和图 3-12 所示为当预测期 n=24 时，两种优化目标下投资收益和同期上证综指的收益率对比。可见，无论是哪种优化目标下得到的最优阈值，利用预测夏普比率做择时指标的累计收益都远远高于同期上证综指的收益。

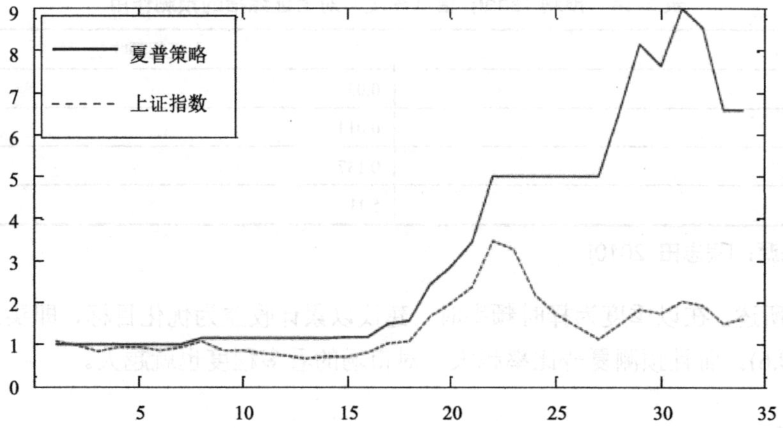

图 3-11　季度 Tsharp 最大买卖胜率夏普比率策略收益曲线

数据来源：[程志田 2010]

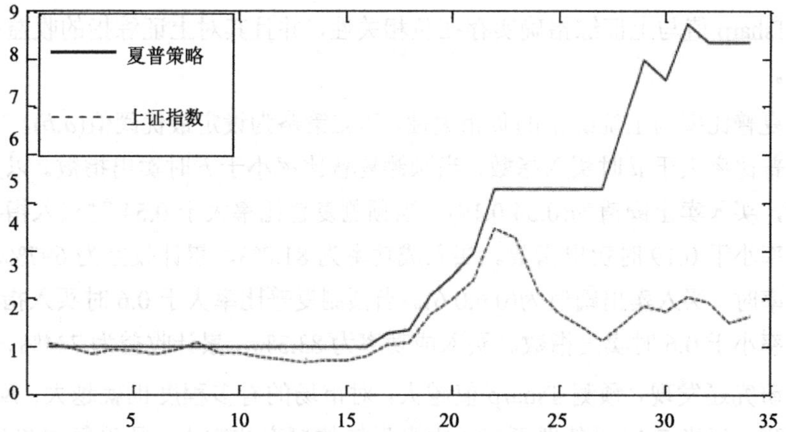

图 3-12　季度 Tsharp 最大累计收益率夏普比率策略收益曲线

数据来源：[程志田 2010]

和月度分析方法类似，可以将得到的季度预测 Tsharp 值作为解释变量，分别对上证综指的超额收益进行回归，结果如表 3-14 所示。可见，季度条件夏普比率对上证综指的超额收益回归系数为正。所以当预测夏普比率越大时，对市场的看多程度也就越大；反之亦然。

表 3-14　预测 Tsharp 值（季度）对上证综指的预测作用

	上证超额收益
常数项	0.03
Tsharp 值	0.014
R^2	0.137
F 检验	5.11

数据来源：[程志田 2010]

综上所述，在以季度为择时频率时，建议以累计收益为优化目标，即买入卖出阈值为(0.6,0.6)。而且预测夏普比率越大，对市场的看多程度也就越大。

本节小结

本节对 Robert F.Whitelaw（1997）提出的 Tsharp 值指标（以下简称 Tsharp 值）进行改良，使之适应 A 股市场，并针对上证综指进行分析，发现无论以月度或者季度为频率，Tsharp 值与上证综指确实存在负相关性，并且其对上证综指的收益有显著的预测作用。

利用夏普比率与上证综指的负相关性，建立策略为设定最优阈值(a,b)，其中 $a>b$，当预测夏普比率大于 a 时买入指数，当预测夏普比率小于 b 时卖出指数。以月度为择时频率时，买入卖出阈值为(0.54,0.19)。当预测夏普比率大于 0.54 时买入指数，当预测夏普比率小于 0.19 时卖出指数。买入成功率为 81.8%，累计收益为 697%。以季度为择时频率时，买入卖出阈值为(0.6,0.6)。当预测夏普比率大于 0.6 时买入指数，当预测夏普比率小于 0.6 时卖出指数。买入成功率为 83.3%，累计收益为 734%。

通过研究还发现，预测 Tsharp 值越大，对市场的看多程度也就越大；反之亦然。此外还发现，每当 Tsharp 值跳跃时，大盘反转的概率非常大，几乎每次 Tsharp 值跳跃，大盘都会做出回应。由此，Tsharp 值跳跃将作为判断大盘的趋势与反转的重大信号。

3.4 牛熊线

◆ 摘要 ◆

正常情况下，价格在一定区间内属于一般波动，不具有方向性的特征，而一旦价格突破临界值即可视为方向性诞生，转势开始。因此可以定义两根线：一根牛线，一根熊线。如果股价向上突破牛线，则可以认为是一波大牛市开始；如果股价向下突破熊线，则可以认为是一波大熊市开始。在牛熊线之间则认为是震荡行情，没有方向性。

牛熊线择时就是基于这样一个原理，定义了牛熊线后，通过参数调整优化，可以获得比较好的择时效果。

3.4.1 基本概念

1. 几何布朗运动与股市

1900 年，法国数学家巴契里耶完成了自己的博士论文《投机理论》，这篇论文是历史上第一次有人尝试使用严谨的数学工具研究并解释股市的运动。他认为市场价格同时反映过去、现在和将来，但这些事件与价格变动却没有明显的关系。股价就像液体中的花粉受到周围投资者买卖的碰撞而呈现出波动，波动的范围与时间的平方根成正比。

具体到细节上，大致上可以从以下几个方面去理解。

1）交易行为与布朗运动

布朗运动的形式是粒子受到液体分子的撞击而位移，液体分子的运动是随机的、杂乱无章的。对于股市而言，大量的交易者对股票进行买与卖，就好比液体分子撞击粒子那样撞击股票，交易者代表的是人类个体，观点与行为也将杂乱无章。

2）估值与布朗运动

布朗运动的规律是粒子的运动与温度成比例，对于股市而言，估值与市场的温度也直接相关。当市场比较热时，估值一定会处于较高水平，投资者将不得不面对一个估值较高的市场。

3）市值与布朗运动

粒子的质量与其运动的幅度也是成比例的，所以中、小规模市值的股票很可能会获得更高的收益与波动风险。从基本面的角度分析也会有类似的结论，毕竟企业在基数较低时的扩张会更容易。

4）交易量与布朗运动

在温度较高的时候，布朗运动会加剧，粒子受到的撞击次数将大大增加。而在股市里，当市场热情高涨时，交易量就会急剧攀升（交易次数增加、换手率攀升）。

2. 股价布朗运动数学表达式

迄今，普遍的观点仍认为：股票市场是随机波动的，随机波动是股票市场最根本的特性，是股票市场的常态。随机现象的数学定义是：在个别试验中其结果呈现出不确定性，在大量重复试验中其结果又具有统计规律性的现象。

描述股价行为模型之一的布朗运动之维纳过程是马尔科夫随机过程的一种特殊形式，而马尔科夫过程是一种特殊类型的随机过程，股价遵循 Geometric Brownian Motion 的随机过程：

$$\Delta S=\mu S\Delta t+\sigma S\varepsilon\sqrt{\Delta t}\text{，}\varepsilon\sim t\text{ 分布}$$

3. 股价布朗运动中的方向性

如何寻找与辨别股价布朗运动中的方向性特征？择时的目的就是判断方向，若将股价视为布朗运动，那么该如何从定义为杂乱无章的布朗运动中辨识出方向呢？

不妨考查如下一段布朗运动：

考虑时间长度为 T 的一段布朗运动，假设在 t_0 时刻，股价为 S_{t0}，则在 t_T 时刻，股价将满足期望值为 $S_0\times e^{\mu\times T}$，方差为 σ 的 t 分布，如图 3-13 所示。

根据 t 分布的特性，通常股价将落在期望值附近，而离期望值较远的区域可能性则变小，往上往下皆如此。将期望值上下一定距离的股价位置设定临界值，即 S^{UPlim} 与 S^{Downlim}，在 $S^{\text{UPlim}}{}_{tT}$ 以上的区域称为强势区域，在 $S^{\text{Downlim}}{}_{tT}$ 以下的区域称为弱势区域，二者之间的区域为一般区域。

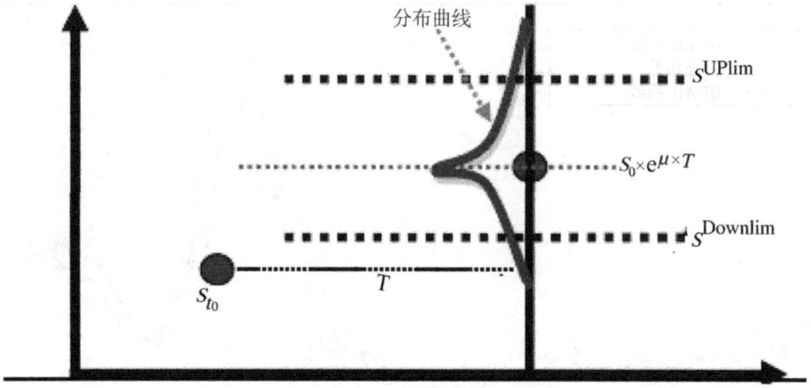

图 3-13　股价布朗运动示意图

资料来源：[程志田 2011]

3.4.2　策略模型

正常情况下，价格在一定区间内属于一般波动，不具有方向性特征，而一旦价格突破临界值即可视为方向性诞生，转势开始。定义如下：

$$BullPrice_T=S^{UPlim}{}_{tT}=F(S_0,\mu,\sigma,T,P)$$

$$BearPrice_T=S^{UPlim}{}_{tT}=G(S_0,\mu,\sigma,T,P)$$

由上式可见，牛势值与熊势值（$BullPrice_T$与 $BearPrice_T$）将由 S_0,μ,σ,T,P 来决定（其中μ,σ,P 的估计与设定非常重要，需要通过数学手段根据历史数据逼近获得）。

将各牛势值连接起来，则获得一条曲线，称之为牛线（Bullish Curve）；与此类似，熊线（Bearish Curve）也将获得。

按照上述方法，可以作出上证综指的牛线与熊线，如图 3-14 所示。

类似地，中小板指数的牛熊线也被描绘在图 3-15 中。由两图中的牛熊线与走势可以发现，上涨行情延续的重要特征就是股价始终在牛线之上，而熊线之下则伴随着股价的大幅下挫，股价在牛线与熊线之间时通常表现为盘整状态。

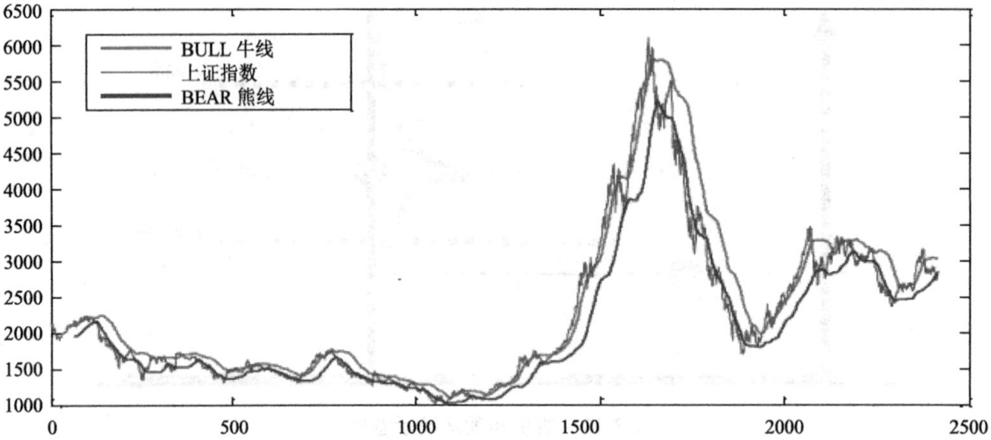

图 3-14　上证指数牛熊线

资料来源：[程志田 2011]

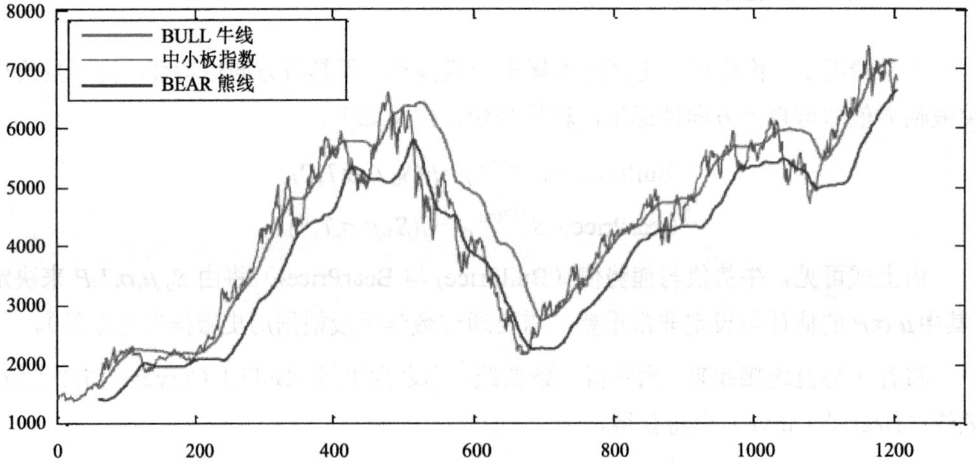

图 3-15　中小板指数牛熊线

资料来源：[程志田 2011]

3.4.3　实证案例：牛熊线择时模型

根据牛熊线定义，可以得到具体的择时策略：

（1）若指数（股价）在牛线之上，认定指数（股价）处于强势状态，向上攀升态势形成且持续，系统性机会很可能来临。

（2）若指数（股价）在熊线之下，认定指数（股价）处于弱势状态，向下跌落态势形成且持续，规避系统性风险是非常明智且必要的。

（3）若指数（股价）在牛线与熊线之间，认定指数（股价）处于盘整整理状态，无大行情，也无大的系统性风险。

按照判定规则，回溯上证综指择时的情况，对上证综指在牛线之上给出买入评级，牛线之下规避系统性风险与盘整行情给出卖出评级，结果表明择时效果非常优异。

（1）自 2001 年 6 月 8 日上证综指跌至牛线之下，卖出评级成立，成功规避了两年半的系统性下跌风险，中间仅出现了一次短暂的噪声交易（噪声交易指盈亏为 0 且短暂的交易）。

（2）直到 2003 年 12 月 3 日上证综指涨至牛线之上，才给出买入评级，把握了数年中唯一一次长达 4 个月的系统性行情，持有至 2004 年 4 月 6 日卖出，然后规避了一年半的下跌行情。

（3）直到 2005 年 12 月 26 日，买入评级成立，除中间出现 3 次盘整行情、产生 3 次短暂的卖出评级外，成功把握了 1156 点到 5828 点的系统性大行情，一直持有至 2007 年 10 月 18 日以 5828 点卖出，然后保持卖出评级，规避了历史上最大的下跌行情（6000 点跌至 1600 点附近）。

（4）持续到 2009 年 2 月 4 日才给出买入评级，持有至 2009 年 7 月 29 卖出，再次把握系统性行情。

（5）随后除中间出现一次噪声交易外，一直对上证综指保持卖出评级，直至 2010 年 10 月 1 日，上证综指再次涨至牛线之上，买入成立，且于 2010 年 11 月 12 日卖出，把握了一个月的脉冲行情。

如图 3-16 所示为上证指数的牛熊线择时操作，红色箭头代表买入，绿色箭头代表卖出。

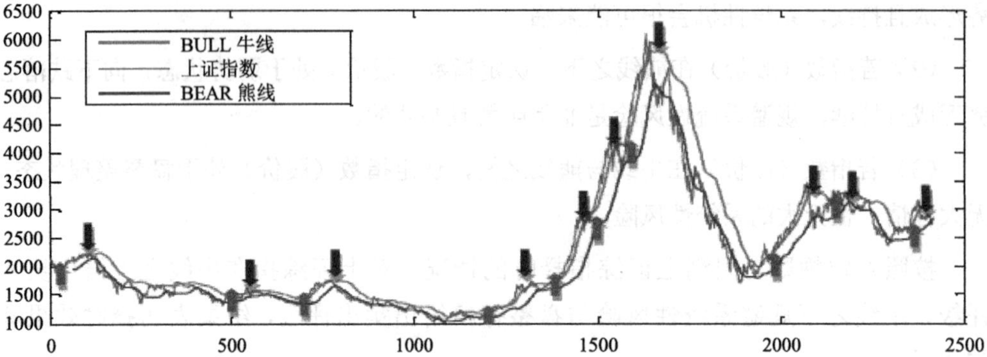

图 3-16　上证指数牛熊线择时操作明细

资料来源：[程志田 2011]

如图 3-17 所示为牛熊线择时策略的收益率曲线。

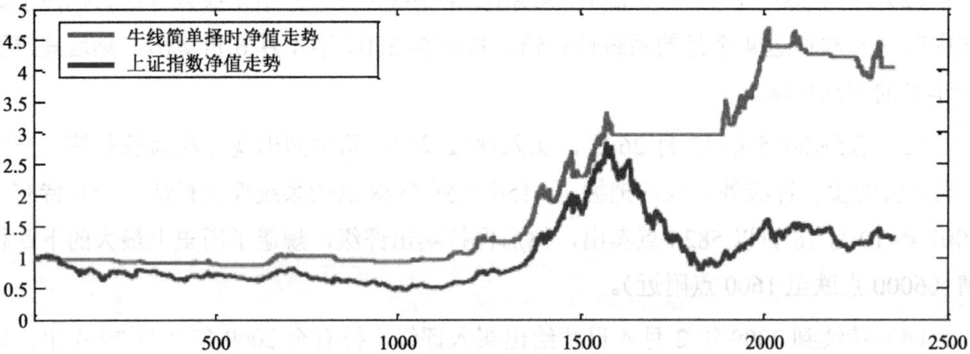

图 3-17　上证指数牛熊线择时收益率曲线

资料来源：[程志田 2011]

本节小结

总而言之，成功的择时指标应该具备 3 个要素：不错过大的系统性机会；能规避较大的系统性风险；能良好地辨别盘整状态。

本节介绍的两条牛熊线则正是符合上述 3 个要素的量化择时指标，通过对股价运动的随机过程进行深入分析，可以将股价运动进行区分，即有方向性特征与无方向性特征。理论上，当方向性特征开始出现时，对其进行捕捉能实现较好的择时效果。设定阈值，突破阈值则认定为方向性特征开始出现，该阈值即本文中所述的牛线与熊线。从牛线与熊线的历史回溯分析来看，效果与预期的一致。

3.5 Hurst 指数

◆ 摘要 ◆

分形市场理论预示着股市具有分形结构，而这种结构恰能解释收益率分布呈现的尖峰胖尾特性。分形市场是一个既稳定又有活力的市场，整体的有序使得系统稳定，而局部的无序为系统带来活力，但又不影响系统的整体稳定性。所以可以用分形布朗运动来描绘股票分形市场，它是对布朗运动模型的推广。

根据分形理论，定义 Hurst 指数来判断趋势的拐点，将 Hurst 指数和大盘指数对比就可以发现，股市大盘走势具有长期记忆性，这成为 Hurst 指数择时的基本出发点。

3.5.1 基本概念

1. 分形简介

分形（Fractal）的概念最早由美国数学家 B.B.Mandelbrot 于 1967 年提出，其原意为不规则、支离破碎的物体。数学中的 Cantor 集、Sierpinski 垫、Koch 曲线等都是经典的分形，自然界中的雪花、海岸线、树叶等也是分形的例子。简单而言，所谓分形，即指其任意局部与整体以某种形式相似，这种相似可能是近似的自相似或统计意义上的自相似。例如，我们用放大镜去观察雪花，会发现其内部由无数个小雪花组成，体现出自相似的特性。

分形理论是 20 世纪最伟大的科学理论之一，现已广泛应用于自然科学、社会科学、经济学、思维科学等多种领域。分形理论的出现对人们的自然观、科学观、思维方式等产生了积极、深刻的影响。有关分形理论的具体情况，请参见第 14 章。

2. 有效市场理论的困境

在对资本市场行为的研究中，随机游走理论和有效市场理论占有重要地位。随机游走理论认为资本市场价格的变动具有独立性、随机性、不可预测性。有效市场理论则认为，当资本市场价格的变动及时、迅速、准确地反映所有历史、公开及内幕信息时，资本市场是有效的。这两个理论均假设资本市场具有如下统计特征：价格序列相互独立且服从正态分布；价格序列为线性时间序列。

有效市场假说认为市场中的每个投资者都是理性的投资人，而且证券价格既反映了标的资产的所有信息，又反映了投资人对证券供求的平衡。有效市场理论虽然形式完美，但其假设过于理想化，与资本市场实际情况出入较大。在现实资本市场中，并非所有的投资者都是理性的，不同投资者有着不同的投资偏好及投资能力，进而导致他们对证券价值及市场走势有着不同的预期。另外，信息对投资者及证券价格的影响并非总是及时、线性的。

因此，证券市场本身是一个非线性系统，这就导致形式完美的有效市场理论往往无法解释现实资本市场中出现的种种异常现象，如低市盈率效应及小公司效应等。

3. 分形市场理论

分形市场理论强调市场流动性及投资期限对投资者市场行为的影响。分形市场理论认为，资本市场由大量具有不同投资期限的投资者组成，且信息对不同投资者的交易周期有着不同的影响；资产价格的变化并非随机游走，而是具有增强趋势的持久性，今天或未来的资产价格变动与初始状态之间并非相互独立，而是具有持续相关性。

市场的稳定性主要取决于市场的流动性，且证券价格既反映了短期技术面，又反映了长期基本面，分形市场理论更加符合金融市场的实际统计特征，有效市场理论可以认为是分形市场理论的特例。

分形市场理论预示着股市具有分形结构，而这种结构恰能解释收益率分布呈现的尖峰胖尾特性。分形市场是一个既稳定又有活力的市场，整体的有序使得系统稳定，而局部的无序为系统带来活力，但又不影响系统的整体稳定性。

分形布朗运动用来描绘股票分形市场，它是对布朗运动模型的推广，其数学模型如下。

$B(t)$H 为随机过程，若 $B(t)$H 满足：

$$B_H(t)-B_H(0)=\frac{1}{\Gamma(H+\frac{1}{2})}\left\{\int_{-\infty}^{0}\left[(t-s)^{H-\frac{1}{2}}\mathrm{d}B(-s)^{H-\frac{1}{2}}\right]\mathrm{d}B(s)+\int_{0}^{t}[(t-s)^{H-\frac{1}{2}}\mathrm{d}B(s)\right\}$$

则称 $B_H(t)$为分形布朗运动，其中，$0<H<1$；$B_H(0)$为常数；$B(s)$为布朗运动。

可以看到，当 H=1/2 时，$B(t)$H 为布朗运动，即随机游走模型；当 1/2< H <1 时，未来增量与过去增量正相关，随机过程具有持久性；而当 0<H<1/2 时，未来增量与过去增量负相关，随机过程具有反持久性。

3.5.2　策略模型

如图 3-18 所示为上证指数与对应 Hurst 指数的关系。

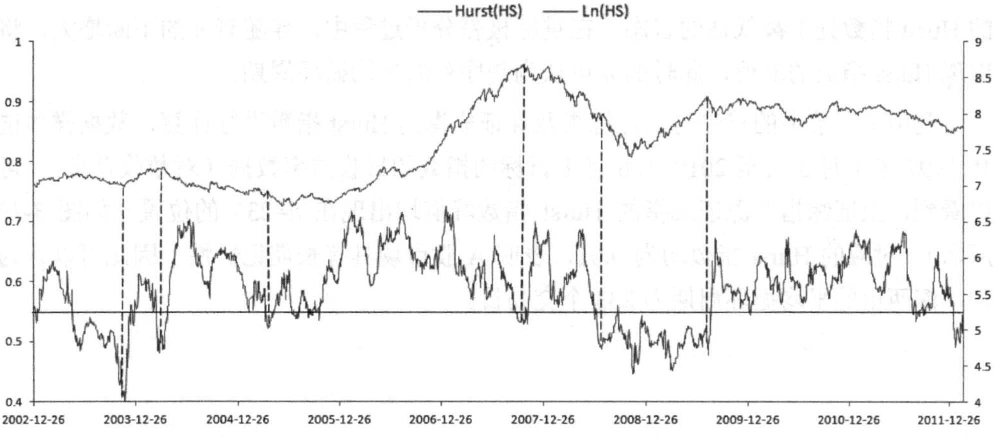

图 3-18　上证指数与对应 Hurst 指数的关系

资料来源：[高钢杰 2012]

用 Hurst 指数并不能精确地告诉我们具体哪一天市场开始反转，但大致位置和市场的反转时间惊人地吻合，所以完全可以把移动 Hurst 指数的低位（小于 0.55）当作市场酝酿反转的一个重要参照指标。

移动 Hurst 指数的低位和市场反转期的吻合并不是一个偶然现象，因为中国的股票市场并不能完全达到有效市场假说的要求，在熊市和牛市的更替中，市场表现出了对趋势的长期记忆性，使得市场的运动明显偏离了没有记忆的随机运动。

而 Hurst 指数正是描述市场长期记忆性强弱的指标，Hurst 指数越高，表明市场对趋势的记忆性越强；Hurst 指数越低，对趋势的记忆性越弱；当 H=0.5 时，时间序列是完全没有记忆的。每一次市场反转时，意味着前期的趋势弱化，被市场忘记，那么对应的 Hurst 指数应该降下来。所以市场反转期对应的 Hurst 指数接近 0.5 是完全合乎逻辑的。

3.5.3 实证案例

1. A 股市场的长期记忆长度

首先考察上证综指及深证成指的平均循环周期，即长期记忆长度。所谓长期记忆长度，即当 $1/2 < H \leqslant 1$ 时序列呈现出长期记忆性，而该记忆长度是有界的；假设记忆长度为 m，则当 $n > m$ 时序列的记忆将会减弱直至消失，进而用重标极差法计算得到的 Hurst 指数处于被低估的状态。在重标极差分析过程中，伴随着 n 的不断增大，将出现 Hurst 指数的峰值，此时的 n 可认为是序列的平均循环周期。

利用上一节中的算法对上证综指及深证成指的 Hurst 指数进行计算，数据样本选择 1997 年 1 月 3 日至 2010 年 6 月 1 日标的指数的日收益率数据（对数收益率）。可以看到，上证综指及深证成指的 Hurst 指数峰值均出现在 n=233 的位置（如图 3-19 所示），对应的 Hurst 指数均为 0.61，表明 A 股市场具有长期记忆性，因此可以认为沪、深两市的平均循环周期为 233 个交易日。

图 3-19　上证综指和深证成指 R/S 分析——平均循环周期

资料来源：[高钢杰 2012]

2. 利用 Hurst 指数进行市场择时

如图 3-20 所示为 1999 年年初至 2010 年 5 月上证综指的 Local Hurst 指数，图中 $E(H)$为 Hurst 指数的期望值。$E(H)$的算法与 H 的算法类似，即对 $\ln\{E[(R/S)_n]\}$ 及 $\ln(n)$ 应用最小二乘法回归求得。对于 $E[(R/S)_n]$ 的计算，我们采用 Peters 的方法：

$$E[(R/S)_n]=((n-0.5)/n)\cdot(n\pi/2)^{-0.5}\cdot\sum_{r=1}^{n-1}\sqrt{(n-1)/r}$$

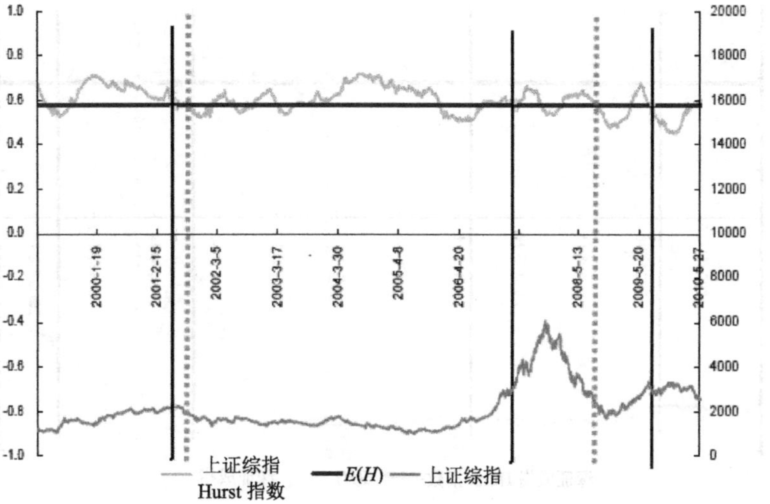

图 3-20 上证综指 Local Hurst 指数

注：黑色实线表示卖出信号；紫色虚线表示买入信号。

资料来源：[曹源 2010]

这里设计如下择时投资策略：

（1）发出买入指令时，全仓买入市场指数。

（2）发出卖出指令时，空仓卖出市场指数。

（3）Local Hurst 指数连续 5 个交易日低于 $E(H)$，且此时市场指数较 233 个交易日前表现为上涨；若此时处于满仓状态，则于第 6 个交易日发出卖出指令；若此时处于空仓状态，则不进行操作。

（4）Local Hurst 指数连续 5 个交易日低于 $E(H)$，且此时市场指数较 233 个交易日前表现为下跌；若此时处于空仓状态，则于第 6 个交易日发出买入指令；若此时处于满仓状态，则不进行操作。

该策略于 1999 年 1 月 4 日全仓买入市场指数，并根据上述择时策略进行投资。由图 3-20 可以看到，1999 年年初至今，上证综指共发出 3 次卖出信号，2 次买入信号；深证成指共发出 4 次卖出信号，3 次买入信号。

1999 年年初至最近一次发出指令日（上证综指为 2009 年 7 月 29 日，深证成指为 2009 年 8 月 6 日，皆为“卖出”指令），如图 3-21 所示。

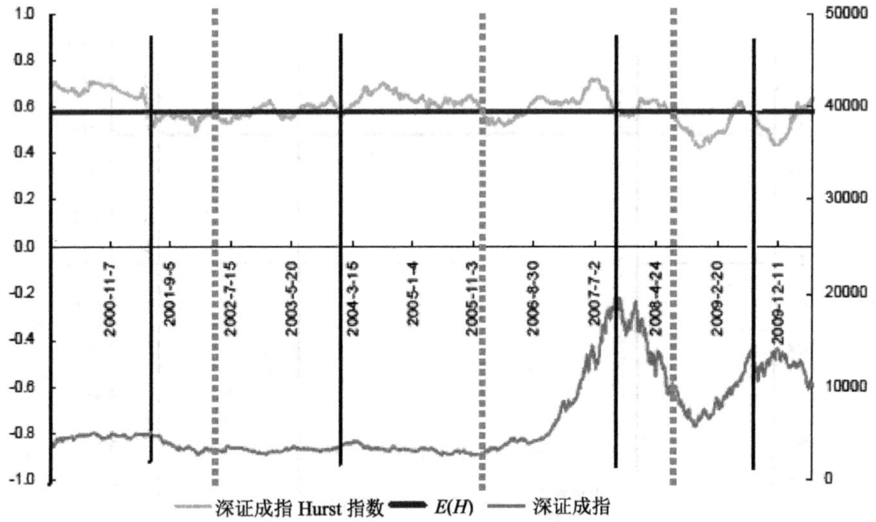

图 3-21 深证成指 Local Hurst 指数

注：黑色实线表示卖出信号；紫色虚线表示买入信号。

资料来源：[曹源 2010]

上证综指的累计收益率为 190.14%，利用择时策略买卖上证综指获得的累计收益率为 403.44%；深证成指的累计收益率为 367.30%，利用择时策略买卖深证成指获得的累计收益率则达到了异常可观的 1820.37%。

本节小结

总而言之，分形市场理论强调市场流动性及投资期限对投资者市场行为的影响，更加贴近实际资本市场。我国 A 股市场的日收益率并不服从正态分布，而是呈现出尖峰及左偏的统计特征。相对于传统的有效市场理论，分形市场理论更加适合描述现实中的资本市场。

利用Hurst指数择时策略，确实可以大幅度地战胜市场，获得超额收益。Local Hurst指数择时策略较适合长期投资者。

3.6 支持向量机

◆ 摘要 ◆

支持向量机（SVM）是目前很流行的一种数学方法，主要用于分类与预测。择时本质上是一个预测过程，即利用过去的数据预测未来一段时间大盘是上涨还是下跌。但是市场是非线性的，使得传统的线性预测方法效果不佳。由于SVM独特的机制和效果，对非线性预测有非常好的效果，因此利用SVM技术来建立择时模型，可以有效地避免传统回归模型的精度和扩展性问题。

3.6.1 基本概念

在传统的金融分析和理论中，所采用的决策模型往往都是建立在苛刻的假设条件下的，形式上就是一些简单的数学公式。虽然这些简洁的模型很容易理解和解释，但在精度和解释力度上往往偏离了实际情况，金融数据挖掘技术的运用从某种意义上来讲可以突破这些限制，得到更实用、更贴近现实的预测结果。

单就股票市场而言，其中的金融规律复杂，影响因素较多。就其影响因素总体而言，影响股市的变化趋势主要包括国家的经济趋势、股市中的资金状况、股市的市场信心等。最终导致金融变量的取值可能会和很多因素有关，并且其中的相关关系可能是线性的，也可能是非线性的。具体到量化模型而言，有些关系能够用初等函数来表示，而另一些可能没有办法用数学形式来表示。

金融数据中所包含的规律往往时效性非常强，随着时间的推移和环境的变化，金融序列中所蕴含的规律在不断更迭。例如，在熊市中的某些规律往往到了牛市就不再起作用，传统模型对于金融序列的动态性就会束手无策，而运用数据挖掘技术可以在不断地获得新数据后动态更新以适应新的环境。

而支持向量机（SVM）作为数据挖掘领域应用于模式识别的新技术，克服了传统的统计模式识别方法存在的缺点，因此其具备良好的机器识别能力。

传统的统计模式识别方法的缺点如下：

（1）传统的统计模式识别方法，只有在样本趋向无穷大时，其性能才有理论的保证。

（2）传统的统计模式识别方法，包括 BP 神经网络等，在进行机器学习时，强调经验风险最小化。而单纯的经验风险最小化会产生学习问题，其推广能力较差。

（3）传统的统计模式识别方法存在局部极小值的问题。

而作为支持向量机的理论基础——统计学习理论，则是小样本统计估计和预测学习的最佳理论，它解决了传统方法存在的以上问题。有关 SVM 的理论知识，在第 13 章中有详细阐述。

3.6.2 策略模型

支持向量机目前主要用来解决分类问题（如模式识别、判别分析）和回归问题，股市行为预测通常为预测股市数据的走势和预测股市数据的未来数值。

将走势看成两种状态（涨、跌），问题便转化为分类的问题，一类是涨，一类是跌。而预测股市未来的价格是典型的回归问题，因此有理由相信支持向量机可以对股市进行预测。

1. 择时模型设计的总体思路

择时模型必须具备记忆性、自学习性、容错性、快速易用性等特点，具体说明如下。

（1）记忆性：对输入的样本数据具有存储功能，可随时调用、类比、验证。

（2）自学习性：随着外部信息的增加，系统能不断学习新知识，并对其已有知识进行优化。

（3）容错性：在输入样本数据不完备或带有噪声的情况下，系统能得出较为准确的估算结果。

（4）快速易用性：对用户具有友好的界面，能快速给出估算结果，且系统易于移植。

2. 模型设计

利用 SVM 技术对股票价格进行预测主要包括训练数据准备、训练参数输入、学习样本输入、模型训练学习、评估训练结果、训练参数优化等一系列循环的过程，如图 3-22 所示。

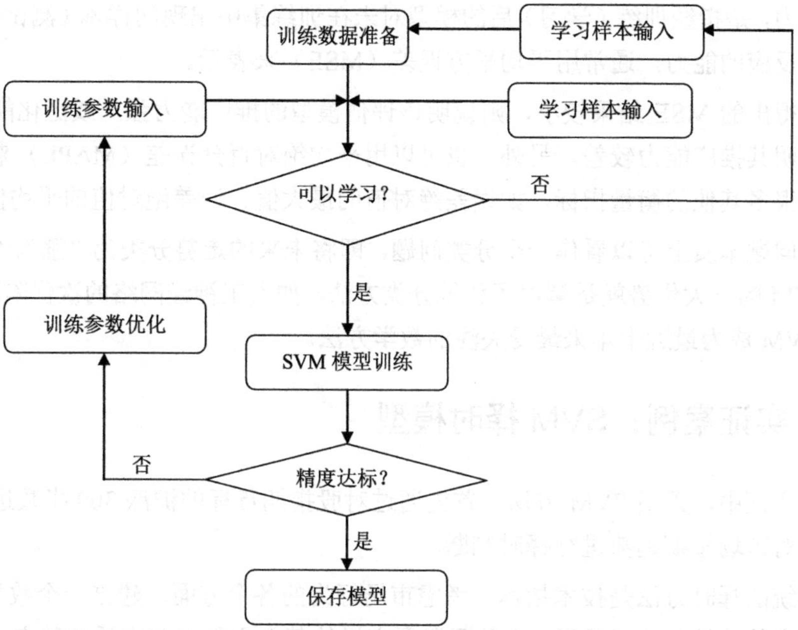

图 3-22 基于 SVM 的择时模型流程

（1）在数据准备阶段主要是对预测指标的选定和对已有历史数据资料的收集，并确定股票价格影响的输入向量。

（2）训练参数输入阶段的主要任务是确定 SVM 模型的参数γ和σ（以 RBF 核函数为例）。如果是初次运行，则可以随意地预定义上述两个参数的值；但如果是重复运行多次，这时训练参数优化的步骤便开始起作用。

（3）学习样本输入阶段的任务是将学习样本进行标准化，处理公式为：

$$x_i' = \frac{x_i - \overline{x_i}}{\sigma}$$

其中，$\overline{x_i}$为x_i分量的平均值，σ为x_i分量的标准差。在完成标准化工作后，将样本集任意地分为训练样本和测试样本，分别用于模型训练和精度检验。

（4）模型训练阶段的任务包括：首先对输入的训练样本进行训练，得到模型的初

始值 a 和 b；然后利用上述算法提取出有效的、相关的数据点重新训练，得到最终的模型。

（5）训练结果评估阶段是对训练得出的模型推广（或称泛化）能力进行验证。所谓推广能力，是指经训练（学习）后的模型对未在训练集中出现的样本（测试样本集）做出正确反应的能力，通常用平均平方误差（MSE）来表示。

如果得出的 MSE 结果较小，则说明该评估模型的推广能力强，或泛化能力强；否则就说明其推广能力较差。另外，也可以用平均绝对百分误差（MAPE）来衡量。当然还有很多其他的衡量指标，如误差绝对值的最大值、误差绝对值的平均值等。

择时问题本质上可以看作一个分类问题，即将未来的走势分类为“涨”、“跌”两大类。SVM 的一大优势就是解决了传统分类方法，如人工神经网络的次优陷阱问题，这使得 SVM 成为最近十年来最受关注的数学方法。

3.6.3 实证案例：SVM 择时模型

在本实证中，采用 SVM 方法，首先通过对股指期货标的沪深 300 指数进行预测分析，来对市场短期趋势进行择时判断。

最传统的择时方法是技术指标，考虑市场行为的各个方面，建立一个数学模型，给出数学上的计算公式，得到一个体现股票市场的某个方面内在实质的数字，该值就可以指导实际的投资。指标可以分为“大势型”、“超买超卖型”、“趋势型”、“能量型”、“成交量型”、“均线型”、“图表型”、“选股型”、“路径型”、“停损型”等类别。

研究这些技术指标的特点，可以发现大部分指标是用来描述市场价和量的关系的。比如均线系统比较的是不同周期的均线的关系，KDJ 指标比较的是最高价、最低价与当前价格的关系，布林线比较的是当前价格与历史价格波动区间的关系。因此不难得到启示，提炼技术指标用于计算的基本要素，然后把这些基本要素作为 SVM 的输入向量。笔者提炼出的指标如表 3-15 所示。

表 3-15 SVM 择时模型的指标

Close/Mean	Volume/Mean	Return	S
收盘价/均值	现量/均量	区间收益率	区间标准差
Max/Mean	Min/Mean	Price	Vol
最高价/均价	最低价/均价	现价	现量

数据来源：D-Alpha 量化对冲交易系统

SVM 解决的是分类问题，而对于股市来说，如何分类也是一个非常复杂的问题。如果简单地把未来的涨跌作为分类的标准，就会把微小的涨幅和微小的跌幅也放入投资的策略中，可能收益都无法覆盖冲击成本和交易成本。以预测未来一周的市场状况为例，一周的市场状况可能是：持续上涨；持续下跌；先涨后跌；先跌后涨；平稳震荡。虽然从图形上看，这些状态可以大概做个分类，但是从图形的数学识别来说，很难定义这些类别。因此分类还需要简化，但又要从实际有利于投资的角度来进行分类。笔者把分类定义为上涨和下跌。

综上所述，SVM 模型的输入为过去 3 周表 3-11 所示的指标，输出为未来一周是涨还是跌，移动滑窗为每日移动。计算的过程如下：

（1）计算每日 8 个输入指标。

（2）当前日期为 T 日，样本期为 T-200 日到 T-1 日，找到样本内最优的 SVM 模型的参数。

（3）利用 T 日的输入指标预测输出指标。

（4）如果预测分类为 1，则在市场行情低于 T 日收盘价时买入，如果涨幅超过 2%则卖出，否则到 T+5 日平仓；反之，做空也可以。如表 3-16 所示是 SVM 模型样本外预测的多空方向和真实情况的对比。但是该表并不能代表真正的预测准确率，表 3-17 才表明在真实情况为多和空的方向上，预测值正确和错误的概率。

表 3-16　SVM 模型样本外预测多空次数

	Long	Short
真实	715	615
预测	902	428

资料来源：D-Alpha 量化对冲交易系统

表 3-17　SVM 模型样本外预测准确率

<table>
<tr><td rowspan="2">真实</td><td colspan="2">Long</td><td colspan="2">Short</td></tr>
<tr><td colspan="2">715</td><td colspan="2">615</td></tr>
<tr><td rowspan="2">预测</td><td>Long</td><td>Short</td><td>Long</td><td>Short</td></tr>
<tr><td>0.728671</td><td>0.271329</td><td>0.4875</td><td>0.5125</td></tr>
</table>

资料来源：D-Alpha 量化对冲交易系统

从表 3-16 和表 3-17 中可以看出，SVM 模型对多的方向的预测效果好于对空的方向的预测。这与我们日常感觉也是比较一致的。如果根据这个结果得出我们只做多不做空的策略，那就存在过拟合的风险。但是可以通过策略的止损和止盈来保证趋势交易策略有比较稳定的收益率曲线。

如图 3-23 所示为根据 SVM 模型的预测结果对沪深 300 指数进行多空操作的收益率曲线。时间为从 2005 年 11 月 15 日到 2011 年 5 月 3 日，交易周期为一周，采用被动挂单的方式，等待价格到达合适的位置，止盈为 2%，止损为浮亏超过 2%。如果没有触及止盈和止损线，则以最后时刻平仓。7 年的时间净值从 1 增长到 4.77，策略的夏普比率也很稳定，具体的评估参数如表 3-18 所示。

图 3-23　SVM 模型趋势交易策略收益率曲线

资料来源：D-Alpha 量化对冲交易系统

表 3-18　SVM 模型趋势交易策略评估

年　份	收 益 率	标 准 差	夏普比率
2006 年	25%	0.066	3.767
2007 年	39%	0.134	2.919
2008 年	24%	0.081	3.015
2009 年	41%	0.121	3.391
2010 年	31%	0.101	3.108
2011 年	17%	0.062	2.764

资料来源：D-Alpha 量化对冲交易系统

从表 3-18 中可以看出，SVM 的择时交易策略能够稳定地获取绝对收益，并且每年的夏普比率都保持在较高的水平。下面将 2005—2011 年的数据区分为上涨市和下跌市，比较在不同的市场下 SVM 模型择时策略的效果。

1. 上涨市

我们将 2005—2011 年的数据人为地划分为上涨和下跌两种状态，选取 2005 年 11 月 10 日到 2007 年 10 月 16 日、2008 年 10 月 28 日到 2009 年 8 月 4 日两个时间段为上涨周期，同样用上面的思路进行策略验证。如图 3-24 所示是上涨周期中 SVM 策略的收益率曲线。

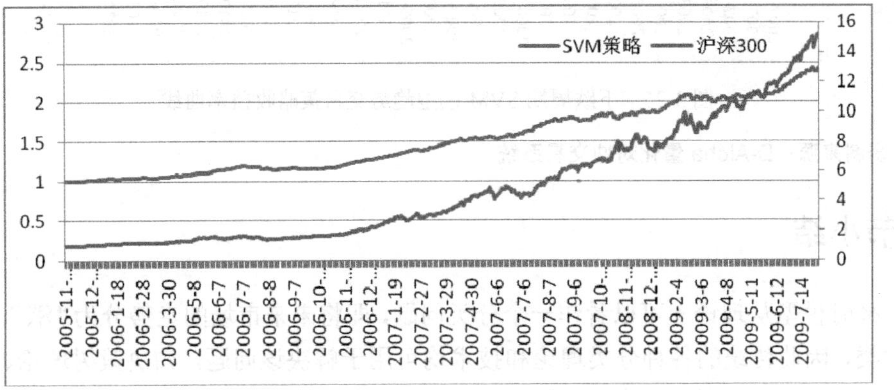

图 3-24 上涨周期 SVM 模型趋势交易策略收益率曲线

资料来源：D-Alpha 量化对冲交易系统

在这段市场，SVM 模型策略的收益率为指数的 142%。从图上看整体，虽然策略远远跑输沪深 300 指数，但是收益率曲线波动也比较小。

2. 下跌市

选取 2007 年 10 月 17 日到 2008 年 10 月 27 日、2009 年 8 月 5 日到 2011 年 5 月 3 日两个时间段为下跌周期，同样用上面的思路进行策略验证。如图 3-25 所示是下跌周期中 SVM 策略的收益率曲线。

在下跌周期中，SVM 模型策略的收益率为指数的 96%，但是由于模型对下跌周期的预测准确率较高，在单边下跌市场中，该策略存在很长时间不盈利的情况，也有比较大的回撤。而同期市场下跌惨烈，累计幅度达到 80%以上。

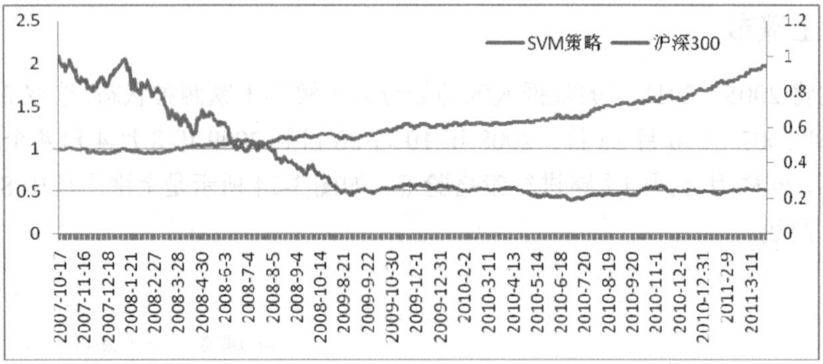

图 3-25　下跌周期 SVM 模型趋势交易策略收益率曲线

资料来源：D-Alpha 量化对冲交易系统

本节小结

择时模型从理论上可以看作一个分类问题，即将未来市场的走势分为“涨”、“跌”两大类，因此传统的各种分类理论和技术均可用于解决该问题，如决策树理论、贝叶斯分析法、关联规则法、神经网络法等。但是分类问题一个最大的问题就是分类模型在样本外的推广，即在样本内数据训练学习出来的分类策略在样本外往往不能获得较好的结果。

SVM 作为最近十年很受关注的一个数学理论，在分类问题上得到了广泛的应用，如语音识别、生物特征识别等。当然，最新的研究自然也会用在金融市场，尤其是用于择时分析。

本节给出的案例中显示，SVM 在单边市场有着较高的预测精度，在单边上涨和单边下跌市场，其预测精度均在 50%以上，对于上涨周期的预测精度达到了 70%以上。

利用 SVM 进行投资，特别要注意当 SVM 出现较为集中的失误时需要引起重视，因为这很可能意味着市场的拐点已经到来。本书中仅对市场的短期趋势进行了预测，也就是以周为投资周期，SVM 模型同样适用于高频的行情预测及市场长期趋势预测。但是对于高频行情数据来说，SVM 模型复杂的参数优化过程要求更快的计算速度，而对于长期趋势的预测，一个错判就会导致比较大的损失。因此，笔者认为 SVM 模型适宜的投资周期为日间的短期趋势。

该模型在牛市中虽然不能跑赢指数，却能够在不同的市场中获得高夏普比率的稳定收益率。由于模型是滚动优化参数的，因而需要每日操作之前对模型参数重新进行优化，才能得到更好的效果。

3.7 SWARCH 模型

◆ 摘要 ◆

宏观经济与证券市场存在关联性，已经成为被海外研究人员普遍接受的命题。国外关于经济周期与证券市场收益率波动关系的研究主要有两个方面：一是从整体上分析二者之间的长期关联性；二是从每个经济周期内部分析二者的阶段关联性。

本节采用货币供应量为主要指标，构建 SWARCH 模型来判断该指标与大盘走势之间的关系，从而期望找到判断未来趋势的择时方法。

3.7.1 基本概念

整体上分析宏观经济周期与证券市场收益率关系的研究主要集中于对其协整关系的检验。例如，研究表明，美国和日本的证券价格与国民生产总值的增长率、长期和短期利率、通货膨胀率等国民经济运行状况指标之间存在长期的均衡关系。

证券市场波动的解释最终要以宏观经济分析为基础，经济行为水平的波动是证券收益率波动的关键决定因素，当经济处于衰退期时，将引起股市收益率波动收缩。

与海外学者较为一致的结论不同，国内学者在这方面的研究结论存在较大分歧，主要观点大致可以分为两类：一是认为股票指数与宏观经济发展之间在短期波动模式上具有相关性，同长期水平值之间也具有均衡关系；二是认为中国股市波动与经济运行相关性微弱，甚至呈现背离态势。

证券市场作为国民经济的重要组成部分，在理论界一向被冠以国民经济晴雨表的称号。然而，在实证检验中，海内外结论却存在着巨大的差异，这其中的原因主要有以下几个方面：

（1）相比海外证券市场，无论是中国经济还是中国证券市场都处于发展期，这期间必然存在异常波动，并且样本数也存在很大的局限性。

（2）我国已有的实证检验主要采用简单 OLS 线性回归、ARCH 和 GARCH 模型、Granger 因果检验、协整检验及 VAR 模型法，仅注重对样本区间内整体关联性的检验，而忽视了分析经济增长的不同阶段与证券市场波动的特定关联，因此得出的结论不全面。

（3）宏观经济作为反映一国国民经济发展的总体指标，受诸多因素的交互影响；而证券市场作为高流动资产的代表，波动剧烈，预测收益率非常困难。因此，如果希望从具体的数字中去捕捉作为纲领级的宏观经济和交易频繁波动剧烈的证券市场之间的关联性，显然存在较大困难。宏观经济作为证券市场发展的大背景，其周期转换规律必然是证券市场发展不可摆脱和回避的前提，因此从趋势上把握二者的关系才是可行和合理的研究方向。

（4）尽管 GDP 刻画了一国经济发展的总量指标，但是在诸多的宏观经济变量中未必是与证券市场关系最密切的指标。

针对上述分析，本节提出以下改进和创新方法对宏观经济与证券市场的相关性进行研究：

（1）在诸多宏观经济变量中，选出与证券市场关系最为密切的指标作为测定经济周期的初始指标。

（2）引入隐性变量对宏观经济状态和证券市场趋势进行合理划分，前者划分为经济扩张期与经济衰减期，后者划分为证券市场上行期与证券市场下行期。

（3）改变单纯依靠具体数据来分析宏观经济与证券市场相关性的不足，依据对经济状态和市场状态的划分，分析状态之间的相互影响。海通证券研究员建立了动态的 ARCH 模型（向量 SWARCH 模型），重点衡量经济周期转换与证券市场趋势变迁之间的相关性。

（4）对模型进行进一步扩展，考察宏观周期与证券市场的相关性是否存在滞后效应，从而建立可以依据宏观经济变量对证券市场趋势进行把握的有效方法。

3.7.2 策略模型

在有关的宏观经济指标中，测量了 GDP、货币供应量、汇率、利率、CPI、PPI

等诸多指标后，结果表明货币供应量与资本市场的关系最为密切，因此下文重点研究货币供应量 m_2 与证券市场在趋势上的相关关系。

1. 模型描述

（1）以 y_t 表示货币供应量 m_2 的月度增长率，定义货币供应周期为如下形式：

$$\begin{cases} y_t = z_t + \mu_{S_t^*} \\ z_t = \alpha_1 z_{t-1}\alpha_2 z_{t-2} + \cdots + \alpha_q z_{t-q} + \sigma_{S_t^*}\varepsilon_t, \varepsilon_t \sim N(0,1) \end{cases} \quad (1)$$

这里 S_t^* 是一个 2 阶的不可观测的马尔科夫链，用来描述当前 t 时刻广义货币供应量 m_2 所处的状态。S_t^*=1 表示 m_2 增速处于收缩状态，S_t^*=m_2 表示 m_2 增速处于高胀状态。

对于这样的模型，需要考察广义货币供应量 m_2 的增长率处于收缩和高涨状态的概率分布情况。为了研究的方便，定义模型的状态转移矩阵 $P=(P_{ij}^*)$ 如下：

$$\text{Prob}(s_t^* = j \mid s_{t-1}^* = i, s_{t-2}^* = k, \cdots) = \text{Prob}(s_t^* = j \mid s_{t-1}^* = i) = P_{ij}^* \quad (2)$$

这里 P_{ij}^* 是未知的参数，用来描述 m_2 的增速在扩张和收缩之间转移的概率分布。

上面的方程模型描述了广义货币供应量 m_2 在宏观经济扩张和收缩状态时的状态转移情况。

（2）令 $r_t, t=1,2,\cdots,T$，表示指数的月增长率满足如下的状态转移的 ARCH 模型：

$$\begin{cases} r_t - \delta_{S_t^*} = \varphi_1(r_{t-1} - \delta_{S_{t-1}^*}) + \cdots + \varphi_{t-q}(r_{t-q} - \delta_{S_{t-q}^*}) \\ e = \sqrt{h_t u_t} \\ h_t = \xi + \xi_1 e_{t-1}^2 + \cdots + \xi_m e_{t-m}^2 \end{cases} \quad (3)$$

其中，$u_t \sim N(0,1)$，S_t^* 是一个 2 阶的不可观测的马尔科夫链，表示当前时刻证券市场所处的状态。S_t^*=1 表示指数的收益率处于下跌的状态，S_t^*=2 表示指数的收益率处于上涨的状态。

同样，我们定义证券市场收益率的状态转移矩阵 $P=P_{ij}^*$ 如下：

$$\text{Prob}(S_t^* = j \big| S_{t-1}^* = i, S_{t-2}^* = k, \cdots) = \text{Prob}(S_t^* = j \big| S_{t-1}^* = i) = P_{ij}^* \quad (4)$$

这里 P_{ij}^* 是未知的参数，描述证券市场收益率受宏观经济的影响在上涨和下跌之间转移的概率分布情况。

（3）在下面的实证过程中，为了模型参数估计的方便，我们取 q= m =1，则上面的两个发展模型可以合并写成下面的向量形式：

$$\begin{cases} x_t = \begin{pmatrix} \mu_{S_t^*} - \alpha_1 \mu_{S_{t-1}^*} \\ \delta_{S_t^*} - \phi_1 \delta_{S_{t-1}^*} \end{pmatrix} + \begin{pmatrix} \alpha_1, 0 \\ 0, \phi_1 \end{pmatrix} x_{t-1} + \begin{pmatrix} \sigma_{S_t^*}, 0 \\ 0, \sqrt{h_t} \end{pmatrix} w_t \\ h_t = \xi + \xi_1 e_{t-1}^2 \end{cases} \tag{5}$$

其中，二维向量 $x_t \overset{\Delta}{=} (y_t \mid r_t), w_t - N(0,I)$，$I$ 为 2 阶单位方阵，并且 $e_{t-1} = r_{t-1} - \delta_{S_{t-1}^*} - \phi_1(r_{t-2} - \delta_{S_{t-2}^*})$。

（4）对于上面的向量型 Markov 机制状态转移的 ARCH 模型，关键在于确定两组隐 Markov 过程 S_t^T 与 S_t^* 之间状态转移的分布关系。为了简化模型参数的设定和估计，考虑下面的 4 个模型假设：m_2 增长率的状态转移独立于证券市场收益率的状态转移（模型 A）；m_2 增长率的状态转移同步于证券市场收益率的状态转移（模型 B）；m_2 增长率的状态转移领先证券市场收益率的状态转移一期（模型 C）；m_2 增长率的状态转移领先证券市场的状态转移两期（模型 D）。为了简便起见，下面只以模型 C 为例对该隐 Markov 过程的状态转移矩阵进行详细的推理。

在模型 C 的假设下（假设 $S_{t-1}^T = S_t^*, t = 2,3,\cdots,T$），式（5）的状态变量简化为（$S_t^*, S_{t-1}^*, S_{t-2}^*, S_{t-3}^*$），可以构造如下新的隐马尔科夫过程（$S_t$）：

$$S_t = \begin{cases} 1,\ \text{如果} S_t^* = 1,\ S_{t-1}^* = 1,\ S_{t-2}^* = 1,\ \text{且} S_{t-3}^* = 1 \\ 2,\ \text{如果} S_t^* = 2,\ S_{t-1}^* = 1,\ S_{t-2}^* = 1,\ \text{且} S_{t-3}^* = 1 \\ 3,\ \text{如果} S_t^* = 1,\ S_{t-1}^* = 2,\ S_{t-2}^* = 1,\ \text{且} S_{t-3}^* = 1 \\ 4,\ \text{如果} S_t^* = 2,\ S_{t-1}^* = 2,\ S_{t-2}^* = 1,\ \text{且} S_{t-3}^* = 1 \\ 5,\ \text{如果} S_t^* = 1,\ S_{t-1}^* = 1,\ S_{t-2}^* = 2,\ \text{且} S_{t-3}^* = 1 \\ \vdots \\ \vdots \\ 11,\ \text{如果} S_t^* = 1,\ S_{t-1}^* = 2,\ S_{t-2}^* = 1,\ \text{且} S_{t-3}^* = 2 \\ 12,\ \text{如果} S_t^* = 2,\ S_{t-1}^* = 2,\ S_{t-2}^* = 1,\ \text{且} S_{t-3}^* = 2 \\ 13,\ \text{如果} S_t^* = 1,\ S_{t-1}^* = 1,\ S_{t-2}^* = 2,\ \text{且} S_{t-3}^* = 2 \\ 14,\ \text{如果} S_t^* = 2,\ S_{t-1}^* = 1,\ S_{t-2}^* = 2,\ \text{且} S_{t-3}^* = 2 \\ 15,\ \text{如果} S_t^* = 1,\ S_{t-1}^* = 2,\ S_{t-2}^* = 2,\ \text{且} S_{t-3}^* = 2 \\ 16,\ \text{如果} S_t^* = 2,\ S_{t-1}^* = 2,\ S_{t-2}^* = 2,\ \text{且} S_{t-3}^* = 2 \end{cases}$$

2. 参数估计

这里使用极大似然方法来估计上面的向量 SWARCH 模型方程（5）中的各参数。

设广义货币供应量 m_2 的（月）增长率 y_t 和指数的（月）收益率 r_t 的联合条件密度满足如下二维正态分布形式：

$$f(x_t | x_{t-1}, x_{t-2}, x_{t-q}, S_t) = (2\pi)^{-1} |L_{t,S_t}|^{-1} \exp[-\frac{1}{2}\eta_{t,S_t}]$$

这里二维向量 $\eta_{t,S_t} = L_{t,S_t}^{-1}[x_t - \theta_{S_t} - \phi_1 x_{t-1}]$。给定了联合条件密度和 Markov 状态转移矩阵 P，根据广义货币供应量 m_2 的增长率 y_t 和指数收益率 r_t 的向量时间序列观测值，并且利用 Hamilton 方法，可以迭代计算出模型观测数据的对数似然函数：

$$L = \sum_{t=1}^{T} \log f(x_t | x_{t-1}, x_{t-2}, \cdots, x_{t-q}, \gamma)$$

令 $P(S_t = i | x_t, x_{t-1}, \cdots, x_1, \gamma)$ 表示基于所有至时刻 t 的可观测信息和参数γ对状态变量 $S_t = i$ 的推断概率，将状态变量各种取值概率构成一列向量记为 $\xi_{t|t}$。同样 $P(S_t = i | x_{t-1}, x_{t-2}, \cdots, x_1, \gamma)$ 表示基于所有至时刻 t–1 的可观测信息和参数γ对状态变量 $S_t = i$ 的推断概率，记为 $\hat{\xi}_{t|t-1}$。则利用贝叶斯公式和全概率公式可以很容易地推导出下面的迭代公式：

$$\begin{cases} \hat{\xi}_{t+1|t} = P \cdot \hat{\xi}_{t|t} \\ \hat{\xi}_{t|t} = \dfrac{(\hat{\xi}_{t|t-1} \Theta \eta_t)}{1(\hat{\xi}_{t|t-1} \Theta \eta_t)}, \hat{\xi}_{1|0} = \pi \overset{\Delta}{=} (A'A)^{-1} A' e_{N+1}, A = \begin{bmatrix} I_N - P \\ 1' \end{bmatrix} \end{cases}$$

其中，符号 Θ 表示两个向量之间对应分量的点乘，e_{N+1} 表示单位阵 I_{N+1} 的第 N+1 列。

3.7.3 实证案例：SWARCH 模型

1. 数据描述

本案例从万德数据库中提取广义货币供应量 m_2 自 1997 年 12 月至 2008 年 11 月的月度数据，计算 m_2 月度增长率；从海通数据库中提取涵盖沪深两市的海通综指自 1997 年 12 月至 2008 年 11 月的月度数据作为样本，计算指数的相关月度收益率。

分别设定了 4 种模型检验货币供应周期与证券市场的关联。在模型 A 的假设下，货币供应周期与证券市场趋势完全没有关系，相互独立。而在模型 B、C 和 D 的假设下，货币供应周期均与证券市场存在一定的关联度。

在不同的模型假设下，参数结果存在较大差异，在模型 C 的设定下最大对数似然值为-17.44，优于模型 A、模型 B 和模型 D 的最大对数似然值，这说明货币供应周期变化有领先于证券市场变化的特征，而且最优的领先周期为 1 期，这为我们利用货币供应量的变化来预测证券市场走势提供了有效依据。

2. 历史数据拟合

为了更直观地考察货币政策与证券市场走势的相关性，这里利用模型参数估计的结果计算出任意时期状态转移的相关平滑概率分布情况，比如可以计算任意时期 t 股市处于下跌状态的概率分布。具体算法如下：

根据前面部分的解释，当 $t>\tau$ 时，$\hat{\xi}_{t|\tau}$ 表示基于前期信息 Ψ_t 对状态变量 S_t 取值概率的向后预测；当 $t<\tau$ 时，则称 $\hat{\xi}_{t|\tau}$ 为基于整体信息 Ψ_t 对状态变量 S_t 取值的向前平滑概率推断。简单地说，当 $t>\tau$ 时，$\hat{\xi}_{t|\tau}$ 为统计上的外推预测；当 $t<\tau$ 时，$\hat{\xi}_{t|\tau}$ 为内插预测。根据模型估计的结果对实际可观测变量所处状态的判断和识别需要用到平滑概率推断：$\hat{\xi}_{t|\tau}(t\langle T)$。

状态变量平滑概率推断的算法计算公式为：

$$\hat{\xi}_{t|\tau}=\hat{\xi}_{t|\tau}\Theta\left\{P'\cdot\left[\hat{\xi}_{t+1|\tau}(\div)\hat{\xi}_{t+1|\tau}\right]\right\}$$

这里符号(÷)表示两个向量之间对应分量的点除法。

从图 3-26 中可以看出，SWARCH 模型准确把握了证券市场的趋势。2000 年 4 月至 2005 年 12 月，股市下跌的概率一直都非常大，意味着转移模型基本把握住了漫长的 5 年熊市。2006 年至 2007 年 10 月，除少数月份外，下跌概率大幅下降，甚至在 2006 年年底和 2007 年上半年一度下降幅度为零，这意味着该模型也准确把握住了市场上涨的趋势。自 2007 年 10 月开始，下跌概率再度升高，并始终维持在 1 附近，表明对于此次大幅调整，模型也做出了较为精准的判断。

需要指出的是，由于本案例采用的是内插的预测方法，此图只能反映 SWARCH 模型很好地拟合了历史状态，对货币供应周期和证券市场周期都有比较好的刻画和判断，但是，并不能代表模型具有较强的预测能力，因此下面将重点检验模型的预测效果。

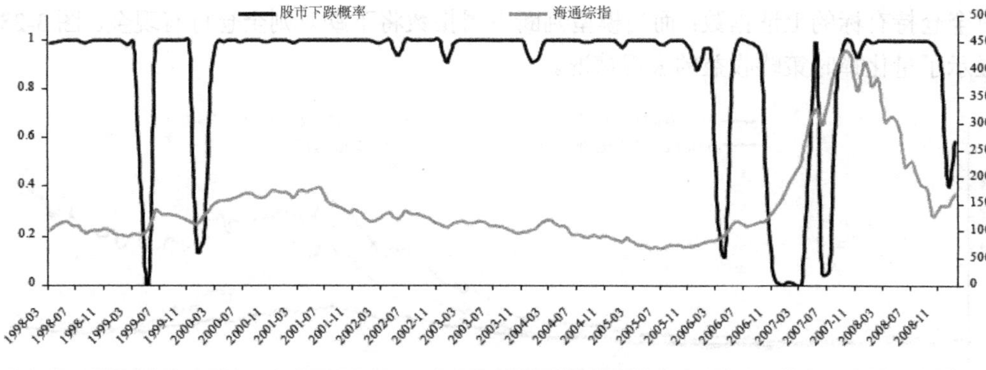

图 3-26　SWARCH 模型与指数对比

资料来源：[张峰 2009]

3．预测结果

为了检验模型的预测效果，这里利用该模型计算预测数据，并将其与实际趋势进行比较来衡量预测效果。

这里用上证综合指数从 2002 年 7 月 12 日至 2004 年 7 月 9 日共 100 周的数据作为模型的初始训练样本，以指数从 2004 年 7 月 16 日到 2009 年 7 月 17 日共 252 周的数据进行样本外的（每一期）滚动预测，预测期的准确率同样达到了 65.5%。图 3-27 中给出了模型对样本外数据的预测结果，如果模型预测结果正确（与真实的涨跌情况比较）则记为 1；而如果模型预测结果错误，则记为-1。

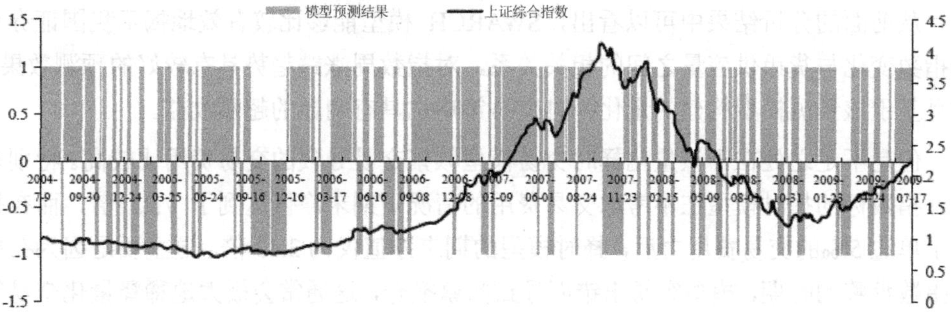

图 3-27　SWARCH 分析模型的预测结果

资料来源：[张峰 2009]

同样，可以基于模型的预测结果构建量化交易策略：当模型判断下周指数将上涨时全仓持有标的上证指数；而当模型判断下周指数将下跌时则全仓持有现金。图 3-28 显示了量化择时策略收益的表现情况。

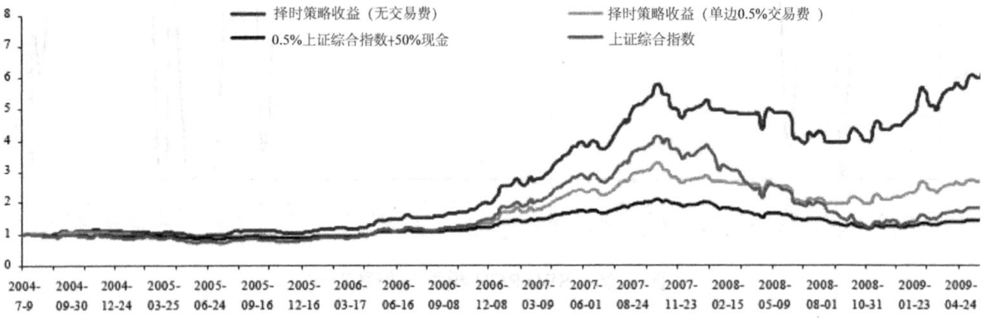

图 3-28　SWARCH 模型在上证指数择时的收益率曲线

资料来源：[张峰 2009]

从图 3-28 中可以看出，SWARCH 量化择时策略的收益明显地超越了作为比较基准的上证综合指数和[50%标的指数+50%现金]的基准组合，在不考虑交易费用的情况下策略的期末净值达到了 7.23 倍；如果考虑 5‰的单边交易费用，则策略的期末净值为 3.13 倍，而同期上证综合指数的净值为 2.23 倍，[50%标的指数+50%现金]基准组合的期末净值仅为 1.58 倍。

本节小结

从前面的分析结果中可以看出，SWARCH 模型能够比较有效地揭示我国证券市场指数变化与货币供应量之间的相关关系，对指数周涨跌趋势具有较好的预测效果，而且基于该预测模型构建的量化择时交易策略也具有明显的超额收益。

但是不足之处在于该量化择时交易模型频繁交易导致的交易费用比较高。特别是上证指数标的择时模型在不考虑交易费用的情况下期末净值达到了 7.23 倍，而在扣除了单边 5‰的交易费用之后，择时模型的期末净值仅为 3.13 倍。这主要是因为在标的指数盘整的时期，模型容易出错而导致频繁换仓，这通常会极大地稀释量化交易策略的收益。

3.8 异常指标

◆ 摘要 ◆

市场上有很多异常信息，当大盘处在某个特定的情况下它们就会出现，比如在大盘底部或者顶部的时候，往往会有一些知情交易者提前知道某些信息，他们的交易行为对市场形成了扰动，如果捕获这些异常信息，则可能对大盘的判断具有重要的价值。

本节介绍 3 种异常指标择时模型，分别为市场噪声、行业集中度和兴登堡凶兆。

3.8.1 市场噪声

1. 噪声交易

在学术上，噪声交易被定义为交易者在缺乏正确信息的情况下密集的买卖行为。由于这些交易缺乏信息或者信息有偏误，所以不会真正长期地影响资产价格的基础。

市场中与噪声交易者相对的是知情交易者。他们在掌握了所投资对象信息的情况下进行投资，但是为了使利益最大化，他们也会想方设法隐藏自己的交易行为。特别是具有大量资金的交易者，一定会设法避免在自己完全进入或退出前就开始影响市场的趋势，这一行为造成的结果恰恰更接近噪声交易——大量交易发生了，却没有影响市场的趋势。

当市场在酝酿反弹的时候，总有一部分人由于各种可能的原因先知先觉，抢先行动。他们在成功做到不影响趋势的同时，却令市场中的噪声交易增加了。在这种情况下，市场中看似无意义的噪声其实包含了大量关于股票价格的信息——市场在蠢蠢欲动。

2. 市场噪声指数

为了更好地跟踪市场的噪声交易规模，联合证券的研究员编制了市场噪声指数。该指数的作用是衡量并记录市场每天噪声交易的规模。

由图 3-29 可以看出，这几年中国股票市场噪声交易规模变动相当剧烈。这里主要研究在几天内突然发生的剧烈变动。

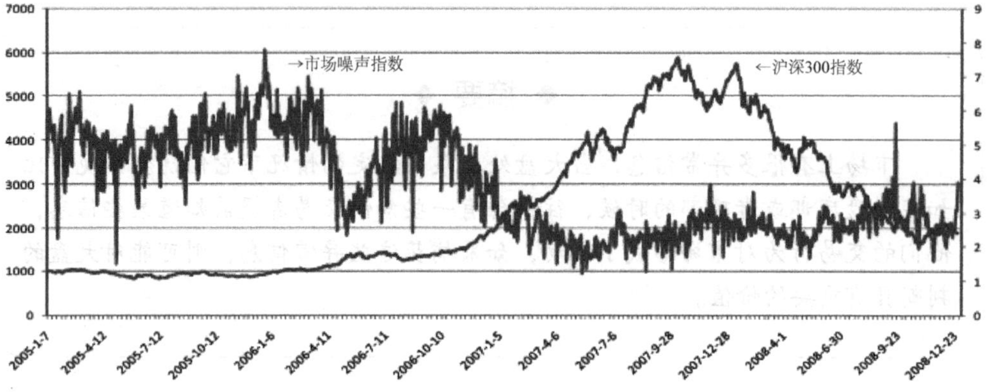

图 3-29　市场噪声指数与沪深 300 走势

数据来源：[罗捷 2009]

3．利用噪声交易指数择时

案例　噪声交易择时模型

由于市场噪声通常是由大量无正确信息的交易者随机交易造成的，在没有外部冲击的情况下，一般都是比较稳定的。如果市场噪声交易突然扩大，很可能是知情交易者在偷偷进行交易。

利用噪声交易指数可以设计一些交易策略。下面是一个简单交易策略的例子，该策略只考虑大盘的走势及噪声交易规模，不考虑成交量等其他因素。

（1）进入策略：市场较上周下跌，最近 5 日平均噪声交易规模比 5 日之前的连续 5 日平均噪声交易规模显著增大。

（2）退出策略：市场较上周上涨，最近 5 日平均噪声交易规模比 5 日之前的连续 5 日平均噪声交易规模显著增大。

（3）止盈/止损策略：某交易日收盘价相对于进入后的高点下跌幅度超过一定程度。

利用 2004 年市场情况优化策略参数，在 2005 年与 2008 年进行投资策略的回测。3 年均采用指数投资，2004 年投资上证综指，2005 年与 2008 年投资沪深 300 指数。

分别在 2004 年、2005 年、2008 年测试这几个策略，结果如表 3-19 所示。该实证过程没有考虑当没有买入股票时可以进行固定收益投资，而是假设资金都以现金存放。

表 3-19 噪声交易在熊市择时的收益率

	2004 年	2005 年	2008 年
交易次数	9	9	9
累计收益率（不计交易成本）	15.4%	18.0%	34.1%
累计收益率（交易成本为 0.5%）	10.4%	12.9%	28.3%
累计收益率（交易成本为 1%）	5.5%	8.0%	22.8%
该年度大盘涨幅	–15.4%	–7.7%	–63.3%

数据来源：[罗捷 2009]

总而言之，通过监视中国股票市场的噪声交易规模可以得出结论：噪声交易规模可以作为一个简单而有效的市场择时指标。通过监测该指数短期内是否发生突变，我们可以提前发现 2004 年、2005 年、2008 年中几乎每一次主要的反弹。

3.8.2 行业集中度

1. 行业相关性集中度

在中国股市上升趋势稳定时，可以观察到各个行业之间上升势态比较一致，鸡犬升天不失为一种夸张而形象的描述。而当上升趋势遇到阻力，即将进入动荡期或者出现转折的时候，行业的相关性往往能够提前出现分化，比如常常有某些行业先于股指达到弱势，从而使得行业之间的相关性变得更散乱。如果能够捕捉到行业相关性的变化，就能够预测到股指上升过程中即将来临的动荡或者见顶，从而及时回避风险。

基于这一思路，这里定义一个统计量来描述行业相关性的集中和散乱程度。若市场上有 n 个行业指数，分别取其交易日的对数收益率序列，将这些序列两两配对计算它们之间的相关系数。这里我们选择普通的线性相关系数，一共会得到 $\binom{n}{2}=\frac{n(n-1)}{2}$ 个相关系数。这些相关系数组成一个样本 $\{\rho_{i,j} | j>i\}$，定义行业相关性集中度为该样本的均值与标准差之比：$c_\rho=\frac{\overline{\rho}}{s}$。

当行业相关性整体变得更弱时，$\overline{\rho}$ 变得更小，从而行业相关性集中度 c_ρ 减小；当行业相关性变得更散乱、大小不一致时，意味着标准差 s 变大，从而 c_ρ 减小。所以

c_ρ值较小，意味着行业相关性变得散乱不一致，或者相关整体水平比较低，刚好对应了行业走势的分化；而相反c_ρ值较高，则表示行业之间走势比较一致。

2. 行业相关性集中度的应用

为了找到市场局部的变化，可以对每一日收益率加上某一固定长度的历史区间内收益率来计算行业相关系数。逐日重复这样的计算，可以得到每一日的行业相关系数，从而得到每一日的行业相关性集中度。

对 Wind 一级行业指数（有关 Wind 系统的介绍参见 17.1 节）共 10 个指数，以移动区间计算每个交易日共 45 个行业相关系数，从而得到每个交易日的行业相关性集中度，把这些逐日的行业相关性集中度连成曲线（经过了仅依赖历史的移动平均去噪处理），和代表大盘走势的上证指数对照，如图 3-30 所示。

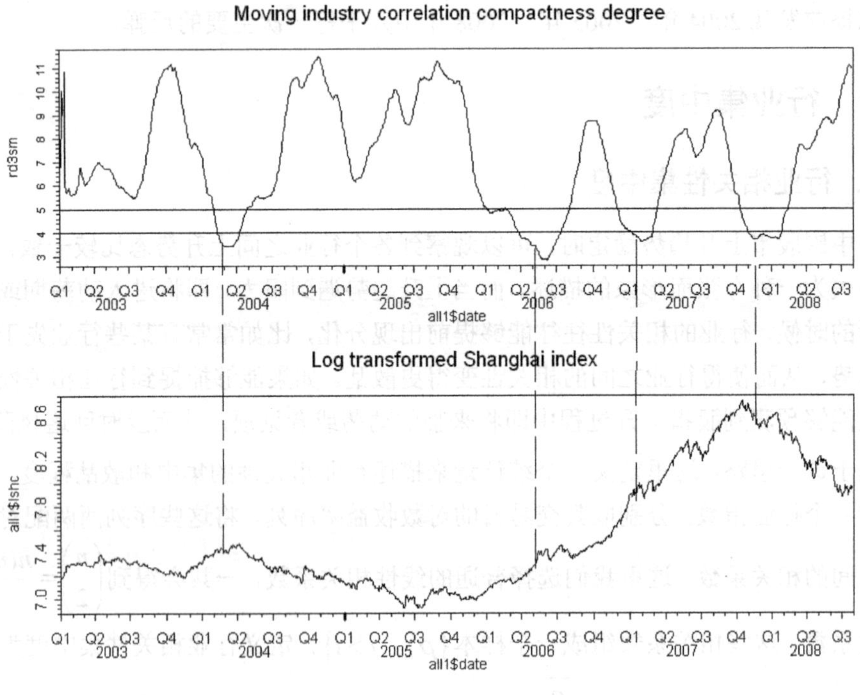

图 3-30　行业相关集中度与上证指数的关系

数据来源：[曹力 2009]

图 3-30 中两条水平直线为行业相关性集中度 4.0 和 5.0，不难发现，当行业相关性集中度降到 4.0 水平时，可以视为上涨趋势中的风险警报信号，表示行业分化严重，上涨很可能将遇到阻力；当行业集中度回复到 5.0 水平时，可视为动荡期或者反转期已过，行业分化程度减轻。2003—2008 年共 5 年间，行业相关性集中度曲线共发出了 4 次信号，均对应到了上涨趋势中的动荡或者反转，而在熊市中，该指数没有发出任何信号，所以无法利用它来掌握熊市的情况。

不难观察到，在 2007 年 5 月 30 日的所谓“530”大跌，行业相关性集中度曲线没有发出信号。这次动荡主要是由政府大幅提高交易印花税导致的，并不是市场自身运动变化的结果。行业相关性集中度没有大幅下降也完全可以理解，因为行业相关性集中度完全由市场收盘价计算而得，并不能预测政府的重大政策调整。

3.8.3 兴登堡凶兆

1. 美股兴登堡凶兆

兴登堡凶兆是股市技术分析上用作预测走势转弱或暴跌的重要方法之一，由失明数学家米耶卡于 1995 年创造，主要追踪纽约证券交易所上市股票，由多项标准组成，其中一项重要的判定标准是创 52 周新高或新低的股票数目。他认为，在正常情况下，当股市行至高点时，多数股票应处于高位；当股市跌至低位时，多数股票应处于低位，这是股市常态。如果股市在高位盘整时，股价创出一年新高与创出一年新低的个股均达到一个较高比例，同时反映市场广度的麦克连指标为负数，则表示市场可能正处于激烈分化之中，分化之后，市场可能会出现大幅回落。

当纽交所的股票市场出现以下四大标准的时候，也就标志着兴登堡凶兆的触发。

(1)纽交所每日创 52 周新高和新低的股票数目均超过上市交易股票数目的 2.2%，即达 69 只或以上（按目前纽交所 3126 只上市股票的 2.2%计算）。

(2) 指数的 10 周移动平均向上，也有人用相对数据来衡量，大盘指数比 50 天前高即可。

(3) 借平滑涨跌家数差值而制成的麦克连指标当天为负数。

(4) 52 周新高股票数目不可高于 52 周新低股票数目的 2 倍（相反则可）。

传统的定义方法需要这些现象出现在同一天，一旦信号发出，在 30 天内都有效，接下来的信号如果再次触发可以忽略。在这 30 天内，如果麦克连指标持续为负，则继续有效；如果麦克连指标变正了，则信号取消。

关于这 4 个标准的理解如下。

标准 1：主要体现了市场的分化程度，也就是各只股票间的收益间距拉大，表现好的变得更好，差的更差，个股股价受市场指数的影响降到历史新低。

标准 2：无论是用 10 周移动平均线向上的标准，还是用对比 50 日前的指数相对高低，都表明了大盘前期的上涨趋势。

标准 3：麦克连指标的计算如下：

DIF=上涨家数-下跌家数

MCL=DIF 的 19 日指数的加权移动平均-DIF 的 39 日指数的加权移动平均

麦克连指标是以 0 轴为中心的，当 MCL 为正值时，是短期多头市场；当 MCL 为负值时，是短期空头市场。

标准 4：在单边上升市场中，市场普涨可能会使 52 周新高股票过多，此时并不能作为触发兴登堡凶兆的条件。

由以上这些理解可以笼统地概括出兴登堡凶兆的触发条件：在一个前期市场上升的市场中，短期多头占优势，并且市场表现不断分化，好的更加好，差的更加差。出现这种情况，市场会有很大的下跌风险。这是因为在一个上涨过程中，初期和中期往往会有一个比较明确且持续的热点，而到中后期则会缺乏这种持续热点，市场观点开始分化，有部分股票开始独立大盘走出自己的行情，一旦这种分化达到一个极值（有部分创新高，有部分创新低），短期市场又出现空头情况，则很有可能市场会出现剧烈下跌。

从过去 25 年的表现来看，兴登堡凶兆基本都在市场崩盘或者恐慌性抛售之前出现。也可以说，只要兴登堡凶兆没有出现，基本可以确定大盘还是比较安全的。

从历史数据来看，如果用下跌超过 15%来定义一次股灾，在过去 25 年的 27 次兴登堡凶兆确认信号中，有 8 次（29.7%）出现股灾。另外，有 3 次（11.1%）出现恐慌性抛售（下跌 10%～15%）；有 4 次（14.8%）出现大幅下跌（下跌 8%～10%）；有 6 次（22.2%）出现明显下跌（下跌 5%～8%）；有 4 次（14.8%）出现温和下跌（下跌 2%～5%）；有 2 次（7.4%）失败（下跌小于 2%）。

换句话说，只要兴登堡信号得到确认，有 77.8%的概率市场会下跌超过 5%，大约在 13 次兴登堡凶兆的确认信号中，只有一次会失败，每次信号的确认都是在市场大幅下跌前。1987 年股灾前几个星期凶兆信号确认，1989 年 10 月信号确认后就出现了 1990 年的经济衰退，2008 年市场下跌前一天凶兆信号确认。

2. A 股兴登堡凶兆模型

回顾 A 股历史也能发现，中国股市升则鸡犬升天，跌则泥沙俱下，没有出现过市场高位时有多只个股创一年新低的现象，从表面上看，兴登堡凶兆可能并不适用于中国市场。

但是如果深入分析这一模型背后的逻辑，还是可以得到许多启发的。兴登堡凶兆这一技术模型的核心在于，在市场探出大顶之前，往往会出现剧烈的分化，这一分化往往可以视为市场调整的先行指标。既然与成熟市场相比，A 股个股与行业/板块联动性相对偏低，但是题材炒作、资金推动的特点非常明显，大盘股、小盘股轮动，风格不断转换的脉络非常清楚。一轮行情的开始往往是小盘股、题材股率先启动，而后延伸到大盘股、蓝筹股，两大板块交替前行，一旦这一进程被打断，大盘股、小盘股走势出现分化或者各种题材股出现分化，可能意味着市场调整的开始。

根据资本资产定价模型，个股风险 r_i 可以用如下等式来表示：

$$r_i = \alpha_i + \beta_i r_m + \varepsilon_i$$

把个股日收益率作为因变量，市场指数的日收益率作为自变量，用最小平方法求得的回归直线方程 $Y = a + bX$ 来确定 X 和 Y 的具体变动关系。个股相对于市场的联动程度主要是通过个股与市场的相关系数 r 来衡量的。

个股相关系数能够很好地说明个股相对于大盘指数的关联程度，但是相关系数有可能出现负值的情况，在计算整个市场所有个股平均相对于市场的关联程度的时候，可能不能很好地反映真实情况，正负会相抵消。所以用判定系数 r^2 能够更好地测定直线回归模型拟合优度，可以防止对相关系数所表示的相关程度做出夸张的解释。

$$r^2 = \frac{\text{回归偏差}}{\text{总偏差}} = \frac{\Sigma(\hat{Y} - \bar{Y})^2}{\Sigma(Y_j - \bar{Y})^2}$$

在这里一般用 30 个交易日作为计算 r^2 的时间段，每个交易日每只个股回顾前 30 个交易日的收益率，以市场指数收益率作为因变量，个股收益率作为自变量，计算出一个 r^2。所以中国 A 股的兴登堡凶兆中关于描述市场分化指标这里用 r^2 的平均值即决定系数来替代，对于兴登堡凶兆的第二条指标用指数的 50 日均线来表述，第三条标准可以用短期均线来代替，第四条标准因为我们用 r^2 作为市场分化指标，也就没有必要考虑了。所以中国A股的兴登堡凶兆标准可以归纳为以下3个条，至于各条标准的具体临界值将在下面的实验中进行测算。

标准1：所有个股30个交易日的收益率相对于市场指数收益率的r^2的平均值$\overline{r^2}$作为衡量市场趋同的指标，数值越低，趋同越低，分化越高。

标准2：用市场指数50日移动平均线是否向上作为一个市场中期是否向好的指标。

标准3：用短期10日均线是否向下来判定短期是否为空头市场。

3. 数据实证

将上证综合指数作为市场指数，所以选择的个股也是所有上证指数的成分股。按上述方法计算出简单平均r^2分化指数，将r^2小于0.3作为先期预警信号，然后加上标准2和标准3，其中标准3用10日均线向下作为短期空头信号，标准2用50日均线向上作为长期多头信号。从图3-31中可以看到发出的卖出信号基本是正确的。

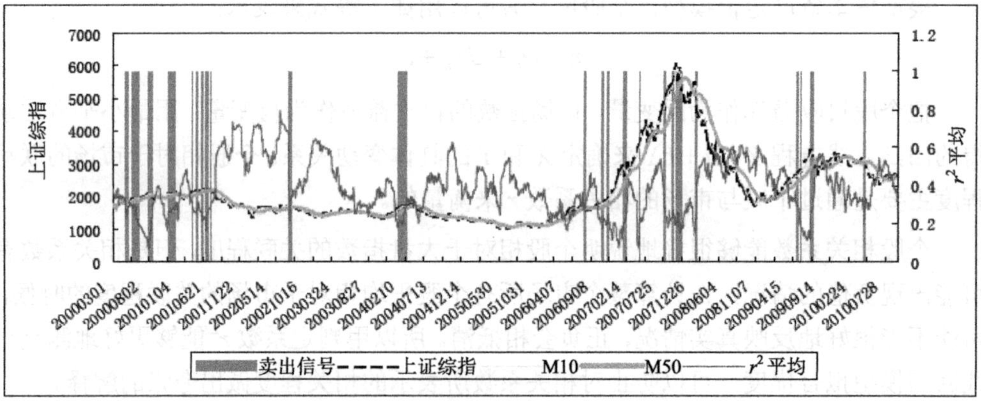

图3-31　兴登堡凶兆模型中卖出信号与上证综指r^2平均分化指标

资料来源：[阚先成 2011]

通过进一步对r^2走势的图形进行观察，忽略其绝对的数值量化指标，可以明显地发现每次只要r^2趋同指标探底回升，基本都有一个后期的指数见顶过程，一般这个探底回升都会领先于指数见顶，对投资者来说有非常好的指导意义。从图3-32中可以看到每次趋同指标小于0.3的探底回升都有一个阶段的调整。而事实上相对短期的震荡，r^2趋同指标的探底回升同样也可以作为短期市场见顶的一个信号。

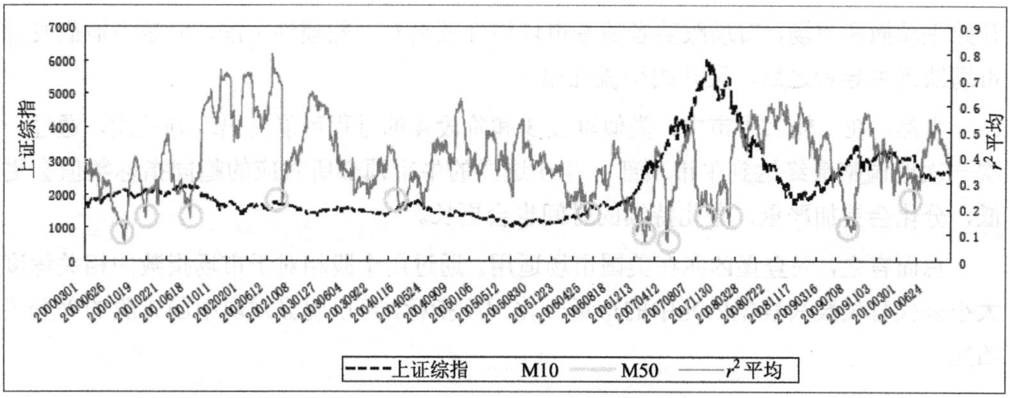

图 3-32 长期上证综指 r^2 平均趋同指标探底回升统计

资料来源：[阚先成 2011]

4. 中国式兴登堡凶兆的市场逻辑

正如前面讨论的那样，只要市场出现极端分化，一般原先的上涨趋势不是停止就是面临大幅下跌的风险，这个背后的逻辑又是什么呢？这里以 2008 年剧烈下跌之后反转的行情来进行分析。

阶段 1：当市场在剧烈下跌的时候，就会出现恐慌性抛售，这时一般趋同指标比较高，个股股价一般随着市场下跌。

阶段 2：当市场止跌之后，因为绝大部分投资者还没有从上一轮的下跌中恢复过来，这时个股会随着指数在市场的底部震荡一段时间，这段时间的趋同指标也比较高，因为这个时候市场往往没有太多热点，没有一股主导市场的力量。

阶段 3：市场中总会存在一批先知先觉者，他们首先嗅到了市场复苏的气息，开始主动操作股票，于是市场又开始热点频出。随着一轮又一轮的热点炒作，指数节节攀升，市场人气恢复。这样的上涨往往不是个股普涨，而是一个个热点轮流上涨，所以这个过程是一个逐渐分化的过程，同时趋同指数会逐渐变小。

阶段 4：直到达到阶段性的极端分化，那批主动操作者感觉到市场有调整的风险则开始主动撤离，一些市场跟随者失去了热点方向，于是趋同指数又开始上升。

阶段 5：经过一轮调整，市场主导者又开始大规模介入，介入力度大于第一次，趋同指标不断减小。

阶段 6：直到趋同指标到阶段底部，也就是到极端分化的时候，这批市场主导者开始主动撤离市场，市场跟随者随着市场惯性还会有一轮惯性上涨，但是当他们发现市场缺乏主导者之后，又开始恐慌性抛售。

当然，在一轮大牛市中，类似阶段 3 和阶段 4 的过程可能会出现好几次，通过一次一次地调整最终达到牛市顶部。往往这样的牛市顶部所对应的趋同指标数值会更低，分化会更加严重，分化持续的时间也会更长。

总而言之，兴登堡凶兆在美国市场适用。通过用个股相对于市场指数的相关程度大小来代替美股兴登堡凶兆中的市场分化程度指标，可以明显发现中国 A 股的兴登堡凶兆。

第 4 章 股指期货套利

◆ 摘要 ◆

第 3 章阐述的择时策略是收益率最高的策略，但是风险也极大，研究的难度也很高，因此很多稳健型的资金更愿意降低收益率以降低风险。股指期货套利就是一种低风险、低收益的投资方式。

股指期货套利是指利用股指期货市场存在的不合理价格，同时参与股指期货与股票现货市场交易，或者同时进行不同期限、不同（但相近）类别股票指数合约交易，以赚取差价的行为。股指期货套利分为期现套利、跨期套利、跨市套利和跨品种套利，本章主要阐述期现套利和跨期套利这两种最主流的方式。

期现套利，即股指期货与股票现货之间的套利，是利用期货合约与其对应的现货指数之间的定价偏差进行的套利交易，属于无风险套利。即在买入（卖出）某个月份的股指期货合约的同时卖出（买入）相同价值的标的指数的现货股票组合，并在未来某个时间对两笔头寸同时进行平仓的一种套利交易方式。

（1）期现套利主要涉及的内容包括定价模型、指数复制、冲击成本、保证金管理这几个部分。跨期套利主要涉及均衡价差判定、套利策略等。

① 定价模型主要是计算以现货为基础所对应的股指期货市值大小，在扣除所有的成本之后，如果股指期货和现货之间的差距为正，则意味着存在正向套利空间；反向套利的原理也是一样的。

② 指数复制是指利用各种方式来构建一个尽可能拟合指数的现货组合，包括完全复制和抽样复制这两种。当复制目标是最小化复制差异时（跟踪误差最小化），称之为被动复制；当复制目标是最大化信息比率时，称之为增强复制。

③ 冲击成本的全称是价格冲击成本，国际上通常用它来衡量股市的流动性。它也可称为流动性成本，是指一定数量的委托（订单）迅速成交时对价格的影响，因此

是一个包含即时性和合理价格两方面要素的指标。

④ 期现套利中的保证金管理具有很重要的作用。在市场出现剧烈波动的时候，尤其是在大幅度上涨的行情中，如果保证金覆盖不足，就可能出现爆仓情况。所以，在建仓初始就需要进行保证金覆盖的测算，使得初始保证金能够在较大的概率下覆盖整个套利期间内的波动。

（2）跨期套利是指利用两个不同交割月的股指期货合约之间的价差进行的套利交易。一般来说，相同标的指数的股指期货在市场上会有不同交割月的若干合约同时交易。由于同时交易的不同交割月合约均是基于同一标的指数的，所以，在市场预期相对稳定的情况下，不同交割日期合约间的价差应该是稳定的，一旦价差发生了变化，就会产生跨期套利机会。

跨期套利的核心在于计算均衡价差，因为不同合约间的价差会收敛并趋向于均衡价差，这就是同一标的指数的不同交割月股指期货合约之间存在的一种平价关系，即远月合约的价值应该是近月合约价值按照远期利率进行复利后加上一个均衡价差。

跨期套利的主要机会包括程序化跨期套利、事件性跨期套利、新合约上市首日套利、老合约退市前几日套利等。

4.1 基本概念

4.1.1 套利介绍

股指期货套利是指利用股指期货市场存在的不合理价格，同时参与股指期货与股票现货市场交易，或者同时进行不同期限、不同（但相近）类别股票指数合约交易，以赚取差价的行为。股指期货套利分为期现套利、跨期套利、跨市套利和跨品种套利这几种，本章主要讨论最常用的期现套利和跨期套利。

总体上看，股指期货套利和商品套利都是期货套利交易的一种类型，其原理都是在市场价格关系处于不正常状态下进行双边交易以获取低风险差价。

股指期货套利和商品期货套利的主要区别在于期货合约标的的属性不同。商品期货合约的标的是有形商品，有形商品就涉及商品的规格、性能、等级、耐久性，以及仓储、运输和交割等，从而会对套利产生重要影响。股指期货的标的是股票指数，指数只是一个无形的概念，不存在有形商品的相关限制，同时股指期货的交割采用现金交割，因此在交割和套利上都有很大的便利性。此外，股指期货由于成分股分红不规律、融资成本不一及现货指数设计等原因，其理论价格相对商品期货更难准确定价。这些区别是造成股指期货套利和商品期货套利在具体类别上差异化的主要原因。有关商品期货套利的内容将在第 5 章进行讨论。

股指期货套利模型如图 4-1 所示。紫线为指数现货价格，红线为指数期货价格，二者的价差——绿线为无套利区间。一旦价差突破了无套利区间，则存在套利机会，只要同时双向建立头寸，持有至合约到期，就可以获得无风险收益。

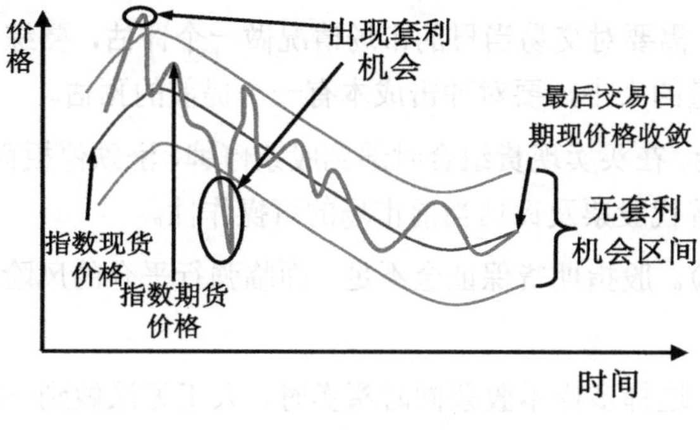

图 4-1 股指期货套利模型

股指期货作为股票指数的一种衍生品，其定价依据通常是无套利定价原理。经典的股指期货定价公式如下：

$$\mathrm{FP} = I_0(1+rt) - \sum_{i=1}^{N}\mathrm{DIV}_i(1+rt_{i,D})$$

其中，FP 为股票指数期货的理论价格，I_0 为期初指数对应的合约价值，r 为借款利率，t 为期限，N 为股票指数中的股票数量，DIV_i 为第 i 只股票支付的股息，$t_{i,D}$ 为自第 i 只股票支付股息至交割日的时间长度。

1. 股指期货套利交易特点

（1）低风险：从理论上讲属于无风险套利，与单边投机相比，套利交易可以提供一个更有吸引力的收益/风险比率，规避了市场风险。

（2）流动性高：投资对象为沪深 300 指数成分股票，市场资金容量大，进出方便，可以作为大资金的现金管理工具。

（3）更适合机构投资者：机构投资者同时具备资金优势和研发优势，而且更倾向于获得稳定性收益，国际期货市场有众多专业的套利机构投资者。

（4）收益稳定：理论上每笔交易都是盈利的，资金曲线几乎没有发生回撤。

2. 股指期货期现套利注意事项

（1）跟踪误差。在用沪深300指数替代现货进行套利时，要注意二者在套利期间出现较大偏离的可能。如果套利周期较长且替代现货偏离较大，则可能会导致套利交易面临风险。

（2）冲击成本。需要对交易当日的市场情况做一个评估，要综合考虑当前市场的流动性与套利资金量的大小，要对冲击成本有一个提前的预估。

（3）流动性风险。在买卖现货组合时遇到股票停牌、涨跌停板而无法进行交易时，要考虑现货组合的替代股票及评估当前市场的可操作性。

（4）保证金风险。股指期货保证金不足，面临强行平仓的风险，可能导致套利交易止损出局。

（5）技术支持。选择多样本股票同时买卖时，人工无法做到一揽子股票与股指期货同时下单，需要选择一个比较合适的交易软件。所以必须考虑技术要素，需要配备相应的技术手段。

（6）政策风险。交易所对下单手数和持仓量的限制。

4.1.2 套利策略

1. 期现套利的步骤

（1）计算股指期货的理论价格，计算股指期货无套利区间。

（2）确定是否存在套利机会（当期货价格大于现货价格时，称之为正向市场；反之为反向市场）。

（3）确定交易规模，同时进行股指合约与一揽子股票交易。

（4）价差收敛时平仓获利了结；或者持有到期时期现货卖出，期货交割获利。

2. 跨期套利的步骤

（1）计算股指期货合约间无套利区间。

（2）买入价格低估合约，卖出价格高估合约。

（3）价差收敛则平仓获利了结。

3．期现套利案例

当某一到期月份的股指期货合约被市场高估或低估时，通过做多现货做空期货，或做空现货做多期货的方式（融券卖出股票的同时在期货市场构建多头头寸），锁定期货和现货之间的价差，等待期现价差回归时平掉套利头寸或通过交割结束套利。

案例：2010 年 5 月 6 日，股指期货 1005 合约高于沪深 300 指数 70.54 点，买进一揽子沪深 300 的股票，同时卖出一手股指期货 1005 合约。此时距离股指期货 1005 合约到期交割还有 15 天，若在此区间内期现基差能够收敛则可以获得套利收益。至 5 月 19 日期现基差收窄至 1.23 点，此时可对套利头寸进行平仓，卖出股票，买入股指期货合约。收益为 70.54−1.23=69.31 点，扣除各项成本总计 15 点，则净获利 16 293 元。

在期现套利中，若基差持续不收敛，可考虑交割套利；由于交割价参考沪深 300 指数，期现价差存在强制收敛关系，理论上建仓时基差即为交割收益，但需考虑交易成本和交割日最后两小时沪深 300 指数波动风险。

股指期货最终交割价取的是沪深 300 指数交割日最后两小时的算术平均价，可能会和收盘价各形成一定偏离。在建仓时需考虑此部分基差，防止最后交割日价格剧烈波动导致交割价大幅偏离沪深 300 指数收盘价格。

4．交割套利案例

案例：2010 年 9 月 9 日，股指期货 1009 合约高于沪深 300 指数 21.14 点，此时进行卖出 1009 合约并买入 300 指数成分股的开仓操作。若在 9 月 17 日前两者价差一直没有收敛，则可以考虑对 1009 合约进行交割套利。由于 1009 在交割日强制收敛，其交割价格为沪深 300 最后两小时的平均价 2866.63 点，与沪指 300 收盘价有 2866.63−2861.37=5.26 点的偏离。扣除 7 点的交易成本，本次套利获得的收益为 (21.14−5.26−7)×300=2664（元）。可见，交割套利可以在基差无法如预期收敛时保证套利收益。

交割日沪深 300 指数大幅变动带来的交割价偏离的风险如下。

情况一：交割日沪深 300 指数的交割价低于指数的收盘价，对套利有利。

情况二：交割日沪深300指数的交割价高于指数的收盘价，对套利不利。

5. 跨期套利案例

当两个不同到期月份的股指期货合约产生较大价格偏差时，通过做多被低估合约、做空被高估合约的方法，待其价差恢复正常时获利平仓。

案例：2010年5月6日，股指期货1006合约为3018.8点，1005合约为2967.4点，二者价差为51.4点，明显高于合约间正常水平。此时进行卖出1006合约并买入1005合约的开仓操作，持有至2010年5月17日。此时1006合约为2722.4点，1005合约为2719点，二者价差为3.4点，可进行平仓操作，买入1006合约并卖出1005合约，获取的套利收益为51.4−3.4=48点。同时扣除各项成本（以10点计），到期平仓的收益为(48−10)×300= 11 400（元）。

4.2 期现套利

由于股指期货合约在到期时是按照现货指数的价格来进行现金交割的，即期货合约价格在到期时会强制收敛于现货指数，这就使得在正常交易期间内，期指与现指会维持一定的动态联系。在各种因素的影响下，由于股指相对现指对信息的反应速度要快，因此，其波动性会大于现指，经常会与现指产生偏离，当这种偏离超出一定范围时，就会产生套利机会。

期现套利属于无风险套利，只要定价偏差的收益能涵盖掉交易成本，就可以进行期现套利操作，而不用关心市场的未来走势。常用的股指期现套利的决策方法是利用股指期货的理论价格模型，通过对股指期货实际价格和理论价格的比较，判断是否存在套利机会，以及进行何种方式的套利交易。

4.2.1 定价模型

在股指期现套利过程中，股指期货部分发生的项目：期初期货合约价格 IF_t、到期期货合约价格 IF_T、平仓期交易成本 Cif_T、期初建立期货头寸交易成本 Cif_t。现货部分发生的项目：到期现货组合价格 P_T、期初现货组合价格 P_t、借款利率 r、资金借贷成本率 r_{borrow}、红利收入 D、到期卖出或买入现货组合交易成本 Cp_T、期初买入或卖出现货组合交易成本 Cp_t。保证金部分发生的项目：保证金的资金成本 C_{Margin}。

1. 正向套利

当股指期货价格被高估时，可进行正向套利，那么应该有：

$$\frac{IF_t - IF_T - Cif_T}{(1+r)^{T-t}} - Cif_t + \frac{P_T - P_t(1+r_{\text{borrow}})^{T-t}}{(1+r)^{T-t}} - Cp_t - C_{\text{Margin}} > 0$$

其中，$IF_T = P_T$

$$IF_t > Cif_T + Cp_T + (Cif_t + Cp_t)(1+r)^{T-1} + P_t(1+r_{\text{borrow}})^{T-t} + C_{\text{Margin}} - D$$

2. 反向套利

当股指期货价格被低估时，可进行反向套利，那么应该有：

$$\frac{IF_T - IF_t - Cif_T}{(1+r)^{T-1}} - Cif_t + P_t - \frac{P_T + D + Cp_t}{(1+r)^{T-t}} - Cp_t - C_{\text{Margin}} > 0$$

$$IF_t < P_t(1+r)^{T-t} - (Cif_t + Cp_t)(1+r)^{T-t} - Cif_T - Cp_t - C_{\text{Margin}} - D$$

3. 无套利区间

要使得股指期货价格不存在套利空间，那么股指期货价格的范围如下：

$$[Cif_T + Cp_T + (Cif_t + Cp_t)(1+r)^{T-t} + P_t(1+r_{\text{borrow}})^{T-t} + C_{\text{Margin}} - D,$$

$$P_t(1+r)^{T-t} - (Cif_t + Cp_T)(1+r)^{T-t} - Cif_T - Cp_T - C_{\text{Margin}} - D]$$

在我国目前的股指期货的期现套利中，由于缺乏现货做空，期现套利主要是买入现货卖出期货的正向套利，套利收益主要来自期货高估的部分。

从无套利价格区间来看，要想套利成功，必须进行现货头寸构建、交易成本控制、交易策略设计等多方面的准备，任意一方面准备不充分都会导致套利失败。

4.2.2 现货指数复制

在期现套利中，需要构建现货组合来进行指数复制。在投资中，根据市场条件不同，常用完全复制、抽样复制、衍生产品复制等方法。

使用指数成分股（根据需要可包括少量具有类似性质的非成分股）创建一个与目标可投资指数相比差异尽可能小或信息比率尽可能大的股票组合的过程称为指数复制。当复制目标是最小化复制差异时（跟踪误差最小化），我们称之为被动复制；当复制目标是最大化信息比率时，我们称之为增强复制。尽管理论上复制可投资指数非常简单，但实际操作却是一个精细复杂的过程。

1. 指数复制中的一些障碍

指数编制中存在一些与实际投资不相符的假设，这些假设对准确地复制指数造成了一定的障碍。

首先，指数编制时假设各种费用不存在，但是建立交易组合需要各式各样的成本。这个成本不仅包括佣金等交易费用，还包括建立、管理指数组合的各方面费用，通常表现为运营费用和管理费用的形式。在指数组合管理中，这部分费用通常体现为显性成本，较难控制。

另外，大多数指数假设的变动都是在某个交易日的收盘时生效，或者说，指数成分增加、减少或者成分股权重的调整都是按照调整日的收盘价进行的。但是在组合不能承受短时间内大规模交易的情况下，交易需要多次，在某些极端情况下甚至可能需要近百次才能完成。交易价格变成了成交均价，与假设的收盘价出现差异。通常，这部分差异体现为交易滑价或冲击成本等隐性成本；指数组合管理人通过交易算法的设计来进行控制。

在国内，指数复制还面临一个比较特殊的障碍——投资组合不能投资可能涉及利益关系的股票，如投资组合的托管行的股票、由股东承销的股票等。由于通常托管行作为上市公司在国内主要可投资指数中权重较大，这种制度约束对于指数复制而言影响十分明显。

2. 完全复制

完全复制法是复制指数最自然的方法。这一方法通过购买所有指数成分股，完全按照股票在指数中的权重配置、在指数结构调整时也同步调整的方法来试图实现与指数完全相同的收益率。这种方法简单明了，较易获得较小的跟踪误差，同时也是其他复制方法的出发点。

但是在实际投资过程中，完全复制并不一定易于实现。最明显的障碍是冲击成本。对于流动性较差的股票，复制过程中买卖的冲击成本会对复制效果造成巨大的影响。

3. 抽样复制

在理论上，如果能够实现完全复制，那将是最好的复制策略。但是由于操作上的困难，使得完全复制执行起来难度很大，这就使得我们必须考虑其他的方法。

指数成分股之间有很多共同因子，当组合中缺失一些股票时，可以使用具有相同因子（包括行业、市值等）的其他股票来替代。采用具有相同因子的部分指数成分股进行指数复制即抽样复制，被选择用于复制指数的股票称为核心股票。

对于完全复制而言，由于每只股票都按照指数的比例配置，因此所有股票的权重与指数的变动是同步的。但是对于抽样复制的股票替代部分而言，由于存在与被替代股票的差别，用于替代的各个部分的权重与实际需要改变了复制组合的代表性。因此就必须经常监测跟踪误差，根据预测的跟踪误差的扩大情况及时更新复制组合，将其降低到可接受的水平。

假设所有股票的收益率服从多元正态分布，在存在指数成分股之间的预期方差协方差矩阵及指数组合权重的情况下，不难推导出预期跟踪误差，可用如下公式表示：

$$\mathrm{PTE} = \omega^{\mathrm{T}} V \omega - \frac{(\omega^{\mathrm{T}} V \omega_p)^2}{\omega_p{}^{\mathrm{T}} V \omega_p}$$

其中，PTE（Predicted Tracking Error）是估计的预期跟踪误差（投资组合收益率与指数收益率差的方差），V 是指数所有成分股的预期方差协方差矩阵，ω 是指数本身的权重向量（列向量），ω_p 是复制指数所用的组合中各只股票的权重向量（列向量）。

借助预期跟踪误差公式，可以预测随着市场情况的变化及持有股票占整个组合的权重变化，组合的跟踪误差可能发生什么样的变化，并及时调整组合。

抽样复制指数常用的技术包括市值优先、分层抽样、最优化等。此外还可以根据需要把这些方法混合，组成混合抽样方法。针对不同的市场状况，方法的表现可能不同，必须按需选择。

1）市值优先抽样

把股票按市值从大到小排列，选择排名在最前面的股票。统计选出的所有股票的总权重，每只股票配置的比例等于该只股票在总权重中所占的比例，然后通过合适的现金配置策略使整个组合的 Beta 等于目标指数的 Beta，这样的方法称为市值优先抽样方法。

不难发现，这种方法的优点是，在使用相同数量的股票进行抽样复制时，其市值占比最高，体现了大市值股票的个别风险。此外，市值最大的股票往往也是流动性最好的股票，更有利于投资者进行买卖。

但是这种方法忽略了股票之间的其他共同点，过于偏向大市值股票。而恰恰有一些股票间的共同因子与市值大小高度相关，这就会造成选择的组合可能出现明显的风格特征与行业特征，使指数跟踪在特定的时间段与目标指数相比出现系统性的偏差。

2）分层抽样

由于不同股票的表现互相并不是独立的，许多股票之间可能存在一些共同的因子。如果把成分股按照是否有共同因子（除市场因子外）分类，在每一类中选择若干股票，就能依靠少数股票达到提高组合对指数的代表性的目的。这种方法不重视股票的个别影响成分，而是努力寻找共同的因素。

股票最重要的共同因子是股票的行业因子。各个行业中的企业一般都具有不同程度类似的供给需求结构和技术水平，容易受到同样因素的影响，保证各个行业都有一定的代表就能把这些影响因素反映在组合中，更有助于以较少的股票提高指数的跟踪效果。

另外，由于市值差异较大的股票有不同的风险结构和不同的投资者群体，类似市值的股票受这些因素影响的程度类似，这种特点构成了基于市值大小分类的不同投资风格。当指数覆盖市值范围较大时，风格因子也是分层抽样需要采用的分类方法。

3）最优化方法

利用历史数据，通过最优化技术求解使跟踪误差最小的配置方法成为最优化方法。

虽然均属于抽样复制，但与分层抽样不同的是，最优化方法关心的不是指数成分股对因子的代表性，而是历史上各只股票之间的相关关系。这种方法假设股票相关性在一段时间内是相对静态的、可预测的。

通过数学推导得出以下结论：如果能够预测未来指数成分股的方差协方差矩阵，在已知股票权重的情况下，可以采用如下公式计算以最小化 TE 为目标的核心股票最优权重。

$$\tilde{\omega} = \omega_1 + V_1^{-1}\mathrm{Cov}_2\omega_2$$

假设组合中选择了 n 只核心股票，还有其他 m 只股票需要替代。在公式中，$\tilde{\omega}$ 是核心股票的最优权重（$n\times1$ 向量），ω_1 是核心股票在目标指数中的权重（$n\times1$ 向量），V_1 是核心股票的方差协方差矩阵（$n\times n$ 矩阵），ω_2 是非核心股票在目标指数中的权重（$m\times1$ 向量），Cov_2 是核心股票与非核心股票之间的协方差矩阵（$n\times m$ 矩阵）。

最优化方法的最大好处是为复制指数提供了一个整体框架，可以把各种不同影响复制的因素放在一起考虑。

下面是一个案例，利用 4 种不同的方法进行复制指数后的误差跟踪。

这里使用 4 种不同的方式复制沪深 300 指数，实证测试这些方式在 2010 年 1～12 月的跟踪效果，结果如表 4-1 所示。由于中证指数公司并不公开自由流通量数据，因此依靠可得的数据，即使使用完全复制也存在一定的误差。

表 4-1　各种方法在不同股票数量下的跟踪误差（年化）

使用股票数	市值优先抽样	分层抽样（Wind 一级）	分层抽样（申万一级）	行业抽样最优化（申万一级）
10	12.05%	11.18%	12.32%	10.41%
15	11.51%	9.44%	10.65%	8.44%
30	9.50%	8.54%	6.72%	5.41%
100	5.45%	4.33%	3.12%	2.34%
150	2.08%	2.24%	2.15%	0.89%
300	0.17%	0.18%	0.18%	0.17%

数据来源：D-Alpha 量化对冲交易系统

4.2.3　正向套利案例

正向套利流程如下：

（1）根据市场各套利的参数、沪深 300 指数值，计算指定套利合约的上下边界。

（2）判断指定套利合约的价格是否处于套利边界之内，如果处于套利边界之内，则不进行套利活动。

（3）如果合约价格处于套利边界之外，继续判断套利空间的大小，如果套利空间符合预期收益率目标，则进场套利。

（4）根据合约价格与上下边界的比较结果，确定具体操作是正向套利还是反向套利，然后重复以上流程。

案例　股指期货期现正向套利

2010 年 5 月 6 日，股票市场上沪深 300 指数收盘时为 2896 点。此时，12 月 19 日到期的沪深 300 指数 IF1005 合约期价为 2967 点。假设该日市场无风险利率为 4.8%，预计 2010 年沪深 300 指数成分股年分红率为 2.75%，此时是否存在期现套利机会？

（1）计算 IF1005 指数期货合约的理论价格。

采用连续复利公式 $F=I\times e^{(R-d)(T-t)/365}$ 计算，则目前 IF1005 期货合约的理论价格应为：

$$F=I\times e^{(R-d)(T-t)/365}=1953.2\times e^{(0.048-0.0275)\times 30/365}=2900.8\text{ 点}$$

（2）计算股指期货合约无套利区间，确定套利成本。

股票买卖的双边手续费为成交金额的 0.1%：2896 点×0.1%=2.9 点

股票买卖的双边印花税为成交金额的 0.1%：2896 点×0.1%=2.9 点

股票买入和卖出的冲击成本为成交金额的 0.5%：2896 点×0.5%=14.5 点

股票组合模拟指数跟踪误差为指数点位的 0.2%：2896 点×0.2%=5.8 点

借贷利差成本为指数点位的 0.3%：2896 点×0.3%=8.7 点

期货买卖的双边手续费为 0.2 个指数点：0.2 点

期货买入和卖出的冲击成本为 0.2 个指数点：0.2 点

套利成本合计 TC=2.9+2.9+14.5+5.8+8.7+0.2+0.2=34.8 点

无套利区间的上界为：2896+34.8=2930.8 点

无套利区间的下界为：2896−34.8=2861.2 点

无套利区间为：[2861.2,2930.8]

而沪深 300 指数 IF1005 合约的价格为 2967 点，大于 2930.8 点，即 IF1005 期货合约的价格大于无套利区间的上界，市场存在正向基差套利机会。投资者可以在拥有沪深 300 指数成分股投资组合的同时，在期货市场上通过卖出 IF1005 合约进行套利。

（3）实施套利操作。

首先，计算卖出 1 手 IF1005 时的合约价值为：2967×300×1=8 901 000 元。假定初始资金为 1000 万元，按保证金比例的 20%计算。

初步计算：1000 万/(2967×300)≈11 手

在期货市场以 2967 点的价格卖出 IF1005 合约 11 手，投入初始保证金 2967×300×11×20%=196 万元。

同时，收盘前买入事先计划好的沪深 300 指数成分股的股票组合，其市值为 2896×300×11=956 万元。共投入资金为 956 万+196 万=1152 万元。

（4）市场追踪。

2010 年 5 月 21 日，沪深 300 指数 IF1005 期货合约到期交割，收盘时沪深 300 指数价格为 2768 点，而 IF1005 收盘价为 2750 点，期货价格与现货价格收敛基本一致。

（5）结束套利。

2010 年 5 月 21 日收市前，沪深 300 指数下跌了 2726−2896=−170 点，此时，在股票市场上卖出股票投资组合的全部股票，价值约为 2726×300×11=899.6 万元；收市后，在期货市场上以 2750 点交割 11 手 IF1005 期货合约空头头寸，从而结束全部套利交易。

盈亏统计：

在股票市场上，卖出股票投资组合获利：899.6 万−956 万=−56.4 万元

在期货市场上，11 手 IF1005 期货合约交割后盈利：(2967−2750) ×300×11=71.6 万元

盈亏相抵后，总利润为：71.6−56.4=15.2 万元

盈利率=15.2 万/1152 万×100%=1.32%

从 2010 年 5 月 6 日到 5 月 21 日，短短半个月的时间获得 1.32%的无风险收益，相当于年化 31%，已经是相当高的收益率了。

4.2.4 结算日套利

1．结算日套利原理

与商品期货中只有企业法人才能进行交割不同的是，股指期货实行现金交割制度，允许个人投资者进行交割。因此，在股指结算日，仍有大批投资者活跃在期货市场上，这是结算日套利的先天条件。

股指期货结算日套利的基本原理是：当股指期货在结算日的价格相对现货价格升水幅度超过交易成本时，套利者可以卖出股指期货并买进股票现货锁定价差进行套利。本质上，结算日套利是期现套利的一种特殊形式，当期现套利的时间缩短至 1 天时，期现套利就变成了结算日套利，所以结算日套利的基差风险较小。

但结算日套利有其自身的特点，主要集中在结算日效应方面。在股指结算日，期货市场上不同类型的交易者将了结手中的期货和股票头寸，这样短时间内需要卖出或买进大量股票和期货，势必对市场的流动性产生较大冲击。比如，买入套保者，在结算日会卖掉期货，买入股票平仓；卖出套保者，在结算日会卖掉股票，买入期货平仓。在结算价产生时段，不论均匀买卖策略还是集中买卖策略，对市场流动性的冲击都是非常大的。另外，套利者利用期货和现货价格的大幅震荡，追涨杀跌，助长了市场的波动。股指结算日效应在美国市场较为明显，典型的如“三巫聚首日”，即当天股指期货、股指期权、股票期权同时到期，市场成交量明显放大，波动加剧。

在股指结算日，股指期货的理论价格 F 应该等于股票现货的价格 S，即有 $F=S$。考虑交易成本 C，如果 $F>S$，且进一步有 $F-S>C$，那么投资者可以买入股票现货、卖出股指期货进行套利；如果 $F<S$，且进一步有 $S-F<C$，那么投资者可以卖出股票现货、买入股指期货进行套利。

关于交易成本具体如下：期货市场上的成本包括资金利息、手续费等；股票市场上的成本包括投资组合的认购费、申购费、赎回费、管理费和托管费等，前三者是投资者在买入和卖出投资组合环节直接从投资组合资产中支付的费用，后两者是投资组合在运作过程中直接从投资组合资产中支付的费用。

2. 套利策略

在上述分析中，根据股指期货到期日可能出现的期货合约及股票现货各种相对价格表现认为其中存在套利机会，而由于国内股票现货 T+0 交割制度及个股卖空机制的缺失，其中的套利机会似乎并不能实现，因为当日买进的股票不能卖出，持有个股之前也无法提前卖出。但是借助 ETF 的交易机制，股指期货到期日无论是期货升水还是贴水，只要其幅度达到能够覆盖交易成本，都可以实施套利交易。

1）升水情景

根据 ETF 交易机制，当日买进的 ETF 份额可以立即或在当日随后的某一时刻直接转换成一揽子股票的组合，且该股票组合可以在当日卖出，因此，当股指期货出现较大幅度的升水时，可以实施的套利策略如下：

首先，根据 ETF 对应一揽子股票与股指期货标的指数之间的相关性，选择合适的 ETF 构建组合以跟踪标的指数；其次，当期货合约升水幅度足以覆盖交易成本时，买进 ETF 组合并随即转换成股票现货组合，同时卖出股指期货合约；最后，在股指期货结算价产生的时段内平均卖出股票现货，而股指期货合约持有至收盘结算。

上述的套利策略能够回避采取一般正向套利因为股票现货 T+0 交割制度而无法当日结束套利组合的矛盾。

2）贴水情景

在到期日出现股指期货相对股票现货较大幅度贴水时，可以采取现货卖出套利策略，即已经持有现货的投资者直接卖出股票现货并买进股指期货合约，并且考虑到股票现货的交易制度中允许当日卖出的股票当日可以再买回，因此提出如下的套利策略：首先，从已经持有的股票现货中选取组合跟踪股指期货标的指数；其次，当期货合约贴水幅度足以覆盖交易成本时，卖出所持有且能跟踪股指期货标的指数的现货组合；最后，在期货合约结算价产生的过程中，均匀买进股票现货，期货合约持有至收盘结算。

运用上述套利策略，能够获取股指期货相对股票现货较大幅度的贴水部分的收益。另外，由于当日又买回了股票现货，长期持有现货的计划不受影响，获取的套利收益实际上降低了现货持有成本。

3．结算日套利策略影响因素

从到期日内套利策略的实施过程来看，其中涉及的很多因素可能影响套利交易的操作及收益状况，具体来说包括如下几个方面。

1）ETF 交易相关隐性成本

由于 ETF 交易过程中会出现升、贴水状况，对于买入 ETF 换成股票的到期日内套利交易者来说，买进贴水交易的 ETF 可以摊低套利成本，而 ETF 升水就不那么有利了。从 ETF 交易历史数据来看，其升、贴水状态都曾有过一定的表现，且贴水这种有利的局面并非少数。另外，到期日内套利策略还需要考虑 ETF 交易的最小赎回申购单位的影响。按照交易所规定，ETF 交易的最小赎回申购单位为 100 万份，而实际套利过程中需要买入的 ETF 份额未必能够达到 100 万份。

2）现货交易相关隐性成本

对于到期日内套利策略进行的现货交易主要考虑冲击成本和订单执行时间。现货交易的成交时间也是进行到期日内套利交易必须考虑的问题，因为实行该策略需要在当日内完成建仓和平仓，因此对于成交时间的要求更高，其中现货市场的成交速度更需格外关注。另外，需要提示的是，当股指期货相对股票现货升、贴水出现在期货结算价产生的时段即最后两小时的交易时间内时，即使相对价差较大也不应考虑套利操作，因为可以认为此时无法将股票现货在完整的结算价产生时段均匀卖出或买进，很容易产生较大的偏差。

由于到期日内套利策略的特殊性，需要考虑的实际套利过程中各种可能的影响因素更多，主要包括显性交易成本、ETF 交易冲击成本、ETF 升贴水、ETF 最小申购赎回单位、股票现货交易冲击成本、股票订单执行速度等。

4.3 跨期套利

4.3.1 跨期套利原理

股指期货的跨期套利是指利用两个不同交割月份的股指期货合约之间的价差进行的套利交易。一般来说，相同标的指数的股指期货在市场上会有不同交割月的若干合约同时在交易。由于同时交易的不同交割月合约均是基于同一标的指数，所以在市场预期相对稳定的情况下，不同交割日期合约间的价差应该是稳定的，一旦价差发生了变化，则会产生跨期套利机会。

严格来讲，跨期套利不是无风险套利，它实际属于价差套利，投资者需要对不同到期月的期货合约的价差做出预测，具有投机性；但因为交易行为是建立在价差的基础上的，所以风险要远远小于纯粹的投机交易，即单方向做多，或单方向做空。跨期套利的操作重点在于判断不同到期月合约的价差将来是扩大还是缩小，而不是整个市场的未来走势。

均衡价差测算

从理论上看，不同合约间价差会收敛并趋向于均衡价差，这就是同一标的指数的不同交割月股指期货合约之间存在的一种平价关系，即远月合约的价值应该是近月合约的价值按照远期利率进行复利后加上一个均衡价差，其理论值可以参考不同合约间的平价计量模型：

$$F(t,T_2)=F(t,T_1)\mathrm{e}^{f(T_2-T_1)}+\Delta D$$

其中：

（1）T_1 为近期合约到期日，T_2 为远期合约到期日。

（2）$F(t,T_1)$：到期日为T_1的近月合约在 t 期的价格。

（3）$F(t,T_2)$：到期日为T_2的次近月合约在 t 期的价格。

（4）f：T_1到T_2的无风险利率（年利率根据时间期间换算）。

（5）ΔD：同一标的指数不同交割月合约的均衡价差。

股指期货的同一标的指数的两个不同交割月期货合约之间存在一个均衡价差，跨期套利的成功率和收益率与该均衡价差的确定密切相关，但这一均衡价差并非固定不变。现实中，它除受到利率影响外，还受到诸多其他市场因素的影响，如股票现货交易的活跃程度、宏观经济政策变化、市场冲击成本及投资者预期和情绪等。因此，即使同一标的指数的任意两个不同交割月合约的均衡价差也各不相同，甚至同一标的指数的两个交割月合约在不同时期的均衡价差也并不一致。

4.3.2 无套利区间

无套利价差区间是指综合考虑了融资成本、交易成本等方面的因素后，相关期货合约之间价差的合理区间。类似于期现套利模型，跨期套利交易中也需要求得无套利价差区间。由于股指期货合约交易成本（融资成本、交易手续费及冲击成本等）的存在，只有当价差收益大于交易成本时才可以进行跨期套利，当价差在该区间内变动时不存在套利机会。

显然，一旦价差大于无套利价差区间上边界，就可以采用卖出套利策略；一旦价差小于无套利价差区间下边界，就可以采用买进套利策略，直至合约间价差又回归到无套利区间内，跨期套利合约就可以适时平仓。

1. 买进套利

对于买进套利交易而言，无套利价差区间的测算公式如下：

$$MF(t,T_1)e^{f(T_2-T_1)}+M\Delta D>F(t,T_2)+4C_1+C_2$$

$$F(t,T_1)e^{f(T_2-T_1)}-F(t,T_2)>\frac{4C_1+C_2}{M}-\Delta D$$

若想实现在买入套利交易中获利，必须做到套利收益大于交易成本，在近远月合约价差套利过程中涉及买卖两份合约并到期平仓，交易成本为每份期货合约交易费用的 4 倍，即 $4C_1$。另外，在实际交易中，成本这部分还应考虑股指期货合约的冲击成本，此处将两份合约买卖双边冲击成本之和用 C_2 表示。在进行买进套利，即执行卖近买远策略时，近月和远月合约的价格应满足下式，否则将会遭受损失：

$$F(t,T_2)-F(t,T_1)^{e^{f(T_2-T_1)}}<-\frac{4C_1+C_2}{M}+\Delta D$$

2. 卖出套利

对于卖出套利交易而言，无套利价差区间的测算公式如下：

$$MF(t,T_2)>MF(t,T_1)^{e^{f(T_2-T_1)}}+M\Delta D+4C_1+C_2$$

$$F(t,T_2)-F(t,T_1)^{e^{f(T_2-T_1)}}<-\frac{4C_1+C_2}{M}+\Delta D$$

同样，若想实现在卖出套利交易中获利，必须做到套利收益大于交易成本。在进行卖出套利，即执行买近卖远策略时，近月和远月合约的价格应满足如下公式，否则将会遭受损失：

$$F(t,T_2)-F(t,T_1)^{e^{f(T_2-T_1)}}>-\frac{4C_1+C_2}{M}+\Delta D$$

4.3.3 跨期套利触发和终止

在分析了跨期套利的无套利价差区间后，可实时计算并监控各近远月合约组合的无套利价差。

$$\text{TM(合约价差)}=F_{(t,T_2)}-F_{(t,T_1)}{}^{e^{f(T_2-T_1)}} \tag{1}$$

一旦近远月合约价差偏离无套利价差区间及达到跨期套利交易触发条件即可开仓。具体而言，触发条件为当任意两份近远月合约组合出现如公式（2）所示的情况时，即可触发卖出套利，采取买入近月合约、卖出远月合约的策略。

$$\text{TM}<-\frac{4C_1+C_2}{M}+\Delta D \tag{2}$$

当任意两份近远月合约组合出现公式（3）所示的情况时，即可触发买进套利，采取买入远月合约、卖出近月合约的策略。

$$\text{TM}>\frac{4C_1+C_2}{M}+\Delta D \tag{3}$$

相对地，跨期套利也有其终止条件，且不论采取的是哪种跨期套利策略，如果发现价差落入无套利价差区间内，就需要进行两份近远月合约的同时反向平仓操作，终止套利。即：

$$-\frac{4C_1+C_2}{M}+\Delta D \leqslant \mathrm{TM} \leqslant \frac{4C_1+C_2}{M}+\Delta D \quad (4)$$

相对于均衡价差而言，交易成本因素相对变动较小，对跨期套利交易的影响也相对较小，均衡价差在不同情势下可能会有较大变动，因此均衡价差的确定是跨期套利的关键。现实中的均衡价差由于受综合因素的影响而具有一定的不确定性，在实际测算均衡价差时要根据不同市场的特殊情况对基本方法进行适当的调整。

然而，众多因素对均衡价差的影响也具有一定的规律性，通过分析这类因素可以得到均衡价差的大致波动区间或者变化趋势，这显然对股指期货跨期套利的成功很有价值。跨期套利中的交易成本主要包括交易手续费、期货交易税、保证金的机会成本和交易执行中的冲击成本等。

（1）一般而言，交易手续费、期货交易税属于固定成本，而交易手续费则具有一定的灵活性，因此跨期套利的成本有进一步降低的空间。

（2）保证金的机会成本是相对利率的机会成本。在进行价差套利时，交易所所要求的保证金比同时买进或者卖出两份合约所需要的保证金少，这降低了因保证金支出所造成的利息成本，也使得在合约期限较短的跨期套利中可以忽略这一部分成本的影响。

（3）执行成本属于变动成本。跨期套利交易中要求投资者迅速且同时完成买进与卖出操作，这样通常会对股指期货市场造成较大的冲击。一次完成巨量交易可能使投资者不得不以较为不利的价格成交，付出较大的冲击成本。而倘若投资者想以较小的冲击成本完成交易，必须以延长交易时间为代价，这使投资者面临无法套利或者随着时间延长价格发生大幅度波动的风险。因此，在制定套利方案时必须考虑冲击成本的影响。

前述研究中的理论价差模型考虑了近月合约的时间复利因素，因而相应的均衡价差也是考虑了复利因素后进行算术测算的结果。即：

$$\mathrm{TM}(\text{合约价差})=F_{(t,T_2)}-F_{(t,T_1)}\mathrm{e}^{f(T_2-T_1)}$$

考虑时间复利因素后的均衡价差在理论上更有说服力，然而却很不直观，在实际运用中，投资者往往对合约间的简单价差十分敏感。即：

$$\mathrm{Spread}=F_{(t,T_2)}-F_{(t,T_1)}$$

简单价差与考虑复利因素后的价差在数据测算上确实存在一定差别。粗略地看，考虑复利后的均衡价差相当于将简单价差向下水平移动一个量值，对均衡价差与无套利价差区间共同决定的跨期套利机会应该没有影响，在实际操作中运用简单价差替代理论价差是可行的。

按照套利结束时间，可分为如下 3 种情况：

（1）近期合约到期前平仓。跨期套利机会出现的时间有长有短，有的套利活动是当日开始并当日结束，有的则可能持续几日或一段时间。如果选择在近期合约到期之前平仓，那么此时近远期的结算价格均为期货当天的结算价格。

（2）近期合约到期时平仓。如果选择在近期合约到期时平仓，那么近期合约的计算价格为当时的现货价格。

（3）近期合约到期后转为现货。如果在近期合约到期时，近远期合约的价差足够大，在弥补现货交易和模拟成本的情况下还有一定的价差收益，就可以进行期转现操作。即将近期合约转成现货头寸，并保留远期合约，近期合约到期后，远期合约顺势成为近期合约，此时，跨期套利转变为期现套利。

4.3.4 实证案例：跨期套利策略

2010 年 4 月 30 日，股指期货近期合约 IF1006 与远期合约 IF1112 的价差高达 160 基点，此时大盘正在持续下跌，我们认为两份合约的价差远远超过了理论价差，在未来一段时间很可能回归，因此可以进行做多 IF1006 同时做空 IF1112 的跨期套利交易。

股指期货多头跨期套利过程分析如表 4-2 所示。

表 4-2　股指期货多头跨期套利过程分析

<table>
<tr><th rowspan="2">套利时间</th><th rowspan="2">股票市场沪深 300 指数</th><th colspan="2">股指期货市场</th><th rowspan="2">二者价差
（基差）</th></tr>
<tr><th>IF1006</th><th>IF1112</th></tr>
<tr><td>开始：
2010/4/30</td><td>收盘价为 3067 点</td><td>以 3107 点收盘价买入期货合约 10 手</td><td>以 3326 点收盘价卖出期货合约 10 手</td><td>3326-3107=219 点</td></tr>
<tr><td>结束：
2010/5/17</td><td>收盘价为 2714 点</td><td>以 2719 点收盘价卖出平仓期货合约 10 手</td><td>以 2757 点收盘价买入平仓期货合约 10 手</td><td>2757-2719=38 点</td></tr>
<tr><td>盈亏计算</td><td>指数上涨
2604.23－410.60=2193.63 点</td><td>亏损
2719-3107=-388 点</td><td>盈利
3326-2757=569 点</td><td>基差缩小 219-38=181 点</td></tr>
<tr><td colspan="5">盈亏相抵后：(569-388) ×300×10=543 000</td></tr>
<tr><td colspan="5">初期成本（20%保证金）=(3107+2719) ×300×10×20%=3 495 600</td></tr>
<tr><td colspan="5">盈利率=543 000/3 495 600 × 100% =15.5%</td></tr>
</table>

4.3.5 主要套利机会

1. 程序化跨期套利机会

如果跨月价差波动表现相对稳定，而且持续在一定区间范围内波动，这个时候存在很好的程序化跨期套利机会。比如在 2011 年 6 月 22 日至 7 月 1 日期间，IF1109 和 IF1108 的价差基本在 10～15 点之间波动，如图 4-2 所示，安全起见，可以上下均掉 0.5 点，即当价差回落至 10.5 点的时候，进行反向套利操作，买进 IF1009 卖出 IF1008；当二者价差扩大至 14.5 点时，将套利头寸平掉，粗略估算交易手续费为 1 点，那么可以赚取 3 点的利润。同时，反手进行正向套利操作，买进 IF1008 卖出 IF1009，等待价差回落至 12.5 点。如此反复循环，虽然每次利润较少，但机会出现频繁。因此，总的来看，收益还是不错的，不过这种套利机会只适合程序化交易。

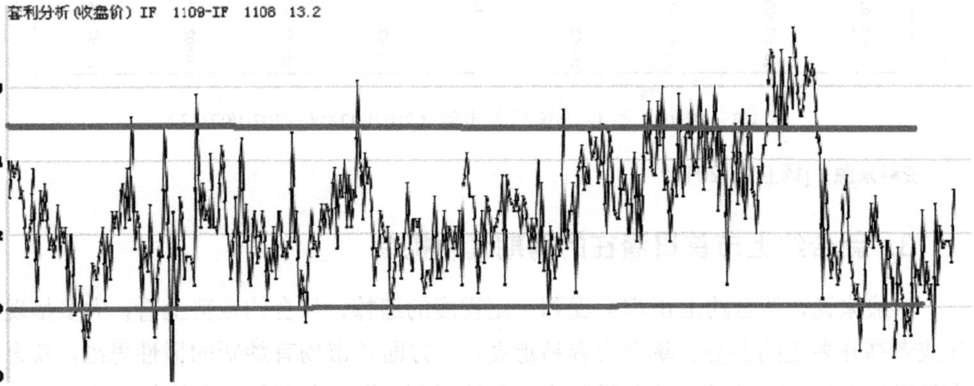

图 4-2 跨期套利中 IF1109 与 IF1108 价差稳定波动区间

资料来源：[杨卫东 2011]

2. 事件性跨期套利机会

在红利发放期间，合约间的价差都容易发生较大幅度的变化，而恰恰跨期套利对于由分红引起的价差变动比较敏感，特别对于持有成本模型而言，分红率影响着无套利区间的上下限。沪深 300 成分股每年的红利集中发放期间为 5、6 和 7 月份，这一时期价差变化幅度也较大，是实施跨期套利的良好机会。根据经验规律，随着分红高峰的到来，远月与近月合约价差重心会走高；反之，价差重心会走低。因此，可以在红利发放前期考虑进行反向跨期套利，因为随着价差的扩大，反向跨期套利将获利；反之，在红利发放结束前期可考虑进行正向跨期套利。例如，2010 年 7 月 8 日 IF1012 与 IF1008 的价差为 67 点，此时成分股分红的高峰期刚过，可以考虑进行买 IF1008 卖 IF1012 的正向套利操作，7 月 19 日，价差缩小至 40 点，8 个交易日可以赚取 27 点价差，如图 4-3 所示。

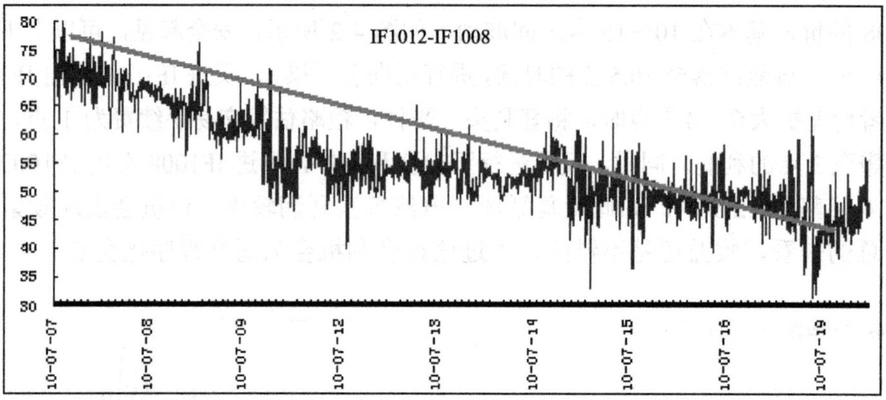

图 4-3　IF1012 与 IF1008 价差走势（2010/07/08—2010/07/23）

资料来源：[杨卫东 2011]

3. 新合约上市首日潜在的跨期套利机会

一般来说，新合约上市都会受到一定程度的追捧，从合约走势上看，大多呈现平开或者高开高走的态势。新合约容易走高，一方面是市场有炒新的惯性思维，新合约容易吸引人气，这样就容易出现量价齐升的局面；另一方面是新合约的定价上有一定的时间价值低估倾向，那么其会低于实际价值，随后就会被市场所纠正，合约会顺势走高。正是基于这样的原因，新合约和当月合约价差扩大的概率较大，因此，新合约上市首日存在较好的跨期套利机会，即在买入新合约的同时卖出当月合约，等价差扩大到一定程度后，双向平仓获利。例如，IF1103 合约上市首日，IF1103 与 IF1008 的价差开盘时最低，随后价差快速扩大，盈利空间在 10 点以上，如图 4-4 所示。另外，IF1007 和 IF1008 作为新合约上市的首日，也同样存在这种跨期套利机会。

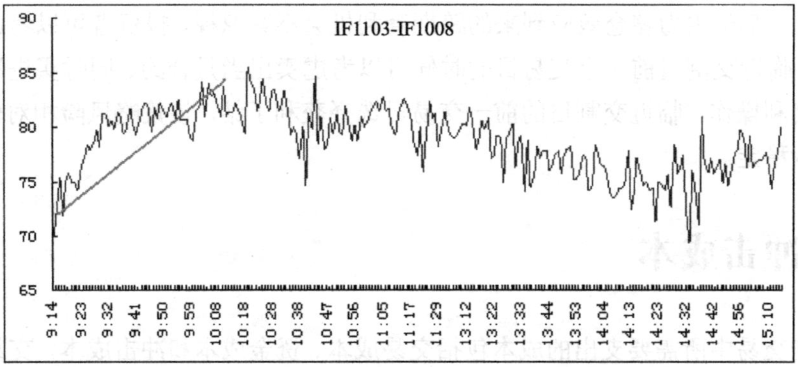

图 4-4 IF1103 与 IF1008 合约 7 月 19 日价差走势

资料来源：[杨卫东 2011]

4. 老合约在退市之前几个交易日潜在的跨期套利机会

这里以 IF1009 合约与 IF1008 合约作为研究对象，从 2010 年 8 月 12 日开始，主力逐步开始移仓，IF1009 持仓稳步增加，交易量从 8 月 16 日开始快速放大，资金移仓明显，受到资金推动效应影响，IF1009 合约出现量价齐升局面；反观 IF1008 合约，由于资金逐步撤出，IF1008 对于投资者的吸引力大大降低，资金关注度的弱化也拖累了其走势，二者相比 IF1009 走势明显强于 IF1008。从二者价差上看，8 月 12 日二者价差最低不足 7 点，不过之后随着主力移仓效应的逐渐放大，二者价差持续拉大，8 月 19 日即 IF1008 合约交割前一交易日，价差达到最大值（超过 22 点），如图 4-5 所示。

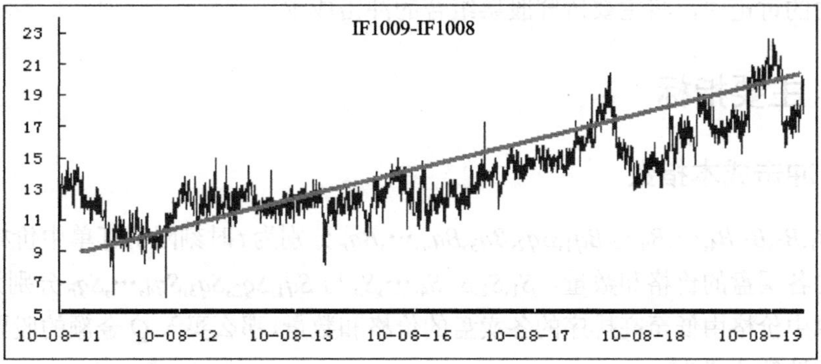

图 4-5 IF1009-IF1008 价差关系图（2010/8/11—2010/8/19）

资料来源：[杨卫东 2011]

因此，基于主力移仓效应到来的跨期套利机会不容忽视。投资者可以考虑这样一种策略：临近交割日前 7 个交易日的时候可以考虑卖出当月合约、同时买进次月合约的跨期套利操作，临近交割日的前一交易日选择获利了结。该策略风险相对较低，而收益较为稳定。

4.4 冲击成本

套利交易中所需要支出的成本包括交易成本、资金成本和冲击成本，交易成本主要是指手续费、印花税等，资金成本主要是指资金无风险利率，这两个成本都是固定的，而冲击成本则是影响套利交易最主要的成本。

冲击成本是指在套利交易中需要迅速而且大规模地买进或者卖出证券，未能按照预定价位成交，从而多支付的成本。冲击成本被认为是机构大户难以摆脱的致命伤。

冲击成本全称为价格冲击成本，国际上通常用它来衡量股市的流动性。它也可称为流动性成本，是指一定数量的委托（订单）迅速成交时对价格的影响，因此是一个包含即时性和合理价格两方面要素的指标。

相应的流动性成本指标（价格冲击指数），即一定数量（如 10 万元）交易对市场价格的冲击程度。

股指期货套利中所有头寸的交易都存在冲击成本，比如在现货构建中，会有股票组合冲击成本、ETF 组合冲击成本、开放式投资组合冲击成本。股指期货也有股指期货的冲击成本。但是由于期现套利组合的绝大部分冲击成本来自股票组合的构建，所以在下面的讨论中，将主要研究股票组合的冲击成本。

4.4.1 主要指标

1. 冲击成本指数

设 $B_1,B_2,B_3,B_4,\cdots,B_n$ 与 $Bq_1,Bq_2,Bq_3,Bq_4,\cdots,Bq_n$ 分别为 t 时刻限价订单中价格由高至低排序的各买盘的价格和数量，$S_1,S_2,S_3,S_4,\cdots,S_n$ 与 $Sq_1,Sq_2,Sq_3,Sq_4,\cdots,Sq_n$ 分别为 t 时刻限价订单中价格由低至高排序的各卖盘的价格和数量，那么买入 Q 金额的股票的冲击成本指数计算公式为：

$$\text{买入冲击成本指数}=LN\frac{Q/[\sum_{i=1}^{n-1}Sq_1+(Q-\sum_{i=1}^{n-1}S_i\times Sq_1/S_n)]}{(B_1+S_1)/2}$$

其中，$\sum_{i=1}^{n-1}B\times Bq_i<Q\leqslant\sum_{i=1}^{n-1}B\times Bq_i$；$LN$为自然对数符号。

卖出 Q 金额的股票的冲击成本指数计算公式为：

$$\text{卖出冲击成本指数}=LN\frac{Q/[\sum_{i=1}^{n-1}Bq_1+(Q-\sum_{i=1}^{n-1}B_i\times Bq_1/B_n)]}{(B_1+S_1)/2}$$

其中，$\sum_{i=1}^{n-1}B\times Bq_i<Q\leqslant\sum_{i=1}^{n-1}B\times Bq_i$。

冲击成本指数即为买入冲击成本指数和卖出冲击成本指数的平均值。

2. 流动性指数

设 $B_1,B_2,B_3,B_4,\cdots,B_n$ 与 $Bq_1,Bq_2,Bq_3,Bq_4,\cdots,Bq_n$ 分别为 t 时刻限价订单中价格由高至低排序的各买盘的价格和数量，$S_1,S_2,S_3,S_4,\cdots,S_n$ 与 $Sq_1,Sq_2,Sq_3,Sq_4,\cdots,Sq_n$ 分别为 t 时刻限价订单中价格由低至高排序的各卖盘的价格和数量，那么 t 时刻使价格下跌 1%的流动性指数计算公式为：

$$\text{流动性指数}=\sum_{i=1}^{n=2}B_t\times Bq_t+B_n\times 1$$

其中，$n=\left\{\min(k)\mid\frac{|B_k-B_1|}{B_1}>1\%\right\}$。

t 时刻使价格上涨 1%的流动性指数计算公式为：

$$\text{流动性指数}=\sum_{i=1}^{n=2}S_t\times Sq_t+S_n\times 1$$

其中，$n=\left\{\min(k)\mid\frac{|S_k-S_1|}{S_1}>1\%\right\}$。

3. 宽度

绝对买卖价差：$\text{Spread}_t=(S_t-B_t)$

相对买卖价差：$\text{Spread}_t = \dfrac{200\times(S_t - B_t)}{(S_t + B_t)}$

其中，S_t为最优卖价（卖一价），B_t为最优买价（买一价）。

绝对有效价差：是指订单实际成交的成交量加权平均价格（P）与订单达到最优报价中点（P_m）之间的差额。

$$绝对有效价差=2\times|P-P_M|$$

$$相对有效价差=2\times\frac{|P-P_M|}{P_M}$$

4．深度

累计披露报价深度=(累计 5 个披露买价深度+累计 5 个披露卖价深度)/2

4.4.2 实证案例：冲击成本

这里以 2009 年深交所全部上市股票为计算样本，计算所需的逐笔数据来自深交所中心数据库存储的所有股票全部订单的逐笔订单、成交数据和行情数据。

其中，按照公司规模、机构持股比例和股价对股票进行分类比较，其标准如下：

（1）公司规模分类是根据年末股票流通市值按 30%、40%和 30%的比例分为 3 组。

（2）根据 2008 年机构持股（占流通股）比例值按 30%、40%和 30%的比例分为 3 组：低机构持股比例组、中机构持股比例组和高机构持股比例组。

（3）以 2008 年全年平均股价为标准，将深市 A 股股票按 30%、40%和 30%的比例分成低价股、中价股和高价股 3 组。

1．冲击成本指数和流动性指数

2009 年深市 A 股 10 万元冲击成本指数为 14 个基点，1%的流动性指数为 300 万元，如图 4-6 和图 4-7 所示。

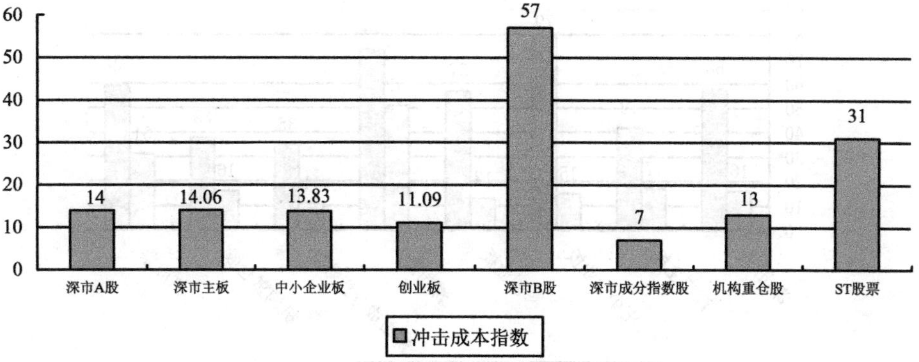

图 4-6　2009 年深市股票冲击成本指数（10 万元）

资料来源：深圳证券交易所

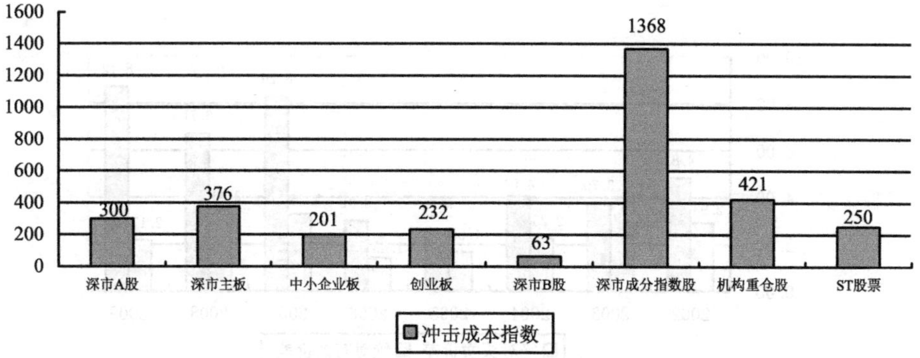

图 4-7　2009 年股票流动性指数（1%）

资料来源：深圳证券交易所

2．宽度

深市 A 股相对买卖价差为 16 个基点，相对有效价差为 58 个基点，如图 4-8 所示。2009 年绝对买卖价差和绝对有效价差分别为 2.17 和 8.72 分（剔除新股上市首日后绝对有效价差为 5.19 分，如图 4-9 所示）。

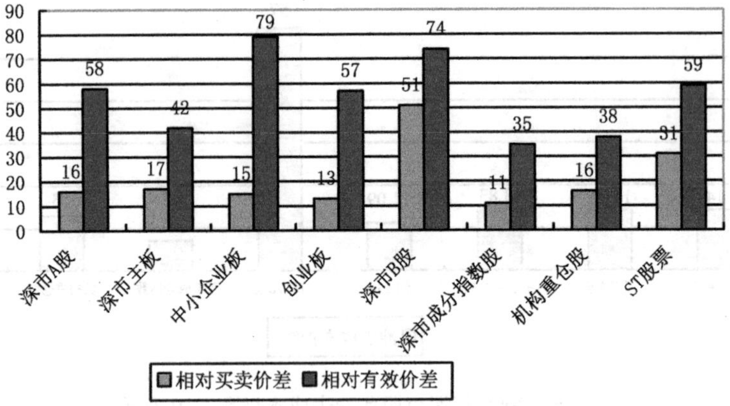

图 4-8　2009 年深市股票相对价差

资料来源：深圳证券交易所

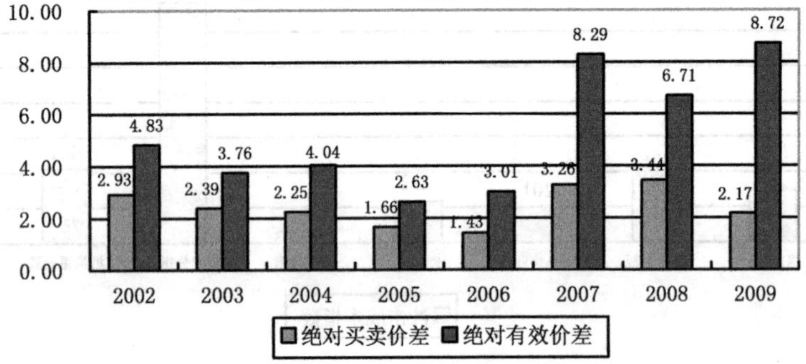

图 4-9　2002—2009 年深市股票绝对价差

资料来源：深圳证券交易所

4.5　保证金管理

股指期货保证金是指股指期货交易中，交易所为了降低交易双方的违约风险而要求交易双方缴纳的一定数额的资金，分为初始保证金和维持保证金。当交易者保证金账户余额低于维持保证金时，则需追加至初始保证金，因而对于交易者而言，需要预留部分资金以备在大幅波动市况下追加保证金。

股指期货套利，尤其是期现套利中，保证金管理具有很重要的作用。在市场出现剧烈波动的时候，尤其是大幅度上涨的行情中，如果保证金覆盖不足，则可能出现爆仓的情况，从而使得套利组合无法坚持到结算日从而提前终止，出现亏损。因而在建仓初始就需要进行保证金覆盖的测算，使得初始保证金能够在较大的概率下覆盖整个套利期间内的波动。

4.5.1 VaR 方法

VaR（Value at Risk）是一种重要的风险分析与管理工具，其基本的表述是：在市场正常波动条件下，某一金融资产或资产组合在未来特定的时期内和在一定的置信水平下可能发生的最大损失，即 VaR 为某些前提条件下确定的一个数值，表示为：

$$P(\Delta W > \text{VaR}) = 1 - \alpha$$

其中，ΔW 表示在市场正常波动条件下，某一金融资产或资产组合在未来特定时期 Δt 内在置信水平为 α 的情况下的损失。

VaR 方法中都要涉及两个主要的参数：持有金融资产的期限和置信水平。所有 VaR 方法的使用和计算都要在这两个参数给定的情况下才有意义。

由于投资金融资产的收益或损失与持有金融资产的期限长度呈正相关性，VaR 随着持有期限的增加而增加。持有期限通常考虑如下 4 种因素。

（1）金融市场的流动性：交易头寸流动越迅速高效，则可以选择较短的持有期限；相反，则更长一些的持有期限比较合适。

（2）收益的分布特性：由于采用概率的方法，需要假定资产的收益服从一定的分布，最为简便的方法是假定持有资产的收益呈正态分布。实证表明，持有期限越短，资产实际收益分布越接近正态分布。

（3）持有头寸的调整：在实际的金融活动中，投资者会根据市场的具体状况对其持有的头寸和组合进行不断的调整，持有期越长，投资者改变组合中的头寸的可能性就越大。而在 VaR 方法的计算中，通常假定在给定的持有期限内资产或资产组合的头寸保持不变，因此，持有期限越短越容易满足资产或资产组合头寸保持不变的假定。

（4）数据的限制：VaR 方法的计算需要持有的金融资产收益有关的历史数据，用以估计其收益率及方差或波动性，如果期限过短，则数据采集量会受到限制。

至于如何选择置信水平，需要考虑多种情况，包括 VaR 验证的需要、内部风险资本的需要、外部监管的要求及不同机构之间的比较等。数学上对于不同概率分布类型的考虑，也使得选择合理有效的置信水平成为一种需要。置信水平的确定和选择在一定程度上反映了监管者和投资者对于市场和金融产品风险的态度，实际应用中会依据不同的目的设定不同标准的置信水平。

4.5.2 VaR 计算方法

VaR 的计算方法通常有三大类：分析法、历史模拟法和蒙特卡罗模拟法，这 3 种方法从不同角度来分析资产的风险价值。后面的案例中将对股指期货交易中保证金的最大损失值进行计算，即对保证金的 VaR 值进行估计。

1. 分析法

分析法是 VaR 计算中最为常用的方法，此种方法首先要清楚资产价格服从的分布特征。分析法的不足是假定正态分布的准确性和可信性；其优点是简化 VaR 繁重的运算负担，为普通投资者和管理者提供了一套强大的统计工具。

VaR 分析法的使用，首先通过假定或者实证来确定资产价格服从的分布类型，分布类型的确定和选择是进行 VaR 方法理论分析和实证研究的关键。如果资产或资产组合的收益率服从正态分布，则该资产或资产组合 VaR 的计算可以简化，在正态分布条件下，可以根据置信水平 α 确定相应的分位数，记为 Z_α，将资产或资产组合的收益率分布的标准差 σ 与该分位数 Z_α 相乘，记为 VaR 值。

2. 历史模拟法

历史模拟法要求投资者收集并利用所持有资产或资产组合在过去一段时期内收益率分布的历史数据，其核心是根据影响资产或资产组合的市场因子的历史样本变化来模拟证券组合的未来损益分布，并利用分位数给出在一定置信水平下的 VaR 估计。历史模拟法的基础是假定资产收益率历史的变化会重演，从而根据历史数据来确定在持有资产或资产组合期内损失的最大值。

历史模拟法是一种非参数方法，它不需要假定市场因子的统计分布，因此可以较好地处理非正态分布的资产或资产组合的收益率。

历史模拟法的主要步骤如下：

（1）映射。分析确定影响资产或资产组合的市场因子，收集每个市场因子适当时期的历史数据，并用市场因子表示出资产或资产组合中各个金融资产的盯市价值。

（2）估计每个市场因子价值波动和未来价格。根据市场因子过去 n 个日期价格的时间序列，计算每个市场因子在 n 个时期内价格水平的实际变化，再假定未来的价格波动与过去一致，由市场因子的当前价格水平可以直接估计出每个市场因子未来一个时期的 n 种可能的价格水平。

（3）估计组合的未来收益。利用资产价格公式，根据所有市场因子价格未来的 n 种可能值，估计资产或资产组合未来的 n 种可能价格，并与资产或资产组合的当前价值或期望价值相比较，得到资产或资产组合未来的 n 个可能损益的分布。

（4）确定 VaR 值。将损益分布按递增次序排列，按给定的置信度某一分位数，求出资产或资产组合相应的 VaR 值。

3. 蒙特卡罗法

蒙特卡罗法又称随机抽样方法或统计实验方法，其主要思想是：当所要求解的问题是某种事件出现的频率，或者是某个随机变量的期望值时，它们可以通过试验的方法得到这种事件出现的频率，或者这个随机变数的平均值，并用它们作为问题的解。在 VaR 的分析和计算中，主要包括以下 3 个步骤：

（1）估计资产或资产组合收益率的平均数和标准差，并就标准正态分布进行函数抽样，抽样次数为 n，得到 n 个标准正态随机变量 Z_i。

（2）将所得到的 n 个标准正态随机变量 Z_i 数值代入 $x_i^* = \mu + Z_i\sigma$，得到正态分布条件下的收益率数值。

（3）将上述模拟结果按从小到大的顺序进行排列，取某一分位数，即可得到在蒙特卡罗模拟下的 VaR 估计值。

4.5.3 实证案例

本案例采用 VaR 分析法，根据沪深 300 指数从 2005 年 4 月 8 日到 2010 年 4 月 6 日共 1214 个交易日收盘价的收益率，分析和测算了保证金水平从 15%至 25%、开仓比例从 30%至 100%等诸多情况下，该保证金水平能够覆盖的市场波动率及相应的概率，如表 4-3 所示。

表 4-3　不同开仓比例下的不同保证金水平能够覆盖的市场波动率及其概率

保证金比例/开仓比例	30.00%	40.00%	50.00%	60.00%
15.00%	7.5%(99.5%)	5.63%(99.1%)	4.5%(98.1%)	3.75%(95.4%)
16.00%	8.53%(99.8%)	6.4%(99.3%)	5.12%(98.7%)	4.27%(98.%)
17.00%	9.63%(99.8%)	7.23%(99.5%)	5.78%(99.1%)	4.82%(98.4%)
18.00%	10.8%(99.9%)	8.1%(99.6%)	6.48%(99.3%)	5.4%(98.9%)
19.00%	12.03%(99.9%)	9.03%(99.8%)	7.22%(99.5%)	6.02%(99.2%)
20.00%	13.33%(99.9%)	10%(99.8%)	8%(99.65%)	6.67%(99.4%)
21.00%	14.7%(99.9%)	11.03%(99.9%)	8.82%(99.7%)	7.35%(99.5%)
22.00%	16.13%(99.9%)	12.1%(99.9%)	9.68%(99.8%)	8.07%(99.6%)
23.00%	17.63%(99.9%)	13.23%(99.9%)	10.5%(99.9%)	8.82%(99.7%)
24.00%	19.2%(99.9%)	14.4%(99.9%)	11.5%(99.5%)	9.6%(99.8%)
25.00%	20.83%(99.9%)	15.63%(99.9%)	12.5%(99.9%)	10.42%(99.8%)
15.00%	3.21%(94.4%)	2.81%(92.5%)	2.5%(90.1%)	2.25%(87.1%)
16.00%	3.66%(95.2%)	3.2%(94.4%)	2.84%(92.9%)	2.56%(90.0%)
17.00%	4.13%(97.8%)	3.61%(95.1%)	3.21%(94.4%)	2.89%(92.9%)
18.00%	4.63%(98.4%)	4.05%(97.4%)	3.6%(95.1%)	3.24%(93.8%)
19.00%	5.16%(98.7%)	4.51%(98.1%)	4.01%(97.4%)	3.61%(95.4%)
20.00%	5.71%(98.1%)	5%(98.5%)	4.44%(97.9%)	4%(96.84%)
21.00%	6.3%(99.3%)	5.51%(98.5%)	4.9%(98.5%)	4.41%(97.9%)
22.00%	6.91%(99.4%)	6.05%(99.2%)	5.38%(98.9%)	4.84%(98.5%)
23.00%	7.56%(99.5%)	6.61%(99.4%)	5.88%(99.2%)	5.29%(98.8%)
24.00%	8.23%(99.7%)	7.2%(99.5%)	6.4%(99.3%)	5.76%(99.1%)
25.00%	8.93%(99.7%)	7.81%(99.5%)	6.94%(99.4%)	6.25%(99.3%)

数据来源：[吴泱 2010]

从表 4-3 中可知，如果期货公司的股指期货保证金比例为 15%，投资者的开仓比例为 30%，那么在不考虑强行平仓的情况下，这 15%的保证金可以覆盖 7.5%的市场波动，而根据沪深 300 指数的历史数据风险管理研究估算，日行情波动落在 7.5%以内的概率为 99.5%。

如表 4-4 所示为在不同股指期货合约持有期限下所需要的保证金覆盖比例。例如，在 99%的置信区间下，持有期间为 10 天的股指期货合约，在 15%的保证金比例下，需要初始的保证金为 2.125 倍。也就是要多准备 1.125 的保证金数额，以覆盖未来 10 天的波动。

表 4-4 不同仓单持有期下的保证金覆盖比例

保证金：0.15						
置信区间/仓单时间	10 天	20 天	30 天	60 天	90 天	120 天
0.99	2.125	2.7	3.4	5.13	7.17	10.3
0.98	2.02	2.55	3.22	4.71	6.77	9.24
0.97	1.9	2.4	2.95	4.4	6.42	8.2
0.96	1.85	2.3	2.82	4.2	6.01	7.82
0.95	1.79	2.22	2.7	3.98	5.66	7.51

资料来源：[吴泱 2010]

第 5 章　商品期货套利

◆ 摘要 ◆

与股指期货套利类似，商品期货同样存在套利策略，在买入或卖出某种期货合约的同时，卖出或买入相关的另一种合约，并在某个时间同时将两种合约平仓。在交易形式上它与套期保值有些相似，但套期保值是在现货市场上买入（或卖出）实货，同时在期货市场上卖出（或买入）期货合约；而套利却只在期货市场上买卖合约，并不涉及现货交易。

商品期货套利主要有期现套利、跨期套利、跨市场套利和跨品种套利 4 种。

（1）期现套利，是利用同一种商品在期货市场与现货市场之间的不合理价差进行的套利行为。当期货价格与现货价格之间出现不合理的基差时，套利者通过构建现货与期货的套利资产组合，以期望基差在未来回归合理的价值区间并获取套利利润的投资行为。

（2）跨期套利正是通过观察期货各合约价差的波动，以赚取差价为目的，在同一期货品种的不同合约月份建立数量相等、方向相反的交易部位，并以对冲或交割方式结束交易的一种操作方式。正向市场时，价差为负，表现为远月升水；反向市场时，价差为正，表现为近月升水。一般来说，价差（绝对值）由持有成本（或持仓费）构成，即指为拥有或保留某种仓单或头寸而支付的仓储费、保险费和利息等费用。

（3）跨市场套利是指在不同市场之间进行的套利交易行为。当同一期货商品合约在两个或者更多市场上进行交易时，由于区域间的地理差别等因素，各商品合约间存在一定的固有价差关系。但是，由于两个市场的供求影响因素、市场环境及交易规则等方面不完全一致，价格的传导存在滞后甚至失真的情况，因此固有价差水平会出现偏离。跨市场套利正是利用市场失衡时机，在某个市场买入（或卖出）某一交割月份某种商品合约的同时，在另一个市场卖出（或买入）同一交割月份的同种商品合约，以对冲或交割方式结束交易的一种操作方式。这种套利可以在现货市场与期货市场上进行，也可以在异地交易所之间进行，其中也包括国内交易所与国外交易所之间。

（4）跨品种套利是指利用两种不同但相互关联的商品之间的合约价格差异进行套利交易，即买入某一交割月份的某种商品合约，同时卖出另一相同交割月份相互关联的商品合约，以期在有利时机同时将这两个合约对冲平仓获利。跨品种套利的核心策略是寻找两种或多种不同但具有一定相关性的商品间的相对稳定关系（差值、比值或其他），在其脱离正常轨道时采取相关反向操作以获取利润。根据套利商品之间的关系，跨品种套利可分为相关商品套利和产业链跨品种套利两种类型。

需要说明的是，套利仍是一种投机行为，只要套头没有全部对冲，就存在风险，这就对套头的正确处理提出了较高的要求。对于套利投机也要像单向投机那样用变化的、动态的眼光去对待，而千万不可用静态的、固定的及僵化的眼光去对待，否则，所谓风险较小的套利也会以损失较大而告终。

5.1 基本概念

商品期货套利指的是在买入或卖出某种商品期货合约的同时，卖出或买入相关的另一种合约，并在某个时间同时将两种合约平仓的交易方式。在交易形式上它与套期保值有些相似，但套期保值是在现货市场上买入（或卖出）实货和在期货市场上同时卖出（或买入）期货合约；而套利却只在期货市场上买卖合约，并不涉及现货交易。这一交易方式大大丰富了期货投机交易的内涵。

在进行套利交易时，交易者注意的是合约价格之间的相互变动关系，而不是绝对价格水平。他们买进自认为便宜的合约，同时卖出那些高价的合约。如果价差的变动方向与当初的预测相一致，交易者即可从两个合约价格间的相互变动中获利。因此，对于交易者来说，理解套利交易原理和掌握一些交易技巧是非常必要的。

套利的潜在利润不是基于商品价格的上涨或下跌，而是基于两个套利合约之间的价差扩大或缩小。因此，套利获得利润的关键就是价差的变动。

5.1.1 套利的条件

完成套利交易，期货合约之间需要具备以下条件。

（1）条件之一：其历史价差变化必须具备一定的规律。在大多数情况下，商品期货的价差变化会在一定幅度内波动，极少有价差突破其上下边沿的情况。当价差扩大或缩小到一定程度之后，其后的价差波动会向相反的方向变化。从历史上的变化情况来看，这种价差在一定幅度内的来回波动是一个大概率事件。

（2）条件之二：商品期货合约之间的价格波动必须具备一定的相关性和联动性。这一点可以从概率统计学角度计算其相关系数，由此来证明其相关性和联动性的大小。

在计算商品期货价格波动的相关性系数时，可以将两份合约每天的收盘价作为一个离散性随机变量。假定某合约的收盘价为变量 X，另一合约的收盘价为变量 Y，则：

$$Z(\text{相关系数}) = \frac{\sum (X_i - X')\times(Y_i - Y')}{S_x \times S_y}$$

① X'：变量 X 的样本均值。
② Y'：变量 Y 的样本均值。
③ S_x：变量 X 的样本方差。
④ S_y：变量 Y 的样本方差。

利用上面的公式就可以计算出两份合约之间的相关系数，通过数学检验，可以证明两者间的相关性大小。实践表明，相关系数在 0.70～0.95 之间的期货品种间套利效果比较好。如果相关性过高，风险固然很小，但套利空间太小，收益率较低；如果相关性过低，套利空间会明显加大，收益率显著提高，但风险也大为增加。

（3）条件之三：拟套利的期货合约应有足够的流通性和足够的容量。

合约的持仓量在拟套利头寸数量的 10 倍以上比较理想；否则，进出不便会严重影响操作效果。

套利可能出现的结果有以下几种：① 盈利额大于亏损额，结果盈利；② 盈利额小于亏损额，结果亏损；③ 盈利额等于亏损额，结果持平；④ 盈利+盈利，结果盈利；⑤ 亏损+亏损，结果亏损。

由此可见，套利也是有风险的，要努力实现①、④两种结果，而尽量避免②、⑤两种结果。

5.1.2 套利基本模式

1. 期现套利

期现套利是指某种商品期货合约，当期货市场与现货市场在价格上出现差距时，利用两个市场的价格差距，低买高卖而获利。理论上，期货价格是商品未来的价格，现货价格是商品目前的价格，按照经济学上的同一价格理论，二者间的差距即“基差”（基差=现货价格－期货价格）应该等于该商品的持有成本。一旦基差与持有成本偏离较大，就出现了期现套利的机会。其中，期货价格要高出现货价格，并且超过用于交割的各项成本，如运输成本、质检成本、仓储成本、开具发票所增加的成本等。期现套利主要包括正向买进期现套利和反向买进期现套利两种。

当期货价格大于现货价格时，称为正向市场。当期货价格对现货价格的升水大于持有成本时，套利者可以实施正向期现套利。即在买入（持有）现货的同时卖出同等数量的期货，等待期现价差收敛时平掉套利头寸或通过交割结束套利。

当期货价格小于现货价格时，称为反向市场。反向套利是构建现货空头和期货多头的套利行为（在期现套利中就是做空基差），由于现货市场上不存在做空机制，反向套利的实施会受到极大的限制。

2. 跨期套利

跨期套利是指在同一市场（同一交易所）同时买入、卖出同种商品不同交割月份的期货合约，以期在有利时机同时将这两个交割月份不同的合约对冲平仓获利，这种套利交易形式是套利交易中最普通的一种。

导致不同合约月价格差的主要原因是资金不均衡作用和季节性因素，有时资金主要集中在某一种合约上角逐，使得合约的波动速度要明显快于其他合约，这就意味着套利机会的来临。跨期套利最明显的好处是容易掌握，考虑因素相对比较简单，而且结算在同一交易所进行，不需要划转资金，容易实现账面平衡。例如，大连大豆 5 月合约与 9 月合约之间的套利。

相对而言，这是一种最为简单的套利模式。需要注意的是，最简单的东西，操作上有时最不容易把握，这主要是因为套利的时机往往稍纵即逝，没有在合适的时机入市，可能就再也无法入市了。对冲时机的把握也面临同样的问题，不能迅速决断，可能很长时间形成的利差在瞬间就消失了。

另外，因为交割地位的差别有时会不断地强化某种价差的变化趋势而无法使其逆转，这样，过分拘泥于绝对价差达到某一水平而进行的跨期套利，往往会因为出现新的不可逆极限价差而导致套利失败。

3. 跨商品套利

跨商品套利是指利用两种不同但相互关联的商品之间的期货合约价格差异进行套利交易，即买入某一交割月份某种商品的期货合约，同时卖出另一相同交割月份、相互关联的商品期货合约，以期在有利时机同时将这两种合约对冲平仓获利。

跨品种套利通常有两种情况：一种是同一市场的不同品种，比如大连豆粕与大豆之间的套利、上海铜与上海铝之间的套利、郑州强麦与硬麦之间的套利等；另一种是不同市场的不同品种，比如大连大豆与郑州小麦之间的套利、大连豆粕与郑州小麦之间的套利等。

对于同一市场的不同品种而言，主要考虑两种合约之间已经出现的价差和后期的价差动态，从这个意义上来说，其与跨期套利没有什么两样。另外就是两个品种只是相关，而不是完全相同，基本面便有一定的差异，特别是在突变事件出现时将会对其中一种合约产生重大影响，而对另一种合约的影响却非常轻微，这就决定了价格之间相对运动的速度差异。如果能够正确把握这种差异，则套利就能获得成功；否则就会失败。

至于不同市场不同品种之间的套利，除了要考虑同一市场不同品种之间套利所要考虑的一切因素，还要考虑不同市场之间的保证金划转时间、交易时差等因素，相对而言要复杂一些。

4. 跨市场套利

跨市场套利是指在某个交易所买入（或卖出）某一交割月份某商品合约的同时，在另一个交易所卖出（或买入）同一交割月份的同种商品合约，以期在有利时机分别在两个交易所对冲在手的合约获利。

在进行跨市场套利交易时应注意影响市场间价格差异的几个因素。

（1）运输成本。不同交易所因与商品产地、销地的距离不同，运输成本就不同，同种商品的合约价格自然会有差异。

（2）交割品级的差异。

（3）当地的供求状况。跨市场套利既可以在国内的不同交易所之间进行，也可以在不同国家或地区的交易所之间进行。

第一是跨市场套利，虽然套利在相同的品种之间展开，但因市场有别，所需考虑的因素也很多，除了价差水平、价差的相对运动趋势，还要考虑涨跌停板的因素、保证金水平、汇率、资金流动顺利与否等。

比如上海铜与伦敦铜之间的套利，上海铜每天的涨跌停板幅度为 3%，而伦敦铜的涨跌停板幅度则没有规定，所以当伦敦铜出现 100 美元以上的上涨时，上海铜与之联动，即便以 3%涨停板报收也很难与伦敦铜的涨幅相当，这便是套利所面临的风险，尤其是单边行情出现的时候。

第二是不同的市场存在交易时差，显然无法使套利建仓和套利对冲做到完全同步，在市场剧烈波动的情况下，另一个套头来不及建仓和来不及对冲时带来的风险足以让套利操作功亏一篑。

第三是追加保证金风险。套利在两个市场之间进行，必然会出现一边头寸盈利，而另一边头寸亏损的情况，且盈利的部分不可能像同一个市场套利那样用来冲抵亏损部分，带来账面的大致平衡。按照交易规则，亏损的一边套头如不能及时追加保证金，就要强行平仓，强平的结果会使套头数量减少，从而使得套利操作无法贯彻下去。有时还会出现一个市场上的头寸盈利，而另一个市场上出现爆仓的现象。显然套利被动地演变成了单向投机，其风险有可能是很高的。

第四是外汇风险。外汇风险主要来自两个方面：一是本币和外汇资金出入境是否畅通；二是汇率波动是否有利。本币与外币流动不通畅，会延误建仓时机，汇率波动有时会使得亏损的一边因汇率因素而亏损得更多，而盈利的一边则因货币的贬值而缩水。例如，分别在伦敦和上海做铜买入和卖出套利，伦敦以美元计价的套头盈利时，国内以人民币计价的套头便亏损了；但是如果遇上美元贬值，伦敦的盈利因美元贬值而变得非常不明显，而国内的套头就更亏了，最后的结果是套利损失，这就是汇率带来的风险。

5.1.3 套利准备工作

1. 套利经验模型的建立

对于拟套利的两份合约（或多份合约）之间的价格波动，需要处理较长的历史数据来反映彼此的关系。一般而言，数据年限越长，所显示的套利区间的有效性越好，因为从统计学的角度来看，这样可以将大概率事件全部囊括其中，具有较高的可靠性。

2. 套利空间的确立

对于两份合约价格的关系，一般会进行相应的数据处理，较为直观的方法就是用价格比来表示。将数据处理到一张图上，就可以得到一张价格比曲线图，考察价格比曲线的长期波动情况，可以找出套利的上限和下限。通俗地讲，即两份合约的比价扩大到一定程度时就会不断缩小，而缩小到一定程度时又会不断扩大，如此循环往复。确定套利空间，就是要找出套利在何种情况下建立套利头寸，在何种情况下对冲离场。

由于套利操作一般不考虑价格波动的方向，而主要考虑价差的扩大与缩小，因此，除了要确切知道价差的绝对数值，还要特别注意价差的波动形势。

如图 5-1 所示，上海期货交易所 3 月铜与伦敦金属交易所铜的比价大多数时间在 8.0～10.0 之间波动，中轴在 9.0。从统计学角度来看，上海期货交易所与伦敦金属交易所 3 月铜的比价在 8.0～10.0 之间波动应是一个大概率事件，因此，其套利区间为 8.0～10.0。

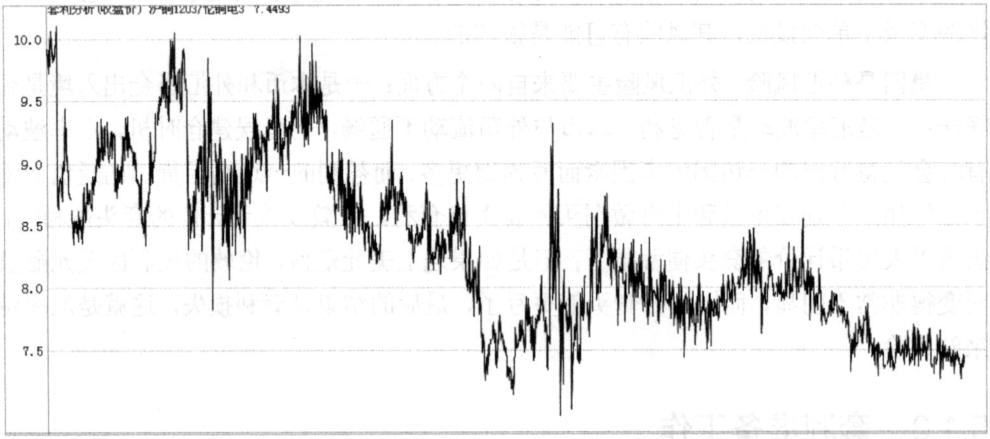

图 5-1　2004—2011 年上海 3 月铜与伦敦 3 月铜的比价关系

3. 套利操作的基本原则

当套利区间被确立，而当前的状态又显示出套利机会时，就可以进行套利操作了。

一般而言，套利操作要遵循下述基本原则。

（1）买卖方向对应的原则：即在建立买仓的同时建立卖仓，而不能只建买仓，或是只建立卖仓。

（2）买卖数量相等原则：在建立一定数量的买仓的同时要建立同等数量的卖仓，否则，多空数量的不相配就会使头寸裸露（出现净多头或净空头的现象）而面临较大的风险。

（3）同时建仓的原则：一般来说，多空头寸的建立要在同一时间进行。鉴于期货价格波动，交易机会稍纵即逝，如不能在某一时刻同时建仓，其价差有可能变得不利于套利，从而失去套利机会。

（4）同时对冲原则：套利头寸经过一段时间的波动后达到了一定的利润目标时，需要通过对冲来结算利润，对冲操作也要同时进行。因为如果对冲不及时，很可能使长时间取得的价差利润在顷刻间消失。

（5）合约相关性原则：套利一般要在两个相关性较强的合约间进行，而不是所有的品种（或合约）之间都可以套利。这是因为只有合约的相关性较强，其价差才会出现回归，即价差扩大（或缩小）到一定程度又会恢复到原有的平衡水平，这样才有套利的基础；否则，在两个没有相关性的合约上进行套利，与分别在两个不同的合约上进行单向投机没有什么两样。

5.1.4 常见套利组合

从理论上来说，相关性和联动性能够满足套利要求的主要有如下几组。

1．沪铜—伦铜跨市场套利组合

沪铜和伦铜保持高度的正相关，相关系数在 0.95 以上，最高时达到 0.99。这一组合是迄今为止投资者使用最多的一种组合。其比价波动区间为 8.0～10.0，中轴区为 9.0。2002 年以来的统计数据表明，不管是熊市还是牛市，都能满足这种关系，规律性非常明显。加上交易活跃，持仓量比较大，适合千万元到亿元以上的大资金运作。

其优点是：套利机会多，容易把握；流动性好，易于进出；运行规范，收益率比较稳定，一般能达到 10%以上；意外风险较小。缺点是：交易有时差，进场和出场的点位不易把握，特别是价格波动很大的单边行情；资金划拨相对比较困难，当一边套头因亏损而资金吃紧时，难以从另一个市场抽出资金来补亏，不容易做到资金平衡和头寸平衡；汇率风险较大。比价如图 5-1 所示。

2. 大连交易所大豆—豆粕跨品种套利组合

大连大豆和大连豆粕也保持高度的正相关，一般情况下相关系数为 0.91，目前已经达到 0.97，但有些合约之间的相关系数只有 0.78。大豆与豆粕的比价波动范围在 1.28～1.36 之间（9 月合约），中轴为 1.32，比价如图 5-2 所示。

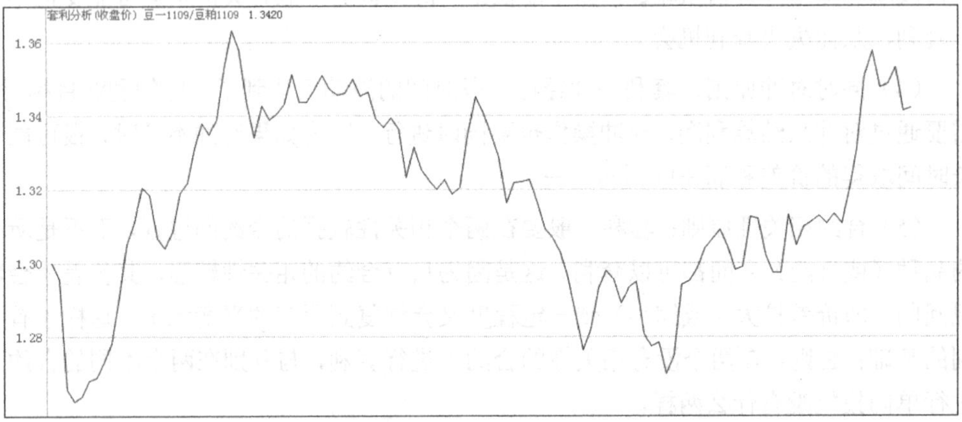

图 5-2　大连交易所大豆 5 月合约与豆粕 5 月合约比价

其优点是：报价单位统一，交易时间同步，数据处理简单，容易捕捉套利机会；结算在同一家交易所内进行，套头盈亏互补，易于实现资金平衡；因资金在途而引起的风险几乎为零；收益率较高，可以达到 30%以上；并且自 2010 年大连交易所成为全球最大的农产品期货交易所以来，大豆、豆粕的交易量和持仓量稳居全球领先地位，这个组合适合大资金操作。缺点是：套利区间在不同的时间有较大的差异，因此，意外风险较高。

3. 大连交易所 L—PVC 跨品种套利

大连 L 和大连 PVC 保持高度的正相关，一般情况下相关系数为 0.85，L 与 PVC 的比价波动范围在 1.38～1.50 之间（5 月合约），中轴为 1.41，比价如图 5-3 所示。

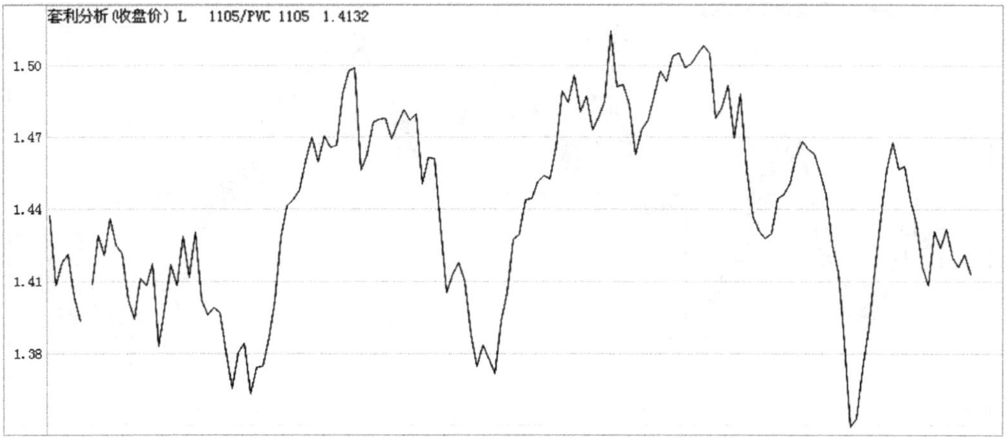

图 5-3 大连交易所 L—PVC 比价

其优点是：报价单位统一，交易时间同步，数据处理简单，容易捕捉套利机会；结算在同一家交易所内进行，套头盈亏互补，易于实现资金平衡；因资金在途而引起的风险几乎为零；并且 L 与 PVC 交易量和持仓量都比较大，适合大资金操作。缺点是：毕竟是不同的品种，有各自不同的用户范围和市场，如果基本面发生重大变化，则可能会出现意外风险。

4．大连交易所大豆—CBOT 大豆组合

大连大豆和 CBOT 大豆保持高度的正相关，相关系数在 0.91 以上。其比价波动区间为 3.2～3.8，中轴区为 3.5，比价如图 5-4 所示。需要说明的是，当合约月刚刚上市和临近交割时，相关性有普遍减弱的趋势。边界明显，阶段性趋势突出。一般而言，二者互动的规律性强，价格回归性良好。每年收益率在 25%以上的套利机会多达 5～8 次。

其优点是：市场容量大，适合过亿元的大资金运作；在极端比价处套利容易成功；比价变动的方向性好，一旦形成趋势，不会轻易反复，套利利润容易巩固；流动性好，易于进出；收入率比较稳定，意外风险较小。缺点是：交易有时差，进场和出场的点位较难把握，好在它们的报价连续，这比期铜的跨市场套利要相对容易地抢到合适的价位；报价单位不统一，计算盈亏较麻烦；资金划拨相对比较困难，在途时间较长；单边行情中容易出现一边套头爆仓，进而影响套利效果；汇率风险较大。

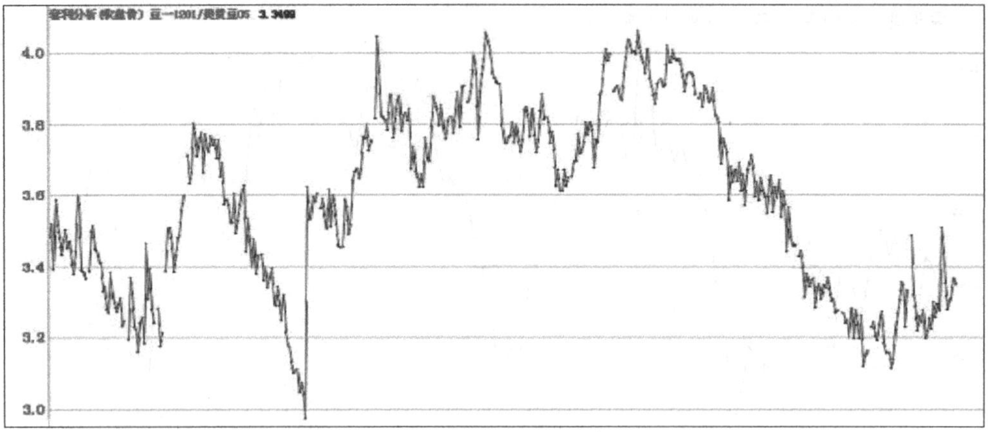

图 5-4　大连大豆—CBOT 大豆比价

5. 郑州白糖跨期组合

郑州交易所白糖合约最近几年的成交量呈现爆发式增长，多次占据成交量榜首的位置，并且一般具有多个活跃合约，成为跨期套利的好品种。

白糖两个合约之间会保持比较稳定的价差关系，一般在 300～500 之间，中轴为 400，如图 5-5 所示。

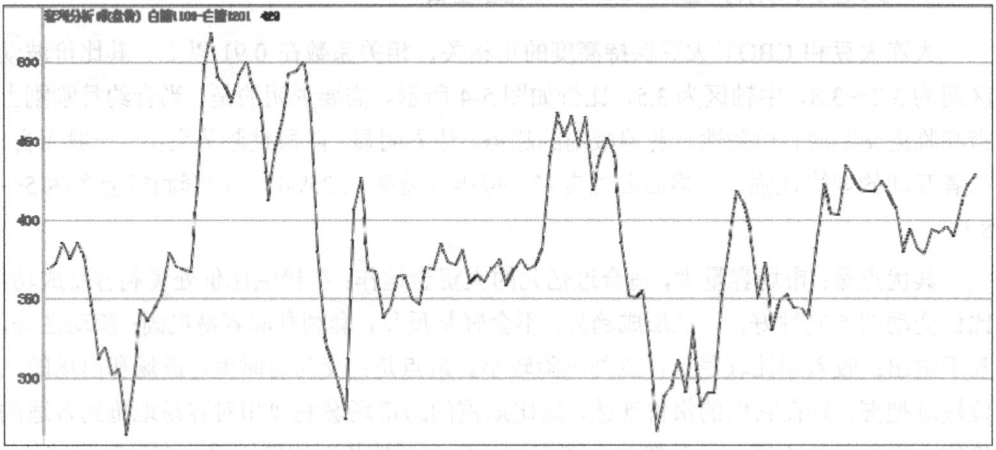

图 5-5　郑州白糖 1109 与 1201 合约的价差关系

其优点是：套利机会多，在同一个交易所内，客户容易进行资金管理和头寸管理，套头之间的盈亏容易自动平衡，而不必客户去划拨资金。缺点是：套利空间小，收益率不高，并且在换月结束后，另外一个合约的交易量会大幅度减小，从而不适合大资金操作。

5.2 期现套利

5.2.1 基本原理

期现套利，是指利用同一种商品在期货市场与现货市场之间不合理的价差进行的套利行为。当期货价格与现货价格之间出现不合理的基差时，套利者通过构建现货与期货的套利资产组合，以期望基差在未来回归合理的价值区间并获取套利利润。

基差，是指某一个特定地点某种商品的现货价格与同种商品的某一特定期货合约价格之间的价差。简而言之，基差=现货价格－期货价格。

为什么期货市场与现货市场会出现价差呢？怎样才能判定二者之间的价差是不合理、有利可图的呢？

仔细观察可以发现，在正向的市场中，未来某月期货价格往往比现在的现货价格高出一定的数值（基差），这个高出的价格不是空穴来风的，而是包含了现货的持有成本和风险溢价。

所谓持有成本，是指商品的储藏成本加上为资产融资所需支付的利息再扣掉持有资产带来的收入。比如，我国 2010 年的小麦现在已经收割入库，某企业需要在 3 个月后购买小麦 1000 吨。那么这 3 个月的时间内，小麦的卖家需要承担 1000 吨小麦的仓储费用及自然损耗的风险，同时由于小麦无法立刻兑现，卖家失去了这部分资金 3 个月投资获利的机会。因此，在远月期货交易中，买家需要向卖家支付这部分费用。当然，随着时间的推移，期货越临近现货月，其所包含的费用就越低，价格逐步向现货靠拢。

所谓风险溢价，就是投资者为远月期货合约的不确定性支付一定的费用。因为期货交易的是投资者对未来商品价格的预期，由于商品市场是瞬息万变的，因此未来的商品价格跟现在是有很大不同的，这就需要买家或卖家在期货价格上做出一定的让步，以达到供需平衡。

在正向期现套利中，持有成本可以用来支付企业的现货仓单成本，而风险溢价的高低则直接决定了期现套利的收益率。接下来我们要介绍一个重要的名词：无套利区间，如图 5-6 所示。商品期货套利中的无套利区间的概念和第 4 章股指期货套利中的无套利区间非常相似，都是在考虑了各种成本后，留下的一个价格区间。

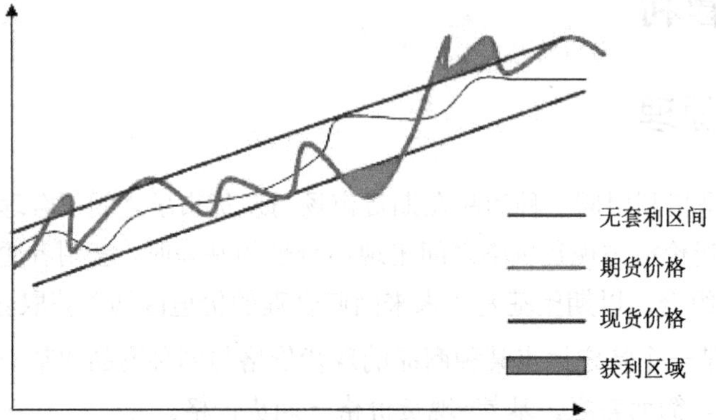

图 5-6　商品期货期现套利无套利区间

期现套利要考虑交易成本，在期货价格高出现货价格一定幅度的前提下，才可以进行正向套利，现货价加上这个幅度后的价格称为上边界；反之，期货价必须低于现货价一定幅度时，才可以进行反向套利，将现货价减去这个幅度后的价格称为下边界。当期货价位于上下边界之间时，无法进行期现套利，因而将这个上下边界之间称为无套利区间。在期现套利中，确定了无套利区间，便可以据此监控期现价差，寻找套利机会。

5.2.2　操作流程

1. 识别套利机会

首先，应选择与企业经营有关的商品。企业投资者进行期现套利，目的就是依靠自身的现货优势，结合期货市场的价格偏差获取超额利润。企业自营的商品可以保证购销渠道的顺畅，同时付出最低的成本，以便于达到最好的套利效果。

其次，判断套利的方向。

（1）正向套利：当期货价格高于现货价格时，称为正向市场。当期货价格对现货价格的升水大于持有成本时，套利者可以实施正向期现套利。即在买入（持有）

现货的同时卖出同等数量的期货，等待期现价差收敛时平掉套利头寸或通过交割结束套利。

一般来说，正向套利比较适合商品的生产厂家和贸易中间商。因为正向套利如果进入现货交割阶段，则需要投资者卖出现货，生产厂家和贸易中间商的经营目的就是卖出商品，二者的交易流程是同方向的。

（2）反向套利：当期货价格小于现货价格时，称为反向市场。反向套利是构建现货空头和期货多头的套利行为（在期现套利中就是做空基差）。由于现货市场上不存在做空机制，反向套利的实施会受到极大的限制。

在现实中，通常是拥有现货库存的企业为了降低库存成本才会考虑实施反向期现套利。这是因为在现货市场上卖出现货，企业不仅能够获得短期融资，而且可以省下仓储成本。当期货相对于现货的升水过低甚至是贴水的时候，企业就可以考虑反向套利以降低其库存成本。

从本质上来看，这种反向套利的基础依然是持有成本，该持有成本会因企业实际情况的不同而不同。

2. 计算持有成本（无套利区间）

因为是期现套利，所以持有成本以持有现货到期交割为基础，一般会发生交易交割手续费、运输费、交割费、仓租费、增值税及资金利息等费用。每个地方的具体情况不同，各项费用往往各异。

自 2009 年 5 月 25 日 PVC 期货在大连商品交易所上市以来，成交日趋活跃，非常适合大资金的运作和有流动现金的企业进行套利交易，以赚取稳定的利润。

下面以 PVC 期货为例，期现套利的无套利区间（上边界），即持有成本的各项费用如下。

（1）交易交割手续费：期货公司收取的手续费存在差异。一般来说，交易手续费为 1 元/吨，交割手续费为 4 元/吨。

（2）运输费：上海有多个交易所规定的 PVC 交割仓库，注册仓单较为方便。一般汽车的运输费为 30 元/吨。

（3）检验费：注册仓单时，实物必须首先经过检验。检验费由卖方承担，买方无须支付检验费用。入库取样及检验费为 3000 元/批，每批 300 吨，折合 10 元/吨（推荐品牌免此项费用）。

（4）入/出库费：火车、轮船、汽车的出入库费用各异，而不同交割仓库的出入库费用也各不相同。汽车的出入库费用为 25 元/吨。卖方需支付入库费，买方则承担出库费。

（5）仓租费：交易所规定 PVC 的仓储费为 1.0 元/吨·天。

（6）增值税：商品期货进行实物交割，卖方还需要缴纳增值税。PVC 增值税=(交割价格-购入 PVC 的含税价)×17%/(1+17%)。

（7）资金利息：计算资金利息的关键在于资金量的确定。对于正向套利，除了购买现货的资金外，还需要储备保证金以缴纳交易保证金和应付期货头寸可能出现的亏损。故每吨的资金利息为：

资金利息=[现货价格+期货价格×(10%+10%)]×存款年利率×持仓天数/365

其中，两个 10%分别为保证金 10%、备用资金 10%。

（8）仓单升贴水：交易所还对不同的交割仓库、不同品质的 PVC 规定了详细的升贴水情况。就上海地区而言，交割仓库的升贴水为 0。

综合上文的分析，可以得到正向套利的持有成本计算公式：

正向套利持有成本=交易手续费+交割手续费+运输费+入库费+检验费+仓单升贴水+仓储费+增值税+资金占用费用

接下来投资者就要选择跟踪的合约，并画出跟踪曲线。这里选择了 3 个月后到期的 PVC 主力合约进行跟踪，每月 15 日后更换到下一个合约。3 个月的正向套利持有成本约为 350 元，每天减少约 2 元。图 5-7 给出了 PVC 期货无套利区间跟踪曲线。只要期现价差超过了无套利区间的上边界，投资者便可以考虑进行期现套利。

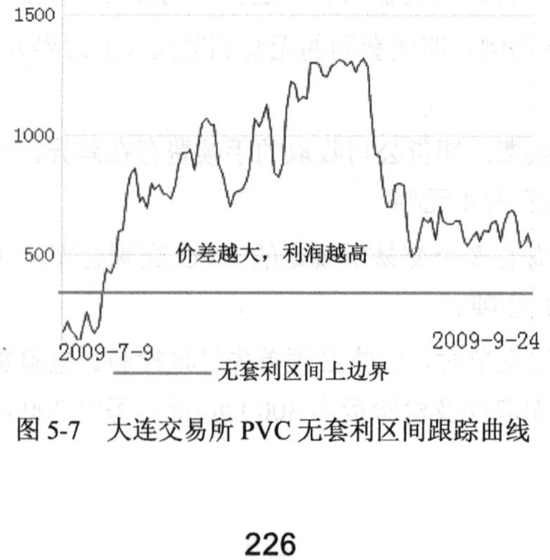

图 5-7　大连交易所 PVC 无套利区间跟踪曲线

3. 组织现货、注册仓单

1）卖方交割的流程

交割预报—货物入库（交割仓库验收）—交割仓库或指定质检机构检验—交割仓库开具《标准仓单注册申请表》—到交易所办理标准仓单注册—到交易所交仓单—参与交割，获得货款和开具增值税发票。

如在厂库标准仓单注册，则从上述流程中的“交割仓库开具《标准仓单注册申请表》”开始交割流程。

需要注意的是，卖方必须在最后交割日闭市以前完成标准仓单注册，并将仓单交到交易所，否则即判定为违约。

在滚动交割时，卖方在交收日结算后拿到 80%货款，余款在提交了增值税专用发票后结清。在一次性交割时，卖方在最后交割日结算后拿到 80%货款，余款在提交了增值税专用发票后结清。

2）货物入库常见问题

首先，客户应提前将客户名称、车船号、数量、到货时间告知仓库，以保证仓库及时组织入库，安排检验。如果客户没有提前告知仓库，仓库可能无法及时安排相应的装卸人手，则会影响客户的入库速度。

其次，客户在入库后要进行检验、注册两个环节，才能进行交割。在正常情况下，PVC 需 10 天左右。

3）PVC 注册仓单的常见问题

首先，境内生产的 PVC 标准仓单的申请注册日期距离商品生产日期需小于 120 个自然日；境外生产的 PVC 标准仓单的申请注册日期距商品《进口货物报关单》进口日期（或者《进境货物备案清单》进境日期）需小于 120 个自然日。

其次，PVC 交割品要求使用原生产厂家或者其认可的包装，包装袋上应标明商标、产品名称、产品标准号、净质量、生产厂名称及地址，并标识产品型号。

包装材料为内衬塑料薄膜袋的牛皮纸袋、聚丙烯编制袋或牛皮纸与聚丙烯编织物复合袋，应保证产品在正常储运中包装不破损，产品不被污染，不泄漏。每袋净重 25±0.2kg，每吨 40 袋，无溢短。

此外还需要注意的是，PVC 的检验机构有两家：通标标准技术服务有限公司和中国检验认证集团检验有限公司。

5.2.3 增值税风险

对于进行正向套利的投资者，最后进行现货交割时，需要向买方提供增值税发票。因为商品的最终成交价格是按照最后一个月的结算价格计价，是套利方案开始时无法预估的，因此增值税是正向套利持有成本中的唯一变量。大多数商品的增值税税率为15%～17%，如果套利期间商品价格大幅上涨，将大大提高商品的结算价，使得套利投资者需要支付更多的增值税税额，造成利润缩水。

例如，某企业以 17 300 元买进铝现货，17 800 元卖出下一个月的铝期货，进行期现套利。扣掉注册、入库、利息、仓储等固定费用后，有近 400 元的利润。但是期间铝价大幅上涨，最终期货以 19 200 元结算价摘盘，结果增值税暴涨到 276 元，吃掉了大部分利润。如果价格再涨 1000 元，这单贸易就要出现亏损了。

一般来说，当一年中销项税额大于进项税额时，表示公司是赚钱的，所以很少有多余的进项税来弥补期货交割多缴纳的部分。因此，投资者要对增值税风险进行适度的规避。

又如，铝的增值税税率为 17%，占全价约 14.5%。投资者在锁定价格的时候只卖出总数量的 85%，留下 15%放在最后几天甚至最后交易日再卖出，这样就可以基本规避增值税风险了。具体过程如下：

（1）按照计划，100 吨铝，假设 17 300 元成本，17 800 元卖出，预计毛利(17 800−17 300)×100−(17 800−17 300)×100×14。其 5%，约为 42 500 元。

（2）假如在 17 800 元卖出 85 吨，最后 19200 元卖出 15 吨，那么最后利润是(19 200−17 300)×15+(17 800−17 300)×85−(19 200−17 300)×100×14.5%，大致也是 42 500 元。

（3）假如价格最后下跌，15 吨在 16 800 元卖出，那么最后利润(16 800−17 300)×15+ (17 800−17 300)×85−(16 800−17 300)×100×14.5%，大致也是 42 500 元。

不过这种操作在避开风险的同时也拒绝了额外利润。因为当最终结算价格下跌时，本来可以少缴很多税金，但是作为一个稳妥的交易者，绝对不要以投机的思路去操作。因为如果投资者期望最终价格下跌，100%一次锁定，就带有轻微的投机倾向了。

总而言之，期现套利非常适合稳健性的投资者以极低的风险获取相对可观的收益。随着交易所交割仓库的增多及相应升贴水制度的完善，仓单注册、实物交割已经越来越容易。投资者应该充分利用这一稳健的投资策略，以获取额外的收益，为企业发展创造更好的途径。

5.3 跨期套利

跨期套利是通过观察期货各合约价差的波动，以赚取差价为目的，在同一期货品种的不同合约月份建立数量相等、方向相反的交易部位，并以对冲或交割方式结束交易的一种操作方式。正向市场时，价差为负，表现为远月升水；反向市场时，价差为正，表现为近月升水。一般来说，价差（绝对值）由持有成本（或持仓费）构成，指为拥有或保留某种仓单或头寸而支付的仓储费、保险费和利息等费用。即：

期货远月合约价格=期货近月合约价格+持仓费

其中，持仓费是仓储费用、商品过户费（上海期交所的工业品）、交易手续费、交割手续费、利息、增值税之和。

5.3.1 套利策略

跨期套利可以以对冲（对冲套利）和交割（实盘套利）两种方式平仓，不过，这两种操作方式成本各异，入场时机和操作思路也各不相同。但是，实盘套利是对冲套利的基础，对冲套利的实现正是通过大量实盘套利的操作而获得理想的平仓价位。下面以实盘为基础，重点介绍目前期货市场上应用最广泛的正向市场牛市套利策略。

1. 牛市套利

1）正向市场中的牛市套利

（1）实盘套利。正向市场中实盘套利的机会仅出现在价差的绝对值大于持仓成本的情况下，此时，可以在近月合约做多，而在远月建立同等头寸的空头合约。近月接仓单，远月到期时以仓单交割来平仓，即可获得无风险收益。

（2）对冲套利。正向市场中如果供给不足，需求相对旺盛，则会导致近期月份合约价格的上升幅度大于远期月份合约，或者近期月份合约价格的下降幅度小于远期月份合约，这样就可进行在近月合约上做多，而在远月建立同等头寸的空头合约的套利操作。

套利收益=仓位×[(远期月份卖出价−近期月份买进价) −(远期月份买进价−近期月份卖出价)]=仓位×($B1-B2$)

当 $B1-B2>0$ 时，价差<0，如果价差绝对值缩小，则套利交易获利。此时，反映

近期合约对远期合约升水，其升水额取决于近期市场对商品的需求程度及供给的短缺程度，不受其他限制，所以获利潜力巨大。

当 $B1-B2<0$ 时，价差<0，如果价差绝对值扩大，则套利交易亏损。此时，反映远期合约对近期合约升水，投资者要么及时止损，要么在坚持价差判断的情况下迁仓。

2）反向市场中的牛市套利

反向市场情况下的牛市套利在实际中也有操作，但这种操作方式应视为投机而非套利，在此不再赘述。

2．熊市套利

与牛市套利不同，熊市套利只能以对冲的形式平仓，在此同样从正向市场和反向市场两方面加以分析。

1）正向市场下的熊市套利

如果市场中供给过剩，需求相对不足，则会导致近期月份合约价格的上升幅度小于远期月份合约，或者近期月份合约价格的下降幅度大于远期月份合约，此时可进行在近月合约做空，而在远月上建立同等头寸的多头合约的套利操作。

$$\text{套利收益}=\text{仓位}\times\{(\text{远期月份买进价}-\text{近期月份卖出价})-(\text{远期月份卖出价}-\text{近期月份买进价})\}=-\text{仓位}\times(B2-B1)$$

当 $B2-B1<0$ 时，价差<0，如果价差绝对值扩大，则套利交易获利。此时，反映近期合约对远期合约贴水。

当 $B2-B1>0$ 时，价差<0，如果价差绝对值缩小，则套利交易亏损。此时，反映远期合约对近期合约贴水，投资者或者及时止损，或者在坚持价格走势判断的情况下迁仓。

2）反向市场下的熊市套利

在出现反向市场时，现货、库存供应紧张，此时，做熊市套利往往是基于对反向市场向正向市场转换的判断，不仅风险大，也与反向市场的假设不符。

3．蝶式套利

蝶式套利是跨期套利另一种常用的形式，它也是利用不同交割月份的价差进行套期获利的，由两个方向相反、共享居中交割月份合约的跨期套利组成。蝶式跨期套利的原理是套利者比较 3 个相邻的期货合约价格时，认为中间交割月份的期货合约价格与两边交割月份合约价格之间的相关关系出现了差异。

下面以正向市场的牛市套利为例，具体阐述跨期套利的过程。

5.3.2 实证案例：PVC 跨期套利策略

我们还是以大连交易所的 PVC 合约为例，说明在正向市场中牛市套利的方法。

1. 跨期套利成本计算

套利成本=仓储费+资金成本+交易/交割费用+增值税

（1）仓储费：1.0 元/吨 · 天。

两个月为 1.0×60=60（元/吨）

三个月为 1.0×90=90（元/吨）

四个月为 1.0×120=120（元/吨）

（2）交易手续费：12 元/手，每手 5 吨，折算为 2.4 元/吨，交易两次。

（3）交割手续费：2 元/吨，交割两次。

（4）入库取样及检验费：按 3000 元/批，每批 300 吨，折算为 10 元/吨，一次入库。

（5）卖方增值税：国家税法规定企业增值税税率为 17%。由于交易所开票价为合约最后交易日结算价，因此增值税即为两次交割时远近合约最后交易日结算价的税额差。在此以 500 元价差计算，500×17%=85（元/吨）。

（6）资金成本：按 7000 元/吨计算，年贷款利率为 5.31%。

利息支出：

两个月为 7000×5.31%×2/12=61.95（元/吨）

三个月为 7000×5.31%×3/12=92.925（元/吨）

四个月为 7000×5.31%×4/12=123.9（元/吨）

两个月之间的套利：套利成本=60+(2.4+2)×2+10+85+61.95=225.75（元/吨）

三个月之间的套利：套利成本=90+(2.4+2)×2+10+85+92.925=286.725（元/吨）

四个月之间的套利：套利成本=120+(2.4+2)×2+10+85+123.9=347.4（元/吨）

2. 操作过程

（1）在期货市场同时买进或卖出 100 手 PVC 0909 合约，以及卖出或买进 100 手 PVC 0911 合约。

（2）可能会出现两种操作情况：

① 期现价差按预期缩小，则按跨期套利的方法直接在期货市场中平仓了结，实现目标利润。

② 通过两次实物交割完成交易，实现套利利润。

5.4 跨市场套利

5.4.1 套利策略

跨市场套利是在不同市场之间进行的套利交易行为。当同一期货商品合约在两个或者更多市场进行交易时，由于区域间的地理差别等因素，各商品合约间存在一定的固有价差关系。但是，由于两个市场的供求影响因素、市场环境及交易规则等方面不完全一致，价格的传导存在滞后甚至失真的情况，因此固有价差水平会出现偏离。跨市场套利正是利用市场失衡时机，在某个市场买入（或卖出）某一交割月份某种商品合约的同时，在另一个市场卖出（或买入）同一交割月份的同种商品合约，以对冲或交割方式结束交易的一种操作方式。这种套利可以在现货市场与期货市场上进行，也可以在异地交易所之间进行，其中也包括国内交易所与国外交易所之间。

目前国内比较盛行的跨市套利主要有 LME 金属（铜、铝、锌）期货与上期所金属期货跨市场套利、上海黄金交易所黄金（T+D）与上期所黄金期货跨市场套利、CBOT 大豆期货与大商所大豆期货跨市场套利等。

由于涉及两个或多个市场，跨市场套利一般对于资金的要求比较高。市场上从事跨市场套利的交易方主要为生产商、消费商、贸易商及一些实力雄厚的民间大资金。在价差合适的时候，这些企业或机构可以利用自身在采购分销渠道及资金上的优势，通过跨市场套利来降低生产成本或获取价差变动收益。值得注意的是，随着市场深度和广度的增加，大量跨市场套利资金的活跃对国内外商品价格的影响力也在增强。

5.4.2 实证案例：伦铜—沪铜跨市场套利

我们以 A 公司为例进行伦铜和沪铜之间的跨市场套利案例分析。A 公司是一家主要从事有色金属和矿产品进出口及加工的企业，经过多年的发展，公司与国内外众多金属行业的工厂、矿山等建立了良好的业务关系，在进出口流程方面更是驾轻就熟。鉴于金属跨市场套利机会每年都会出现，在日常经营中，该企业充分利用自身在信息及贸易渠道上的优势，在国内外金属价差合适时，通过跨市场套利来获取低风险稳定收益。

2009 年 2 月中旬，受国储收储及国家即将出台有色金属产业振兴规划等好消息的影响，沪铜走势明显强于伦铜，由此导致两市比价持续走高，如图 5-8 所示。

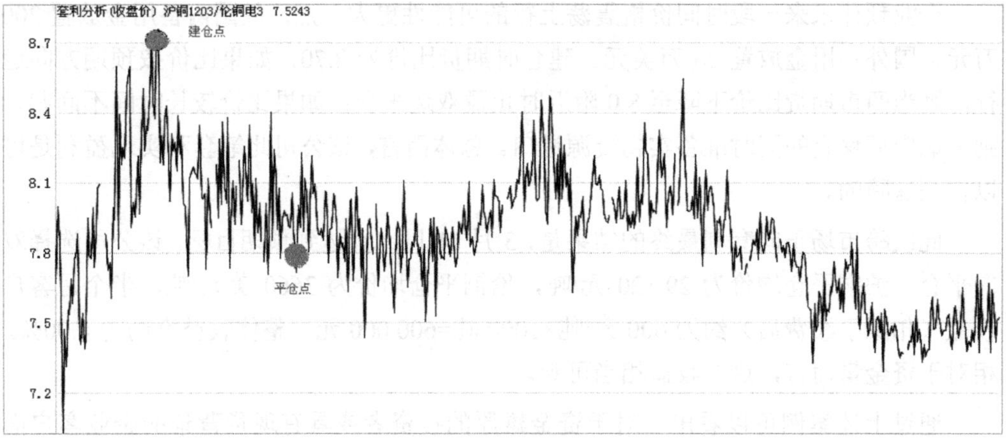

图 5-8　伦铜—沪铜比价

到了 2 月 23 日，两市 3 月合约比价升至 8.73，现货进口盈利 1700 元/吨，均处于近阶段的相对高位。基于以下原因，该公司决定进行跨市场套利操作：

（1）目前，剔除汇率因素影响后的两市 3 月比值为 8.33/6.867=1.21，处于统计意义上的小概率区间。

（2）目前，原料进口紧张，国内产量受到影响，但预计后期随着进口精铜逐渐集中到货，国内供应紧张的格局有望缓解。

（3）近期 LME 库存基本不再增加，LME 注销仓单量逐渐放大，一定程度上验证了市场上关于国储在海外采购的传言。如果 LME 注销仓单进一步增加，那么这种传言的可靠性将会进一步加强，进而对 LME 铜价形成有力的支撑。

（4）预期国内市场将逐渐转为正向结构，对正向套利可能发生的移仓较为有利。

（5）人民币远期汇率相对稳定，无须对冲外汇风险。

那么该公司则进行如下的跨市场套利操作：

该贸易公司用于正向套利的资金共计 1000 万元，于 2 月 24 日分批建仓。从流动性及升贴水角度综合衡量，沪铜方面选择 905 主力合约进行建仓，伦铜方面选择电子盘合约进行建仓，按 1:1 的比例建仓 1000 吨，即卖出沪铜 200 手，买入伦铜 40 手。沪铜平均建仓价为 26 520 元/吨，伦铜平均建仓价为 3190 美元/吨。按建仓时的汇率折算，总计需保证金约 6 411 500 元（SHFE 保证金按 10%计算，LME 保证金按 13 750 美元/手计算）。

企业预计未来一段时间价格震荡上行的可能性更大一点，故国内备用金放置 200 万元，国外备用金放置 20 万美元。建仓时期货比价为 8.70，如果比价按预期方向运行，则当两市期货比价下降至 8.0 附近时止盈双边平仓；如果比价较长时间不回归，则考虑向后移仓的同时准备实物资源进口。总体而言，该公司此笔套利实现盈利是可以得到保障的。

此次跨市场正向套利最终的结果是，3 月 11 日比价达到预期目标，该公司选择双向平仓，沪铜平仓均价为 29 120 元/吨，伦铜平仓均价为 3660 美元/吨。半个月客户收益（扣除手续费后）约为 600 元/吨×1000 吨=600 000 元，整体收益率约为 6.00%。相对于资金量而言，这个收益相当可观。

通过上述案例可以看出，对于资金雄厚的投资者或具有现货背景的企业客户而言，国内外期货市场间低风险甚至无风险的跨市场套利无疑为其资金运营或成本控制提供了很好的渠道。

5.5 跨品种套利

跨品种套利是指利用两种不同但相互关联的商品之间的合约价格差异进行套利交易，即买入某一交割月份的某种商品合约，同时卖出另一相同交割月份、相互关联的商品合约，以期在有利时机同时将这两种合约对冲平仓获利。

跨品种套利的主导思想是寻找两种或多种不同但具有一定相关性的商品间的相对稳定关系（差值、比值或其他），在其脱离正常轨道时采取相关反向操作以获取利润。根据套利商品之间的关系，跨品种套利可分为相关商品套利和产业链跨品种套利两种类型。

前者主要是利用具有较高相关性的商品之间走势强弱对比关系差异所进行的套利活动，如螺纹钢和线材套利、豆油和棕榈油套利、小麦和玉米套利等；后者则是因为处于同一产业链上各品种的价格因受成本和利润约束也具有一定程度的相关性，与替代性跨品种套利相比，这种形式更加稳定，LLDPE 和 PVC 期货间套利就属于此类。

与其他 3 种套利模式相比，跨品种套利具有 3 个特点：第一，套利组合中资产品质不同，不能以实物交割的方式平仓；第二，资产间的相关性对套利策略的成功与否更为重要；第三，不存在无风险套利的可能，套利的收益率也无法在策略制定时确定。

一般情况下，投资者需要对两种商品的基本面进行综合分析后才能确定是否具有套利机会，故跨品种套利对投资者个人的素质提出了更高的要求。下面以棕榈油和豆油为例，说明跨品种套利的分析与交易过程。

5.5.1 套利策略

棕榈油与豆油在消费领域具有很强的替代性，二者的价格走势具有很强的关联性，当二者之间相对价格（价格之差或价格之比）发生偏差时将出现跨品种套利机会。

对于豆油与棕榈油来说，豆油的供给主要受南美、美国和国内的影响较大，而棕榈油的供给主要受东南亚主产国的影响较大。2009 年以来，宏观经济复苏与通货膨胀预期引发了大宗商品市场的大幅反弹，但油脂市场供需基本面供过于求的格局遏制了油脂类期货反弹的幅度。在豆油与棕榈油供需基本面不发生较大变化的情况下，二者的价差在短期内应该保持一致。

由于单张合约连续存续的时间较短，这里选取豆油指数和棕榈油指数作为此次跨品种套利的研究对象，其成交量一直保持活跃，时间段选取 2009 年 3 月 19 日到 2010 年 1 月 26 日。价差关系如图 5-9 所示。

图 5-9 棕榈油和豆油价差关系

数据来源：[张昊星 2010]

5.5.2 实证案例

利用协整检验，可以得到价差分布序列 Spread，此序列表明了棕榈油合约和豆油合约之间的价差水平，所以利用对价差的分析来构建跨期套利的交易策略。有关协整检验方法，在第 6 章统计套利中有详细阐述，这里不多做介绍。为了便于序列数据集中化，根据价差序列均值 mean 的结果将 Spread 中心化，即令 MSspread = Spread – mean。价差中心化时间序列如图 5-10 所示。

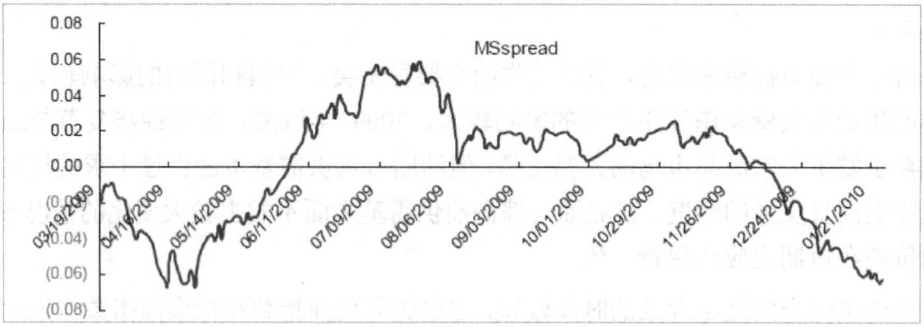

图 5-10 棕榈油—豆油价差中心化时间序列

数据来源：[张昊星 2010]

跨期套利中价差分析最重要的是分析套利出现的时机。首先要确定套利区间，将这样的区间分为 3 类：

第一类是无套利区间，在该区间内视为不存在套利机会，无须构建套利组合。

第二类是套利区间，在该区间内，投资者应积极行动建立套利组合。

统计检验的结果显示，价差序列是一个白噪声序列，那么最大受益的交易边界是 $\pm0.75\sigma$，σ 表示组合收益序列的标准差。那么交易边界可设为 $\pm0.75\sigma$。

当 MSspread < $-3/4\times\sigma$ 时，在买入 1 张豆油合约的同时卖出 1 张棕榈油合约。

当 MSspread > $+3/4\times\sigma$ 时，在卖出 1 张豆油合约的同时买入 1 张棕榈油合约。

第三类为止损区间，当建立头寸后，如果 MSspread 没有如期回归至标准差区间，为此需要设定平仓上下限，一旦价差达到该区间，则应立即对冲套利组合出局。这里取 $\pm2\sigma$ 作为止损区间的上下止损界。即当价差触发 $\pm2\sigma$ 以外的区域时，多头头寸或空头头寸立即平仓止损。该策略是基于止损的交易策略，为了避免过大的波动风险。

需要指出的是，止损边界或交易边界设置得严格或宽松对套利交易的成功率起到至关重要的作用。依照此分析，绘制出跨品质套利时机图，如图 5-11 所示。

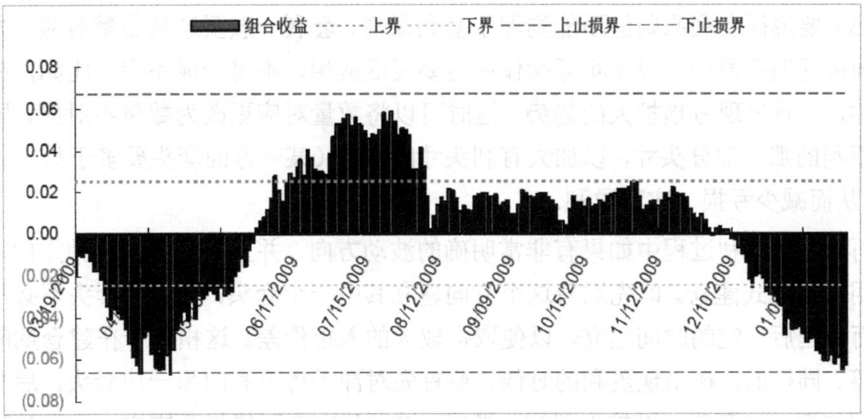

图 5-11　棕榈油—豆油跨品种套利交易时机

数据来源：[张昊星 2010]

5.6　非常状态处理

需要说明的是，套利仍是一种投机行为，只要套头没有全部对冲，就存在风险，这就对套头的正确处理提出了较高的要求。

对于套利投机也要像单向投机那样用变化的、动态的眼光去对待，而千万不可用静态的、固定的及僵化的眼光去对待，否则，即便是风险较小的套利也会以损失较大而告终。

为了及时发现风险并消除风险，务必注意下列问题：

（1）必须对套利头寸实行动态跟踪。有些投资者一旦建仓之后，不大注意头寸的盈亏变化，而只是一味地等待盈利时机到来，这是不可取的。对套利头寸实行动态跟踪，就是要检查套利头寸建立后，市场走势是否按照有利于套利操作而波动，以便及早发现苗头，减少损失。

（2）必须有止损的概念。套利与单向投机一样也会出现万一的情况，一旦超出了一定范围，就应及时检讨套利时机是否成熟、套利操作是否合理，并及时纠正，而不是想当然地等待价差朝好的方向波动。由于多数投资者认为套利风险较小，因而套利所用资金往往要比单向投机的建仓资金大得多。就这一点来说，其风险不一定比单向投机小，如果在套利不利的情况下不能及时纠正，极有可能造成重大亏损，所以套利同样需要设置止损盘。

（3）要遵循套利原则但不能拘泥于套利原则。套利一般要遵从数量对应、方向相反、同进同退等原则，但在实际操作中也要灵活应用，不可一成不变。比如，在套利过程中，一旦出现亏损扩大的趋势，这时可以将数量对应更改为数量不对应，即适当减少不利的那一部分头寸，以加大有利头寸的权重（某一方的套头要多于另一方的套头），从而减少亏损、实现盈利。

再如，在套利过程中如果有非常明确的波动方向，并且也已认识这种方向，那么就要用延时方式建仓。即先顺着这个方向建立其中一个套头，另一个套头不必马上建立，而是延后一定的时间建立，以便取得较大的入市价差。这相当于在建仓期间就先胜一筹。同样的，在出现盈利的时候，要首先对冲于势不利的那一边套头，后对冲于势有利的那一边套头，以扩大利润。当然，这要建立在可操控范围内，这就是延时建仓和延时对冲的妙用。有时真正利润的产生，往往取决于延时操作的时机把握。

（4）善于将套利转化为单向投机。按照价格波动性，当价格超买到一定程度时，市场的力量将会改变这种状态；同样，当市场超卖到一定程度时，市场的力量也会改变这种状态。这就向套利者提出了一个课题：及时把握转市的时机，正确对冲一边套头，使套利转为单向投机，有可能取得高于正常套利的单向投机多倍的利润。例如，2003 年 4 月天胶市场出现极度超买时，对 06/07 合约的买/卖套利，采取对冲 06 合约的多头头寸，变为 07 合约空头单向投机，结果 07 合约连续暴跌 5000 余点，使入市资金的回报率高达 700%。这便是套利向单向投机转化的成功范例。

第 6 章　统计套利

◆ 摘要 ◆

统计套利定义为一种基于模型的投资过程，在不依赖于经济含义的情况下，运用数量手段构建资产组合，根据证券价格与数量模型所预测的理论价值进行对比，构建证券投资组合的多头和空头，从而对市场风险进行规避，获取一个稳定的 Alpha 收益。

有别于无风险套利，统计套利是利用证券价格的历史统计规律进行套利的，是一种风险套利，其风险在于这种历史统计规律在未来一段时间内是否继续存在。

统计套利的主要思路是先找出相关性最好的若干对投资品种（股票或者期货等），再找出每一对投资品种的长期均衡关系（协整关系），当某一对品种的价差（协整方程的残差）偏离到一定程度时开始建仓——买进被相对低估的品种，卖空被相对高估的品种，等到价差回归均衡时获利了结即可。

统计套利的主要内容包括股票配对、股指对冲、融券对冲和外汇对冲交易。

股票配对交易在方法上可以分为两类：一类是利用股票的收益率序列建模，目标是在组合的β值等于零的前提下实现 Alpha 收益，称为β中性策略；另一类是利用股票的价格序列的协整关系建模，称为协整策略。

股指对冲交易是指利用不同国家、地区、行业的指数相关性，同时买入、卖出一对指数期货的交易方式。在经济全球化时代，国家、地区、行业经济的联系越来越紧密，而代表这些国家、地区、行业的公司之间的关联程度也越来越大，这就使得系统性的风险会造成一荣俱荣、一损俱损的局面。因此进行指数间的对冲交易是一种低风险、高收益的投资方式。

融券对冲就是利用融券进行做空交易的同时买入现货做多，从而规避系统性风险的一种交易方式。主要包括股票—融券对冲、可转债—融券对冲、股指期货—融券对冲和封闭式投资组合—融券对冲这几种方式。

外汇对冲是指在外汇市场上，同时做多或做空两个货币对的交易方式。由于主要经济体时间的经济关联性很强，使得一些货币之间出现同涨同跌现象，给对冲交易提供了可能。其主要包括利差套利和货币对冲两种。

6.1 基本概念

6.1.1 统计套利定义

1. 统计套利的含义

Morgan Stanley 将统计套利定义为一种基于模型的投资过程，在不依赖于经济含义的情况下，运用数量手段构建资产组合，根据证券价格与数量模型所预测的理论价值进行对比，构建证券投资组合的多头和空头，从而对市场风险进行规避，获取一个稳定的 Alpha。

统计套利是指利用证券价格的历史统计规律进行套利，是一种风险套利，其风险在于这种历史统计规律在未来一段时间内是否继续存在。例如，与股指期货有关的期现套利和跨期套利，由于期货的价格在到期时必须收敛于现货价格，价差必然归零，期现套利可看作无风险套利；尽管不同月份的期货合约价格也存在着均衡关系，但是它们的价格在近月合约到期时并不一定收敛，因此，跨期套利实际上是一种风险套利或者统计套利。

S. Hogan、R. Jarrow 和 M. Warachka 等（2004）对统计套利进行了精确的数学定义，他们强调统计套利是具有零初始成本、自融资的交易策略。用 $V(t)$表示在 t 时刻的累计收益，以无风险利率折现的现值为 $v(t)$，$v(t)$应满足如下条件：

（1）$V(0)=0$，表示初始成本为零。

（2）$\lim_{t\to\infty} E(v(t))>0$，表示组合收益均值的极限值大于零。

（3）$\lim_{t\to\infty} P(v(t)<0)=0$，表示组合亏损的概率收敛于零。

（4）若 $\forall t<\infty, P(v(t)<0)>0$，则 $\lim_{t\to\infty}\frac{\text{var}(v(t))}{t}=0$，表示在有限的时间内，如果损失的概率为正，那么收益的方差相对于时间收敛于零。

2. 统计套利的方法

统计套利的主要思路是先找出相关性最好的若干对股票，再找出每一对股票的长期均衡关系（协整关系），当某一对股票的价差（协整方程的残差）偏离到一定程度时开始建仓——买进被相对低估的股票，卖空被相对高估的股票，等到价差回归均衡时获利了结即可。

当残差序列是平稳的，并且服从正态分布时，统计套利就会变得很容易——投资者只需在价差出现在分布的尾部时建仓，在价差出现在零附近时平仓即可。事实上，残差序列往往不是服从正态分布的，因此可以采用混合正态分布或直接用非参数的方法来拟合其收益率的分布。当然，残差中可能还存在自相关性或异方差性，这就需要考虑用 ARMA 模型或 ARCH 模型来刻画这些特性。另外，还可以采用 Kalman 滤波来排除噪声干扰，并利用最新的信息来估计残差的可预测部分，当实际残差与预测值发生较大偏离时入场套利。

此外，主成分法也可以应用于统计套利，其原理是先找出一些股票的共同驱动因素——主成分，然后根据主成分的系数向量构建主成分组合（类似于市场基准），并将每只股票的收益率表示为这些主成分组合的线性函数，当残差出现一定的偏离时，做空该成分股并做多主成分组合（或相反），以实现在β中性的前提下获取一定的 Alpha 收益。

6.1.2 配对交易

配对交易（Pairs Trading）的理念最早来源于 20 世纪 20 年代华尔街传奇交易员 Jesse Livermore 的姐妹股票对交易策略。他首先在同一行业内选取业务相似、股价具备一定均衡关系的上市公司股票，然后做空近期的相对强势股，同时做多相对弱势股，等二者股价恢复均衡时，平掉所有仓位了结交易。该策略与传统股票交易最大的不同之处在于，它的投资标的是两只股票的价差，是一种相对价值而非绝对价值。同时又由于它在股票多头和空头方同时建仓，对冲掉了绝大部分市场风险，因而它又是一种市场中性策略，策略收益和大盘走势的相关性很低。

1985 年，Morgan Stanley 公司成立了一支由 Dr.Tartaglia 领导的量化团队，专门开展配对交易的研究，并于 1987 年投入实战，当年实现盈利 5000 万美元。不过该策略在之后两年连续亏损，量化团队被迫解散，小组成员散落到各家对冲基金，该策略的思想也随之广为市场知晓。经过多年学术机构的研究和市场机构的实战，配对交易的理论框架和配套交易系统日臻完善。

1. 实例演示

配对交易的第一步是要选取适合配对的两只股票。以北京银行和华夏银行两家银行业上市公司为例，根据公司公布的2011年年报，北京银行总股本为62.3亿股，华夏银行总股本为68.5亿股。两家公司2011年全年的股价走势如图6-1所示，蓝色线代表华夏银行，红色线代表北京银行。

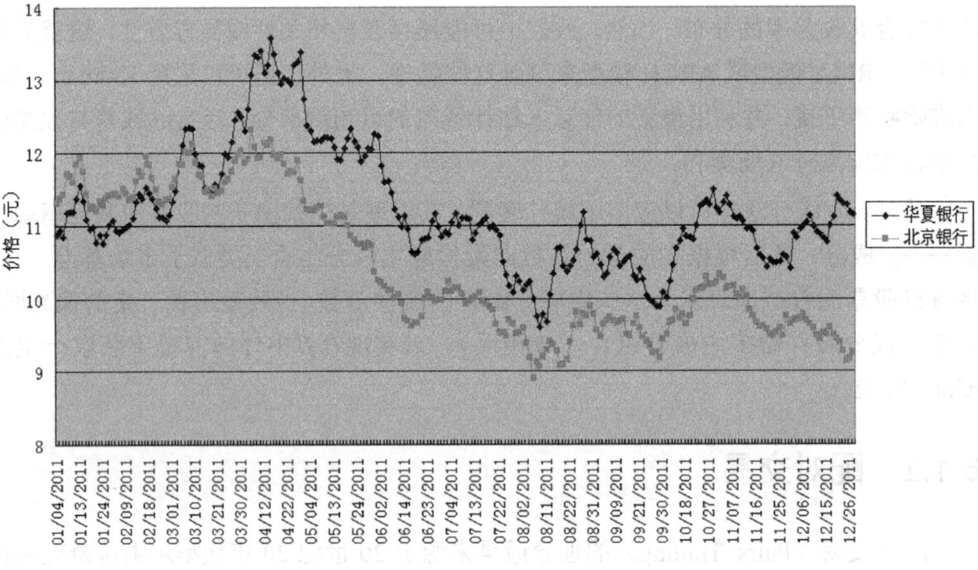

图6-1 北京银行、华夏银行股价走势比较（2011.01.01—2011.12.31）

资料来源：[金志宏 2012]

可以看到两家公司的股价走势基本保持一致，相对强弱指数围绕均值上下波动。如果我们把两只银行股的股价进行一定的数学处理，单独放大来看（如图6-2所示），二者价差围绕均值上下波动的趋势更加明显。造成这种现象的原因主要是两家公司的主营业务相近，受到的宏观、行业影响因素相似，虽然市场消息面和大宗交易的冲击可能造成股价短期的偏离，但在公司基本面无显著变化的情况下，股价的偏离不会太大，待前期的冲击效应逐渐被市场消化，二者的价差有回归均衡状态的趋势。

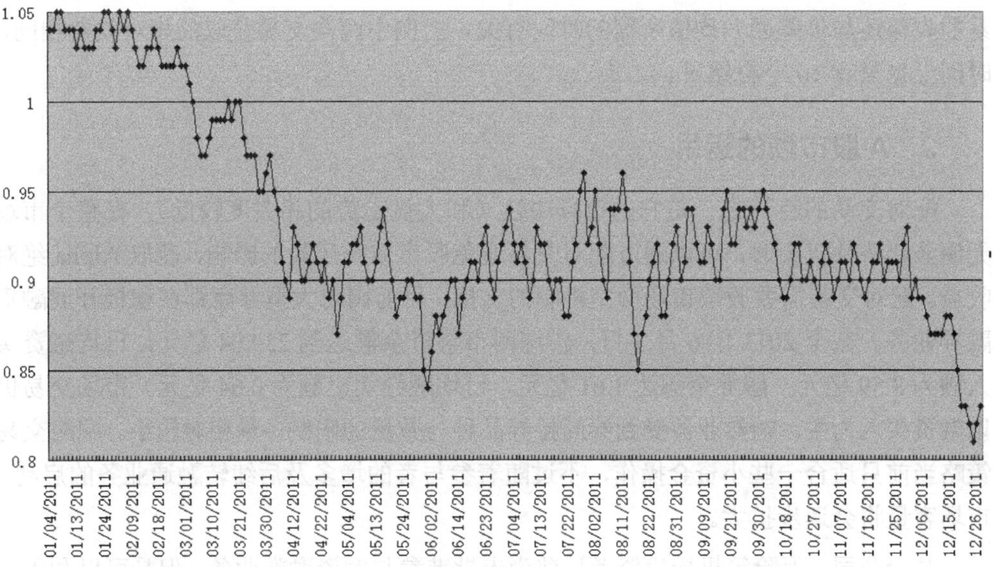

图 6-2　北京银行、华夏银行股价比（2011.01.01—2011.12.31）

资料来源：[金志宏 2012]

利用两只股票的价比向均值回归的特性，可以设计如下交易策略：2011 年 6 月 1 日，二者价比达到 0.85，说明近期华夏银行走势明显强于北京银行，价差向上回归均值的可能性较大，因此可以在这个时点融券卖出 100 万元华夏银行，同时买入 85 万元北京银行（做多和做空的资金比例通过回归分析计算得到）。等到 6 月 10 日，价差回到均值 0.9 附近，同时平掉持有的两只股票的仓位，交易的收益为：

$$-100\times\frac{11.12-12.22}{12.22}+85\times\frac{10.05-10.25}{10.25}=7.34\ （万元）$$

类似地，7 月 27 日，二者价比为 0.95，有向下回归均值的趋势，投资者可以买入 100 万元华夏银行，同时融券卖出 95 万元北京银行，待 8 月 4 日价比回到均值附近，同时平掉两只股票的仓位，交易的收益为：

$$100\times\frac{12.24-10.18}{10.18}-95\times\frac{9.2-9.7}{9.7}=10.78\ （万元）$$

由上面的例子可知，配对交易的收益与建仓时价差偏离均值的幅度有关，偏离的幅度越大，价差回归均值后配对交易的收益也就越高。在上面的例子中设定的建仓阈值为 0.05。需要注意的是，建仓阈值设置得越高，建仓机会也就越少。另外，配对交易的收益还与价差回归均值所需的时间有关，上例中两次交易获取的相对收益相同，时间上也只有10个自然日。

2. A股市场的运用

配对交易的特性之一是它的市场中性（和大盘走势的相关度较低），在整个市场无明显趋势性机会时，可以通过配对交易避免股市系统风险的影响，获取Alpha绝对收益。配对交易需要股票市场做空机制的支持，目前国内大型券商都在积极开展融资融券业务。截至2011年6月3日，沪深两市融资余额达到259.04亿元，日均融资买入额为8.59亿元；融券余额达1.61亿元，日均融券卖出额为0.64亿元。市场交易仍以融资买入为主，融券业务受到券商持券品种与数量的限制，量相对较小。配对交易策略当前只适合一些小资金操作，不过随着参与者的增多及后续转融通业务的启动，市场容量将会逐步扩大。

基金公司、保险等机构投资者目前尚未批准参与融资融券业务，但是可以利用配对交易的原理，将手头持有的股票和市场上适合与之配对的股票进行阶段性替换，以实现组合收益的加强。该方法尤其适合指数加强型产品。

6.2 配对交易策略

6.2.1 协整策略

统计套利在方法上可以分为两类：一类是利用股票的收益率序列建模，目标是在组合的β值等于零的前提下实现Alpha收益，称为β中性策略；另一类是利用股票的价格序列的协整关系建模，称为协整策略。

前者是基于日收益率对均衡关系的偏离，后者是基于累计收益率对均衡关系的偏离。基于日收益率建模的β中性策略是一种超短线策略，只要日偏离在短期内不修复，策略就会失效。并且，如果日偏离是缓慢修复的，那么这种策略很难搜索到合适的平仓时机。实证分析也表明，β中性策略经常会发出错误的交易信号。而协整策略直接利用了原始变量——股价进行建模，当累计收益率偏离到一定程度时建仓，在偏离修复到一定程度或反向时平仓。

1. 协整策略的前提

根据 CAPM 模型，同一市场中的任何一只股票都与市场基准指数存在一定的相关性，那么任意两只股票之间也将存在一定的相关性。在众多的股票组合中，有些股票的相关性一般，或者是短期的，而有些股票的相关性较强。如果两只（或多只）股票的股价存在长期稳定的线性关系，则认为它们之间存在协整关系。当股价在短期内偏离这个均衡关系时，则存在校正机制使得偏离回归到合理范围。两只股票股价的协整关系可以表示为：

$$P_{a,t} = \alpha + \beta P_{b,t} + \varepsilon_t$$

其中，ε_t 是平稳的。股价存在协整关系的内在原因是这些股票可能属于同一行业，股价受相同的因素驱动。由于存在噪声交易，会使股票组合在短期内偏离这个均衡关系，但是在中长期内股价回到均衡关系的概率较大，除非某只股票发生重组等重大事项，股价面临重估。

两只股票的股价存在协整关系一般需要两个条件：一是它们的历史股价序列都是一阶单整向量，即股价序列是非平稳的（有明显趋势），但一阶差分后的序列（收益率）是平稳的；二是这两个序列的某种线性组合是平稳的，即以两个序列构建的线性方程的残差是平稳的。也就是说，在建立线性关系之前，需要对这两个序列进行协整检验。

沪深 300 指数是一个重要的指数，300 只股票的相对关系有 44 850 对。对这 4 万多对都进行协整检验显然是相当烦琐的，也没有必要。一种简单可行的方法是计算任意两只股票的相关系数，找出相关系数较高的股票组合。

这里采用的样本期为 2011 年 1 月 1 日至 2011 年 12 月 30 日。在样本期内，剔除了长期停牌的股票之后，挑选相关系数最高的股票，其相关系数均在 0.85 以上。

表 6-1 给出了这些组合的相关系数及各股票的行业属性。可以看出，这些相关性较好的个股绝大多数属于同一行业。

表 6-1　2011 年沪深 300 股票同一行业走势高度相关的组合（部分）

	代　码	简　称	行　业	代　码	简　称	行　业	相关系数
1	600016	华夏银行	金融业	600036	招商银行	金融业	0.905
2	600019	宝钢股份	黑色金属	600028	中国石化	石化业	0.951
3	600489	中金黄金	有色金属	600547	山东黄金	有色金属	0.929

续表

	代　码	简　称	行　业	代　码	简　称	行　业	相关系数
4	600029	南方航空	航空业	600115	东方航空	航空业	0.878
5	600109	国金证券	证券业	601788	光大证券	证券业	0.905
6	600266	北京城建	地产业	000402	金融街	地产业	0.861
7	600690	青岛海尔	家电业	000527	美的电器	家电业	0.943
8	600196	复星医药	医药行业	600812	华北制药	医药行业	0.921

数据来源：[邱小平 2010]

2. 残差的性质

首先需要检验残差的平稳性，因为只有残差通过了平稳性检验，股价之间才会有协整关系。如表 6-2 所示，对上述 50 对股价线性方程的残差检验的结果表明，绝大多数方程的残差都是平稳的，股价的协整关系成立。

表 6-2　残差的平稳性、自相关等检验

组　别	平稳性检验	自相关检验	异方差检验	正态性检验
1	−3.4[0]	903.75[0]	444.81[0]	0.04[0.85]
2	3.05[0]	944.27[0]	581.9[0]	0.09[0.04]
3	0.19 [0.74]	1350.6[0]	831.64[0]	0.15[0]
48	2.77[0.01]	1370.8[0]	916.1[0]	0.1[0.01]
49	3.15[0]	1058.7[0]	505.9[0]	0.06[0.29]
50	2.5[0.01]	1664.5[0]	740.96[0]	0.15[0]

注：中括号内的数值为检验的 P 值。

数据来源：[邱小平 2010]

对残差进行自相关、异方差检验的结果表明，所有残差序列都存在自相关性和异方差性。这意味着针对残差，可能需要采用 ARMA 或 ARCH 模型进行滤波。正态性检验的结果表明，50 个残差序列中有 21 个序列不能通过正态性检验。这意味着常用的正态分布假定可能存在问题，需要考虑非参数的方法来捕捉交易信号。下面通过一个案例来讨论基于协整策略的配对交易。

3. 样本内配对交易

案例　基于协整策略的配对交易

针对残差的异动，可以设计如下的交易策略。

（1）将残差划分为可预测的部分和不可预测的部分：

$$\text{spread}_t = \varepsilon_t - \hat{\varepsilon}_t$$

通常情况下，假定残差的可预测部分（$-\hat{\varepsilon}_t$）为 0，这样就只利用残差的分布特征进行交易。当然，投资者如果采用 ARMA 模型等来预测残差，就需要利用残差中不可预测的部分（spread_t）的特征制定交易策略。

（2）当不可预测的残差（以下简称“残差偏离”）达到一定程度时，入场套利。具体来说，当 $\text{spread}_t > \delta_1\sigma_t$ 时，表明股票 A 相对高估，股票 B 相对低估，投资者应当卖空股票 A，买入 β 倍的股票 B；反之亦然。

（3）当残差偏离回归正常或反向（$\text{spread}_t > \delta_2\sigma_t$）时，平仓获利了结。若残差偏离继续扩大，当 $\text{spread}_t > \delta_3\sigma_t$ 时，投资者应止损出局。

值得一提的是，由于这里讨论的是配对交易，当股价偏离原有的均衡关系时，并不一定会回归，投资者在进行统计套利时务必设置止损点。因为影响股价的因素众多，股价可能会由于市场热点轮换、投资者预期、重组等因素长期偏离原有的均衡关系，而非暂时的偏离。

一般来说，δ_1 越大，潜在的套利空间就越大，但套利的次数会减少；反之，δ_1 越小，潜在的套利空间也越小，但套利的次数会增加。平仓阈值 δ_2 的设置也一样。总之，对于不同的建仓阈值 δ_1、平仓阈值 δ_2，套利空间和套利次数是成反比的，因此，必然存在最优的阈值（或阈值区间）使得套利收益达到最大。

先从最简单的假定开始做配对交易。第一个模型，假定 $\varepsilon_t =\sim \text{iidN}(0,\sigma)$（独立且服从同一正态分布）。在配对交易时，投资者可根据历史经验或自身的风险偏好，以标准正态分布某一分位数乘以标准差作为建仓点或平仓点。例如，某投资者比较保守，希望在偏差比较大的时候建仓，就可以标准化正态分布 95%的分位数 1.645 作为阈值进行建仓，这样在 95%的概率下可以保证组合在下一交易日不亏损。

如表 6-3 所示为采用上述 50 对股票在不同的阈值下建仓、平仓所能获得的平均收益（套利成本为每次 0.5%，不考虑融券费用）。可以看出，当 δ_1 在 1.1～1.3 之间（对应标准正态分布 86%～90%的分位数）、δ_2 在-1～-0.7（对应标准正态分布 16%～24%的分位数）之间时，套利收益达到最大，半年收益可以达到 52%～55%。值得一提的是，止损阈值 δ_3 的设置在样本内统计套利策略的检验中并不重要，因为我们所选的每对股票的相关系数在样本内都是最高的，一般不会触发止损条款。

表 6-3　在不同的阈值下建仓、平仓所能获得的平均收益

$\delta_1 \backslash \delta_2$	−1	−0.9	−0.8	−0.7	−0.6	−0.5	−0.4	−0.3	−0.2	−0.1	0
1.0	49.6	51.2	51.0	50.2	47.7	48.5	47.9	43.5	43.3	43.0	48.6
1.1	52.3	53.7	53.6	52.7	50.4	51.7	50.9	46.7	45.6	45.3	50.6
1.2	53.7	55.0	55.2	54.4	51.4	51.8	50.2	46.4	45.9	46.1	47.0
1.3	53.7	54.6	53.3	51.7	49.4	50.1	48.2	47.1	47.0	47.0	48.2
1.4	50.2	49.7	48.9	47.7	46.2	47.1	45.6	44.9	44.9	44.7	46.3
1.5	50.8	50.5	49.7	47.8	46.4	47.6	46.2	45.6	45.4	45.1	46.1
1.6	49.4	49.4	48.6	47.0	45.6	45.7	44.2	43.2	42.9	41.8	43.9
1.7	47.0	46.3	45.7	44.2	42.9	43.5	42.2	41.6	40.4	39.6	41.4
1.8	43.8	43.3	42.9	41.6	40.0	40.8	39.5	39.0	38.1	37.8	38.0
1.9	41.7	41.3	40.1	39.1	37.5	37.9	36.7	36.4	35.7	35.5	34.5
2.0	41.9	40.6	39.4	38.3	36.7	37.3	36.1	35.6	34.9	34.4	33.6

数据来源：[邱小平 2010]

第二个模型，假定残差满足均值回复过程：

$$\mathrm{d}\varepsilon_t = k(m-\varepsilon_t)\mathrm{d}t + \sigma \mathrm{d}W(t)$$

其中，m 为残差的均值，$\mathrm{d}W(t)$为标准的维纳过程，残差的均值和标准差可用下面的一阶滞后模型的回归系数来估计：

$$\varepsilon_t = a + b\varepsilon_{t-1} + \xi_t$$

$$m = a/(1-b),\ \sigma_{\mathrm{eq}} = (\xi)/\sqrt{1-b^2}$$

当残差 ε_3 偏离均值 m 较大时，即 $\varepsilon_t - m > \delta_1\sigma_{\mathrm{eq}}$ 时，入场套利；当 $\varepsilon_t - m > \delta_2\sigma_{\mathrm{eq}}$ 时，平仓。实证的结果表明，最优阈值 δ_1 在 1～1.2 之间、δ_2 在−1～−0.6 之间时，套利收益达到最大，半年收益可以达到 53%～57%。

第三、第四个模型分别是 AR(1)模型和 GARCH(1,1)模型。不过，实证分析的结果表明，以这两种模型进行统计套利所获取的收益一般。

除了上述模型，还在估计残差时分为有常数项和无常数项两种情形进行实证分析，分析的结果如表 6-4 所示。可以看出，假定无常数项时，套利收益明显降低。这表明估计残差时，常数项不能忽略。也就是说，针对每一对股票，做多和做空的市值并不相等，组合并非完全市场中性。

表 6-4 采用不同的模型在样本内获取的收益率及最优阈值

	模型Ⅰ（iidN）		模型Ⅱ（均值回复）		模型Ⅲ（AR(1)）		模型Ⅳ（GARCH(1,1)）	
	有常数项	无常数项	有常数项	无常数项	有常数项	无常数项	有常数项	无常数项
最高收益（%）	55.21	35.85	57.27	37.97	51.12	30.81	17.89	16.35
平均收益（%）	45.25	29.48	49.20	32.92	42.80	25.70	11.87	11.19
最优阈值 δ_1	1.1～1.3	1.2～1.4	1～1.1	1.6～1.7	1～1.3	1.2～1.4	1.2～1.5	1.3～1.4
最优阈值 δ_2	-1～-0.7	-1～-0.8	-1～-0.6	-0.6～-1	-1～-0.7	-1～-0.8	-0.2～0	-0.1～0

数据来源：[邱小平 2010]

从表 6-4 中可以看出，在样本期内，均值回复模型（模型Ⅱ）表现最好，其次是模型Ⅰ和模型Ⅲ，表现最差的是模型Ⅳ，可能的原因是 GARCH 模型对残差方差的反应过于灵敏，不宜捕捉到较佳的投资机会或平仓机会。另外，从最优阈值来看，建仓的最优阈值一般在 1～1.3 之间，平仓的最优阈值一般在-1～-0.7 之间。

4．样本外配对交易

在上文的实证分析中，上述统计套利模型在样本内都能获取较高的收益，尤其是前 3 个模型，可在一年内获取 40%～50%的收益。不过，我们更加关注这些模型在样本外是否能继续获取稳定的收益。接下来讨论用 3 种移动时间窗口的方法来检验这些模型的外推效果。

第一种外推方法是建立协整方程的时间窗口不变，残差偏离的标准差 σ_t 在外推时也保持不变，但是残差是以最新的价格信息按照原有的协整方差估算出来的。显然，这种方法假定股价之间的协整关系在样本内外始终维持不变。如果协整参数在样本外发生变化，或协整关系不存在，则以这种方法套利会面临较大的风险。

第二种外推方法是外推时时间窗口的长度不变，每天平移一次，协整参数、残差偏离及其标准差都是根据最新的时间窗口中的数据估算出来的。这种方法可捕捉协整参数随时间推移产生的细微变化，刻画股价之间最新的协整关系。

第三种外推方法是外推时时间窗口的长度不断增加，以保证协整参数、残差偏离及其标准差的连续性。如果协整关系在样本外发生较大变化，那么这种方法估算的协整参数等可能会比较滞后，因为所采用的时间窗口包含了许多过于陈旧的样本。

按照上述 3 种方法，采用模型Ⅰ～Ⅲ在不同阈值下获取的最高收益和平均收益如表 6-5 所示。可以看出，与样本内相比，样本外的收益大幅下降；有常数项的模型仍然明显好于无常数项的模型，表明协整方程中的常数项不能忽略。

表 6-5　采用不同的模型、不同的外推方法在样本外获取的收益率（%）

	模型 I （iidN）		模型 II （均值回复）		模型 III （AR(1)）	
	有常数项	无常数项	有常数项	无常数项	有常数项	无常数项
外推方法一	6.71[4.99]	6.55[4.65]	5.79[3.53]	4.68[3.51]	4.23[3.18]	5.19[4.05]
外推方法二	9.95[7.31]	4.93[3.72]	7.78[3.45]	0.89[0.53]	6.99[5.09]	4.67[4.22]
外推方法三	7.95[5.48]	5.66[4.22]	7.64[2.89]	1.13[1.02]	4.91[3.13]	4.4[3.81]

注：表中数据为在不同阈值下的最高收益，中括号内的数据为平均收益，下同。

数据来源：[邱小平 2010]

3 个模型中，模型 I～III 所取得的投资收益有逐渐递减的趋势。3 种外推方法中，第二种外推方法明显较好。最佳的样本外模型是以第二种方法外推的模型 I，该模型在半年内可取得的最大收益为 9.95%，平均收益为 7.31%。从各个模型的阈值来看，建仓的最优阈值 δ_1 一般在 1～1.4 之间，平仓的最优阈值 δ_2 一般在−1～−0.7 之间，止损的最优阈值 δ_3 一般在 2～3 之间。

至于模型Ⅳ，由于其在样本内表现较差，且该模型的计算量较大，因而没有估算其在各个阈值下所能获取的投资收益。在前 3 个模型的最优阈值区间中，随机抽取了一些阈值应用于模型Ⅳ，结果表明取得的收益较低。因此，在使用协整方法进行统计套利时，针对其残差应当慎用 GARCH 模型。

6.2.2　主成分套利策略

1. 主成分套利策略简介

主成分套利的主要思想是，从成分股股价的历史信息中提取主成分，以捕捉所有成分股的主要趋势，当某一成分股和主要趋势产生较大偏离时，入场套利。MarcoAvellaneda & Jeong-Hyun Lee（2008）利用了成分股的收益率来提取主成分，并以此构建主成分组合来替代市场基准，再将单只成分股的收益率表达为主成分组合的线性方程，再根据此方程残差的偏离进行统计套利。

正如前文所述，基于日收益率建模所进行的统计套利是一种超短线投资行为，这种套利模式可能会经常发出错误的建仓、平仓信号。而基于股价进行建模可以把握累计收益率的偏离，更加符合投资者的主观感受。因此，在采用主成分套利时，也采用了成分股的股价这一原始信息。

具体来说，先将成分股的股价矩阵 $P_{T\times n}$ 进行标准化处理，标准化后的矩阵记为

$P_{T\times n}$，再求出股价的相关系数矩阵 $P_{n\times n}$，并计算出 $R_{n\times n}$ 的特征根（$\lambda_1,\lambda_2,\cdots,\lambda_n$）和特征向量（$V_1,V_2,\cdots,V_n$），则根据主成分分析的原理，第 i 个主成分可表示为：

$$f_i = P_{T\times n}V_i$$

由于特征向量矩阵是正交的，标准化的股价矩阵也可以用主成分来表示。第 j 只股票标准化后的股价序列可表示为：

$$P\cdot j = \sum_{i=1}^{n} V_{ij}\times f_i = P_{T\times n}\times\sum_{i=1}^{n} V_{ij}\times V_i$$

其中，V_{ij} 是 V_i 的第 j 个元素。如果采用原始股价信息（非标准化后的），则可进一步表示为：

$$\frac{P\cdot j}{\sigma_j} = \sum_{i=1}^{n} V_{ij}\times f_i = P_{T\times n}\times\sum_{i=1}^{n} V_{ij}\times(\frac{V_{1i}}{\sigma_1},\frac{V_{2i}}{\sigma_2},\cdots,\frac{V_{ni}}{\sigma_n})'$$

一般情况下，只需要前 k 个主成分就可以代表市场的整体波动。这样，上式可以表示为：

$$P\cdot j = \sum_{i=1}^{n} V_{ij}\times f_i = \sigma_j\times P_{T\times n}\times\sum_{i=1}^{k} V_{ij}\times(\frac{V_{1i}}{\sigma_1},\frac{V_{2i}}{\sigma_2},\cdots,\frac{V_{ni}}{\sigma_n})'+\varepsilon_{.j}$$

其中，$(\frac{V_{1i}}{\sigma_1},\frac{V_{2i}}{\sigma_2},\cdots,\frac{V_{ni}}{\sigma_n})'$ 为主成分组合的权重向量，V_{ij} 则表示第 j 只成分股在第 i 个主成分上的载荷，$\varepsilon_{.j}$ 表示误差项。

2. 主成分配对交易

案例 主成分配对交易策略

从 6.2.1 节的分析中可以得知，模型 I 、II 的表现相对较好。在主成分套利策略中，针对残差也采用模型 I 、II 。为了增加两种策略的可比性，选择上述 50 对股票中的股票作为样本，这些股票的相关性较强，可以用来提取主成分。

表 6-6 展示了在不同情形下，以主成分套利策略所能获取的收益和最优阈值。可以看出，主成分套利策略的样本内收益远高于协整策略。当采用两个主成分时（累计贡献率≥90%），套利收益明显高于仅采用一个主成分。从最优阈值上来看，建仓的最优阈值 δ_1 仍在 1～1.3 之间，但平仓的最优阈值区域并不稳定，不过大多数情况下 −0.9%～−0.6%仍为较佳的平仓区域。

表 6-6　主成分配对交易在样本内取得的收益及最优阈值

	模型Ⅰ（iidN）		模型Ⅱ（均值回复）	
	累计贡献率≥80%	累计贡献率≥90%	累计贡献率≥80%	累计贡献率≥90%
最高收益（%）	73.59	101.12	76.13	89.92
平均收益（%）	51.83	69.52	55.75	68.11
最优阈值 δ_1	1	1～1.2	1～1.1	1～1.3
最优阈值 δ_2	-0.9～-0.6	-1～-0.8	-0.7～-0.3	-0.9～-0.6

数据来源：[邱小平 2010]

主成分套利在样本内能获取丰厚的收益，那么它在样本外是否也有较好的表现呢？仍然采用 6.2.1 节提到的 3 种外推方法对主成分套利策略进行外推，所取得的样本外收益如表 6-7 所示。可以看出，主成分套利所取得的收益明显高于协整策略。可以认为，主要的原因是协整策略是基于一只股票对另一只股票均衡关系的偏离，一旦均衡关系在样本外被破坏，投资者将面临亏损；而主成分套利策略是基于一只股票对股票组合均衡关系的偏离，显然这种均衡关系更加可靠。

表 6-7　主成分配对交易在样本外的效果

	模型Ⅰ（iidN）		模型Ⅱ（均值回复）	
	累计贡献率≥80%	累计贡献率≥90%	累计贡献率≥80%	累计贡献率≥90%
外推方法一	13.13[10.44]	11.17[8.95]	11.37[8.79]	8.48[6.83]
外推方法二	12.35[9.69]	10.39[6.1]	11.84[8.02]	11.76[6.04]
外推方法三	14.18[10.94]	14.19[9.1]	11.2[8.06]	13.98[9.18]

数据来源：[邱小平 2010]

表 6-7 中还显示，模型Ⅰ的表现略好于模型Ⅱ。在其他情况相同的条件下，累计贡献率取≥80%时效果更好，这与样本内主成分套利策略刚好相反，表明在样本外进行主成分套利时，应当抓大放小（抓住主要波动即可）。在 3 种外推方法中，第三种外推方法表现最好，其次是第一种外推方法。不过，采用第一种外推方法的模型Ⅰ（累计贡献率取≥80%）表现最为稳健——在不同的建仓、平仓阈值下，所取得的最低收益也有 8.07%。从最优阈值来看，建仓的最优阈值 δ_1 一般在 1～1.2 或 1.5～1.9 之间，而平仓的最优阈值 δ_2 仍在-1～-0.7 之间。

6.2.3 行业（股票）轮动套利策略

在一轮上涨行情中，板块之间是轮流上涨的，如何有效利用板块轮动进行套利，从而获得更多的套利机会，是本节要讨论的问题。

1．基本原理（正弦波和余弦波叠加原理）

如图 6-3 所示为行业（股票）轮动套利策略基本原理。

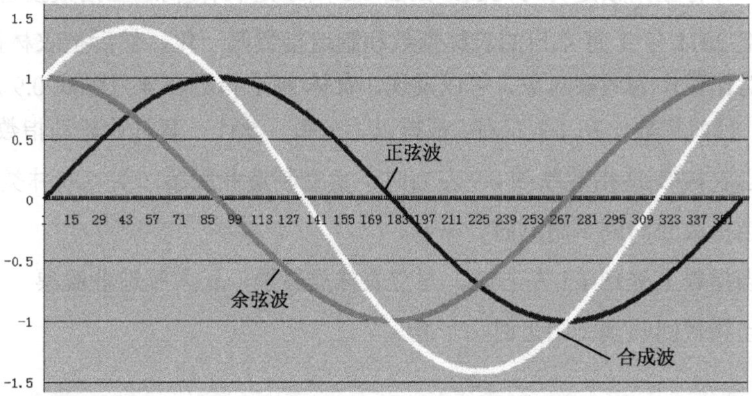

图 6-3 行业（股票）轮动套利策略基本原理

资料来源：[金志宏 2012]

其中，蓝色的是正弦波，红色的是余弦波，黄色的是二者相加的合成波。在股票市场中，利用行业股票的负相关性来进行高抛低吸，能够获得比单一持有某个行业股票更高的收益率。

2．行业（股票）轮动套利策略概述

一般的行业轮动研究主要着眼于行业的基本面研究，即如何在经济周期下对行业景气股票进行选择，属于长期的宏观基本面行业轮动研究，侧重于股票行业宏观基本面分析；而风格轮动的研究集中于成长股和价值股的研究，也属于长期的轮动研究，主要集中于公司财务指标的分析。

本节中所指的行业及风格轮动分析主要站在量化的角度，从股价趋势的角度把握同一市场环境条件下不同行业及不同股票之间波动的不同步性，从而找到基于市场中性的行业轮动 Alpha 策略。

中国股市行业（股票）轮动的结构性特征十分明显。行业（股票）轮动策略是指在一轮上涨过程中，通过对行业（股票）轮动规律的研究和实践，实现总体收益率比投资单一行业或股票高的策略。2011 年股市呈趋势性下跌，没有明显的行业（股票）轮动上涨机会。以 2011 年 1 月 4 日为基准，可以看到上证指数和各行业指数均呈震荡下跌走势。

但是即使在股市单边下跌的 2011 年，我们依然看到了行业（股票）轮动给我们带来的行业（股票）轮动套利机会。以农林和制造两大板块为例，如图 6-4 所示是上证指数与部分行业指数走势对比图，如图 6-5 所示是农林/制造业指数波动图的比值。

我们把 2011 年 1 月 4 日的农林指数和制造指数归一化，然后把农林指数与制造指数的相对比值作为考察对象，可以发现，农林/制造指数在 4 月触底 0.9 后，开始了一波上涨，目前指数比在 1.1 左右。根据以上分析，设计一套行业轮动指数套利策略：

（1）当农林/制造指数跌到 0.9 左右时，卖空制造业股票，买入农林类股票。

（2）当指数回归到 1 附近时，平仓。

（3）当指数上涨到 1.1 左右时，卖空农林类股票，买入制造业股票。

（4）当指数回归到 1 附近时，平仓。

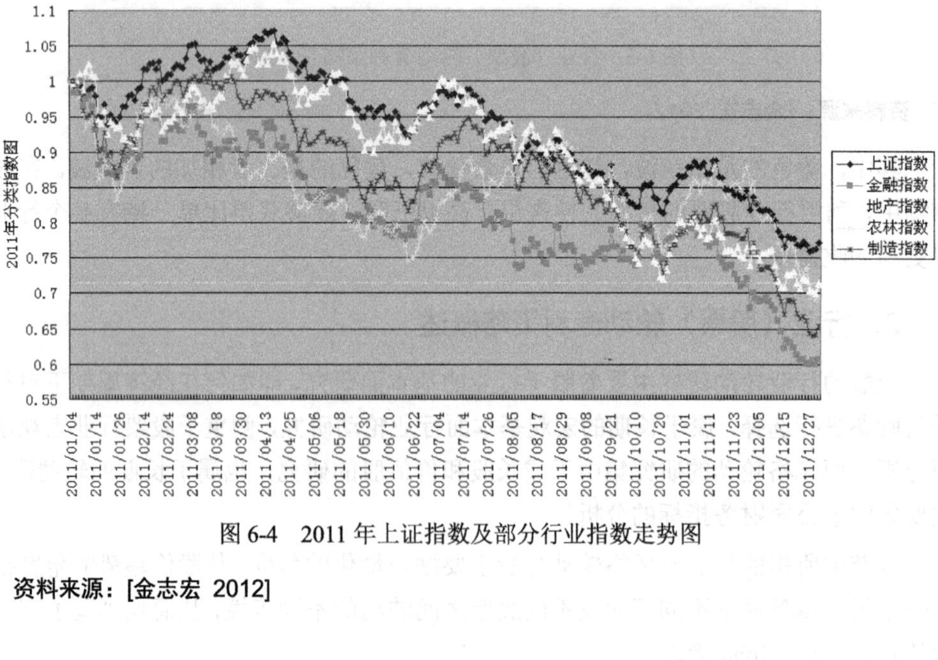

图 6-4　2011 年上证指数及部分行业指数走势图

资料来源：[金志宏 2012]

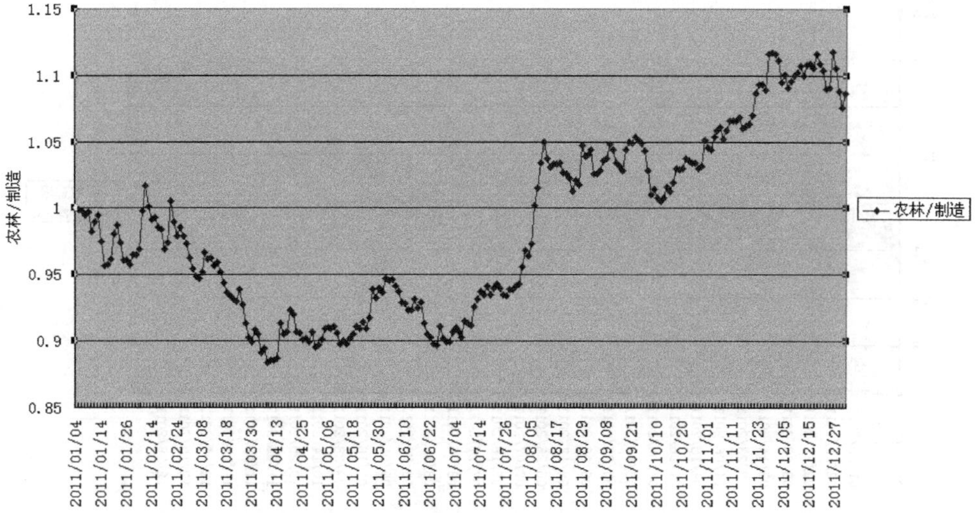

图 6-5　2011 年农林/制造行业指数波动图

资料来源：[金志宏 2012]

行业（股票）轮动策略最终还要落实到具体股票的买卖操作策略上来。下面就从沪深 300 股票池中各挑选一只农林和制造业股票作为例子，来说明行业（股票）轮动策略。农林股中选择的是 600598 北大荒，制造业中选择的是 000425 徐工机械。以 2011 年 1 月 4 日的收盘价为基准，受大盘系统性风险所累，两只股票的股价呈逐级回落之势，总体来看，机械板块的徐工机械的跌幅更深一些。北大荒全年的走势强于徐工机械，符合指数轮动分析中看到的农林指数与机械指数的相对强弱关系。由于股票的波动性要显著于指数的波动性，因此，具体到股票相对值上，波动性更大些。从后验关系上来看，北大荒和徐工机械的套利区间在 1.1～1.4 之间。利用二者之间的强弱关系进行套利，收益率和沪深 300 指数之间的关系如图 6-6 所示。

在通常情况下，作为一种市场中性策略，统计套利策略的收益应当与基准指数的收益是不相关的。从本例中可以看出，2011 年的沪深 300 指数呈逐级回落之势，但是两只不同行业股票的轮动策略带来的收益率却与市场走势明显背离，呈逐级上涨趋势，与市场走势呈现一定的负相关性。

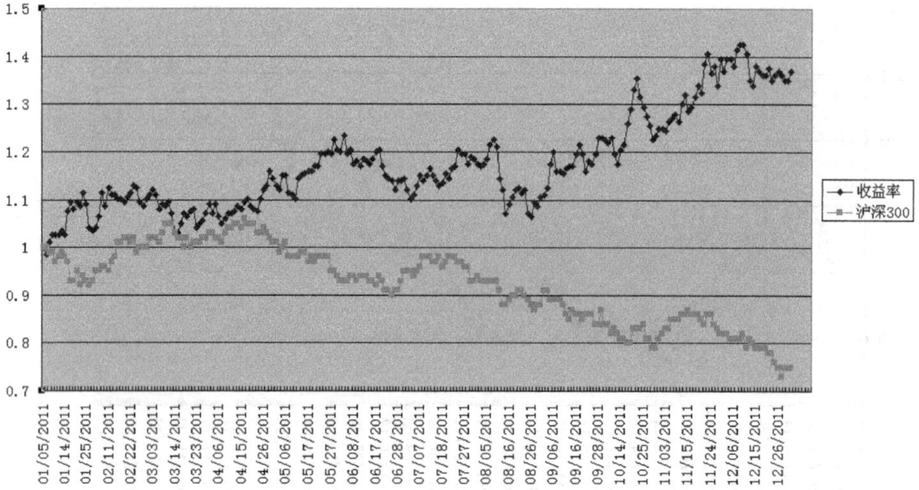

图 6-6　北大荒/徐工机械轮动套利收益率与沪深 300 走势对比

资料来源：[金志宏 2012]

6.2.4　配对策略改进

配对交易模型需要解决两个问题：一是如何选取股票对；二是如何交易，即何时建仓、平仓。

1．股票对筛选模型

我们把研究的范围限定在沪深 300 指数成分股，股票对选取方法如下：

（1）行业划分。为了保证选出的股票对在主营业务上相近，对沪深 300 指数成分股进行行业划分，在同一行业内筛选股票对。需要注意的是，行业划分得越细，同行业内公司的相似度越高，但相应的行业内个股数目会减少，能筛选出的股票对数目也就越少，因此行业划分需要把握一定的尺度。

（2）收益率相关性。配对的股票在股价走势上应具备一定的正相关性，我们要求配对的股票历史收益率的相关系数大于一定的阈值。

（3）价差形态过滤。对于满足协整关系的两只股票，我们进一步要求价差回到均值的速度要足够快，两只股票最好是交替相对走强，这样会有更多的交易机会。

2. 配对交易策略改进

本节依然以北京银行和华夏银行在 2011 年的股价走势作为比较配对交易策略的基础。

1）标准配对交易策略

标准交易模型在设置一个建仓阈值时建仓，然后等价差回到均值 0 处时再平仓，针对价差可能发生突变的情形，加入了一个止损策略：判断价差的绝对值是否大于 3。因为从统计上讲，如果配对的两只股票保持协整关系，那么它们的价差绝对值大于 3 的概率小于 0.3%。一旦出现价差绝对值大于 3 的情况，即可认为股票对原有的协整关系被破坏，应立即止损。

2）改进策略 1：延后开仓策略

针对标准配对交易策略的不足，可以采用如下改进方式：等价差突破阈值后，反向回归穿越阈值时再建仓，称这种策略为延后开仓策略。延后开仓的好处在于一方面可以更加准确地判断出价差向均值回归的趋势；另一方面，当价差出现单边走强的情形时，延后开仓策略不会发出建仓信号，从而可以避免一部分损失，提升配对交易的收益。

3）改进策略 2：延后开仓+提前平仓策略

标准配对交易策略和改进策略 1 都是等价差回归到均值附近时再平仓，而实际交易中经常会发现价差虽然在向均值的方向回归，但没有回归到均值，而是在离均值一定距离处又掉头远离均值。为捕捉前期价差回归阶段的收益，可以采取提前平仓的策略，和延后开仓策略一起构成改进策略 2，如图 6-7 所示。这里设置了两个阈值 δ_1 和 δ_2，分别为建仓阈值和平仓阈值，配对交易在 δ_2 而非均值处平仓。

4）3 个策略模拟结果

我们使用以上基本配对交易及其两个改进策略，对北京银行和华夏银行 2011 年度股价波动情况进行了回溯交易模拟。从图 6-7 中可以看出，2011 年的大部分时间，北京银行和华夏银行的股价比围绕着以 0.9 为轴、正负 5 个百分点的波动区间运动。设定区间建仓阈值 δ_1 为 0.5，平仓阈值 δ_2 为 0.1，分别采用以上 3 种策略的收益率情况如表 6-8 所示。

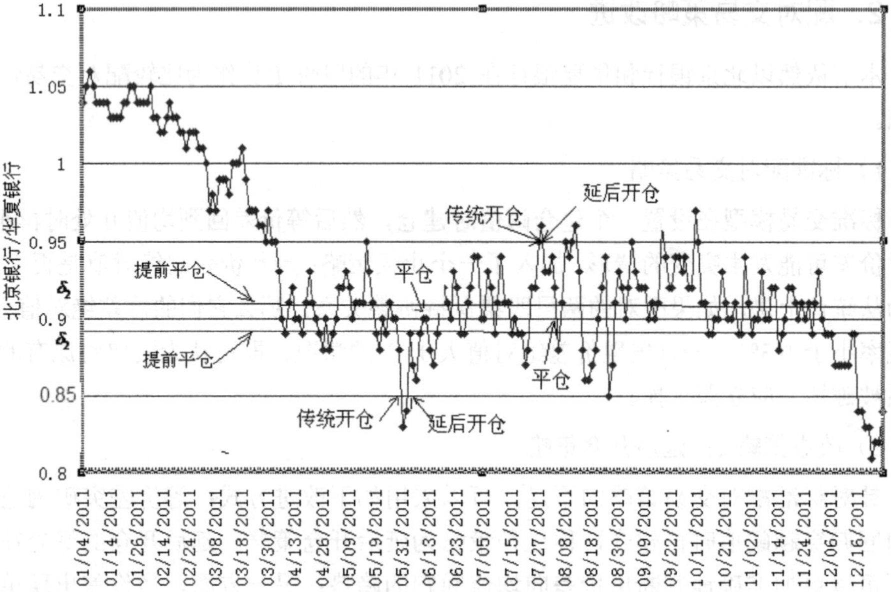

图 6-7　配对交易：延后开仓+提前平仓策略

资料来源：[金志宏 2012]

表 6-8　标准策略、延后开仓、提前平仓策略实证结果

δ_1	标准策略交易次数	标准策略收益率	延后开仓交易次数	延后开仓收益率	提前平仓交易次数	提前平仓收益率
0.5	8	40%	8	40%	8	32%
0.4	12	48%	12	48%	12	36%
0.3	22	66%	22	78%	23	46%
0.2	30	60%	30	98%	32	32%

资料来源：[金志宏 2012]

通过该交易模型的模拟结果可以发现，延后开仓策略在股价比波动不是特别剧烈的情况下，尤其是只在一个阈值范围内反复波动的情况下，并不能有效增加收益。但是模拟结果只是后验结论，在真实股票波动套利过程中，阈值是预先设定的，股价走势图是后验结果，该策略在波动区间大于两个阈值的情况下能够有效增加套利收益。

提前平仓策略对于把握短期波动是有效的，但是实证和理论均表明，提前平仓策略对收益率增加的影响是负面的，尤其是当 $\delta_1/\delta_2>5$ 时，人为增加了套利者判断的因素，对于模型执行的稳定性影响是负面的。

另一个影响收益率的重要因素是阈值 δ_1 的选取。阈值 δ_1 越小，触发交易的频率越高，在不考虑头寸因素的前提下，理论收益率越高。但是考虑到头寸因素，并非阈值 δ_1 越小，总的资金收益率越高，因为要把总头寸分成若干等分头寸，在提高交易频率的同时，降低了总头寸的绝对收益。因此，总收益率与阈值 δ_1 之间存在一个最优化问题。

6.3 股指套利

在经济全球化的今天，不同的国家、地区、行业经济的联系越来越紧密，而代表这些国家、地区、行业的公司之间的关联程度也越来越大，这就使得系统性的风险会造成一荣俱荣、一损俱损的局面。表现在资本市场上，就是这些国家、地区、行业的指数具有很强的相关性，这就使得进行指数间的对冲交易成为一种低风险、高收益的投资方式。

6.3.1 行业指数套利

在中国的经济发展中，很多行业具有很强的相关性，比如工业和材料之间。中国的工业发展离不开材料，当工业增速加快的时候，对材料的需求也会很大，所以这两个行业之间具有很强的相关性。其他类似的行业还有金融—地产、医药—消费等。

图 6-8 显示了 300 工业指数和 300 材料指数的比价关系。从图中可以看出，这两个指数长期的比价处于 0.8～1.05 之间，因此当比价超过 1.05 时，则可以采取做空工业指数并做多材料指数的交易策略；当比价恢复到 0.8 以后则平仓，并进行反向操作，从而规避系统性风险，并且赚到其中的波动差。

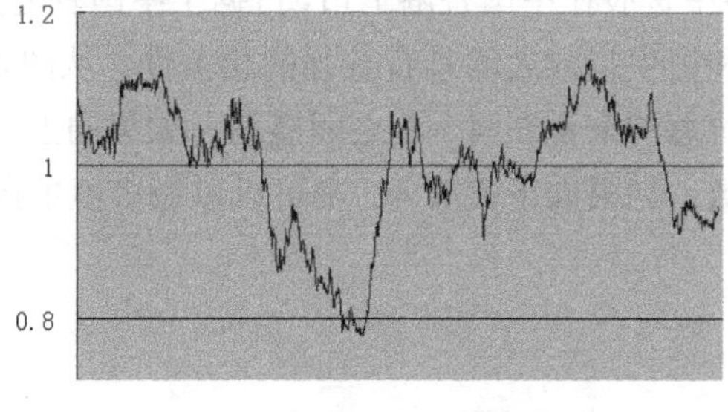

图 6-8 300 工业指数—300 材料指数比价

案例 行业指数套利

2006 年 7 月 10 日，工业指数和材料指数的比价为 1.08，超过了 1.05，我们认为这个比价在未来一段时间可能会修复，则可以做空工业指数，同时做多材料指数。

2006 年 7 月 10 日，工业指数点位为 1382，材料指数点位为 1286。假定在两个指数上分别投资 50 万元，保证金比例为 10%。这里为了计算方便，不考虑每个点位对应的份数，认为每次根据当前指数点位买入对应的份数。

则建仓时：

工业指数空头仓位为：(50 万/10%)/1382=3618（份）

材料指数多头仓位为：(50 万/10%)/1286=3888（份）

到了 2007 年 9 月 13 日，两个指数的比价已经恢复到了 0.82，可以认为已经到达历史上比价的下限区间，则进行平仓操作。此时工业指数点位为 4791，材料指数点位为 5815。

工业指数空头盈亏=(1382−4791)×3618=−12 333 762

材料指数多头盈亏=(5815−1286)×3888=17 608 752

总盈亏=17 608 752−12 333 762=5 274 990

盈利率=5 274 990/100 万×100%=527%

当然，在实际的交易中，考虑到追加保证金等因素，不可能将资金全部用满，因此实际的利润率达不到案例中的理想情况，但是依然可以获得丰厚的收益。

6.3.2 国家指数套利

一个国家可能有多个交易市场，例如，中国有上海证券交易所、深圳证券交易所、香港交易所。国内很多中资股在中国香港上市，占据了中国香港大盘指数很大的份额，因此这些中资股指数和恒生指数之间具有较强的相关性。从图 6-9 中可以看出，恒生指数和中资指数的比价总的来说在 4～8 之间震荡。如果向上突破 8，则可以做空恒生指数并做多中资指数；如果向下突破 4，则可以以做多恒生指数并做空中资指数的方式进行对冲交易。

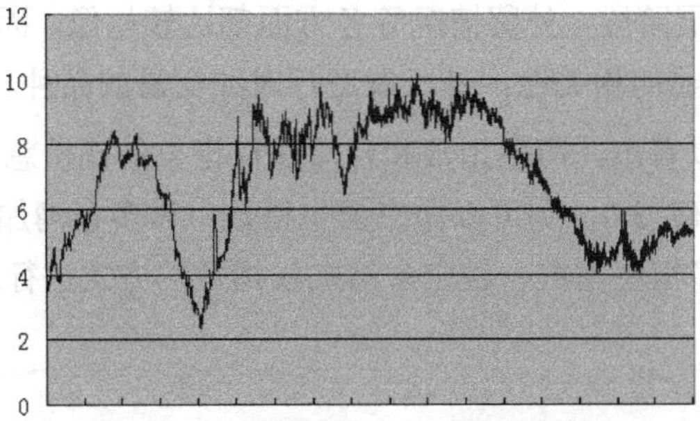

图 6-9 恒生指数—中资指数比价

案例 国家指数套利

2005 年 1 月 5 日，恒生指数—中资指数的比价突破区间上界 8，达到 9.2，我们认为这个比价在未来一段时间可能会修复，则可以做空恒生指数，同时做多中资指数。

2005 年 1 月 5 日，恒生指数点位为 13764，中资指数点位为 1567。假定在两个指数上分别投资 50 万元，保证金比例为 10%。这里为了计算方便，不考虑每个点位对应的份数，认为每次根据当前指数点位买入对应的份数。

则建仓时：

恒生指数空头仓位为：(50 万/10%)/13764=363（份）

中资指数多头仓位为：(50 万/10%)/1567=3190（份）

到了 2008 年 2 月 1 日，两个指数的比价已经恢复到了 4，我们认为已经到达历史上比价的下限区间，则进行平仓操作。此时恒生指数点位为 24 123，中资指数点位为 5063。

恒生指数空头盈亏=(13 764−24 123) ×363= −3 760 317

中资指数多头盈亏=(5063−1567) ×3190=11 152 240

总盈亏=11 152 240−3 760 317=7 391 923

盈利率=7 391 923/100 万×100%=739%

6.3.3 洲域指数套利

目前世界经济区域合作比较多，相互之间的经贸交流也很频繁，这就使得在一个大洲内部的很多国家、地区之间的经济体具有很强的相关性，比如中国香港和中国台湾，在经济结构、发展阶段、外贸情况等各方面都比较相像，因此在恒生指数和台湾加权指数之间具有明显的相关性，是可以进行对冲交易的品种。

从图 6-10 中可以看出，恒生指数和台湾加权指数的比价总的来说在 1.0～3.0 之间震荡。如果向上突破 3.0，则可以做空恒生指数，做多台湾加权指数；如果向下突破 1.0，则可以以做多恒生指数、做空台湾加权指数的方式进行对冲交易。

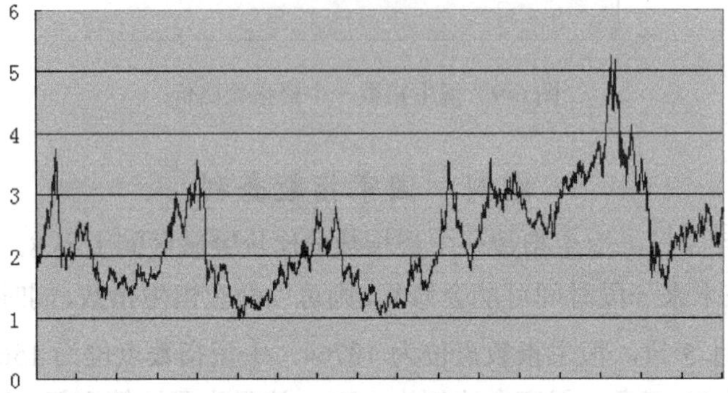

图 6-10　恒生指数—台湾加权指数比价

案例　洲域指数套利

1997 年 8 月 1 日，恒生指数—台湾加权指数的比价突破区间上界 3.0，达到 3.3，我们认为这个比价在未来一段时间可能会修复，则可以做空恒生指数，同时做多台湾加权指数。

1997 年 8 月 1 日，恒生指数点位为 16 379，台湾加权指数点位为 5013。假定在两个指数上分别投资 50 万元，保证金比例为 10%。这里为了计算方便，不考虑每个点位对应的份数，认为每次根据当前指数点位买入对应的份数。

则建仓时：

恒生指数空头仓位为：(50 万/10%)/16 379=305（份）

台湾加权指数多头仓位为：(50 万/10%)/5013=997（份）

到了 1998 年 8 月 13 日，两个指数的比价已经恢复到了 1.0，我们认为已经到达历史上比价的下限区间，则进行平仓操作。此时恒生指数点位为 6660，台湾加权指数点位为 6802。

恒生指数空头盈亏=(16 739−6660) ×305= 3 074 095

台湾加权指数多头盈亏=(6802−5013) ×997=1 783 633

总盈亏=1 783 633 +3 074 095=4 857 728

盈利率=4 857 728/100 万×100%=486%

6.3.4 全球指数套利

在经济全球化的今天，各大经济体之间的合作与交流越来越密切，这就使得很多国家或地区之间的经济具有很强的关联，特别是西方发达经济体之间、新兴经济体之间等股票指数的相关性很强，从而成为对冲交易的好品种，比如德国法兰克福 DAX 指数和伦敦金融时报 100 指数。

从图 6-11 中可以看出，德国法兰克福 DAX 指数和英国金融时报 100 指数的比价总的来说在 0.7～1.2 之间震荡。如果向上突破 1.2，则可以做空德国法兰克福 DAX 指数，做多英国金融时报 100 指数；如果向下突破 0.7，则可以以做多德国法兰克福 DAX 指数、做空英国金融时报 100 指数的方式进行对冲交易。

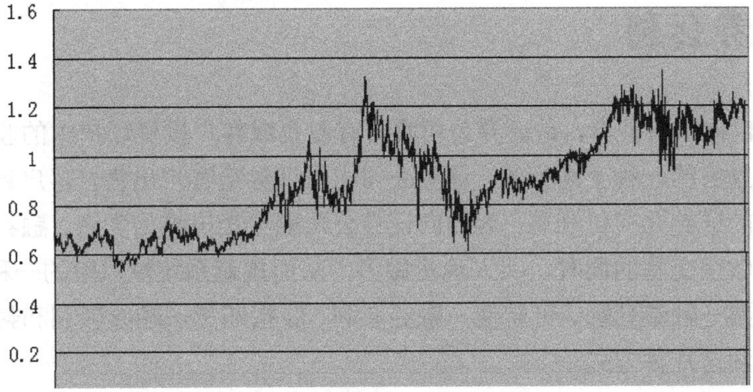

图 6-11 德国法兰克福 DAX 指数—伦敦金融时报 100 指数比价

案例 全球指数套利

2000 年 3 月 20 日，德国法兰克福 DAX 指数和英国金融时报 100 指数的比价突破区间上界 1.2，达到 1.25，我们认为这个比价在未来一段时间可能会修复，则可以做空德国法兰克福 DAX 指数，同时做多英国金融时报 100 指数。

2000 年 3 月 20 日，德国法兰克福 DAX 指数点位为 7872，英国金融时报 100 指数点位为 6086。假定在两个指数上分别投资 50 万元，保证金比例为 10%。这里为了计算方便，不考虑每个点位对应的份数，认为每次根据当前指数点位买入对应的份数。

则建仓时：

德国法兰克福 DAX 指数空头仓位为：(50 万/10%)/7872=635（份）

英国金融时报 100 指数多头仓位为：(50 万/10%)/6086=821（份）

到了 2001 年 9 月 15 日，两个指数的比价已经恢复到了 0.7，我们认为已经到达历史上比价的下限区间，则进行平仓操作。此时德国法兰克福 DAX 指数点位为 4115，英国金融时报 100 指数点位为 5408。

德国法兰克福 DAX 指数空头盈亏=(7872−4115) ×635= 2 385 695

英国金融时报 100 指数多头盈亏=(5408−6086) ×821= −556 638

总盈亏=2 385 695 −556 638 = 1 829 057

盈利率=1 829 057/100 万×100%=183%

6.4 融券套利

融券，也称出借证券，是证券公司将自有股票或客户投资账户中的股票借给做空投资者进行抛售的一种交易行为。证券公司出借证券给客户出售，客户到期返还相同种类和数量的证券并支付利息，客户向证券公司融券卖出称为卖空。融券对冲就是利用融券进行做空交易的同时，买入现货做多，从而规避系统性风险的一种交易方式，主要包括股票—融券套利、可转债—融券套利、股指期货—融券套利和封闭式投资组合—融券套利这几种方式。

6.4.1 股票—融券套利

相对于融资做多而言，融券做空的收益并不低。与此同时，做空机制的出现也使得此前一些难以操作的无风险套利机会浮出水面。通过融券做空和购买负溢价认股权证进行无风险套利就是一个典型的思路。

由于可以融券卖空，使得投资者可以借助市场上存在的负溢价权证进行无风险套利，通过买入权证、卖空标的股票来锁定权证的负溢价为确定收益。这种套利在理论上是没有风险的，权证的负溢价随着到期日的临近肯定将收敛于 0，关键在于负溢价的多少、到期日的长短及融券的利率，这几个因素将决定交易的收益大小。

案例　股票—融券套利

2010 年 4 月 9 日，江铜权证行权价格报收于 4.437 元，其最新行权价格为 15.40 元，按照其 4:1 的行权比例来计算，行权成本为 33.148 元，而该日江西铜业收盘价为 37.30 元，江铜权证负溢价为(37.3−33.148)/33.148×100%=12.52%。

在这种情况下，买入江铜权证到期行权将获得 12.52%的安全垫，只要江西铜业到期跌幅不超过该安全垫，行权都将获利。但是未来股价走势难定，若能对冲正股下跌风险，则套利机制可形成。因此，投资者在买入江铜权证的同时要做空正股江西铜业对冲其下跌风险。卖出正股、买入权证行权相抵后的总损益为当前的内在价值与价格之差，即为套利利润，并且是无风险的，交易完成之时即被锁定。

例如，投资者从券商融券买入江西铜业，按市场 2 倍的杠杆来计算，以 18.65 元的价格向券商融券一份江西铜业股票，然后再以市价卖出，将获得 37.30 元资金，再用这部分资金购入 4 份权证，将花去 17.748 元，剩余的 19.552 元用作融券的保证金，等权证到期时再通过 15.40 元的行权价行权归还所借用的股票，这样对冲模型也就建立起来了，投资者将从中获利 4.152 元。

而投资者投入的初始成本仅为 18.65 元，也就是说半年时间将获得 22.44%的收益回报。当然，投资者在融券过程中要产生 9.8%的融券利息，扣除融券半年时间应付的利息 37.3×9.86%×0.5=1.84 元，也就是说获利为 2.312 元，收益回报也超过 12.39%。

由于券商对融券的保证金有一定限制，一般在 70%以上投资者需追加保证金以及行权时资金保证等，再去除交易印花税行权时产生的费用等，收入也将超过 10%，这相比银行半年期贷款利率 4.86%而言已高出近一倍，而且这种是完全的无风险收益。

6.4.2　可转债—融券套利

可转债与融券组合套利策略也是一种受益于融券交易的策略。当可转债的市场价格低于转股价值时，即转股溢价为负，则存在套利机会，投资者可以买入可转债并及时将可转债转换成股票并卖出，获取转股价格高于市场价格的差额。

在可转债套利的实际操作中，存在一些交易和转股的规则限制。例如，投资者买入的可转债存在锁定期，在此期间不能转股；可转债转换的股票在转股后的下一个交易日才能够卖出。融资融券推出前，这些规则使得套利策略存在障碍，隐藏较大风险，导致套利收益难以顺利实现，但融券交易使得这些问题迎刃而解。

套利机会出现时，投资者在买入可转债的同时融券卖出相应数量的标的股票，构建可转债多头与股票空头的组合，等到可转债进入转股期后进行转股，将转股获得的标的股票归还融券负债；或者在可转债市场价格再次高于转股价值，套利空间消失时，买券归还融券负债，同时卖出可转债，提前实现套利。

案例　可转债—融券套利

2010 年 12 月 31 日，铜陵转债收盘价为 201.49 元，转股价格为 15.68 元，转股比例为 6.3776，标的股票铜陵有色收盘价为 35.05 元，转股起始日为 2011 年 1 月 17 日。假设融券年费率为 10.35%（不考虑其他费用），此时，经计算得到铜陵转债转股价值为 35.05×6.3776=223.53 元，比转债收盘价高 22.04 元，存在套利空间。投资者以收盘价买入铜陵转债，假设为 1 万张，投入资金 201.49 万元，同时融券卖出铜陵有色 6.37 万股，获得资金 223.27 万元，产生 6.37 万股铜陵有色股票的融券负债。

2011 年 1 月 17 日，铜陵转债进入转股期，投资者将 1 万张铜陵转债转成铜陵有色股票 6.3776 万股，于下一个交易日归还 6.37 万股的融券负债，并卖出剩余股份，在扣除融券费用 1.16 万元后，套利组合至少可以获得的套利收益为 223.27−201.49−1.16=20.62 万元，12 个交易日的收益率达到 20.62/201.49×100%=10.23%。

其间，铜陵转债的转股溢价于 2011 年 1 月 14 日变为正值。以当日收盘价计算，铜陵转债价格为 180 元，铜陵有色价格为 28.2 元，转股价值为 179.85 元，低于转债价格。此时投资者可以选择提前实现套利收益，买入铜陵有色 6.37 万股归还融券负债，同时卖出所有的铜陵转债。该投资者在铜陵转债的交易中亏损(180−201.49)×10 000=21.49 万元，而在融券交易中获得收益(35.05−28.2)×63 700=43.63 万元，在扣除融券费用 0.9 万元后，套利组合可以获得 21.24 万元的收益，10 个交易日的收益率达到 10.54%。

不过，标的股票出现增发、配售和分红等情况时，可转债的转股比例会调整，影响组合的配置，同时会触发融券交易提前还券的条款，导致套利失败。对此，需要在套利前对出现上述股票权益事项的可能性进行评估。

6.4.3 股指期货—融券套利

在融券交易中，券商如果用自营的股票作为融券标的，借给融券者卖出后，如果未来证券价格下跌，投资者买券还券后的收益即为券商的损失。如果这个损失不能覆盖融券利息，则券商就会出现净损失，这对于券商提供融券的积极性是一个重大打击。由于股指期货的出现，券商可以利用股指期货对冲系统风险，从而实现低风险套利交易。

具体做法是：当券商向投资者融券后，通过做空股指期货来规避所融出证券股价下行的风险，即如果所融出证券股价下跌，由此产生的损失可以通过做空股指期货的获利得到一定的弥补，进而锁定相对稳定的融券利息收益。通过股指期货的套期保值交易，能够有效对冲融券交易带来的风险，并同时激活两种金融创新业务。

案例 股指期货—融券套利

假定 2010 年 4 月 19 日股指期货开通的当天，有一客户向券商融券卖出贵州茅台 10 万股，总价值为 1480 万元（4 月 19 日的开盘价 148 元×10 万股），约定 3 个月后（2010 年 7 月 19 日）归还，融券利息为 3%。

如果在这 3 个月中，贵州茅台的跌幅超过 3%，则该融券的利息不足以覆盖股票损失，券商的这笔交易则会出现亏损。为了降低系统性风险，券商可以于 2010 年 4 月 19 日当天以开盘价（沪深 300 指数当天的开盘价为 3388 点，这里为了计算简便，就用沪深 300 的现货指数来代替股指期货）做空相应市值的股指期货 14 手（股指期货手数=1480 万/(3388×300)）。

到了 2010 年 7 月 19 日，大盘果然出现下跌，沪深 300 指数从 2010 年 4 月 19 日的 3388 点跌到 2682 点，贵州茅台的价格也从 2010 年 4 月 19 日的 148 元跌到 135 元。

贵州茅台收益=(135−148)×10 万元= −120 万元，亏损 120 万元

股指期货收益=(3388−2682)×300×14=296 万元，盈利 296 万元

融券利息收益=1480 万元×3%= 44.4 万元，盈利 44.4 万元

总收益=296+44.4−120=220.4 万元

总投入=贵州茅台市值+股指期货保证金=1480 万元+1480 万元×20%=1776 万元（20%为股指期货的保证金比例）

收益率=220.4 万/1776 万×100%=12.4%

如果没有利用股指期货对冲的话，这笔交易的收益=44.4 万元-120 万元=-75.6 万元，收益率=-75.6 万/1480 万×100%= -5.1%。

从上面的案例中可以看出，利用股指期货来对冲系统性风险，确保了融券可以获得正收益。不过，在实际的操作过程中，券商通过期指对冲融券风险，存在至少三方面实施难点：一是公司对融资融券交易的定位，有些券商在试点初期将信用交易部门定位为职能部门，如此虽有利于谨慎试点，却缺乏融券套保等业务开拓的动力；二是券商内部各业务部门间的配合，融券业务涉及信用交易、自营、研发等多个部门，部门之间的沟通、协调与利益分配机制等也决定其套保融券的具体实施与控制；三是需要对研究部门进行相应投入，因为套保融券效果涉及个股评级、股指期货、套保量测算等多方面研究，跨越多个研究领域，具有一定的综合性与高端性。

6.4.4 封闭式基金—融券套利

封闭式基金是指经核准的投资组合份额总额在投资组合合同期限内固定不变，投资组合份额可以在依法设立的证券交易场所交易，但投资组合份额持有人不得申请赎回的投资组合。

由于封闭式基金不能申请赎回，只能在二级市场上进行买卖，因此，封闭式基金的价格一般会以低于其单位净值进行交易，即折价交易。通过买入折价的封闭式基金，同时构建一个与封闭式投资组合完全一样的股票组合，执行融券卖出，可实现以折价率为收益的套利。

案例　封闭式基金—融券套利

假设 2010 年 9 月 1 日封闭式投资组合的单位净值为 1 元，其折价率为 30%，每份价格为 0.7 元。封闭式到期为 2010 年 12 月 1 日。

步骤 1：2010 年 9 月 1 日，买入封闭式基金 10 万份，即 7 万元；同时融券卖出与封闭式投资组合一致、价值却为 10 万元的股票。

步骤 2：2010 年 12 月 1 日，封闭式基金到期，价格和净值回归一致，也就是说，买入的 10 万份封闭式投资组合价格与融券卖出的一揽子股票净值达到一致。此时，分别对封闭式投资组合与融券交易进行平仓，不管封闭式投资组合净值如何变化，套利锁定折价率为 30%的收益，盈利 3 万元。

情形一：假设到期封闭式基金净值为 1.5 元。

（1）封闭式基金平仓：卖出封闭式基金 15 万−7 万=8 万，即盈利 8 万元。

（2）融券平仓：买入一揽子股票归还融券，10 万−15 万=−5 万，即亏损 5 万元。

（3）总盈亏：8 万元−5 万元=3 万元。

情形二：假设到期封闭式基金净值为 0.8 元。

（1）封闭式基金平仓：8 万−7 万=1 万，即盈利 1 万元。

（2）融券平仓：买入一揽子股票归还融券，10 万−8 万=2 万，即盈利 2 万元。

（3）总盈亏：1 万元+2 万元=3 万元。

情形三：假设到期封闭式基金净值为 0.5 元。

（1）封闭式基金平仓：5 万−7 万=−2 万，即亏损 2 万元。

（2）融券平仓：买入一揽子股票归还融券，10 万−5 万=5 万，即盈利 5 万元。

（3）总盈亏：−2 万元+5 万元=3 万元。

从市场现状来看，这些融券的套利策略的实现存在以下一些局限：标的证券及其关联权益证券数量少，融资融券交易期限短，套利技术要求较高。不过，随着融资融券业务的不断拓展、未来标的证券范围的扩大，以及转融通业务的适时推出，必将扫清套利道路上的障碍，促使融资融券套利交易成为投资者保值增值的一种重要投资方式。

6.5 外汇套利

FOREX（外汇交易）市场——银行同业市场建立于 1971 年，当时国际贸易从固定汇率转向浮动汇率。从此，一种货币相对于另一种货币的汇率通常以显式的方式来表示：双方都同意的交换关系。该市场的交易量超过了其他所有的投资市场。比如，每天全球有价证券市场的交易量大约为 3000 亿美元，而每天外汇交易量为 1 万亿～3 万亿美元。不过，FOREX 并不是传统意义上的市场，它并没有像股票和期货那样有具体的交易场地，而是通过电话和计算机终端，在全球几百家银行间同时进行的。

在外汇交易市场，货币成对进行交易，货币对的两个组成币种相互关联、不可分割，货币对的两个组成币种在交易中互相兑换。它们的交换价格称为汇率，汇率受货币的供求关系影响。

外汇交易市场中最为常见的货币被称为主要货币，大部分货币的买卖相对于美元

（USD）进行，美元（USD）是交易次数最多的货币。另外 5 种频繁交易的货币是欧元（EUR）、日元（JPY）、英镑（GDP）、瑞士法郎（CHF）和澳大利亚元（AUD）。这 6 种主要货币的交易占据全球外汇交易市场 90%的交易量，其中最常见的货币对是欧元/美元（EUR/USD）。

在外汇交易市场，主要的货币对价格用汇率表示，市场的供求决定了货币的价值，外汇市场上一种货币的价值由另一种货币表示。在一个货币对中，第一种货币叫作基准货币，第二种货币叫作计价货币或相对货币。

当投资者进行货币交易时，买入基准货币，卖出计价货币。汇率告诉买家买入一单位基准货币要花费多少计价货币。货币对的顺序通常不变，这是行业的普遍做法。例如，货币对 USD/JPY（USD 是基准货币，JPY 是计价货币）。投资者所见的货币对顺序不会发生改变，所以投资者是买还是卖取决于交易方向。例如，对于 USD/JPY 而言，投资者可以用 USD 买入 JPY，或者用 JPY 买入 USD。

例如，EUR/USD 1.2500 意味着投资者需用 1.25 美元来买入 1 欧元，也可以说，若投资者卖出 1 欧元就会得到 1.25 美元。所有的交易都同时涉及买入一种货币和卖出另一种货币。如果在第二天，欧元对美元升值，汇率变为 1.26，那么投资者当初买入的每 1 欧元都将带来 1 美分的收益。如果进行反方向交易，那么投资者当初卖出的（在 1.25 汇率卖出）每 1 欧元都将带来 1 美分的损失（因为此时的 1 欧元需要投资者拿 1.26 美元来回购）。

在外汇交易市场，交易商通过买卖货币获利。货币有两个价格，买价叫作“出价”，卖价称为“叫价”。叫价和出价之间的差额就是价差，它代表做市商从交易商处买入卖出的不同。

例如，EUR/USD 的买价/卖价是 1.2100/1.2200。市场做市商用 1.21 美元从交易商手中买入 1 欧元，但以 1.22 美元的价格把这 1 欧元卖给交易商。如果交易商在汇率无变化的情况下快速买卖，他们将遭受损失，这是由价差造成的。因为交易商的买入价要高于他们的卖出价。事实上，价差是市场做市商的主要收入来源，和其他市场一样，商家的卖价要比买价高。

由于不同的货币之间存在相关性，以及不同货币的利息等不同，因此存在套利交易及对冲交易的可能性。

6.5.1 利差套利

我们知道，去银行存款和贷款的时候会产生利息，而每个国家的存贷款利率是不同的，称为利差，比如日本的利率几乎为零，而澳大利亚的利率在 5%左右，如果在日本有日元存款，那就不如把它换成澳元存款，以获得更高的利息，甚至可以大量向银行贷入日元并变成澳元存款，以获取更高的收入。但这样存在一个问题，那就是汇率的波动。比如，如果这一年澳元贬值了很多，已经远远超过了澳元存款利息的收入，这样就不划算了，所以要用对冲的方法以规避汇率的波动造成的影响。

套利方法简介：用一个没有隔夜利息的外汇交易平台和一个有隔夜利息的外汇交易平台进行对冲，使汇率的波动不会造成盈亏，然后从有隔夜利息的平台赚取利息。由于外汇交易中可以使用保证金制度，因此利用杠杆可以赚取数倍的利息。

案例　外汇利差套利

首先要选择一个无隔夜利息的外汇交易平台，有些外汇公司遵从伊斯兰里巴（Riba）禁令，因此无隔夜利息。比如，Marketiva 公司就是这样的一个交易平台，杠杆为 100 倍。有隔夜利息的外汇交易平台到处都是，这里选用 FXDD，杠杆为 100 倍。

假设选用 2008 年 1 月 20 日的英镑/日元（GBP/JPY，简称 GJ，当天的汇率英镑/美元为 1.9553）作为套利的货币对。GJ 在 FXDD 平台的买入持仓隔夜利息为 25.62 美元（1 标准手所产生的利息，1 标准手为 10 万货币单位，10 万单位的 GJ 根据当时的汇率相当于 195 530 美元），换算成百分比为 0.0131%。假设我们现在有 2 万美元，分成两份，在两个平台各使用 1 万美元。

在 FXDD 平台买入 GJ，仓位为 1/10，由于使用的是 100 倍杠杆，因此相当于持有 10 万美元的仓位。在 Marketiva 平台卖出 GJ，使用同样的仓位，以便与前一平台对冲，使 GJ 价格的波动不会对我们的资金造成盈亏。

1/10 的仓位大概可以承受一个月的波动而不会爆仓，两个平台的资金可以有充足的时间流转，根据波动情况将盈利账户的钱转到亏损的账户，使两边的账户一直保持充足的保证金，保证持仓不会被爆仓。

为了防止因短期波动过大使账户爆仓而造成的可能损失，我们将设置止盈单，使当一个账户爆仓的时候，另外一个账户刚好止盈。这样即使有一个账户爆仓，汇率波动造成的盈亏仍为 0。

由于 Marketiva 平台没有隔夜利息，因此我们在此平台卖出 GJ 不需要付出利息，而在 FXDD 平台可以收取利息，那么一年中我们收取的利息为：持仓金额×隔夜利率×一年天数=100 000 × 0.0131% × 365=4781.5（美元）。

手续费损失：

（1）点差。外汇的买入价和卖出价有一个差额，GJ 的为 8 个基点，大约相当于 0.0383%，这个损失将在两个账户（持仓各 10 万美元）同时存在，理想条件下这种损失只会出现一次，因此等于(100 000+100 000)× 0.0383%=76.6（美元）。

（2）资金在两个账户间流转时产生的手续费。如果使用电汇，取钱与入金的费用各为 14 美元，假设半个月需转一次账，则一年需转 24 次，费用为 14×2×24=672（美元）（这个数值可能会有些出入，各个交易平台的存取款手续费不同，这里使用 Marketiva 的手续费作为参照）。

因此最终收益为 4781.5−76.6−672=4032.9（美元），由于我们投入的金额为 2 万美元，因此年收益约为 20%。

虽然这种套利方法不存在理论上的风险，但实际上也还是有风险的，比如，人为造成的操作失误、外汇公司的倒闭、利率的变化等。

6.5.2 货币对套利

在经济全球化的今天，由于很多国家的货币之间存在相关性，因此利用货币对进行对冲交易，可以在降低系统性风险的同时获得相对稳健的收益。目前世界外汇市场都以美元作为计算单位，所有外币的升跌都以美元作为相对的汇价。美元强，则外币弱；外币强，则美元弱。美元的升跌影响所有外币的升跌，所以，若看好一种货币，但要减低风险，就需要同时沽出一种看淡的货币。买入强势货币，沽出弱势货币，如果估计正确，美元弱，所买入的强势货币就会上升；即使估计错误，美元强，买入的货币也不会跌太多。沽空了的弱势货币却跌得重，做成亏少赚多，整体来说仍可获利。

案例　货币对套利

下面以英镑/欧元为例，说明该货币对进行对冲交易的方法。由于欧洲经济一体化的加速，英国和欧元区经济具有非常强的关联性，因此欧元和英镑这两个货币的相关性也非常强。从图 6-12 中可以看出，英镑和欧元的比价总的来说在 1.08～1.18 之间震荡。如果向上突破 1.18，则可以做多欧元，做空英镑；如果向下突破 1.08，则可以以做空欧元、做多英镑的方式进行对冲交易。

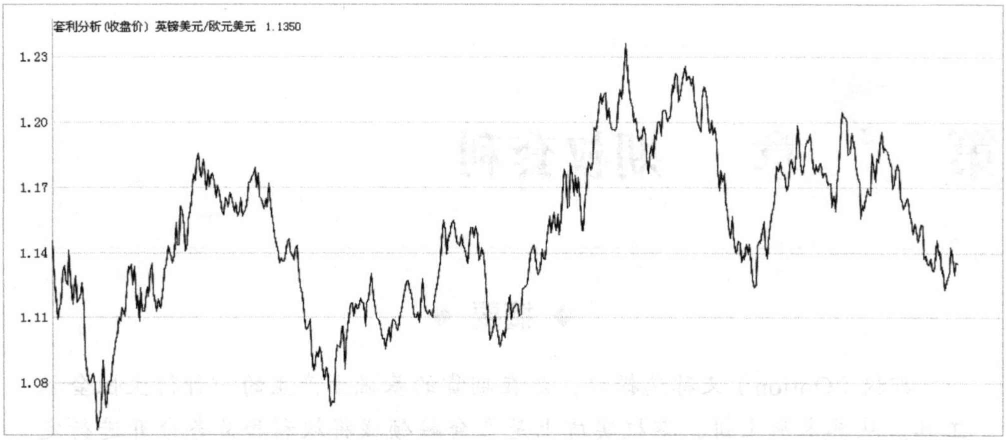

图 6-12　英镑—欧元比价

2009 年 3 月 15 日，英镑—欧元的比价突破区间下界 1.08，达到 1.06，我们认为这个比价在未来一段时间可能会修复，则可以做多英镑，同时做多欧元。

2009 年 3 月 15 日，英镑/美元点数为 1.4512，欧元/美元点数为 1.3672。假定在货币对上分别投资 5000 美元，保证金比例为 1%。

则建仓时：

英镑/美元多头仓位为：(5000/1%)/1.4512=344 542（份）

欧元/美元空头仓位为：(5000/1%)/1.3672=365 710（份）

到了 2009 年 6 月 15 日，两个货币的比价已经恢复到了 1.184，我们认为已经到达历史上比价的上限区间，则进行平仓操作。此时英镑/美元点数为 1.6315，欧元/美元点数为 1.3835。

英镑/美元多头盈亏=(1.6315−1.4512) ×344 542= 62 121

欧元/美元空头盈亏=(1.3835−1.3672) ×365 710=5961

总盈亏=62 121 + 5961=68 082

盈利率=[(68 082/10 000)−1] ×100%=581%

第 7 章 期权套利

◆ 摘要 ◆

期权（Option）又称选择权，是在期货的基础上产生的一种衍生性金融工具。从其本质上讲，期权实质上是在金融领域将权利和义务分开进行定价，使得权利的受让人在规定时间内对于是否进行交易行使其权利，而义务方必须履行。在期权交易时，购买期权的一方称为买方，而出售期权的一方则称为卖方；买方即权利的受让人，而卖方则是必须履行买方行使权利的义务人。

期权的优点在于收益无限的同时风险损失有限，因此在很多时候，利用期权来取代期货进行做空、套利交易，会比单纯利用期货套利具有更小的风险和更高的收益率。

利用期权的各种组合，有多种套利方法，包括股票—期权套利、转换套利、跨式套利、宽跨式套利、蝶式套利和飞鹰式套利等。

（1）股票和期权的套利组合有两种：一种是做多股票的同时买入认沽权证；另一种是做空股票的同时买入认购权证，分别用多头套利和空头套利来表示。

（2）转换套利是指在买入看跌期权、卖出看涨期权的同时，买入相关期货合约的交易。其中看涨期权和看跌期权的执行价格和到期日是相同的，相关期货合约的交割月份与期权合约的到期月份也是相同的。

（3）跨式套利，也叫马鞍式期权、骑墙组合、等量同价对敲期权、双向期权、底部跨式期权，是指以相同的执行价格同时买进或卖出不同种类的期权。跨式套利包括买入跨式套利和卖出跨式套利两种。

（4）宽跨式套利也叫作异价对敲或勒束式期权组合，是投资者同时买进或卖出相同标的物、相同到期日但不同执行价格的看涨期权和看跌期权。根据投资者买卖方向的不同，宽跨式套利可以分为买入宽跨式套利与卖出宽跨式套利。

（5）蝶式套利是利用同时买进和卖出同一商品、同一到期月份但不同敲定价格的看涨或看跌期权合约进行套利。蝶式套利由两个买卖方向相反、共有一个相同并居中的执行价格的套利交易所组成。

（6）飞鹰式套利，也叫秃鹰式套利，是指分别卖出（买进）两种不同执行价格的期权，同时分别买进（卖出）较低与较高执行价格的期权。所有的期权都有相同的类型、标的合约与到期日，执行价格的间距相等。

7.1 基本概念

7.1.1 期权介绍

◆ 摘要 ◆

期权主要可分为买方期权和卖方期权，前者也称为看涨期权或认购期权，后者也称为看空期权或认沽期权。期权交易事实上是这种权利的交易，买方有执行的权利也有不执行的权利，完全可以灵活选择。每一期权合约都包括 4 个特别的项目：标的资产、期权行使价、数量和行使时限。

（1）标的资产：每一期权合约都有一个标的资产，标的资产可以是众多金融产品中的任何一种，如普通股票、股价指数、期货合约、债券、外汇等。通常，把标的资产为股票的期权称为股票期权，以此类推。所以，期权有股票期权、股票指数期权、外汇期权、利率期权、期货期权等。

（2）期权行使价：在行使期权时，用以买卖标的资产的价格。在大部分交易的期权中，标的资产价格接近期权的行使价。行使价在期权合约中都有明确的规定，通常是由交易所按一定标准以减增的形式给出的。

（3）数量：期权合约明确规定合约持有人有权买入或卖出的标的资产数量。

（4）行使时限：每一期权合约具有有效的行使期限，如果超过这一期限，期权合约即失效。

按执行时间的不同，期权主要可分为两种：欧式期权和美式期权。欧式期权是指只有在合约到期日才被允许执行的期权，它在大部分场外交易中被采用。美式期权是指可以在成交后的有效期内任何一天被执行的期权，多为场内交易所采用。

与期货相比，期权最大的优势是损失有限，无论市场是涨还是跌，最大的损失就是权利金，而不像期货那样，会损失数倍于保证金的资金，这个优势使得利用期权进行套利交易成为一种比较好的交易策略。

7.1.2 期权交易

期权交易的了结方式与期货类似，包括对冲平仓和履约平仓两种方式。

（1）对冲平仓。看涨期权的卖方想对冲了结在手的合约部位，再卖出同样内容、同样效果的看涨期权合约即可。对于看跌期权的卖方来说，为对冲合约部位，则必须通过卖出内容、数量相同的看跌期权合约给予平仓。反之，对于期货期权的卖方也是如此，如果期货期权的卖方通过对冲了结其在手的合约部位，就必须以相同的执行价格和到期日买入数量、内容相同的期权合约。在期权合约有效期内的任何交易时间内，买方和卖方均可将在手的未平仓期权部位予以对冲。

（2）履约平仓。期货期权也可以通过履约平仓。但是在期货期权交易中，只有期权买方有权在期权合约规定时间内要求履行合约，并在期权合约规定的执行价格水平上获得一个期货交易部位。买方可以在期权合约有效期内的任何一个交易日包括最后交易日（美式期权）要求履行期权合约，即按照预先确定的执行价格买入或卖出一定数量的相关期货合约，而卖方必须做好履行合约的准备。在履约方面，买方只有权利没有义务，卖方只有义务没有权利。

期权交易的结算方法如下：

（1）卖方保证金。期权结算是期权交易环节中不可缺少的一环。由于买方的最大风险是成交时所交的权利金，因此对于买方没有每日结算风险。但卖方的风险与期货一样依然存在，因此，交易所要对卖方进行每日结算。

传统的期权保证金制度以纽约商品交易所为代表，每张卖空期权的保证金为下面两者中的较大者：权利金+期货合约保证金－虚值期权价值的一半；权利金+期货合约保证金的一半。

（2）买方权利金结算。买方不进行每日结算。买方一旦成交，其权利金从其结算准备金账户上划出，这是买方可能面临的最大风险，一旦平仓，则按照权利金平仓价全部划入其结算准备金账户。

（3）履约结算。对于美式期权来说，每天都可能有履约情况发生。如果买方提出执行权利，则交易所按照配对原则找出相应的卖方。配对后，当日各自将期权持仓自动消失，结算部门收取卖方的交易保证金也于当日自动划入卖方结算准备金账户。至于买方，因为成交当日的权利金已经划出，不进行每日结算，所以执行权利后也没有权利金的划转问题。至于二者转换的期货部位，可视为新建立了期货部位，按照期货结算方法进行每日结算。

（4）权利放弃时的结算。最后交易日闭市后，虚值、平值期权及提出不执行的实值期权将自动失效，其持仓在最后交易日后随着合约的到期也自然消失。

权利放弃时，买方不用结算。卖方所支付的交易保证金全部划入其结算准备金账户。

（5）实值期权自动结算。是指在到期日闭市后，所有没有提出权利执行的实值期权将由结算部门自动结算。

7.1.3 牛熊证

牛熊证在海外市场主要集中在德国、瑞士、英国和澳大利亚，其中欧洲和澳大利亚的牛熊证市场是增长最快的市场，德国法兰克福和斯图加特两个交易所上市的牛熊证超过了 5500 种，每月平均成交达到 80 亿港元。中国香港从 2006 年 6 月正式上市交易这个产品，立刻得到了迅猛发展。从总体上看，牛熊证是一种十分成功的产品，无论是初次发行还是二手市场都很活跃。

1. 产品的定义

牛熊证全称为可收回牛熊证（简称 CBBC），是追踪标的资产表现的一种结构性产品，允许持有人在一定期限内，以某个指定的价格，向发行人购入（或出售）一定数量的证券、商品、外汇或金融其他产品，但如果前标的资产在到期前到达某一指定水平（称为收回价），发行商将立即收回牛熊证（称为强制收回机制）并终止其交易。

牛熊证多数以股票或股票指数作为标的资产，但也有不少其他资产，如货币和商品等。牛熊证的期限一般为 3 个月至 5 年。

按与标的资产的价格关系区分，与认购权证和认沽权证相对应，牛熊证可分为牛证和熊证，看好标的资产后市的投资者可选择牛证，相反则选择熊证。

这里先简单介绍强制收回机制，因为这是牛熊证与权证相区别的重要特征。牛熊证具有收回价，其具体价格由发行商在发行前即设定，一旦标的资产价格在交易期间内触及收回价，则触发强制收回机制。牛熊证提早到期，由发行商收回，其买卖也会即时终止，整个过程称为强制收回事件。

2. 产品的特点

牛熊证的运作方式和衍生权证极为相似，牛熊证兼具现货产品和衍生产品的双重特点：在市场上，牛熊证是作为现货产品出现的，一方面，它有确定的流通数量，而其买卖与股票没有差别，并非如期权、期货一样的保证金交易；另一方面，它具有衍生产品的杠杆效应，所以具备高风险和高利润的特征，其利润理论上无上限，而最高损失可达 100%。

牛熊证价格一般紧贴标的资产的价格，二者的价格走势十分接近，在通常情况下价格变动比例为 1:1；其价格一般不受引申波幅的影响，而且不随时间值耗损。基于牛熊证是以一个基准价和标的资产的价格变动来计算价值的，所以其价值的确定相当直接和明了。

对于买卖双方而言，他们的收益和成本都相当清楚，就定价成交来说，价格即使受一些供求关系的影响，但由于其价值的透明度很高，牛熊证的价格仍能比较线性地随标的资产的涨跌而涨跌。而且关键是牛熊证的价格都为价内定价，这是由牛熊证的强制收回机制决定的：就牛证来说，若行使价高于现价，则对于大于或等于行使价的收回价来说，此牛证还未被发行就可强制收回了，这样是没有意义的；熊证也是类似的原理。

从这一点来看，能够价内、价外、价平的衍生权证更能反映出市场的预期，即能对引申波幅做出更准确的估计，所以，相比之下，衍生权证存在更多的投机套利，使其能大涨大跌。而牛熊证因为定价机制简单，所以能大幅降低引申波幅的影响。另外，牛熊证的价值不像权证或期权和期货，并不随时间值耗损。

3. 产品的内在风险

牛熊证本身具有以下内在风险。

（1）强制收回机制：无论对于 N 类还是 R 类牛熊证，一旦被强制收回，其损失额都将占总投资额的巨大比例，N 类即 100%损失，而 R 类在最坏的情况下也能达到 100%损失。而强制收回发生后，即使标的资产在之后可能反弹，但牛熊证不再生效，所以投资者也不能从反弹中获取任何利益。一般来说，收回价和标的资产现价之间的差价越大，则牛熊证被强制收回的可能性越小。同时差价越大，则杠杆效应越小，因为它增加了合约的发行价（增加了成本）。

（2）杠杆作用：牛熊证价格变动的基数是牛熊证初始的发行价格，它只相当于标的资产价格的很少部分，所以根据其与标的价格变动 1:1 的比例，牛熊证变动的百分比要比标的资产变动的百分比高很多。因此，一旦标的资产价格向投资者期望的相反方向移动，投资者必将受到比直接购买标的资产更大的损失。

（3）有效期限：牛熊证的有效期限最短为 3 个月，最长为 5 年，在交易期间还有被强制收回的可能。而且在海外牛熊证市场，投资者买入牛熊证后，往往也只持有很短的时间，一般只打算通过标的资产的上升或下跌来赚取短线利润，因此，牛熊证并不适宜作为长线投资产品。

（4）对冲值（DELTA, Δ）：虽然牛熊证价格的变动是直接受标的资产价格变动影响的（变动比例 1:1 即对冲值Δ=1），但其本身还受到其他因素的影响，包括供求、财务费用和有效期，所以对冲值在牛熊证有效期内未必总是接近于 1。特别是在标的资产价格临近收回价的时候，由于其被强制收回的风险增加，其流通性会降低，所以牛熊证在此时的价格并不能实时和有效地反映标的资产的涨跌。

（5）流通性：虽然存在牛熊证的流通性提供者，但并不代表投资者一定能够按自己的需求价格买入或卖出牛熊证。而且若在成交量不高的情况下，就会存在流通性风险，这也将影响到标的资产的价格能否得到合理的反映。

4．产品的优点

相对于其他衍生产品，牛熊证具有如下优点。

（1）透明度高：牛熊证与标的资产 1:1 的价格比例简单易明，而且计价透明，没有引申波幅导致的与股价背道而驰的现象。

（2）选择范围广：可追踪的相关资产选择范围广，以欧洲的市场经验为例，其范围可包括流通量高的股份、外币、贵金属（如金、白金、银）、商品（如石油），甚至美国国库债券。

（3）杠杆效应：牛熊证是杠杆式投资，其所需投资金额通常比直接投资标的要少。因此，对于短线投资者而言，如果预期标的资产在极短时间内将做出一个较大幅度的变动，牛熊证则是一个绝佳的选择，其低价值所对应的是高杠杆比率，看准时的回报会相当可观。正因为这个特点，牛熊证很受散户投资者欢迎。

（4）风险有上限，而回报并无上限：投资牛熊证的风险以已支付的投资金额为上限，这是由强制收回机制止损所决定的。而从回报来说，牛熊证并无上限。当然，如果标的资产的市场上是限制涨跌幅度的，则另当别论。

7.2 股票—期权套利

股票和期权的套利组合有两种：一种是做多股票的同时买入认沽权证；另一种是做空股票的同时买入认购权证。分别用多头套利和空头套利来表示，股票—期权套利综合分析如表 7-1 所示。

表 7-1　多头股票—期权套利综合分析表

组合方式	买入股票的同时，买入该股票的认沽权证 买入 A 股票的同时，买入指数的认沽权证
使用范围	后市方向不明确，但认为会有显著的价格变动，波动性会增大。波动性越大，对期权部位越有利。只要价格波动超过高平衡点或低于低平衡点，就会有盈利
最大风险	所支付的全部权利金。随着时间的损耗，对部位不利

7.2.1 股票—股票期权套利

案例　多头股票—股票期权套利组合

在 2 月份，有如下 5 月到期的某股票的认沽权证：

权证类型	正股价格	行权价	行权比例	当前价格	到期日
认沽	45 元	50 元	10	0.5 元	5 月 31 日

某投资者在 2 月份买入 1 万股该股票，投入资金 45×10 000=45 万元，同时买入这 10 万股股票的认沽权证，支付资金=100 000×0.5=5 万元。总投资为 50 万元，假定到了 5 月 31 日，分别以股票小于 45 元、等于 50 元、大于 50 元为例，说明该套利组合的结果。

如表 7-2 所示，股票认沽权证的组合，最大的作用就是锁定了下行风险。如果股票价格出现下跌，则不会有任何损失；如果股票价格上涨超过行权价，则可以获得超额收益。这种方式类似于股指期货套保，但是与股指期货套保不同的是，股指期货套保无法获得超额收益。

表 7-2 多头股票—股票期权套利案例损益分析表

股票情况	股票价值	认沽权证价值 （1）(行权价－标的价)/行权比例 （行权价>标的价） （2）0（行权价<标的价）	总价值=认沽价值+股票价值	盈利率=(总价值-权利金)/权利金×100%
55	55×1 万=55 万元	0	55 万元	(55 万−50 万)/50 万×100%=10%
50	50×1 万=50 万元	0	50 万元	(50 万−50 万)/50 万×100%=0%
40	40×1 万=40 万元	[(50−40)/10] ×10 万=10 万元	50 万元	(50 万−50 万)/50 万×100%=0%

7.2.2 股票—指数期权套利

案例 股票—指数期权套利

在 2 月份，有如下 5 月到期的恒生指数的认沽权证，当前恒生指数为 13 500 点。同时有某股票，当前价格为 13 元，投资者认为在未来 3 个月该股票会跑赢恒生指数，但是由于无法确定恒生指数的涨跌，故而可以构建股票—指数认沽权证的对冲组合。

权证类型	恒生指数	行权价	行权比例	当前价格	到 期 日
认沽	13 000 点	13 500	10 000	0.05 元	5 月 31 日

该投资者买入股票 1 万股，投入资金 13×1 万=130 000 万元，同时买入 10 万股恒生指数的认沽权证，投入资金 0.05×10 万=5000 元，总资金为 13.5 万元。

假定到了 5 月 31 日，分别以恒生指数上涨 20%、10%、0、−10%，股票跑赢恒生指数 10%，即分别为 30%、20%、10%、0 为例，说明该对冲组合的效果，损失分析如表 7-3 所示。

从表 7-3 中可以看出，股票—指数认沽权证的组合，如果在确认股票在未来一段时间可以超越指数的情况下，该组合可以获得稳健的 Alpha 收益。

表 7-3 多头股票—指数期权套利案例损益分析表

恒生指数	股票价值	认沽权证价值 (1)(行权价－标的价)/行权比例 (行权价>标的价) （2）0（行权价<标的价）	总价值=认沽价值+股票价值	盈利率=(总价值－权利金)/权利金×100%
14 300 点 （上涨 10%）	13×(1+20%)× 1 万=15.6 万元	0	15.6 万元	(15.6 万−13.5 万) / 13.5 万×100%=15.6%

续表

恒生指数	股票价值	认沽权证价值 （1）(行权价－标的价)/行权比例 （行权价>标的价） （2）0（行权价<标的价）	总价值=认沽价值+股票价值	盈利率=(总价值－权利金)/权利金×100%
13 000 点（不涨不跌）	13×(1+10%)×1 万=14.3 万元	[(13500–13000)/10000]×10 万=5000 元	14.3 万 +5000=14.8 万元	(14.8 万–13.5 万) / 13.5 万×100%=9.6%
11 700 点（下跌 10%）	13×1 万=13 万元	[(13500–11700)/10000]×10 万=18000 元	13 万 +18 000=14.8 万元	(14.8 万–13.5 万) / 13.5 万×100%=9.6%

如果该认沽权证出现市场折价，则可以买入恒生指数的成分股和该认沽权证的组合，构建一个完全无风险套利组合。

7.3 转换套利与反向转换套利

7.3.1 转换套利

转换套利是指在买入看跌期权、卖出看涨期权的同时，买入相关期货合约的交易。其中，看涨期权和看跌期权的执行价格和到期日是相同的，相关期货合约的交割月份与期权合约的到期月份也是相同的。在期货合约到期前，当期货价格高于执行价格的时候，交易者的空头看涨期权将被履约，并自动与交易者的多头期货部位相对冲，多头看跌期权则任其作废。如果在期货合约到期前，期货价格低于执行价格，交易者的多头看跌期权将被履约，并自动与交易者的多头期货部位相对冲，空头看涨期权则任其到期取消。

转换套利所获利润的一般计算公式如下：

转换套利利润=(看涨期权权利金–看跌期权权利金)–(期货价格–期权执行价格)

案例　转换套利

某投资者在 5 月份以 3 美元/盎司的权利金买进 1 张执行价格为 400 美元/盎司的 6 月份黄金看跌期权，又以 3.5 美元/盎司的权利金卖出 1 张执行价格为 400 美元/盎司的 6 月份黄金看涨期权，再以市场价格 399.5 美元/盎司买进 1 张 6 月份黄金期货合约。其套利分析过程如表 7-4 所示，盈亏损益如图 7-1 所示。

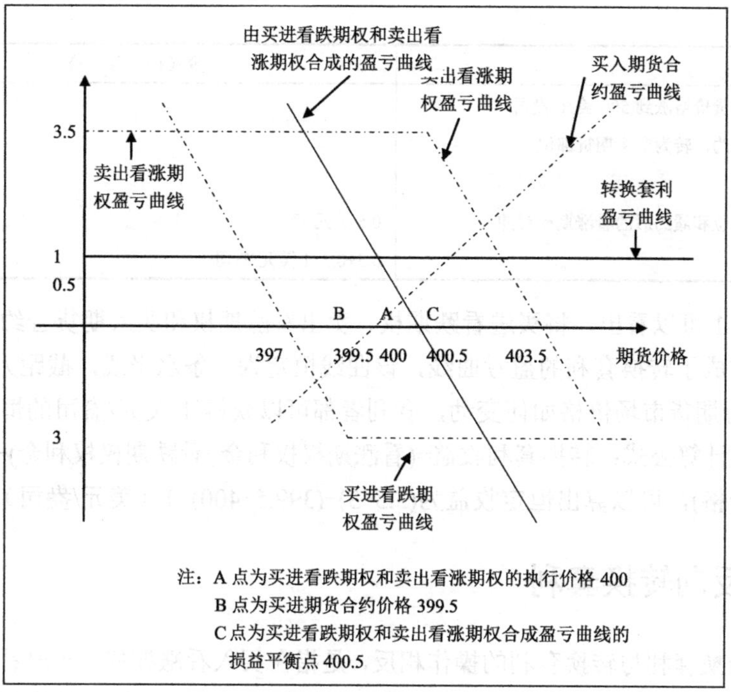

图 7-1 转换套利损益

表 7-4 转换套利分析过程

	盈（+），亏（-）
买进看涨期权，敲定价格 400 美元/盎司 卖出看涨期权，敲定价格 400 美元/盎司 买进期货合约，价格为 399.5 美元/盎司 净获利	-3 美元/盎司 +3.5 美元/盎司 0 0.5 美元/盎司
合约到期时期货价格跌到 350 美元/盎司 履约看跌期权，转为空头期货部位 放弃看涨期权 将多头期货部位与履约后的看跌期权对冲 净获利	 +0.5 美元/盎司 0.5+0.5=1 美元/盎司
合约到期日期货价格为 399.5 美元/盎司 履约看跌期权，转为空头期货部位 放弃看涨期权 将多头期货部位和履约后的看跌期权对冲 净盈利	 0+0.5=0.5 美元/盎司 0.5+0.5=1 美元/盎司

续表

	盈（+），亏（-）
合约到期日期货价格涨到 500 美元/盎司	
看涨期权被履约，转为空头期货部位	
放弃看跌期权	
将多头期货部位和履约后的看涨期权对冲	0.5 美元/盎司
净盈利	0.5+0.5=1 美元/盎司

由图 7-1 可以看出，将买进看跌期权、卖出看涨期权和买入期货合约的盈亏曲线合在一起构成了转换套利的盈亏曲线，该曲线恒定为一条水平线，截距为 1，这说明无论 6 月份期货市场价格如何变动，套利者都可以获得 1 美元/盎司的恒定收益。根据转换套利计算公式：转换套利收益=(看涨期权权利金−看跌期权权利金)−(期货价格−期权执行价格)，可以算出恒定收益为(3.5−3)−(399.5−400)=1（美元/盎司）。

7.3.2 反向转换套利

反向转换套利与转换套利的操作相反，是指在买入看涨期权、卖出看跌期权的同时，卖出相关期货合约的交易。其中，看涨期权与看跌期权的执行价格和到期日都相同，相关期货合约的交割月份与期权到期月份也相同，并且在执行价格上尽可能接近期货价格。在这种操作下，如果相关期货价格在到期时高于期权的执行价格，则多头看涨期权将被履约，并自动与交易者的空头期货部位相对冲，空头看跌期权则被放弃。如果期货价格在到期时低于期权执行价格，空头看跌期权将被履约，并自动与交易者的空头期货部位相对冲，多头看涨期权被放弃。

反向转换套利的利润有一个一般性计算公式：

反向转换套利的利润=(看跌期权权利金−看涨期权权利金)−
(期权执行价格−期货价格)

案例　反向转换套利

某投资者在 5 月份以 3 美元/盎司的权利金买进 1 张执行价格为 400 美元/盎司的 6 月份黄金看涨期权，又以 4 美元/盎司的权利金卖出 1 张执行价格为 400 美元/盎司的 6 月份黄金看跌期权，再以市场价格 400.80 美元/盎司卖出 1 张 6 月份黄金期货合约。套利盈亏曲线如图 7-2 所示。

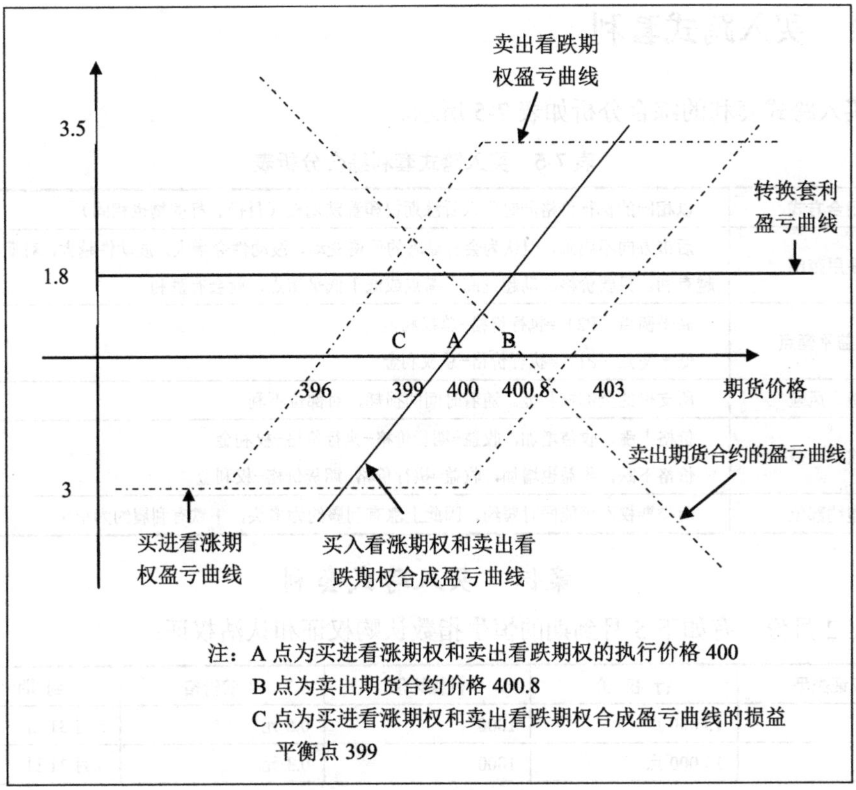

图 7-2　反向转换套利损益

由图 7-2 可知，无论 6 月份期货市场价格如何变化，套利者都可以获得 1.8 美元/盎司的恒定收益。根据上述公式，反向转换套利的收益=(4−3)−(400−400.8)=1.8（美元/盎司）。

7.4　跨式套利

跨式套利（Straddle），也叫马鞍式期权、骑墙组合、等量同价对敲期权、双向期权（Double Options）、底部跨式期权（Bottom Straddle），是指以相同的执行价格同时买进或卖出不同种类的期权。跨式对冲包括买入跨式套利和卖出跨式套利两种。

7.4.1 买入跨式套利

买入跨式套利的综合分析如表 7-5 所示。

表 7-5 买入跨式套利综合分析表

组合方式	以相同的执行价格同时买入看涨期权和看跌期权（月份、标的物也相同）
使用范围	后市方向不明确，但认为会有显著的价格变动，波动性会增大。波动性越大，对期权部位越有利。只要价格波动超过高平衡点或低于低平衡点，就会有盈利
损益平衡点	高平衡点（P2）=执行价格+总权利金 低平衡点（P1）=执行价格−总权利金
最大风险	所支付的全部权利金。随着时间的损耗，对部位不利
收　益	价格上涨，收益增加，收益=期货价格−执行价格−权利金 价格下跌，收益也增加，收益=执行价格−期货价格−权利金
履约部位	两类期权不可能同时履约，因此上涨有利履约为多头，下跌有利履约为空头

案例　买入跨式套利

在 2 月份，有如下 5 月到期的恒生指数认购权证和认沽权证：

权证类型	行 权 价	行权比例	当前价格	到 期 日
认购	13 000 点	1000	0.5 元	5 月 31 日
认沽	13 000 点	1000	0.3 元	5 月 31 日

某投资者在 2 月份买入 1 张执行价格为 13 000 点的 5 月恒指认购权证，支付权利金 500 元（0.5×1000=500）；同时，他又买入 1 张执行价格为 13 000 点的 5 月恒指认沽权证，支付权利金 300 元（0.3×1000=300）。该买入跨式期权的交易细节如表 7-6 所示。

表 7-6 买入跨式套利交易细节

指数情况	认购权证价值 （1）=标的价−行权价 （标的价>行权价） （2）=0（标的价<行权价）	认沽权证价值 （1）=行权价-标的价 （行权价>标的价） （2）=0（行权价<标的价）	总价值= 认沽价值+ 认购价值	盈利率=(总价值−权利金)/ 权利金×100%
14 000 点	14 000−13 000=1000 点	0	1000 点	(1000−800)/800×100%=25%
13 800 点	13 800−13 000=800 点	0	800 点	(800−800)/800×100%=0
13 600 点	136 000−13 000=600 点	0	600 点	(600−800)/800×100%=-25%
13 000 点	13 000−13 000=0	13 000−13 000=0	0	(0−800)/800×100%=-100%
12 400 点	0	13 000−12 400=600 点	600 点	(600−800)/800×100%=-25%
12 200 点	0	13 000−12 200=800 点	800 点	(800−800)/800×100%=0
12 000 点	0	13 000−12 000=1000 点	1000 点	(1000−800)/800×100%=25%

高平衡点=13 000+500+300=13 800（点）

低平衡点=13 000−(500+300)=12 200（点）

下面来看 5 月 31 日恒生指数（P）分别在行权价上下的情况。由图 7-3 可以看出，该买入跨式期权的最大亏损为 800 点（所支付的权利金），P1（12 200 点）和 P2（13 800 点）为盈亏平衡点。当恒指跌破 12 200 点或上涨超过 13 800 点时即可盈利。

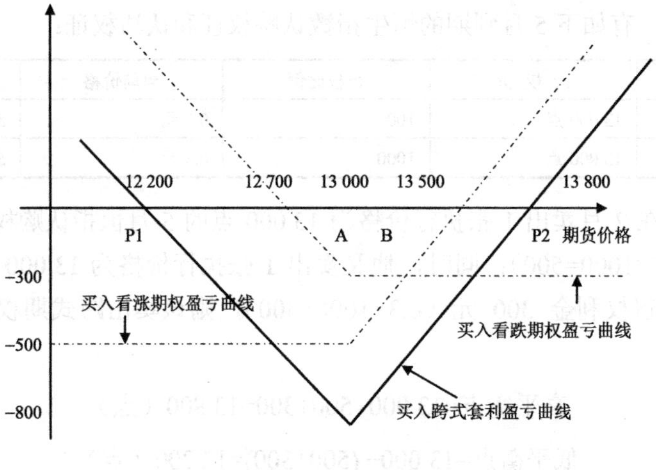

注：A 点为买进看涨期权和看跌期权的执行价格 13 000
P1 为低损益平衡点 12 200
P2 为高损益平衡点 13 800

图 7-3 买入跨式套利损益

7.4.2 卖出跨式套利

卖出跨式套利的综合分析如表 7-7 所示。

表 7-7 卖出跨式套利综合分析表

组合方式	以相同的执行价格同时卖出看涨期权和看跌期权
使用范围	预计价格会变动很小或没有变动，价格上升或下跌的幅度收窄；市场波动率下跌市况日趋盘整，价位波幅收窄，图表上形成“楔形”、“三角形”或“矩形”形态走势
损益平衡点	高平衡点（P2）=执行价格+总权利金 低平衡点（P1）=执行价格−总权利金

续表

最大风险	如果价格上涨超过高平衡点，期权买方有权执行看涨期权，卖方损失=执行价格–期货价格+权利金 如果价格下跌超过低平衡点，期权买方有权执行看跌期权，卖方损失=期货价格–执行价格+权利金
最大收益	所收取的全部权利金
履约部位	如果价格上涨，则履约后为空头；如果价格下跌，则履约后为多头

案例　卖出跨式套利

在 2 月份，有如下 5 月到期的恒生指数认购权证和认沽权证：

权证类型	行 权 价	行权比例	当前价格	到 期 日
认购	13 000 点	1000	0.5 元	5 月 31 日
认沽	13 000 点	1000	0.3 元	5 月 31 日

某投资者在 2 月卖出 1 张执行价格为 13 000 点的 5 月恒指认购权证，获得权利金 500 元（0.5×1000=500）；同时，他又卖出 1 张执行价格为 13 000 点的 5 月恒指认沽权证，获得权利金 300 元（0.3×1000=300），则该卖出跨式期权的交易细节如表 7-8 所示。

高平衡点=13 000+500+300=13 800（点）

低平衡点=13 000– (500+300)=12 200（点）

下面来看 5 月 31 日恒生指数（P）分别在行权价上下的情况，如图 7-4 所示。与前面买入跨式对冲不同的是，在卖出跨式对冲中，投资者首先获得权利金，然后根据不同的情况支付给对手价值，中间的差价就是盈利。

表 7-8　卖出跨式套利交易细节

指数情况	认购权证价值 （1）=标的价–行权价 （标的价>行权价） （2）=0 （标的价<行权价）	认沽权证价值 （1）=行权价–标的价 （行权价>标的价） （2）=0 （行权价<标的价）	支付总价值=认沽价值+认购价值	盈利率=(权利金–总价值)/权利金×100%
14 000 点	14 000–13 000=1000 点	0	1000 点	(800–1000)/1000×100%=–20%
13 800 点	13 800–13 000=800 点	0	800 点	(800–800)/800×100%=0
13 600 点	136 000–13 000=600 点	0	600 点	(800–600)/600×100%=33%
13 000 点	13 000–13 000=0	13 000–13 000=0	0	(0–800)/0×100%=∞

续表

指数情况	认购权证价值 （1）=标的价–行权价 （标的价>行权价） （2）=0 （标的价<行权价）	认沽权证价值 （1）=行权价–标的价 （行权价>标的价） （2）=0 （行权价<标的价）	支付总价值=认沽价值+认购价值	盈利率=(权利金–总价值)/权利金×100%
12 400 点	0	13 000–12 400=600 点	600 点	(800–600)/600×100%=33%
12 200 点	0	13 000–12 200=800 点	800 点	(800–800)/800×100%=0
12 000 点	0	13 000–12 000=1000 点	1000 点	(800–1000)/1000×100%=–20%

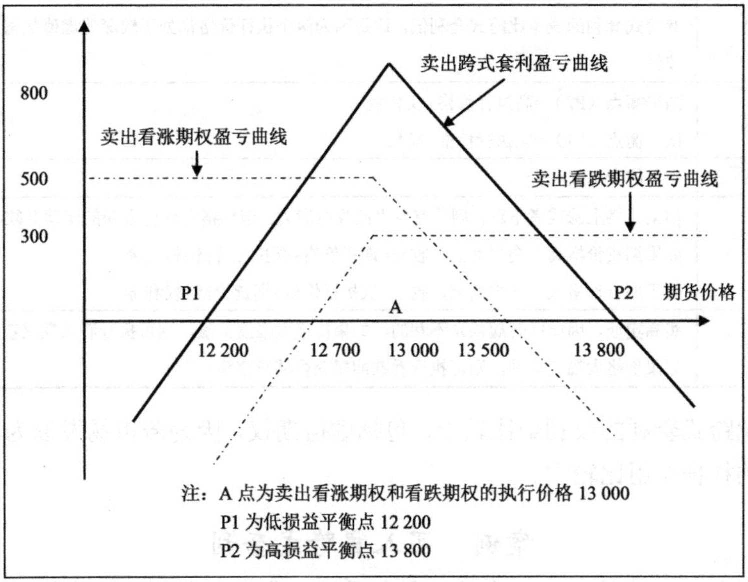

图 7-4　卖出跨式套利损益

由图 7-4 可以看出，该卖出跨式期权的最大盈利为 800 点（所收取的权利金），P1（12 200 点）和 P2（13 800 点）为盈亏平衡点。当恒指跌破 12 200 点或上涨超过 13 800 点时即为亏损。

7.5　宽跨式套利

宽跨式套利又称异价对敲或勒束式期权组合，是投资者同时买进或卖出相同标的物、相同到期日但不同执行价格的看涨期权和看跌期权。根据投资者买卖方向的不同，宽跨式套利可以分为买入宽跨式套利与卖出宽跨式套利。

7.5.1 买入宽跨式套利

买入宽跨式套利的综合分析如表 7-9 所示。

表 7-9 买入宽跨式套利综合分析表

策　略	以较低的执行价格（A）买入看跌期权，并以较高的执行价格（B）买入看涨期权
使用范围	预测标的物价格将有大的变动，但无法确定其方向；市场波动率上升 宽跨式套利的成本比跨式套利低，这是因为两个执行价格都处于较深的虚值状态，因此成本比较低
损益平衡点	高平衡点（P2）=高执行价格+权利金 低平衡点（P1）=低执行价格–权利金
最大风险	支付的全部权利金
收　益	如果价格上涨或者下跌，则具有巨大的收益潜力，但价格向任何方向的变动必须显著才能获益 如果期货价格高于高平衡点，收益=期货价格–高执行价格–权利金 如果期货价格低于低平衡点，收益=低执行价格–期货价格–权利金
履约部位	买高卖低，因此同时履约是不利的。如果价格大幅度上涨，则可执行看涨期权获得期货多头；如果价格大幅度下跌，则可执行看跌期权获得期货空头

多头宽跨式套利的权利金比较少，包括虚值期权，因为若市场发展为单边市，宽跨式套利的杠杆作用比较大。

案例　买入宽跨式套利

某投资者在 2 月份以 300 点的权利金买入 1 张 5 月份到期、执行价格为 10 500 点的恒指看涨期权；同时，他又以 200 点的权利金买入 1 张 5 月份到期、执行价格为 10 000 点的恒指看跌期权。买入宽跨式套利的盈亏状况如图 7-5 所示。

由图 7-5 可以看出，该买入宽跨式套利的最大亏损为 500 点（支付的权利金），P1（9500 点）、P2（11 100 点）为盈亏平衡点。当恒指跌破 9500 点或者上涨超过 11 000 点时即可盈利。利润大小取决于两个执行价格的接近程度，距离越远，潜在损失越小，但是要想获得利润，标的物价格变动需要更大一些。

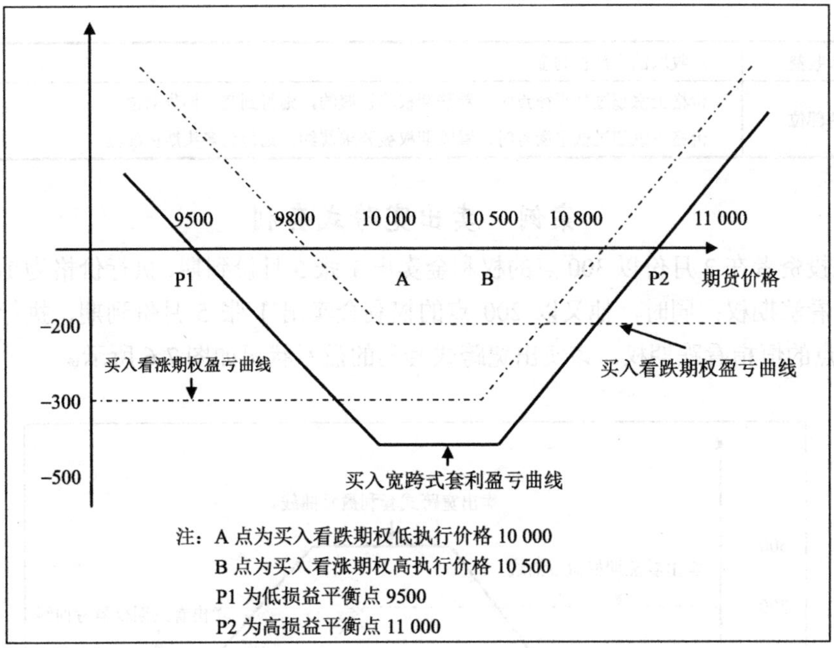

图 7-5 买入宽跨式套利损益

7.5.2 卖出宽跨式套利

卖出宽跨式套利的综合分析如表 7-10 所示。

表 7-10 卖出宽跨式套利综合分析表

策 略	以较高执行价格（B）卖出看涨期权，并以较低执行价格（A）卖出看跌期权
使用范围	（1）预测标的物价格将有变动，但无法确定其方向。空头宽跨式套利的成本比跨式套利低，这是因为两个执行价格都处于较深的虚值状态 （2）市况日趋盘整，价位波幅收窄，图标上形成“矩形”状态走势 （3）市场波动率下降 （4）到达损益平衡点较慢，因此适合长线的买卖策略
损益平衡点	高平衡点（P2）=高执行价格+权利金 低平衡点（P1）=低执行价格–权利金
风 险	如果价格上涨或者下跌，都有巨大损失的可能性，但价格向任何方向的变动必须显著才会受损 期货价格高于高平衡点的风险=期货价格－高执行价格+权利金 期货价格低于低平衡点的风险=低执行价格－期货价格+权利金

续表

最大收益	所收取的全部权利金
履约部位	价格上涨超过高平衡点时，看涨期权将被履约，则得到空头期货部位 价格下跌超过低平衡点时，看跌期权被要求履约，则得到多头期货部位

案例　卖出宽跨式套利

某投资者在 2 月份以 300 点的权利金卖出 1 张 5 月份到期、执行价格为 10500 点的恒指看涨期权；同时，他又以 200 点的权利金卖出 1 张 5 月份到期、执行价格为 10000 点的恒指看跌期权。该卖出宽跨式套利的盈亏状况如图 7-6 所示。

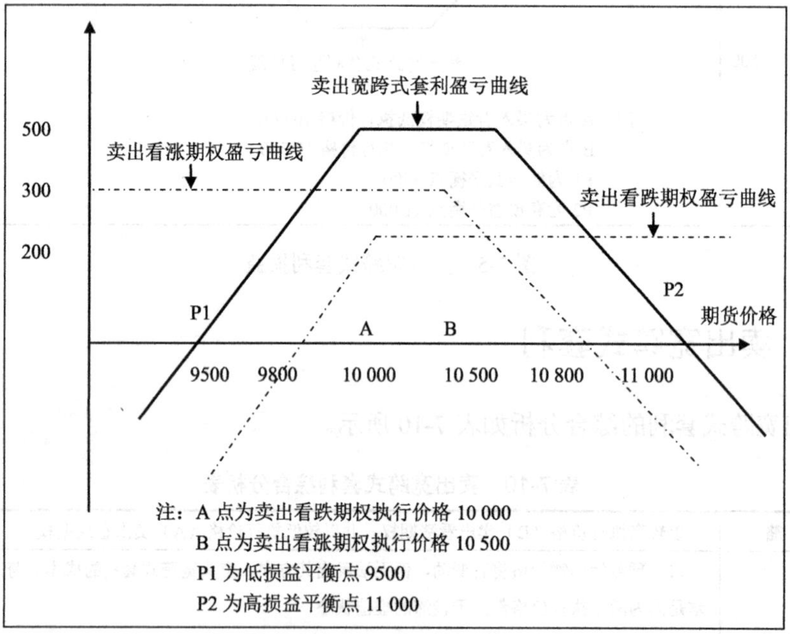

图 7-6　卖出宽跨式套利损益

由图 7-6 可以看出，该卖出宽跨式套利盈利最大为 500 点（支付的权利金），P1（9500 点）和 P2（11100 点）为盈亏平衡点。当恒指跌破 9500 点或者涨过 11100 点时即为亏损。由此可见，进行宽跨式套利，只有价格波动幅度在一定范围之内才可能盈利，超过这一范围则会亏损。

7.6 蝶式套利

蝶式套利的原理和垂直套利相似，都是利用同时买进和卖出同一商品、同一到期月份但不同敲定价格的看涨或看跌期权合约进行套利的。但不同的是，蝶式套利由两个买卖方向相反、共有一个相同并居中的执行价格的垂直套利交易所组成。具体的方式是：买入（或卖出）低执行价格的看涨（或看跌）期权，卖出（或买入）居中执行价格的看涨（或看跌）期权，同时买入（或卖出）高执行价格的看涨（或看跌）期权。其中，居中执行价格的期权的交易数量是低执行价格和高执行价格期权交易量之和，这相当于两个垂直套利的组合。低执行价格和高执行价格的期权分居于居中执行价格的两边，形同蝴蝶的两个翅膀，所以称为蝶式套利。根据买卖方向的不同，蝶式套利分为买入蝶式套利和卖出蝶式套利两种。

7.6.1 买入蝶式套利

买入蝶式套利的操作特点是卖出居中执行价格的看涨（看跌）期权的同时，买入两边低执行价格和高执行价格的看涨（看跌）期权，分析如表 7-11 所示。

表 7-11 买入蝶式套利综合分析表

构造方法	方式 1：买进一个低执行价格（A）的看涨期权，卖出两个居中执行价格（B）的看涨期权，再买进一个高执行价格（C）的看涨期权 方式 2：买进一个低执行价格（A）的看跌期权，卖出两个居中执行价格（B）的看跌期权，再买进一个高执行价格（C）的看跌期权 注意：本策略的执行价格间距相等
使用范围	对那些认为标的物价格不可能发生较大波动的投资者来说，这是一个非常适当的策略。使用该策略可以保证当期货价格在一定幅度内波动时获得一定的收益，并且在价格超过既定波动幅度时面临的亏损也是有限的
损益平衡点	高平衡点（P2）=居中执行价格+最大收益 低平衡点（P1）=居中执行价格−最大收益
最大风险	净权利金
最大收益	居中执行价格−低执行价格−净权利金

案例 买入蝶式套利

某投资者以 260 美分/蒲式耳的执行价格买入 10 手 5 月份看涨小麦期权，权利金为 16 美分/蒲式耳；与此同时卖出 20 手执行价格为 270 美分/蒲式耳的 5 月份小麦看涨期权，权利金为 9 美分/蒲式耳；再买入 10 手执行价格为 280 美分/蒲式耳的 5 月份小麦看涨期权，权利金为 4 美分/蒲式耳。该策略是一种买入蝶式套利的操作，它需要支付一个初始净权利金 2 美分/蒲式耳（16+4−9×2）。

该操作的损益图如图 7-7 所示。

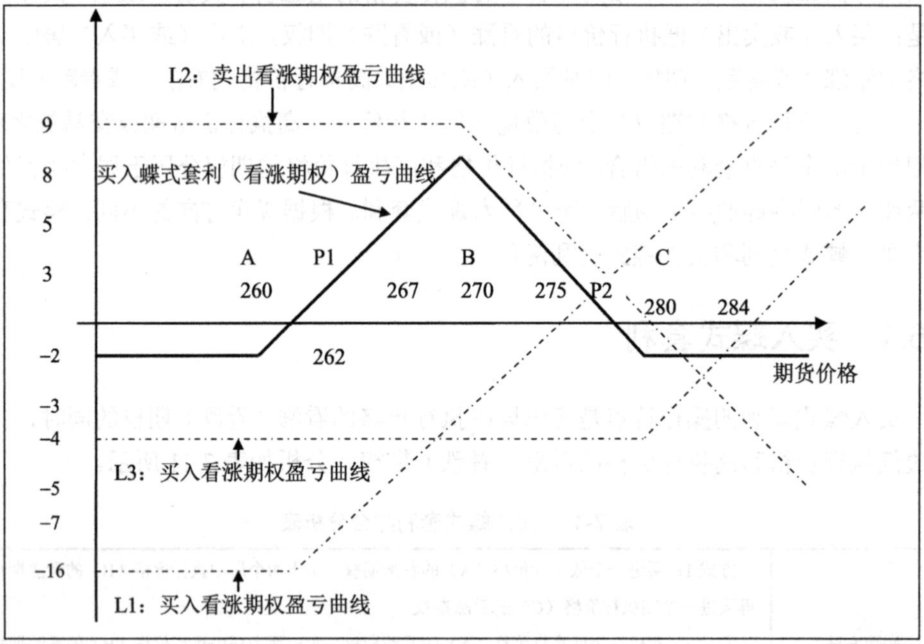

图 7-7　买入蝶式套利损益

从图 7-7 中可以看出，这种买入蝶式套利的最大可能收益为 8 美分/蒲式耳（270−260−2=8），最大可能亏损为 2 美分/蒲式耳（等于支付的权利金）。当期货价格小于 260 美分/蒲式耳或者大于 280 美分/蒲式耳时，交易者面临一个恒定的亏损值 2 美分/蒲式耳；而当期货价格在 260～280 美分/蒲式耳之间波动时，投资者的收益在 −2～8 美分/蒲式耳之间，其中低损益平衡点（P1）为 262 美分/蒲式耳（270−8=262），高损益平衡点（P2）为 278 美分/蒲式耳（270+8=278），当期货价格在 270 美分/蒲式耳时，收益达到最大，即 8 美分/蒲式耳。由此可见，这种操作适合期货出现小幅度波动的情况，即使判断错误，损失也极为有限。

同理，也可以在看跌期权上进行买入蝶式套利，其面临的盈亏状况和在看涨期权上的操作非常类似。

7.6.2 卖出蝶式套利

卖出蝶式套利的操作特点是在买入居中执行价格的看涨（看跌）期权的同时，卖出两边低执行价格和高执行价格的看涨（看跌）期权。对卖出蝶式套利的具体分析如表 7-12 所示。

表 7-12 卖出蝶式套利综合分析表

构造方式	方式 1：卖出一个低执行价格（A）的看涨期权，买入两个居中执行价格（B）的看涨期权，再卖出一个高执行价格（C）的看涨期权 方式 2：卖出一个低执行价格（A）的看跌期权，买入两个居中执行价格（B）的看跌期权，再卖出一个高执行价格（C）的看跌期权 注意：本策略的执行价格间距相等
使用范围	适合标的物价格可能发生较大波动的情况。投资者认为市价出现向上或者向下突破，但是又不愿意支付买入跨式期权那么多的权利金。这种策略可以在价格出现大幅度变化时获取收益，并且即使预测错误，所承担的损失也是有限的
损益平衡点	高平衡点（P2）=居中执行价格+最大风险值 低平衡点（P1）=居中执行价格–最大风险值
最大风险	居中执行价格–低执行价格–净权利金
最大收益	净权利金

案例 卖出蝶式套利

某交易者以 260 美分/蒲式耳的执行价格卖出 10 手 5 月份小麦看涨期权，权利金为 16 美分/蒲式耳；与此同时买入 20 手执行价格为 270 美分/蒲式耳的 5 月份小麦看涨期权，权利金为 9 美分/蒲式耳；再卖出 10 手执行价格为 280 美分/蒲式耳的 5 月份小麦看涨期权，权利金为 4 美分/蒲式耳。该策略是一个卖出蝶式套利（看涨期权）的操作，它可以获得一个初始净权利金收入 2 美分/蒲式耳（16+4−9×2=2）。该操作的盈亏情况如图 7-8 所示。

从图 7-8 中可以看出，卖出蝶式套利的盈亏状况与买入蝶式套利恰恰相反。这种卖出套利最大可能亏损为 8 美分/蒲式耳（270−260−2=8），最大可能收益为 2 美分/蒲式耳（等于获得净权利金）。当期货价格小于 260 美分/蒲式耳或大于 280 美分/蒲式耳时，交易者面临一个恒定的收益 2 美分/蒲式耳。当期货价格在 260～280 美分/蒲式耳之间时，交易者的收益在−8～2 美分/蒲式耳之间，其中低损益平衡点（P1）为 262 美分/蒲式耳（270-8=2），高损益平衡点（P2）为278美分/蒲式耳（270+8=278），当期货价格为270美分/蒲式耳时，亏损达到最大，即-8美分/蒲式耳。由此可见，这种操作适合期货价格出现大幅度波动的情况，即使判断错误，所承担的损失也是有限的。

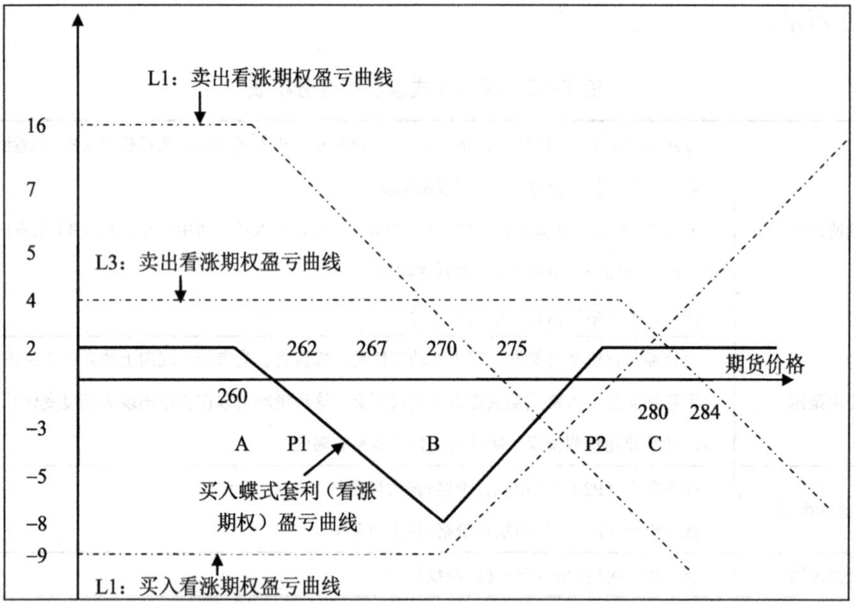

图7-8　卖出蝶式套利损益

同理，也可以在看跌期权上进行卖出蝶式套利，其面临的盈亏状况和在看涨期权上的操作是非常相似的。

7.7　飞鹰式套利

飞鹰式套利，也叫秃鹰式套利，是指分别卖出（买进）两种不同执行价格的期权，同时分别买进（卖出）较低与较高执行价格的期权。所有的期权都有相同的类型、标的合约与到期日，执行价格的间距相等。

7.7.1　买入飞鹰式套利

买入飞鹰式套利的综合分析如表7-13所示。

表 7-13　买入飞鹰式套利综合分析表

构造方式	方式 1：买入一个低执行价格（A）的看涨期权，卖出一个中低执行价格（B）的看涨期权，卖出一个中高执行价格（C）的看涨期权，买入一个高执行价格（D）的看涨期权 方式 2：买入一个低执行价格（A）的看跌期权，卖出一个中低执行价格（B）的看跌期权，卖出一个中高执行价格（C）的看跌期权，买入一个高执行价格（D）的看跌期权 注意：本策略的执行价格间距相等
使用范围	对后市没把握，但希望标的物价格到期能在中低执行价格与中高执行价格之间。投资者认为，市场价格会处于某个幅度内，但希望投资一个比蝶式更保守的组合，即扩大平衡点之内的价格范围，而损失则控制在一定水平之内
损益平衡点	高平衡点（P2）=中高执行价格+最大收益 低平衡点（P1）=中低执行价格–最大收益
最大收益	最大收益=中低执行价格–低执行价格–净权利金
最大风险	净权利金

案例　买入飞鹰式套利

某交易者分别买入、卖出、卖出和买入执行价格为 260、270、280 和 290 美分/蒲式耳的 5 月份小麦看涨期权，权利金分别为 16、9、4 和 2 美分/蒲式耳，该策略为看涨期权上的买入飞鹰式套利，这种操作需要支付初始净权利金 5 美分/蒲式耳（16−9−4+2）。该策略的盈亏状况分析如图 7-9 所示。

从图 7-9 中可以看出，在看涨期权上买入飞鹰式套利的最大可能盈利为 5 美分/蒲式耳（270−260−5=5），最大可能亏损为 5 美分/蒲式耳（等于净权利金）。当期货价格小于 260 美分/蒲式耳或大于 290 美分/蒲式耳时，恒定的亏损为 5 美分/蒲式耳。当期货价格在 260～270 美分/蒲式耳之间或在 280～290 美分/蒲式耳之间时，套利的收益在−5～5 美分/蒲式耳之间，其中 265 美分/蒲式耳为低损益平衡点（P1=270−5=265），285 美分/蒲式耳为高损益平衡点（P2=280+5=285）。当期货价格在 270～280 美分/蒲式耳之间时，恒定的收益为 5 美分/蒲式耳。由此可以看出，当对期货价格未来走势不明，且预计期货价格在中低执行价格和中高执行价格之间的可能性较大时，可以使用这种策略，即使判断错误，面临的亏损也是有限的。

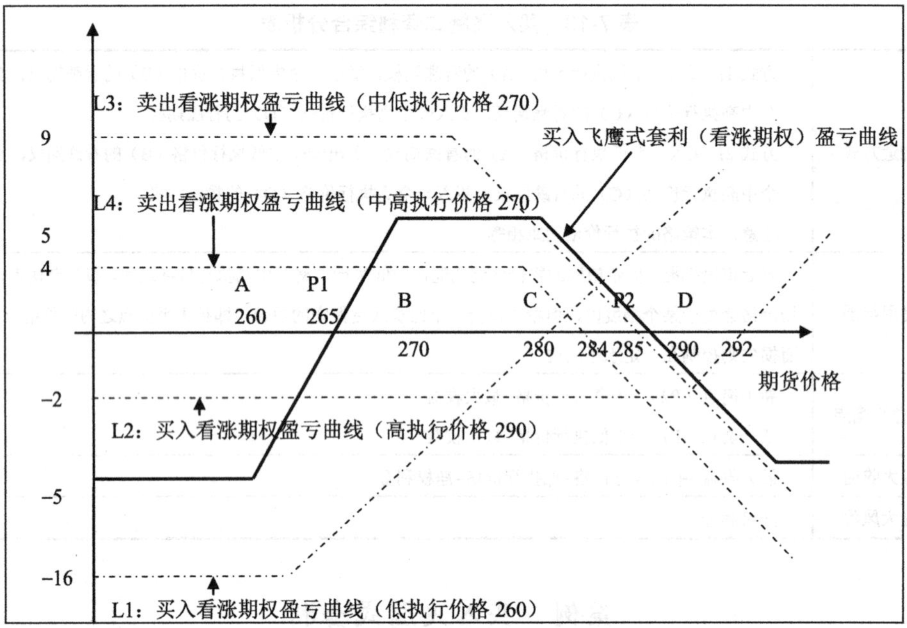

图 7-9 买入飞鹰式套利损益

7.7.2 卖出飞鹰式套利

卖出飞鹰式套利的综合分析如表 7-14 所示。

表 7-14 卖出飞鹰式套利综合分析表

构造方式	方式 1：卖出一个低执行价格（A）的看涨期权，买入一个中低执行价格（B）的看涨期权，买入一个中高执行价格（C）的看涨期权，卖出一个高执行价格（D）的看涨期权 方式 2：卖出一个低执行价格（A）的看跌期权，买入一个中低执行价格（B）的看跌期权，买入一个中高执行价格（C）的看跌期权，卖出一个高执行价格（D）的看跌期权 注意：本策略的执行价格间距相等
使用范围	对后市没把握，但希望标的物价格到期日能低于低执行价格或高于高执行价格。投资者认为，市场会出现向上或向下突破，但嫌卖出蝶式组合所付出的权利金太高，因此愿意将平衡点的距离拉大，减少权利金支出
损益平衡点	高平衡点（P2）=高执行价格-净权利金 低平衡点（P1）=低执行价格+净权利金
最大收益	净权利金
最大损失	最大损失=中低执行价格-低执行价格-净权利金

案例　卖出飞鹰式套利

某交易者分别卖出、买入、买入和卖出执行价格为 260、270、280 和 290 美分/蒲式耳的 5 月份小麦看涨期权，权利金分别为 16、9、4 和 2 美分/蒲式耳，该策略为看涨期权上的卖出飞鹰式套利，这种操作可以获得初始净权利金 5 美分/蒲式耳。该策略的盈亏状况分析如图 7-10 所示。

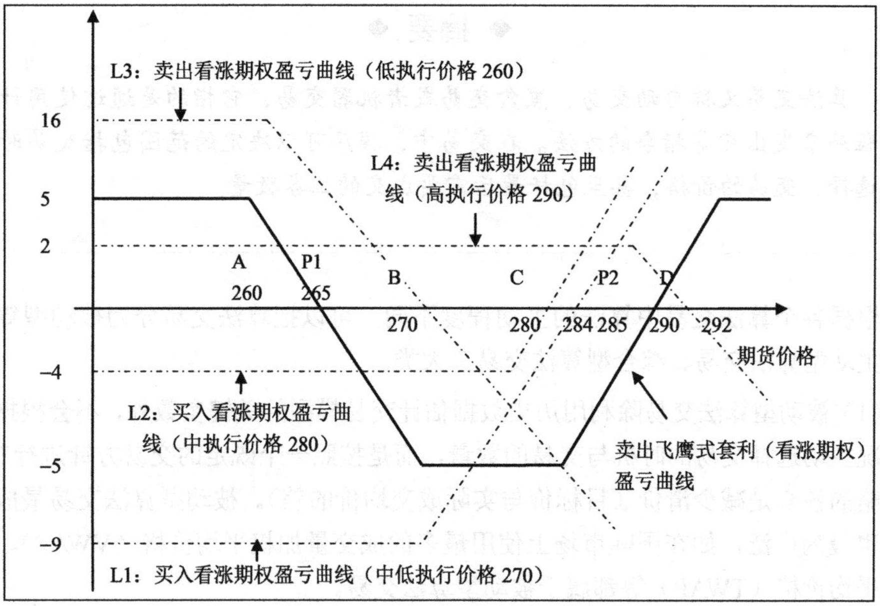

图 7-10　卖出飞鹰式套利损益

从图 7-10 中可以看出，在看涨期权上的卖出飞鹰式套利的盈亏状况与买入飞鹰式套利恰恰相反。其最大可能亏损为 5 美分/蒲式耳（270−260−5=5），最大可能盈利为 5 美分/蒲式耳（等于净权利金）。当期货价格小于 260 美分/蒲式耳或大于 290 美分/蒲式耳时，恒定的收益为 5 美分/蒲式耳。当期货价格在 260～270 美分/蒲式耳之间或在 280～290 美分/蒲式耳之间时，套利的收益在−5～5 美分/蒲式耳之间，其中，265 美分/蒲式耳为低损益平衡点（P1=270−5=265），285 美分/蒲式耳为高损益平衡点（P2=280+5=285）。当期货价格在 270～280 美分/蒲式耳之间时，恒定的亏损为 5 美分/蒲式耳。由此可以看出，当对期货价格未来走势不明，且预计期货价格在低执行价格和高执行价格之外的可能性较大时，可以使用这种策略，即使判断错误，面临的亏损也是有限的。

第 8 章　算法交易

◆ 摘要 ◆

算法交易又称自动交易、黑盒交易或者机器交易，它指的是通过使用计算机程序来发出交易指令的方法。在交易中，程序可以决定的范围包括交易时间的选择、交易的价格，甚至包括最后需要成交的证券数量。

根据各个算法交易中算法的主动程度不同，可以把算法交易分为被动型算法交易、主动型算法交易、综合型算法交易三大类。

（1）被动型算法交易除利用历史数据估计交易模型的关键参数外，不会根据市场的状况主动选择交易的时机与交易的数量，而是按照一个既定的交易方针进行交易。该策略的核心是减少滑价（目标价与实际成交均价的差）。被动型算法交易最成熟，使用也最为广泛，如在国际市场上使用最多的成交量加权平均价格（VWAP）、时间加权平均价格（TWAP）等都属于被动型算法交易。

（2）主动型算法交易也叫机会型算法交易，这类交易算法根据市场的状况做出实时的决策，判断是否交易、交易的数量、交易的价格等。主动型算法交易除了努力减少滑价以外，把关注的重点逐渐转向了价格趋势预测上。如判断市场价格在向不利于交易员的方向运动时，就推迟交易的进行；反之则加快交易的速度。当市场价格存在较强的均值回归现象时，必须迅速抓住每一次有利于自己的偏移。

（3）综合型算法交易是前两者的结合，既包含既定的交易目标，具体实施交易的过程中也会对是否交易进行一定的判断。这类算法常见的方式是先把交易指令拆开，分布到若干个时间段内，每个时间段内具体如何交易由主动型交易算法进行判断。二者结合可以达到单独一种算法所无法达到的效果。

VWAP 策略是常用的交易策略之一，具有简单、易操作等特点，基本思想就是让自己的交易量提交比例与市场成交量比例尽可能匹配，在减少对市场冲击的同时，获得市场成交均价的交易价格。

标准的 VWAP 策略是一种静态策略，即在交易开始之前，利用已有信息确定提交策略，交易开始之后按照此策略进行交易，而不考虑交易期间的信息。

改进型的 VWAP 策略的基本原理是：在市场价格高于市场均价的时候，根据市场价格的走势，不同程度地减少提交量，在保证高价位的低提交量的同时，能够防止出现价格的持续上涨而提交量过度向后聚集；在市场价格低于市场均价的时候，根据市场价格的走势，不同程度地增加提交量，在保证低价位的高提交量的同时，能够防止价格的持续走低而提交量过度提前完成。

8.1 基本概念

8.1.1 算法交易定义

算法交易又称自动交易、黑盒交易或者机器交易，它指的是通过使用计算机程序来发出交易指令的方法。在交易中，程序可以决定的范围包括交易时间的选择、交易的价格，甚至包括最后需要成交的证券数量。

算法交易最初是为了将大单拆分成大量较小的交易，以减少对市场的冲击，降低机会成本和风险。随着相关技术的发展完善，算法交易因其优势开始被应用在更多方面。如对冲投资组合使用它来在电子新闻信息到达时实现迅速交易，而其他交易员甚至还不知道信息的存在。

1. 更有效的交易

大型交易者当然希望自己买或卖的行为不被市场发现，在不会影响市场的情况下迅速成交，否则交易对象的价格将在交易完成前迅速往自己所不期望的方向变动。一次大额的交易可能导致目标证券价格数个百分点的变动，而在机构的业绩表现中，每一个百分点的差异都可能非常重要。合理地使用算法交易，可以令交易的冲击大大减小。

此外，市场上每一个大型的交易者都不会一次性把自己所有的交易指令暴露出来，因此，实际的交易机会远远多于投资者所能看到的公开交易机会。算法交易投资者可以通过科学的方法发现这些交易机会，准确地完成大额交易，提高交易的效率。

2. Alpha 的来源

使用算法交易的终极目标就是获得 Alpha，即在与其他机构投资者机会均等的情况下，通过减少冲击成本、选择合适的交易方式，获得相对于竞争对手略高的收益率。

最初，这一 Alpha 基本上完全是通过削减冲击成本达到的。随着算法交易研究的深入，交易者开始尝试寻找更合适的交易时机。在某些情况下，还可以通过短时间内的高卖低买减少持有的成本。

在算法交易追求 Alpha 能力的进一步增强以后，甚至出现了很多对冲基金纯粹只使用算法交易，直接通过使用这种技术来获取绝对回报。

8.1.2 算法交易分类

根据各个算法交易中算法的主动程度不同，可以把算法交易分为被动型算法交易、主动型算法交易、综合型算法交易三大类。

1. 被动型算法交易

被动型算法交易也叫结构型算法交易或者时间表型算法交易。这类交易算法除利用历史数据估计交易模型的关键参数外，不会根据市场的状况主动选择交易的时机与交易的数量，而是按照一个既定的交易方针进行交易。该策略的核心是减少滑价（目标价与实际成交均价的差）。

被动型算法交易最成熟，使用也最为广泛，如在国际市场上使用最多的成交量加权平均价格（VWAP）、时间加权平均价格（TWAP）等都属于被动型算法交易。

2. 主动型算法交易

主动型算法交易也叫机会型算法交易。这类交易算法根据市场的状况做出实时的决策，判断是否交易、交易的数量、交易的价格等。由于很多交易指令是根据市场的即时状况下达的，因此有可能无法完成交易员希望的全部交易。

主动型交易算法除了努力减少滑价外，还把关注的重点逐渐转向了价格趋势预测上。如判断市场价格在向不利于交易员的方向运动时，就推迟交易的进行；反之则加快交易的速度。当市场价格存在较强的均值回归现象时，必须迅速抓住每一次有利于自己的偏移。

此外，当算法交易被广泛应用时，证券的市场价格行为就会表现出一定的规律。这样就出现了一类特殊的算法交易，如瑞士信贷的 Sniper 算法，它们的目标是发现市场上与自己交易方向相反的大型交易对手，通过合适的交易安排与该对手完成交易，避免市场受到冲击。

3. 综合型算法交易

综合型算法交易是前两者的结合，既包含既定的交易目标，具体实施交易的过程中也会对是否交易进行一定的判断。

这类算法常见的方式是先把交易指令拆开，分布到若干个时间段内，每个时间段内具体如何交易由主动型交易算法进行判断。二者结合可以达到单独一种算法所无法达到的效果。

4. 算法交易的选择

市场上不同机构开发了大量不同形式的算法交易，各种算法交易都有各自的特点，并不存在一种最优的算法交易。算法交易的选择重点是投资者的需求。如果一个投资者希望在尽量短的时间内进行交易，则需要使用偏主动型的算法交易；如果希望交易必须全部完成，则需要使用偏被动型的算法交易。如果交易对象的流动性较差、波动性较大，则需要使用主动型算法交易；反之则适合使用被动型算法交易。

不同的投资者有不同的交易风格，例如，有些投资者希望买入的数量相当于某只股票数天的成交量等；也有各自不同的交易成本标杆，例如，指数投资组合可能希望购买的价格尽量接近收盘价；不同投资者的风险偏好也不同。此外，在交易过程中，如果股票的价格或者成交量发生了变化，则投资者的投资意愿也可能会随之改变。这些都是影响算法交易选择的因素。

5. 组合的算法交易

当投资者的交易对象是股票组合时，使用的交易方法需要进行调整。除了根据各个股票具体的情况适当安排合适的交易策略外，还必须考虑到股票之间的相关性。

组合内部股票的相关性主要有两种影响：当相关性高的证券交易方向相同时（同时买入或卖出），相关性会导致时间风险增加；当相关性高的证券交易方向相反时，如果二者能够同步交易，则可以抵消相当一部分时间风险。

8.1.3 算法交易设计

算法交易的第一步核心工作是建立一个冲击成本模型。该模型是几乎所有交易算法的基础，比较知名的冲击成本模型如JP摩根全球交易服务部的I-Star模型等。

当使用算法交易进行交易决策时，最大的风险就是时间风险，即交易不立即执行可能带来的价格风险。这是在建立算法交易模型时需要考虑的第二个非常重要的因素。通常在算法交易中，时间风险和冲击成本是不能兼得的。

被动型交易算法设计主要依赖冲击成本模型。在拥有该模型的情况下，算法的构造过程便成了一个实现最小冲击成本与时间风险的最优化过程。最优化的目标函数可以是冲击成本与时间风险的一个线形组合，权重由投资者的偏好决定，也可以是投资者的效用函数。

如果能够加入对证券短期价格趋势的判断，则可以进一步改善算法交易的效率。趋势判断需要我们在冲击成本模型的基础上建立一个短期价格预测模型。短期价格预测的方法有很多，如传统的技术分析方法、模式识别（遗传算法、神经网络等）、随机过程（隐马尔科夫模型等）等。

1. 绩效标杆

判断一个交易算法是否合适，首先必须选择一个合适的业绩标杆作为比较的基准。算法交易常用的业绩标杆包括开盘价格、收盘价格、成交量加权平均价格（VWAP）、时间加权平均价格（TWAP）、实现差价（纸面交易与实际成交均价之间的差）、到达价格等。标杆的选择一般由投资者的投资目标及投资风格决定。

2. 回测与最优参数的选择

在确定了比较基准以后，就可以测试不同参数的效果，选择合适的参数。

（1）先在整个历史时期各个阶段以不同的参数测试策略，判断不同参数效果的稳定性，以及结果对参数的敏感度。重点关注稳定性和敏感度随时间变化的情况，如果变动过于频繁，则不适合投入实际应用。

（2）这时就可以选择某一个特定的市场状况较为稳定的历史时期，使用同样的方法用各种不同的参数进行测试，检验不同参数的稳定性及策略效果对参数的敏感性。选择最优参数，判断的标准可以是夏普比率等。估计参数所使用的市场时间段主要根据经验判断，可以是最近的市场数据，也可以是以前出现过未来很可能出现的市场数据。

（3）根据特定市场的状况选择最优参数，进行样本外测试，确定算法交易的效果是否满意。在合乎标准的情况下，即可确定策略及最优参数。

3．证券交易仿真系统

之所以要使用算法交易，就是因为交易会对市场造成冲击。但是如果使用历史数据回测，就会面临一个难以解决的问题：我们不知道策略是否会改变市场本身，那么实际上算法交易的一个核心目的就无法达到。算法交易最合理的测试方式是实盘测试，但是这意味着巨大的资金投入及风险，一般作为初级测试并不可行。

近年来有一种方法逐渐走向成熟：通过与市场仿真系统进行交易来测试系统。市场仿真系统是指通过使用计算机模拟交易者的交易行为，让模拟交易者在一个虚拟的市场中进行交易的系统。这方面最早进行研究的是美国圣塔菲研究所，他们首先创立了美国圣塔菲研究所人工股票市场（The Santa Fe Institute Artificial Stock Market, SFI-ASM）。此外，中国台湾政治大学人工智能与经济研究中心的人工股票市场 AIE-ASM 也比较有影响力。

这些仿真市场一般可以作为一个基础平台，在此基础上，可以进一步建立符合自己要求的仿真交易市场。通过与市场方针系统进行交易，可以测试算法交易会引起市场参与者什么样的反应，从而检验算法交易的效果。在国内已经有银行及私募投资组合进行这方面的尝试，并取得了较好的效果。笔者团队开发了一个基于高频数据回测的后验平台，用于 D-Alpha 系统的历史回测，取得了很好的验证效果，有关该平台的说明将在第 18 章中进行阐述。

8.2 被动型算法交易

被动型算法交易策略假设市场是有效的。在这一假设下，无须关心市场均衡价格如何形成，也不需要尝试判断交易者的行为或试图主动影响市场，使得算法交易的设计与评价过程被大大简化了。

一般投资者都希望交易不要对市场产生太大的冲击，同时也不希望交易拖太久导致市场价格向不利的方向变动。但市场冲击是交易速度的增函数；等待风险则是交易速度的减函数。当交易执行速度较快时，等待风险很小，冲击成本很大；当交易执行速度较慢时，冲击成本很小，等待风险很大。

算法交易的核心问题是在冲击成本与等待风险之间进行平衡。

假设需要交易的总量为X，分为n步进行，那么可以用$\{x_i, 1\leqslant i\leqslant n, \Sigma x_i=X\}$来描述交易策略，其中，$x_i$代表第$i$步交易的数量。下文中以$\{x_i\}$来刻画交易策略。

算法交易的决策分为宏观和微观两个层次：宏观层次包括交易的时间、交易的风格、交易的规则等；微观层次包括限价/市价指令的选择、交易时机的决定、保证宏观决策完成的方法等。

8.2.1 冲击成本

交易形成的冲击成本可以分为两部分：永久性冲击成本和暂时性冲击成本。其中，永久性冲击成本指由于交易造成的永久性的不利偏移，可以理解为交易者在交易过程中造成的信息泄露；暂时性冲击成本指由于市场流动性不足造成的市场价格暂时性偏离，在流动性恢复以后价格会回到原来的位置。交易冲击成本的建模也必须针对这两部分分别进行。

1. 冲击与价格变动

假设交易过程中的股票价格变动满足下面的式子：

$$P_j = P_0 + \sum_{i=1}^{j} \Delta P_i + \sum_{i=1}^{j} k(x_i,i)d(j-i) + \sum_{i=1}^{j} g(x_i,i)$$

其中，P_0是期初价格，P_j 为j时刻的价格，ΔP_i是i时刻不受我们影响的价格变动（客观价格变动，剔除了交易者参与市场对价格的冲击）；$k(x_i,i)$是临时冲击成本函数，x_i为交易数量，i为交易的时间；$d(j-i)$是i时刻交易发生的临时冲击成本在j时刻剩下的比例；$g(x_i,i)$是i时刻交易x_i的永久性冲击成本，这一冲击一旦形成，将长期保持下去。

可以看到，在对股票价格进行描述的等式中，剔除期初价格与客观价格变动后剩余的部分即冲击成本。在这一框架下，只要确定了$k(\cdot,\cdot)$、$d(\cdot,\cdot)$、$g(\cdot,\cdot)$这3个函数，就能计算出冲击成本。

2. 成交量预测

交易指令对市场冲击的大小最重要的未知因素是市场的流动性。市场的流动性越好，越容易消化掉发出的交易指令，使交易者对市场交易价格的影响较小。

描述市场流动性的指标有很多，与交易指令直接相关的是市场的成交量。市场本身的成交量越高，交易造成的冲击就越容易被市场吸收而不会对成交价造成太大的影响。在被动型算法交易过程中，由于交易时机和交易量大小预先设定，因此如何安排交易指令将在很大程度上依赖于交易期内成交量的预测。

成交量的变化有很强的自相关性，可以利用加权平均历史成交量来简单预测未来的成交量。在美国市场通常使用 30 日移动平均成交量作为下一交易日成交量的估计，实证显示更长时间的成交量数据对提高预测效果没有作用。某个交易日内每个时间段的成交量可以通过使用过去若干交易日同一时段成交量占那一交易日总成交量比例的平均数估计。

$$E\left(\frac{v_i}{V}\right)=\frac{1}{n}\sum_{j=1}^{n}\frac{v_{ij}}{V_j}$$

其中，$E\left(\frac{v_i}{V}\right)$是下一日的预期成交量比率，$v_{ij}$ 是之前第 j 天同一时刻的成交量，V_j 是之前第 j 天的日成交量。

3. 模型的实例——I-Star 模型的冲击成本

市场上存在一些经典的冲击成本模型，I-Star 模型是其中影响较大的一个。I-Star 模型假设市场上发生交易的瞬时冲击成本满足

$$I^*=a_1\cdot\left(\frac{X}{\text{ADV}}\right)^{a_2}\cdot\sigma^{a_3}\cdot X\cdot P_0$$

其中，I^*表示瞬间冲击，X 表示要交易的股票总数，ADV 是平均日成交量，σ是年化波动率，P_0 是当前价格，a_1、a_2、a_3 是模型参数。这一模型类似于柯布-道格拉斯生产函数。模型参数 a_1、a_2、a_3 取决于股票本身的特性及主要交易参与者的属性等。

接下来，如果假设有交易策略$\{x_i\}$，那么 I-Star 模型认为，该策略对市场产生的总冲击成本为：

$$\text{MI}=\sum_{j=1}^{n}\left(\frac{x_j}{X}\cdot\frac{b_1 I^* x_j}{x_j+0.5v_j}\right)+(1-b_1)I^*$$

其中，x_j 为第 j 期交易的股票数，v_j 是第 j 期除投资者外其他交易者的总交易量，b_1 是临时冲击成本占总冲击成本的比例。不难看出，在 I-Star 模型中，临时冲击成本与投资者提交的成交量成正比，与市场的总交易量成反比。

8.2.2 等待风险

在进行被动型算法交易的过程中，等待交易的时间风险是另一个重要的影响因素。决定时间风险的因子包括价格的波动率（即价格的不确定性）、流动性风险（即成交量的不确定性）、市场冲击成本估计的误差等。此外，它还与尚未完成交易的股票数正相关。

价格的不确定性即价格的波动率。关于股票价格波动率的预测，市场上已经有很成熟的方法，通常使用 GARCH 类模型进行估计。

当投资者决定推迟部分交易的时候，是因为希望后期的流动性能够吸收掉所提交的交易指令。但是未来的成交量只能预测，而预测的结果可能与估计的成交量不符。成交量的波动率同样可以使用 GARCH 类模型进行预测，时间风险可以用公式表示为：

$$\text{Risk}=\sqrt{\sum r_i \text{Var}_i}$$

其中，r_i 为第 i 期剩余的股数，Var_i 是第 i 期股票价格的不确定性（方差）。Var_i 中包括股票价格变动的不确定性，以及冲击成本受成交量误差等不确定性影响的不确定性。

算法交易的目标就是在冲击成本与时间风险之间进行平衡，通过把二者作为目标进行最优化得到的结果就是最优策略。

1. 业绩基准

当投资者的投资目标不同时，选择的业绩基准也就不一样，得到的策略也就不同。例如，某些投资者希望尽可能接近以开始交易时的价格成交，而某些投资者却可能希望以尽量接近收盘价的价格成交。

如果以交易开始时的价格为策略的业绩基准，那么对应的交易成本表示为：

$$\text{Cost}=\sum_{j=1}^{n}x_j\sum_{i=1}^{j}\Delta P_i+\frac{1}{X}\sum_{j=1}^{n}\left(\frac{b_1 I_j x_f^2}{x_j+0.5v_j}+(1-b_1)x_j I_j\right)$$

如果以全部指令完成后（如收盘时）的价格为业绩基准，这时不用考虑长期冲击成本而只考虑暂时性冲击成本，那么交易成本变为：

$$\text{Cost}=\sum_{j=1}^{n}x_j\sum_{i=1}^{j}\Delta P_i+\frac{1}{X}\sum_{j=1}^{n}\left(\frac{b_1 I_j x_f^2}{x_j+0.5v_j}\right)$$

根据交易的不同需要及交易者的不同偏好，可以选择必要的业绩基准来计算成本函数。

2. 交易策略的最优化目标

对交易策略进行最优化时，最直观的方法是有约束条件的最优化，在限定风险上限的情况下最小化冲击成本，优化目标为：

$$\text{Min Cost, s.t. Risk} \leqslant R$$

或者在限定冲击成本上限的情况下最小化风险，优化目标为：

$$\text{Min Risk, s.t. Cost} \leqslant C$$

理论上最合理的方法是把效用函数作为最大化的目标。这种方法的难度在于选择什么样的效用函数，并且在使用效用函数的情况下将最优化的过程变得较为复杂。一个具有可操作性的策略是给风险和冲击成本分别赋予一定的权重后相加，使其结果最小化。

$$\text{Min Cost}+\lambda\text{Risk}$$

价格改善目标是另一个比较常用的算法交易目标。该方法假设一个成本边界 C^*，希望冲击成本小于目标成本的概率最大，该目标的目标函数可简化为：

$$\text{Max}\frac{C^*-\text{Cost}}{\text{Risk}}$$

通过对设定的目标函数进行最优化，就能得到对应的最优交易策略。不过交易方式的最优化过程一般比较复杂，使用的常规规划方法需要对模型进行大量的简化。一般目标函数可以用来检验根据经验设计的交易方法。此外，也可以用一些非常规的方法寻找最优交易策略，如遗传算法。

3. 遗传算法

遗传算法是一种随机化的最优化方法，使用这种方法寻找最优策略的大致思路是：

（1）随机生成或人工设定一组策略，作为寻找最优策略的起点。

（2）选择部分策略，将其两两进行组合（如两种不同策略的线性组合），作为遗传得到的新策略。

（3）选择一部分老的策略及新生成的策略，随机改变这些策略的一些成分，作为变异得到的新策略。

（4）把所有策略的结果排序，选择最好的策略构成新的策略组合。

（5）在新策略组合的基础上开始重复第（2）步，直到满足某些条件。

这种方法不一定能得到最优解，但是能够在时间与效果之间取得很好的平衡。有关遗传算法的详细描述参见 10.1.6 节。

8.2.3 常用被动型交易策略

市场上比较常见的被动型交易策略主要有 VWAP、TWAP、PEG 算法等，下面进行简单介绍。

1. 交易量加权平均价格（VWAP）

交易量加权平均价格（VWAP）是使用最广泛的算法交易策略。根据英国信息服务商 THE TRADE 统计，2005 年国际证券市场使用算法交易完成的成交量中，27%使用的是 VWAP 算法交易，除此之外还有 24%使用的是为客户特制的 VWAP 算法交易变种，也就是说市场上超过一半的算法交易是使用 VWAP 及其衍生算法交易完成的。

VWAP 算法交易的原则是每一段时间完成交易的总量占这段时间内市场总交易量的比例恒定，在理想的情况下，这一算法交易实现的成交价格等于一段时间内的市场成交均价。

VWAP 算法交易的目的是最小化冲击成本，并不寻求最小化所有成本。理论上，在没有额外的信息，也没有针对股票价格趋势预测的情况下，VWAP 是最优的算法交易策略。

VWAP 微观上最好的下单策略是市价单与限价单的组合。通常 VWAP 交易可分为 4 个步骤：

（1）把一个交易日分为若干时间片，按预测每个时间片交易量占整个计划交易期总预测交易量的比例分配交易指令给每个时间片。

（2）在每个时间片的期初下达一个指定数量的限价单。

（3）如果在一段时间内交易没有被执行，而且成交价远离我们的限价指令的计划价格，则调整价格重下限价单。

（4）时间片到期仍未完成交易的，使用市价交易指令完成全部交易。

为了提高算法的效率及隐藏交易行为的效果，VWAP 可以适当加入一些交易机会的判断，以及加入随机决定下单时间和数量的成分。

2. 时间加权平均价格（TWAP）

时间加权平均价格（TWAP）策略与 VWAP 策略非常类似，不同的是，这一方法并不预测交易期内成交量的分布。TWAP 算法交易把交易期划分为若干时间片以后，按每个时间片的长度权重分配该时间段内需要完成的交易量，该策略的其他交易程序与 VWAP 相同。

3. 盯住盘口策略（PEG）

盯住盘口策略（PEG）每时每刻都根据市场盘口的现状下达交易指令并只下限价单，一般按照以下步骤进行：

（1）买入时按照当前最高的买价、卖出时按照当前最低的卖价发出一定数量的限价交易指令，并等待结果。

（2）如果交易指令未完成且市场成交价格逐渐远离我们下达的指令，则撤销指令重新按现有市场情况执行第一步。

（3）如果所有限价交易指令交易完成，重复步骤（1）直至所有计划交易完成或到达交易执行的最后期限。

当指令执行的需求比较迫切时，可以不在现有的盘口，而是选择市场的买卖中间价下达交易指令，以使我们的指令能够尽早执行。

4. IS 策略

对于规模较大的证券交易，如果一次性全部按市价下单，则该交易会造成巨大的市场冲击；如果分成几笔，在不同时间段内成交，则投资者将面临市场价格和流动性发生不利变动的时间风险。IS 策略，即根据投资者的个人偏好，权衡优化一笔交易的市场冲击与事件风险，尽量减小最终实际成交价与目标价之间的差距。这里目标价可以是开盘价、收盘价，或者到达价格，即交易指令下达时的市场价格。一般来说，该类策略都允许交易人员设置买入（出）时的最高（低）容忍价格，并按照交易速度的要求选择激进、中性或保守的策略风格。

5. SOR 策略

SOR 策略，即下单路径优选策略，该策略与欧美市场的证券交易制度的多样化有关，投资者除了可以从做市商处买卖证券外，还可以通过直接渠道在交易所交易，部分投资者也可以参与到交易所外的暗池交易。不同交易途径获得的报价和交易量有所不同，SOR 即通过对不同渠道实时交易数据的分析，在保证成交量的前提下寻求最优价格。

上面是算法交易中使用最为频繁的 5 种策略，此外还有一些机构为客户量身定制的策略，如隐身（Stealth）、游击队（Guerrilla）、狙击手（Sniper）、嗅探器（Sniffer）等。随着算法交易服务商队伍的扩张，规模较大的投资银行、经纪商每年都会投入不菲的研究经费用于开发更为迅速、满足客户个性化需求的算法，拉开与同业竞争对手的差距，而那些小机构则很难承担巨额的研发费用，转而向大机构购买算法。当前市场领先的算法交易服务提供商包括瑞士信贷的 AES、TMG、盈透证券等。

8.3 VWAP 算法

VWAP 策略是最常用的交易策略之一，具有简单、易操作等特点，基本思想就是让自己的交易量提交比例与市场成交量比例尽可能匹配，在减少对市场的冲击的同时，获得市场成交均价的交易价格。因此，VWAP 策略一般不直接对交易的冲击成本建模，而是注重日内交易量分布的预测。但值得注意的是，如果订单的量很大，VWAP 策略的冲击成本仍是不可忽略的。本节首先介绍标准的 VWAP 算法，然后在此基础上讨论一个改进后的 VWAP 算法。

8.3.1 标准 VWAP 算法

这一部分介绍标准的 VWAP 交易策略。一个交易策略涉及几个要素，如交易期限、交易证券（组合）、交易目标等，详情可参见前面的内容。简单起见，本节仅考虑在一个完整的交易日买入一定数量的某单一股票的 VWAP 策略。首先介绍日内交易量分布的概念及预测模型。

1. 日内交易量分布及预测模型

日内交易量有两个非常重要的属性，第一个是总交易量，第二个是交易量的分布，其中第二个属性是 VWAP 算法交易策略所着重考虑的。交易量的分布是指某指定时间区间内的交易量占全天交易量的比例。影响交易量分布的因素有很多，包括市场参与者组成、宏观经济因素、投资者信心等。经验研究表明，日内交易量一般会呈现 U 形态，即开盘和收盘时刻的交易量要明显高于交易期间的交易量。

假设交易量分布具有一定的记忆性，即每日的交易量分布之间存在一定的类似性，交易量所具有的这种记忆性是让我们利用历史数据对交易量分布进行预测的基础。

2. 简单移动加权平均预测模型

该模型的基本思想就是利用交易量分布的记忆性，将每个交易日固定时间段的交易量占全天交易量的比例按照加权平均的方法前推，得到一个新的交易量分布。

首先将交易日等分为固定数量的 N 个区间。区间的长度不能太长也不能太短，太长的区间会使模型显得比较粗糙，而且区间操作的不确定性也会增加；太短的区间又因为噪声等因素而使得预测模型不可靠。基于上述考虑，本节的讨论中取 $N=48$，每个区间的长度为 5 分钟。

假设利用前 L 个交易日的历史数据来预测接下来一天的交易量分布。需要预测交易量分布的日期记为 L，历史交易日按由远及近的原则分别记为 $t_1,\cdots,t_L$ 。对于日期 $T=t_i$ ，日内交易量分布为 $\{u_{ik}\}_{k=1}^{N}$ ，其中 u_{ik} 表示 t_i 天的第 k 个区间内的交易量占全天交易量的比例。

采用如下移动加权平均方法来预测新的交易量分布：

$$u_{L+1,k}=\frac{\sum_{i=1}^{L}f(i)u_{ik}}{\sum_{i=1}^{L}f(i)}$$

其中，$f(i)$表示对应于 t_i 的加权系数。

不同的加权系数体现了对历史数据的不同看法。简单移动加权平均平等对待所有的历史数据，而线性加权平均则将更多的权重放在最近的历史数据上。

如图 8-1 所示是利用 20 个交易日历史数据，线性加权平均得到的 2010 年 1 月 11 日武钢股份（SH600005）的交易量分布与实际交易量分布的对比。

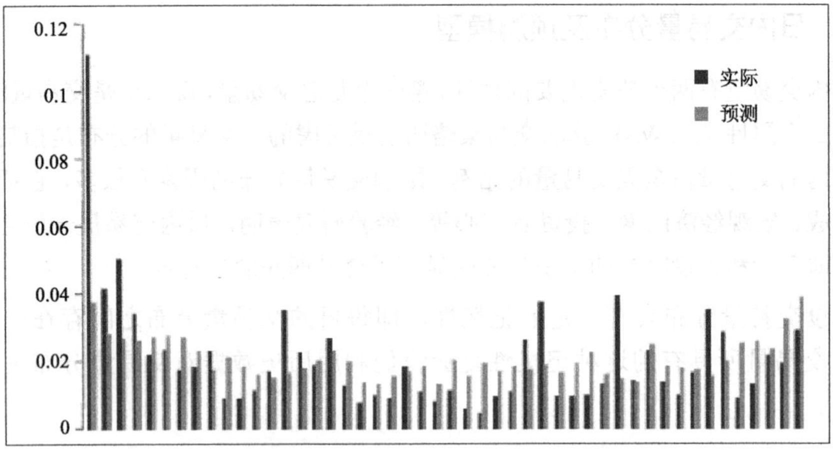

图 8-1 移动平均预测交易量与实际交易量对比

数据来源：[曹力 2010]

计算可得二者的线性相关系数为 0.52，意味着预测结果和实际结果之间具有较强的相关性，即预测有一定的作用。对其他数据进行分析可以得到类似的结果，但是相关性波动较大。这是由于影响日内交易量分布的因素太多，突然的大宗成交等无规律的行为导致了分布的异常，而这也将直接影响到标准 VWAP 策略的执行效果。

3. 标准 VWAP 策略的原理

标准 VWAP 策略是一种静态策略，即在交易开始之前，利用已有信息确定提交策略，交易开始之后按照此策略进行交易，而不考虑交易期间的信息。

需要买入的股票数量记为 V，区间的划分与预测交易量分布时一样，并假设已经通过预测技术获得了当天的交易量分布预测值 $\{u_k\}_{k=1}^{N}$。以 1 分钟为单位，按照预测的成交比例分配每个区间内的交易量，在区间内再平均分配。

设 $\{P_j\}_{j=1}^{5N}$ 为各分钟的成交价格，市场最终的成交量分布为 $\{\hat{u}_k\}_{k=1}^{N}$，则执行差额定义为决策者的交易均价与市场成交均价的差，可得：

$$\text{IS}=\frac{\sum_{j=1}^{5N} p_j \left\{\hat{u}[(j-1)/5]+1-u[(j-1)/5]+1\right\}}{5}$$

由上式可以看出，VWAP 策略的好坏直接受交易量分布预测质量的影响。预测越准确，比较误差越小。但正如已经看到的那样，交易量分布预测很难做到十分精确，从而普通的 VWAP 策略的执行效果将很难得到保证。

如图 8-2 所示是上海机场 2010 年 1 月 12 日的标准 VWAP 策略执行效果图。从图上可以看出，标准 VWAP 策略基本上跟随了市场交易量加权均价，但明显比市场均价要差。

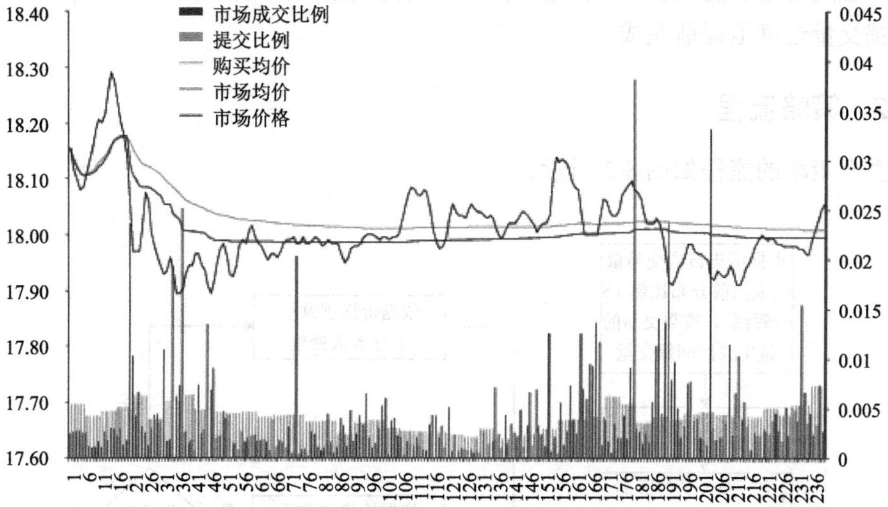

图 8-2 上海机场 VWAP 交易算法对比

数据来源：[曹力 2010]

标准 VWAP 策略是一种非常简单的静态策略，它涉及的变量较少，执行比较容易，在正常情况下能够较好地跟随市场成交价格。

标准 VWAP 策略虽然简单易行，但是有两个很明显的缺点：第一是它完全依赖于日内交易量分布预测，如果预测不准确，VWAP 策略的执行效果将非常不确定；第二是它是一种完全静态的策略，也就是说在交易开始之前就完成了决策，在交易时间内执行策略即可，没有将市场的最新信息如价格变化、交易量变化等考虑进去，使得它不能更好地适应市场的变化，从而无法获得更好的交易价格。

8.3.2 改进型 VWAP 算法

这一部分将基于标准 VWAP 交易策略发展出一种新的交易策略，综合考虑历史数据、实时市场行情等，从而尽可能地获取等于或优于市场 VWAP 的成交均价。

1. 策略原理

此改进策略的基本原理是：在市场价格高于市场均价的时候，根据市场价格的走势不同程度地减少提交量，在保证高价位的低提交量的同时，能够防止出现价格的持续上涨而提交量过度地向后聚集；在市场价格低于市场均价的时候，根据市场价格走势不同程度地增加提交量，在保证低价位的高提交量的同时，能够防止价格的持续走低而提交量过度地提前完成。

2. 策略流程

整个策略的流程如图 8-3 所示。

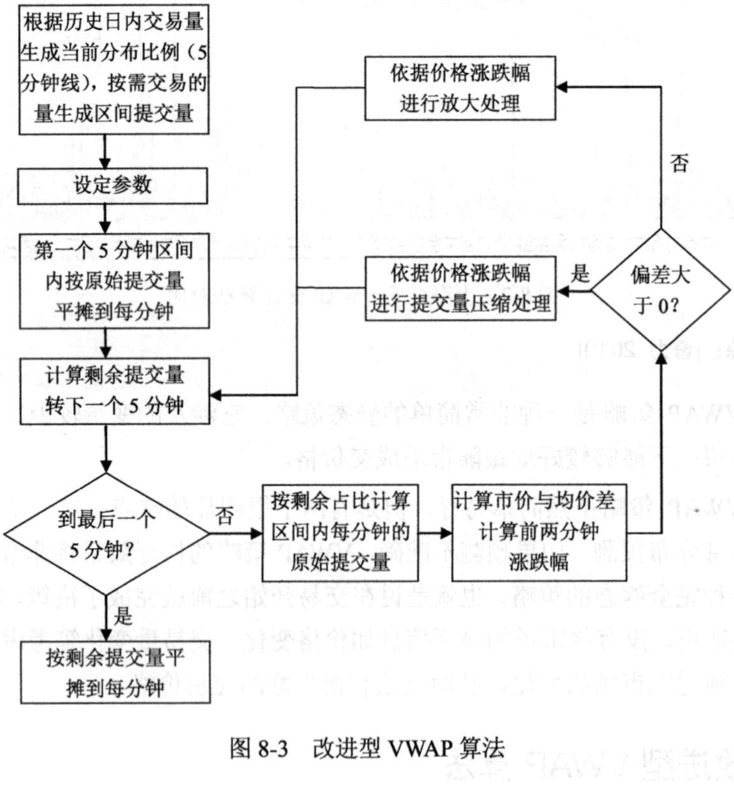

图 8-3　改进型 VWAP 算法

数据来源：[曹力 2010]

3. 提交量处理

在说明如何进行提交量处理之前，先引入几个概念。

首先是偏差调整比例函数 $f(\beta)$，表示市场价格和市场均价的偏差 β 导致的调整比例。为了更加全面地描述不同决策者对待这种偏差的态度及相应的决策，我们提出了容忍系数 ρ 的概念。具体而言，设定了 5 个 ρ 值：1、2、3、4、5，每个值对应一个不同的偏差调整比例函数 $f(\beta)$。

4. 执行效果

现在来看上述策略的执行效果，如图 8-4 所示。默认的参数设置为：容忍系数 $\rho = 3$，激进系数 $\lambda = 3$，调整阈值 $\sigma = 0.002$。

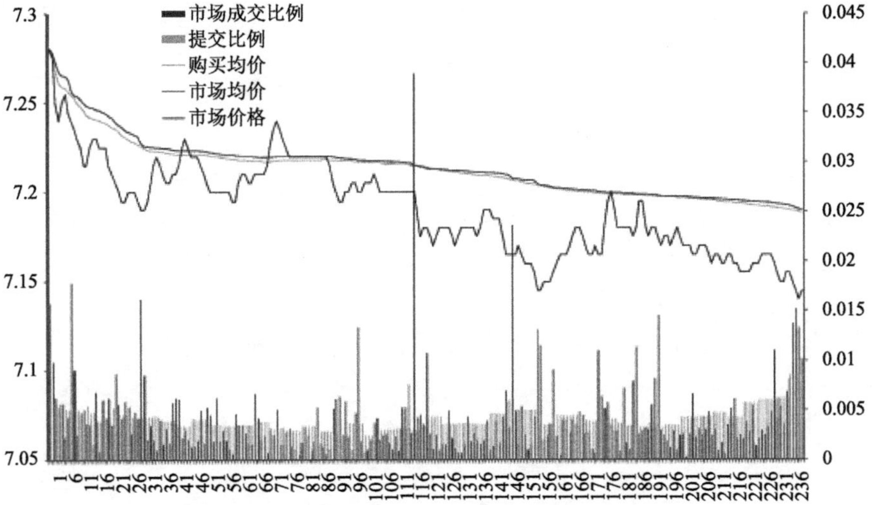

图 8-4 首创股份改进型 VWAP 算法效果

数据来源：[曹力 2010]

选择 2009 年 12 月 31 日的股票来测试改进型 VWAP 策略。由图 8-4 可以看出，该策略能稍微地战胜市场均价（胜出 0.001 278 元）。

5. 参数分析

容忍系数、激进系数和调整阈值对策略的效果有很大的影响。如果决策者对市场有一定的看法，并根据看法对策略参数作一定的调整，那么该策略将能够取得更好的结果。

从策略的设计上可以看出各个参数的大致影响：容忍系数越大，对小幅价格偏差的反应越小，交易量也越偏向交易时间的尾部；激进系数越大，在发生因价格调整时的反应程度越大，黄色峰值越高，而交易量也越偏向交易时间的头部；调整阈值越大，因价格涨跌幅所导致的调整次数越少，从而黄色峰值的个数也越少。

值得注意的是，如果将调整阈值设置到足够大，则从策略的设计上可以看出此时的改进策略等同于标准的 VWAP 策略。这从侧面说明了改进型 VWAP 策略比标准 VWAP 策略拥有更大的灵活性，因此也能够处理更多类型的市场行情。

第 9 章　另类套利策略

◆ 摘要 ◆

本章介绍 4 种另类套利策略，分别为封闭式基金套利、ETF 套利、LOF 套利和高频交易。

封闭式基金套利的根源在于折价交易。封闭式基金的长期折价是国际上普遍存在的现象，一般认为这是对投资组合代理问题、流动性问题和信息浑浊问题所要求的补偿。封闭式基金套利的基本原理是根据折价率买入高折价基金，同时卖出低折价基金，从而实现稳健的 Alpha 收益。

ETF 套利是指利用 ETF 在一级市场和二级市场的价格差来进行套利的交易。由于 ETF 同时在两个市场上交易，它具有实际交易价格和资产净值双重属性。在实际交易过程中，由于供求关系等因素，二者可能会出现较大偏差，投资者可以买入便宜的一方，等待二者的靠拢，赚取中间的差价，实现 ETF 套利。

LOF 采用交易所交易和场外代销机构申购、赎回同时进行的交易机制，这种交易机制为投资者带来了全新的套利模式——跨市场套利：当二级市场价格高于投资组合净资产的幅度超过手续费时，投资者就可以从投资组合公司申购 LOF 投资组合份额，再在二级市场上卖出；当二级市场价格低于投资组合净资产时，投资者就可以先在二级市场买入投资组合份额，再到投资组合公司办理赎回业务完成套利过程。

所谓高频交易，是投资银行、对冲基金和专业交易公司利用高速计算机进行程序化证券交易的投资策略的总称。高频交易主要包括流动性回扣交易、猎物算法交易、自动做市商和程序化交易等策略。

9.1 封闭式基金套利

9.1.1 基本概念

封闭式基金的根源在于折价交易，我国封闭式投资组合一度高达 50%以上的折价率，使得投资组合被严重低估，这既有多年熊市的原因，也与投资者的认识误区有关。因此，在封转开的刺激下，2006 年的封闭式投资组合表现抢眼。

然而随着股指期货的推出及几年牛市的推涨，50%这样的高折价率在 A 股市场变得遥不可及，但是封闭式基金仍然有很大的优势。由于封闭式基金的基金经理无须面对申赎压力，所以操作基金可以更加灵活，历史上业绩也比开放式基金整体表现好。图 9-1 所示是把封闭式基金等权重投资作为组合，与沪深 300 比较，基本上都是能够跑赢指数的，因此可以用沪深 300 股指期货作为对冲工具，赚取封闭式基金的 Alpha 收益。

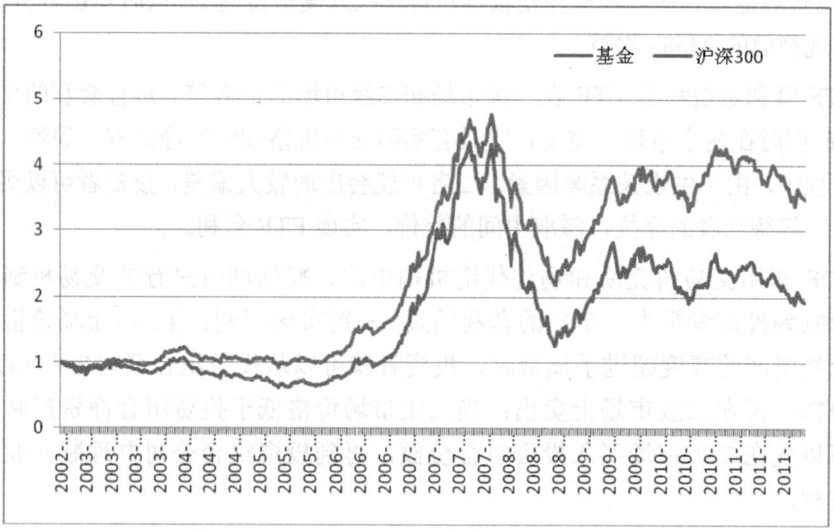

图 9-1　等权重封闭式基金组合净值与沪深 300 指数比较

9.1.2 模型策略

历史上封闭式基金的折价率一直在不断变化中。折价率=(价格−净值)/净值，此处为了计算方便，直接用价格/净值作为折价率的度量。图 9-2 所示是封闭式基金整体折价率（每个封闭式基金折价率的简单算术平均）与沪深 300 指数的关系。

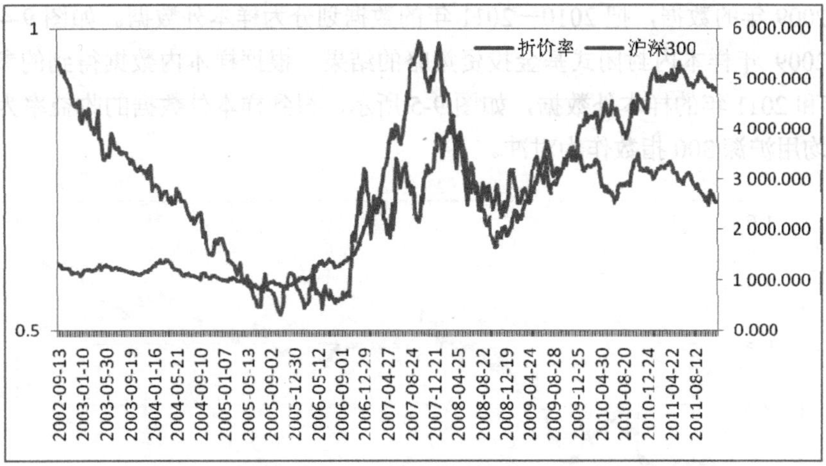

图 9-2 封闭式基金折价率与沪深 300 指数的关系

折价率可以看作情绪指标，也可以看成是对封闭式基金的估值。投资者会买入被低估的基金，卖出被高估的基金。用该方法简单地对历史数据进行统计，可以得到图 9-3。从图 9-3 中可以看出，长期来看，封闭式基金 Alpha 策略跑赢了封闭式基金整体的净值增长。

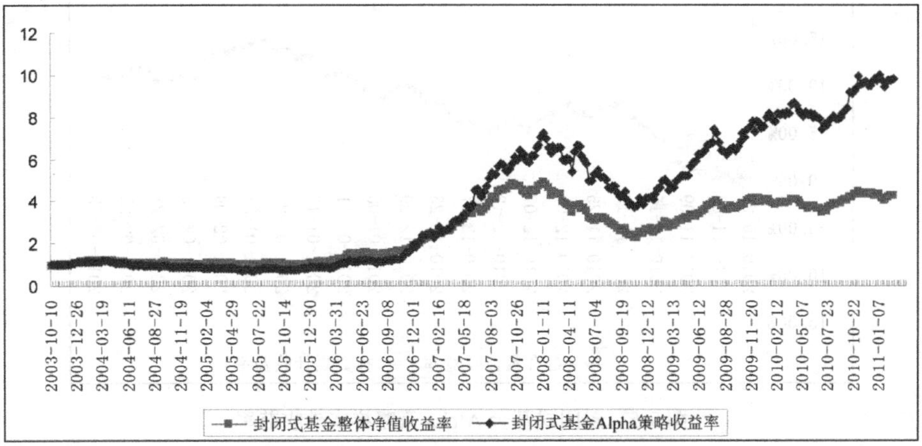

图 9-3 封闭式基金 Alpha 策略统计结果

9.1.3 实证案例

根据折价率高低进行投资的策略参数利用样本内数据进行优化，样本内数据为2007—2009年的数据，把2010—2011年的数据划分为样本外数据。如图9-4所示是2007—2009 年样本内封闭式基金投资策略的结果。根据样本内数据得到的参数用于2010年和2011年的样本外数据，如图9-5所示，得到样本外数据的收益率为11%，收益率均用沪深300指数作为对冲。

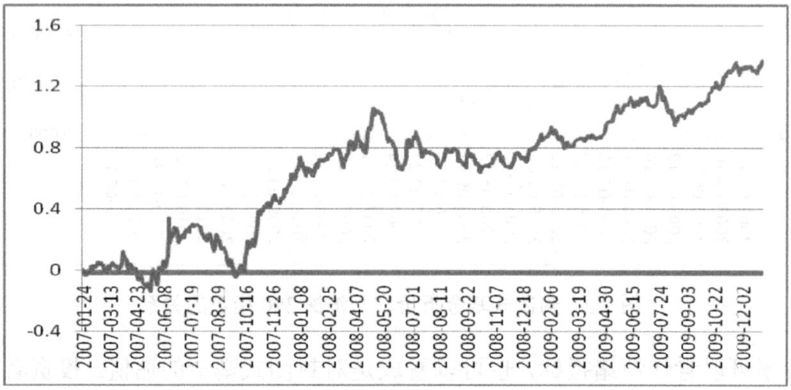

图 9-4 封闭式基金 Alpha 策略样本内收益率

数据来源：D-Alpha 量化对冲交易系统

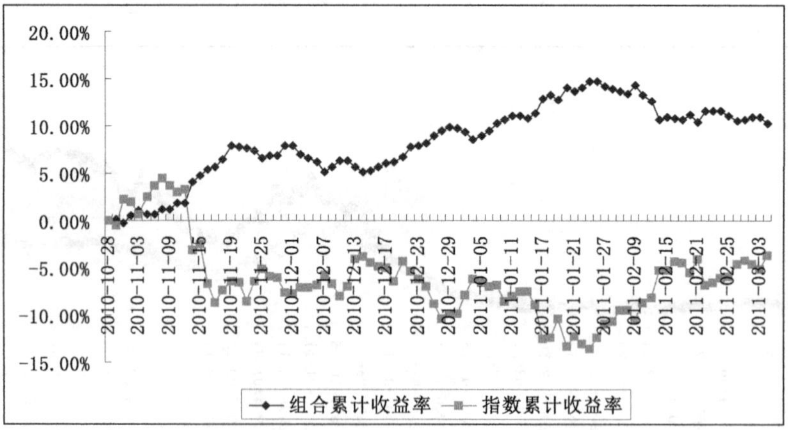

图 9-5 封闭式基金 Alpha 策略样本外收益率

数据来源：D-Alpha 量化对冲交易系统

从图 9-4 和图 9-5 中可以看出，封闭式基金 Alpha 策略样本内和样本外都能获取较高的收益率。由于把基金市值都用沪深 300 股指期货对冲，系统风险已经排除在策略之外，所以该策略的波动也比较小。Alpha 策略收益来源于两个方面：一方面是封闭式基金整体的业绩是否能够跑赢沪深 300 指数；另一方面是根据折价率进行投资创造的收益率。

9.2 ETF 套利

9.2.1 基本概念

1. ETF 套利介绍

1）什么是 ETF

ETF 是指交易型开放式指数基金。ETF 是一种跟踪标的指数变化且在证券交易所上市交易的基金。投资人可以像买卖股票那样简单地去买卖跟踪标的指数的 ETF，并使其可以获得与该指数基本相同的报酬率。ETF 通常由基金管理公司管理，基金资产为一揽子股票组合，组合中的股票种类与某一特定指数（如上证 50 指数）包含的成分股票相同，股票数量比例与该指数的成分股构成比例一致。

ETF 具有以下 3 种基金的优势：封闭式基金交易灵活提高流动性；开放式基金申购/赎回消除折溢价；指数基金收益稳定和操作透明。ETF 申购/赎回可以分为“现金申购/赎回”和“实物申购/赎回”两种。

2）什么是 ETF 套利

由于 ETF 同时在两个市场上交易，它具有实际交易价格和资产净值双重属性。二者按道理来说应该是相等的，但在实际交易过程中，由于供求关系等因素的影响，二者有可能会出现较大偏差，投资者可以买入便宜的一方，等待二者的靠拢，赚取中间的差价，实现 ETF 套利。

3）一级、二级市场

一级市场是指一揽子股票与 ETF 申购/赎回的市场；二级市场是指直接买卖 ETF 或者股票。

4）ETF 的净值和市价

ETF 都对应于一个指数样本股所组成的一揽子股票组合。以上证 50ETF 为例，上证 50ETF 是根据上证 50 指数的构成所建立的投资组合，套利所规定的最低买卖计量单位为 100 万 50ETF，分别对应多少股中国联通、多少股中国石化等 50 只股票。申购就是用这一揽子股票组合向基金公司交换得到 100 万份 ETF，赎回就是拿 100 万份 ETF 向基金公司交换得到一揽子股票组合。由一揽子股票组合得到的实时市值，除以 100 万就得到 50ETF 的实时净值；而上证 50ETF 作为一个交易所交易的品种，最新成交价即为实时市值。

2. ETF 套利的原理

1）套利的本质是利用 ETF 市价与净值的差异来获利

ETF 套利的原理来源于一价原则，即同一个金融产品，虽然在两个不同的市场上进行交易，但其价格应该相等。ETF 既可以在一级市场上进行申购和赎回，又可以在二级市场上进行买卖交易，这样同一个金融产品就具有两种价格：一是一级市场上的申购/赎回价格（ETF 净值）；二是二级市场上的市场价格（ETF 市值）。根据一价原则，ETF 这一个产品在两个市场上的价格应该相等。但在实际交易中，ETF 的净资产值与其二级市场价格往往并不一致，ETF 市价会高于或者低于其净资产值（溢、折价），这就给 ETF 投资者在一、二级市场套利提供了机会。

若 ETF 出现正溢价情形，我们可以通过买入 ETF 成分股，申购 ETF，再在二级市场上卖出 ETF，即可获利；若 ETF 出现折价情形，我们可以通过在二级市场上买入 ETF，再赎回成一揽子股票，然后卖出这一揽子股票，以此获利。

2）ETF 市价与净值差异产生的原因

ETF 市价与净值差异产生的根本原因在于 ETF 交易市场的供求关系与一揽子股票的供求关系不对等，也就是投资者在 50 指数成分股和 ETF 之间的取舍偏好不同。从 50 只股票组合来说，这就是一揽子股票，对投资人来说内容直观，直接买卖股票，不存在理解困难的问题，但管理成本较高。从 ETF 来说，它整合了一揽子股票，市场流动性好，交易便利。当市场明显看好 ETF 时，买卖双方固然还是参照标的指数报价，但是买方的数量超过了卖方的数量，买方必须相互竞争才能确保成交，因此不得不报出稍高于标的指数的价格。在这种情况下，ETF 的价格可能明显高于 50 指数，带来套利机会。

尤其是套利交易的存在，套利者在套利的过程中，由于要收集 100 万份 ETF，导致对 ETF 的需求增加，进一步加剧了市价与净值之间的差异。

另外，有成分股重大事件停牌等因素的影响，也会导致其市价与净值产生较大偏差。由于成分股停牌，资产净值还是以停牌前的价格计算，但由于有重大事件，复牌后的预期价格肯定有较大变化，因此会在正在交易的 ETF 产品中有所体现，导致了市价与净值之间的较大差异。

9.2.2 无风险套利

1. 套利模式

在套利机制成立的前提下，最重要的是考虑交易成本，因为这是决定套利区间的关键因素。ETF 套利交易成本包括申购赎回费、投资组合交易费用、证券交易费用（股票佣金，因为 ETF 申购和赎回的对象都是一揽子股票组合，因此套利过程还涉及股票交易）。按照公开披露的信息，申购赎回费不超过 0.5%，投资组合交易费用不超过 0.25%，证券交易费用不超过 0.4%，总的交易成本不超过 1.05%。具体的套利过程分两种情况。

1）溢价套利：ETF 市值> ETF 净值

假设投资者有资金 Y 元，选择在场内买入投资组合份额=Y/[场内价格×(1+0.25%)]，再将买入的投资组合份额赎回，并将一揽子股票卖出变现。赎回的一揽子股票变现后的价值=Y×场外价格×(1−0.5%)×(1−0.4%)/[场内价格×(1+0.25%)]。如果这次套利交易有盈利，那么套利后的价值和原始资金的比值应该大于 1。根据上述两个计算式得到：场外价格/场内价格×(1+0.25%)/[(1−0.5%)×(1−0.4%)]=1.0116。也就是说，如果差别超过 1.16%，则理论上可以进行套利。

实际上在套利活动中共涉及 3 个价格，即场内交易价格、场外价格（投资组合份额净值）和实际股票组合价格。投资组合的招募说明书上写明，投资组合份额净值追踪 50 指数，其误差范围控制在 0.001。因此，在刚才的计算中，把实际股票组合价格近似为投资组合份额净值。但在实际操作中，由于股票交易的多变性，不可能做到完全按净值变现，所以还要增加变现溢价，估计在 0.3%（变现溢价会随着 Y 的增大而增加）。因此，价格差异超过 1.5%，进行套利交易的风险较低。

2）折价套利：ETF 市值<ETF 净值

投资策略是先买入一揽子股票，在场外申购投资组合份额，然后在场内卖出投资组合份额。计算如下：买入股票后申购的投资组合份额=Y/(1+0.4%)×场外价格×

(1+0.5%)；卖出投资组合份额后的资金=Y×场内价格×(1−0.25%)/(1+0.4%)×场外价格×(1+0.5%)。得出：场内价格/场外价格(1+0.4%)×(1+0.5%)/(1−0.25%)=1.0116。同样要考虑实际股票组合价格与投资组合份额净值间的差异，也要增加溢价，估计在0.3%（溢价会随着 Y 的增大而增加）。因此，价格差异超过 1.5%，进行套利交易的风险较低。

从以上两种情况分析，一般的套利区间为(−1.5%,1.5%)。但不同的机构有不同的交易成本，只要价格差别超过机构的成本，就能进行套利。但对于资金大的机构而言，大额的股票交易带来的股票价格变动是要考虑的重要因素。

2. 套利方法

对套利交易而言，短期暴利是不可能的，关键是要在长期中累积小幅盈利，从而获得稳定的高回报。ETF 套利有两种方法：瞬间套利和延时套利。瞬间套利是一旦发现套利机会，立即平仓。而延时套利是发现了套利机会，建好仓后并不立即平仓获利，而是等待趋势进一步扩大之后再进行平仓，基于对走势的判断，赚取更多利润，但这也存在走势判断失误的风险。

1）瞬间套利

瞬间套利操作几乎没有风险，而且由于瞬间套利的资金使用效率非常高，机会一旦出现，收益率会非常惊人。瞬间套利的目标是同时或尽可能同时买卖 ETF 和揽子股票；上市首日机会密集，时常有套利机会，但盈利空间有限，市场大涨大跌时更容易出现套利机会。

案例　50ETF 首日套利交易

2005 年 2 月 23 日，50ETF 上市首日，存在很多套利机会，如图 9-6 所示。操作流程如下：

（1）买入 100 万份 ETF 花费 87.2 万元，包含交易费用和冲击成本因素。

（2）立即赎回，并以立即成交的价格卖出成分股，扣除所有费用后得到 87.63 万元现金。

（3）一笔套利赚 4300 元，花费时间为 10～20s。

图 9-6 50ETF 上市首日套利机会

2）延时套利

ETF 套利还有一个重要的盈利模式是延时套利，通过一揽子股票申购 ETF，随后延时卖出 ETF，以取得 T+0 的效果。这也是目前唯一可实现 T+0 交易的股票类工具。

延时套利的原理是：当 ETF 市值大于净值时，买入 ETF，赎回成分股；但在赎回一揽子股票后不立即抛出，等待股价涨到一定高点的时候再抛出股票，这样就可以实现 T+0 的操作。延时套利是对 T+0 高手的考验，在震荡市或熊市反弹的时候，采用延时套利的策略，收益会比较丰厚。

与瞬间套利相比，延时套利机会较多，即使在价差较小的情况下也可以操作。延时套利讲究的是策略性地非同步买卖 ETF 和揽子股票，对买卖时机的把握是扩大套利收益及控制套利风险最为关键的因素。如能对指数的低点判断比较准确，则可利用此策略盈利。这种策略在市场当日波动越大，机会越多。一般来说，大盘向上波动 0.5%就有操作机会，收益的高低取决于入市时机的选择。关键是要严格执行交易纪律，避免 T+1 操作。折溢价都可以进行 T+0 操作，但是要根据折溢价情况考虑操作方向。如图 9-7 所示是延时套利的案例。

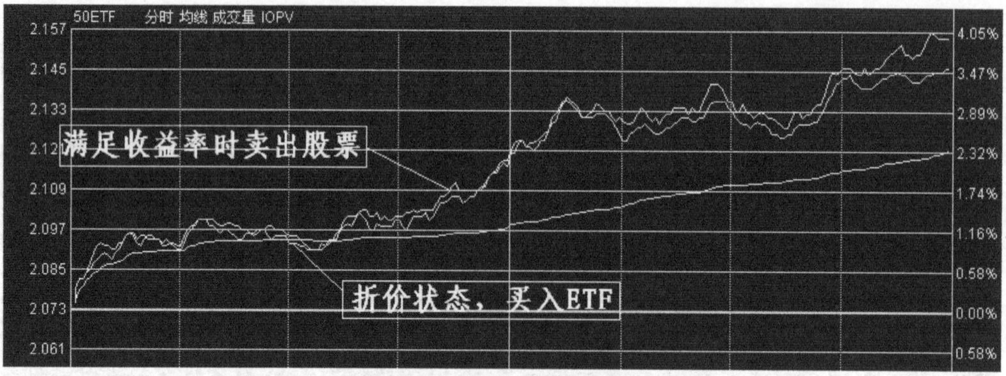

图 9-7 ETF 延时套利流程

3）事件套利

事件套利主要是指由于 ETF 成分股因公告、股改、配股、增发等事项而停牌，利用该成分股在此停牌期间，预估它的价格在开盘会有暴涨暴跌的可能性，从而进行溢价或者折价套利操作，获取套利的收益。2006 年很多投资者利用这种策略赚钱，在股改基本完成后，这种套利机会越来越少。但是当有成分股停牌期间出现重大利好或利空消息时，依然可以沿用这种套利模式，如长江电力、中国联通等。

如果一只股票属于大的利好，但是在停牌期间如何得到？通过 ETF 就可以将它实现。先在二级市场上买入 ETF，然后在一级市场上赎回，把其余成分股卖掉，留下那只就可以了。在 T+0 制度下还可以反复操作，想要多少成分股都可以赎回。涨停股也是这样，如果有一只股票反复涨停，想买买不到的时候就可以通过 ETF 实现。

如果预估成分股在停牌期间出现了重大的利空消息，那么可以进行溢价套利操作，利用 ETF 放空停牌的股票。具体的操作方法是：在二级市场上买入其他成分股组合和利用“允许现金替代”的标志，用现金来替代停牌的股票，然后在基金公司申购成 ETF 份额，之后在二级市场上卖出相应的 ETF 份额。

案例 ETF 折价看涨套利

2005 年 6 月 8 日，大盘暴涨，但是中原高速出现停牌，预计在复牌后，中原高速将会出现补涨行情，这时候我们就可以通过 ETF 买入中原高速。

操作决策流程如下：

（1）2005 年 6 月 8 日，大盘暴涨而中原高速停牌。

（2）核实中原高速公司停牌原因无重大利空。

（3）选择 6 月 8 日 50ETF 存在平价（或折价）时点。

（4）预期利润高于交易成本。

（5）启动 50ETF 折价/赎回套利，除中原高速外其他股票以 T+0 卖出。

（6）中原高速复牌后补涨获利。

结果如下：

（1）当日做一笔折价套利，相当于以 7.15 元买入 2400 股中原高速。

（2）次日该股以 7.85 元跳空高开，上涨 9.8%（开盘卖出即获利）。

（3）本策略适用于补涨概念股的操作。

9.2.3 其他套利

除此之外，还有一些其他的套利模式，主要如下。

1. 与股指期货共同套利

股指期货和 ETF 的共同套利又称指数期货合约与现货指数之间的套利。一般来说，现货指数和指数期货合约之间存在一定的价差，而这个价差在某一区间内是合理的，无法从中套利。但期货市场受各种因素的影响，经常造成指数期货合约偏离其合理的定价区间，这样就为套利提供了机会。当某个月份的指数期货合约超过其套利的上限或者低于其套利的下限时，就存在套利的空间。

具体来说，当指数期货合约超过套利的上限时，操作策略是：卖出指数期货合约，同时买入现货指数也就是该指数期货合约对应的 ETF，等到指数期货合约和模拟现货趋于收敛时平仓，从而获得套利的收益。理论上也可以反向操作，投资者可以买入指数期货合约，同时通过融券卖出现货指数相应的 ETF，待到二者趋于收敛时平仓，获取套利的收益。但是目前市场上的融券业务尚未成熟，投资者还不能从券商处融券 ETF 卖出。

更重要的是，我国的股指期货标的指数是沪深 300，但目前市场上还没有沪深 300ETF，投资者若要通过此种方式套利，一种方法是通过同时买入上证 180ETF 和深证 100ETF 来部分拟合沪深 300 指数，这样做的问题在于无法精确拟合沪深 300 指数，从而使套利出现偏差，最终很有可能影响套利所得甚至出现亏损；另一种是直接在二级市场上按一定的配比买入一揽子沪深 300 股票，这样做的问题在于成本太高，同样大大压缩了利润空间。

2. 套利避税

若投资者手中原先持有的股票是某只 ETF 的成分股，就可以通过 ETF 避税。操作策略是：通过二级市场买入除投资者手中的原有持股以外的其他 ETF 成分股，再通过一级市场将这些从二级市场上买入的一揽子股票和投资者手中的原有持股一起兑换成 ETF 份额卖掉，这样反复操作，就可以实现原有持股的避税。一般情况下，通过 ETF 来兑出投资者手中的原始股所产生的交易成本和冲击成本远小于税收，所以此类套利模式是所有 ETF 套利模式中可行性最大、风险最小的。

9.3 高频交易

所谓高频交易（High-Frequency Trading），是投资银行、对冲基金和专业交易公司利用高速计算机进行程序化证券交易的投资策略的总称。数据显示，华尔街的主要投行和对冲基金大都参与高频交易。目前，影响最大的高频交易商包括知名的 Goldman Sachs、Citadel Investment Group 和 Renaissance Technologies。另外，一些专门从事高频交易的机构虽然市场知名度尚低，但发展迅速，目前也处于重要地位。

综合而言，高频交易主要包括下面几种策略：流动性回扣交易（Liquidity Rebate Trading）、猎物算法交易（Predatory Algorithmic Trading）、自动做市商策略（Automated Market Makers Trading）和程序化交易（Program Trading）。

为了清晰地阐明上述高频交易策略，这里构建一个和实际交易非常吻合的案例：① 一个买方机构投资者决定以 30 美元左右的价格购买 10 000 股公司 XYZ 股票；② 像共同基金、养老基金等大多数买方机构投资者一样，该买单首先被输入到其算法交易系统。而为了减小对市场价格的冲击影响，投资者的算法交易系统一般对该大额买单进行两阶段处理：首先将其分解为几十个甚至几百个小买单（一个小买单通常在 100～500 股之间）；然后将这些小买单按某种设定的顺序投放到市场。

9.3.1 流动性回扣交易

为了争取更多的交易订单，美国所有的证券交易所都为那些创造流动性的券商提供一定的交易费用回扣，通常为 0.25 美分/股。不论是买单还是卖单，只要交易成功，交易所即向该流动性的原始提供券商支付回扣，同时向利用该流动性进行交易的券商征收更高的费用。随着这种激励机制的日益普及，越来越多以专门获取交易回扣为盈利目的的交易策略便应运而生了。

在本案例中，假设机构投资者的心理成交价格在 30～30.05 美元之间。如果交易系统中的第一个买单（如 100 股）配对成功，以 30 美元的价格成交，这样，交易系统中的第二个买单（如 500 股）便跳显出来。再假设该买单也配对成功，以 30 美元的价格成交。根据上述交易信息，专门从事流动性回扣策略的高频交易者的计算机系统即可能察觉到机构投资者其他后续 30 美元买单的存在，于是，回扣交易商计算机采取行动，报出价格为 30.01 美元的买单 100 股。毫无疑问，那些曾以 30 美元出售股票 XYZ 的券商更愿意以 30.01 美元的价格出售给该回扣交易商。

在交易成功之后，回扣交易商立刻调整交易方向，将刚刚以 30.01 美元购得的 100 股股票以相同价格，即 30.01 美元挂单卖出。由于 30 美元股价已不复存在，故该卖单很可能被机构投资者接受。

这样一来，尽管回扣交易商在整个交易过程中没有盈利，但由于第二个主动卖单给市场提供了流动性，从而获得了交易所提供的每股 0.25 美分的回扣佣金。不言而喻，回扣交易商所获得的每股 0.25 美分的盈利是以机构投资者多付出的 1.0 美分为代价的。

9.3.2 猎物算法交易

在美国，超过一半的机构投资者的算法报单遵循 SEC 国家最佳竞价原则（National Best Bid or Offer，NBBO）。所谓 NBBO，即当客户买入证券时，券商必须保证给予市场现有的最佳卖价；同样，当客户卖出证券时，券商必须保证给予市场现有的最佳买价。根据该原则，当一个报单由于价格更为优先从而在排序上超过另一个报单时，为了能够成交第二个报单，常常调整股价并与前者保持一致。事实上，一只股票的算法报单价格常常以极快的速度相互攀比追逐，从而使该股票价格呈现出由高到低、由低到高的阶段性变动趋势。这也正是在实际交易中经常看到数量有限的 100 股或 500 股小额交易常常将股价推高或拉低 10 美分甚至几十美分的原因。

猎物算法交易策略即在对上述股价变动历史规律进行研究的基础上而设计的。一般而言，该策略通过制造人为的价格来诱使机构投资者提高买入价格或降低卖出价格，从而锁定交易利润。

在本案例中，假设机构投资者遵循 NBBO 并且心理成交价格在 30～30.05 美元之间。像上例中的流动性回扣交易商一样，猎物算法交易商用非常相似的程序和技术来寻找其他投资者潜在的连续算法订单。在计算机确认价格为 30 美元的算法报单存在后，猎物算法交易程序即发起攻击：报出价格为 30.01 美元的买单，从而迫使机构投资者迅速将后续买单价格调高至 30.01 美元；然后猎物算法交易商进一步将价格推高至 30.02 美元，诱使机构投资者继续追逐。

依此类推，猎物算法交易商在瞬间将价格推至机构投资者所能接受的价格上限 30.05 美元，并在此价格将股票卖给该机构投资者。猎物算法交易商知道 30.05 美元的人为价格一般难以维持，从而在价格降低时进行补仓，赚取利润。

9.3.3 自动做市商策略

众所周知，做市商的主要功能即为交易中心提供交易流动性。与普通做市商一样，自动做市商高频交易者通过向市场提供买卖订单来提高流动性。不同的是，他们通常与投资者进行反向操作。自动做市商高频交易者的高速计算机系统具有通过发出超级快速订单来发现其他投资者投资意向的能力。例如，在以极快速度发出一个买单或卖单后，如果没有被迅速成交，该订单将被马上取消；如果成交，系统即捕捉到大量潜在、隐藏订单存在的信息。

在本案例中，假设机构投资者向其算法交易系统发出价格在 30.01～30.03 美元之间的系列买单，外界无人知道。为了发现潜在订单的存在，自动做市商高频交易者的高速计算机系统开始以 30.05 美元的价格发出一个 100 股的卖单。由于价格高于投资者价格上限，因此没能引起任何反应，于是该卖单被迅速撤销。计算机系统又以 30.04 美元的价格再次探试，结果还是没能引起任何反应，于是该卖单也被迅速撤销。计算机系统再以 30.03 美元的价格继续探试，结果交易成功。基于此，计算机系统即意识到一定数量价格上限为 30.03 美元的隐藏买单的存在。于是，运算功能强大的该计算机系统随即发出 30.01 美元的买单，并利用其技术优势赶在机构投资者之前进行成交，然后再以 30.03 美元的价格反卖给机构投资者。

9.3.4 高频交易的发展

高频数据规模巨大，一些低频数据所不适用的统计方法在高频数据分析中也能得到很好的发挥，如分析尾部数据。在高频数据分析中，分析师可以轻易地从海量的高频数据中分析出低频小概率事件。相对于基于基本面的投资研究方法，高频投资分析更偏重对市场数据信息本体的分析，以数量模型为基础，将客观的模型信号作为投资分析对象。基于高频数据的模型能充分利用市场发布的信息，为投资者描述出全息的市场状况。

高频交易的分析方法和传统低频交易有很大的区别。高频交易更关注市场微观结构的研究，探索市场价格形成的原因和达到市场价格的交易撮合过程，挖掘稀薄的利润空间。在国际市场中，参与高频交易的交易者一般包括做市商、统计套利交易者、新闻事件冲击交易者等投资人。因为高频数据的分析方法和低频数据的分析方法有很多的不同点，所以高频交易的成交速度和冲击成本都是需要格外关注的。高频交易投资者需要找到手续费低廉、流动性活跃、交易对手合适的交易品种，降低下单时的市场冲击，扩大自身的利润。在高频交易中，如果需要大资金量的投资，则需要把大单拆成小单分批入市。最初的高频交易算法是基于时间权重（TWAP）和交易量或持仓量权重（VWAP）开发的。基于时间权重开发的程序通常下单之前定义好已经拆分的小单，按照等间距时间的顺序投入市场。基于成交量开发的交易策略通常根据历史成交量形成的规律来测算交易目标在短期内的价格变动。

随着高频交易的发展，以及计算机运算速度的加快，研发重点放在了当前获取的市场价格和下单到达交易系统时价格的变化计算。交易策略把冲击影响放到了更为重要的考虑地位。为了对抗冲击，算法预定义的执行计划基于历史数据分析，并且把下的交易单切分得对市场冲击越小越好。和 TWAP、VWAP 两种交易相比，这种方法的交易单更散，并且整个下单的时间更长。当对高频交易的研究越来越精细化的时候，基于历史数据的预设下单方案渐渐被跟随市场条件自动重算下单量和下单时间计划的方法所取代。

更进一步的高频交易开始捕捉市场以外的数据。新闻量化交易开始进入高频市场，在刚刚发布最新新闻的时刻，立刻下单入市，获取新闻或其他消息对市场影响导致波动的利润。新闻量化交易非常复杂，新闻发布时往往除了有数据信息外，还有文字信息，需要快速侦听新闻或搜索新闻，计算机快速地进行自然语言理解和数据分析，根据事先建立的数据库，比对并分析出新发新闻对市场的影响方向和影响幅度，然后形成下单指令。

高频交易的方法不拘一格，甚至各种设计思路完全背离的方法都可以在高频市场上有所斩获。因为高频交易仅仅是一个时间尺度上对交易策略的分类度量，而不是交易策略本身的定义。研发新的高频交易应该从研发策略的角度入手，当新的策略交易需要在高频的条件下达到更好的盈利点的时候，就自然成为高频交易策略。所以高频交易是策略被成功研发的结果，既不是策略研发的起点，也不是策略研发的终极目标，而是一个成功策略水到渠成的外在表现形式。但是高频交易策略有一些自身的特性，投资者可以围绕这些特性进行开发。有些投资者利用基于 Alpha 的微观价格作为自己策略的买入卖出的价格参照。这些 Alpha 可以从趋势跟踪、均值回复、配对交易或其他预测策略中推导出来，作为自己进入市场交易的参照。

交易速度是高频交易争夺的重要领域。进入高频交易领域的投资者需要格外小心，犹如一条鲨鱼进入已经充满鲨鱼的池子，新进的投资者想在这池子里猎食，但也许正成为已经在池子里的鲨鱼的猎物，速度优势可以逃脱追杀者，并帮助捕捉猎物。一个有效的高频交易策略具有活力的生命周期和高频交易的持仓一样短暂。失去活力的策略会变成衰老的鲨鱼，被其他年轻的对手绞杀。高频交易的策略竞争如此激烈，虽然有 ORC、RTS、Actant 之类可以帮助实现交易，但是更多的进入这个领域的投资者都是由自己开发系统。在高频交易系统的开发中，计算机算法的速度、网络速度、本机或托管服务器和交易所之间的实地距离都是考虑的范围之列。

当前中国的 3 个商品期货交易所和 1 个金融期货交易所都提供市场行情数据直接获取功能。以上海期货交易所为例，某期货公司上海本地提供的专线到达交易所机房前置的时间为 25～35ms。上海期货交易所的交易机房设置在期货交易所大厦和张江机房，如果租用期货公司在张江机房的托管服务器，则网络延时可以进一步缩短。提供交易所接入的前置最主要的服务商包括上期技术、恒生和金仕达。从交易所报单前置到交易所撮合交易系统时间极短，并且不为投资者所控制，在活跃合约报单到达报单前置，经过交易所撮合成交，返回成交信息到报单前置一般延时在 60～90ms。交易所每 500ms 发布一次市场价格信息。

高性能的数据库在量化交易中起到中心作用。从市场数据获取到下单完成，高性能的数据库提供了数据仓库、数据挖掘的应用、事件驱动分析等工作的保障。存储时间序列的数据库和常规的关系数据库并不完全一致，更期望使用列存储的内存数据库。无论是历史数据还是实时数据，在速度上都有很大的提升。

在上述内容中给出了高频交易的一些基本概念、思想和方法。在实战中，投资者需要找到切实好用的高频交易算法。理想中的高频交易算法首选有数学或物理应用背景的，并且在现实领域中有过真实的应用。在熟练掌握这类方法之后，再推广到更新型的交易算法。下面介绍两种可应用于实战交易的高频交易算法。

9.3.5 基于卡尔曼滤波的价格预测

卡尔曼滤波器是一个最优化自回归数据处理算法。阿波罗飞船的导航使用了这种滤波器，用以预测下一个时间窗口内飞船的轨迹。这种算法能解决很大部分的问题。它的广泛应用已经超过 30 年，包括机器人导航、控制，传感器数据融合，甚至在军事领域的雷达系统及导弹追踪等。

该方法采用由状态方程和观测方程组成的线性随机系统的状态空间模型来描述滤波器，同时利用状态方程的递推性，按线性无偏最小均方误差估计准则，它不要求保留历史观测数据，可利用新观测数据，采用一系列完整递推算法对该滤波器的状态变量作最佳估计，实现滤掉噪声后的有用信号的最佳估计。这些特性非常适合用于金融市场交易，在获取价格波动信息后，估算出未来一个短时间范围内价格的变化情况。

卡尔曼滤波器用反馈控制方法估计过程状态。滤波器估计过程某一时刻的状态，然后以测量变量的方式反馈，因此卡尔曼滤波器可分为两部分：时间更新方程和测量更新方程。时间更新方程负责及时向前推算当前状态变量和误差协方差估计的值，以便为下一个时间状态构造先验估计。测量更新方程负责反馈，也可以说将先验估计和新的测量变量结合以构造改进的后验估计。时间更新方程也可视为估计方程，测量更新方程可视为校正方程，最后的估计算法成为一种具有数值解的预估校正算法。卡尔曼滤波器循环更新图如图 9-8 所示。

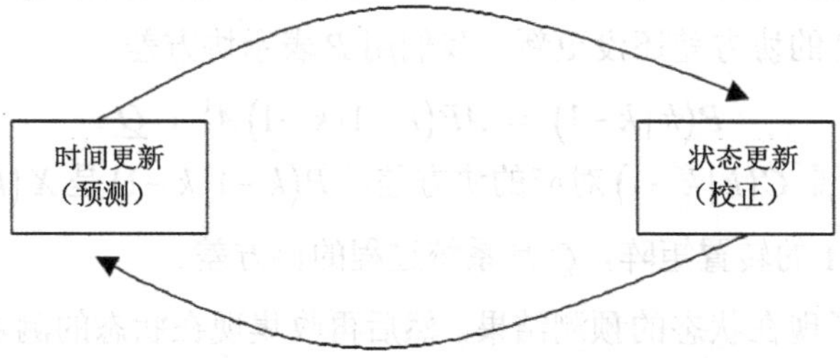

图 9-8 卡尔曼滤波器循环更新图

$x(n)$ 为数据的最小集合，这组数据足以描述系统的动态。也就是说，由装有预测未来特性所需要的、与系统的过去行为有关的最少数据组成。一般来说，状态 $x(n)$ 是不方便直接测量得到的，为了估计它，我们使用一组观测数据，用 $y(n)$ 表示，称为观测向量，或简称观测值。

$$x(n+1) = Ax(n) + w(n)$$
$$y(n) = Cx(n) + v(n)$$

其中，A 是 $M \times M$ 状态转移矩阵，C 是已知的 $M \times N$ 测量矩阵。

卡尔曼滤波问题可以看作以某种最优方式联合求解未知状态过程方程和测量方程的问题，可以表述为：利用所有观测值 $y(1),y(2),\cdots,y(n)$ 组成的观测数据，对于所有 $n \geqslant 1$，寻找状态 $x(k)$ 的最小均方估计。若 $k = n$，则该问题称为滤波；若 $k > n$，则称为预测；若 $1 \leqslant k < n$，则称为平滑。

下面我们给出整个卡尔曼滤波器的工作步骤，按照这些步骤就可以做出预测。

$$X(k) = AX(k-1) + BU(k) + W(k)$$

系统的测量值：$Z(k) = HX(k) + V(k)$

其中，$X(k)$ 是 k 时刻的系统状态，$U(k)$ 是 k 时刻对系统的控制量。A 和 B 是参数，对于多模型系统，它们为矩阵。$Z(k)$ 是 k 时刻的测量值。H 是测量系统的参数，对于多测量系统，H 为矩阵。$W(k)$ 和 $V(k)$ 分别表示过程和测量的噪声。

我们要利用系统的过程模型来预测下一状态的系统。假设现在的系统状态是 k，根据系统的过程模型，可以基于系统的上一状态而预测出现在的状态。

$$X(k|k-1) = AX(k-1|k-1) + BU(k)$$

其中，$X(k|k-1)$ 是利用上一状态预测的结果，$X(k-1|k-1)$ 是上一状态最优的结果，$U(k)$ 为现在状态的控制量，它可以为 0。到现在为止，系统结果已经更新了，但是，对应于 $X(k|k-1)$ 的协方差还没更新。我们用 P 表示协方差。

$$P(k|k-1) = AP(k-1|k-1)A^{\mathrm{T}} + Q$$

其中，$P(k|k-1)$ 是 $C(k|k-1)$ 对应的协方差，$P(k-1|k-1)$ 是 $X(k-1|k-1)$ 对应的协方差，A^{T} 表示 A 的转置矩阵，Q 是系统过程的协方差。

现在我们有了现在状态的预测结果，然后再收集现在状态的测量值。结合预测值和测量值，我们可以得到现在状态 k 的最优化估算值 $X(k|k)$。

$$X(k|k)= X(k|k-1) + Kg(k)\left[Z(k) - HX(k|k-1)\right]$$

其中，$Kg(k) = P(k|k-1)\ HT\ /\ \left[HP(k|k-1)HT + R\right]$。

到现在为止，我们已经得到了 k 状态下最优的估算值 $X(k|k)$。但是为了令卡尔曼滤波器不断地运行下去直到系统过程结束，我们还要更新 k 状态下 $X(k|k)$ 的协方差。

$$P(k|k) = [1 - Kg(k)\ H]P(k|k-1)$$

这样算法就可以自回归地运算下去。

在利用卡尔曼滤波进行高频交易的时候，投资者根据实际情况，给卡尔曼滤波函数输入投资品种的高频价格信息，就可以预测未来某个短时间内价格的走势。

为了给读者提供更多的实战体验，我们在这里给出了基于 MATLAB 开发的卡尔曼滤波的预测程序。

```
A = [1.1269   -0.4940   0.1129, 1.0000  0    0,  0    1.0000  0];
B = [-0.3832  0.5919    0.5191];
C = [1 0 0];
D = 0;
Plant = ss(A,[B B],C,0,-1,'inputname',{'u' 'w'},'outputname','y');
Q = 1;
R = 1;
[kalmf,L,P,M,Z] = kalman(Plant,Q,R);
kalmf = kalmf(1,:);
a = A;
b = [B B 0*B];
c = [C;C];
d = [0 0 0;0 0 1];
P = ss(a,b,c,d,-1,'inputname',{'u' 'w' 'v'},'outputname',{'y' 'yv'});
sys = parallel(P,kalmf,1,1,[],[]);
SimModel = feedback(sys,1,4,2,1);
SimModel = SimModel([1 3],[1 2 3]);
u = textread('high frequency market data');
t = [1:length(u)]';
randn('seed',0);
w = sqrt(Q)*randn(length(t),1);
v = sqrt(R)*randn(length(t),1);
[out,x] = lsim(SimModel,[w,v,u]);
y = out(:,1);
ye = out(:,2);
yv = y + v;
subplot(211), plot(t,y,'b',t,ye,'r--'),
xlabel('No. of samples'), ylabel('Output')
title('Kalman filter response')
```

```
subplot(212), plot(t,y-yv,'g',t,y-ye,'r--'),
xlabel('No. of samples'), ylabel('Error')
sys = ss(A,B,C,D,-1);
y = lsim(sys,u+w);
yv = y + v;
P=B*Q*B';
x=zeros(3,1);
ye = zeros(length(t),1);
ycov = zeros(length(t),1);
for i=1:length(t)
  Mn = P*C'/(C*P*C'+R);
  x = x + Mn*(yv(i)-C*x);
  P = (eye(3)-Mn*C)*P;
  ye(i) = C*x;
  errcov(i) = C*P*C';
  x = A*x + B*u(i);
  P = A*P*A' + B*Q*B';
end
```

程序中的具体参数依赖于不同的投资品种。

算法的灵活应用还需要根据投资市场的实际微观结构做出相应的变化。

9.3.6 利用支持向量机的短期预测交易

支持向量机的理论内容已经有相关篇幅介绍过。支持向量机有多种灵活的用法，支持向量机可以做回归、分类的属性是开发高频交易的指导理论思想。这里介绍一种可以应用于交易的支持向量机方法。

交易的思路在于判断未来一个短期时间内价格是涨还是跌，以此作为做空还是做多的依据。这个问题利用了支持向量机的分类功能，通过现有的数据，把涨跌分为两类，上涨为一类，下跌为另一类。那么判断下一个时间窗口内的买卖行为就转变成了对下一个时间的分类问题，这样就可以进行交易操作。

在这里给出基于 MATLAB 开发的最小二乘支持向量机的程序。

```
load price.txt;
logprice = log10(price);
count = 1;
```

```
    for i=30:length
        logpricetrain = logprice(i-29:i) ;
        lag = 5;
        Xu = windowize(logpricetrain,1:lag+1);
        Xtra = Xu(1:end-lag,1:lag);
        Ytra = Xu(1:end-lag,end);
        Xs=logpricetrain(end-lag+1:end,1);
        [gam,sig2] = tunelssvm({Xtra,Ytra,'f',[],[],'RBF_kernel'},'simplex',
'crossvalidatelssvm',{10,'mae'});
        [alpha,b] = trainlssvm({Xtra,Ytra,'f',gam,sig2,'RBF_kernel'});
        prediction = predict({Xtra,Ytra,'f',gam,sig2,'RBF_kernel'},Xs,1);
        resultprice(count) = prediction;
        count = count + 1;
    end
```

支持向量机还可以做更细致的分类工作，可以计算出分类准确程度的概率。投资者可以计算模型当上涨分类成功率在 70%以上时再做多，下跌概率在 70%以上时再做空，以此获得更高的投资成功率。

上述内容介绍了两种可应用于高频交易的模型算法，希望这些抛砖引玉的工作能给读者带来更多的启示。[梁冠群 2012]

技术理论篇

量化投资离不开理论的支持，好的理论才会有好的策略。支持量化投资的主要理论包括：人工智能、数据挖掘、小波分析、支持向量机、分形理论、随机过程及IT技术这几个方面。

人工智能是计算机科学的一个分支，它企图了解智能的实质，并生产出一种新的、能以人类智能相似的方式做出反应的智能机器。该领域的研究包括机器学习、自动推理、专家系统、模式识别、人工神经网络、遗传算法等。人工智能技术在量化投资中的主要应用有模式识别择时策略、数据挖掘股价预测、遗传算法新股预测等。

数据挖掘主要是研究如何从海量的数据中寻找到内在的规律性，并用该规律性指导未来的应用。数据挖掘主要有分类模型、关联规则、顺序模型、聚类模型等。数据挖掘在量化投资中的应用主要有股票聚类分析、基于关联规则的板块轮动等。

小波变换作为能随频率的变化自动调整分析窗大小的分析工具，在信号处理、计算机视觉、图像处理、语音分析与合成等众多领域得到应用。小波变化的主要内容包括连续小波变换、小波变化的离散化、多分辨分析与Mallat算法。小波分析在量化投资中的应用主要有K线小波去噪、金融时序数据预测等。

支持向量机（SVM）算法是一种学习机制，根据有限的样本信息在模型的复杂性和学习能力之间寻求最佳折中，以期获得最好的泛化能力。SVM在形式上类似于多层前向网络，但是在效率和推广性能方面优于神经网络。SVM在量化投资中的应用主要有复杂金融时序数列预测、趋势拐点预测等。

分形理论主要是研究总体与局部关系的一门学科，在生物学、地球物理学、物理学、经济学等领域都有广泛的应用。几种典型的分形包括三分康托集、Koch曲线、Julia集等。分形理论在量化投资中的应用主要有大趋势预测、汇率预测等。

随机过程是一连串随机事件动态关系的定量描述，常见的随机过程包括独立增量过程、Poison过程、维纳过程、正态过程、马尔科夫（Markov）过程等。随机过程在量化投资中的应用主要是利用马尔科夫链来对股市进行预测。

量化投资的分析和交易离不开IT技术，最相关的是数据仓库技术和编程语言。其中，编程语言使用最多的是VBA语言和C#语言。除此之外，还有很多的数据工具，主要有wind中国金融数据库、文华财经、交易开拓者等。

第 10 章　人工智能

◆ 摘要 ◆

人工智能（Artificial Intelligence，AI）是研究、开发用于模拟、延伸和扩展人的智能的理论、方法、技术及应用系统的一门新的技术科学。人工智能是计算机科学的一个分支，它企图了解智能的实质，并生产出一种新的、能以人类智能相似的方式做出反应的智能机器。该领域的研究包括机器学习、自动推理、专家系统、模式识别、人工神经网络、遗传算法等。

（1）机器学习是研究计算机怎样模拟或实现人类的学习行为，以获取新的知识或技能，重新组织已有的知识结构，使之不断改善自身的性能。它是人工智能的核心，是使计算机拥有智能的根本途径，其应用遍及人工智能的各个领域。它主要应用于归纳、综合，而不是演绎。

（2）自动推理是按某种策略由已知判断推出另一判断的思维过程。其中，已知判断是指包括已掌握的、与求解问题有关的知识及关于问题的已知事实；推理的结论是指由已知判断推出新判断；推理由程序实现，称为推理机。

（3）专家系统是一个具有大量的专门知识与经验的程序系统，它应用人工智能技术和计算机技术，根据某领域一个或多个专家提供的知识和经验进行推理和判断，模拟人类专家的决策过程，以便解决那些需要人类专家处理的复杂问题。

（4）模式识别是指对表征事物或现象的各种形式的（数值的、文字的和逻辑关系的）信息进行处理和分析，以对事物或现象进行描述、辨认、分类和解释的过程，是信息科学和人工智能的重要组成部分。模式识别又常称为模式分类，从处理问题的性质和解决问题的方法等角度，可将模式识别分为有监督的分类和无监督的分类两种。

（5）人工神经网络又称神经网络或连接模型，它是一种模范动物神经网络行为特征进行分布式并行信息处理的算法数学模型。这种网络依靠系统的复杂程度，通过调整内部大量节点之间相互连接的关系，从而达到处理信息的目的。

（6）遗传算法：一组随机产生的初始解，称为群体；群体中的每个个体是问题的一个解，称为染色体；这些染色体在后续迭代中不断进化，称为遗传。遗传算法主要通过交叉、变异、选择运算实现，交叉或变异运算生成下一代染色体，称为后代。染色体的好坏用适应度来衡量，根据适应度的大小从上一代和后代中选择一定数量的个体作为下一代群体，再继续进化，这样经过若干代之后，算法收敛于最好的染色体，它很可能就是问题的最优解或次优解。

本章将介绍 3 类人工智能在量化投资中的应用，即模式识别短线择时、RBF 人工神经网络股价预测和基于遗传算法的新股预测。

10.1 主要内容

10.1.1 机器学习

机器学习（Machine Learning）是研究计算机怎样模拟或实现人类的学习行为，以获取新的知识或技能，重新组织已有的知识结构，使之不断改善自身的性能。它是人工智能的核心，是使计算机拥有智能的根本途径，其应用遍及人工智能的各个领域。它主要应用于归纳、综合，而不是演绎。

1. 简介

学习能力是智能行为的一个非常重要的特征，但人类至今对学习的机理尚不清楚。人们曾对机器学习给出各种定义。H.A.Simon 认为，学习是系统所做的适应性变化，使得系统在下一次完成同样或类似的任务时更为有效。R.S.Michalski 认为，学习是构造或修改对于所经历事物的表示。从事专家系统研制的人们则认为学习是知识的获取。这些观点各有侧重，第一种观点强调学习的外部行为效果，第二种观点则强调学习的内部过程，而第三种观点主要是从知识工程的实用性角度出发的。

机器学习在人工智能的研究中处于十分重要的地位。一个不具有学习能力的智能系统难以称得上是一个真正的智能系统，但是以往的智能系统都普遍缺少学习的能力。例如，它们遇到错误时不能自我校正；不会通过经验改善自身的性能；不会自动获取和发现所需要的知识。它们的推理仅限于演绎而缺少归纳，因此最多能够证明已存在的事实、定理，而不能发现新的定理、定律和规则等。随着人工智能的深入发展，这些局限性表现得愈加突出。

正是在这种情形下，机器学习逐渐成为人工智能研究的核心之一，它的应用已遍及人工智能的各个分支，如专家系统、自动推理、自然语言理解、模式识别、计算机视觉、智能机器人等领域。其中，最典型的是专家系统中的知识获取瓶颈问题，人们一直在努力试图采用机器学习的方法加以克服。

机器学习的研究是根据生理学、认知科学等对人类学习机理的了解，建立人类学习过程的计算模型或认识模型，发展各种学习理论和学习方法，研究通用的学习算法并进行理论上的分析，建立面向任务的具有特定应用的学习系统。

2. 机器学习系统的基本结构

外在环境向机器系统的学习部分提供某些信息，系统利用这些信息修改知识库，以增进系统执行部分完成任务的效能；执行部分根据知识库完成任务，同时把获得的信息反馈给学习部分。在具体的应用中，环境、知识库和执行部分决定了具体的工作内容，学习部分所需解决的问题完全由上述三部分确定。

影响学习系统设计的最重要的因素是环境向系统提供的信息，或者更具体地说是信息的质量。知识库中存放的是指导执行部分动作的一般原则，但环境向学习系统提供的信息却是各种各样的。如果信息的质量比较高，与一般原则的差别比较小，则学习部分比较容易处理。如果向学习系统提供的是杂乱无章的、指导执行动作的具体信息，则学习系统需要在获得足够数据之后，删除不必要的细节，进行总结推广，形成指导动作的一般原则，放入知识库。这样学习部分的任务就比较繁重，设计起来也较为困难。

因为学习系统获得的信息往往是不完全的，所以学习系统所进行的推理并不完全是可靠的，它总结出来的规则可能正确，也可能不正确。这要通过执行效果加以检验。正确的规则能使系统的效能提高，应予保留；不正确的规则应予修改或从数据库中删除。

知识库是影响学习系统设计的第二个因素。知识的表示有多种形式，如特征向量、一阶逻辑语句、产生式规则、语义网络和框架等。这些表示方式各有其特点，在选择表示方式时要兼顾以下 4 个方面：表达能力强、易于推理、容易修改知识库、知识表示易于扩展。

学习系统不能在全然没有任何知识的情况下凭空获取知识，每个学习系统都要求具有某些知识理解环境提供的信息，分析比较，做出假设，检验并修改这些假设。因此，更确切地说，学习系统是对现有知识的扩展和改进。

执行部分是整个学习系统的核心，因为执行部分的动作就是学习部分力求改进的动作。同执行部分有关的问题有：复杂性、反馈和透明性。

3. 学习策略分类

学习策略是指学习过程中系统所采用的推理策略，一个学习系统总是由学习和环境两部分组成的。由环境（如书本或教师）提供信息，学习部分则实现信息转换，用能够理解的形式记忆下来，并从中获取有用的信息。在学习过程中，学生（学习部分）使用的推理越少，他们对教师（环境）的依赖就越大，教师的负担也就越重。学习策略就是根据学生实现信息转换所需的推理多少和难易程度来分类的，依从简单到复杂、从少到多的次序分为以下 6 种基本类型。

1）机械学习

学习者无须任何推理或其他的知识转换，直接吸取环境所提供的信息，如塞缪尔的跳棋程序、纽厄尔和西蒙的 LT 系统。这类学习系统主要考虑的是如何索引存储的知识并加以利用。系统的学习方法是直接通过事先编好、构造好的程序来学习，学习者不做任何工作，或者通过直接接受既定的事实和数据进行学习，对输入信息不进行任何推理。

2）示教学习

学生从环境（教师或其他信息源，如教科书等）获取信息，把知识转换成内部可使用的表示形式，并将新的知识和原有知识有机地结合为一体。所以要求学生有一定程度的推理能力，但环境仍要做大量的工作。教师以某种形式提出和组织知识，以使学生拥有的知识可以不断增加。这种学习方法和人类社会的学校教学方式相似，学习的任务就是建立一个系统，使它能接受教导和建议，并有效地存储和应用学到的知识。目前，不少专家系统在建立知识库时使用这种方法去实现知识获取。

3）演绎学习

学生所用的推理形式为演绎推理。推理从公理出发，经过逻辑变换推导出结论。这种推理是保真变换和特化的过程，使学生在推理过程中可以获取有用的知识。这种学习方法包含宏操作学习、知识编辑和组块技术，演绎推理的逆过程是归纳推理。

4）类比学习

利用两个不同领域（源域、目标域）的知识相似性，可以通过类比，从源域的知识（包括相似的特征和其他性质）推导出目标域的相应知识，从而实现学习。类比学习系统可以使一个已有的计算机应用系统转变为适应于新的领域，来完成原先没有设计的相类似的功能。

类比学习需要比上述3种学习方式更多的推理。它一般要求先从知识源（源域）中检索出可用的知识，再将其转换成新的形式，用到新的状况（目标域）中去。类比学习在人类科学技术发展史上起着重要作用，许多科学发现就是通过类比得到的。例如，著名的卢瑟福类比就是通过将原子结构（目标域）同太阳系（源域）作类比，揭示了原子结构的奥秘。

5）基于解释的学习

学生根据教师提供的目标概念、该概念的一个例子、领域理论及可操作准则，首先构造一个解释来说明为什么该例子满足目标概念，然后将解释推广为目标概念的一个满足可操作准则的充分条件。著名的基于解释的学习系统有迪乔恩（G.DeJong）的GENESIS、米切尔（T.Mitchell）的LEXII和LEAP，以及明顿（S.Minton）等的PRODIGY。

6）归纳学习

归纳学习是由教师或环境提供某概念的一些实例或反例，让学生通过归纳推理得出该概念的一般描述。这种学习的推理工作量远多于示教学习和演绎学习，因为环境并不提供一般性概念描述（如公理）。从某种程度上说，归纳学习的推理量也比类比学习大，因为没有一个类似的概念可以作为源概念加以取用。归纳学习是最基本的、发展也较为成熟的学习方法，在人工智能领域已经得到广泛的研究和应用。

10.1.2 自动推理

自动推理就是按某种策略由已知判断推出另一判断的思维过程。其中，已知判断是指包括已掌握的、与求解问题有关的知识及关于问题的已知事实；推理的结论是指由已知判断推出新判断；推理由程序实现，称为推理机。

1. 自动推理的分类

按判断推出的途径来划分，自动推理可分为演绎推理和归纳推理。

1）演绎推理

演绎推理是从全称判断推导出特称判断或单称判断的过程。演绎推理有多种形式，经常用的是三段论式。三段论式包括：

（1）大前提，即已知的一般性知识或假设。

（2）小前提，即关于所研究的具体情况或个别事实的判断。

（3）结论，即由大前提推出的适合小前提所示情况的新判断。

在任何情况下，由演绎推导出的结论都蕴涵在大前提的一般性知识中，只要大前提和小前提是正确的，则由它们推出的结论必然是正确的。

2）归纳推理

归纳推理是从足够多的事例中归纳出一般性结论的推理过程，是一种从个别到一般的推理。归纳推理包括完全归纳推理和不完全归纳推理。

完全归纳推理是指在进行归纳时需要考察相应事物的全部对象，并根据这些对象是否都具有某种属性，从而推出这个事物是否具有这个属性。

不完全归纳推理是指只考察了相应事物的部分对象就得出了结论，包括枚举归纳推理：若已知某类事物的有限个具体事物都具有某种属性，则可推出该类事物都具有此属性；类比推理：在两个或两类事物有许多属性都相同或相似的基础上，推出它们在其他属性上也相同或相似的一种推理。

2. 自然演绎推理

自然演绎推理是指从一组已知的事实出发，直接运用命题逻辑或谓词逻辑中的推理规则推出结论的过程。

推理规则如下。

（1）P 规则：在推理的任何步骤上都可引入前提，继续进行推理。

（2）T 规则：在推理时，如果前面步骤中有一个或多个公式永真蕴涵公式 S，则可以把 S 引入推理过程中。

① 反证法：$P \to Q$，当且仅当 $P \wedge \neg Q \Leftrightarrow F$，即 Q 为 P 的逻辑结论，当且仅当 $P \wedge \neg Q$ 是不可满足的。

② 假言推理：$P, P \to Q \Rightarrow Q$，表示：由 $P \to Q$ 及 P 为真，可推出 Q 为真。

③ 拒取式推理：$P \to Q, \neg Q \Rightarrow \neg P$，表示：由 $P \to Q$ 为真及 Q 为假，可推出 P 为假。

自然演绎推理的优点是：定理证明过程自然、容易理解，而且它拥有丰富的推理规则，推理过程灵活，便于在它的推理规则中嵌入领域启发式知识。

其缺点是：容易产生组合爆炸，推理过程中得到的中间结论一般呈指数形式递增。

3. 谓词逻辑表示法

1）谓词公式

谓词公式的一般形式：

$$P(x_1,x_2,\cdots,x_n)$$

其中：

P——谓词符号（简称谓词）。

$x_i(i=1,2,\cdots,n)$——参数项（简称项），可以是常量、变量或函数。

$P(x_1,x_2,\cdots,x_n)$——n 元谓词公式。

谓词公式的基本组成：谓词符号、常量符号、变量符号、函数符号；这些组成之间用括号和逗号隔开，表示论域内的关系。谓词公式是谓词逻辑的基本单元，也称为原子公式。

2）连词和量词

通过引入连词和量词，可以把谓词公式（原子公式）组合为复合谓词公式。复合谓词公式也称为逻辑语句。

（1）连词。自动推理中的连词系统如表 10-1 所示。

表 10-1 自动推理中的连词系统

¬	（非）加在谓词公式前面，称为否定，或取反
∧	（与）连接谓词公式，称为合取；产生的逻辑语句称为合取式，每个成分称为合取项
∨	（或）连接谓词公式，称为析取；产生的逻辑语句称为析取式，每个成分称为析取项
⇒	（蕴涵）连接谓词公式产生蕴涵式；左部称为前项，右部称为后项
⇔	（等价）连接谓词公式产生等价式；正、逆向蕴涵式的合取

（2）量词。

- 全称量词∀：符号$(\forall x)P(x)$，表示对于某个论域中的所有（任意一个）个体x，都有$P(x)$真值为T。
- 存在量词∃：符号$(\exists x)\ P(x)$，表示某个论域中至少存在一个个体x，使$P(x)$真值为T。

若限定不允许对谓词和函数名进行量化处理，且参数项不能是谓词公式，则这样的谓词逻辑是一阶的。需要注意的是，谓词、函数名的出现位置不允许使用变量，参数项不能是谓词公式。

10.1.3 专家系统

专家系统是一个具有大量的专门知识与经验的程序系统，它应用人工智能技术和计算机技术，根据某领域一个或多个专家提供的知识和经验进行推理和判断，模拟人类专家的决策过程，以便解决那些需要人类专家处理的复杂问题。简而言之，专家系统是一种模拟人类专家解决领域问题的计算机程序系统。

专家系统是人工智能中最重要的也是最活跃的一个应用领域，它实现了人工智能从理论研究走向实际应用、从一般推理策略探讨转向运用专门知识的重大突破。20 世纪 60 年代初，出现了运用逻辑学和模拟心理活动的一些通用问题求解程序，它们可以证明定理和进行逻辑推理。但是这些通用方法无法解决大的实际问题，很难把实际问题改造成适合计算机解决的形式，并且对于解题所需的巨大的搜索空间也难以处理。1965 年，f.a.费根鲍姆等人在总结通用问题求解系统的成功与失败经验的基础上，结合化学领域的专门知识，研制出了世界上第一个专家系统 DENDRAL，可以推断化学分子结构。

专家系统可以解决的问题一般包括解释、预测、设计、规划、监视、修理、指导和控制等。目前，专家系统已经广泛地应用于医疗诊断、语音识别、图像处理、金融决策、地质勘探、石油化工、教学、军事、计算机设计等领域。

对专家系统可以按不同的方法分类。通常，可以按应用领域、知识表示方法、控制策略、任务类型等分类。如按任务类型来划分，常见的有解释型、预测型、诊断型、调试型、维护型、规划型、设计型、监督型、控制型、教育型等。

专家系统与传统的计算机程序系统有着完全不同的体系结构，通常它由知识库、推理机、综合数据库、知识获取机制、解释机制和人机接口等几个基本的、独立的部分所组成，其中以知识库与推理机相互分离而别具特色。专家系统的体系结构随专家系统的类型、功能和规模的不同而有所差异。如图 10-1 所示为专家系统的总体架构。

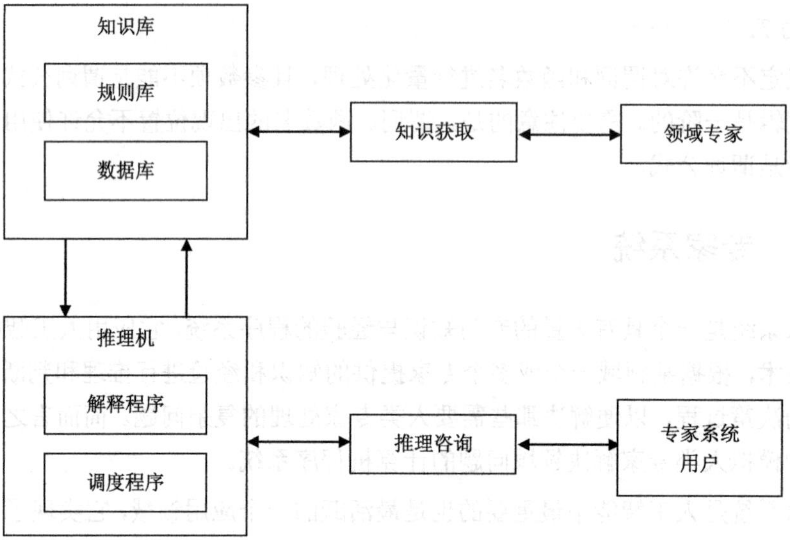

图 10-1　专家系统的总体架构

1．知识库

知识库包含 3 类知识：

（1）基于专家经验的判断性规则。

（2）用于推理、问题求解的控制性规则。

（3）用于说明问题的状态、事实和概念，以及当前条件和常识等的数据。

知识库包含多种功能模块，主要有知识查询、检索、增删、修改和扩充等。知识库通过人机接口与领域专家相互沟通，实现知识的获取。

2．推理机

推理机是用于对知识库中的知识进行推理来得到结论的思维机构。推理机包括如下 3 种推理方式。

（1）正向推理：从原始数据和已知条件得到结论。

（2）反向推理：先提出假设的结论，然后寻找支持的证据，若证据存在，则假设成立。

（3）双向推理：运用正向推理提出假设的结论，运用反向推理来证实假设。

3．知识的表示

常用的知识表示方法有：产生式规则、框架、语义网络、过程。其中，产生式规则是专家系统最流行的表达方法。由产生式规则表示的专家系统又称为基于规则的系统或产生式系统。

产生式规则的表达方式为：

```
IF E,  THEN H,  WITH CF(E,H)
```

其中，E 表示规则的前提条件，即证据，它可以是单独命题，也可以是复合命题；H 表示规则的结论部分，即假设，也是命题；CF 为规则的强度，反映如果前提为真时，规则对结论的影响程度。

4．专家系统建立步骤

1）知识库的设计

（1）确定知识类型：叙述性知识、过程性知识、控制性知识。

（2）确定知识表达方法。

（3）知识库管理系统的设计：实现规则的保存、编辑、删除、增加、搜索等功能。

2）推理机的设计

（1）选择推理方式。

（2）选择推理算法：选择各种搜索算法，如深度优先搜索、广度优先搜索、启发式优先搜索等。

3）人—机接口的设计

（1）设计“用户—专家系统接口”：用于咨询理解和结论解释。

（2）设计“专家—专家系统接口”：用于知识库扩充及系统维护。

早期的专家系统采用通用的程序设计语言（如 Fortran、Pascal、Basic 等）和人工智能语言（如 Lisp、Prolog、Smalltalk 等），通过人工智能专家与领域专家的合作，直接编程来实现。其研制周期长、难度大，但灵活、实用，至今尚为人工智能专家所使用。大部分专家系统研制工作已采用专家系统开发环境或专家系统开发工具来实现，领域专家可以选用合适的工具开发自己的专家系统，大大缩短了专家系统的研制周期，从而为专家系统在各领域的广泛应用提供了条件。

10.1.4 模式识别

模式识别（Pattern Recognition）是指对表征事物或现象的各种形式的（数值的、文字的和逻辑关系的）信息进行处理和分析，以对事物或现象进行描述、辨认、分类和解释的过程，是信息科学和人工智能的重要组成部分。

模式识别又称为模式分类，从处理问题的性质和解决问题的方法等角度可将模式识别分为有监督的分类和无监督的分类两种。二者的主要差别在于，各实验样本所属的类别是否预先已知。一般来说，有监督的分类往往需要提供大量已知类别的样本，但在实际问题中，这是存在一定困难的，因此研究无监督的分类就变得十分有必要了。

模式识别研究主要集中在两个方面：一是研究生物体（包括人）是如何感知对象的，属于认识科学的范畴；二是在给定的任务下，如何用计算机实现模式识别的理论和方法。前者是生理学家、心理学家、生物学家和神经生理学家的研究内容；后者通过数学家、信息学专家和计算机科学工作者近几十年来的努力，已经取得了系统的研究成果。

应用计算机对一组事件或过程进行辨识和分类，所识别的事件或过程可以是文字、声音、图像等具体对象，也可以是状态、程度等抽象对象，这些对象与数字形式的信息相区别，称为模式信息。

模式识别所分类的类别数目由特定的识别问题决定，有时在开始时无法得知实际的类别数目，需要识别系统反复观测被识别对象以后确定。

模式识别与统计学、心理学、语言学、计算机科学、生物学、控制论等都有关系。它与人工智能、图像处理的研究有交叉关系。例如，自适应或自组织的模式识别系统包含了人工智能的学习机制；人工智能研究的景物理解、自然语言理解也包含模式识别问题。又如，模式识别中的预处理和特征抽取环节应用图像处理的技术；图像处理中的图像分析也应用模式识别的技术。

1. 模式识别方法

1）决策理论方法

决策理论方法又称为统计方法，是发展较早也比较成熟的一种方法。被识别对象首先数字化，变换为适于计算机处理的数字信息。一个模式常常要用很大的信息量来表示。许多模式识别系统在数字化环节之后还进行预处理，用于除去混入的干扰信息并减少某些变形和失真。随后是进行特征抽取，即从数字化后或预处理后的输入模式中抽取一组特征。

所谓特征是选定的一种度量，它对于一般的变形和失真保持不变或几乎不变，并且只含尽可能少的冗余信息。特征抽取过程将输入模式从对象空间映射到特征空间，这时，模式可用特征空间中的一个点或一个特征矢量表示。这种映射不仅压缩了信息量，而且易于分类。在决策理论方法中，特征抽取占有重要的地位，但尚无通用的理论指导，只能通过分析具体识别对象决定选取何种特征。特征抽取后可进行分类，即从特征空间再映射到决策空间，为此而引入鉴别函数，由特征矢量计算出相应的各类别的鉴别函数值，通过鉴别函数值的比较实行分类。

2）句法方法

句法方法又称结构方法或语言学方法。其基本思想是：把一个模式描述为较简单的子模式的组合，子模式又可描述为更简单的子模式的组合，最终得到一个树形的结构描述，在底层的最简单的子模式称为模式基元。

在句法方法中选取基元的问题相当于在决策理论方法中选取特征的问题。通常要求所选的基元能对模式提供一个紧凑的、反映其结构关系的描述，又要易于用非句法方法加以抽取，显然，基元本身不应该含有重要的结构信息。模式以一组基元和它们的组合关系来描述，称为模式描述语句，这相当于在语言中，句子和短语用词组合，词用字符组合一样。基元组合成模式的规则，由所谓的语法来指定。一旦基元被鉴别，识别过程可通过句法分析进行，即分析给定的模式语句是否符合指定的语法，满足某类语法的即被分入该类。

模式识别方法的选择取决于问题的性质。如果被识别的对象极为复杂，而且包含丰富的结构信息，一般采用句法方法；被识别对象不是很复杂或不含明显的结构信息，一般采用决策理论方法。这两种方法不能截然分开，在句法方法中，基元本身就是用决策理论方法抽取的。在应用中，将这两种方法结合起来分别施加于不同的层次，常能收到较好的效果。

2. 统计模式识别

统计模式识别的基本原理是：有相似性的样本在模式空间中互相接近，并形成“集团”，即物以类聚。其分析方法是根据模式所测得的特征向量 $X_i=(x_{i1},x_{i2},\cdots,x_{id})$，$T=(i=1,2,\cdots,N)$，将一个给定的模式归入 C 个类 $\omega_1,\omega_2,\cdots,\omega_c$ 中，然后根据模式之间的距离函数来判别分类。其中，$T=(i=1,2,\cdots,N)$表示转置；N 为样本点数；d 为样本特征数。

统计模式识别的主要方法有判别函数法、近邻分类法、非线性映射法、特征分析法、主因子分析法等。

在统计模式识别中，贝叶斯决策规则从理论上解决了最优分类器的设计问题，但其实施必须首先解决更困难的概率密度估计问题。BP 神经网络直接从训练样本学习，是简便有效的方法，因而获得了广泛的应用；但它是一种启发式技术，缺乏指定工程实践的坚实理论基础。统计推断理论研究所取得的突破性成果导致现代统计学习理论——VC 理论的建立，该理论不仅在严格的数学基础上圆满地回答了人工神经网络中出现的理论问题，而且导出了一种新的学习方法——支持向量机（SVM）。有关 SVM 的内容将在第 13 章中阐述。

模式识别从 20 世纪 20 年代发展至今，人们的一种普遍看法是不存在对所有模式识别问题都适用的单一模型和解决识别问题的单一技术，我们现在拥有的只是一个工具袋，所要做的是结合具体问题把统计和句法的识别结合起来，把统计模式识别或句法模式识别与人工智能中的启发式搜索结合起来，把统计模式识别或句法模式识别与支持向量机的机器学习结合起来，把人工神经元网络与各种已有技术，以及人工智能中的专家系统、不确定推理方法结合起来，深入掌握各种工具的效能和应有的可能性，互相取长补短，实事求是地解决问题。

10.1.5 人工神经网络

人工神经网络（Artificial Neural Networks，ANNs），简称神经网络（NNs）或连接模型（Connectionist Model），它是一种模仿动物神经网络行为特征，进行分布式并行信息处理的算法数学模型。这种网络依靠系统的复杂程度，通过调整内部大量节点之间相互连接的关系，从而达到处理信息的目的。人工神经网络具有自学习和自适应的能力，可以通过预先提供的一批相互对应的输入/输出数据，分析掌握二者之间潜在的规律，最终根据这些规律，用新的输入数据来推算输出结果，这种学习分析的过程被称为训练。

在人工神经网络中，神经元处理单元可表示不同的对象，如特征、字母、概念，或者一些有意义的抽象模式。网络中处理单元的类型分为 3 类：输入单元、输出单元和隐单元。输入单元接受外部世界的信号与数据；输出单元实现系统处理结果的输出；隐单元是处在输入和输出单元之间，不能由系统外部观察的单元。神经元间的连接权值反映了单元间的连接强度，信息的表示和处理体现在网络处理单元的连接关系中。

1. 神经网络结构

神经网络结构如图 10-2 所示。

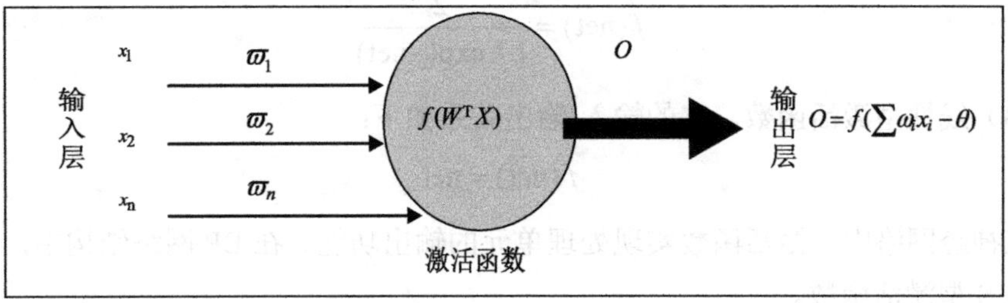

图 10-2 人工神经网络结构

人工神经网络是一种非程序化、适应性、大脑风格的信息处理，其本质是通过网络的变换和动力学行为得到一种并行分布式的信息处理功能，并在不同程度和层次上模仿人脑神经系统的信息处理功能。它是涉及神经科学、思维科学、人工智能、计算机科学等多个领域的交叉学科。

人工神经网络的特点如下：

（1）知识以分布方式存储在整个系统中。

（2）具有很强的容错能力。

（3）可以逼近任意复杂的非线性系统。

（4）具有良好的自适应、联想等智能，能适应系统复杂多变的动态特性。

基于以上特点，使得其在变形监测数据处理与分析上有着独特的优越性。

2. 激活函数分类

激活函数主要包括阈值型、S 型和线性型。

（1）阈值型激活函数。这个函数的特性比较硬，表达式是非线性的。它的输入/

输出关系如下：

$$f(\text{net})=\text{sgn}(\text{net})=\begin{cases}1,\text{net} \quad 0\\0,\text{net}<0\end{cases}$$

（2）S 型激活函数。它的特性比较软，输出状态取值范围为[−1,1]或[0,1]。它的输入/输出关系如下：

$$f(\text{net})=\frac{1}{1+\exp(-\text{net})}$$

或者：

$$f(\text{net})=\frac{2}{1+\exp(-\text{net})}$$

（3）线性型激活函数。它的输入/输出关系如下：

$$f(\text{net})=\text{net}$$

在神经网络中，激活函数实现处理单元的输出功能。在 BP 网络结构中，最常采用的是 S 型激活函数。

根据神经元之间连接的拓扑结构的不同，可将神经元分为分层网络和相互连接型网络。所谓分层网络，就是一个网络模型中的所有神经元按功能分层，一般分为输入层、中间层（隐含层）、输出层，各层按顺序连接。分层网络可细分为简单前向网络、反馈前向网络和层内互相连接的网络。BP 网络就是一个典型的前向网络。相互连接型网络是指网络任意两个单元之间都是相互连接的。

3. 人工神经元 BP 网络

BP 网络的原理就是误差传播校正方法，即利用实际输出与期望输出之差对网络的各层连接权由后向前逐层进行校正的一种计算方法，如图 10-3 所示。

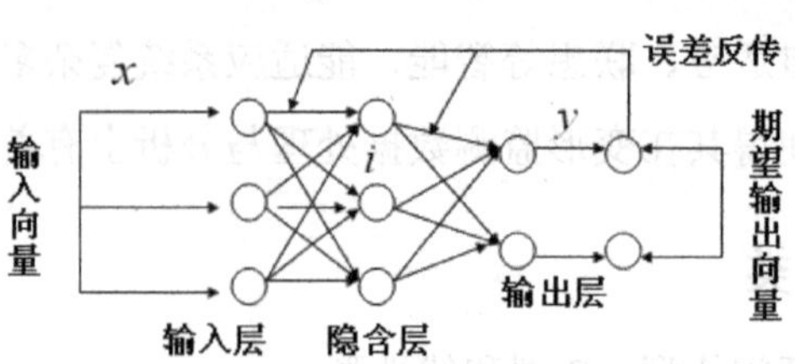

图 10-3　BP 网络结构

4. BP 网络学习步骤

设网络输入为 $X=(x_1,x_2,\cdots,x_n)$，目标输出为 $D=(d_1,d_2,\cdots,d_m)$，实际输出为 $Y=(y_1,y_2,\cdots,y_m)$。

（1）用均匀分布随机数将各权值设定一个小的随机数，作为节点间的连接权和阈值。

（2）计算网络实际输出 Y。

① 对于输入层节点，其输出 O_i^I 与输入数据 x_i 的关系为：$O_i^I=x_i, i=1,2,3,\cdots,n$。

② 对于隐含层节点，其输入为：

$$\text{net}_k^H=\sum_{i=1}^{n}\omega_{ki}^{HI}O_i^I, k=1,2,\cdots,l$$

输出为：

$$O_k^H=f(\text{net}_n^H-\theta_k^H)$$

③ 对于输出层节点，其输入为：

$$\text{net}_j^0=\sum_{k=1}^{l}\omega_{jk}^{OH}O_k^H, j=1,2,\cdots,m$$

输出为：

$$y_i=f\left(\text{net}_j^0-\theta_j^0\right)$$

（3）输出节点 j 的误差：

$$e_j=d_j-y_j$$

计算出所有节点的误差平方和：

$$E=\frac{1}{2}\sum_{j=1}^{m}\left(d_j-y_j\right)^2$$

如果 E 小于规定值，则跳转到步骤（5）；否则继续步骤（4）。

（4）调整权值。

① 对于输出层与隐含层节点的权 ω_{jk}^{OH} 调整为：

$$\omega_{jk}^{-OH}=\omega_{jk}^{OH}+\Delta\omega_{jk}^{OH}$$

$$\Delta\omega_{jk}^{OH}=\eta\delta_j^0\cdot O_k^H$$

$$\delta_j^0 = \left(d_j - y_j\right) \cdot y_j \left(1 - y_j\right)$$

式中，η 为训练速率，一般地，η为0.01～1。

② 对于隐含层与输入层节点的权 ω_{ki}^{HI} 调整为：

$$\omega_{ki}^{-HI} = \omega_{ki}^{HI} + \Delta\omega_{ki}^{HI}$$

$$\Delta\omega_{ki}^{HI} = \eta\delta_k^H \cdot O_i^I$$

$$\delta_k^H = O_k^H\left(1 - O_k^H\right)\sum_{j=1}^{m}\delta_j^0\omega_{jk}^{OH}$$

（5）进行下一个训练样本直至每一个训练样本都满足目标输出，完成网络学习。

BP 算法尚存在不足之处：

（1）网络隐含层节点个数的选取尚无理论依据，所以在应用中都是在一个范围内试验确定。

（2）学习算法收敛速度慢。

（3）由于采用梯度搜索法，难免使网络陷入局部最小，从而得不到全优解。

10.1.6 遗传算法

遗传算法（Genetic Algorithm，GA）是近年来迅速发展起来的一种全新的随机搜索与优化算法，其基本思想基于达尔文（Darwin）的进化论和 Mendel 的遗传学说。

近年来，遗传算法已被成功地应用于工业设计、经济管理、交通运输等不同领域，解决了许多问题，如可靠性优化、流水车间调度、作业车间调度、机器调度、设备布局设计、图像处理及数据挖掘等。

1. 基本原理

与传统搜索算法不同，遗传算法主要通过交叉、变异、选择运算实现。交叉或变异运算生成下一代染色体，称为后代。染色体的好坏用适应度来衡量，根据适应度的大小从上一代和后代中选择一定数量的个体，作为下一代群体，再继续进化，这样经过若干代之后，算法收敛于最好的染色体，它很可能就是问题的最优解或次优解。遗传算法中使用适应度这个概念来度量群体中的各个个体在优化计算中有可能到达最优解的程度。度量个体适应度的函数称为适应度函数，适应度函数的定义一般与具体求解问题有关。

2. 理论与技术

1）编码问题

编码是遗传算法要解决的首要问题。常用的编码方法有二进制编码、格雷码编码、实数编码、符号编码等，针对不同的问题要采用不同的编码方法。下面介绍几种常用的编码方法。

（1）二进制编码：它是遗传算法中最常用的一种编码方法。它具有下列一些优点：① 编码、解码操作简单易行；② 交叉、变异操作便于实现：③ 符合最小字符集编码原则；④ 便于利用模式定理对算法进行理论分析。

（2）格雷码编码：格雷码编码方法是二进制编码方法的一种变形，它是这样的一种编码方法，其连续的两个整数所对应的编码值之间只有一个码位是不相同的，其余码位都完全相同。格雷码除了具有二进制编码的优点外，还能提高遗传算法的局部搜索能力。

（3）实数编码：为了克服二进制编码在一些多维、高精度要求的连续函数优化问题上的缺点，人们提出实数编码方法，即个体的每个基因值用实数表示。实数编码方法具有提高遗传算法的精度要求和运算效率、改善遗传算法的计算复杂性等优点。

2）群体设定

遗传操作是对众多个体同时进行的，这众多个体组成了群体。在遗传算法处理流程中，继编码设计后的任务是初始群体的设定，并以此为起点一代代进化直到按某种进化停止准则终止进化过程，由此得到最后一代。关键问题是群体规模，即群体中包含的个体数目如何确定。其中有两个需要考虑的因素：初始群体的设定；进化过程中各代的规模如何维持。作为遗传算法的控制参数之一，它对遗传算法效能的发挥有一定的影响。

（1）初始群体设定。遗传算法中初始群体中的个体是随机产生的。一般来说，初始群体的设定可采用如下策略：① 根据问题固有知识，设法把握最优解所占空间在整个问题空间的分布范围，然后在此分布范围内设定初始群体；② 先随机生成一定数目的个体，然后从中挑出最好的个体加入到初始群体中。这种过程不断迭代，直到初始群体中的个体数达到预先确定的规模。

（2）群体多样性。群体规模的确定受遗传操作中选择操作的影响很大。一般而言，群体规模越大，群体中个体的多样性越高，算法陷入局部解的危险就越小。所以，从考虑群体多样性出发，群体规模应较大。但是群体规模太大会带来若干弊病：一是从计算效率着眼，群体越大，其适应值评估次数增加，所以计算量也增加，从而影响算法效能；二是群体中个体生存下来的概率与其适应值成正比例，当群体中个体非常多时，少量适应值很高的个体会被选择而生存下来，但大多数个体却被淘汰，这会影响配对库的形成，从而影响交叉操作。另外，群体规模太小，会使遗传算法的搜索空间中分布范围有限，因而搜索有可能停止在未成熟阶段，引起未成熟收敛现象。显然，要避免未成熟收敛现象，必须保持群体的多样性，即群体规模不能太小。

3）适应度函数

遗传算法在进化搜索中基本上不用外部信息，仅用目标函数即适应度函数为依据。遗传算法的目标函数不受约束且定义域可以为任意集合，对目标函数的唯一要求是：针对输入值，可计算出能加以比较的非负结果。这一特点使得遗传算法的应用范围很广。在具体应用中，适应度函数的设计要结合求解问题本身的要求而定，适应度函数的评估是选择操作的依据，适应度函数的设计直接影响到遗传算法的性能。

（1）原始适应度函数。它是问题求解目标的直接表示，通常采用问题的目标函数作为个体的适应值度量。而对于很多非数值优化问题，也可以将其转化为求某个目标函数的极值问题。例如，在设计和训练神经网络时，我们可以将网络的实际输出与期望输出之差的平方和作为问题的目标函数，则原问题成为寻找一个网络使该目标函数达到最小。对于一个问题，定义原始适应度函数的方法可能不止一种，选择时要尽量反映问题本身整体的特性，而不能只追求片面的目标。

（2）标准适应度函数。它反映问题的最初求解目标，因此会出现两种情形：一是极小化情形，即原始适应度值越小个体性能越好；另一种是极大化情形，即原始适应度值越大个体性能越好。但遗传算法中的某些选择策略则要求适应度函数是非负的，而适应度值越大表明个体的性能越好，这时就需要将原始适应度函数进行适当的变换以转换成标准的度量方式，即转换为极大化情形，并且适应度值非负。

4）遗传操作

遗传操作是模拟生物基因遗传的操作。在遗传算法中，遗传操作的任务就是对群体的个体按照它们对环境适应的程度施加一定的操作，从而实现优胜劣汰的进化过程。遗传操作包括 3 个基本遗传算子：交叉、变异、选择。这 3 个遗传算子有如下特点：① 这 3 个遗传算子的操作都是随机化操作，因此，个体向最优解的迁移也是随机的；② 遗传操作的效果和上述 3 个遗传算子所取的操作概率、编码方法、群体大小、初始群体，以及适应度函数的设定密切相关；③ 这 3 个基本遗传算子的操作方法或操作策略和个体的编码方式直接有关。

（1）交叉运算。是指对两个相互配对的染色体按某种方式相互交换其部分基因，从而形成两个新的个体。交叉运算是遗传算法区别于其他进化算法的重要特征，它决定了遗传算法的全局搜索能力，是产生新个体的主要方法。下面介绍几种常用的交叉算法。

① 单点交叉。又称为简单交叉，它是指在个体编码串中随机设置一个交叉点，然后在该点相互交换两个配对个体的部分基因。

② 双点交叉。它的具体操作过程是：a.在相互配对的两个个体编码串中随机设置两个交叉点；b.交换两个交叉点之间的部分基因。

（2）变异运算。是指将个体编码串中的某些基因值用其他基因值来替换，从而形成一个新的个体。遗传算法中的变异运算是产生新个体的辅助方法，但必不可少，因为它决定了遗传算法的局部搜索能力。下面介绍几种常用的变异运算方法。

① 基本位变异。它是指对个体编码串以变异概率 P 随机指定某一位或某几位基因进行变异运算。

② 均匀变异。它是指分别用符合某一范围内均匀分布的随机数，以某一较小的概率来替换个体中的每个基因。

③ 二元变异。它的操作需要两条染色体参与，两条染色体通过二元变异操作后生成两个新个体。新个体中的各个基因分别取原染色体对应基因值的同或 / 异或。例如：

$$\begin{cases}01101011\\11010001\end{cases}\quad \text{变异}\rightarrow \quad \begin{cases}01000101 & \text{“同或”运算}\\10111010 & \text{“异或”运算}\end{cases}$$

（3）选择运算。或称复制运算，就是对群体中的个体优胜劣汰，适应度高的个体被遗传到下一代群体中的概率大，适应度低的个体被遗传到下一代群体中的概率小。它的任务就是按某种方法从父代群体中选取一些个体，遗传到下一代群体。下面介绍几种选择方法。

① 赌盘选择。又称比例选择方法，其基本思想是：各个个体被选中的概率与其适应度大小成正比。

② 排序选择。该方法的主要思想是：对群体中的所有个体按其适应度大小进行排序，基于这种排序来分配各个个体被选中的概率。

③ 随机联赛选择。其操作思想是：从群体中任意选择一定数目的个体（称为联模），其中适应值最高的个体保存到下一代，这一过程反复执行，直到保存到下一代的个体数达到预先设定的数目为止。

根据遗传算法的基本原理，可以给出如图 10-4 所示的简单遗传算法的框图。

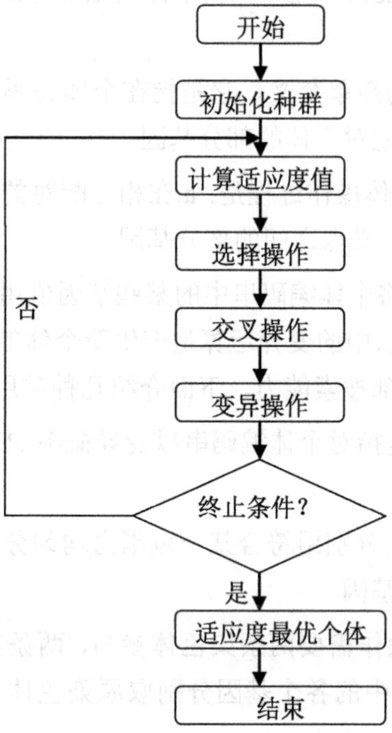

图 10-4　遗传算法流程

10.2　人工智能在量化投资中的应用

10.2.1　模式识别短线择时

一般而言，对于股票较长时间的趋势判断难度很大，但对于短期趋势，投资者收集信息的方式及反映信息的方式有助于判断趋势。投资者的预期通过市场的交易价格来体现，在非有效的市场中部分知情交易者可以提前对未来行情进行研判，依此获取超额收益。

知情交易者基于其信息优势很可能在当日的最后交易时段对第二日提前布局，所以最后交易时段价格的波动比其余时段包含了更多的预期因素，更有可能预示第二日的行情演绎。挖掘这些信息有助于我们进行短线择时判断，这些择时判断可开发成短线交易策略。

1. 从价格波动中分解出投资者预期

最后交易时段价格的波动中蕴含了充分的投资者预期，那么，如何从最后交易时段的价格波动中分解出投资者的预期呢？

这里提供两种方法：一是提取特征点；二是股价序列相似性模式识别。

1）提取特征点

尽管半小时内交易数据的量比较大，通过观察不难发现，实际上这一时间段内的股票/指数价格是由少量的趋势及转折构成的。如果可以提取出几个趋势的转折点，就可以以少量的数据描述这段时间的价格行为模式。

提取的过程按照下面的步骤进行：

（1）决定需要提取的特征点数量，把开盘后一分钟的价格及开盘后半小时的价格作为初始特征点。

（2）把所有找到的特征点按顺序连接起来，构成一幅简化的走势图。

（3）把简化后的走势图与原走势图比较，寻找二者之间差异最大的点，作为新的特征点。

（4）如果达到预设的特征点数量，即停止；否则从步骤（2）开始重复。

通过以上步骤，可以只用少量的点来描述开盘半小时内的股票价格走势。下一步就是把需要判断的那一天的价格走势与之前的价格走势放在一起进行模式匹配，如果发现若干天的开盘模式与我们需要判断的相同，那么再看匹配的这几个交易日的涨跌情况，把涨跌出现的频率作为今日涨跌概率的估计。

2）股价序列相似性模式识别

受相似程度预期驱动的价格序列，其波动的相似性将比较强，第二日的涨跌状态也应该比较相似。历史上 N 个时间序列可以根据相似性进行分类，每个类别与该类别下第二日涨跌分布可以建立关联，那些第二日行情表现为大概率上涨的类别值得关注。

对于最后交易时段，主要利用最后半小时的交易数据，数据频率为 1 分钟，第二日的市场表现用第二日开盘后的涨跌幅（收盘价/开盘价-1）来度量。

如何度量价格波动的相似性呢？

对于时间序列的相似性度量，我们在两个维度进行衡量，分别是水平偏移和幅度。

（1）水平偏移相似性分量：

$$\alpha(X,Y)=\exp(-\frac{(\mu_X-\mu_Y)}{\sigma_X^2+\sigma_Y^2})$$

（2）幅度相似性分量：

$$\beta(X,Y)=\exp(-\frac{(\sigma_X^2-\sigma_Y^2)}{\sigma_Y^2}),\sigma_X^2>\sigma_Y^2$$

这里主要采用价格序列相似性模式识别进行短线择时交易策略的开发，以分析这种模式识别交易的特性和未来改进的着眼点。

股价序列相似性模式识别流程如图 10-5 所示。

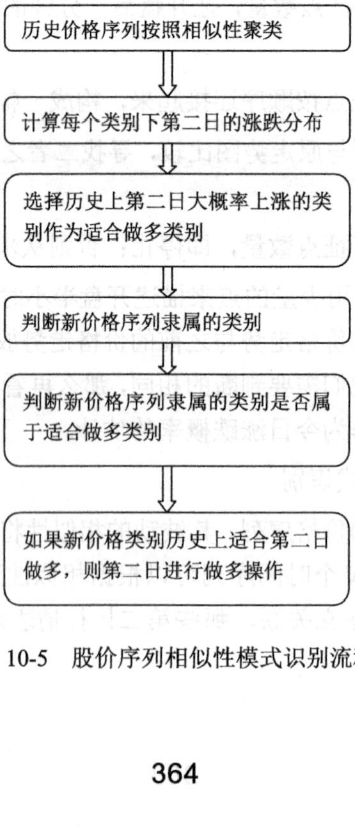

图 10-5　股价序列相似性模式识别流程

2. 交易策略

1）寻找适合做多的类别

股票价格序列通过相似性聚类可以区分为若干个类别，哪个类别适合做多可通过对应的第二日收益率分布进行判断。

每个类别可通过 4 个属性刻画，分别为单次损益、累计损益、类别发生概率和第二日上涨概率，其中第二日上涨概率和单次损益属性非常重要，适合做多的类别一定是大概率上涨且单次损益足以抵消交易成本的类别。

2）考虑有效类别的时效性：T-N1→T+N2

A 股市场瞬息万变，投资者预期对第二日市场的影响具有时效性，也就是说发掘的适合做多的类别不可能长久地适应市场，所以有必要与时俱进地根据最近的历史数据开发适合做多的类别，而且必须定期更新。

案例 模式识别短线择时模型

例如，用过往 30 个交易日的最后半小时价格序列进行聚类以发掘适合做多的类别，这些适合做多的类别在未来 30 个交易日内适用，30 日之后必须根据最新的 30 个交易日时间窗重新发掘适合做多的类别。

利用沪深 300 指数 2009 年 5 月 18 日至 6 月 30 日 30 个交易日的历史数据生成 10 个类别，每个类别下的业绩表现及胜率如表 10-2 所示，表中数据按支持度×胜率进行排序。

表 10-2 模式识别短线择时样本数据分类

类 别	单次损益	样本内胜率	交易日数量
6	0.89%	100.00%	4
4	0.79%	80.00%	5
2	0.50%	50.00%	6
1	1.51%	100.00%	2
9	1.21%	100.00%	2
8	1.38%	100.00%	1
5	0.37%	50.00%	2
7	−0.86%	0	4

续表

类　别	单次损益	样本内胜率	交易日数量
3	−0.74%	0	3
10	−0.24%	0	1

数据来源：[曹力 2009]

在单边上扬市场中，大部分类别的业绩表现都不错，只有第 3、7、10 类别值得警惕。不过在单边上扬市场中，第二日的市场涨跌有可能受趋势延续的市场交易行为影响，并不一定是利好消息的体现。

第 3、7、10 类判空，其他类别判多，利用 2009 年 7 月 1 日至 2009 年 7 月 24 日的数据进行判断，共 18 个交易日，判对 13 次，胜率为 72.2%。

3. 利用模式识别进行沪深 300 指数隔日择时

以 2005 年 7 月 11 日至 2009 年 7 月 17 日的数据为基础，采用模式识别策略进行沪深 300 指数的隔日择时判断，以前 30 个交易日生成适合做多的类别，后 30 个交易日研判是否适合做多，如果第二日收盘价高于 9:30 的价格，则表明研判做多成功，结果如图 10-6 所示。

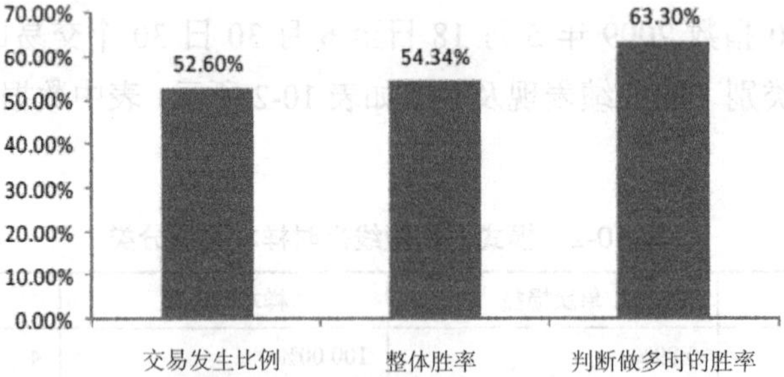

图 10-6　利用模式识别进行沪深 300 指数隔日择时胜率

数据来源：[曹力 2009]

在此期间，模式识别交易的胜率为 54.34%，2007 年的胜率相对较高，2008 年的胜率相对较低，从胜率超过 50%可以看出，最后半小时交易价格还是包含了一些信息的提前反映，要提高胜率还需要从其他变量（诸如货币供应量等）处获取更为丰富的信息。

总的来说，主要利用股票价格序列的模式识别进行短线择时判断，从研究结论看其具有一定的短线实用价值。该模式识别主要从价格形态相似性的角度来挖掘交易行为中所蕴含的预期，进而发现有利的交易机会。

10.2.2 RBF 神经网络股价预测

股票市场是一个复杂的非线性动态系统，而神经网络不仅具有强大的非线性映射能力，可以实现任何复杂的因果关系，而且还具有许多优良品质，如自学习、自适应和容错等特性，能够从大量的历史数据中进行聚类和学习，进而找到某些行为变化的规律。

这里的案例基于 RBF 网络进行股市预测的原理，利用三层神经网络对股市建立预测模型，包括网络的拓扑结构、隐节点的确定原则、样本数据的选取和预处理、初始参数的确定等问题。另外，针对股价变化极其复杂，并随着时间的推移，其内在的规律不断去旧换新的特点，在传统的 RBF 网络的基础上，提出了专门针对股价这一特点的自适应在线学习、在线预测算法。

1. RBF 网络的结构

RBF 神经网络是由 Moody 和 Darken 提出的一种神经网络模型。它模拟了人脑中局部调整、相互覆盖接受域的神经网络结构，具有很强的生物背景和逼近任意非线性函数的能力。RBF 网络是一种三层结构的前馈网络，其拓扑结构如图 10-7 所示。根据图中箭头所示从左到右分别为输入层、隐含层和输出层。

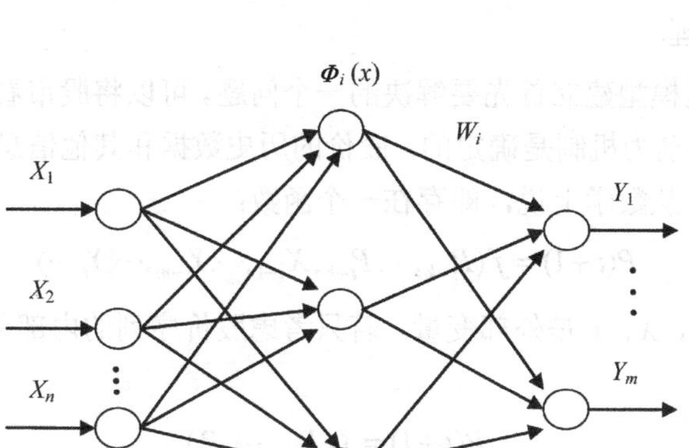

图 10-7 RBF 神经网络结构

其中，输入层节点只传递输入信号到隐含层，隐含层的基函数为非线性的，它对输入信号产生一个局部化的响应，即每一个隐含层节点有一个参数矢量，称之为中心。该中心用来与网络输入矢量相比较以产生径向对称响应，仅当输入落在一个很小的指定区域中时，隐含层节点才做出有意义的非零响应，响应值在 0～1 之间。输入层节点与基函数中心的距离越近，隐含层节点的响应越大。输出单元是线性的，即输出单元对隐含层节点输出进行线性加权组合。

2. RBF 网络学习算法

RBF 网络的学习过程分为两个阶段：第一阶段，根据所有的输入样本决定隐含层各节点的径向基函数的中心值 C_j 和径向基函数的宽度 σ_j；第二阶段，在决定好隐层 j 的参数后，根据样本，利用最小二乘原则求出输出层的权值 w_i。有时在完成第二阶段的学习后，再根据样本信号，同时校正隐含层和输出层的参数以进一步提高网络的精度。

由此可见，根据给定的训练样本，快速、有效地确定径向基函数的中心 C_j 和输出层权值 w_i 是训练 RBF 神经网络的关键任务。事实上，一旦确定了径向基函数的中心 C_j，则对于所有的训练样本而言，ϕ_j 和预期输出 y_k 是已知的，输出权值 w_i 可以由最小二乘法等方法求出。因此，建立 RBF 神经网络的关键问题是根据给定的训练样本确定径向基函数的中心。

3. 基于 RBF 网络的股价预测模型

案例　基于 RBF 网络的股价预测模型

1）数据预处理

数据预处理是模型建立首先要解决的一个问题。可以将股市看作确定性非线性动力系统，即内部的动力机制是确定的，股价的历史数据和其他信息蕴涵着可用于预测未来股价的信息。从数学上说，即存在一个函数：

$$P(t+1) = f(P_{t-k}, \cdots, P_{t-k}, X_{t-1}, \cdots, Y_{t-m}, \cdots, Y_t \cdots)$$

其中，P 表示股价，X、Y 是外部变量。若只考虑股价序列的内部关系，则 f 可表示为如下公式：

$$P(t+1) = f(P_{t-k}, \cdots, P_t)$$

预测的关键在于由样本数据构造或用适当的方法逼近这一函数。

这里通过采用以上公式的形式，对股价预测建立一个 n 维输入、1 维输出的 RBF 网络模型。该模型通过历史 n 天的股价，预测下一天的股价，即针对已知的 n+1 天股价 $(P_{t-k},\cdots,P_t,P_{t=1})$，将 $X=(P_{t-k},\cdots,P_t)^{\mathrm{T}}$ 作为该 RBF 网络模型的输入，将 $S=(P_{t+1})$ 作为该 RBF 网络模型在输入为 X 的情况下的期望输出。

现实数据中的股价是一个由每天的股价（可以是开盘价、收盘价或最高价等）组成的时序序列，设该时序序列为：

$$P=(P_1,P_2,P_3,P_4,\cdots,P_k,\cdots)$$

那么可以这样将其处理成本文建立的 RBF 模型的训练样本集：

$$\Re=\{[X_1,S_1],[X_2,S_2][X_3,S_3],\cdots\}$$

$$[X_i,S_t]=[(P_i,P_{i+1},\cdots,P_{i+n+1})^{\mathrm{T}},P_{i+n}]$$

2）动态自适应学习算法

传统的 RBF 网络中心的学习算法只适用于静态模式的离线学习算法，即常规算法有效的基础是事先必须获得所有可能的样本数据，不能用于动态输入模式的在线学习算法。且在学习前输入数据的中心个数（RBF 网络隐含层单元个数）要人为确定。

股价系统内部结构复杂，市场上各股票的差异很大。同时，外部因素的多变性决定了股市的时变性很强，很难根据经验为常规算法确定隐含层单元个数等参数。针对上述选取 RBF 基函数中心方法存在的问题，这里在常规算法的基础上提出了一种用于确定 RBF 网络径向基函数的动态自适应聚类算法。该算法是一种在线自适应聚类学习算法，它无须事先确定聚类数，并且完成聚类所得到的 RBF 网络是最优的。

其算法步骤如下：

（1）初始化聚类中心的个数 h=1，初始化聚类中心 C_1，通常将其初始化为第一个训练样本。

（2）将所有样本 X 按最近的聚类中心分类，即如果

$$\| X_p-c_iE \|=\min_{j=1}^{h}\| X_p-c_jE \|$$

其中，1≤p≤P，P 为样本总数，则将样本 X_P 划归为类 S_i。

（3）计算各类的样本均值，修改聚类中心。

$$c_j=\frac{1}{N_j}\sum_{Xes_i}X$$

式中，N_j是样本类S_j中的样本个数。

（4）重复步骤（2）、（3）直到所有聚类中心满足以下公式：

$$\| X_j^{t+1} - X_j^t \| < \varepsilon \qquad (t=0,1,2,\cdots)\ (1 \leqslant j \leqslant h)$$

式中，X_j^t为第t次执行步骤（2）、（3）后第j个聚类中心的值；ε为某个预定的阈值，表示当聚类中心X_j的变化小于这个阈值时我们认为X_j不再变化。

（5）计算各样本类S_j中离中心C_j最远的样本X_j^{T}和最远距离d_j^{T}，令$d_m^{\mathrm{T}} = \max\left\{d_1^{\mathrm{T}}, d_1^{\mathrm{T}}, \cdots, d_N^{\mathrm{T}}\right\}$，如果$d_m^{\mathrm{T}} > \lambda$（$\lambda$为某个预定的阈值，值越小，该算法最后得到的中心个数越多），则增加中心个数h=h+1，并用样本X_m^{T}初始化这个新增加的中心，然后转到步骤（2）；否则进入步骤（6）。

（6）将各个聚类中心赋给各 RBF 单元，作为 RBF 网络的中心。该动态学习算法可以确保同一类中的样本的相似度在预定的程度内（两个样本的距离不大于 2λ），并且在满足这样的条件下，中心个数最少。在实际应用中，为了减小计算次数，通常可以根据经验初始化聚类中心的个数h为某个大于 1 的自然数。在算法的实现中，步骤（5）的d_m^{T}可以在执行步骤（2）时得到并保存下来，不用再重新计算。为了使网络结构更优，还可以在执行完输出层权值的学习后，执行步骤（7）。

（7）若输出层权值w_j等于 0 或非常小，则删除对应的 RBF 网络中心C_j。

4. 模型与实证

根据以上分析设计和说明，就可以按以下步骤构造出一个用于股价预测的模型，即 RBF 网络股价预测模型的四大步骤：

（1）对样本数据进行预处理。

（2）用聚类算法确定 RBF 网络的中心。

（3）用梯度下降法对每一个训练样本多次迭代训练 RBF 网络的输出层权值。

（4）对股价进行实时学习式预测。

时间序列$x=\{x_i \mid x_i \in R, i=1,2,\cdots,L\}$，该模型通过序列前$m$个时刻的值，预测出后$p$个时刻的值。对数据进行一种划分，以将每个样本的前$m$个值作为 RBF 神经网络的输入，后$p$个值作为目标输出。

本案例选取中国银行（601988）作为应用实例，以 2006 年 7 月 5 日至 2008 年 8 月 18 日共 519 个股票交易日的收盘价作为学习样本，预测 2008 年 8 月 19 日至 2008

年 9 月 1 日共 14 个交易日的股票收盘价格。

m=5，p=1，即某天的股票收盘价格与前 5 天的股市收盘价相关。为了计算方便及防止部分神经元达到过饱和状态，首先对这些样本数据归一化处理到区间[0,1]之间，采用公式 $X_i = \dfrac{x_i - \min(x)}{\max(x) - \min(x)}$；经过网络训练和仿真后，网络输出 Y_i 再用公式 $y_i=[\max(x)-\min(x)]Y_i+\min(x)$ 反归一化过程还原股票价格，结果如表 10-3 所示。

表 10-3 RBF 神经网络股价预测结果

日 期	8/19	8/20	8/21	8/22	8/25	8/26	8/27	8/28	8/29	9/1
实际价	3.47	3.79	3.65	3.68	3.65	3.56	3.62	3.65	3.7	3.58
预测价	3.45	3.5	3.55	3.65	3.86	3.9	3.46	3.62	3.61	3.71
误差（%）	−0.57	−7.65	−2.73	−0.81	5.75	9.55	−4.41	−0.82	−2.43	3.63

总而言之，由于股票市场不确定因素太多，如政策、庄家操控、投资者的盲目任意性等，股票价格预测的难度很大。利用径向基函数神经网络进行股票价格预测，从仿真的结果来看，对股票价格的短期预测能够取得较好的效果。

10.2.3 基于遗传算法的新股预测

新股上市价格预测方法的研究具有重要的理论和实践意义。鉴于此，这里讨论一种基于遗传算法和神经网络的新股上市价格预测方法。

1．影响新股上市价格形成的要素

股票上市的定价不仅涉及自身的财务因素和流通股本占总股本的比率问题，而且与整个股票市场近期、中期和长期的投资环境息息相关。因此，本案例从上市公司情况及投资环境两个方面来构建影响新股上市价格形成的指标体系。

为了反映新股上市前上市公司的相关状况，这里提出以下 6 个指标：上市日总股本（万），发行股数（万）、上市流通比率、上市前一年度净资产收益率（Earning per Share，EPS；单位：美分）、上市前一年度净资产收益率增长和当前年度净资产收益率。同时，这里采用我国同类股票上市时纳斯达克综合指数在前 1 个月、4 个月和 1 年这 3 个阶段的涨跌幅度作为金融市场短期、中期和长期投资氛围的表现。

2. 神经网络模型

本案例预测新股上市价格的神经网络模型如图 10-8 所示。

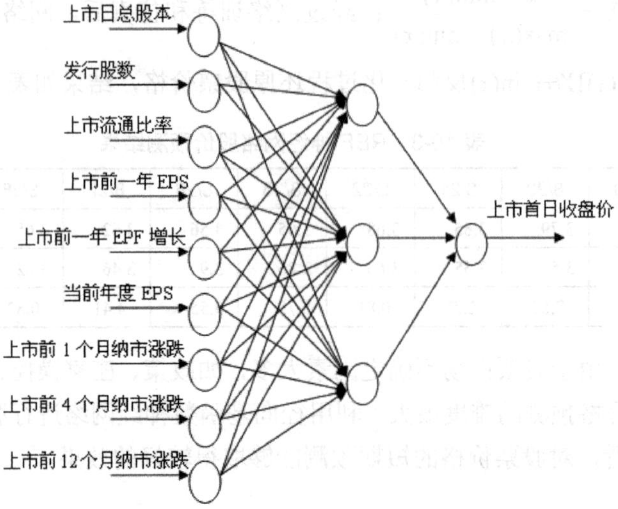

图 10-8　神经网络预测上市新股价格模型

3. 采用遗传算法确定神经网络模型参数

1）种群初始化

（1）根据经验公式 $m = \text{fix}\lceil \log_2 n \rceil + 1$ 来确定神经网络隐含层的神经元个数，这里 m 表示隐含层的神经元个数；n 表示学习样本数目；$\text{fix}(x)$ 表示取整操作。

（2）将神经网络的参数空间$[L,U]$分割成 B 个子空间，公式如下：

$$u_k - l_k = \max_{1 \leqslant i \leqslant n} \{u_i - l_i\}$$

$$\begin{cases} L_i = L + (i-1)[(u_k - l_k)/B]l_k \\ U_i = U + (B-i)[(u_k - l_k)/B]l_k \end{cases} \qquad i=1,2,\cdots,B$$

这里的 $L = \lfloor l_1, l_2, \cdots, l_n \rfloor^T$ 和 $U = \lfloor u_1, u_2, \cdots, u_n \rfloor^T$ 分别表示各自变量（神经网络的参数）的下边界和上边界；B 为设计参数；l_k 表示第 k^{th} 位为 1、其他位为 0 的 n 维列向量；L_i 和 U_i 分别表示类似于 L 和 U 的维列向量。经过本操作，最终将神经网络的参数空间$[L,U]$分割成$[L_1,U_1][L_2,U_2],\cdots,[L_B,U_B]$ 这样 B 个子空间。

（3）将每个子空间进行离散化。假设自变量 x_i 的定义域为 $[l_i,u_i]$，根据设计参数 Q_1（Q_1 是奇数），将自变量 x_i 量化成 Q_1 个水平 $a_{i1},a_{i2},\cdots,a_{iQ}$。具体的 a_{ij} 计算公式如下：

$$a_{ij}=\begin{cases} l_i & j=1,\ 1\leqslant j\leqslant Q_1 \\ l_i+(j-1)[(u_i-l_i)/(Q_1-1)] & \\ u_i & j>Q_1,\ j=Q_1 \end{cases}$$

（4）从每个子空间中挑选出 M_1 个染色体。首先构造正交表 $L_{M_1}(Q_1^N)=[a_{ij}]_{M_1\times N}$，此处 N 为神经网络参数空间的维数，$M_1=Q_1^{J_1}$，J_1 是满足条件 $\dfrac{Q_1^{J_1}-1}{Q_1-1}\geqslant N$ 的最小正整数；然后从这 Q_1^N 个组合中选取 M_1 个组合；最后应用这 M_1 个组合生成 M_1 个染色体。

（5）根据适应度值的优劣，从上面已产生的 M_1B 个潜在的染色体中，选择最优的 G 个染色体为初始种群，这里的 G 是初始种群的大小。

2）适应度评价

对于当前种群中的单个个体，也就是神经网络的一组参数，采用该神经网络的误差来度量这个个体的适应度值。本案例的适应度评价函数如下：

$$\begin{aligned}\mathrm{FITNESS(pop)}&=\mathrm{MSE}(Y_L,\hat{Y})\\&=\sqrt{\frac{\sum_{i-1}^{n}\sum_{j-1}^{k}\left\{\omega_j[Y_L(i,j)/Y_L(i,j)]^2\right\}}{n-1}}\end{aligned}$$

其中，pop 表示当前种群中的单个个体（神经网络的一组参数）；Y_L 表示学习样本的给定输出值；$\hat{Y}$ 表示采用给定神经网络计算得到的学习样本的计算输出值；n 表示学习样本的个数；k 表示给定仿真优化问题绩效指标的个数；ω_j 表示第 j 个绩效指标的权重；$Y_L(i,j)$ 表示第 j 个学习样本的第 i 个绩效指标的给定值；$\hat{Y}(i,j)$ 表示采用给定神经网络计算得到的第 i 个学习样本的第 j 个绩效指标的计算值。

3）交叉操作

（1）按照交叉概率选择进行交叉操作的两个父代染色体。假设要进行交叉操作的两个父代个体为：

$$\begin{cases} p_1 = (p_{11}, p_{12}, \cdots, p_{LN}) \\ p_2 = (p_{21}, p_{22}, \cdots, p_{2N}) \end{cases}$$

则定义它们的求解空间$[l_{\text{parent}}, u_{\text{parent}}]$为：

$$\begin{cases} l_{\text{parent}} = [\min(p_{11}, p_{21}), \min(p_{12}, p_{22}), \cdots, \min(p_{1N}, p_{2N})] \\ u_{\text{parent}} = [\min(p_{11}, p_{21}), \max(p_{12}, p_{22}), \cdots, \max(p_{1N}, p_{2N})] \end{cases}$$

（2）将要进行交叉操作的两个父代个体的求解空间离散化。将要进行交叉操作的两个父代个体的求解空间$[l_{\text{parent}}, u_{\text{parent}}]$离散化成$Q_2$份（这里的$Q_2$为设计参数）。

（3）将所有自变量进行分组。为了避免在选择过程中进行大规模的种群点评估，每对父代尽可能不要产生太多的潜在子代点。鉴于此，将变量$x_1, x_2, \cdots, x_N$分成F组，每一组变量将会被看成一个因素，这里的F是一个很小的设计参数。这样，相应正交表的组合数目将会减少，同时也会产生一个规模比较小的初始种群。这里，随机生成F−1个整数$k_1, k_2, \cdots, k_{F-1}$，假定$1 < k_1 < k_2 < \cdots < k_{F-1} < N$，对于每个染色体$x = x_1, x_2, \cdots, x_N$，产生以下$F$个因素：

$$\begin{cases} f_1 = (x_1, \cdots, x_{k_2}) \\ f_2 = (x_{k_2+1}, \cdots, x_{k_2}) \\ \cdots \\ f_N = (x_{k_{y-1}+1}, \cdots, x_{k_1}) \end{cases}$$

（4）应用正交表从父代求解空间中选择潜在子代点。首先生成正交表$L_{M_2}(Q_2^F) = [b_{ij}]_{M_2 \times F}$，此处的$Q_2$是一个奇数，$M_2 = Q_2^{J_2}$，$J_2$为满足条件$\frac{Q_2^{J_2} - 1}{Q_2 - 1} \geqslant F$的最小正整数，然后从这$Q_2^F$个组合中选取$M_2$个组合，最后应用这$M_2$个组合生成$M_2$个潜在子代。

（5）从这M_2Q_2个潜在子代个体和两个父代个体中选择适应度值最好的两个个体，作为本次交叉操作的结果。

（6）如果当前已进行的交叉操作次数已达到预设值，则停止交叉操作；否则，转至步骤（1）。

4）变异操作

（1）按照变异概率随机选择一个需要进行变异操作的父代染色体。

（2）随机选择需要进行变异操作的某个基因位（自变量）。

（3）按照微摄动方法，得到变异后的子代染色体。这里的微摄动方法是指，将父代染色体中的已选基因分别微调为原来的 $1-2\sigma$、$1-\sigma$、$1+\sigma$和 $1+2\sigma$，这样就得到变异后的 4 个子代染色体。这里的σ为一个设计参数。

（4）从父代染色体和子代染色体中选择一个最优个体作为此次变异的结果。

（5）如果当前已进行的变异操作次数达到预设值，则停止变异操作；否则，转至步骤（1）。

4. 数据实证

1）遗传算法中的参数设置

本案例中遗传算法中的具体参数设置如表 10-4 所示。

表 10-4 遗传算法新股预测参数设置

阶 段	参 数	取值设置
种群初始化	Q_1	5
	B	3
	G	20
交叉操作	Q_2	5
	F	4
	P_r	0.6
变异操作	P_m	0.20
	σ	0.025
终止条件	迭代次数超过 3000 代	

2）学习样本

本案例以 200 种纳斯达克新股上市价格的历史数据作为训练样本，来确定本文预测方法中的相关参数。

3）预测结果分析

预测结果如表 10-5 所示。

表 10-5 遗传算法新股预测结果

股票名称	真实价格/元	预测价格/元	预测误差（%）
网易	12.125	12.003	1.0
搜狐	13.000	13.486	3.7
腾讯	3.850	3.762	2.3

续表

股票名称	真实价格/元	预测价格/元	预测误差（%）
九城	23.620	24.107	2.1
盛大	16.330	17.013	4.2
分众	12.170	12.285	0.9
E龙	14.400	14.669	1.9
百度	122.540	123.867	1.1

由表 10-5 可知，预测误差都在 5%以内，平均预测误差为 2.15%。从预测误差来看，本案例方法的预测结果是非常理想的。

第 11 章　数据挖掘

◆ 摘要 ◆

数据挖掘，习惯上又称为数据库中知识发现（KDD），也有人把数据挖掘视为数据库中知识发现过程的一个基本步骤。知识发现过程由 3 个阶段组成：数据准备、数据挖掘、结果表达和解释。数据挖掘可以与用户或知识库交互。

数据挖掘主要有分类模型、关联模型、顺序模型、聚类模型等。

（1）分类模型的主要功能是根据金融数据的属性将数据分派到不同的组中。在实际应用过程中，分类模型可以分析分组中数据的各种属性，并找出数据的属性模型，确定哪些数据模型属于哪些组，这样我们就可以利用该模型来分析已有数据，并预测新数据将属于哪一个组。

（2）关联模型主要描述了一组数据项目的密切度或关系。关系或规则总是用一些最小置信度级别来描述的，置信度级别度量了关联规则的强度。

（3）顺序模型主要用于分析数据中某类与时间相关的数据，并发现某一时间段内数据的相关处理模型。

（4）聚类模型即按照某种相近程度度量方法将用户数据分成互不相同的一些分组。聚类即一系列相近数据组成的分组的集合，每一个分组中的数据相近，不同分组之间的数据相差较大。

数据挖掘的主要方法有神经网络、决策树、联机分析处理、数据可视化等。

数据挖掘在量化投资中主要有利用聚类技术进行股市规律挖掘，以及基于关联规则的板块轮动等。

把通过对具体的个别事物进行观测所得到的具有时间和空间分布的信息称为模式，把模式所属的类别或同一类中模式的总体称为模式类。利用聚类技术进行股市规律研究，就是将股市走势分成不同的模式，从而执行相应的交易策略。

在股价波动的过程中，整个市场并不是经常性地普涨普跌，而是呈现出板块轮动、涨跌不一的状况。利用关联规则技术，发现股票板块的运动规律及其相互的联动关系，就可以在轮动点上进行相应的调仓，从而获得超额收益。

11.1 基本概念

近年来，数据挖掘引起了信息产业界的极大关注，其主要原因是存在大量数据，可以广泛使用，并且迫切需要将这些数据转换成有用的信息和知识。获取的信息和知识可以广泛用于各种领域，包括商务管理、生产控制、市场分析、工程设计和科学探索等。

数据挖掘利用了来自如下一些领域的思想：① 来自统计学的抽样、估计和假设检验；② 人工智能、模式识别和机器学习的搜索算法、建模技术和学习理论。数据挖掘也迅速地接纳了来自其他领域的思想，包括最优化、进化计算、信息论、信号处理、可视化和信息检索。与此同时，一些其他领域也起到重要的支撑作用，特别是需要数据库系统提供有效的存储、索引和查询处理支持。源于高性能（并行）计算的技术在处理海量数据集方面是很重要的。分布式技术也能帮助处理海量数据，并且当数据不能集中到一起处理时更是至关重要。

11.1.1 主要模型

1. 分类模型

分类模型的主要功能是根据数据的属性将数据分派到不同的组中。在实际应用过程中，分类模型可以分析分组中数据的各种属性，并找出数据的属性模型，确定哪些数据模型属于哪些组。这样我们就可以利用该模型来分析已有数据，并预测新数据将属于哪一个组。

分类模型在量化投资中应用的实例很多。例如，我们可以将上市公司的资产质量分为好、一般和较差 3 种类型，并以此分析这 3 种类型上市公司的各种属性，特别是行业地位、盈利能力、负债情况等属性，找出决定它们分类的关键属性及相互关系，然后就可以根据这些关键属性对每一家预期的上市公司进行分析，以便决定预期该上市公司属于哪一种类型。

2. 关联模型

关联模型主要描述一组数据项目的密切度或关系，关系或规则是用一些最小置信度级别来描述的，置信度级别度量了关联规则的强度。关联模型在量化投资中的一个典型例子是行业轮动分析，即通过挖掘数据派生关联规则，利用此规则可以了解投资者在股市投资的轮动行为。例如，当石油化工板块出现上涨的时候，可能会同时拉动煤炭板块上涨，因为这两个板块同属能源行业，如果石油价格上涨，则会使得煤炭的价格跟随上涨，因此会出现这两个行业具有很强的关联度，即同涨同跌的现象。这样，在投资活动中，如果发现石油化工板块开始上涨，则根据关联模型，可以买入煤炭板块的股票，等待该板块的股票补涨。

3. 顺序模型

顺序模型主要用于分析数据中某类与时间相关的数据，并发现某一时间段内数据的相关处理模型。例如，通过数据分析发现某只股票的筹码在某段时间内持续集中的态势，也就是说，股东人数在不断减少，意味着股份有向大投资者集中的趋势，则在未来一段时间，可能该股票出现上涨，或者有超越大盘的表现，那么，就可以监控并跟踪这种类型的股票，并进行相应的投资交易，以在未来一段时间获得绝对收益或者超额收益。顺序模型可以看作一种特定的关联模型，它在关联模型中增加了时间属性。

4. 聚类模型

当要分析的数据缺乏描述信息，或者无法组织成任何分类模式时，可以采用聚类模型。聚类模型是按照某种相近程度度量方法将用户数据分成互不相同的一些分组。聚类即由一系列相近数据组成的分组的集合，每一个分组中的数据相近，不同分组之间的数据相差较大。聚类模型是一种很强大的技术，其核心就是将某些明显的相近程度测量方法转换成定量测试方法。

采用聚类模型，系统可以根据部分数据发现规律，找出对全体数据的描述。例如，我们可以采用聚类模型对股票的市场表现进行分析。比如发现有一类曾经出现大幅上涨的股票，当回调 30%以后，会再次出现上涨，并且这种概率非常大，那么这种聚类模型就可以用来指导实际的投资交易。

11.1.2 典型方法

针对上述应用类型，数据挖掘领域提出了多种实现方式与算法，并推出了相应的商业化软件及工具，这里仅讨论几种常见的、典型的实现方法。

1. 神经网络

神经网络建立在可以自学习的数学模型的基础之上。它可以对大量复杂的数据进行分析，并可以完成对人脑或其他计算机来说极为复杂的模式抽取及趋势分析。神经网络系统由一系列类似于人脑神经元的处理单元组成，称之为节点。这些节点通过网络彼此互连，如果有数据输入，它们便可以进行确定数据模式的工作。

神经网络系统也存在如下问题：首先，神经网络虽然对分类模型比较适合，但是神经网络的隐含层可以说是一个黑盒子，得出结论的因素并不十分明显，同时其输出结果也没有任何解释，这将影响结果的可信度及可接受程度；其次，神经网络需要较长的学习时间，因此，当数据量很大时，性能可能会出现问题。

2. 决策树

决策树是通过一系列规则对数据进行分类的过程。采用决策树，可以将数据规则可视化，其输出结果也容易理解。决策树方法的精确度比较高，不像神经网络那样不易理解，同时系统也不需要长时间的构造过程，因此比较常用。然而，采用决策树方法也有其缺点：决策树方法很难基于多个变量组合发现规则，不同决策树分支之间的分裂也不平滑。

3. 联机分析处理

联机分析处理（OLAP）主要通过多维的方式来对数据进行分析、查询和报表。它不同于传统的联机事务处理（OLTP）应用。OLTP 应用主要用来完成用户的事务处理，如民航订票系统、银行储蓄系统等，通常要进行大量的更新操作，同时对响应时间的要求比较高。而 OLAP 应用主要是对用户当前及历史数据进行分析，辅助领导决策。其典型的应用有对上市公司财务风险的分析与预测、公司市场营销策略的制定等，主要是进行大量的查询操作，对时间的要求不太严格。

目前常见的 OLAP 主要有基于多维数据库的 MOLAP 及基于关系数据库的 ROLAP。在数据仓库应用中，OLAP 应用一般是数据仓库应用的前端工具；同时 OLAP

工具还可以同数据挖掘工具、统计分析工具配合使用，增强决策分析功能。

4. 数据可视化

数据仓库中包含大量的数据，并且充斥着各种数据模型，若将如此大量的数据可视化，则需要复杂的数据可视化工具。数据挖掘和数据可视化可以很好地协作。就数据可视化系统本身而言，由于数据仓库中的数据量很大，很容易使分析人员变得不知所措。数据挖掘工具可以设定通过富有成效的探索的起点并按恰当的隐喻来表示数据，为数据分析人员提供很好的帮助。

在目前的量化投资领域，使用最多的方法主要是分类模型、关联规则和聚类分析这 3 种，下面分别进行详细讨论。

11.2 主要内容

11.2.1 分类与预测

分类技术在量化投资的很多领域都有应用。例如，可以通过上市公司分类构造一个分类模型来对上市公司的资产质量进行风险评估，将上市公司分成不同的类别，如优质蓝筹股、成长型股、题材股等。利用数据挖掘技术，对这些不同股票的市场表现建立模型，寻找出这些不同种类上市公司的特征。这样的分类模型可以让投资者了解不同行为类别上市公司的分布特征，从而进行相应的投资操作。下面对分类流程进行简要描述。

分类技术主要分为两个过程：训练过程和分类过程。

训练过程：训练集→特征选取→训练→分类器。

分类过程：新样本→特征选取→分类→判决。

训练过程可以看作一个学习的过程，利用一批历史数据进行训练，从而得出一个模式，保存在分类器中。分类过程可以看作一个应用过程，用该分类器对新的数据进行分类判定，从而得出新知识，图 11-1 就说明了这种分类预测的流程。

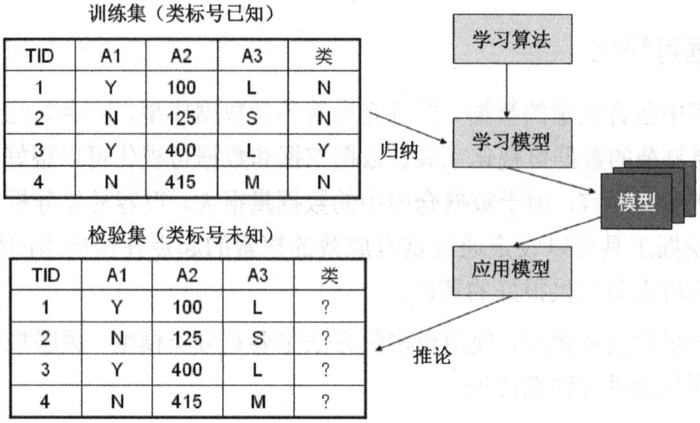

TID	A1	A2	A3	类
1	Y	100	L	N
2	N	125	S	N
3	Y	400	L	Y
4	N	415	M	N

TID	A1	A2	A3	类
1	Y	100	L	?
2	N	125	S	?
3	Y	400	L	?
4	N	415	M	?

图 11-1　分类算法流程

1. 主要方法

主要的分类方法包括决策树、KNN 法、SVM 法、VSM 法、Bayes 法，下面对这几种方法进行简单的介绍。

1）决策树

决策树是一种典型的分类方法，首先对数据进行处理，利用归纳算法生成可读的规则和决策树，然后使用决策树对新数据进行分析。本质上决策树是通过一系列规则对数据进行分类的过程。

决策树技术发现数据模式和规则的核心是归纳算法。归纳是从特殊到一般的过程，归纳推理从若干个事实表现出的特征、特性和属性中，通过比较、总结、概括，从而得出一个规律性的结论。

归纳推理试图从对象的一部分或整体的特定观察中获得一个完备且正确的描述，即从特殊事实到普遍性规律的结论。归纳对于认识的发展和完善具有重要意义，人类知识的增长主要来源于归纳学习。

决策树的特点在于：① 推理过程容易理解，决策推理过程可以表示成 if…then 形式；② 推理过程完全依赖于属性变量的取值特点；③ 可自动忽略目标变量没有贡献的属性变量，也为判断属性变量的重要性、减少变量的数目提供参考。

2）KNN 法

KNN 法即 K 最近邻法，该方法的思路非常简单直观：如果一个样本在特征空间中的 K 个最相似（特征空间中最邻近）样本中的大多数属于某一个类别，则该样本也属于这个类别。该方法在定类决策上只依据最邻近的一个或者几个样本的类别来决定待分样本所属的类别。

KNN 法虽然从原理上也依赖于极限定理，但在类别决策时，只与极少量的相邻样本有关。因此，采用这种方法可以较好地避免样本的不平衡问题。另外，由于 KNN 法主要靠周围有限的邻近的样本，而不是靠判别类域的方法来确定所属类别的，因此对于类域的交叉或重叠较多的待分样本集来说，KNN 法较其他方法更为适合。

该方法的不足之处是计算量较大，因为对每一个待分类的文本都要计算它到全体已知样本的距离，才能求得它的 K 个最近邻点。目前常用的解决方法是事先对已知样本点进行剪辑，去除对分类作用不大的样本。另外还有一种 Reverse KNN 法，能降低 KNN 算法的计算复杂度，提高分类的效率。

该算法适用于样本容量比较大的类域的自动分类，而那些样本容量较小的类域采用这种算法容易产生误分。

3）SVM 法

SVM 法即支持向量机法，具有相对优良的性能指标，该方法是建立在统计学习理论基础上的机器学习方法。通过学习算法，SVM 可以自动寻找出那些对分类有较好区分能力的支持向量，由此构造出的分类器可以最大化类与类的间隔，因而有较好的适应能力和较高的分准率，该方法只需要由各类域的边界样本的类别来决定最后的分类结果。

支持向量机算法的目的在于寻找一个超平面 $H(d)$，该超平面可以将训练集中的数据分开，且与类域边界的沿垂直于该超平面方向的距离最大，故 SVM 法也被称为最大边缘算法。待分样本集中的大部分样本不是支持向量，移去或者减少这些样本对分类结果没有影响。SVM 法对小样本情况下的自动分类有着较好的分类结果。有关 SVM 的原理和方法在第 13 章会有详细阐述。

4）VSM 法

VSM 法即向量空间模型法，这是最早也是最著名的信息检索方面的数学模型。其基本思想是将文档表示为加权的特征向量：$D=D(T_1,W_1;\ T_2,W_2;\ \cdots;\ T_n,W_n)$，然后通过计算文本相似度的方法来确定待分样本的类别。当文本被表示为空间向量模型的时候，文本的相似度就可以借助特征向量之间的内积来表示。

在实际应用中，VSM 法一般事先依据语料库中的训练样本和分类体系建立类别向量空间。当需要对一篇待分样本进行分类时，只需要计算待分样本和每一个类别向量的相似度即内积，然后选取相似度最大的类别作为该待分样本所对应的类别。

由于 VSM 法中需要事先计算类别的空间向量，而该空间向量的建立又很大程度地依赖于该类别向量中所包含的特征项。根据研究发现，类别中所包含的非零特征项越多，其包含的每个特征项对于类别的表达能力越弱。因此，VSM 法相对于其他分类方法而言，更适合专业文献的分类。

5）Bayes 法

Bayes 法是一种在已知先验概率与类条件概率的情况下的模式分类方法，待分样本的分类结果取决于各类域中样本的全体。

设训练样本集分为 M 类，记为 $C=\{c_1,\cdots,c_i,\cdots,c_M\}$，每类的先验概率为 $P(c_i)$，$i=1,2,\cdots,M$。当样本集非常大时，可以认为 $P(c_i)=c_i$ 类样本数/总样本数。对于一个待分样本 X，其归于 c_j 类的类条件概率是 $P(X/c_i)$，则根据 Bayes 定理，可得到 c_j 类的后验概率 $P(c_i/X)$：

$$P(c_i/X)=P(X/c_i)\cdot P(c_i)/P(X) \tag{1}$$

$$\text{若 } P(c_i/X)=\text{Max}P(c_j/X)，i=1,2,\cdots,M，j=1,2,\cdots,M，\text{则有 } x\in c_i \tag{2}$$

式（2）是最大后验概率判决准则，将式（1）代入式（2），则有：

$$\text{若 } P(X/c_i)P(c_i)=\text{Max}j[P(X/c_j)P(c_j)]，i=1,2,\cdots,M，j=1,2,\cdots,M，\text{则有 } x\in c_i$$

这就是常用的 Bayes 分类判决准则。经过长期的研究，Bayes 分类方法在理论上论证得比较充分，在应用上也是非常广泛的。

Bayes 方法的薄弱环节在于，实际情况下类别总体的概率分布和各类样本的概率分布函数（或密度函数）常常是不知道的，为了获得它们，就要求样本足够大。另外，Bayes 法要求表达文本的主题词相互独立，这样的条件在实际文本中一般很难满足，因此该方法往往在效果上难以达到理论上的最大值。

2．决策树模型

1）原始数据表

我们来看一张数据表（如表 11-1 所示），假定根据历史数据，经过处理后生成了这样的数据表。其中市盈率的高、中、低标准为：低（<10），中（10～30），高（>30）；股价的高、中、低标准为：低（<20 元），中（20～50 元），高（>50 元）；是否小盘股的判断标准为：小盘股（流通市值<10 亿元），数据的计算基准日假定为 *T* 日，归类的计算日为(*T*+30)日。

表 11-1 决策树数据表

记录 ID	市 盈 率	股 价	小 盘 股	分析师评级	归类：是否上涨
1	低	高	否	中性	不涨
2	低	高	否	买入	不涨
3	中	高	否	中性	涨
4	高	中	否	买入	涨
5	高	低	是	中性	涨
6	高	低	是	买入	不涨
7	中	低	是	买入	涨
8	低	中	否	中性	不涨
9	低	低	是	中性	涨
10	高	中	是	中性	涨
11	低	中	是	买入	涨
12	中	中	否	买入	涨
13	中	高	是	中性	涨
14	高	中	否	买入	不涨

下面来看第一条记录(低,高,否,中性,不涨)，其意思是：有某只股票，在 *T* 日时的数据是：市盈率为低，股价为高，非小盘股，分析师评级为中性，该股票价格在 30 天后没有出现上涨。

我们的问题是：根据该表中的数据，能够构建一个模型，将那些“上涨”股票的特征提取出来；并且对于一个新的股票记录，能否判断该股票价格在 30 天后是否上涨？

2）决策树

如图 11-2 所示为通过某种算法得出的决策树。决策树的基本组成部分有：决策节点、分支和叶子。

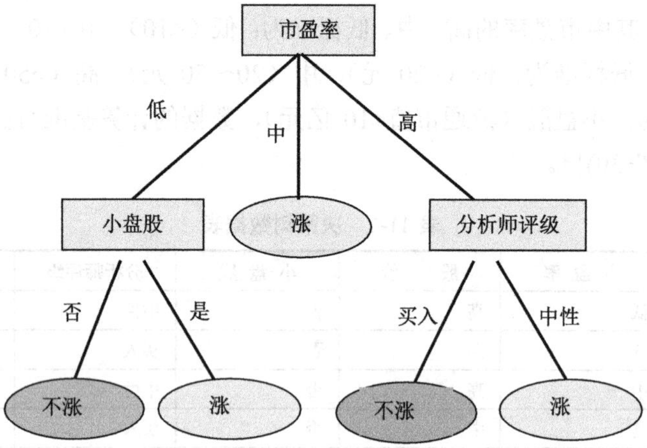

图 11-2　决策树示例

决策树最上面的节点称为根节点，是整个决策树的开始。每个分支是一个新的决策节点，或者树的叶子。每个决策节点代表一个问题或者决策，通常对应待分类对象的属性。每个叶子节点代表一种可能的分类结果。

在沿着决策树从上到下的遍历过程中，在每个节点都有一个测试。对每个节点上问题的不同测试输出导致不同的分支，最后会达到一个叶子节点。这一过程就是利用决策树进行分类的过程，利用若干个变量来判断属性的类别。

例如，在该决策树中，最左边的路径为市盈率：低；小盘股：是；涨。这么一条路径表达的意思是：如果有一只股票，它的市盈率为低，并且是小盘股，则该股票价格在 30 天后会出现上涨。

生成这样一棵决策树的算法有很多，如最著名的 ID3 算法、CLS 算法等。限于篇幅，本书不进行算法的深入研究，这里只简单介绍一下算法过程，感兴趣的读者可以去查阅相关的数据挖掘的算法书。

3）生成算法

CLS 算法是早期的决策树学习算法，它是许多决策树学习算法的基础。

CLS 算法的基本思想：从一棵空决策树开始，选择某一属性（分类属性）作为测试属性。该测试属性对应决策树中的决策节点，根据该属性的值的不同，可将训练样本分成相应的子集。如果该子集为空，或该子集中的样本属于同一类，则该子集为叶子节点；否则该子集对应于决策树的内部节点，即测试节点，需要选择一个新的分类属性对该子集进行划分，直到所有的子集都为空或者属于同一类。

算法过程如下：

（1）生成一棵空决策树和一张训练样本属性集。

（2）若训练样本集 T 中所有的样本都属于同一类，则生成节点 T，并终止学习算法；否则跳转到步骤（3）。

（3）根据某种策略从训练样本属性集中选择属性 A 作为测试属性，生成测试节点 A。

（4）若 A 的取值为 $v_1,v_2,\cdots,v_m$，则根据 A 的取值的不同，将 T 划分成 m 个子集 $T_1,T_2,\cdots,T_m$。

（5）从训练样本属性集中删除属性 A。

（6）跳转到步骤（2），对每个子集递归调用 CLS。

在步骤（3）中，根据某种策略从训练样本属性集中选择属性 A 作为测试属性，并没有规定采用何种测试属性。实践表明，测试属性集的组成及测试属性的先后对决策树的学习有着举足轻重的影响。

11.2.2 关联规则

关联规则是形如 $X \rightarrow Y$ 的蕴涵式，其中，X 和 Y 分别称为关联规则的先导和后继。

1. 基本概念

1）什么是关联规则

在描述有关关联规则的一些细节之前，先来看一则有趣的故事——“尿布与啤酒”。在一家超市里，有一个有趣的现象：尿布和啤酒赫然摆在一起出售。但是这个奇怪的举措却使尿布和啤酒的销量双双增加了。这不是一个笑话，而是发生在美国沃尔玛连锁店超市的真实案例，并一直为商家所津津乐道。

沃尔玛拥有世界上最大的数据仓库系统，为了能够准确了解顾客在其门店的购买习惯，沃尔玛对其顾客的购物行为进行了购物篮分析，想知道顾客经常一起购买的商品有哪些。沃尔玛数据仓库里集中了其各门店的详细原始交易数据，在这些原始交易数据的基础上，沃尔玛利用数据挖掘方法对这些数据了进行分析和挖掘。

一个意外的发现是：“跟尿布一起购买最多的商品竟是啤酒。”经过大量实际调查和分析，揭示了隐藏在“尿布与啤酒”背后的美国人的一种行为模式：在美国，一些年轻的父亲下班后经常要到超市去买婴儿尿布，而他们中有30%～40%的人同时也为自己买一些啤酒。产生这一现象的原因是：美国的太太们常叮嘱她们的丈夫下班后为小孩买尿布，而丈夫们在买尿布后又随手带回了他们喜欢的啤酒。

按常规思维，尿布与啤酒风马牛不相及，若不是借助数据挖掘技术对海量交易数据进行挖掘和分析，沃尔玛是不可能发现数据内在这一有价值的规律的。

从这个例子可以看出，利用关联规则技术，可以找出一些隐含的规律，因此这种方法在量化投资中同样存在广泛的应用。

2）关联规则的例子

下面用一个简单的例子说明。表 11-2 是在过去一段时间不同板块的涨跌关系，其中“1”表示上涨，“0”表示下跌。在该市场行情数据库中，事务总数为 D，在本例中包含 6 个事务，则 D 为 6。项集 I={煤炭板块,原油板块,公用板块,地产板块}。考虑关联规则（频繁二项集）：煤炭板块与原油板块，上涨记录 1、2、3、4、6 中包含煤炭板块，记为 X，X 的数量为 5；上涨记录 1、2、5、6 中包含原油板块，记为 Y，Y 的值为 4。

表 11-2　关联规则案例数据表

TID	煤炭板块	原油板块	公用板块	地产板块
1	1	1	1	0
2	1	1	0	0
3	1	0	0	0
4	1	0	1	0
5	0	1	1	1
6	1	1	0	0

上涨记录 1、2、6 同时包含煤炭板块和原油板块，数量为 3，即 X^Y，那么：

支持度(X^Y)/D=3/6=0.5

置信度(X^Y)/X=0.6

若给定最小支持度 $\alpha = 0.5$，最小置信度 $\beta = 0.6$，则认为煤炭板块上涨和原油板块上涨之间存在如下关联规则：

煤炭板块上涨→原油板块上涨(0.5,0.6)

该关联规则的含义是：数据库中有50%的数据支持表明煤炭板块的上涨可能带动原油板块上涨，该规则的可信程度达到60%。

2．数学定义

关联规则定义为：假设 I 是项的集合。给定一个交易数据库，其中每个事务 t 是 I 的非空子集，即每个交易都与一个唯一的标识符 TID 对应。记 D 为事务的集合（事务数据库），关联规则在 D 中的支持度是 D 中事务同时包含项 X 和项 Y 的百分比，即概率。置信度是包含 X 的事务中同时又包含 Y 的百分比，即条件概率。关联规则是有效的，如果满足最小支持度阈值和最小置信度阈值，那么这些阈值是根据挖掘需要人为设定的。

下面是有关关联规则数学上的形式化定义。

设 $I=\{i_1,i_2,\cdots,i_m\}$ 是项的集合。记 D 为事务的集合（事务数据库），事务 T 是项的集合，并且 $T\subseteq I$。设 A 是 I 中的一个项集，如果 $A\subseteq T$，那么称事务 T 包含 A。

定义 1：关联规则是形如 $A\rightarrow B$ 的蕴涵式，这里 $A\subset I$，$B\subset I$，并且 $A\cap B=\Phi$。

定义 2：规则的支持度。

规则 $A\rightarrow B$ 在数据库 D 中具有支持度 S，表示 S 是 D 中事务同时包含 AB 的百分比，它是概率 $P(AB)$，即

$$S(A\rightarrow B)=P(AB)=\frac{|AB|}{|D|}$$

其中，$|D|$表示事务数据库 D 的个数，表示 A、B 两个项集同时发生的事务个数。

定义 3：规则的可信度。

规则 $A\rightarrow B$ 具有可信度 C，表示 C 是包含 A 项集的同时也包含 B 项集，相对于包含 A 项集的百分比，这是条件概率 $P(B|A)$，即

$$C(A\rightarrow B)=P(B\mid A)=\frac{|AB|}{|A|}$$

其中，$|A|$表示数据库中包含项集 A 的事务个数。

定义 4：阈值。

在事务数据库中找出有用的关联规则，需要由用户确定两个阈值：最小支持度（min_sup）和最小可信度（min_conf）。

定义 5：项的集合称为项集，包含 k 个项的项集称为 k-项集。如果项集满足最小支持度，则称之为频繁项集。

定义 6：关联规则。

同时满足最小支持度（min_sup）和最小可信度（min_conf）的规则称为关联规则。即

$$S(A \to B) > \text{min\_sup}\text{且}C(A \to B) > \text{min\_conf}$$

成立时，规则称为关联规则，也可以称为强关联规则。

定义 7：兴趣度。

$$I(A \to B) = \frac{P(AB)}{P(A)P(B)}$$

该公式反映了项集 A 与项集 B 的相关程度。

若 $I(A \to B)=1$，即 $P(AB) = P(A)P(B)$，表示项集 A 出现和项集 B 出现是相互独立的。

若 $I(A \to B) < 1$，表示项集 A 出现和项集 B 出现是负相关的。

若 $I(A \to B) > 1$，表示项集 A 出现和项集 B 出现是正相关的，意味着项集 A 的出现蕴含项集 B 的出现。

一条规则的兴趣度越大于 1，说明我们对这条规则越感兴趣（其实际利用价值越大）。

一条规则的兴趣度越小于 1，说明我们对这条规则的反面规则越感兴趣（其反面规则的实际利用价值越大）。

根据定义 7 可知，兴趣度 I 不小于 0。

3. 挖掘过程

1）挖掘过程

关联规则的挖掘过程主要包含两个阶段。第一阶段是从原始资料集合中找出所有的高频项目组。高频是指某一项目组出现的频率相对于所有记录而言必须达到某一水平。某一项目组出现的频率称为支持度，以一个包含 A 与 B 两个项目的 2-itemset 为例，我们可以由定义 2 求得包含$\{A,B\}$项目组的支持度，若支持度大于等于所设定的最小支持度门槛值时，则$\{A,B\}$称为高频项目组。一个满足最小支持度的 k-itemset，则称为高频 k-项目组，一般表示为 Frequent k。算法从 Large k 的项目组中再产生 Large k+1，直到无法再找到更长的高频项目组为止。

第二阶段是产生关联规则。从高频项目组中产生关联规则，是利用前一阶段的高频 k-项目组来产生规则，在最小信赖度的条件门槛下，若某一规则所求得的信赖度满足最小信赖度，则称此规则为关联规则。例如，经高频 k-项目组{*A*,*B*}所产生的规则 *AB*，其信赖度可经由定义 3 求得，若信赖度大于等于最小信赖度，则称 *AB* 为关联规则。

2）关联规则分类

按照不同情况，关联规则可以进行如下分类。

（1）基于规则中处理的变量的类别，关联规则可以分为布尔型和数值型。

布尔型关联规则处理的值都是离散的、种类化的，它显示了这些变量之间的关系。而数值型关联规则可以和多维关联或多层关联规则结合起来，对数值型字段进行处理，将其进行动态分割，或者直接对原始的数据进行处理。当然，数值型关联规则中也可以包含种类变量。例如：

类别=“大蓝筹”→涨幅=“弱于大势”，是布尔型关联规则。

类别=“大蓝筹”→avg(Alpha)=−10%，涉及的收入是数值类型，是一个数值型关联规则。

（2）基于规则中数据的抽象层次，可以分为单层关联规则和多层关联规则。

在单层关联规则中，所有的变量都没有考虑到现实的数据是具有多个不同层次的。而在多层关联规则中，对数据的多层性已经进行了充分的考虑。例如，央企→分红率高，是一个细节数据上的单层关联规则；国企→分红率高，是一个较高层次和细节层次之间的多层关联规则。

（3）基于规则中涉及的数据的维数，关联规则可以分为单维的和多维的。

在单维关联规则中，我们只涉及数据的一个维，如投资者购买的股票，而在多维的关联规则中，要处理的数据将会涉及多个维。换句话说，单维关联规则处理单个属性中的一些关系；多维关联规则处理各个属性之间的某些关系。例如，大蓝筹涨→小盘股跌，这条规则只涉及投资者购买的股票类别；类别=“大蓝筹”→涨幅=“弱于大势”，这条规则就涉及两个字段的信息，是两个维上的一条关联规则。

4. 相关算法

1）Apriori 算法

Apriori 算法是一种最有影响的挖掘布尔关联规则频繁项集的算法，其核心是基于两阶段频集思想的递推算法。该关联规则在分类上属于单维、单层、布尔关联规则，在这里，所有支持度大于最小支持度的项集称为频繁项集，简称频集。

该算法的基本思想是：首先找出所有的频集，这些项集出现的频繁性至少和预定义的最小支持度一样；然后由频集产生强关联规则，这些规则必须满足最小支持度和最小可信度；最后使用第一步找到的频集产生期望的规则，产生只包含集合的项的所有规则，其中每一条规则的右部只有一项，这里采用的是中规则的定义。一旦这些规则被生成，那么只有那些大于用户给定的最小可信度的规则才被留下来。为了生成所有频集，使用了递推的方法。

Apriori 算法的缺点是：可能产生大量的候选集；可能需要重复扫描数据库。

2）基于划分的算法

这个算法先把数据库从逻辑上分成几个互不相交的块，每次单独考虑一个分块并对它生成所有的频集；然后把产生的频集合并，用来生成所有可能的频集；最后计算这些项集的支持度。这里分块的大小选择要使得每个分块可以被放入主存，每个阶段只需被扫描一次。

而算法的正确性是由每一个可能的频集（至少在某一个分块中是频集）保证的，该算法是可以高度并行的，可以把每一个分块分别分配给某一台处理器生成频集。产生频集的每一个循环结束后，处理器之间进行通信来产生全局的候选 k-项集。通常这里的通信过程是算法执行时间的主要瓶颈，而每台独立的处理器生成频集的时间也是一个瓶颈。

3）FP-树频集算法

FP-树频集算法采用分而治之的策略，在经过第一遍扫描之后，把数据库中的频集压缩进一棵频繁模式树（FP-tree），同时依然保留其中的关联信息；随后再将 FP-tree 分化成一些条件库，每个库和一个长度为 1 的频集相关；然后再对这些条件库分别进行挖掘。当原始数据量很大的时候，也可以结合划分的方法，使得一个 FP-tree 可以放入主存中。实验表明，FP-树频集算法对不同长度的规则都有很好的适应性，同时在效率上较 Apriori 算法有很大的提高。

11.2.3 聚类分析

1．基本概念

聚类（簇）是指数据对象的集合。聚类有两个特征：在同一个聚类（簇）中的对象彼此相似，不同簇中的对象则相异。

聚类分析是指将物理或抽象对象的集合分组成为由类似的对象组成的多个类的过程。聚类是一种无指导的学习：没有预定义的类编号。

聚类分析的数据挖掘功能既可以作为一个独立的工具来获得数据分布的情况，也可以作为其他算法（如特征和分类）的预处理步骤。

聚类分析的典型应用包括：

（1）模式识别。

（2）空间数据分析。在 GIS 系统中，对相似区域进行聚类，产生主题地图；检测空间聚类，并给出它们在空间数据挖掘中的解释；图像处理等。

（3）经济学与金融学，如客户行为分类、发现股票模式等。

（4）万维网。对 Web 上的文档进行分类；对 Web 日志的数据进行聚类，以发现相同的用户访问模式。

一个好的聚类分析方法会产生高质量的聚类，该聚类具有两个特征：高类内相似度和低类间相似度。一个高质量的聚类分析结果取决于其所使用的聚类方法。

2. 聚类分析中的数据类型

许多基于内存的聚类算法采用以下两种数据结构。

（1）数据矩阵（Data Matrix，或称对象—变量结构）：用 p 个变量来表示 n 个对象，例如使用年龄、身高、性别、体重等属性变量来表示对象人，也叫二模矩阵，行与列代表不同的实体。

$$n\text{个人}\left\{\begin{bmatrix} \overbrace{\begin{matrix} x_{11} & \cdots & x_{1f} & \cdots & x_{1p} \end{matrix}}^{p\text{种属性}} \\ \begin{matrix} \cdots & \cdots & \cdots & \cdots & \cdots \\ x_{i1} & \cdots & x_{if} & \cdots & x_{ip} \\ \cdots & \cdots & \cdots & \cdots & \cdots \\ x_{n1} & \cdots & x_{nf} & \cdots & x_{np} \end{matrix} \end{bmatrix}\right.$$

（2）相异度矩阵（Dissimilarity Matrix，又称对象—对象结构）：存储所有成对的 n 个对象两两之间的近似性（邻近度），也叫单模矩阵，行和列代表相同的实体。其中 $d(i,j)$是对象 i 和对象 j 之间的测量差或相异度。$d(i,j)$是一个非负的数值，$d(i,j)$越大，两个对象越不同；$d(i,j)$越接近于 0，则二者之间越相似（相近）。

$$\begin{bmatrix} 0 & & & & \\ d(2,1) & 0 & & & \\ d(3,1) & d(3,2) & 0 & & \\ \vdots & \vdots & \vdots & & \\ d(n,1) & d(n,2) & \cdots & \cdots & 0 \end{bmatrix}$$

许多聚类算法都是以相异度矩阵为基础的。如果数据采用数据矩阵形式表示，则往往要先将其转换为相异度矩阵。

相异度 $d(i,j)$的具体计算会因所使用的数据类型不同而不同，常用的数据类型包括：区间标度变量，二元变量，标称型、序数型和比例标度型变量，混合类型变量。

3. 主要聚类方法

主要的聚类方法包括：划分方法、层次的方法、基于密度的方法、基于网格的方法和基于模型的方法。

1）划分方法

划分方法的思想：给定一个 n 个对象或元组的数据库，一个划分方法构建数据的 k 个划分，每个划分表示一个簇，并且 $k \leqslant n$；每个对象属于且仅属于一个组，每个组至少包含一个对象。

划分准则：同一个聚类中的对象尽可能地接近或相关，不同聚类中的对象尽可能地远离或不同。

典型的划分方法有 k-平均算法、k 中心点方法及它们的变种。

2）层次的方法

对给定数据对象集合进行层次分解，包括自底向上和自顶向下方法。

（1）自底向上方法（凝聚）：开始将每个对象作为单独的一个组，然后相继地合并相近的对象或组，直到所有的组合并为一个，或者达到一个终止条件。

（2）自顶向下方法（分裂）：开始将所有的对象置于一个簇中，在迭代的每一步，一个簇被分裂为多个更小的簇，直到最终每个对象在一个单独的簇中，或达到一个终止条件。

缺点：合并或分裂的步骤不能被撤销。

使用距离矩阵作为聚类准则，层次方法不必输入初始的 k 作为簇的个数，但需要一个终止条件（例如簇的数目）。

3）基于密度的方法

基于密度的聚类：只要临近区域的密度（对象或数据点的数目）超过某个临界值，就继续聚类。

优点：可以过滤掉噪声和孤立点，发现任意形状的簇。

4）基于网格的方法

把对象空间量化为有限数目的单元，形成一个网格结构，所有的聚类都在这个网格结构上进行。

优点：处理速度快（因为处理时间独立于数据对象数目，只与量化空间中每一维的单元数目有关）。

5）基于模型的方法

为每个簇假定一个模型，寻找数据对给定模型的最佳拟合。

4. 孤立点挖掘

孤立点是指一个数据集与其他数据有着显著区别的数据对象的集合。例如运动员乔丹、舒马赫、布勃卡。

孤立点挖掘的过程：给定一个 n 个数据对象的集合，以及预期的孤立点数目 k，发现与剩余的数据有着显著差异的 k 个数据对象。

孤立点挖掘的主要应用：信用卡欺诈检测、移动电话欺诈检测、客户划分、医疗分析（异常）。

1）基于距离的孤立点检测

为了解决统计学方法带来的一些限制，引入了基于距离的孤立点检测，在不知道数据分布的情况下对数据进行多维分析。

基于距离的孤立点：数据集合 S 中的基于距离的孤立点 o 的集合可以表示为 $DB(p,d)$，即数据集合 S 中的对象至少有 p 部分与对象 o 的距离大于 d（说明该对象 o 没有足够的邻居）。

挖掘基于距离的孤立点的高效算法有：基于索引的算法、嵌套－循环算法、基于单元的算法等。

2）基于偏离的孤立点检测

通过检查一组对象的主要特征来确立孤立点，即与主要特征的描述相偏离的对象被认为是孤立点。

基于偏离的孤立点的探测技术有如下两种。

（1）序列异常技术：模仿人类从一系列被假定为类似的对象中识别异常对象的方式。

（2）OLAP 数据立方体技术：在大规模的多维数据中采用数据立方体来确定异常区域。如果一个立方体的单元值显著地不同于根据统计模型得到的期望值，则该单元值被认为是一个异常，并用可视化技术表示。

11.3 数据挖掘在量化投资中的应用

11.3.1 基于 SOM 网络的股票聚类分析方法

无监督的自组织映射（Self-Organizing Map，SOM）网络具有高度并行处理机制、高度容错能力，是解决聚类问题的强有力工具，在解决聚类问题方面表现出很好的优越性。与其他聚类方法相比，SOM 网络的优点在于：可以实现自学习，网络具有自稳定性，无须外界给出评价函数，能够识别向量空间中最有意义的特征，抗噪声能力强等。因此，该模型在模式识别、机器控制、语音识别、图像压缩、向量量化及组合优化等方面具有广泛的应用。

本案例在具有智能背景的 SOM 神经网络的基础上，利用改进的 SOM 模型对股票进行分析。

1. SOM 神经网络简介

SOM 神经网络的拓扑结构由两层节点构成：输入层和输出层（竞争层），如图 11-3 所示。图中上层为输出层，输出层中的节点是以二维形式排成的一个节点矩阵，其中的每个节点代表一个输入向量；输入层处于下方，若输入节点为 n 个，则输入向量为 n 维，输入层节点与输出层中的所有节点通过权值实现全互连。

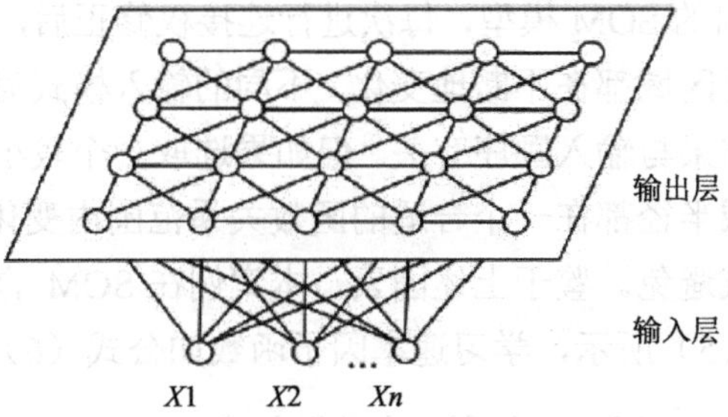

图 11-3 SOM 网络结构

输出层节点之间实行侧抑制连接，它与节点之间的权值分布有关，在获胜节点邻域区域内的节点相互激励，邻域区域可以是正方形，也可以是六角形。它是关于时间的函数，随着时间的增加，邻域的面积成比例缩小。区域以外的节点相互抑制，而更远的又有较弱的激励作用，通常用 Bubble（墨西哥帽）函数来表示神经元之间的这种侧反馈作用。

应用这种侧反馈原理，使每个获胜神经元附近形成一个聚类区。由于聚类区内的各神经元的权重向量保持与输入向量逼近的趋势，从而使具有相近特征的输入向量聚集在一起。

Kohonen 分别定义了 SOM 神经网络的邻域函数 $a(t)$、学习速率因子函数 $n(t)$，如公式（1）、公式（2）所示。

$$a(t) = a(0)\times(1-t/T) \quad (1)$$

$$n(t) = n(0)\times(1-t/T) \quad (2)$$

式中，t 为迭代次数，T 为预设的最大迭代次数；$a(0)$、$n(0)$分别为初始时刻的邻域半径和学习速率因子，$a(0)$在学习的初始时刻覆盖范围较大，随着时间的增加，$a(0)$逐渐减小；$n(t)$值的选取范围通常为[0,1]。

另外，Kohonen 还定义了获胜节点及其邻域内节点的连接权修正公式，如公式（3）、公式（4）所示。

$$W_{ij}(t+1) = w_{ij}(t)+n(t)\times[x_i-w_{ij}(t)] \quad j\in N\times j(t) \quad (3)$$

$$W_{ij}(t+1) = w_{ij}(t) \quad j\notin N\times j(t) \quad (4)$$

式中，$W_{ij}(t+1)$为 t+1 时刻输入节点 i 与输出节点 j 之间的连接权，$N\times j(t)$为 t 时刻以获胜节点为中心的邻域范围。

对于 Kohonen 提出的 SOM 模型，每次进行连接权修正后，各输出神经元对应于输入模式空间的最邻近区域都在不断地变化，不同的输入模式对应着不同的变化，因此使网络最终的收敛结果与输入顺序有关。但如果选取一个较小的学习速率因子，并且学习速率因子和邻域半径都在一个合适的函数关系范围内变化，则对于输入顺序的敏感性将会得到改善或避免。鉴于上述因素，本案例在 SOM 的基础上，改进了网络中的邻域函数如公式（5）所示，学习速率因子函数如公式（6）所示。

$$a(t)=\tau+a(t-1)\times(1-0.001\times t) \tag{5}$$

$$n(t)=n(0)\times\exp(-t/\mathrm{GAP}) \tag{6}$$

2．SOM 在股票分析中的应用

1）数据处理

为了更好地说明问题而不受个别变量单位的影响，在聚类分析计算之前需要对原始数据进行标准化处理。数据标准化公式如下：

$$x_{ij}=(x_{ij}-\hat{x}_j)/S_j$$

$$\hat{x}_j=1/n\sum x_{ij}$$

$$S_j=\sqrt{1/n\sum(x_{ij}-\hat{x}_j)^2}$$

式中，i 为股票上市公司的数量，j 为上市公司综合盈利能力指标；x_{ij} 为标准化后的数据，$\hat{x}_j$ 为某指标的均值，S_j 为某指标的均方差。

2）实验结果

本案例所选取的数据来自 2005 年 80 家上市公司的年报信息，分析中选取上市公司的每股收益、每股净资产、净资产收益率、每股经营性现金流量及净利润 5 项反映上市公司综合盈利能力的指标作为主要研究对象。应用 SOM 模型进行模拟聚类实验，通过聚类的方法分析股票。在实验过程中，网络的输入层节点的个数均选为 5，输出层节点的个数选为 10 000。通过实验反复筛选选取参数：$n(0)=0.1$，$a(0)=5$，$\tau=0.5$，迭代次数 Gap=14。

利用 SOM 所得聚类结果的 9 类上市公司的净利润大小如表 11-3 所示，其中 5 类指标均为各项指标的平均值。在第 9 类上市公司中反映上市公司财务状况的 4 项指标——每股收益、每股净资产、每股经营性现金流量、净资产收益率均为正值。由于每股收益、每股净资产、净资产收益率这 3 个指标是投资者最为关注的指标，因此它们是衡量公司获利能力和成长性最好的指标。上述结果说明该类上市公司在经营规模、经营实力、技术水平等方面具有一定优势，竞争能力较强，经营业绩优良，综合财务状况较佳，颇具发展潜力和长期投资价值。

表 11-3 SOM 股票聚类分析结果

类 别	A	B	C	D	E
9	0.22	2.49	7.64	0.47	8374.7
8	0.012	1.90	1.16	–0.08	1591.3
7	–0.16	3.11	–7.99	0.45	–3993
6	–0.32	2.16	–31.4	–1.14	–7149
5	0.43	1.89	65.7	0.087	8932
4	0.63	0.46	159.8	0.019	12155
3	–0.65	2.81	–26.9	1.48	–24552
2	–3.1	–5.1	–109	–0.045	–44220
1	–1.5	1.09	–193.6	–0.087	–63583

第 2 类上市公司净利润的平均值最低。在该类上市公司中，反映上市公司综合盈利能力的指标多为负值，表现出这类公司既没有显著的规模效益，也没有在主营业务上的突出业绩，在投资效益上表现为亏损。该类股票的表现为劣质股的特征，因此投资者应谨慎介入，可多加观望。

上述实验结果说明，利用 SOM 网络进行股票分析所得结果基本与公司的实际情况相符，为股票的分析和选择提供了较好的依据。

11.3.2 基于关联规则的板块轮动

股票市场交易规律显示，在股价波动的过程中，整个市场并不是经常性地普涨普跌，而是呈现出板块轮动、涨跌不一的状况。其实金融风险并不可怕，如果能够发现股票板块的运动规律及其相互的联动关系，那么金融风险在一定程度上可以通过风险流动得以规避。

1. 数据与模型构建

案例 基于关联规则的板块轮动策略

本案例使用的数据来自 2007 年 1 月 4 日至 2008 年 3 月 31 日 A 股市场的 21 个板

块指数的日收盘值，取得 295 条日收盘数据记录共 6195 个观察值进行分析。这 21 个板块指数分别为采掘指数、地产指数、食品指数、金属指数、批零指数、石化指数、运输指数、制造指数、机械设备指数、服务指数、金融指数、水电指数、医药指数、建筑指数、造纸指数、IT 指数、农林牧渔指数、纺织指数、传播指数、电子指数及木材指数，它们基本涵盖了现有证券交易系统中所有板块的历史交易信息，为数据挖掘建模提供了较为完整的数据样本。

在进行关联规则挖掘之前，必须对所收集的数据进行预处理，根据每种股票板块指数在当天交易的涨跌情况将其对应的日收盘数据转换为二项数值，“1”代表上涨，“0”代表下跌。如表 11-4 所示为经过数据预处理后得到的包含 295 条记录的布尔关系表数据片断。

表 11-4　21 种股票板块指数布尔关系表数据片断

日　期	采掘指数	地产指数	食品指数	金属指数
2007-1-4	0	0	0	0
2007-1-5	1	1	1	1
2007-1-8	1	1	1	1

2. 数据实证结果

数据预处理后，根据股票板块指数“涨”、“跌”情况，采用二值型关联规则算法进行挖掘，这里采用 Apriori 算法来实施关联分析。设定当支持度阈值为 0.5、置信度阈值为 0.95 时，可以从模型中找到许多有意义的强关联规则，例如：

金属、机械设备、石化 3 种指数上涨，制造指数上涨，则置信度=100%。

即当金属、机械设备、石化 3 种指数上涨时，100%的情况下，制造指数也在上涨。而且该规则的作用度为 1.62，支持度为 51.18%，说明制造指数变动受金属、机械设备、石化 3 种指数的影响较大，该规则具有较高的应用价值。各个板块之间的关联如图 11-4 所示。

综合置信度、支持度与作用度 3 个因素进行分析，可以看到，模型的主体由制造、石化、运输、机械设备、医药、电子、纺织及水电 8 种指数间的关联规则构成；采掘、服务、金属、建筑、造纸、IT 及农林牧渔 7 种指数也有着强关联规则；而批零、木材两种指数均只与石化指数表现出紧密的联动关系。此外，模型中未发现地产、食品、金融及传播 4 种指数的关联规则，说明它们在板块联动中的作用较弱。

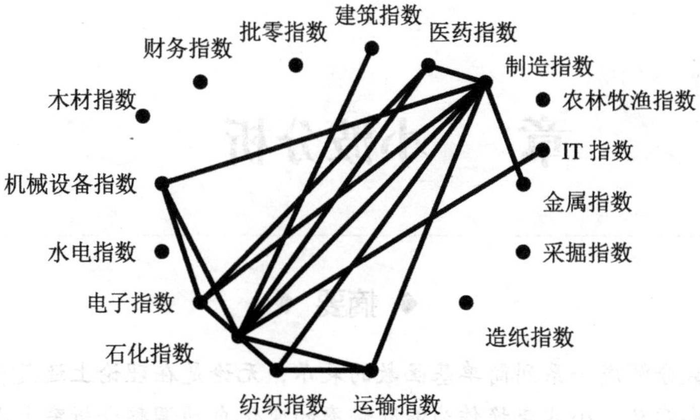

图 11-4 主要股票板块指数的 Web 节点

从连线数量的角度来看，它以石化与制造两种指数为核心，向外辐射连接其他股票指数；电子、机械设备、纺织、运输及医药 5 种指数散开的连线也较多；而金属、IT、建筑 3 种指数在图中只有单根连线。此外，木材、服务、批零、农林牧渔、采掘、造纸及水电 7 种指数由于关联频数低，均没有连线，而是作为孤点在图中显示。从所有连线的关联程度强弱来看，石化、机械设备两种指数与制造指数的关联程度是最强的，而医药、纺织两种指数与制造指数的关联程度最弱，其他连线关联程度居中。

可以得出以下结论：

（1）制造、石化指数作为关联规则的核心，与其他板块指数（除金融、地产、食品与传播 4 种指数之外）之间有着紧密的关系。通过它们之间的强关联规则进行板块组合分析，往往可以在某一板块出现明显涨跌状况的情形下，预测出相关联的板块运动趋势，然后进行风险管理，以此达到规避风险或追求利润的目的。

（2）模型结果显示，金融、地产、食品、传播 4 种指数与其他板块指数不存在强关联规则。也就是说，在板块联动过程中，它们的联动效应是不显著的，这 4 个板块的涨跌主要考虑国际市场、国内宏观经济、行业状况及其他因素。所以，在证券交易过程中，它们不是通过板块轮动避险的最佳选择对象。

第 12 章　小波分析

◆ 摘要 ◆

把函数分解成一系列简单基函数的表示，无论是在理论上还是在实际应用中都有重要意义。小波变换作为能随频率的变化自动调整分析窗大小的分析工具，自 20 世纪 80 年代中期以来得到迅猛的发展，并在信号处理、计算机视觉、图像处理、语音分析与合成等众多领域得到应用。

小波变化的主要内容包括：连续小波变换、小波变换的离散化、多分辨分析与 Mallat 算法。

连续小波变换的性质有：线性、平移不变性、伸缩共变性和冗余性。

由于连续小波变换存在冗余，因而有必要搞清楚，为了重构信号，需针对变换域的变量进行离散化，以消除变换中的冗余。

Mallat 使用多分辨分析的概念统一了各种具体小波基的构造方法，并由此提出了现今广泛使用的 Mallat 快速小波分解和重构算法，它在小波分析中的地位与快速傅里叶变换在傅里叶分析中的地位相当。

二维小波分解与重构算法，利用其可分离特性，在算法实现时分别由对行进行一维小波变换，然后对按行变换后的数据按列进行一维小波变换来完成。

小波变换在量化投资中的案例主要有小波去噪和金融时序数据预测。

但是金融时间序列本身具有非平稳、非线性和信噪比高的特点，采用传统的去噪处理方法往往存在诸多缺陷。而小波理论是根据时频局部化的要求而发展起来的，具有自适应和数学显微镜性质，特别适合非平稳、非线性信号的处理。

采用小波进行金融时序数据预测的原理如下：首先使用 Mallat 算法对数据进行分解，对分解后的数据进行平滑处理；然后进行重构，而重构之后的数据就成为近似意义的平稳时间序列，这样就得到了原始数据的近似信号；最后利用预测模型进行时间序列预测，常用的有 AR、MA、ARMA 等。

12.1 基本概念

1822 年法国数学家傅里叶发表的有关热传导理论的研究文章中，提出并证明了将周期函数展开为正弦级数的原理，奠定了傅里叶级数理论的基础。傅里叶级数理论研究的是把函数在三角函数系下展开，使得对信号和系统的研究归结为对简单的三角函数的研究，傅里叶级数与傅里叶变换共同组成了我们平常所说的傅里叶分析。傅里叶级数用于分析周期性的函数或分布，理论分析时经常假定周期是 2π，定义如式：

$$\forall f(x)\in L^2(0,2\pi),\quad f(x)=\sum_{k=-\infty}^{\infty} c_k \mathrm{e}^{ikx}$$

其中，$c_k=\dfrac{1}{2\pi}\displaystyle\int_0^{2\pi} f(x)\,\mathrm{e}^{-ikx}\mathrm{d}x$。

小波变换作为能随频率的变化自动调整分析窗大小的分析工具，自 20 世纪 80 年代中期以来得到迅猛的发展，并在信号处理、计算机视觉、图像处理、语音分析与合成等众多领域得到应用。

小波分析方法的出现可以追溯到 1910 年 Haar 提出的 Haar 规范正交基，以及 1938 年 Littlewood-Paley 对傅里叶级数建立的 L-P 理论。为克服传统傅里叶分析的不足，在 20 世纪 80 年代初，便有科学家使用小波的概念来进行数据处理，比较著名的是 1984 年法国地球物理学家 Morlet 引入小波的概念对石油勘探中的地震信号进行存储和表示。在数学方面所做的探索主要是 R. Coifman 和 G. Weiss 创立的原子和分子学说，这些原子和分子构成了不同函数空间的基的组成部分。

L.Carleron 使用非常像小波的函数构造了 Stein 和 Weiss 的空间 H_1 的无条件基。直到 1986 年，法国数学家 Meyer 成功地构造出了具有一定衰减性的光滑函数 ψ，它的二进伸缩与平移 $\left\{\psi_{j,k}(t)=2^{-j/2}\psi\left(2^{-j}t-k\right): j,k\in Z\right\}$ 构成 $L^2(R)$ 的规范正交基。此前，人们普遍认为这是不可能的，如 Daubechies、Grossman 和 Meyer 都退而研究函数系 $\left|a_0\right|^{-j/2}\psi\left(a_0^{-j}t-kb_0\right)$ 构成 $L^2(R)$ 的框架。

Lemarie 和 Battle 继 Meyer 之后也分别独立地给出了具有指数衰减的小波函数。1987 年，Mallat 利用多分辨分析的概念，统一了之前的各种具体小波的构造，并提出了现今广泛应用的 Mallat 快速小波分解和重构算法。1988 年 Daubechies 构造了具有紧支集的正交小波基。1989 年 Coifman、Meyer 等人引入了小波包的概念。1990 年崔锦泰和王建忠构造了基于样条函数的单正交小波基。1992 年 A. Cohen、I. Daubechhies 等人构造出了紧支撑双正交小波基，同一时期，有关小波变换与滤波器组之间的关系也得到了深入研究。小波分析的理论基础就这样基本建立起来了。

12.2 小波变换主要内容

12.2.1 连续小波变换

$\forall f(t)\in L^2(R)$，$f(t)$ 的连续小波变换（有时也称为积分小波变换）定义为：

$$WT_f(a,b)=|a|^{-1/2}\int_{-\infty}^{\infty} f(t)\,\overline{\psi\left(\frac{t-b}{a}\right)}\,\mathrm{d}t,\ a\neq 0$$

或用内积形式：

$$WT_f(a,b)=\langle f,\psi_{a,b}\rangle$$

式中，$\psi_{a,b}(t)=|a|^{-1/2}\psi\left(\frac{t-b}{a}\right)$。

要使逆变换存在，$\psi(t)$ 要满足允许性条件：

$$C_\psi=\int_{-\infty}^{\infty}\frac{|\hat{\psi}(\omega)|^2}{|\omega|}\mathrm{d}\omega<\infty$$

式中，$\hat{\psi}(\omega)$ 是 $\psi(t)$ 的傅里叶变换。

这时，逆变换为：

$$f(t)=C_\psi^{-1}\int_{-\infty}^{\infty}\int_{-\infty}^{\infty}\psi_{a,b}(t)\,WT_f(a,b)\,\mathrm{d}b\frac{\mathrm{d}a}{|a|^2}$$

C_ψ 这个常数限制了能作为基小波（或母小波）的属于 $L^2(R)$ 的函数 ψ 的类，尤其是如果还要求 ψ 是一个窗函数，那么 ψ 必须属于 $L^1(R)$，即：

$$\int_{-\infty}^{\infty}|\psi(t)|\,\mathrm{d}t<\infty$$

故 $\hat{\psi}(\omega)$ 是 R 中的一个连续函数，可得 $\hat{\psi}$ 在原点必定为零，即：

$$\hat{\psi}(0)=\int_{-\infty}^{\infty}\psi(t)\,\mathrm{d}t=0$$

连续小波变换具有如下性质。

性质 1（线性）：设 $f(t)=\alpha g(t)+\beta h(t)$，则 $WT_f(a,b)=\alpha WT_g(a,b)+\beta WT_h(a,b)$。

性质 2（平移不变性）：若 $f(t)\leftrightarrow WT_f(a,b)$，则 $f(t-\tau)\leftrightarrow WT_f(a,b-\tau)$。平移不变性是一个很好的性质，在实际应用中，尽管离散小波变换应用得广泛一些，但在需要有平移不变性的情况下，离散小波变换是不能直接使用的。

性质 3（伸缩共变性）：若 $f(t)\leftrightarrow WT_f(a,b)$，则 $f(ct)\leftrightarrow \frac{1}{\sqrt{c}}WT_f(ca,cb)$，其中 $c>0$。

性质 4（冗余性）：连续小波变换中存在信息表述的冗余度。其表现是由连续小波变换恢复原信号的重构公式不是唯一的，小波变换的核函数 $\psi_{a,b}(t)$ 存在许多可能的选择。尽管冗余的存在可以提高信号重建时计算的稳定性，但增加了分析和解释小波变换结果的困难。

12.2.2 连续小波变换的离散化

由于连续小波变换存在冗余，因此有必要弄清楚，为了重构信号，需针对变换域的变量 a、b 进行何种离散化，以消除变换中的冗余。在实际中，常取 $b=\frac{k}{2^j}$，$a=\frac{1}{2^j};j,k\in Z$，这时：

$$\psi_{a,b}(t)=\psi_{\frac{1}{2^j},\frac{k}{2^j}}(t)=2^{j/2}\psi\left(2^j t-k\right)$$

常简写为：$\psi_{j,k}(t)$。

变换形式为：$WT_f\left(\frac{1}{2^j},\frac{k}{2^j}\right)=\left\langle f,\psi_{j,k}\right\rangle$。

为了能重构信号 $f(t)$，要求 $\left\{\psi_{j,k}\right\}_{j,k\in Z}$ 是 $L^2(R)$ 的 Riesz 基。

定义 1：一个函数 $\psi\in L^2(R)$ 称为一个 R 函数，如果 $\left\{\psi_{j,k}\right\}_{j,k\in Z}$ 在下述意义上是一个 Riesz 基：$\psi_{j,k},j,k\in Z$ 的线性张成在 $L^2(R)$ 中是稠密的，并且存在正常数 A 与 B，$0<A\leqslant B<\infty$，使

$$A\left\|\left\{c_{j,k}\right\}\right\|_{l^2}^2 \leqslant \left\|\sum_{j=-\infty}^{\infty}\sum_{k=-\infty}^{\infty} c_{j,k}\psi_{j,k}\right\|_2^2 \leqslant B\left\|\left\{c_{j,k}\right\}\right\|_{l^2}^2$$

对所有二重双无限平方可和序列$\left\{c_{j,k}\right\}$成立，即对于$\left\|\left\{c_{j,k}\right\}\right\|_{l^2}^2 = \sum_{j=-\infty}^{\infty}\sum_{k=-\infty}^{\infty}\left|c_{j,k}\right|^2 < \infty$的$\left\{c_{j,k}\right\}$成立。

假定ψ是一个R函数，那么存在$L^2(R)$的一个唯一的 Riesz 基$\left\{\psi^{j,k}\right\}_{j,k\in Z}$，它在意义$\left\langle \psi_{j,k}, \psi^{l,m}\right\rangle = \delta_{j,l}\delta_{k,m}$，$j,k,l,m\in Z$上与$\left\{\psi_{j,k}\right\}$对偶。这时，每个$f(t)\in L^2(R)$有唯一的级数表示：

$$f(t)=\sum_{j=-\infty}^{\infty}\sum_{k=-\infty}^{\infty}\left\langle f,\psi_{j,k}\right\rangle\psi^{j,k}(t)$$

特别地，若$\left\{\psi_{j,k}\right\}_{j,k\in Z}$构成$L^2(R)$的规范正交基时，有$\psi_{j,k}=\psi^{j,k}$。

重构公式为：

$$f(t)=\sum_{j=-\infty}^{\infty}\sum_{k=-\infty}^{\infty}\left\langle f,\psi_{j,k}\right\rangle\psi_{j,k}(t)$$

12.2.3 多分辨分析与 Mallat 算法

1. 多分辨分析

Mallat 使用多分辨分析的概念统一了各种具体小波基的构造方法，并由此提出了现今广泛使用的 Mallat 快速小波分解和重构算法，它在小波分析中的地位与快速傅里叶变换在傅里叶分析中的地位相当。

定义 2：空间$L^2(R)$的多分辨分析是指构造该空间内一个子空间列$\left\{V_j\right\}_{j\in Z}$，使其具有以下性质。

（1）单调性（包容性）：$\cdots\subset V_2\subset V_1\subset V_0\subset V_{-1}\subset V_{-2}\subset\cdots$。

（2）逼近性：$\operatorname{close}\left\{\bigcup_{j=-\infty}^{\infty} V_f\right\}=L^2(R)$，$\bigcap_{j=-\infty}^{\infty} V_f=\{0\}$。

（3）伸缩性：$\phi(t)\in V_j \Leftrightarrow \phi(2t)\in V_{j-1}$。

（4）平移不变性：$\varphi(t)\in V_j \Leftrightarrow \varphi\left(t-2^{j-1}k\right)\in V_j$，$\forall k\in Z$。

（5）Riesz 基存在性：存在$\phi(t)\in V_0$，使得$\left\{\phi\left(2^{-j}t-k\right)\right\}_{k\in Z}$构成$V_j$的 Riesz 基。

在定义 2 中，V_j对应于2^{-j}分辨率，但在有些文献中，V_j对应于2^j分辨率，这时，性质（1）、（3）中子空间的下标要进行相应的变化。

2. 一维 Mallat 算法

Mallat 在用于图像分解的金字塔算法的启发下，结合多分辨分析，提出了信号的塔式多分辨分解与综合算法，常简称为 Mallat 算法。

设$f(t)\in L^2(R)$，并假定已得到$f(t)$在2^{-j}分辨率下的粗糙象$A_j f\in V_j$，$\{V_j\}_{j\in Z}$构成$L^2(R)$的多分辨分析，从而有$V_j=V_{j+1}\oplus W_{j+1}$，即$A_j f=A_{j+1}f+D_{j+1}f$。

式中，$A_j f=\sum\limits_{k=-\infty}^{\infty}C_{j,k}\psi_{j,k}(t)$，$D_j f=\sum\limits_{k=-\infty}^{\infty}D_{j,k}\psi_{j,k}(t)$，于是$\sum\limits_{k=-\infty}^{\infty}C_{j,k}\varphi_{j,k}(t)=\sum\limits_{k=-\infty}^{\infty}C_{j+1,k}\varphi_{j+1,k}(t)+\sum\limits_{k=-\infty}^{\infty}D_{j+1,k}\psi_{j+1,k}(t)$。

由尺度函数的双尺度方程可得$\phi_{j+1,m}(t)=\sum\limits_{k=-\infty}^{\infty}h(k-2m)\phi_{j,k}(t)$。

利用尺度函数的正交性，有$\left\langle\phi_{j+1,m},\phi_{j,k}\right\rangle=h(k-2m)$。

同理，由小波函数的双尺度方程可得$\left\langle\psi_{j+1,m},\phi_{j,k}\right\rangle=g(k-2m)$。

由上面几式可得：

$$C_{j+1,m}=\sum_{k=-\infty}^{\infty}C_{j,k}h^*(k-2m)$$

$$D_{j+1,m}=\sum_{k=-\infty}^{\infty}C_{j,k}g^*(k-2m)$$

$$C_{j,k}=\sum_{m=-\infty}^{\infty}h(k-2m)C_{j+1,m}+\sum_{m=-\infty}^{\infty}g(k-2m)D_{j+1,m}$$

引入无穷矩阵$H=[H_{m,k}]_{m;k=-\infty}^{\infty}$，$G=[G_{m,k}]_{m;k=-\infty}^{\infty}$，其中$H_{m,k}=h^*(k-2m)$，$G_{m,k}=g^*(k-2m)$，则可分别表示为

$$\begin{cases}C_{j+1}=HC_j\\ D_{j+1}=GC_j\end{cases}\quad j=0,1,\cdots,J \tag{1}$$

$$C_j = H^* C_{j+1} + G^* D_{j+1}, \qquad j = J, J-1, \cdots, 1, 0 \tag{2}$$

其中，H^*、G^* 分别是 H 和 G 的共轭转置矩阵。公式（1）为 Mallat 一维分解算法，公式（2）为 Mallat 一维重构算法。

利用 Mallat 分解与重构算法进行信号处理时，不必知道具体的小波函数是什么样的。此外，在对数字信号进行处理时，通常假定相应的连续函数属于 V_0。即便如此，该函数在 V_0 空间投影的系数与由采样得到的离散序列一般不一样，但实际上都是直接把由采样得到的信号作为最高分辨率的信号来处理，这时更多的是把小波变换当作滤波器组来看待。

在实际应用 Mallat 算法时，由于实际信号都是有限长的，因而存在如何处理边界的问题。比较常用的方法是周期扩展和反射扩展。主要目的是要降低边界不连续性所产生的在边界上变换系数衰减慢的问题。

3. 二维 Mallat 算法

在进行图像处理时要用到二维小波变换，目前的研究中主要以可分离小波为主，下面的定理给出了构造二维可分离正交小波基的方法。

定理：令 $V_j^2 (j \in Z)$ 是 $L^2(R^2)$ 的可分离多分辨分析，并令 $\phi(x,y) = \phi(x)\phi(y)$ 是相应的二维尺度函数，$\psi(x)$ 是与尺度函数对应的一维标准正交小波。若定义 3 个二维小波

$$\begin{cases} \psi^1(x,y) = \phi(x)\psi(y) \\ \psi^2(x,y) = \psi(x)\phi(y) \\ \psi^3(x,y) = \psi(x)\psi(y) \end{cases} \tag{3}$$

则

$$\begin{cases} 2^{-j}\psi^1(2^{-j}x - m, 2^{-j}y - n) \\ 2^{-j}\psi^2(2^{-j}x - m, 2^{-j}y - n), \quad (m,n) \in Z^2 \\ 2^{-j}\psi^3(2^{-j}x - m, 2^{-j}y - n) \end{cases} \tag{4}$$

分别是 $L^2(R^2)$ 内的标准正交基。

设 $f = f(x,y) \in V_j^2$ 为待分析的图像信号，其二维逼近图像为

$$A_j f = A_{j+1} f + D_{j+1}^1 f + D_{j+1}^2 f + D_{j+1}^3 f \tag{5}$$

式中：

$$\begin{cases} A_{j+1}f=\sum\limits_{m=-\infty}^{\infty}\sum\limits_{n=-\infty}^{\infty}C_{j+1}(m,n)\,\phi_{j+1}(m,n) \\ D_{j+1}^{i}f=\sum\limits_{m=-\infty}^{\infty}\sum\limits_{n=-\infty}^{\infty}D_{j+1}^{i}(m,n)\,\phi_{j+1}(m,n),\ i=1,2,3 \end{cases} \tag{6}$$

利用尺度函数和小波函数的正交性，由公式（4）、（5）和（6）可得

$$C_{j+1}(m,n)=\sum_{k=-\infty}^{\infty}\sum_{l=-\infty}^{\infty}h(k-2m)\,h(l-2n)\,C_j(k,l) \tag{7}$$

以及

$$\begin{cases} D_{j+1}^{1}=\sum\limits_{k=-\infty}^{\infty}\sum\limits_{l=-\infty}^{\infty}h(k-2m)\,g(l-2n)\,C_j(k,l) \\ D_{j+1}^{2}=\sum\limits_{k=-\infty}^{\infty}\sum\limits_{k=-\infty}^{\infty}g(k-2m)\,h(l-2n)\,C_j(k,l) \\ D_{j+1}^{3}=\sum\limits_{k=-\infty}^{\infty}\sum\limits_{l=-\infty}^{\infty}g(k-2m)\,g(l-2n)\,C_j(k,l) \end{cases} \tag{8}$$

引入矩阵算子，令 H_r 和 H_c 分别代表用尺度滤波器系数对阵列 $\{C_{k,l}\}_{(k,l)\in Z^2}$ 的行和列作用的算子，G_r 和 G_c 分别表示用小波滤波器系数对行和列作用的算子，二维 Mallat 分解算法为

$$\begin{cases} C_{j+1}=H_rH_cC_j \\ D_{j+1}^{1}=H_rG_cC_j \\ D_{j+1}^{2}=G_rH_cC_j \\ D_{j+1}^{3}=G_rG_cC_j \end{cases},\qquad j=0,1,\cdots,J \tag{9}$$

二维 Mallat 重构算法为

$$C_j=H_r^{*}H_c^{*}C_{j+1}+H_r^{*}G_c^{*}D_{j+1}^{*}+G_r^{*}H_c^{*}D_{j+1}^{2}+G_r^{*}G_c^{*}D_{j+1}^{3} \tag{10}$$

二维小波分解与重构算法，利用其可分离特性，在算法实现时分别由对行进行一维小波变换，然后再对按行变换后的数据按列进行一维小波变换来完成。与一维的情形类似，在实际应用中，由于图像信号总是有限区域的，也存在如何处理边界的问题。典型的处理方法是周期扩展和反射扩展，在用小波变换进行图像压缩时，由于边界的不连续性，会使在边界处的小波变换系数的衰减变慢，从而影响图像的压缩比。因此，在图像压缩应用中，若使用的是具有对称性质的双正交小波滤波器，则一般对边界采用反射扩展的方式，使边界保持连续，以提高压缩性能。

12.3 小波分析在量化投资中的应用

12.3.1 K 线小波去噪

由于金融市场中各种偶然因素的影响，使得金融数据，特别是金融时间序列数据中存在许多噪声。这些噪声严重影响了进一步的分析和处理，因此必须预先去噪。但是金融时间序列本身具有非平稳、非线性和信噪比高的特点，采用传统的去噪处理方法往往存在诸多缺陷。而小波理论是根据时频局部化的要求而发展起来的，具有自适应和数学显微镜性质，特别适合非平稳、非线性信号的处理。

1．传统去噪方法的缺陷

对金融时间序列去噪的传统方法主要有移动平均法、传统滤波方法、卡尔曼滤波方法和维纳滤波方法。

（1）移动平均法就是将序列从第一项开始，逐项移动重叠求出每移动一次的序时平均数，从而构成新的时间序列。在新序列中短期的偶然因素引起的变动被削弱，从而达到去噪目的。作为一种简单的数据平滑技术，该方法非常粗略，在去噪声的同时把许多有用的信息也一并去掉了，因而它只适用于对数据的简单处理，不适合对数据的深层分析。

（2）传统滤波方法的一个典型例子是采用傅里叶变换，将时域信号变换到频域。一般认为低频信号是有用信号，而将高频信号看作噪声。将高于某个阈值频率的傅里叶系数全部设为 0 后，再通过傅里叶逆变换恢复到时域，从而实现去噪。它要求有用信号和噪声的频谱相互分开，但对金融时间序列来说，比如股价时间序列和收益率序列的波动性都比较大，频谱比较宽，因而有用信号和噪声的频谱重叠比较严重，采用传统方法难以实现信噪的有效分离。

（3）卡尔曼滤波是以最小均方差为估计的最佳准则来寻求一套递推估计的算法，它利用前一时刻的状态估计值和当前时刻的观测值来共同确定当前状态的估计值，它需要知道系统的运动规律以建立准确的状态方程。但金融时间序列是一个非平稳、非线性的时间序列，很难用一个确定的方程来描述其状态和行为，因此采用这种方法来对金融时间序列去噪也存在固有的难度。

（4）维纳滤波法是现代滤波理论中的典型代表，其基本思想是：寻找线性滤波器的最佳冲击响应或传递函数，使得滤波器的输出波形作为输入波形的最佳估计。但其只适于平稳过程，不适于非平稳过程，并且维纳滤波需要噪声和有用信号的先验知识，如它们的自相关函数、功率谱密度等。由于实际中这些先验知识很难得到或者过于简化，因而往往使理论上最优的维纳滤波达不到要求。

2. 小波去噪的基本原理

小波有两个显著特点：一是在时域中都具有紧支集或近似紧支集；二是正负交替的波动性。小波分析是将信号分解成一系列小波函数的叠加，而这些小波函数都是由一个母小波通过平移和尺度伸缩得来的。

小波分析理论的一个重要特色是可以进行多分辨率分析。信号可通过多层分解为反映高频信息的细节部分和反映低频信息的概貌部分，通过这种多分辨率分解，信号和噪声通常会有不同的表现，从而达到信噪分离的目的。金融时间序列去噪处理采用更广泛的方法：非线性阈值处理方法。

非线性阈值处理方法又称小波收缩法，该方法的基本原理是基于小波变换的集中能力。即通过小波变换后有用信号的能量集中于少数小波系数上，而白噪声在小波变换域上仍然分散在大量小波系数之上。因而相对来说，有用信号的小波系数值必然大于那些能量分散且幅值较小的噪声的小波系数值。因此，从谱的幅度上（不是谱的位置）看，有用信号和噪声可以实现分离。该方法可分为以下 3 个步骤。

（1）选择合适的正交小波基和分解层数 J，对含噪信号进行小波变换分解到 J 层。

（2）对分解得到的小波系数进行阈值处理，可以使用两种处理方法：硬阈值法和软阈值法。硬阈值法保留较大的小波系数并将较小的小波系数置零，即

$$W_f(j,k)=\begin{cases}W_f(j,k),\ W_f(j,k)\geqslant Tr\\0,\ W_f(j,k)<Tr\end{cases}$$

（3）软阈值法将较小的小波系数置零，而对较大的小波系数向零进行收缩，即

$$W_f(j,k)=\begin{cases}\operatorname{sgn}(W_f(j,k))((j,k)-Tr),\ W_f(j,k)\geqslant Tr\\0,\ W_f(j,k)<Tr\end{cases}$$

学者证明了用软阈值法能使估计信号实现最大均方误差最小化，即去噪后的估计信号是原始信号的近似最优估计。该方法具有广泛的适用性，是应用最为广泛的一种小波去噪方法，其计算速度也很快。

3. 金融时间序列小波去噪方法分析

尽管非线性阈值法相对简单，然而还是存在几个重要参数的确定问题，即小波函数的选取、阈值和分解层次的确定。下面针对金融时间序列的特性分析如何确定相应参数。

1）金融时间序列的特点与一般去噪要求

股票市场数据是金融数据的典型代表，常见的有股票价格数据和由股价计算出的收益率数据。这两类序列都表现为很不平稳的特性，数据的起伏波动比较大，信号中的奇异点比较多。其中收益率数据波动性更大，奇异点数更加密集，信号中的高频成分较多，很难将其与噪声区别开来。

除了大幅波动外，数据中还有很频繁的小幅波动，随机性很强，几乎贯穿整个时间。一般来说，信号的大幅波动蕴含着比较重要的信息，因而我们一般将其作为有用信号，在去噪时要保留。而大量的小幅波动一般作为噪声，因为即使金融市场非常平稳，没有什么重大新闻、政策出台或暗箱操作，也会由于股票市场的流动性而表现出这种小幅波动性，它不具有分析和预测价值，反而具有干扰作用。由于去噪只是进一步进行数据分析的预处理，一般地，我们只要求去掉这种小的波动性，而尽可能地保留有用信息，以防止信号失真。

2）小波函数的选取

目前有几十种小波函数，它们性质各异，适于不同的应用场合。不同的小波函数有不同的去噪效果，因而选取合适的小波函数是很重要的。分析以下一些与去噪关系紧密的小波函数特性。

（1）正交性。具有正交性的小波函数一方面消除了冗余，保持小波系数间的不相关性，因而可提高除噪性能；另一方面，正交性或双正交性是实现快速离散小波变换的条件，由于除噪过程需将原信号在多个层次分解，显然这个特性是必须首先考虑的。

（2）紧支撑性。如果描述尺度函数的低通滤波器组 $h(n)$ 可表征为FIR滤波器，那么尺度函数和小波函数只在有限区间非零，此时称小波函数具有紧支撑性。支撑宽度越小，小波的局部分辨能力越好，除噪更精细。

（3）消失矩。若 $\int\psi(t)t^m\mathrm{d}t=0,\ m=0,1,\cdots,M-1$，则称小波具有 M 阶消失矩。消失矩特性使小波展开时消去信号的高阶平滑部分，即函数展开为多项式时的前 M–1项对应函数的光滑部分，小波系数将非常小，因而小波变换只反映函数的高阶变换部分，从而反映信号奇异性的能力强。针对金融时间序列具有突变性的特点，一定的消失矩是需要的。但需要注意的是，太高的消失矩，若信号中的奇异点比较多，在对小波系数进行阈值处理后，重构失真度可能增大。因此，像收益率这样的序列，消失矩不能太高，否则会丢掉很多信息，而股价数据可适当高一点。

（4）对称性。越对称的小波，在经过小波变换后，其偏差越可能小，因而有利于除噪后信号的恢复和重建。但该特性相对上述其他特性来说对除噪效果的影响要小，因为特性之间往往会相互牵制，找到一个上述各方面特性都最优的小波是不可能的。

根据上述分析，从综合情况来看，db*N*（Daubechies 系列小波）、sym*N*（Symlets 系列小波）、coif*N*（Coiflet 系列小波）都比较合适，并且对于股价序列等相对比较平缓的序列可选择消失矩阶数稍高一点，即对应小波序列 *N* 取 4～8 都是可以的。但对收益率数据，因其奇异点密度非常大，消失矩不能太高，建议不要超过 4，即 db2～db4 比较恰当。

3）阈值的确定

由前述阈值法消噪的原理可知，阈值是区分信号和噪声的分水岭，显然它对除噪性能有至关重要的影响。阈值太高，会引起信号失真，太低则又去噪不完全。一般来说，阈值的确定主要基于以下几项准则。

（1）无偏风险估计准则（rigrsure）：即一种基于 Stein 的无偏似然估计原理的自适应阈值选择方法。对每个阈值求出对应的风险值，风险最小的即为所选。其具体算法如下。

① 把用来估计阈值的小波系数向量取绝对值（设其长度为 *n*），由小到大排序，然后将各元素平方，得到新的待估计向量 *NV*。

② 对 *NV* 的每个元素下标 *k*，按下式计算风险向量：

$$\text{Risk}(k)=\frac{n-2k+\sum_{i=1}^{k}NV(j)+(n-k)\cdot NV(k)}{n}$$

③ 求出风险向量 Risk 的最小点所对应的下标 *k* 值，从而得到阈值 *Tr* 为

$$Tr=\sqrt{NV(k)}$$

（2）固定阈值准则（sqtwolog）：设 *n* 为小波系数向量长度，则对应的阈值为

$$Tr=\sqrt{2\log n}$$

（3）混合准则（heursure）：它是 rigrsure 和 sqtwolog 准则的混合，当信噪比很低时，rigrsure 准则估计有很大噪声，这时可采用固定阈值。其阈值计算方法为：首先判断两个变量 Eta 和 Crit 的大小，它们的表达式分别为

$$\begin{cases}\text{Eta}=\dfrac{\sum_{j=1}^{n}\left|w_i\right|^2-n}{n}\\ \text{Crit}=\sqrt{\dfrac{1}{n}\left(\dfrac{\log n}{\log 2}\right)^3}\end{cases}$$

其中，n 是待估计小波系数向量的长度。若 Eta<Crit，则选取固定阈值；否则选取 rigrsure 准则和 sqtwolog 准则的较小者作为本准则的阈值。

（4）极小极大准则（minimaxi）：也是一种固定阈值选择形式。该原理是在统计学中为设计估计量而采用的。由于去噪信号可假设为未知回归函数的估计量，则极小极大估计量是实现在最坏条件下最小均方误差最小的量。其阈值计算公式为

$$Tr=\begin{cases}0,\ N\leqslant 32\\ 0.3936+0.1829\dfrac{\log n}{\log 2},\ N>32\end{cases}$$

以上阈值是针对标准差（小波域）为 1 的高斯白噪声而言的，因此实际阈值应取为 $Tr\cdot\sigma$，其中σ为噪声的标准差。一般认为最小尺度上的小波系数大部分由噪声引起，因而用其估计σ的值。估计方法为：若 M_x 为含噪信号最小尺度上的小波系数绝对值向量的中位数，则

$$\sigma=\frac{M_x}{0.6745}$$

上述准则中，混合准则和极小极大准则相对比较保守（仅将部分系数置零），因此在信号的高频信息中有很少一部分在噪声范围内时，这两种阈值比较适合；而另外两种阈值选取规则，特别是固定阈值方法，能消除更多的噪声，但也有可能将有用信号的高频部分去掉。

考虑到针对金融数据去噪的目的只是为方便后续分析，并不要求完全去掉噪声。对股票价格等数据而言，其信号频率较少地与噪声重叠，因此可以选用 sqtwolog 和 heursure 准则，使去噪效果更明显。但对收益率这样的高频数据，尽量采用保守的 rigrsure 或 minimaxi 准则来确定阈值，以保留较多的信号。

4）分解层次确定

根据多分辨率分析理论，高层分解的小波系数对应的是低频部分，而低频部分主要由信号构成。因此，分解层次越高，去掉的低频成分越多，去噪效果越明显，但失

真度也相应增大。为保守起见，分解层次不宜太高，最大不超过 5 层。对于那些本身波动性强的序列，比如收益率序列，由于其信号本身高频成分较多，因而不能取太高的层次，一般不超过 3 层。

4. A 股案例实证

案例　K 线小波去噪

本案例对 2008 年 5 月至 2010 年 5 月共 500 个交易日的沪深 300 指数收盘价信号进行去噪实验。

（1）选择小波 Daubechies 小波系（db4）并确定分解层次为 4 层，得到 4 层高半频和 4 层低半频序列。

（2）阈值处理选择 sqtwolog 阈值估计准则。

（3）根据小波分解的第 4 层低频系数和经过量化处理后的 1～4 层高频系数进行小波重构，达到消除噪声的目的。

如图 12-1 所示为利用小波去噪后的结果。从图中可以看出大部分的小幅波动被去除，而指数走势的主要特征均被保留，得到一组消噪的时间序列。由于小幅干扰的噪声已被消除，用其他模型对其进行建模预测走势时，准确率将提升，因为消噪后的时间序列更能反映序列的主要特征。

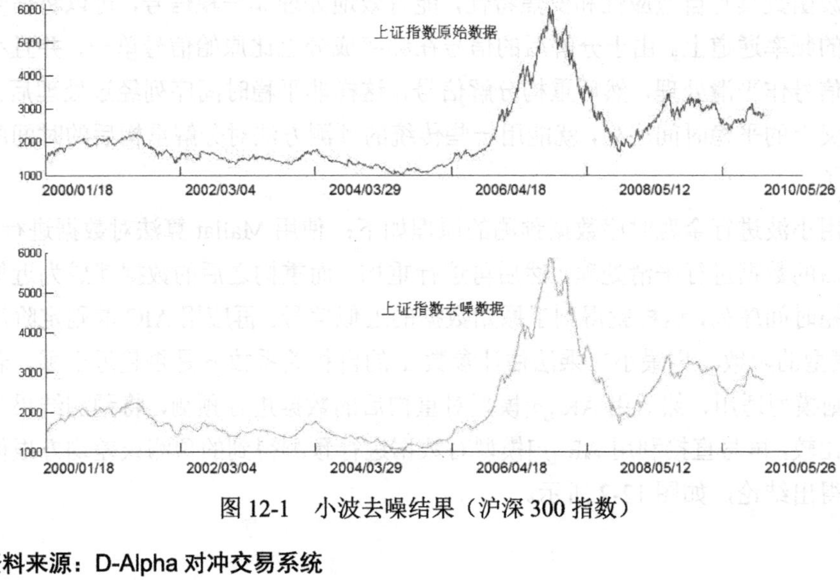

图 12-1　小波去噪结果（沪深 300 指数）

资料来源：D-Alpha 对冲交易系统

总而言之，小波方法可有效消除金融时间序列中的噪声，并能充分保留原信号的特征，为进一步的分析创造条件。但是，在具体应用时，相关的一些去噪参数的选取是非常重要的，必须根据序列的一些特征灵活选取。

12.3.2 金融时序数据预测

股票市场是一个相当复杂的系统，股票价格的变化受到经济、有关行业、政治及投资者心理等多种因素的影响，各因素的影响程度、时间范围和方式也不尽相同；且股市各因素间相互关系错综复杂，主次关系变化不定，数量关系难以提取及定量分析，因此我们需要寻找一种好的方法来避免或减弱这些因素的影响。

1. 金融时序数据小波预测原理

现在常用的时间序列分析法主要是建立自回归模型（AR）、移动平均模型（MA）、自回归—移动平均模型（ARMA）和齐次非平稳模型（ARIMA），其中 ARIMA 模型是较成熟的模型，常被用来对股价（最高价、最低价、开盘价、收盘价）及综合指数进行预测，通过选择模型的参数和辨识模型的系数实现对时间序列的拟合，进而用拟合好的模型对未来进行预测。然而以上这些预测方法对于平稳时间序列均有较好的作用，对于非平稳时间序列则表现得不尽如人意。

小波函数具有自适应性和变焦特性，能有效地处理非平稳信号，可以将信号分解到不同的频率通道上。由于分解后的信号在频率成分上比原始信号单一，并且小波分解后对信号作平滑处理，然后重构分解信号，这样非平稳时间序列经过处理后，成为近似意义上的平稳时间序列，就能用一些传统的预测方法对分解重构后的时间序列进行预测了。

采用小波进行金融时序数据预测的原理如下：使用 Mallat 算法对数据进行分解，对分解后的数据进行平滑处理，然后再进行重构，而重构之后的数据就成为近似意义上的平稳时间序列，这样就得到了原始数据的近似信号。再应用 AIC 准则定阶法判定 AR[p]模型的阶数。用最小二乘法估计参数 a_t 的自相关系数 p 是否趋近于零。若趋近于零，则模型适用，然后用 AR [p]模型对重构后的数据进行预测，将预测结果与实际值进行比较，再与直接利用 AR [p]模型对数据进行预测得到的预测误差均方根值进行比较，得出结论，如图 12-2 所示。

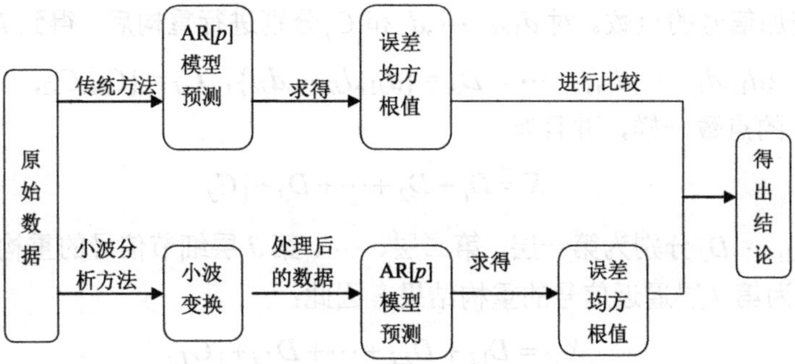

图 12-2 金融时序数据预测中小波方法和传统方法的区别

2. 信号的小波分解与重构

1）信号的分解

通常小波分解与重构可以通过 Mallat 算法来实现。设 $\{v_t\}$ 是 $L^2(R)$ 中的一个多尺度分析，ϕ 为尺度函数，$\{\psi_f, n\}_{f,n}$ 为小波基，则通过 Mallat 算法有分解式

$$\begin{cases} c_k^j = \sum c_l^{j+1} < \Phi_j + 1, l(x) > \\ d_k^j = \sum c_l^{j+1} < \Phi_j + 1, l(x) > \end{cases}$$

可以简记为

$$\begin{cases} c_f + 1 = Hc_j \\ d_f + 1 = Gc_j \end{cases}$$

上式中，H 和 G 分别为低通滤波器和高通滤波器。将 c_0 定义为原始信号 X，于是可以将 X 分解为 $d_1, d_2, \cdots, d_j$ 和 c_j（j 为最大分解层数），c_j 和 d_j 分别称为原始信号在分辨率 2^{-j} 下的逼近信号和细节信号。各层细节信号和逼近信号是原始信号 X 在相邻的不同频率段上的成分。

采用 Mallat 算法进行小波分解，每次分解后得到的细节信号和逼近信号比分解前的信号点数减少一倍，经平滑处理后，用 Mallat 算法将分解后的信号进行重构。

2）信号的重构

重构算法描述如下：

$$C_j = H^* C_{j+1} + G^* D_{j+1}, j = J-1, J-2, \cdots, 0$$

其中，H^* 和 G^* 分别是 H 和 G 的对偶算子，采用重构算法对小波分解后的信号进行重构可以增加信号的点数。对 $d_1,d_2,\cdots,d_J$ 和 C_J 分别进行重构后，得到 $D_1,D_2,\cdots,D_J$ 和 C_J，且 $D_1=\{d_{11},d_{12},\cdots,d_{1n}\}$，…，$D_J=\{d_{J1},d_{J2},\cdots,d_{Jn}\}$，$C_J=\{C_{J1},C_{J2},\cdots,C_{Jn}\}$，它们和原始信号 X 的点数一样，并且有

$$X=D_1+D_2+\cdots+D_J+|C_J$$

式中，$D_1,D_2,\cdots,D_J$ 分别为第一层、第二层、…、第 J 层细节信号的重构结果，X_J:$\{X_{J1}, X_{J2},\cdots,X_{JN}\}$ 为第 J 层逼近信号的重构结果，因此：

$$X_{ji}=D_{1,i}+D_{2,i}+\cdots+D_{J,i}+|C_{J,i}$$

3．AR[p]模型预测方法

1）自回归模型 AR[p]

时间序列 $\{x_t\}|t=1,2,\cdots,N\}$ 的 AR[p]模型表示为：

$$x_t=\Phi_1 x_{s,t-1}+\Phi_2 x_{s,t-2}+\cdots+\Phi_M x_{s,t-M}+a_t$$

称为 p 阶自回归模型，方差为 a_a^2 的独立正态分布。其中实数 $\Phi_1,\Phi_2,\cdots,\Phi_n$ 称为模型参数，也称自回归参数，p 称为模型的阶数，a_t 表示残差，且满足如下条件。

（1）满足均值为零：$E(a_t)=0$。

（2）相互独立，且方差为 a_a^2。

$$r_k=E(a_t a_t+k)=\begin{cases}a_2^a,k=0\\0,k\neq 0\end{cases}$$

（3）服从正态分布：$a_t=\sim N(0,a_a^2)$。

（4）a_t 与前一时刻的 $X_{t-k}(k>0)$ 互不相关，即

$$E(a_t X_{t-k})=0 \qquad (k>0)$$

（5）通常称 a_t 为白噪声，由于 $\sum_k |r_k|<\infty$，所以 a_t 的谱密度存在，即

$$S_a(f)=\sum_{k=-\infty}^{\infty} r_k \mathrm{e}^{-t2Tkf}=a_a^2$$

可见谱密度是常数，表示在各频率上有相同分量，正如白色光等量地包含了各种有色光的光谱分量一样，因此称为白噪声，普遍存在于各种波动或干扰现象中。显然，白噪声是理想的随机序列。在实际过程中，序列的前后时刻往往都存在相关性和记忆性。这种人为的相互独立或无记忆序列，能够为构造更复杂的数学模型提供方便条件，

也称为新信息序列，在时间序列分析的预报理论中具有重要应用。

2）AR[p]模型预测方法

首先要应用 AIC 准则定阶法对 AR[p]模型进行阶数的判定。已知时间序列$\{x_t \mid t=0,\pm1,\pm2,\cdots,\}$，设定一个拟合模型的最高阶数 L，则 AR[k]模型 AIC 定阶步骤如下。

（1）计算自相关系数 x 和偏相关系数 X，$x=R/R_0$，其中 R 为自协方差函数，偏相关系数 X 则通过求解 Yule-Walker(Y-W)方程得到。Y-W 方程如下：

$$R_{xx}(m)=-\sum_{k=1}^{p}a_k R_{xx}(m-k), m>0$$

（2）令 $U=R_0-\sum_{j=1}^{K}\varphi_j R_j$。

式中，U 是 AR(k)模型残差方差，记 $\mathrm{AIC}(k)=\log[U(k)]+2k/N$。

（3）在 1≤k≤1 范围内，如果当 $k=p$ 时，$\mathrm{AIC}(k)=\min$，则适用的模型为 AR[p]。图 12-3 给出了 AIC 准则定阶法的流程框图。

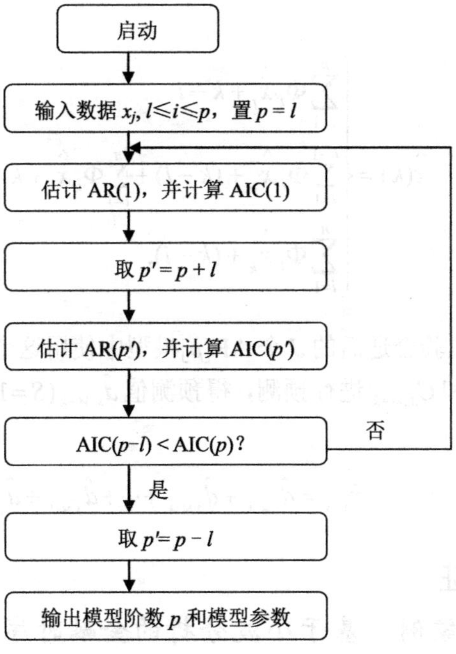

图 12-3　AIC 准则定阶法流程

然后对给定的$\{x_t\}$建立 AR[p]模型进行适应性检验，其中最根本的是检验 a_t是否为白噪声。对 AR[p]模型进行参数估计和适应性检验后，就可以用建立的 AR[p]模型对时间序列$\{v_t\}$进行预测了。

我们假设已知$\{t_i \mid i \leqslant M\}$时刻的 x_t值，要预测 k 步以后的状态值，即求x_{m+k}的值。

那么对每个$D_s=\{d_{s,1},d_{s,2},\cdots,d_{s,m}\}$，$1\leqslant s\leqslant J$ 及$C_f=\{C_{f,1},C_{f,2},\cdots,C_{f,m}\}$分别建立 AR 模型，共计 J 个 AR 模型，即令

$$d_{s,t}=\Phi_1 d_{s,t-1}+\Phi_2 d_{s,t-2}+\cdots+\Phi_t d_{s,t-M}+a_t,\ \{t=1,2,\cdots,M\} \quad (1\leqslant s\leqslant J)$$

$$c_{s,t}=\Phi_1 c_{s,t-1}+\Phi_2 c_{s,t-2}+\cdots+\Phi_t c_{s,t-M}+a_t,\ \{t=1,2,\cdots,M\}$$

并用已知的$\hat{x}_t(k)$分别对这 J 个 AR[p]模型进行参数估计和模型检验。

定义 3：$\hat{x}_t(k)$为在 t 时刻对未来 k 步的预测值，$e_t(k)$为预测误差，即

$$e_t(k)=x_{t+k}-x_t(k)$$

并称预测误差 $e_t(k)$的方差为最小时的$\hat{x}_t(k)$值为最佳预测。对于 AR[p]模型，其最佳预测值的计算式为

$$\hat{x}(k)=\begin{cases}\sum_{i=1}^{n}\Phi_i\hat{x}_t+k-i, & k=1\\ \sum_{i=1}^{k-1}\Phi_i\hat{x}_k+(k-i)+\sum_{i=1}^{n}\Phi_i\hat{x}_t+k-i, & 1<k\leqslant n\\ \sum_{i=1}^{n}\Phi_i\hat{x}_k+(k-i), & k>n\end{cases}$$

在上述经过检验合适后的 J 个 AR[p]模型中使用这个最佳预测公式，分别对每个$d_{s,M+k}(S=1,\cdots,J)$和$C_{J,M+k}$进行预测，得预测值$\hat{d}_{s,M+k}(S=1,\cdots,J)$和$\hat{C}_{J,M+k}$，这样即可得到 X_{M+k}的预测值：

$$\hat{x}_{M+k}=\hat{d}_{1,M+k}+\hat{d}_{2,M+k}+\cdots+\hat{d}_{j,M+k}+\hat{d}_{j,M+k}$$

4. A 股实证

案例　基于小波分析的金融时序数据预测

1）实验步骤

利用 MTLAB 软件，对金融时序数据的预测可以按以下步骤进行。

（1）对原始数据进行分解，本案例采用 Mallat 算法对数据进行分解，然后对信号进行平滑处理，用低通函数与原始信号卷积实现平滑处理，再对经过平滑处理的信号进行重构。

（2）检验处理后的数据是否符合 AR[p]建模要求，计算自相关系数 x，$x=R/R_0$，其中 R_0 为自协方差函数。

（3）通过求解 Y-W 方程，求得偏相关函数 X。

（4）计算 10 阶以内的模型残差方差 U 和 AIC 值，应用 AIC 准则为模型定阶。AIC 准则如下：

$$\text{AIC}(k)=n\log(U(k))+2k/N$$

（5）检验$\{a_t\}$是否为白噪声，求$\{a_t\}$的自相关系数 p，看其是否趋近于零。若趋近于零，则模型适用；否则，模型不适用。

（6）本案例中判定模型阶数为 7，利用 AR[7]模型的方程对重构后的数据进行预测。AR[7]模型的方程为：

$$\begin{aligned}X(t)=&W(1)\times X(t-1)-W(2)\times X(t-2)-W(3)\times X(t-3)-W(4)\times X(t-4)-\\&W(5)\times X(t-5)-W(6)\times X(t-6)-W(7)\times X(t-7)+a\end{aligned}$$

2）实证结果

本案例取深发展 A 股股票 2005 年 1 月 4 日到 2005 年 12 月 30 日每个交易日的收盘价格（共 227 个交易日）作为已知时刻的值，用上述小波变换的方法来预测 2006 年 1 月 1 日到 2006 年 1 月 7 日 6 个交易日的股票收盘价格，并与实际值相比较。

首先给出原始数据图，如图 12-4 所示。对上述数据用小波进行分解，并对分解后的数据作平滑处理，然后重构得到原数据的近似信号，这时数据走势如图 12-5 所示。

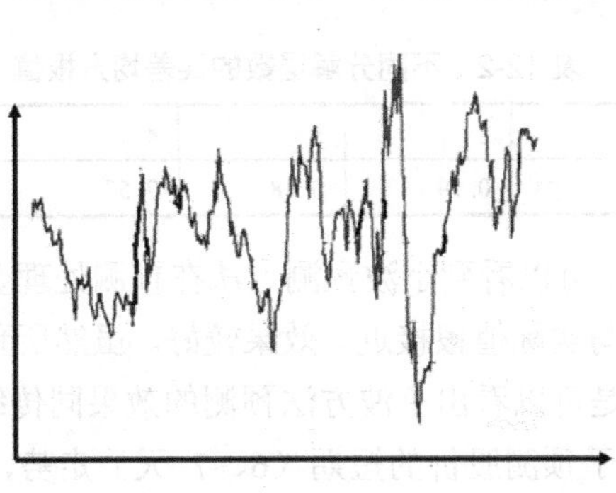

图 12-4　深发展 A 股股票收盘价 2005 年 227 个交易日的走势

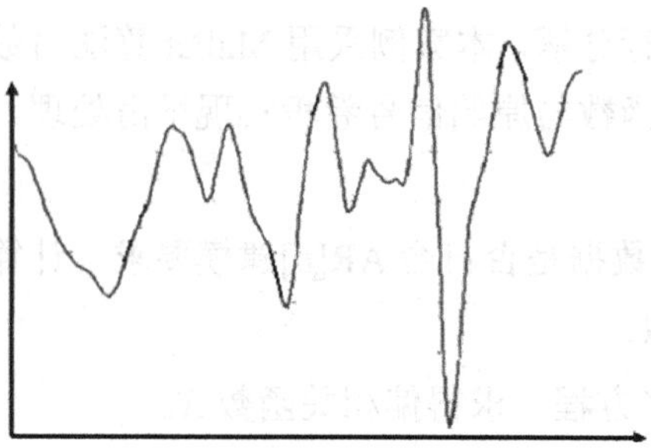

图 12-5　深发展 A 小波重构

通过比较可以看出，进行小波变换后，时间序列趋于平稳，我们将其看作原始数据的近似信号，利用 AR[7]模型对原始数据的近似信号进行逼近，时间区间为 2006/1/1—2006/1/7，共有 6 个交易日的原始数据，结果如表 12-1 所示。从表中可以看到，预测的总体趋势和实际股票价格的走势一致，预测的效果很好。

表 12-1　深发展 A 日收盘价小波分析方法预测值与实际值比较

	1/1	1/2	1/4	1/5	1/6	1/7
预测值	6.03	6.01	5.98	5.88	5.88	5.97
实际值	6.1	6.04	5.95	5.71	6.15	6.17
误差（%）	1.147 541	0.496 689	−0.504 2	−2.977 23	4.390 244	3.241 491

在小波分析预测方法中，还存在分解层数的问题。小波越往下分解，信号频段划分得越细，细节信号和近似信号的平稳性就越好，这样预测值会比较精确。但实际上，由于分解过程本身存在计算的误差，层数越多，误差就会越大，这样这种误差就会影响预测值。因此，在选择层数时不宜过多，也不宜过少。表 12-2 给出了采用小波分析方法进行预测时，分解层数分别为 1～6 层时的预测误差均方根值。

表 12-2　不同分解层数的误差均方根值

分解层数	1	2	3	4	5	6
预测误差均方根	1.43	0.19	0.38	7.57	19.07	10.02

通过以上案例实证，可以看到小波预测方法在预测处理金融数据这类非平稳的时间序列时，预测的结果与实际值很接近，效果较好。虽然所预测的结果仍会出现个别偏大或者偏小的值，但是可以看出小波方法预测的效果同传统的预测方法相比较，其具有一定的可靠性，用于预测股价的短期（6、7 天）走势，效果比较好。同时也可以发现，一般当分解层数为 2～3 层时，预测效果比较好。

第13章 支持向量机

◆ 摘要 ◆

SVM 算法是一种学习机制，是由 Vapnik 提出的旨在改善传统神经网络学习方法的理论弱点，最先从最优分类面问题提出了支持向量机网络。SVM 学习算法根据有限的样本信息在模型的复杂性和学习能力之间寻求最佳折中，以期获得最好的泛化能力。SVM 在形式上类似于多层前向网络，而且已被应用于模式识别、回归分析、数据挖掘等方面。

支持向量机的这些特点是其他学习算法（如人工神经网络）所不及的。对于分类问题，单层前向网络可解决线性分类问题，多层前向网络可解决非线性分类问题。但这些网络仅仅能够解决问题，并不能保证得到的分类器是最优的；而基于统计学习理论的支持向量机方法能够从理论上实现对不同类别间的最优分类，通过寻找最坏的向量，即支持向量，达到最好的泛化能力。

SVM 总的来说可以分为线性 SVM 和非线性 SVM 两类。线性 SVM 是以样本间的欧氏距离大小为依据来决定划分的结构的。非线性 SVM 中以卷积核函数代替内积后，相当于定义了一种广义的距离，以这种广义距离作为划分依据。

模糊支持向量机有两种理解：一种是针对多定义样本或漏分样本进行模糊后处理；另一种是在训练过程中引入模糊因子作用。

SVM 在量化投资中的应用主要是进行金融时序数据的预测。根据基于支持向量机的时间序列预测模型，先由训练样本对模型进行训练和完备，然后将时间序列数据进行预测并输出预测结果。

本章介绍的第一个案例是一种基于最小二乘法的支持向量机的复杂金融数据时间序列预测方法，大大提高了求解问题的速度和收敛精度。相比于神经网络预测方法，该方法在大批量金融数据时间序列预测的训练时间、训练次数和预测误差上都有了明显提高，对复杂金融时间序列具有较好的预测效果。

第二个案例是利用 SVM 进行大盘拐点判断。由于使用单一技术指标对股价反转点进行预测存在较大的误差，所以使用多个技术指标组合进行相互验证就显得特别必要。SVM 由于采用了结构风险最小化原则，能够较好地解决小样本非线性和高维数问题，因此，通过构造一个包含多个技术指标组合的反转点判断向量，并使用 SVM 对技术指标组合向量进行数据挖掘，可以得到更加准确的股价反转点预测模型。

13.1 基本概念

SVM 算法是一种学习机制，是由 Vapnik 提出的旨在改善传统神经网络学习方法的理论弱点，最先从最优分类面问题提出了支持向量机网络。

SVM 学习算法根据有限的样本信息在模型的复杂性和学习能力之间寻求最佳折中，以期获得最好的泛化能力。SVM 在形式上类似于多层前向网络，而且已被应用于模式识别、回归分析、数据挖掘等方面。支持向量机方法能够克服多层前向网络的固有缺陷，它有以下几个优点：

（1）它是针对有限样本情况的。根据结构风险最小化原则，尽量提高学习机的泛化能力，即由有限的训练样本得到小的误差，能够保证对独立的测试集仍保持小的误差，其目标是得到现有信息下的最优解，而不仅仅是样本数趋于无穷大时的最优值。

（2）算法最终将转换成一个二次型寻优问题，从理论上说，得到的将是全局最优解。

（3）算法将实际问题通过非线性变换转换到高维的特征空间，在高维空间中构造线性判别函数来实现原空间中的非线性判别函数，这一特殊的性质能保证机器有较好的泛化能力。同时它巧妙地解决了维数灾难问题，使得其算法复杂度与样本维数无关。

13.1.1 线性 SVM

1. 线性可分 SVM 数学模型

设给定的训练集为 $\{(x_1,y_1),(x_2,y_2),\cdots,(x_l,y_l)\}$，其中 $x\in R^n$， $y\in\{-1,1\}$。再假设该训练集可被一个超平面线性划分，该超平面记为 $(w\cdot x)+b=0$。

如果训练集中的所有向量均能被超平面正确划分，并且距超平面最近的异类向量之间的距离最大（边缘最大化），则该超平面为最优超平面。

其中距离超平面最近的异类向量被称为支持向量，一组支持向量可以唯一地确定一个超平面，两类支持向量间的距离叫作分类间隔。

离超平面最近的样本点（支持向量）满足：

$$(w \cdot x_i)+b=1\text{，若 }y=1$$

$$(w \cdot x_i)+b=-1\text{，若 }y=-1$$

支持向量到超平面的距离为 $|(w \cdot x_i)-b|/\|w\|=1/\|w\|$，支持向量之间的距离为 $2/\|w\|$，即为分类间隔。因此，构造最优超平面使分类间隔最大化的问题就转换为如下的最优化问题：

$$\text{Minimize}\ \ \Phi(w,b)=\frac{1}{2}\|w\|^2$$

$$\text{s.t.} y_i(w \cdot x_i+b)-1 \geqslant 0 \quad i=1,2,\cdots,l$$

目标函数是严格上凹的二次型，约束函数是下凹的，这是一个严格凸规划。按照最优化理论中凸二次规划的解法，可以把它转换为 Wolfe 对偶问题来求解。

构造 Lagrange 函数：

$$L(w,\alpha,b)=\frac{1}{2}\|w\|^2-\sum_{i=1}^{l}\alpha_i y_i(x_i \cdot w+b)+\sum_{i=1}^{l}\alpha_i, \alpha_i \geqslant 0, i=1,2,\cdots,l$$

式中，α_i 是 Lagrange 乘子，它应满足条件 $\nabla_w L(w,\alpha,b)=0$，$\frac{\partial}{\partial b}L(w,\alpha,b)=0$（Kuhn-Tucker），即 $w=\sum_i \alpha_i y_i x_i$ 和 $\sum_i \alpha_i y_i=0$。

将这两式代回 Lagrange 函数中，消去 w 和 b，经运算得到最优化问题的 Wolfe 对偶问题，即

$$\begin{cases} W(\alpha)=\sum_{i=1}^{l}\alpha_i-\frac{1}{2}\sum_{i=1}^{l}\alpha_i\alpha_j y_i y_j x_i x_j \\ \text{s.t.} \sum_{i=1}^{l}\alpha_i \text{y}_i=0 \\ a_i \geqslant 0, i=1,2,\cdots,l \end{cases}$$

其解是最优化问题的整体最优解。解出 α 后利用 $w=\sum_i \alpha_i y_i x_i$ 确定最优超平面。

应该注意只有支持向量所对应的 Lagrange 乘子 α_i 才不是 0。

基于最优超平面的分类规则就是下面的判别函数：

$$f(x)=\text{sgn}\left[\sum_{\text{支持向量}} y_i\alpha_i\left(x_i\cdot x-b\right)\right]$$

式中，b 作为偏移值，取值如下：

$$b=\frac{1}{2}\left[\sum_{i=1}^{l}\alpha_i y_i x_i x^*(1)+\sum_{i=1}^{l}\alpha_i y_i x_i x^*(-1)\right]$$

式中，$x^*(1)$ 表示属于第一类的某个（任一个）支持向量；$x^*(-1)$ 表示属于第二类的某个支持向量。

利用 Wolfe 对偶问题，不但使问题更易处理，而且使样本在新问题中仅以向量点积的形式出现。正是因为这一重要特点，使得支持向量方法能推广到非线性情况。由于 Wolfe 对偶问题带来了这样好的副产品，现在对 SVM 所做的研究一般都从 Wolfe 对偶问题开始，而不将其最初的数学提法作为优化目标。

2. 线性不可分情况的处理

为了使 SVM 算法能应用于不可分情况，Cortes 和 Vapnik 在 1995 年引入了软边缘最优超平面的概念，引入非负变量 ξ_i，将约束条件放松为

$$y_i\left(w\cdot x_i+b\right)-1\geqslant 1-\xi, i=1,2,\cdots,l$$

同时对目标函数引入惩罚项：

$$\Phi\left(w,\xi\right)=\frac{1}{2}\|w\|^2+c\left(\sum_{i=1}^{l}\xi_i\right)$$

求解这个二次规划问题，最终推导所得的 Wolfe 对偶问题与线性可分的情况如下：

$$\text{Maxmize}\ \ W(\alpha)=\sum_{i=1}^{l}\alpha_i-\frac{1}{2}\sum_{i=1}^{l}\alpha_i\alpha_j y_i y_j x_i x_j$$

$$\text{s.t.}\sum_{i=1}^{l}\alpha_i y_i=0$$

$$C\geqslant x_i\geqslant 0, i=1,2,\cdots,l$$

唯一的区别在于对 α_i 加了一个上限限制。

13.1.2 非线性 SVM

上一节的算法针对的是输入空间存在线性判别面的情况。对分类面是非线性函数的情况，理论上应将输入空间通过某种非线性映射，映射到一个高维特征空间，在这个空间中存在线性的分类规则，可以构造线性的最优分类超平面。但是这种方法带来了两个问题；一是概念上的问题，即怎样在如此高维的空间中找到一个推广性好的分类超平面；二是技术上的问题，即如何处理高维空间中的计算问题。

前面我们把寻找最优超平面最终归结为其 Wolfe 对偶问题，一个很重要的副产品就是找到了一个克服维数灾难、解决技术上问题的绝好方法。如果数学上可以找到一个函数 $K:(R^n,R^n)\to R$，使得 $K(x_i,x_j)$ 等于 x_i、x_j 在高维特征空间中的映射的点积，那么用 $K(x_i,x_j)$ 代替 Wolfe 对偶问题中 x_i 和 x_j 的点积即可，计算量将会大大减少。事实上确实存在这样的函数，Vapnik 称之为卷积核函数，于是我们只需在输入空间中计算卷积核函数，而不必知道非线性映射的形式，也不必在高维特征空间中进行计算。

通过上一节已经看到，线性 SVM 是以样本间的欧氏距离大小为依据来决定划分的结构的。非线性 SVM 中以卷积核函数代替内积后，相当于定义了一种广义的距离，以这种广义距离作为划分依据。也许并不一定所有的学习机器都要以样本间距离作为划分依据，但是对于面临的很多问题来说，把距离近的样本划分在一起确实是理所当然的。

我们自然会提出这样的问题：怎样选择核函数？核函数的性质会对学习机器的推广能力起决定作用吗？幸运的是，实验表明，采用不同种类核函数的学习机器表现出大致相同的性能，它们找到的支持向量大致相同。多项式分类器、径向基函数、两层神经网络等都是常用的 SVM 的核函数。

首先将输入向量 x 通过映射 $\Psi:R^n\to H$ 映射到高维 Hilbert 空间 H 中。设核函数 K 满足 $K\left(x_i,x_j\right)=\Psi\left(x_i\right)\cdot\Psi\left(x_j\right)$，则二次规划问题的目标函数变为

$$
\begin{aligned}
\text{Maximize}\quad W(\alpha)&=\sum_{i=1}^{l}\alpha_i-\frac{1}{2}\sum_{i=1}^{l}\alpha_i\alpha_j y_i y_j\left\{\Psi\left(x_i\right)\cdot\Psi\left(x_j\right)\right\}\\
&=\sum_{i=1}^{l}\alpha_i-\frac{1}{2}\sum_{i=1}^{l}\alpha_i\alpha_j y_i y_j K(x_i,x_j)\\
&\text{s.t.}\sum_{i=1}^{l}\alpha_i y_i=0\\
&\mathrm{C}\geqslant\alpha_i\geqslant 0, i=1,2,\cdots,l
\end{aligned}
$$

与线性情况有所不同的是，尽管在高维特征空间中线性判别面的法向量 w 仍可表示成这个空间中支持向量的线性组合，但由于将输入空间映射为高维空间的是非线性映射，这种线性组合关系在输入空间中不再表现为线性组合，我们又不可能把工作样本映射到高维空间再作判别，所以就需要重新考虑工作样本的决策问题。在训练完成之后，只需计算下列函数的符号即可：

$$f(x)=\text{sgn}\left[\sum_{\text{支持向量}}\alpha_i y_i K(x_i,x)-b\right]$$

式中，b 作为偏移值，取值如下：

$$b=\frac{1}{2}\left[\sum_{i=1}^{l}\alpha_i y_i \Psi(x_i)x^*(1)+\sum_{i=1}^{l}\alpha_i y_i \Psi(x_i)x^*(-1)\right]$$

式中，$x^*(1)$ 表示属于第一类的某个（任一个）支持向量；$x^*(-1)$ 表示属于第二类的某个支持向量。

如果支持向量很多，则决策阶段的计算量也会较大。所以在实际应用中，如果训练集比较大，而且得到的支持向量很多，在牺牲一点分类精度的情况下可以按一定规则舍弃一些支持向量来增加分类速度，这对时间有要求的实时系统是很有必要的。

通常，不需要显式地知道 Ψ 和 H，只需选择合适的核函数 K 就可以确定支持向量机。Mercer 定理给出了核函数 K 满足上式的充要条件：

对任意满足 $\int g(x)^2\mathrm{d}x<\infty$ 的函数 $g(x)$，式 $\iint K(x,y)g(x)g(y)\mathrm{d}x\mathrm{d}y\geqslant 0$ 成立。

选择不同形式的核函数 K 就可以生成不同的支持向量机。常用的有以下几种。

（1）多项式 SVM（$d=1$ 时为线性核）：$K(x,y)=\left[(x\cdot y)+1\right]^d$。

（2）径向基函数 SVM：$K(x,y)=\mathrm{e}^{-\|x-y\|^2/2\sigma^2}$。

（3）Sigmoid 函数 SVM：$K(x,y)=\tanh\left(k(x\cdot y)+\delta\right)$。

概括地说，支持向量机就是首先通过用内积函数定义的非线性变换将输入空间变换到一个高维空间，然后求（广义）最优分类面。SVM 分类函数形式上类似于一个神经网络，输出的是若干中间层节点的线性组合，而每个中间层节点对应于输入样本与一个支持向量的内积，如图 13-1 所示。

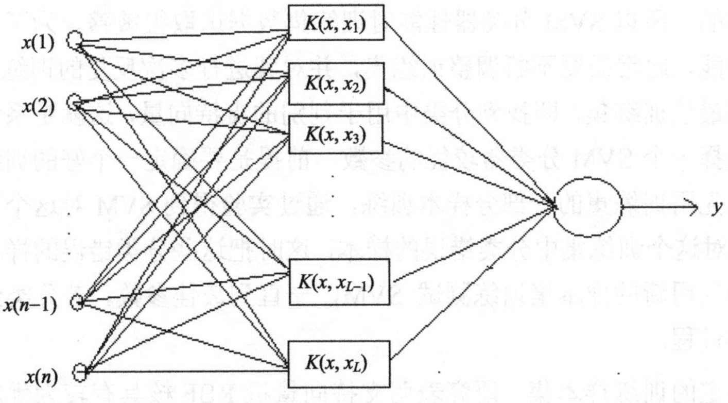

图 13-1 支持向量机结构

其中输入层用于存储输入数据，并不作任何加工运算；中间层是通过对样本集的学习，选择 $K(x,x_i), i=1,2,3,\cdots,L$；最后一层就是构造分类函数。

$$y=\operatorname{sgn}\left(\sum_{i=1}^{L} y_i a_i K(x,x_i)+b\right)$$

整个过程等价于在特征空间中构造一个最优超平面。

支持向量机的作用之一就是分类，根据分类的任务，可以划分为一分类、二分类及多分类。对于多类分类问题，可以用若干种手法将其分解为若干个二分类问题叠加。

13.1.3 SVM 分类器参数选择

与传统的神经网络方法相比，支持向量机具有更出色的性能，它采用结构风险最小化原则，能在经验风险与模型复杂度之间进行适当的折中，从而获得更好的推广能力。但是，支持向量机在实际应用中关于参数选择的问题仍然没有得到很好的解决，如多项式学习机器的阶数问题、径向基机器中的函数宽度，以及 Sigmoid 机器中函数的宽度和偏移等。统计学习理论目前对这些问题给出了一些建议和解释，但还没有给出实际可行的方案，目前也只能通过实验方法来确定最佳参数。因此，在使用支持向量机进行分类和预测时，如何选择适当的参数就成了一个非常重要的问题。

由 SVM 基本算法可以看出，支持向量机判决函数的依据是支持向量机和偏移值，而支持向量是由训练集中的一部分组成的，不同的训练集中训练出来的支持向量和偏移是不一样的，所以 SVM 分类器性能对训练集数据选取很敏感。为了提高支持向量机的分类性能，通常需要不断调整训练集，并对其进行多次反复的训练，对一个具体分类器找到最佳训练集，即找到分类中用于判别的支持向量，这就是系统的再学习过程。为了选择一个 SVM 分类器较优的参数，前提是要确定一个好的训练集。比较常用的方法是先用训练集的一部分样本训练，通过实验得到 SVM 对这个训练集的最佳参数，找出对这个训练集中分类错误的样本，这时把这些分类错误的样本再加到训练集中，重新使用新的样本集训练测试 SVM，一直到最佳参数。若分类结果不满意，则重复上述过程。

对于确定的训练样本集，研究表明支持向量机 RBF 核具有较为优越的性能，所以实验中通常选择 RBF 核函数。RBF 核函数实验中需要调试的参数是惩罚系数 C 和径向基宽度σ。关于这两个参数的选择，使用交叉选择的方法可以快速达到最优解。一般来说，C 的取值一般为$2^9>C>2^1$，σ的取值一般为$2^8>\sigma>2^1$，所以可以先把 C 的值确定为 9 个，即$(2^1,2^2,\cdots,2^9)$，同样σ的值确定为 8 个，这样再根据经验选择以上组合，可以快速达到较优的结果。可以先确定其中一个值，然后微调另一个值，直到达到最佳。

13.1.4 SVM 分类器从二类到多类的推广

最初提出 SVM 方法是针对二类分类问题的，但是它可以很方便地扩展到多类问题的划分中。一般多类支持向量机分类有两种方法：① 通过某种方式构造一系列的二类分类器并将它们组合在一起来实现多类分类；② 将多个分类面的参数求解合并到一个最优化问题中，通过求解该最优化问题一次性实现多类分类。

第二种方法看起来更简洁，但是它在多类中要解决更大规模的二次优化问题，在求解精度和分类时间上相比于第一种方法都不占优势。实际常用的 SVM 多类别分类是第一种方法，其中二类别的分类器组合有一对一、一对多和多对多 3 种组合方法。

（1）一对一方法需构造所有可能的二类分类器，如针对 N 类问题需构造 $N(N-1)/2$ 个分类器。待分类样本通过所有的分类器分类，最后通过投票表决决定样本的归属。该方法的特点是分类器数量多，计算量比较大，且存在混分样本（产生多义性的样本，一个样本被分成多类）问题。

（2）一对多方法是用一类和剩下其他所有类判别分类，针对 N 类分类问题只需构造 N 个二类分类器，如第 i 个分类器将第 i 个类中的训练样本作为正的训练样本，而将其他训练样本作为负的训练样本，待分类样本通过所有的分类器分类，找出属于正类的一个，就是分类结果。这种方法相对分类器数目少，结构比较简单，且能达到同样的多类别分类效果；缺点就是存在混分和漏分样本问题。

（3）多对多分类主要有决策树算法。先把多类划为两大类，再在两类中继续往下划分，直到最后的一对一类判别。这种方法虽然未出现混分或漏分样本，N 类别分类只需要构造 $N-1$ 个分类器，分类效率也高，但是不同的决策树导致分类结果也不同，不具有很好的推广性。

13.2 模糊支持向量机

目前学术界对模糊支持向量机定义有两种理解：一种是针对多定义样本或漏分样本进行模糊后处理；另一种是在训练过程中引入模糊因子作用。下面分别进行介绍。

13.2.1 增加模糊后处理的 SVM

支持向量机的提出针对的是二类分类，当推广到多类分类时会存在一些混分和漏分样本。要提高分类精度，就需要对这些漏分和混分样本进行再处理，采用模糊隶属度再分类的方法，称之为增加模糊后处理的支持向量机。下面简要介绍一下模糊后处理过程。以一对多 SVM 多类分类器为例，假设将类别 i 和其他类区分的判别函数为：

$$D_i(x) = w_i^t x + b_i$$

超平面 $D_i(x) = 0$ 形成最优分类面，那些属于第 i 类的支持向量则满足 $D_i(x) = 1$，而属于其他类的支持向量则满足 $D_i(x) = -1$。实际应用时，对于输入向量 x，若

$$D_i(x) > 0$$

只有一个 i 类判别函数满足，则 x 被划分为类别 i；但当 x 满足多个 i 类判别函数时，则产生混分；或当 x 没有满足一个类判别函数时，则 x 不可分。

为了处理这样的情况，对数据点在得到相同分类结果的情况下引入模糊隶属度函数。具体来说，对类别 i 在垂直于最优分类面 $D_j(x) = 0$ 的方向上定义一个一维的隶属度函数 $m_{i,j}(x)$：

当 $i=j$ 时：

$$m_{i,j}(x)=\begin{cases}1, & D_i(x)>1\\ D_i(x), & \text{otherwise}\end{cases}$$

当 $i\neq j$ 时：

$$m_{i,j}(x)=\begin{cases}1, & D_j(x)<-1\\ -D_j(x), & \text{otherwise}\end{cases}$$

既然当 $D_i(x)\geqslant 1$ 时只有第 i 类的训练样本数据，那么可以假设此时 i 的隶属度为 1，否则就是 $D_i(x)$。这是因为数据点相对于分类方向的关系，允许负隶属度的存在。在 $i\neq j$ 的情况下，第 i 类的样本处于相对类面 $D_j(x)=0$ 为负值的那一半区域，在这种情况下，假设 $D_j(x)<-1$ 时类别 i 的隶属度为 1，其他情况下则为 $-D_j(x)$。

通过对 $m_{i,j}(x)(j=1,\cdots,n)$ 求最小值来定义类别 i 的隶属度函数 $m_i(x)=\min\limits_{j=1,\cdots,n} m_{i,j}(x)$。

于是可以将向量 x 归入类别 $\arg\min\limits_{j=1,\cdots,n} m_i(x)$，满足：

$$D_k(x)\begin{cases}>0, & k=i\\ 0, & k\neq i,k=1,\cdots,n\end{cases}$$

且有 $m_i(x)>0$ 和 $m_i(x)\leqslant 0(j\neq i,j=1,\cdots,n)$，那么就将向量 x 归入类别 i。这等价于只满足一个 i 值的情况。假设式满足 $i_1,\cdots,i_l(l>1)$，那么 $m_k(x)$ 给定义如下：

（1）$k\in i_1,\cdots,i_l \quad m_k(x)=\min\limits_{j=i_1,\cdots,i,j\neq k} -D_j(x)$

（2）$k\neq j(i_1,\cdots,i_l) \quad m_k(x)=\min\limits_{j=i_1,\cdots,i} -D_j(x)$

这样就可以在 $m_k(x)(k=i_1,\cdots,i_l)$ 中取隶属度的最大值，即在 $k\in\{i_1,\cdots,i_l\}$ 时 $D_k(x)$ 是最大的，设任何类别都不满足，即 $D_i(x)<0,\ j=1,\cdots,n$。

在实现模糊再分类时，其分类步骤如下：

（1）对向量 x，如果只有一类满足 $D_i(x)>0$，则将 x 归属该类，否则跳转到步骤（2）。

（2）如果 $D_i(x)>0$ 满足两个及两个以上的类别 $i\,(i=i_1,\cdots,i_l,l>1)$，则将输入 x 归入最大 $D_i(x)(i\in\{i_1,\cdots,i_l\})$ 所在类别 i，否则跳转到步骤（3）。

（3）如果对所有的类别都有 $D_i(x) \leqslant 1$，则将输入 x 归入绝对值最小的 $D_i(x)(i \in \{i_1,\cdots,i_l\})$ 所在的类别 i 。

13.2.2 引入模糊因子的 SVM 训练算法

SVM 算法中存在一个问题，那就是对孤立样本或噪声样本比较敏感，算法对那些两类线性可分的情况没什么问题，但是在线性不可分的情况下，如何设定惩罚系数 C 就比较关键了。从分析 SVM 算法的训练过程可以看出，C 值越大就意味着对错误的惩罚越大，也就减少了分类错误，但分类间隔小了，会导致推广性不好。相反地，C 值越小会增加一些错误，但是得到了更大的分类间隔，也将得到更好的推广性。

不管 C 值是大是小，在训练过程中一旦确定了就是固定的，也就是说对每个样本等同对待，即对每个样本的惩罚是一致的。这就导致了训练过程对那些少量的特殊样本（如噪声样本和孤立样本）过分敏感。为此我们在训练过程中引入模糊因子，针对不同样本给予不同的隶属度，以强调重要样本对分类的贡献，称之为引入模糊因子的模糊支持向量机。

设有一个 n 个数据的训练集 $\{x_i, y_i\}$ ，$i=1,\cdots,n$ ，其中 x_i 为训练数据集，y_i 为训练目标，$x_i \in R^n$，$y \in \{-1,1\}$ 。常规支持向量机训练算法通常没有考虑训练样本对分类的贡献，引入一个模糊因子 s_i ，表示训练样本对类中心的隶属程度，定义为：

$$s_i = \mathrm{e}^{\frac{(x_i-\bar{x})^2}{2\sigma^2}}$$

式中，$\bar{x}$ 表示某类聚类中心：σ^2 为常数，按实际需求取值。由公式可以看出，$0<s_i \leqslant 1$，当 x_i 偏离聚类中心 $\bar{x}$ 越远时，s_i 越小，即 x_i 隶属于该类的可能性越小。

该方法就是为训练数据集增加一个属性 s_i，即 (x_i, y_i, s_i) 。将线性可分与线性不可分归并到一个情况考虑，引入松弛因子 ξ_i，如果分类超平面为 $\omega \times x_i + b = 0$ ，满足约束：

$$y_i(w \cdot x_i + b) \geqslant 1 - u_i\xi_i,\ \ \xi_i \geqslant 0, i=1,\cdots,l。$$

其中，$\xi_i=0$ 表示线性可分，其他表示线性不可分。

最后，该模糊支持向量机方法可由如下二次规划过程实现：

$$\text{Minimize} \quad W(a)=\frac{1}{2}\sum_{i=1}^{1}\alpha_i\alpha_j y_i y_j K(x_i\cdot x_j)-\sum_{i=1}^{l}\alpha_i$$

$$\text{s.t.}\sum_{i=1}^{l}\alpha_i y_i=0$$

$$Cs_i \geqslant \alpha_{\mathrm{i}} \geqslant 0 \quad \mathrm{i}=1,\cdots,l$$

与普通的 SVM 训练算法不同的是，该类模糊支持向量机在训练二次规划过程的约束条件中加入可变的 $s_i\,(0\leqslant s_i\leqslant 1)$数，强调样本对分类的不同贡献，从而得到模糊训练的目标。

13.3 SVM 在量化投资中的应用

13.3.1 复杂金融时序数据预测

本节介绍一种基于最小二乘法的支持向量机（Least Square Support Vector Machine，LS-SVM）的复杂金融数据时间序列预测方法，大大提高了求解问题的速度和收敛精度。相比于神经网络预测方法，该方法在大批量金融数据时间序列预测的训练时间、训练次数和预测误差上都有了明显提高，对复杂金融时间序列具有较好的预测效果。

1. 时间序列预测模型

金融时间序列数据种类繁多而且存在很多噪声，需对采集到的数据进行预处理，对输入的时间序列分为训练模型的样本和待预测的时间序列数据样本。根据基于支持向量机的时间序列预测模型，先由训练样本对模型进行训练和完备，然后将时间序列数据进行预测并输出预测结果。整个金融数据的预测过程主要涉及以下几个主要的问题。

1）数据预处理

为了提高模型预测的精度，先将数据进行零化处理和归一化处理，得到新的时间序列 l，$Y=\{x_1,x_2,\cdots,x_n\}$，假设原始的时间序列 $Y(t)$由正常趋势 $Z(t)$和噪声信号 $N(t)$组成，即 $Y(t)=Z(t)+N(t)$。数据预处理的目的是希望通过噪声过滤产生一个反映一般趋势的信号 $Z(t)$。

2）SVM 时间序列预测模型的训练并预测

运用标准 SVM 预测海量金融时间序列数据，有时会出现训练速度慢、内存开销大等问题。这里采用最小二乘支持向量机对金融时间序列进行预测研究。假设训练样本集 $T=\{x_k,y_k\}$ $\{k=1,2,\cdots,n\}$，$x_k \in R^n$，$y_k \in R$，x_k 是输入数据，y_k 是输出数据。那么原始空间（ω空间）的优化问题可以描述为：

$$\min_{\omega,b,e} J(\omega,e) = \frac{1}{2}\omega^{\mathrm{T}}\omega + \frac{1}{2}\gamma\sum_{k-1}^{N} e_k^2 \tag{1}$$

约束条件 $y_k = \omega^T \varphi(x_k) + b + e_k, k = 1,2,\cdots,N$。其中，$\varphi(\cdot): R^n \to R^m$ 是核空间映射函数，权向量$\omega \in R^n$，误差变量 $e_k \in R$，b 是偏差量，损失函数 J 是误差和规则化量之和，γ是可调常数。核空间映射函数的目的是从原始空间中抽取特征，将原始空间中的一个样本映射为高维空间中的一个向量，解决原始空间中线性不可分的问题。根据公式（1），定义 Lagrange 函数为：

$$L(\omega,b,e;\alpha) = J(\omega,e) - \sum_{k-1}^{N} a_k \left\{\omega^{\mathrm{T}}\varphi(x_k) + b + e_k - y_k\right\} \tag{2}$$

其中，Lagrange 乘子 $a_k \in R$。对公式（2）进行优化得：

$$\begin{aligned}
&\frac{\partial L}{\partial \omega} = 0, \omega = \sum_{k-1}^{N} a_k \varphi(x_k) \\
&\frac{\partial L}{\partial \omega} = 0, \ \sum_{k-1}^{N} a_k = 0 \\
&\frac{\partial L}{\partial \omega} = 0, a_k = \gamma e_k \\
&\frac{\partial L}{\partial \omega} = 0, \omega^{\mathrm{T}}\varphi(x_k) + b + e_k - y_k = 0
\end{aligned} \tag{3}$$

其中，$k=1,2,3,\cdots,N$。

矩阵方程为：

$$\begin{bmatrix} 0 & l_v^{\mathrm{T}} \\ l_v & \Omega + \dfrac{1}{\gamma} l \end{bmatrix} \begin{bmatrix} a \\ b \end{bmatrix} = \begin{bmatrix} 0 \\ y \end{bmatrix} \tag{4}$$

式中，$y=(y_1,y_2,\cdots,y_n)$，$l_v=(1,2,\cdots,t)$，$a=(a_1,a_2,\cdots,a_n)$，$\Omega = \varphi(x_k)^{\mathrm{T}}\varphi(x_t)$，$k=1,2,\cdots,N$。根据 Mercer 条件，存在映射函数$\phi$和核函数 $K(\cdot,\cdot)$，使得

$$K(x_k, x_t) = \varphi(x_k)^{\mathrm{T}} \varphi(x_t) \tag{5}$$

LS-SVM 最小二乘向量机的函数估计为：

$$y(x) = \sum_{k=1}^{N} a_k K(x, x_k) + b$$

其中，a、b 由公式（4）求解得出，应用 Gausss 径向基核：

$$K(x, x_k) = \exp\left(-\frac{\| x_k - x_i \|^2}{2\sigma^2}\right)$$

2. 时间序列预测算法

利用 SVM 技术对股票价格进行预测主要包括训练数据准备、训练参数输入、学习样本输入、模型训练学习、评估训练结果、训练参数优化等一系列循环的过程，如图 13-2 所示。

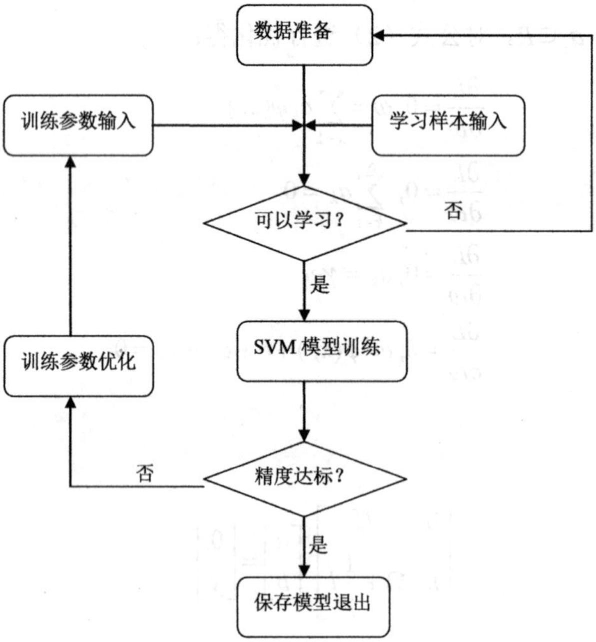

图 13-2　利用 SVM 进行金融时序数据预测的流程

最小二乘支持向量机是支持向量机的一种改进，它将传统的支持向量机中的不等式约束改为等式约束，且将误差平方和的损失函数作为训练集的经验函数，这样就把二次规划问题转换为求解线性方程组的问题，提高求解问题的速度和收敛精度。采用最小二乘支持向量机对金融时间序列数据进行预测，预测的算法简单描述如下。

（1）输入：金融时间序列数据（训练样本和待预测时间序列数据）。

$$Y=\{x_1,x_2,x_3,\cdots,x_t\},\ 1\leqslant t\leqslant n$$

（2）输出：时间序列数据预测结果。

$$\hat{Y}(t)=\{x_1,x_2,x_3,\cdots,x_t\}$$

① 获取金融时间序列。对输入的时间序列数据 $Y=\{x_1,x_2,x_3,\cdots,x_t\}$ 进行零化处理和归一化处理，得到时间序列 $Y(t)=Z(t)+N(t)$。

② 数据预处理。对原始时间序列 $Y(t)$进行离散 Fourier 变换得到频域 $Y(z)$，滤去噪声数据，然后进行 Fourier 反变换得到新的时间序列 $\hat{Y}(t)$。

③ 选择合适的训练样本，设定误差变量 e_k、偏差量 b 和可调常数γ。

④ 选取径向基（RBF）核函数：

$$K(x_k,x_i)=\exp\left(-\frac{\|x_k-x_i\|^2}{2\sigma^2}\right)$$

依据训练样本，采用最小二乘支持向量机进行模型训练，得到估计函数 $y(x)=\sum_{k-1}^{N}a_kK(x,x_k)+b$，完成模型训练。

⑤ 输入待预测的时间序列数据，进行基于 LS-SVM 的时间序列预测。

$$y_t=\sum_{k=1}^{N+1}a_kK(x,x_t)+b$$

⑥ 用 $R_{\mathrm{MSE}}=\sqrt{\frac{1}{n}\sum_{t=1}^{n}(y_t-\hat{y}_t)^2}$ 和 $M_{\mathrm{APE}}=\frac{1}{n}\sum_{t=1}^{n}\frac{|y_t-\hat{y}_t|}{|y_t|}$ 对得到的预测结果进行评估，评价预测效果，如不满足要求则跳到步骤④重新训练模型。

这里采用的数据是 2006 年 9 月 8 日到 2007 年 1 月 8 日沪深 300 全收益指数的 198 个数据点，通过某天前一段时间的收盘价预测本日的收盘价，前 184 天的数据用于建立预测模型，后 15 天的数据用于模型预测效果检验。

3. 实证结果

案例　基于 SVM 的复杂金融时序数据预测

通过对预测模型的多次训练，分别选择不同的训练样本，产生比较合适的训练模型，然后对后若干天的数据进行预测。实验中对后 15 天的沪深 300 指数进行预测，效果如表 13-1 所示。

表 13-1　SVM 沪深 300 指数预测误差情况

预测天数	平均相对误差（%）	均方根误差（%）
3	0.795	0.573
5	0.681	0.603
10	0.372	0.491
15	0.398	0.447

从预测结果中可以看出，基于 LS-SVM 的时间序列预测效果能够比较真实地逼近实际指数，取得了满意的预测效果，预测的误差也比较小。但是由于证券的实际指数受很多复杂因素的影响，所以在某些点上预测的效果与实际指数还是有很大的偏差。但总的来说，基于 LS-SVM 的时间序列预测模型的训练速度比较快，训练次数也相对较少，比传统的时间序列预测方法在效率和精度上都有了进一步提高。

在实证中，同基于神经网络的时间序列预测方法进行了对比。其中神经网络预测模型采用了 RBF 神经网络进行训练，得到如表 13-2 所示的实验结果。可以看出，基于 LS-SVM 的时间序列预测算法比基于神经网络的预测方法具有更好的预测效果，而且训练速度比较快。

表 13-2　SVM 指数预测和神经网络预测的比较

算　法	平均训练时间（秒）	训练次数	平均训练误差（%）	平均预测误差（%）
RBF 神经网络	177.8	11	0.846	0.529
LS-SVM	153.4	8	0.753	0.417

总而言之，这里介绍的是最小二乘法向量机的金融时间序列预测模型和预测算法，并和基于网络神经的时间序列预测算法进行了对比实验。结果表明，预测精度和各项误差都有了一定的改进。LS-SVM 具有神经网络的优势，且有效克服了神经网络的缺点，显示出训练速度快、运行效率较高等特点。

13.3.2 趋势拐点预测

股票市场瞬息万变，投资者都希望能够预测股市未来的行情走势以获得更多的收益。而为了达到这个目的，寻找股价反转点就成了一个关键点。如果能够较早判断股价的反转点，做到高抛低吸，投资者就能获得丰厚的投资回报。

目前较为常用的 3 种反转点预测分析方法分别是：形态分析、趋势分析和技术分析。

（1）形态分析的基本原理是对于股价走势图形的挖掘，发现股价走势图若呈现某种形态时，则预告未来价格走势的发展。使用形态分析方法判断反转点，其优点是简单易懂；缺点是判断时容易加入个人主观判断、准确率低等。

（2）趋势分析主要包括道氏理论和波浪理论。趋势分析认为，价格走势存在某种趋势，并且在没有证据来确认趋势改变之前，应假定趋势未改变。趋势周而复始，重复发生，趋势分析也存在因为主观判断的差异而导致判断结果迥异的情况。

（3）技术分析是通过总结股市历史变化规律，把股市的各种变化数值化，使其容易被投资者接受。使用技术指标判断反转点时，通常会根据技术指标数值判断当前状态是否为超买或超卖，以此判断股价是否已经到了反转临界点。

由于使用单一技术指标对股价反转点进行预测存在较大的误差，所以使用多个技术指标组合进行相互验证就显得特别必要。这里通过对这些技术组合进行数据挖掘，获得一个更佳的反转点预测模型。

SVM 由于采用了结构风险最小化原则，能够较好地解决小样本非线性和高维数问题，因而具有较好的泛化能力。因此，通过构造一个包含多个技术指标组合的反转点判断向量，并使用 SVM 对技术指标组合向量进行数据挖掘，可能得到更加准确的股价反转点预测模型。

1. 系统架构

在进行反转点预测前，首先需要获取某只股票的历史交易数据，这些数据包括每天的开盘价、收盘价、最高价、最低价等。然后对这些数据进行预处理，并在预处理后的数据上进行反转点定义。最后抽取符合要求的技术指标组合向量，并使用 SVM 进行训练和预测。各部分的具体流程和方法如图 13-3 所示。

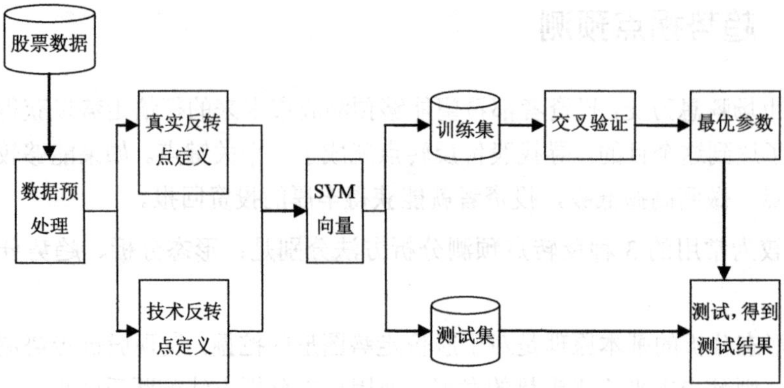

图 13-3　SVM 进行趋势拐点预测的流程

1）数据预处理

股票价格历史数据只包含了股票交易的最基本信息，要在这些历史数据上进行数据挖掘从而揭示股价反转的特征，首先需要对历史交易数据进行预处理。数据预处理主要包括两个方面：技术指标的计算和股票收盘价的平滑。

本案例采用了 3 个趋势技术指标，分别为 MACD、KDJ 和 RSI。

（1）MACD 的计算公式如下：

$$\begin{cases}\mathrm{DIF}_x = \mathrm{EMA}(C_x, S) - \mathrm{EMA}(C_x, L) \\ \mathrm{DEA}_x = \mathrm{EMA}(\mathrm{DIF}_x, N) \\ \mathrm{MACD}_x = (\mathrm{DIF}_x - \mathrm{DEA}_x) \times 2\end{cases} \tag{1}$$

其中，$\mathrm{EMA}(J,T)$表示数值 J 的 T 日指数移动平均值，C_x 表示第 x 天的收盘价，S 表示快速指数移动平均线的天数，L 表示慢速指数移动平均线的天数。通常 S 取值为 12，L 取值为 26，N 取值为 9。

（2）KDJ 的计算公式如下：

$$\begin{cases}\mathrm{RSV}_x = \dfrac{C_x - \mathrm{RH}_x}{\mathrm{RH}_x - \mathrm{RL}_x} \times 100 \\ K_x = \dfrac{1}{3}\mathrm{RSV}_x + \dfrac{2}{3}K_{x-1} \\ D_x = \dfrac{2}{3}D_{x-1} + \dfrac{1}{3}K_x \\ J_x = 3K_x - 2D_x\end{cases} \tag{2}$$

其中，C_x 表示第 x 天的收盘价，RH_x 表示 x 天内的最高价，RL_x 表示 x 天内的最低价，通常 x 取值为 9。

（3）RSI 的计算公式如下：

$$\begin{cases} \mathrm{RS}_x = \dfrac{\mathrm{MEANUP}(C,x)}{\mathrm{MEANDOWN}(C,x)} \\ \mathrm{RSI}_x = 100 - \dfrac{100}{0+\mathrm{RS}_x} \end{cases} \tag{3}$$

其中，$\mathrm{MEANUP}(C,x)$ 表示 x 天内上涨收盘价的平均值，$\mathrm{MEANDOWN}(C,x)$ 表示 x 天内下跌收盘价的平均值，通常 x 取值为 12。

（4）收盘价平滑。股票每日收盘价连线最能表现股价走势，但是由于股票市场的特殊性，股票收盘价会在趋势方向上存在一定的波动。为了消除收盘价波动对反转点定义的影响，本案例对股票收盘价进行平滑。收盘价平滑公式如下：

$$y'(n) = \frac{\underset{t}{\sum\nolimits_{-1}^{1}} y(n+i)}{3}$$

其中，$y(n)$是第 n 天股票的收盘价，$y'(n)$是平滑后第 n 天股票的收盘价。同时，如果收盘价在趋势方向上的波动范围小于某一个足够小的给定值 $r'(r'>0)$，则忽略该小波动。具体处理方式为：假设在时间序列上有 4 个点 t_1、t_2、t_3、t_4，它们对应的股价分别是 Y_{t_1}、Y_{t_2}、Y_{t_3}、Y_{t_4}，则其变化率分别是：$r_1=(Y_{t_2}-Y_{t_1})/Y_{t_2}$、$r_2=(Y_{t_3}-Y_{t_2})/Y_{t_2}$，$r_3=(Y_{t_4}-Y_{t_3})/Y_{t_3}$，如果 $r_1 \times r_3 > 0, r_1 \times r_2 < 0$ 且 $\mathrm{abs}(r_2) < r'$，则将变化率 r_2 置为 0。

2）反转点定义

存在两类反转点：技术指标反转点和股价真实反转点。技术指标反转点通过对技术指标（包括 MACD、KDJ、RSI）的解读定义反转点；而股价真实反转点则直接从经过平滑的股票历史收盘价得到。这两类反转点的具体定义如下。

（1）技术反转点。技术反转点的定义和图形如表 13-3 所示。

表 13-3 技术反转点的定义和图形

指　　标	反转点定义	图　　形
MACD	当 MACD 柱不再创出新高，或者不再创出新低时，则表明这一天是一个反转点。右图圆点标识了反转点	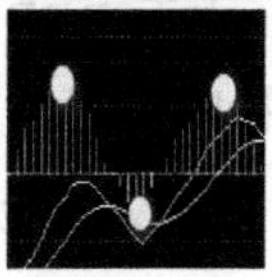

续表

指　标	反转点定义	图　形
KDJ	当 $75 \leqslant J<100$，且不再创出新高时，则标志着熊背离，是一个向下反转点；当 $0<J \leqslant 25$，且不再创出新低时，则标志着牛背离，是一个向上反转点。右图圆点标识了反转点	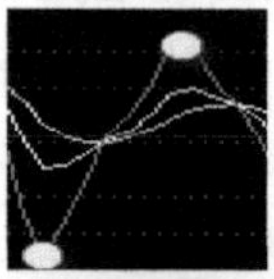
RSI	当 $80 \leqslant \mathrm{RSI}<100$，且不再创出新高时，则标志着熊背离，是一个向下反转点；当 $0<\mathrm{RSI} \leqslant 20$，且不再创出新低时，则标志着牛背离，是一个向上反转点。右图圆点标识了反转点	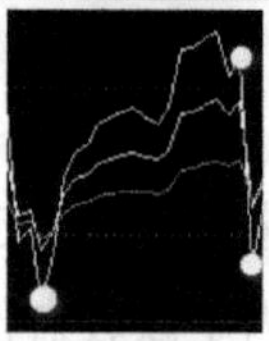

（2）真实反转点。对于经过平滑处理的股票收盘价序列，假设在时间序列上有 3 个点 t_1、t_2、t_3，它们对应的股价分别是 Y_{t_1}、Y_{t_2}、Y_{t_3}，若 $(Y_{t_1}-Y_{t_2})/Y_{t_2}>R$ 且 $(Y_{t_3}-Y_{t_2})/Y_{t_2}>R$，则称 t_2 点为反转向上的反转点；反之，若 $(Y_{t_2}-Y_{t_1})/Y_{t_2}>R$ 且 $(Y_{t_2}-Y_{t_3})/Y_{t_2}>R$，则称 t_2 点为反转向下的反转点。

2. SVM 反转点预测模型

在定义了股价真实反转点和技术指标反转点后，抽取出股价真实反转点和技术指标反转点判断向量，使用 SVM 进行训练和测试。使用 SVM 进行训练和测试前的准备工作主要包括选择合适的核函数和得到适合样本的最优核函数参数。

1）核函数选择

在支持向量机中，需要选择核函数 $K(\cdot,\cdot)$，即一个映射 $\Phi(g)$，把 x 所在的输入空间 X 映射到另外一个空间 H，该映射只要是满足 Mercer 条件的正定函数即可。核函数主要有以下 3 种类型。

（1）多项式核：$K(x,y)=x\cdot y$。

（2）RBF 核：$K(x,y)=\exp(-\gamma\|x-y\|)$。

（3）Fourier 核：$K(x,y)=\dfrac{1-q^2}{2[1-2q\cos(x-y)]+q^2}$。

由于 RBF 核函数具有良好的性态，在实际应用中表现出良好的性能，所以这里使用 RBF 核函数。

2）交叉验证选择核函数参数

这里使用的 RBF 核函数有两个参数：C 和 γ。使用 V-折交叉验证的方法，对训练集上的数据进行训练，从而找到最佳的参数对。

V-折交叉验证的基本思想是：把 n 个训练样本随机地分成 v 个互补相交的子集，即 $S_1,S_2,\cdots,S_v$，每折的大小相同，然后进行 v 次训练预测试，即对 S_i 进行 v 次迭代。第 i 次迭代的具体做法是：选择 S_i 为测试集，其余 $v-1$ 个集合并为训练集，对这两部分的样本集进行训练和测试，得到预测准确率。经过 v 次迭代，就能够得到 v 次迭代的平均准确率。

而对于不同的(C,γ)参数对，这里使用网格搜索的方法寻找具有最佳交叉验证平均正确率的参数对。在进行网格搜索时，可选的 C 和 γ 参数值是一个指数倍增长的序列，例如 $C=2^{-5},2^{-3},\cdots,2^{15}, \gamma=2^{-15},2^{-13},\cdots,2^{3}$。使用每个$(C,\gamma)$参数对在训练集上进行交叉验证后，可以得到一个最高平均准确率的参数对(C',γ')，再使用这个参数对在测试集上进行测试。

3. 实证结果

案例 基于 SVM 趋势拐点的预测模型

本实证数据以上证指数为实验对象，选择 1999 年 1 月 27 日至 2009 年 10 月 14 日共 2581 个交易日的历史数据进行实验。对这些数据进行预处理和反转点定义，对于第 i 天的交易数据，可以得到如下向量：$x_i:x_{i1},x_{i2},x_{i3}$。$x_t:x_{t1},x_{t2},x_{t3}$ 分别表示该天是否为真实反转点、是否被 MACD 指标判断为反转点、是否被 KDJ 指标判断为反转点、是否被 RSI 指标判断为反转点。如果是反转点，则对应向量值为 1；否则为 0。

如果某一天的向量为 $x_f:x_{f1},x_{f2},x_{f3}$，若 $x_{f1}+x_{f2}+x_{f3}>0$，则至少有一个技术指标表示该天为反转点。将所有具有该性质的向量抽取出来以供 SVM 训练和预测，共提取出 284 条向量。

将这 284 条向量中的 212 条作为训练集，72 条作为测试集，使用 LibSVM 进行训练和测试。在对训练集进行交叉验证和网格搜索后，得到最佳的(C,γ)参数对为$(2^{-1},2^{-1})$，并使用该参数对在测试集上测试，得到 SVM 预测值。

可以很容易地计算得出使用单一技术指标（MACD、KDJ、RSI），以及用 SVM 对这 3 个技术指标组合向量进行反转点预测实验的召回率（Recall Rate）、准确率（Precision Rate）和 F-Measure。这 3 个衡量指标的计算公式如下：

$$\text{Recall} = \frac{a}{a+c}$$

$$\text{Precision} = \frac{a}{a+b}$$

$$\text{F- Mesure} = \frac{2 \times \text{Precision} \times \text{Recall}}{\text{Precision} + \text{Recall}}$$

其中，a 表示该天是真实反转点，且被指标判断为反转点的样本天数总和；b 表示该天被指标判断为反转点，但不是真实反转点的样本天数总和；c 表示该天是真实反转点，但没有被指标判断为反转点的样本天数总和。实验结果如表 13-4 所示。

表 13-4 SVM 趋势拐点预测结果

指　标	Recall Rate	Precision Rate	F-Measure
MACD	47.91%	67.64%	56.10%
KDJ	39.58%	65.52%	49.35%
RSI	60.42%	63.04%	61.70%
SVM	83.33%	71.43%	76.92%

从实验结果可以看到，使用 SVM 进行反转点预测，较单一使用 MACD、KDJ、RSI 技术指标，召回率分别提高了 35.42%、43.75%、22.91%；准确率分别提高了 3.79%、5.91%、8.39%；F-Measure 分别提高了 20.82%、27.57%、15.22%。这说明使用 SVM 进行反转点预测较单一指标能够识别更多的反转点，并且会对这些反转点给出较高的判断结论，以便于投资者进行投资决策。

第 14 章　分形理论

◆ 摘要 ◆

分形理论自诞生至今，对多种学科都产生了巨大的影响。分形理论在生物学、地球物理学、物理学和化学、天文学、材料科学、计算机图形学、语言学与情报学、信息科学、经济学等领域都有广泛的应用。

几种典型的分形包括：三分康托集、Koch 曲线、Julia 集等。分形的维数是很重要概念，主要有拓扑维数、Hausdorff 维数、容量维数和相似维数。

分形有很多不同的实现算法，但是具体哪种算法更有效、更实用则要针对不同的情况。分形的描述常用的方法有 L 系统和 IFS 系统两种，从它们所绘制出的分形来说，L 系统要比 IFS 系统简单。L 系统只是简单的字符串的迭代，而 IFS 系统在这方面要复杂得多，如 Julia 集等。

分形理论在量化投资应用中，主要是利用分形分布来预测走势的规律。研究表明，股市走势满足下面两个法则：① 每个单位时间内的股票价格变动分布服从特性指数 $D \approx 1.7$ 的对称稳定分布；② 单位时间不论取多大或多小，其分布是相似的。也就是说，适当地改变尺度，就可成为同样的分布。

多重分形理论通过一个标度范围来描述复杂系统的局部特征，能够得到许多被简单分形方法所忽略的信息，被认为是迄今为止最为全面的描述价格波动特征的模型。

多重分形理论的一个重要应用就是 Hurst 指数。Hurst 指数和相应的时间序列分为 3 种类型。① 当 $H = 0.5$ 时，时间序列是随机游走的，序列中不同时间的值是随机的和不相关的，即现在不会影响将来。② 当 $0 \leqslant H \leqslant 0.5$ 时，这是一种反持久性的时间序列，常被称为“均值回复”。如果一个序列在前一个时期是向上走的，那么它在下一个时期多半是向下走的；反之亦然。这种反持久性的强度依赖于 H 离零有多近，越接近于零，这种时间序列就具有比随机序列更强的突变性或易变性。③ 当 $0.5 \leqslant H \leqslant 1$

时，表明序列具有持续性，存在长期记忆性的特征。即前一个时期序列是向上（下）走的，那么下一个时期序列将多半继续是向上（下）走的，趋势增强行为的强度或持久性随 H 接近于 1 而增加。

14.1 基本概念

14.1.1 分形定义

分形理论是当今世界十分风靡和活跃的新理论、新学科。分形的概念是美籍数学家曼德布罗特首先提出的，1967 年他在美国权威的《科学》杂志上发表了题为《英国的海岸线有多长》的著名论文。海岸线作为曲线，其特征是极不规则、极不光滑的，呈现极其蜿蜒复杂的变化。我们不能从形状和结构上区分这部分海岸与那部分海岸有什么本质的不同，这种几乎同样程度的不规则性和复杂性，说明海岸线在形貌上是自相似的，也就是局部形态和整体形态的相似。

在没有建筑物或其他事物作为参照物时，在空中拍摄的 100km 长的海岸线与放大了的 10km 的海岸线的两张照片，看上去会十分相似。事实上，具有自相似性的形态广泛存在于自然界中，如连绵的山川、飘浮的云朵、岩石的断裂口、布朗粒子运动的轨迹、树冠、花菜、大脑皮层等，曼德布罗特把这些部分与整体以某种方式相似的形体称为分形（Fractal）。1975 年，他创立了分形几何学，并在此基础上形成了研究分形性质及其应用的科学，称为分形理论。有关分形的定义如下。

定义 1：如果一个集合在欧氏空间中的 Hausdorff 维数 D_H 恒大于其拓扑维数 D_T，即 $D_H > D_T$，则称该集合为分形集，简称为分形。

定义 2：组成部分以某种方式与整体相似的形体叫作分形。

对于定义 1 的理解需要一定的数学基础，不仅要知道什么是 Hausdorff 维数，而且要知道什么是拓扑维数，看起来很抽象，也不容易推广。定义 2 比较笼统地说明了自然界中的物质只要局部和局部或者局部和整体之间存在自相似性，那么这个物质就是分形。这一比较模糊的概念被人们普遍接受，同时也促进了分形的发展。

自相似原则

自相似原则和迭代生成原则是分形理论的重要原则。其表征分形在通常的几何变换下具有不变性，即标度无关性。由于自相似性是从不同尺度的对称出发，也就意味着递归。分形形体中的自相似性可以是完全相同，也可以是统计意义上的相似。

标准的自相似分形是数学上的抽象，迭代生成无限精细的结构，如 Koch 雪花曲线、谢尔宾斯基（Sierpinski）地毯曲线等。这种有规分形只是少数，绝大部分分形是统计意义上的无规分形。

根据自相似性的程度，分形可以分为有规分形和无规分形。有规分形是指具体又严格的自相似性，即可以通过简单的数学模型来描述其相似性的分形，如三分康托集、Koch 曲线等。无规分形是指具有统计学意义上的自相似性的分形，如曲折连绵的海岸线、飘浮的云朵等。

14.1.2 几种典型的分形

1. 三分康托集

1883 年，德国数学家康托（G.Cantor）提出了如今广为人知的三分康托集。三分康托集是很容易构造的，然而它却显示出许多典型的分形特征。它是从单位区间出发，再由这个区间不断地去掉部分子区间的过程构造出来的，如图 14-1 所示。

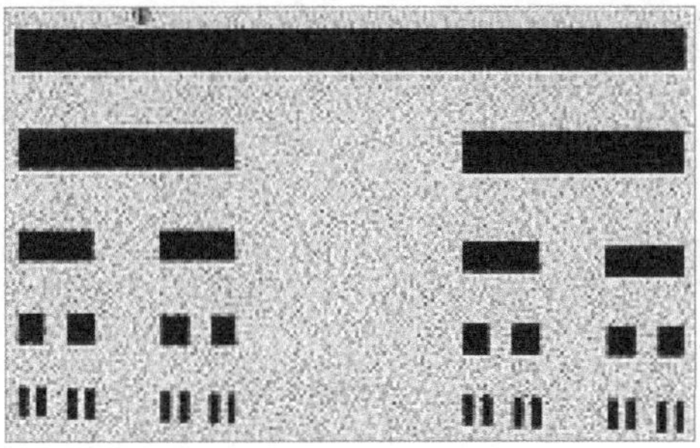

图 14-1 三分康托集

其详细构造过程如下：

（1）把闭区间[0,1]平均分为 3 段，去掉中间的 1/3 段，则只剩下两个闭区间[0,1/3]和[2/3,1]。

（2）再将剩下的两个闭区间各自平均分为 3 段，同样去掉中间的区间段，这时剩下 4 段闭区间：[0,1/9]、[2/9,1/3]、[2/3,7/9]和[8/9,1]。

（3）重复删除每个小区间中间的 1/3 段。如此不断地分割下去，最后剩下的各个小区间段就构成了三分康托集。三分康托集的 Hausdorff 维数是 0.6309。

2. Koch 曲线

1904 年，瑞典数学家柯赫构造了 Koch 曲线几何图形。Koch 曲线大于一维，具有无限的长度，但是又小于二维，并且生成的图形的面积为零。它和三分康托集一样，是一个典型的分形。根据分形的次数不同，生成的 Koch 曲线也有很多种，如三次 Koch 曲线、四次 Koch 曲线等。

三次 Koch 曲线的构造过程主要分为三大步骤：

（1）给定一个初始图形——一条线段。

（2）将这条线段中间的 1/3 处向外折起。

（3）按照第（2）步的方法不断地把各段线段中间的 1/3 处向外折起。这样无限地进行下去，最终即可构造出 Koch 曲线。其图例构造过程如图 14-2 所示。

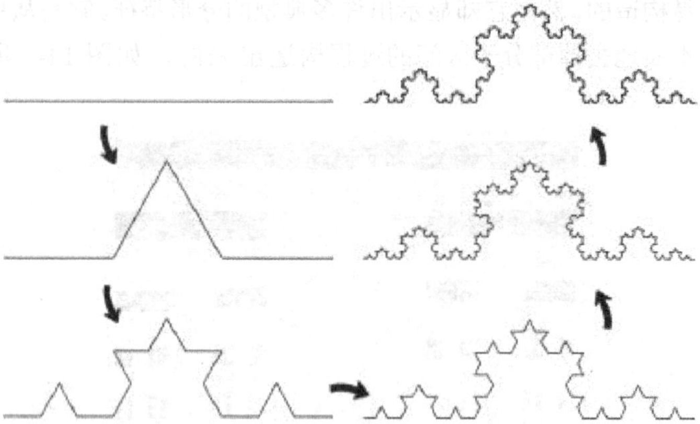

图 14-2　Koch 曲线

3. Julia 集

Julia 集是由法国数学家 Gaston Julia 和 Pierre Faton 在发展了复变函数迭代的基础理论后获得的。Julia 集也是一个典型的分形，只是在表达上相当复杂，难以用古典的数学方法描述。

Julia 集由一个复变函数 $f(z)=z^2+c$（c 为常数）生成，尽管这个复变函数看起来很简单，然而它却能够生成很复杂的分形图形。如图 14-3 所示为 Julia 集生成的图形。由于 c 可以是任意值，所以当 c 取不同的值时，生成的 Julia 集的图形也不相同。

图 14-3 Julia 集生成的图形

14.1.3 分形理论的应用

分形理论自诞生至今，对多种学科都产生了巨大的影响。分形理论在生物学、地球物理学、物理学和化学、天文学、材料科学、计算机图形学、语言学与情报学、信息科学、经济学等领域都有广泛的应用。

在量化投资中，分形也具有重要的价值。例如，一般来说，股票价格变动图完全是随机的，因此使人感到几乎无规律可循。但若从统计学观点解析这一变动，就会发现有很好的规律。Mandelbrot 发现下面两个法则：

（1）每个单位时间内的股票价格变动分布服从特性指数 $D\approx1.7$ 的对称稳定分布。

（2）单位时间不论取多大或多小，其分布是相似的。也就是说，适当地改变尺度，就可成为同样的分布。

关于稳态分布，只讨论与分形有关的一些性质。若把单位时间 T 之间的股票价格变动 x 的分布密度记为 $P(x)$，则下述关系成立：

$$\int_{x}^{\infty} P(x')\mathrm{d}x' = \int_{-x}^{-\infty} P(x')\mathrm{d}x' \propto x^{-D}$$

此关系式表示股票价格变动的大小分布为分形。例如，一天的股票价格变动在 x 元以上，比 $2x$ 元以上的变动次数多 $2^{1.7}\approx3.2$ 倍。

法则（2）表示股票价格变动在时间上也是分形的。一天的股票价格变动图形与一年的股票价格变动图形相比，不同的只是股票价格的尺度，而对变动情况则很难加以区别。

14.2 主要内容

14.2.1 分形维数

欧氏几何学有着几千年的历史，它研究的是一些规整的图形，如直线、圆、椭圆、菱形、正方形、立方体、长方体、球体等。这些不同类型的曲线和形状都有一个共同的基础——欧氏几何，即它们可以被定义为代数方程（例如，$Ax + By + Cz= D$）或微分方程的解集。从欧氏几何测量中可以看出，点、直线、平面图形、空间图形的维数分别是 0、1、2 和 3，而且都是整数。

维数是几何对象的重要特征量，它包含了集合的几何性质的许多信息。一张图形维数的大小，表示它占有空间的大小。尤其是在分形中，维数对如何准确地描述图形起到了很大的作用。分形维数是判断两个分形是否一致的度量标准之一。

1. 拓扑维数

在经典几何学中，维数是形体的一个重要特征量，即为了确定几何形体的每一个点在空间中的位置所需要的独立坐标的数目。在平直的欧氏空间内，形体的维数是显然的：点是零维的；线是一维的；面是二维的；体是三维的。对点、线、面、体这样的几何形体在连续拉伸、压缩、扭曲等形变下，其对应的维数是不变的，是正整数，我们称此维数为拓扑维数。

2. Hausdorff 维数

测量一个几何形体大小所得到的数值 N 与形体维数（拓扑维数）和测量的标度（长度单位）l 有密切关系。例如：

$$d = \lim_{l \to 0} \frac{\ln N(l)}{\ln l}$$

若 l 足够小，则上式与 l 无关。这对任何大小和形状的几何体都成立。对通常的几何体而言，d 是整数。1919 年，德国数学家豪斯多夫（F.Hausdorff）认为，可以把

上式推广到维数，则 d 不一定取整数。人们便将此定义的维数 d 称为豪斯多夫维数，并记为 d_H，即

$$d_H = -\lim_{l\to 0}\frac{\ln N(l)}{\ln l}$$

3. 容量维数

豪斯多夫维数的式子是以被测几何体的容量大小来进行分析计算的，因此通常叫作容量维数，可记为 d_o；又称盒维数，记为 d_b。

4. 相似维数

设几何体的体积压缩比为 k，线度压缩比为 λ，几何体的维数为 d，则它们之间的关系是：$k=\lambda^d$。

将这一概念推广应用于分形，由于分形的自相似性，线度变小（缩小）仍将得到与原分形体相似的子集。

设此分形体是由 k 个与之相似的不相交子集所组成的，于是推广上式可得

$$k=\lambda^d \text{ 或者 } k\lambda^{-d}=1$$

d 是与此分形体的结构有关并有维数特征的特征量，称为相似维数。

除了以上维数外，还有标度关系、多重分形等关于分形结构的描述。

14.2.2 L 系统

就分形的计算机实现来说，有很多不同的算法，但是具体哪种算法更有效、更实用，则要针对不同的情况。分形的描述常用的方法有 L 系统和 IFS 系统两种。从它们所绘制出的分形来说，L 系统要比 IFS 系统简单。L 系统只是简单的字符串的迭代，而 IFS 系统在这方面要复杂得多，如 Julia 集等。

林氏系统（通常称 L 系统）是林德梅叶于 1968 年为模拟生物形态而设计的，后来史密斯于 1984 年、普鲁辛凯维奇于 1986 年分别将它应用于计算机图形学，引起生物学界和计算机界人士的极大兴趣，一时发表了许多论文和专著。

1. L 系统基本原理

L 系统实际上是字符串重写系统，其工作原理非常简单：把一个字符看作一种操

作，而且把每种不同的字符解释成不同的操作。基于这种思想，就可以利用字符串生成各种不同的分形图形。于是只要能生成字符串，也就等于生成了图形。

L 系统中生成图形的字符串可以是由任意可识别的字符组成的，如“F”、“-”、“+”。在程序设计中，“F” 表示从当前位置向前一个单位长度，同时画线；“-” 表示从当前方向顺时针旋转一个给定的角度；“+” 表示从当前方向逆时针旋转一个给定的角度。在生成字符串的过程中，先从一个称为公理的起始字符开始，再将该公理字符替换成规则中的子字符串，这是第一次迭代；然后把子字符串作为母串，将母串中的字符用规则中的子串替代；依此类推，就可以完成 L 系统的迭代，其字符串的长度由迭代次数控制。

2. 随机 L 系统

自然界中的物质形态不是固定不变的，而是随机的，尽管它们有一定的规律可循。世界上没有完全按相同方式生长的两棵植物，即使同一种植物，其形态也存在很大差别，如茎的高矮、开花的位置、种子的形状等，尤其是由环境的影响带来的形态变异。

例如，作物由于肥料充足而粒大穗多。基于此，从模拟植物的效果来说，用上述方法得到的图形显然有些呆板，不那么形象了。如果在保留某种植物主要特征的情况下，为了产生细节上的不同变化，以求生成的植物图形更加生动逼真，那么可以引入随机性，它的好处就是模拟出来的植物更加接近真实的事物形态。随机 L 系统是有序的四元素集，其表达式为：

$$G=<V,\omega,P,\pi>$$

其中，V、ω的意义和三元式相同；P 却是随机的生成规则集；π为函数，且有 $\sum_{i=1}^{\pi}\pi(P_i)=1$。

3. L 系统的算法

L 系统侧重于植物拓扑结构的表达，它试图用抽象出来的规则描述植物的形态及生长规律，该系统具有定义简洁、结构化程度高、易于实现等优点。通常计算机生成分形图形的算法大多是所谓的迭代，在程序中的实现形式是递归调用。众所周知，递归程序与非递归程序的区别在于，递归程序很难用通常的方法来控制它的流程。虽然这一点是一个问题，但这也是它的优点之所在，因为它的算法非常简单。正是基于递归算法的这一优点，在编制 L 系统程序的时候将采用这种算法。

14.2.3 IFS 系统

迭代函数系统（IFS）是美国佐治亚理工学院的巴恩斯利等人首先应用一组收缩仿射变换生成分形图像，即通过对原始图形（生成元）的收缩、旋转、平移等变换形成的极限图形而具有自相似的分形结构，并将该仿射变换集称为 IFS。它与复平面上 $f(z)= z^2 + c$（z、c 为复数）迭代产生的分形存在内在的联系，只是 $f(z)$属于非线性变换，而 IFS 属于线性变换。

IFS 系统的理论与方法是分形自然景观模拟及分形图像压缩的理论基础，其基本思想是认为物体的全局和局部在仿射变换的意义下具有自相似结构，这就形成了著名的拼接定理。IFS 系统的魅力在于它是分形迭代生成的反问题，根据拼接定理，对于一个给定的图形（比如一张图片），求得几个生成规则，就可以大幅度地压缩信息。

1. IFS 系统生成图形的基本原理

二维空间 R^2 上的线性变换ω具有如下形式：

$$\omega\begin{bmatrix} x \\ y \end{bmatrix} = \begin{bmatrix} ab \\ ef \end{bmatrix}\begin{bmatrix} x \\ y \end{bmatrix} + \begin{bmatrix} c \\ g \end{bmatrix} \qquad a,b,c,e,f,g \in R$$

对于 $\bar{x},\bar{y} \in R^2$，若存在压缩因子 s 满足 $0< s <1$，使得下式

$$\left\|\omega\left(\bar{x}\right) - \omega\left(\bar{y}\right)\right\| \leqslant s \cdot \left\|\bar{x} - \bar{y}\right\|$$

成立，则称ω 为收缩仿射变换。该变换又可表示为

$$\omega\begin{bmatrix} x \\ y \end{bmatrix} = \begin{bmatrix} r\cos\theta s \cdot \sin\phi \\ r\sin\theta s \cdot \cos\phi \end{bmatrix}\begin{bmatrix} x \\ y \end{bmatrix} + \begin{bmatrix} T_x \\ T_y \end{bmatrix}$$

迭代函数系统由一组收缩仿射变换$\{\omega_1,\omega_2,\omega_3,\cdots,\omega_n\}$组成，二维 IFS 可以表示为

$$\omega_i\begin{bmatrix} x \\ y \end{bmatrix} = \begin{bmatrix} a_i b_i \\ e_i f_i \end{bmatrix}\begin{bmatrix} x \\ y \end{bmatrix} + \begin{bmatrix} c_i \\ g_i \end{bmatrix} \qquad i = 1,2,\cdots,N \qquad (1)$$

生成图形时，调用各变换的概率

$$P_i = \frac{|a_i f_i - b_i e_i|}{\sum_{k=1}^{n} |a_k f_k - b_k e_k|} \qquad P_i > 0,\ \sum_{i=1}^{n} P_i = 1 \tag{2}$$

通过公式（1）可以生成许多构成分形图形的点；公式（2）主要是由规则的概率控制生成图形的形态。

2. IFS 系统的主要算法

对于 IFS 系统生成分形图像来说，随机迭代算法是一种高效的算法。鉴于此，在程序的实现过程中采用了随机迭代算法。随机迭代算法通过产生许多个点来构成整个图像，这些点是循环不断地、随机生成的。因此，在程序的编制中，可以采用线程的方法来控制点的产生速度，以及控制点什么时候产生和什么时候结束。当然，运用线程会大量消耗 CPU 的时间。值得一提的是，CPU 的速度决定点生成的快慢。

迭代函数系统是分形图像的生成方法之一，它在分形重构方面取得的进展引起了图像压缩技术的革新，达到了用常规压缩方法无法达到的高压缩比。其主要思想在于存储生成图像的 IFS 系统，而不存储生成的图像，恢复时根据 IFS 系统用专门的硬件生成图像。作为产生分形的方法之一，迭代函数系统在自然景物模拟及图像压缩方面具有独到之处，是一个可行的、有价值的研究领域。

14.3 分形理论在量化投资中的应用

14.3.1 大趋势预测

在资本市场中，对股票价格规律的刻画一直是各国学者广泛关注的重大研究课题。股价的大幅波动通常伴随着高风险和高收益，因此，寻求一种能够定量地解释或描述大幅股价波动的某些特征的方法，对防范和控制金融风险十分必要。

许多实证研究已经证实股票市场是一个复杂的分形客体，多重分形理论是定量描述复杂体系内部的非线性运行规律的有效手段之一，在资本市场的复杂性方面具有有效的应用。

1. 多重分形模型

1）模型

将多重分形理论应用于金融分析中，则求解多重分形分布的步骤如下。

（1）将股指时间序列 p_i 进行归一化处理，用 p_i 表示：$p_i = p_i / \sum p_i$，并将归一化后的时间序列分成时间长度为 T 的不重叠的时间窗。

（2）求出每个时间窗内（或盒子内）的价位概率 $P_j(T)$，该价位概率等于每个时间窗内所有归一化后的时间序列的和。

（3）选取适当的 q 值，通过 $P_j(T)$ 计算 q 的配分函数：

$$M_q = \sum_{j=1}^{n} P_j^q(T) \tag{1}$$

式中，n 是时间长度为 T 的时间窗总数，q 是$-\infty$～$+\infty$上的实数。对于多重分形分布，配分函数随时间长度服从如下的标度关系：

$$M_q \propto T^{\tau}(q) \tag{2}$$

（4）根据公式（2）作相应的 $\ln M_q(T) - \ln T$ 曲线，如果 $\ln M_q(T)$ 随 $\ln T$ 的变化有较好的线性关系，则说明此分布属于多重分形分布。$\ln M_q(T) - \ln T$ 曲线的斜率就是 $\tau(q)$，从 $\tau(q)$ 中可以计算出多重分形谱 $f(\alpha)$，其计算公式如下：

$$\frac{\mathrm{d}}{\mathrm{d}p}\left[\tau(q)\right] = \alpha(q) \tag{3}$$

$$\tau(q) = q\alpha(q) - f(\alpha) \tag{4}$$

2）模型中参数的意义

α描述了时间序列中各个区间不同的奇异程度，分形谱的宽度 $\Delta\alpha = \alpha_{\max} - \alpha_{\min}$ 为最大、最小概率间的差别，它说明了整个分形结构上的归一化价格分布的均匀程度。将其应用在股价指数时间序列中，则α反映了股价指数的大小，α越小，指数值越高；α越大，指数值越低。$\alpha_{\max}$ 表示的是指数的最高值，$\alpha_{\min}$ 表示的是指数的最低值。$\Delta\alpha$ 反映了指数的涨落程度。$\Delta\alpha$ 越大，表示股价指数波动越剧烈；$\Delta\alpha=0$，则对应完全均匀分布的情况。

$f(\alpha)$反映了所对应的指数值出现的次数。$f(\alpha)$越大，则出现的次数越多。$f(\alpha_{\min})$和 $f(\alpha_{\max})$是对应$\alpha_{\min}$与$\alpha_{\max}$ 子集的分形维数。$f(\alpha_{\min})$表示归一化价格高的股价指数出现的

次数；$f(\alpha_{max})$表示归一化价格低的指数出现的次数。$\Delta f = f(\alpha_{min}) - f(\alpha_{max})$反映了最高、最低价位出现频率的变化。$\Delta f > 0$，表示在每组数据中股价指数达到最高点的次数多于达到最低点的次数；$\Delta f < 0$，表示在每组数据中股价指数达到最高点的次数少于达到最低点的次数。

$f(\alpha)$的最大值即为多重分形谱的峰值，对应于该峰值的α记为α_0；而特征参数$\Delta\alpha$可分解为$\Delta\alpha_L = \alpha_0 - \alpha_{min}$和$\Delta\alpha_R = \alpha_{max} - \alpha_0$，分别代表多重分形谱左右两侧的$\alpha$值范围，其比值反映了左偏、右偏的程度，即多重分形谱的偏斜系数$R = \Delta\alpha_L / \Delta\alpha_R$。当$R>1$时，谱的顶点右偏，且值越大，向右偏斜程度越大；当$R<1$时，谱的顶点左偏，且值越小，其向左偏斜程度越小；当$R = 1$时，谱的形状对称。

2. 大趋势多重分形案例实证

案例　基于分形理论的大趋势预测

本案例对上证指数日收盘指数发生大幅波动前后的多重分形特征进行实证研究及比较。首先选择两个比较有代表性的时段，即2005/5/20—2005/6/23（大涨前后）和2005/9/5—2005/10/14（大跌前后），每一区间共包含25个交易日，被划分为5个间隔相等的时段。两次指数大幅波动时间段每日收盘指数随时间变化的趋势如图14-4所示。其中，A、E时段为远离大幅震荡的正常阶段；B时段为临近大幅震荡阶段；C时段为大幅震荡阶段；D时段为大幅震荡过后，还留有一部分震荡余波阶段。

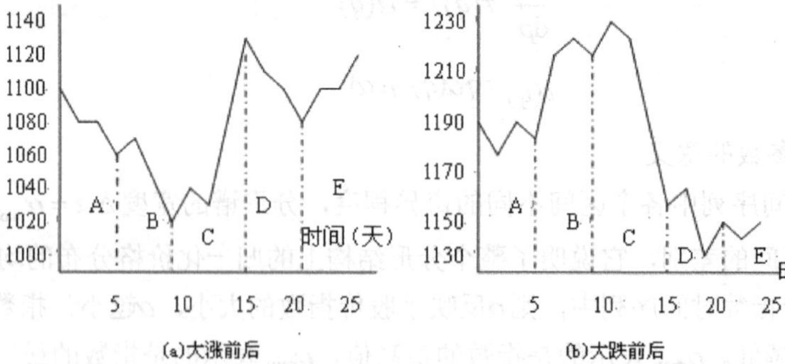

图14-4　大幅波动前后每日收盘指数随时间变化的趋势

1）持续大涨前后分形主要参数值

根据多重分形谱模型，选取适当的参数q和T对股指高频数据进行多重分形计算，持续大涨前后各时段多重分形谱主要参数值如表14-1所示。

表 14-1 持续大涨前后分形谱各主要参数值

组 别	α_{min}	α_{max}	$\Delta\alpha$	α_0	R	$f(\alpha_{min})$	$f(\alpha_{max})$	Δf
A	0.9924	1.0037	0.0113	1.000027	2.0765	0.5794	0.8548	−0.2754
B	0.9951	1.0093	0.0142	1.000035	0.5326	0.7934	0.5040	0.2894
C	0.9690	1.0213	0.0523	1.000340	1.4952	0.3253	0.5802	−0.2549
D	0.9930	1.0077	0.0147	1.000037	0.9183	0.7185	0.6670	0.0515
E	0.9979	1.0028	0.0049	1.000011	0.7569	0.8802	0.8314	0.0488

通过表 14-1 可以发现：

（1）持续大幅上涨前，远离大幅震荡的正常时段（A 组）。多重分形谱的顶部较尖，开口较狭窄（$\Delta\alpha=0.0113$），曲线集中在坐标系中很小的范围，说明此时段指数波动较平稳，指数大小分布较均匀。

（2）持续大幅上涨前，大幅震荡临近时段（B 组）。与 A 组相比，多重分形谱开口由窄变宽（$\Delta\alpha$=0.0142），α_0 增加，$\Delta\alpha$ 变大，说明指数波动的奇异性增强，该时段指数最大值和指数最小值的差距更加显著。此外，α_{min} 值变大（α_{min}=0.9951）说明指数最大值下降，α_{max} 值变大（α_{max}= 1. 0093）说明指数最小值继续变小，但是α_{min}值增大的幅度小于α_{max}值增大的幅度，说明指数有大幅波动的趋势。$f(\alpha_{min})$值变大，说明高价格指数出现的次数较以前有所增加；$f(\alpha_{max})$值变小，低价格指数出现的次数较以前有所减少，这说明未来指数有大幅上涨的趋势。

（3）持续大幅上涨时段（C 组）。此时段多重分形谱开口变至最大（$\Delta\alpha=0.0523$），曲线集中在坐标系中较大的范围，说明此时段指数波动极不平稳，指数大小分布很不均匀，这是指数大幅度波动的典型性特征。$f(\alpha_{min})$值变至最小（0.969），说明指数最大值继续变大至最大；$f(\alpha_{max})$（1.0213）值变至最大，说明指数最小值继续变低至最低；二者同时变化说明指数有大幅变动的趋势，此时段指数上涨显著。$f(\alpha_{min})$值变至最小、$f(\alpha_{max})$值变至最大、$\Delta\alpha$值变至最大及α_0变至最大都说明该时段指数变化剧烈程度增加。

（4）持续大幅上涨后，部分震荡余波阶段（D 组）。持续大涨刚结束时，谱的开口由宽变窄（$\Delta\alpha$=0.0147），α_0 变小。$\Delta\alpha$值急剧变小，表明指数大幅上涨的趋势有所缓和。$f(\alpha_{min})$值变大，表明此时段指数最大值低于持续大涨时指数的最高值；$f(\alpha_{max})$值变小，说明此时段指数最低值高于持续大涨时指数达到的最低值，即指数的波动范围变小。

（5）持续大幅上涨后，远离大幅震荡的正常时段（E 组）。多重分形谱开口变狭窄（$\Delta\alpha$= 0.0049），α_0变至更小。曲线集中在坐标系中的很小范围，说明此时段指数波动较平稳，指数大小分布较均匀。

2）持续大跌前后分形主要参数值

根据多重分形谱模型，选取适当的参数 q 和 T 对股指高频数据进行多重分形计算。持续大跌前后各时段多重分形谱主要参数值如表 14-2 所示。

表 14-2　持续大跌前后分形谱各主要参数值

组　别	α_{min}	α_{max}	$\Delta\alpha$	α_0	R	$f(\alpha_{min})$	$f(\alpha_{max})$	Δf
A	0.9992	1.0014	0.0022	1.000005	0.5771	0.9955	0.9120	0.0835
B	0.9962	1.0047	0.0085	1.000017	0.8151	0.8160	0.7457	0.0703
C	0.9888	1.0119	0.0231	1.000100	0.9576	0.5951	0.5490	0.0461
D	0.9986	1.0019	0.0033	1.000007	0.7433	0.9239	0.8898	0.0341
E	0.9985	1.0014	0.0029	1.000006	1.0803	0.9096	0.9196	−0.0100

（1）持续大幅下跌前，远离大幅震荡的正常时段（A 组）。多重分形谱的顶部较尖，开口较狭窄（$\Delta\alpha$= 0. 0022），曲线集中在坐标系中很小的范围，说明此时段指数波动较平稳，指数大小分布较均匀。

（2）持续大幅下跌之前，大幅震荡临近时段（B 组）。与 A 组相比，多重分形谱的开口由窄变宽（$\Delta\alpha$= 0.0085），$\Delta\alpha$变大说明指数波动的奇异性增强，该时段指数最大值和指数最小值的差距更加显著。α_{min}值变小（0.9962）说明指数最大值增加；α_{max}值变大（1.0047）说明指数最小值继续变小；二者同时变化，说明指数有大幅波动的趋势。α_{max}值变大的幅度大于α_{min}值变小的幅度，说明指数有下跌的趋势。$f(\alpha_{min})$值（0.816）变小，说明价格较高指数出现的次数较以前有所减少；$f(\alpha_{max})$值变小（0.7457），说明价格较低指数出现的次数较以前有所减少；但是，$f(\alpha_{min})$值减小的幅度小于$f(\alpha_{max})$值减小的幅度，说明未来指数有大幅下跌的趋势，但在跌势中可能伴有局部的震荡上扬。

（3）持续大幅下跌时段（C 组）。此时段多重分形谱的开口变至最大（$\Delta\alpha$= 0.0231），曲线集中在坐标系中较大的范围，说明此时段指数波动极不平稳，指数大小分布很不均匀，这是指数大幅度波动的典型性特征。α_{min}值变至最小（0.9888），说明指数最大值继续变大至最大；α_{max}值变至最大（1.0119），说明指数最小值继续变低至最低；二者同时变化说明指数有大幅变动的趋势，此时段指数下跌显著。α_{min}值变至最小、α_{max}值变至最大、$\Delta\alpha$值变至最大及α_0变至最大都说明该时段指数变化的剧烈程度增加。

（4）持续大幅下跌后，部分震荡余波阶段（D 组）。持续大跌刚结束时，谱的开口由宽变窄（$\Delta\alpha$=0.0031），$\Delta\alpha$值急剧变小表明指数大幅波动的趋势有所缓和。α_{min}值变大（0.9986）说明此时段指数最大值低于持续大涨时指数的最大值；α_{max}值变小（1.0019）说明此时段指数最小值高于持续大涨时指数达到的最小值，这同样说明指数波动幅度变小。

（5）持续大幅下跌后，远离大幅震荡的正常时段（E 组）。多重分形谱的开口较狭窄（$\Delta\alpha$=0.0029），曲线集中在坐标系中很小的范围，说明此时段指数波动较平稳，指数大小分布较均匀。

上述实证研究结果表明，股指发生大幅波动前后的主要时段，其多重分形谱的形状及参数变化有一定的规律可循。

总而言之，多重分形理论通过一个标度范围来描述复杂系统的局部特征，能够得到许多被简单分形方法所忽略的信息，被认为是迄今为止最为全面地描述价格波动特征的模型。本案例运用该理论对股价波动的多重分形特征进行了统计研究，发现了多重分形谱参数与股指波动之间较强的关联性，即在股价指数发生大幅波动的情况下，多重分形谱参数$\Delta\alpha$、α_0、α_{min}、α_{max}均具有较明显的变化特征，这为进一步描述股票市场的复杂性规律提供了依据。

14.3.2 汇率预测

随着全球金融一体化的发展及国际间的资本流动加快，国际金融市场变得越来越复杂，竞争日趋激烈，而反映其变化的汇率越来越被人们所重视，因此对汇率所进行的研究也成为近几年十分热门的话题。

最新的研究成果指出，汇率变化是一个具有非线性特征的变化过程，而分形理论又是非线性理论中比较常用的理论之一。同时，分形理论中的思维角度和计算方法都给金融问题提供了十分有效的解决方案，而对于汇率的研究也是这一领域中的一个重要分支，可见用分形理论来研究汇率问题是十分恰当的。

1. R/S 分析方法简述

R/S 分析（The Rescaled Range Analysis，重标极差分析）最初是由水纹专家 H.E.Hurst 在 1951 年提出来的，是著名的分形分析方法之一。该方法主要通过 R/S 计

算出该序列的 H 值，并根据 H 值来判断该序列的性质。

1）计算重标极差（R/S）

设一个时间序列为 P_t，观测次数为 m，将其转换为长度为 $M=m-1$ 的常用对数比率时间序列：$X_t=\ln P_t-\ln P_{t-1}$。将这个长度为 M 的时间序列 $\{X_t\}$ 分成 A 个长度为 N（$2\leqslant N\leqslant L$，L 表示最长子区间的长度）的相邻子区间，使得 $A\times N=M$。用 I_a 代表每个子区间，其中 $a=1,2,\cdots,A$；将每个 I_a 上的 X_t 记为 $X_{k,a}$，其中 $k=1,2,\cdots,N$。设 I_a 上的 $\{X_t\}$ 的均值为 X_a，则有如下计算公式：

$$K_{k,a}=\sum_{t=1}^{k}(X_{k,a}-\overline{X}a) \tag{1}$$

$$R_{I,a}=\max_{1<k<N}\left\{D_{k,a}\right\}-\min_{1<k<N}\left\{D_{k,a}\right\} \tag{2}$$

$$S_{I,a}=\sqrt{\frac{1}{N}\sum_{t=1}^{k}(X_{k,a}-\overline{X}_a)^2} \tag{3}$$

$$\left(\frac{R}{S}\right)_N=\frac{1}{A}\sum_{a=1}^{A}\frac{S_{I_a}}{S_{I_a}} \tag{4}$$

式（1）～（4）中：

N——子区间 I_a 的长度。

$D_{k,a}$——子区间 I_a 的累计离差。

$R_{I,a}$——子区间 I_a 的极差。

$S_{I,a}$——第 a 个区间 I_a 的标准差。

$(R/S)_N$——重标极差。

2）估计平均循环长度

所谓平均循环长度，指的就是时间序列具有“长期记忆”特性的长度。根据 Peters（1994）的研究，可以借助 V 统计量来估计序列的平均循环长度，其计算公式为：

$$V=\frac{\left(\frac{R}{S}\right)_N}{\sqrt{N}} \tag{5}$$

3）计算 Hurst 指数

因为 $(R/S)_N=C\times N^H$，所以将此式两边取对数得：

$$\log\left(\frac{R}{S}\right)_N = \log C + H\log N \tag{6}$$

然后将平均循环长度内的值及其相应的 N 值代入上式，用 OLS 求解 H 值。

4）计算 R/S 期望值

彼得斯（Peters）给出了高斯型序列的 R/S 期望值的计算公式，如下：

$$E\left(\frac{R}{S}\right)_N = \frac{(N-0.5)}{N}\frac{1}{\sqrt{N\cdot\frac{\pi}{2}}}\sum_{r=1}^{N-1}\sqrt{\frac{N-r}{r}} \tag{7}$$

将 $E(R/S)_N$ 和 $\log N$ 代入式（6），用 OLS 可得高斯型序列的 H 指数期望值 $E(H)$，如下：

$$\log\left(E\left(\frac{R}{S}\right)_N\right) = \log C + E(H)\log N \tag{8}$$

5）通过 H 值判断序列走势

Hurst 指数和相应的时间序列分为 3 种类型。

（1）当 H=0.5 时，时间序列是随机游走的。序列中不同时间的值是随机的和不相关的，即现在不会影响将来。

（2）当 $0\leqslant H\leqslant 0.5$ 时，这是一种反持久性的时间序列，常被称为均值回复。如果一个序列在前一个时期是向上走的，那么它在下一个时期多半是向下走的；反之亦然。这种反持久性的强度依赖于 H 离零有多近，越接近于零，这种时间序列就具有比随机序列更强的突变性或易变性。

（3）当 $0.5\leqslant H\leqslant 1$ 时，表明序列具有持续性，存在长期记忆性的特征。即前一个时期序列是向上（下）走的，那么下一个时期多半继续是向上（下）走的。趋势增强行为的强度或持久性随 H 接近于 1 而增加。

6）根据 $V(R/S)$与 $V(E(R/S))$统计量图

选出统计量的走势由上升转为下降或保持不变的点，而这个点正是序列的长期记忆过程消失的临界点，这个点对应的 N 就是序列的平均循环长度。但如果图像中这样的临界点不是唯一的时候，则可根据假设检验来选出真正的临界点，具体计算如下：

$$R^2 = 1-\frac{\sum(x-\hat{y})^2}{\sum(x-\bar{y})^2} \tag{9}$$

$$S_{\beta_1}=\frac{S_e}{\sqrt{\sum x_i^2-\frac{1}{n}(\sum x_i)^2}} \tag{10}$$

$$\hat{\beta}_1=\frac{n\sum_{t=1}^{n}x_i y_i-\sum_{t=1}^{n}x_i\sum_{t=1}^{n}y_i}{n\sum_{t=1}^{n}x_i^2-\left(\sum_{t=1}^{n}x_i\right)^2} \tag{11}$$

其中，$S_e=\sqrt{\frac{\sum(y-y_i)^2}{n-2}}$，则 $t=\frac{\hat{\beta}_1}{S\hat{\beta}_1}$，$V_{ar}(E(H)_N)=\frac{1}{T}$，$S=\frac{H-E(H)_N}{V_{ar}(E(H)_N)}$。

其中，T 为样本中所有的观测数目。在实际应用中，R^2 要达到多大才算模型通过了检验，并没有绝对的标准，而是要视实际情况而定，它只是说明所得到的一元线性回归方程的拟合程度。T 检验用来判断 x 变量是否是显著的，如果判断出 x 是不显著的，则可在已建立好的模型中去除这个变量；如果判断出 x 是显著的，那么在模型中就应保留这个变量。对于多元线性回归模型，方程的总体线性关系是显著的，并不能说明每个解释变量对被解释变量的影响都是显著的，必须对每个解释变量进行显著性检验，以决定其是否作为解释变量被保留在模型中。

由于 Hurst 指数遵循正态分布，因此需要将它转换为标准正态分布（S 统计量），然后选择一个置信度，通过假设检验来判断序列是否遵循随机游走。如果 S 统计量在拒绝域中，则表明序列遵循随机游走，R/S 分析结果是显著的，该点即真正的转折点；若不在拒绝域中，则表明序列并未显著偏离随机游走，R/S 分析结果不显著。

2. R/S 分析方法在预测汇率中的案例实证

案例　基于分形理论的汇率预测

本案例从 2003 年 11 月 25 日到 2006 年 11 月 24 日，选取有关美/日汇率每天的比值共 784 个进行分析。

1）R/S 分析计算

R/S 分析的各项指标如表 14-3 所示，出于简化考虑，这里只给出了一部分。

表 14-3 外汇 R/ S 分析的各项指标

						V 统计量	
N	logN	R/S	log(R/S)	E(R/S)	log(E(R/S))	V(R/S)	V(E(R/S))
10	1.00	2.97	0．47	2.65	0.42	0.94	0.84
21	1.32	4.51	0.66	4.47	0.65	0.98	0.97
32	1.51	6.11	0.79	5.83	0.77	1.08	1.03
52	1.72	8.26	0.92	7.80	0.89	1.15	1.10
78	1.89	10.48	1.02	9.84	0.99	1.19	1.11
98	1.99	11.92	1.08	11.18	1.05	1.20	1.13
130	2.11	12.46	1.10	13.07	1.12	1.10	1.15
261	2.42	15.74	1.20	19.00	1.28	0.97	1.18
391	2.60	19.5	1.29	23.62	1.37	0.99	1.20

2）转折点的选择

如图 14-5 所示，可以看到 $V(R/S)$曲线在 $N=32$、52、60、87、156 时出现了转折点。为判定序列长期记忆消失的临界点，根据这 5 个转折点进行 5 次回归，并进行显著性检验，回归分析结果如表 14-4 所示。从表 14-4 中可以发现，通过 S 统计量的计算，得到在置信度 a =95%（临界值为 1196）时，只有第一组回归的 S 统计量大于 1196，因此判定 $N=32$ 是序列的转折点。因此，美/日汇率的平均循环长度为 32 天。

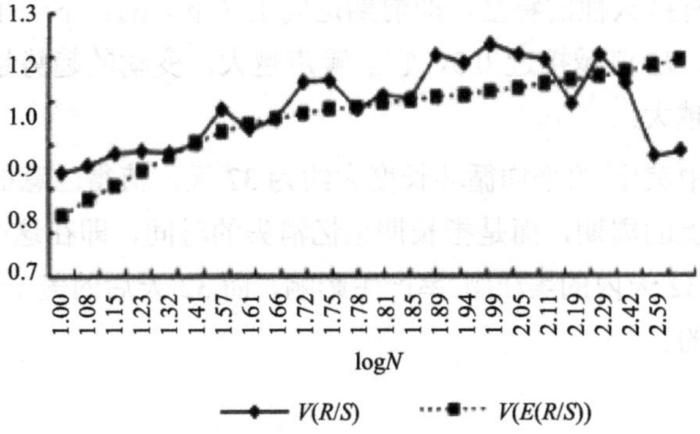

图 14-5 美/日汇率的 V 统计量

用最小二乘法（OLS）求得该时间序列的 H 值为 0.599 35，$E(H)$值为 0.676 15。依照上述计算方法得出：美/欧的分形维 H 为 0.543 30，$E(H)$为 0.632 18，循环周期为 78 天；欧/日的分形维 H 为 0.540 49，$E(H)$为 0.6219，循环周期为 112 天。

表 14-4 $V(R/S)$曲线回归检验

回归区间	H 值（$E(H)$值）	R^2	T 检验	S 统计量
$10 \leqslant N \leqslant 32$	0.60 (0.17)	0.995 (0.999)	31.10 (71.61)	−2.15
$10 \leqslant N \leqslant 52$	0.61 (0.65)	0.99 (0.99)	41.36 (86.58)	−1.07
$10 \leqslant N \leqslant 60$	0.60 (0.64)	0.99 (0.99)	48.54 (92.90)	−1.11
$10 \leqslant N \leqslant 87$	0.61 (0.632)	0.99 (0.99)	58.61 (99.36)	−0.39
$10 \leqslant N \leqslant 156$	0.59 (0.61)	0.99 (0.99)	56.98 (96.05)	−0.42

通过上面的分析研究，可以得出如下结论：

（1）拟合优度 R^2 的值都较大，十分接近 1，这说明一元线性回归的拟合程度很好；在 T 检验中，即使在 99.95%的极高显著水平下，解释变量也通过了变量显著性检验，即解释变量是显著的。

（2）通过计算得出的美/日汇率的日收益率的 Hurst 指数介于 0.15～1 之间，但 H 值比较小，这表明该序列具有持久性特征和分形结构，美/日汇率的变化不是一个随机游走的过程，而是一个有偏的随机过程。美元和日元之间不是相互独立的，而是存在内在的联系，具有持久性的特征，即前期是向上（下）的，下一个时期多半也是向上（下）的。同时，H 值越接近 0.5，它的噪声越大，变动的趋势越不稳定，因此所对应的投资风险就越大。

（3）外汇市场中美/日的平均循环长度大约为 32 天。值得注意的是，这里的循环周期不是严格意义上的周期，而是指长期记忆消失的时间，即在这个 32 天内的美/日汇率将会对下一个 32 天内的美/日汇率产生影响，而 32 天后的美/日汇率与现在的美/日汇率是相互独立的。

第 15 章 随机过程

◆ 摘要 ◆

随机过程（Stochastic Process）是一连串随机事件动态关系的定量描述。随机过程论与其他数学分支如位势论、微分方程、力学及复变函数论等有密切的联系，是自然科学、工程科学及社会科学各领域研究随机现象的重要工具。随机过程论目前已得到广泛应用，在诸如天气预报、统计物理、天体物理、运筹决策、经济数学、安全科学、人口理论、可靠性及计算机科学等很多领域都要经常用到随机过程的理论来建立数学模型。

常见的随机过程包括独立增量过程、泊松过程、维纳过程、正态过程、马尔科夫（Markov）过程等。

在量化投资中，主要采用马尔科夫过程来对股市大盘进行预测。马尔科夫链理论预测的对象是一个随机变化的动态系统，其预测是根据状态之间的转移概率来推测系统未来的发展。转移概率反映了各种随机因素的影响程度，因而马尔科夫链比较适合随机波动性较大的预测问题。但是马尔科夫链要求状态无后效性，且要具有平稳过程等特点。如果采用灰色 GM(1,1)模型对数据进行拟合，找出其变化趋势，则可以弥补马尔科夫预测的局限性；而在灰色预测的基础上进行马尔科夫预测，又可弥补灰色预测对随机波动性较大的数据序列准确度低的不足，因此将二者结合起来将大大提高对股市的预测精度。

15.1 基本概念

随机过程（Stochastic Process）是一连串随机事件动态关系的定量描述。随机过程论与其他数学分支如位势论、微分方程、力学及复变函数论等有密切的联系，是自然科学、工程科学及社会科学各领域研究随机现象的重要工具。随机过程论目前已得到广泛应用，在诸如天气预报、统计物理、天体物理、运筹决策、经济数学、安全科学、人口理论、可靠性及计算机科学等很多领域都要经常用到随机过程的理论来建立数学模型。

1. 随机过程定义

一般来说，把一组随机变量定义为随机过程。在研究随机过程时，人们透过表面的偶然性描述出必然的内在规律并以概率的形式来描述这些规律，从偶然中悟出必然正是这一学科的魅力所在。随机过程整个学科的理论基础是由柯尔莫哥洛夫和杜布奠定的。这一学科最早源于对随机过程物理学的研究，如吉布斯、玻尔兹曼、庞加莱等人对统计力学的研究，以及后来爱因斯坦、维纳、莱维等人对布朗运动的开创性工作。1907 年前后，马尔科夫研究了一系列有特定相依性的随机变量，后人称之为马尔科夫链。1923 年维纳给出布朗运动的数学定义，直到今天这一过程仍是重要的研究课题。随机过程一般理论的研究通常认为开始于 20 世纪 30 年代。1931 年，柯尔莫哥洛夫发表了《概率论的解析方法》，1934 年 A.辛饮发表了《平稳过程的相关理论》，这两篇著作奠定了马尔科夫过程与平稳过程的理论基础。1953 年，杜布出版了名著《随机过程论》，系统且严格地叙述了随机过程的基本理论。

2. 研究方法

研究随机过程的方法多种多样，主要可以分为两大类：一类是概率方法，其中用到轨道性质、随机微分方程等；另一类是分析方法，其中用到测度论、微分方程、半群理论、函数堆和希尔伯特空间等，实际研究中常常两种方法并用。另外，组合方法和代数方法在某些特殊随机过程的研究中也有一定作用。研究的主要内容有多指标随机过程、无穷质点与马尔科夫过程、概率随机过程与位势及各种特殊过程的专题讨论等。中国学者在平稳过程、马尔科夫过程、鞅论、极限定理、随机微分方程等方面做出了较好的成绩。

一个实际的随机过程是任意一个受概率支配的过程，例如：① 看作受孟德尔遗传学支配的群体的发展；② 受分子碰撞影响的微观质点的布朗运动，或者宏观空间的星体运动；③ 赌场中一系列的赌博；④ 公路一指定点汽车的通行。

在每一种情形下，一个随机系统都在演化，也就是说它的状态随着时间而改变，于是，在时间 t 的状态具有偶然性，它是一个随机变量 $x(t)$，参数 t 的集通常是一个区间（连续参数的随机过程）或一个整数集合（离散参数的随机过程）。

如果将系统的状态用一个数来表示，$x(t)$就是数值的，在其他情形下，$x(t)$可以是向量值或者更为复杂。当状态发生变化时，它的值确定一个时间的函数——样本函数，支配过程的概率规律确定赋予样本函数的各种可能性质的概率。

数学上的随机过程是由实际随机过程概念引起的一种数学结构，人们研究这种过程，是因为它是实际随机过程的数学模型，或者是因为它的内在数学意义及它在概率论领域之外的应用。

数学上的随机过程可以简单地定义为一组随机变量，即指定一个参数集，对于其中每一个参数点 t 指定一个随机变量 $x(t)$。如果回忆起随机变量自身就是一个函数，以ω表示随机变量 $x(t)$的定义域中的一点，并以 $x(t,\omega)$表示随机变量在ω的值，则随机过程就由刚才定义的 $x(t,\omega)$函数及概率的分布完全确定。如果固定 t，那么这个二元函数就定义一个ω的函数，即以 $x(t)$表示的随机变量；如果固定ω，那么这个二元函数就定义一个 t 的函数，这是过程的样本函数。

一个随机过程的概率分配通常是由指定它的随机变量的联合分布来给定的，这些联合分布及由它们诱导出来的概率可以解释为样本函数的性质的概率。例如，如果 t_0 是一个参数值，则样本函数在 t_0 取正值的概率是随机变量 $x(t_0)$有正值的概率。由此得出在这个水平上的基本定理：任意指定的自身相容的联合概率分布对应一个随机过程。

3. 特殊随机过程

对过程的概率结构进行各种假设，便得到各类特殊的随机过程。除正态过程、二阶过程外，重要的还有独立增量过程、马尔科夫过程、平稳过程、鞅点过程和分支过程等。贯穿这些过程类的有两个最重要、最基本的过程——布朗运动和泊松过程，它们的结构比较简单，便于研究且应用广泛。从它们出发，可以构造出许多其他过程。这两种过程的轨道性质不同，前者连续而后者则是上升的阶梯函数。

正如从普通函数发展到广义函数一样，随机过程也可发展到广义过程。设 D 为 R 上全体无穷次可微且支集有界的实值函数ϕ的集，定义在 D 上的连续线性泛函称为广义函数，全体广义函数的集记为 D_x。考虑 $D\times\Omega$上的二元函数 $x(\phi,\omega)$，如果对固定的$\omega,x(\cdot,\omega)\in D_x$ 是广义函数，而对固定的$\phi,x(\phi,\cdot)$是随机变量，则称$\{x(\phi,\omega):\phi\in D\}$为定义在$(\Omega,F,p)$上的广义过程。

据有穷维分布族的性质，也可以定义特殊的广义过程类，如广义平稳过程、广义正态过程等。例如，若对 D 中任意有限个线性独立函数$\phi_1,\phi_2,\cdots,\phi_n$，有限维分布都是正态分布，则称 $x=\{x\ (\phi,\omega)\}$为广义正态过程。

15.2 主要内容

15.2.1 随机过程的分布函数

定义 1：给定随机过程$\{X(t),t\in T\}$，对于每一个固定的 $t\in T$，$X(t)$是一个随机变量的分布函数，一般与 t 有关，记为$F_t(x)=P(X(t)\leqslant x)$，称为随机过程的一维分布函数。

若存在非负函数 $F_t(x)$，使$F_t(x)=\int_{-\infty}^{x} f_s(u)\mathrm{d}u$，则称函数 $F_t(x)$为随机过程 $X(t)$的一维密度函数。

定义 2：给定随机过程$\{X(t), t\in T\}$，对于任意两个时刻 $t_1,t_2\in T$，二维随机变量 $X(t_1)$、$X(t_2)$的分布函数一般与 t_1、t_2 有关，记为$F_{t_1,t_2}(x_1,x_2)=P(X(t_1)\leqslant x_1,X(t_2)\leqslant x_2)$，称为随机过程的二维分布函数。

定义 3：若存在非负函数$F_{t_1,t_2}(x_1,x_2)$，使$F_{t_1,t_2}(x_1,x_2)=\int_{-\infty}^{x_1}\int_{-\infty}^{x_2} f_{t_1,t_2}(u_1,u_2)\mathrm{d}u_1\mathrm{d}u_2$ 成立，则称 $f_{t_1,t_2}(x_1,x_2)$为随机过程的二维密度函数。

定义 4：给定随机过程$\{X(t),t\in T\}$，当时间 t 取$t_1,t_2,\cdots,t_n\in T$时，n 维随机变量$(X(t_1),X(t_2),\cdots,X(t_n))$的分布函数记为$F_{t_1,t_2,\cdots,t_n}(x_1,x_2,\cdots,x_n)=P(X(t_1))\leqslant x_1,X(t_2)\leqslant x_2,\cdots,X(t_n)\leqslant x_n$，称使$F_{t_1,t_2,\cdots,t_n}(x_1,x_2,\cdots,x_n)=\int_{-\infty}^{x_1}\int_{-\infty}^{x_2}\cdots\int_{-\infty}^{x_n} f_{t_1,t_2,\cdots,t_n}(u_1,u_2,\cdots,u_n)\mathrm{d}u_n\cdots\mathrm{d}u_2\mathrm{d}u_1$成立的$f_{t_1,t_2,\cdots,t_n}(x_1,x_2,\cdots,x_n)$为随机过程 $X(t)$的 n 维密度函数。

n 维分布函数的全体$\{F_{t_1,t_2,\cdots,t_n}(x_1,x_2,\cdots,x_n)\ \ t_1,t_2,\cdots,t_n\in T,n\geqslant 1\}$称为随机过程 $X(t)$的有限维分布函数族，同理定义有限维密度函数族。

15.2.2 随机过程的数字特征

定义 5：给定随机过程$\{X(t),t\in T\}$，固定 t，$X(t)$是一个随机变量，它的均值或数学期望一般与 t 有关，记为$\mu_X(t)=E[X(t)]$，我们称 $\mu_X(t)$为随机过程 $X(t)$的均值函数。

显然，若$f(x,t)$是 $X(t)$的一维密度函数，则$\mu_X(t)=\int_{-\infty}^{\infty} xf_t(x)\mathrm{d}x$。

定义 6：我们把随机变量 $X(t)$的二阶原点矩$\Psi_X^2(t)=E[X^2(t)]$称为随机过程$\{X(t)\}$的均方值函数。

定义 7：我们把随机变量 $X(t)$的方差 $\sigma_X^2(t)=\text{Var}[X(t)]=E\{[X(t)-\mu_X(t)]^2\}$称为随机过程$\{X(t)\}$的方差函数。

定义 8：设 $X(t_1)$和 $X(t_2)$是随机过程在任意两个时刻 t_1 和 t_2 的状态，称 $X(t_1)$和 $X(t_2)$的二阶混合原点矩 $R_X(t_1,t_2)=E[X(t_1)X(t_2)]$ 为随机过程$\{X(t)\}$的自相关函数，简称相关函数。

定义 9：称 $X(t_1)$和 $X(t_2)$的二阶混合中心矩 $C_X(t_1,t_2)\underline{\Delta}E\{[X(t_1)-\mu(t_1)][X(t_2)-\mu(t_2)]\}$为随机过程$\{X(t)\}$的自协方差函数，简称协方差函数。

随机过程的 5 种数字特征——均值函数、均方值函数、方差函数、相关函数、协方差函数之间的关系如下：

$$\begin{cases}\Psi_x^2(t)=R_x(t,t)\\ \text{Var}_X(t)=C_X(t,t)\\ \text{Var}_X(t)=\Psi_X^2(t)-[\mu_X(t)]^2\\ C_X(t_1,t_2)=R_X(t_1,t_2)-\mu_X(t_1)\mu_X(t_2)\end{cases}$$

15.2.3 几种常见的随机过程

1．独立增量过程

（1）定义 10：若随机过程 $\{X(t),t\in T\},T=[0,+\infty)$，任意 n 个状态 $X(t_1),X(t_2),\cdots,X(t_n)$，满足 $X(t_2)-X(t_1),X(t_3)-X(t_2),\cdots,X(t_n)-X(t_{n-1})$ 相互独立，则称 $\{X(t),t\in T\}$ 为独立增量过程。

（2）若对任意的非负实数 s,t,h，且 $s<t$，$X(t+h)-X(s+h)$ 与 $X(t)-X(s)$ 具有相同的分布，则称增量具有平稳性。当增量具有平稳性时，称相应的独立增量过程是齐次的。

2．泊松（Poison）过程

定义 11：若独立增量过程的增量服从泊松（Poison）分布，即$\forall 0\leqslant t_1<t_2$，$X(t_1)-X(t_2)\sim P(\lambda(t_2-t_1))$，则称给定随机过程$\{X(t),t\in T\}$为强度为 λ 的泊松（Poison）过程。

3. 维纳过程

定义 12：设随机过程$\{W(t),t\geqslant 0\}$的均方值函数存在，若它满足以下条件：

① 具有平稳的独立增量。

② 对任意的 $t>s\geqslant 0$，$W(t)-W(s)$服从正态分布 $N(0,\sigma^2(t-s))$。

③ $W(0)=0$。

则称此过程为维纳过程或布朗运动，其中 σ^2 称为维纳过程的参数。

4. 正态过程

定义 13：若随机过程$\{X(t), t\in T\}$的每一个有限维分布都是正态分布，则$\{X(t), t\in T\}$称为正态过程（高斯过程）。

定理 1：维纳过程是正态过程。

证：$\forall n$，$t_1<t_2<\cdots<t_n\in T$ 及 $\forall k_1,k_2,\cdots,k_n\in \mathbf{R}$

令：$Z=k_1X(t_1)+k_2X(t_2)+\cdots+k_nX(t_n)=\sum_{i=0}^{n-1}a_i[X(t_{i+1})-X(t_i)]$

式中 a_i 满足 $t_0=0,a_0=-k_1,a_{i-1}-a_i=k_i$，由于$\sum_{i=1}^{n-1}a_i[X(t_{i+1})-X(t_i)]$是独立的正态随机变量，$X(t_1)-X(0),X(t_2)-X(t_1),\cdots,X(t_n)-X(t_{n-1})$的线性组合仍然服从正态分布。

5. 马尔科夫（Markov）过程

定义 14：设随机过程 $X(t),t\in T$ 的状态空间为 I，若对于任意 $t_1<t_2<\cdots<t_n,t_i\in T$，有 $P\{X(t_n)\leqslant x_n\mid X(t_1)=x_1,\cdots,X(t_{n-1})=x_{n-1}\}=P\{X(t_n)\leqslant x_n\mid X(t_{n-1})=x_{n-1}\}$，则称过程$\{X(t),t\in T\}$具有马尔科夫性或称此过程为马尔科夫（Markov）过程，简称马氏过程。

马尔科夫过程的特点是：当过程在时刻 t_0 所处的状态为已知的条件时，过程在时刻 t（$t>t_0$）所处的状态与过程在 t_0 时刻之前的状态无关，这个特性就是无后效性。

有独立增量过程$\{X(t), t\geqslant 0\}$，若 $X(0)=0$，则必为马氏过程。

定义 15：若马氏过程的状态 $I=\{a_1,a_2,\cdots\},a_i\in\mathbf{R},i=1,2,\cdots$ 是离散的，则称条件概率 $p_{ij}(t,\tau)\underline{\underline{\Delta}}P\{X(t+\tau)=a_j\mid X(t)=a_i\}$为马氏过程 $X(t)$在时刻 t 处于状态 a_i 的条件下，在时刻 $t+I$ 处转移到状态 a_j 的转移概率。

转移概率的性质有：

$$\begin{cases} p_{ij}(t,\tau) \geqslant 0 \\ \sum_{j=1}^{+\infty} p_{ij}(t,\tau) = 1 \\ p_{ij}(t,\tau+\rho) = \sum_{k=1}^{+\infty} p_{ik}(t,\tau) p_{kj}(t+\tau,\rho) \end{cases}$$

定义 16：参数与状态都离散的马尔科夫过程称为马尔科夫链，简称马氏链。设马氏链的参数集为 $T=\{t_1,t_2,\cdots\}, t_1<t_2<\cdots$，状态集为 $I=\{a_1,a_2,\cdots\}$，记 $X_i = X(t_i), i=1,2,\cdots$，显然有 $P\{X_n = a_{in} \mid X_1 = a_{i1},\cdots,X_{n-1} = a_{in-1}\} = P\{X_n = x_n \mid X_{n-1} = a_{in-1}\}$。

定义 17：若在 $X_{n-1}=a_i$ 的条件下，$X_n = a_j$ 发生的概率与 n 无关，则称马氏链$\{X(t), t\in T\}$为齐次的，称马氏链$\{X(t),t\in T\}$为齐次马氏链。

定义 18：在马氏链是齐次的情况下，称 $p_{ij}(n) \underline{\Delta} p\{X_{m+n}=a_j \mid X_m = a_i\}, i,j = 1,2,\cdots; m,n=1,2,\cdots$ 为马氏链的 n 步转移概率，称 $p_{ij}(n), n=1,2,\cdots$ 为马氏链的 n 步转移概率矩阵，记为 $p(n)$。

一步转移概率矩阵记为 p。可证：$p(n)=p^n$。

15.2.4 平稳随机过程

1．严平稳随机过程

定义 19：若随机过程$\{X(t),t\in T\}$对于任意时刻 $t_1,t_2,\cdots,t_n \in T$ 和任意 $\tau\in R$ $(X(t_1),X(t_2),\cdots,X(t_n))$ 与 $(X(t_1+\tau),X(t_2+\tau),\cdots,X(t_n+\tau))$ 具有相同的分布函数，则称随机过程 $X(t)$为严平稳过程。

定理 2：若严平稳过程的均方值函数存在，则均值函数为 $\mu_X \underline{\Delta} \mu_X(t)$；均方值函数为 $\Psi_X^2 \underline{\Delta} \Psi_X^2(t)$；方差函数为 $\sigma^2{}_X = \sigma^2{}_X(t)$；相关函数为 $R_X(\tau) = R_{XX}(t,t+\tau)$。

2．宽平稳随机过程

定义 20：若随机过程$\{X(t),t\in T\}$对每一个 $t\in T$，二阶矩 $E[X^2(t)]$ 都存在，则它为二阶矩过程。

定义 21：给定二阶矩过程$\{X(t),t\in T\}$，若对任意 $t,t+\tau\in T$，$\mu_x(t)=\mu_x$（常数），

$R_{XX}(t,t+\tau)=R_X(\tau)$（仅仅是时间差函数），则称 $X(t)$是一个宽平稳过程或广义平稳过程，简称平稳过程。

定义 22：关于平稳过程 $X(t)$的相关函数具有下列性质：

$$\begin{cases} R_x(0)=E[X^2(t)]=\psi_X^2 \quad 0 \\ R_x(-\tau)=R_x(\tau) \\ |R_x(\tau)| \quad R_x(0) \\ R_x(\tau) \end{cases}$$

对于 $t_i \in T, i=1,2,\cdots,n$ 和任意实值函数 $g(\cdot)$，都有

$$\sum_{i,j=1}^{n} R_X(t_i-t_j)g(t_i)g(t_j) \geqslant 0$$

15.3 灰色马尔科夫链股市预测

在股票市场中，股票价格是一个基本特征量，但是它总受政治、经济等各方面因素的影响，具体的影响程度和信息是不完全的，所以我们可以把股市当成一个灰色系统来处理。

灰色系统是指既含有已知信息又含有未知或未确知信息的系统。灰色理论在处理信息不完全系统时，其要点在于不把系统中的随机性作为一个随机信号而是看作一个灰数，从而将灰色过程当作在一定区间、一定时区上变化的随机过程，主要用于时间短、数据资料少、波动性不大的预测问题。而且灰色预测不是采用原始的数据序列而是采用生成的数据序列，对于序列较短且有规律性的数据来说，这种预测精度较高。但由于灰色 GM(1,1)预测模型的预测曲线是一条较平滑的单调曲线，对波动性较大的股票市场中的数据列拟合较差，预测精度较低。

马尔科夫链理论预测的对象是一个随机变化的动态系统，其预测是根据状态之间的转移概率来推测系统未来的发展。转移概率反映了各种随机因素的影响程度，因而马尔科夫链比较适合随机波动性较大的预测问题；但是马尔科夫链要求状态无后效性，且要具有平稳过程等特点。如果采用灰色 GM(1,1)模型对数据进行拟合，找出其变化趋势，则可以弥补马尔科夫预测的局限性；而在灰色预测的基础上进行马尔科夫预测，又可弥补灰色预测对随机波动性较大的数据序列准确度低的不足，因此将二者结合起来将大大提高预测精度。

1. 灰色模型 GM(1,1)

灰色模型的构建步骤如下。

（1）给定原始数据列，记为 $x^{(0)}=(x^{(0)}(1),x^{(0)}(2),\cdots,x^{(0)}(n))$。

（2）对原始数据进行一次累加，生成新的数据序列 $x^{(1)}=(x^{(1)}(1),x^{(2)}(2),\cdots,x^{(1)}(n))$，其中 $x^{(1)}(k)=\sum_{t=1}^{k}x^{(0)}(i),k=1,2,\cdots,n$。

（3）构造矩阵 B 和常数矩阵 Y，令 $Y=\begin{bmatrix}x^{(0)} & (2)\\ x^{(0)} & (3)\\ \vdots & \\ x^{(0)} & (n)\end{bmatrix},B=\begin{bmatrix}-Z^{(1)} & (2)\\ -Z^{(1)} & (3)\\ \vdots & \\ -Z^{(1)} & (n)\end{bmatrix}$，其中 $Z^{(1)}(k)=\dfrac{x^{(1)}(k)+x^{(1)}(k-1)}{2},k=2,3,\cdots,n$，并建立相应的模型 $\dfrac{\mathrm{d}x^{(1)}}{\mathrm{d}t}+ax^{(1)}=b$。

（4）用最小二乘法求解 a、b 得 $\begin{bmatrix}a\\ b\end{bmatrix}=(B^{\mathrm{T}}B)^{-1}B^{\mathrm{T}}Y$。

（5）该模型的时间响应方程为 $x^{(1)}(t+1)=(x^{0}(1)-\dfrac{b}{a})\mathrm{e}^{-at}+\dfrac{b}{a},t=1,2,\cdots,n$，再经累减还原 $x^{(1)}(\hat{t}+1)=x^{(1)}(t+1)-x^{(\hat{1})}(t)$，得到 $x^{(0)}(\hat{t}+1)=(1-\mathrm{e}^{a})(x^{(0)}(1)-\dfrac{b}{a})-\mathrm{e}^{at}$。

2. 马尔科夫链预测模型

1）状态划分

（1）根据 GM(1,1)模型求出原始数据序列的拟合值 $x^{(\hat{0})}(t)$。

（2）求出残差 $\Delta k=x_{\hat{(0)}}(t)-x^{(0)}(t)$。

（3）残差的相对值为 $\varepsilon(k)=\dfrac{x^{(0)}(t)-x_{\hat{(0)}}(t)}{x^{(0)}(t)}\times 100\%$。

（4）为了使每一状态的数据相差不多，将 $\varepsilon(k)$的值从小到大排列，根据用户的需要和数据的多少，将状态分为自己想要的数。

2）转移概率的计算

（1）根据前面的状态划分，将残差的相对值分为若干状态，记为 $E_1,E_2,\cdots,E_n$，残差相对值序列由状态 E_i 经 k 步转移到状态 E_j 的概率称为 n 步转移概率，记为：

$$p_{ij}(k)=\frac{m_{ij}(k)}{M_i}$$

式中，$m_{ij}(k)$为状态 E_i 经 k 步转移到状态 E_j 的次数，M_i 为状态 E_i 出现的次数。由于数据序列的最后状态的转向不明确，故计算 M_i 时要去掉数据序列中最末的 k 个数据。

（2）当 k=1 时，即为一步转移概率 p_{ij}，其矩阵形式可记为：

$$p_1=\begin{pmatrix} p_{11} & \cdots & p_{1n} \\ p_{21} & \cdots & p_{2n} \\ \vdots & & \vdots \\ p_{n1} & \cdots & p_{nn} \end{pmatrix}$$

其中，$\sum\limits_{j=1}^{n} p_{ij}=1$。

（3）可知 $p(1)=p(0)p_1$，考察 $p(1)$中的 n 个值，若 $\max\limits_{j} p_{kj}=p_{ki}$，则可以认为下一时刻系统最有可能由状态 E_k 转向状态 E_1，即下一时刻最有可能处于状态 E_1。

（4）可知 $p(2)=p(1)p_1,\cdots,p(n)=p(n-1)p_1$，同理上一步可知 n 时刻后系统最有可能所处的状态。

3．案例实证：灰色马尔科夫链股市预测

由于收盘价是影响股票价格的最主要的因素，本案例选取从 2005 年 1 月到 2006 年 8 月共 20 个月深证成指的收盘数据，其中时间序列的单位以月计。

步骤一：求出模型 GM(1,1) 中的 a,b，即 $a=-0.027\,83$，$b=232.1352$，则 $x^{(0)}(\hat{t}+1)=237.085\mathrm{e}^{0.02783t}$。

步骤二：由残差相对值公式 $\varepsilon(t)=\dfrac{x^{(0)}(t)-x_{\hat{(0)}}(t)}{x^{(0)}(t)}\times 100\%$，求得残差相对值序列 $\varepsilon(t)$ 的范围为 (−18%, 26%)。

步骤三：根据实际情况将残差相对值 $\varepsilon(t)$平均分为 3 个状态 E_1、E_2、E_3，其中 E_1=[−18%,−6%]，E_2= (− 6%,0]，E_3 = (0,26%]。

步骤四：计算一步转移概率 p_1，$p_1=\begin{pmatrix} \frac{5}{7} & \frac{2}{7} & 0 \\ \frac{1}{3} & \frac{1}{3} & \frac{1}{3} \\ 0 & \frac{1}{5} & \frac{4}{5} \end{pmatrix}$，预测对象 2006 年 8 月处于状态 3，那么下个月的绝对分布为 $p(1)=p(0)p_1=(0,0,1)\begin{pmatrix} \frac{5}{7} & \frac{2}{7} & 0 \\ \frac{1}{3} & \frac{1}{3} & \frac{1}{3} \\ 0 & \frac{1}{5} & \frac{4}{5} \end{pmatrix}=\left(0,\frac{1}{5},\frac{4}{5}\right)$，所以下个月预测对象最有可能处于状态 3，即 $\varepsilon(t)\in E_3=(0,26\%]$；又由 $\varepsilon(k)=\dfrac{x^{(0)}(t)-x_{(0)}^{\wedge}(t)}{x^{(0)}(t)}\times 100\%$ 得 $x^{(0)}(t)=\dfrac{x_{(0)}^{\wedge}(t)}{1-\varepsilon(t)}$，所以 $x^{(0)}(21)\in(413.649,558.985)$，要预测的 2006 年 9 月末收盘指数为 438.9，在此预测区间内。

步骤五：再进行预测，可以依照上面的步骤得到下面月份的预测区间。

表 15-1 是用灰色马尔科夫链预测深证成指在样本内的结果，表 15-2 是用于样本外的预测结论，从表中可以看出，实际的深证成指的数据基本上处于灰色马尔科夫链预测的指数区间。当然，从数据也可以看出，区间范围略大，因此，在实际交易中，可以用区间的中位数来代表预测区间。如果区间中位数大于当前的指数点位，则可以做多；如果区间中位数小于当前的指数点位，则可以做空。

表 15-1 灰色马尔科夫链预测深证成指样本内（2005/1—2006/8）

	月　份	$x^{(0)}(t)$	$x_{(0)}^{\wedge}(t)$	$\varepsilon(t)$	状　态
1	2005.01	297.05	297.05	0	2
2	2005.02	328.13	243.776	25.71%	3
3	2005.03	296.75	250.655	15.53%	3
4	2005.04	283.57	257.729	9.11%	3
5	2005.05	262.25	265.002	–1.05%	2
6	2005.06	260.73	272.481	–4.51%	2
7	2005.07	254.47	280.171	–10.1%	1
8	2005.08	278.98	288.077	–3.26%	2

续表

	月　份	$x^{(0)}(t)$	$\hat{x}_{(0)}(t)$	$\varepsilon(t)$	状　态
9	2005.09	281.72	296.207	–5.14%	2
10	2005.10	265.4	304.566	–14.76%	1
11	2005.11	266.86	313.161	–17.35%	1
12	2005.12	278.75	321.999	–15.52%	1
13	2006.01	307.11	331.086	–7.81%	1
14	2006.02	315.3	340.43	–7.97%	1
15	2006.03	323.45	350.037	–8.22%	1
16	2006.04	353.94	359.915	–1.69%	2
17	2006.05	417.02	370.072	11.26%	3
18	2006.06	433.22	380.516	12.17%	3
19	2006.07	406.09	391.255	3.65%	3
20	2006.08	421.47	402.296	4.55%	3

表 15-2　灰色马尔科夫链预测深证成指样本外（2006/9—2006/12）

序　号	月　份	月末收盘指数实际值	灰色马尔科夫链预测模型预测的区间
21	2006.09	438.95	413.64～558.9
22	2006.10	446.49	425.3～574.7
23	2006.11	495.88	437.3～590.9
24	2006.12	550.59	449.6～607.6

总而言之，灰色马尔科夫链预测模型是根据灰色模型和马尔科夫链模型思想建立的，同时建立在历史数据的统计分析基础上。该模型不仅考虑了数据序列中的演变规律，而且通过状态转移概率矩阵的变换提取数据中的随机响应，因而它将灰色模型和马尔科夫链模型的优点结合起来，克服各自的缺点，提高预测精度。另外，该模型的原理浅显易懂，计算过程不复杂，适用性比较强。

该模型存在许多值得探讨的问题，它的预测精度与状态的划分有很大的关系，但目前状态的划分没有统一的标准，所以还需要进一步研究。另外，该模型对波动性较大且有一定上升趋势的数据来说，可以取得较好的预测效果，不是对任何数据都适用的。总之，灰色马尔科夫链预测模型有其应用价值，为投资者提供了理论方便。

第 16 章 IT 技术

◆ 摘要 ◆

量化投资离不开IT技术，无论是基础的数据库和数据仓库，还是在策略分析及后验中，都需要IT系统的支持，在程序化交易中也是利用软件代码进行自动化交易的，所以本章给出了一些有关IT技术的概要介绍，主要是与量化投资直接相关的一些技术，包括数据仓库、编程语言等。

16.1 数据仓库技术

数据仓库是近年来兴起的一种新的数据库应用，各大数据库厂商纷纷宣布产品支持数据仓库并提出一整套用于建立和使用数据仓库的产品，如 Informix Gong-side 公司的数据仓库解决方案、Oracle 公司的数据仓库解决方案和 Sybase 公司的交互式数据仓库解决方案等。

国际上许多重要的学术会议，如超大型数据库国际会议（VLDB）、数据工程国际会议（Data Engineering）等，都出现了专门研究数据仓库（Data Warehousing，DW）、联机分析处理（On-Line Analytical Processing，OLAP）、数据挖掘（Data Mining，DM）的论文。

对我国的许多企业而言，在建立或发展自己的信息系统时常常被这样的问题困扰：为什么要在原有的数据库上建立数据仓库，数据仓库能否代替传统的数据库，怎样建立数据仓库，等等。本节将简要介绍数据仓库的技术背景和主要技术方法。

16.1.1 从数据库到数据仓库

传统的数据库技术以单一的数据资源即数据库为中心，进行事务处理、批处理、决策分析等各种数据处理工作，主要划分为两大类：操作型处理和分析型处理（或信息型处理）。操作型处理也叫事务处理，是指对数据库联机的日常操作，通常是对一个或一组记录的查询和修改，主要为企业的特定应用服务，注重响应时间、数据的安全性和完整性；分析型处理则用于管理人员的决策分析，经常要访问大量的历史数据。而传统数据库系统优于企业的日常事务处理工作，而难以实现对数据分析处理的要求，已经无法满足数据处理多样化的要求，操作型处理和分析型处理的分离成为必然。

近年来，随着数据库技术的应用和发展，人们尝试对数据库（Database，DB）中的数据进行再加工，形成一个综合的、面向分析的环境，以更好地支持决策分析，从而形成了数据仓库技术（Data Warehousing，DW）。作为决策支持系统（Decision- making Support System，DSS），数据仓库系统包括：

（1）数据仓库技术。

（2）联机分析处理技术（On-Line Analytical Processing，OLAP）。

（3）数据挖掘技术（Data Mining，DM）。

数据仓库弥补了原有的数据库的缺点，将原来的以单一数据库为中心的数据环境发展为一种新环境——体系化环境。

1. 什么是数据仓库

业界公认的数据仓库概念创始人 W.H.Inmon 在《建立数据仓库》一书中对数据仓库的定义是：数据仓库就是面向主题的、集成的、不可更新的、稳定性随时间不断变化的数据集合，用于支持经营管理中的决策制定过程。

数据仓库中的数据面向主题，与传统数据库面向应用相对应。主题是一个在较高层次上将数据归类的标准，每一个主题对应一个宏观的分析领域。数据仓库的集成特性是指在数据进入数据仓库之前，必须经过数据加工和集成，这是建立数据仓库的关键步骤。数据仓库的稳定性是指数据仓库反映的是历史数据的内容，而不是日常事务处理产生的数据，数据经加工和集成进入数据仓库后是极少或根本不修改的；数据仓库是不同时间的数据集合，它要求数据仓库中的数据保存时限能满足进行决策分析的需要，而且数据仓库中的数据都要标明该数据的历史时期。

数据仓库最根本的特点是逻辑地存放数据，而且这些数据并不是最新的、专有的，而是来源于其他数据库。数据仓库的建立并不是要取代数据库，而是要在一个较全面和完善的信息应用的基础上，用于支持高层决策分析；而事务处理数据库在企业的信息环境中承担的是日常操作性的任务。数据仓库是数据库技术的一种新的应用，而且到目前为止，数据仓库还是用关系数据库管理系统来管理其中的数据的。

2. 数据仓库的产生

20 世纪 80 年代初到 90 年代初，联机事务处理一直是数据库应用的主流。然而当联机事务处理系统应用到一定阶段后，用户便发现单靠拥有联机事务处理已经不足以获得市场竞争的优势，他们需要对自身业务的运作及整个市场相关行业的情况进行分析，从而做出有利的决策。这种决策需要对大量的业务数据包括历史业务数据进行分析才能得到。在如今激烈的市场竞争环境下，这种基于业务数据的决策分析，我们把它称为联机分析处理，比以往任何时候都显得重要。如果说传统联机事务处理强调的是更新数据库——向数据库中添加信息，那么联机分析处理就是从数据库中获取信息、利用信息。

事实上，将大量的业务数据应用于分析和统计原本是一个非常简单和自然的想法，但在实际操作中，人们却发现要获得有用的信息并非想象的那么容易，这主要表现在以下几点：

（1）所有联机事务处理强调的是密集的数据更新处理性能和系统的可靠性，并不关心数据查询的方便与快捷。联机分析和事务处理对系统的要求不同，同一个数据库在理论上都难以做到两全。

（2）业务数据往往存放于分散的异构环境中，不易统一查询访问，而且还有大量的历史数据处于脱机状态，形同虚设。

（3）业务数据的模式针对事务处理系统而设计，数据的格式和描述方式并不适合非计算机专业人员进行业务上的分析和查询。

针对这一问题，人们设想专门为业务的统计分析建立一个数据中心，它的数据来自联机的事务处理系统、异构的外部数据源、脱机的历史业务数据。这个数据中心是一个联机的系统，它专门为分析统计和决策支持应用服务，通过它可以满足决策支持和联机分析应用所要求的一切，这个数据中心就叫作数据仓库。

数据仓库的概念一经出现，就首先被用于金融、电信、保险等主要传统数据处理密集型行业。国外许多大型的数据仓库在 1996—1997 年建立。那么，什么样的行业最需要和可能建立数据仓库呢？有两个基本条件：第一，该行业有较为成熟的联机事务处理系统，它为数据仓库提供客观条件；第二，该行业面临市场竞争的压力，它为数据仓库的建立提供外在的动力。

量化投资系统由于需要海量数据的分析与运算，使得数据仓库成为量化投资必备的基础数据系统。

16.1.2 数据仓库中的数据组织

1. 数据仓库的数据组织结构

数据仓库中的数据分为 4 个级别：早期细节级、当前细节级、轻度综合级、高度综合级。源数据经过综合后，首先进入当前细节级，并根据具体需要进行进一步的综合，从而进入轻度综合级乃至高度综合级，老化的数据将进入早期细节级。由此可见，数据仓库中存在不同的综合级别，一般称之为“粒度”。粒度越大，表示细节程度越低，综合程度越高。

数据仓库中还有一项重要的数据：元数据（Metadata）。元数据是“关于数据的数据”，如在传统数据库中的数据字典就是一种元数据。在数据仓库环境下，主要有两种元数据：一类是管理元数据（Administrative Metadata），它是对源数据及其内容、数据仓库主题、数据转换及各种操作信息的描述；另一类是用户元数据（User Metadata），它帮助用户查询信息、理解结果、了解数据仓库中的数据和组织。当然，还有一些元数据既对管理有用又对用户有用。

2. 粒度与分割

1）粒度

粒度是数据仓库的重要概念。粒度可以分为两种形式。第一种粒度是对数据仓库中数据的综合程度高低的一个度量，它既影响数据仓库中的数据量的多少，也影响数据仓库所能回答询问的种类。在数据仓库中，多维粒度是必不可少的。由于数据仓库的主要作用是 DSS 分析，因而绝大多数查询都基于一定程度的综合数据之上，只有极少数查询涉及细节。所以应该将大粒度数据存储在快速设备如磁盘上，将小粒度数据存储在低速设备如磁带上。

第二种粒度是样本数据库。它根据给定的采样率从细节数据库中抽取出一个子集，这样样本数据库中的粒度就不是根据综合程度的不同来划分的，而是由采样率的高低来划分的，采样粒度不同的样本数据库可以具有相同的数据综合程度。

2）分割

分割是数据仓库中的另一个重要概念，它的目的同样在于提高效率。它是将数据分散到各自的物理单元中去，以便能分别独立处理。有许多数据分割的标准可供参考，如日期、地域、业务领域等，也可以是其组合。一般而言，分割标准总应包括日期项，因为它十分自然而且分割均匀。

3. 数据仓库的数据组织形式

（1）简单堆积文件：它将每日由数据库中提取并加工的数据逐天积累并存储起来。

（2）轮转综合文件：数据存储单位被分为日、周、月、年等几个级别。在一个星期的 7 天中，数据被逐一记录在每日数据集中，然后 7 天的数据被综合并记录在周数据集中，接下去的一个星期，日数据集被重新使用，以记录新数据。同理，周数据集达到 5 个后，数据再一次被综合并记入月数据集，依此类推。轮转综合结构十分简洁，数据量较简单，堆积结构大大减少。当然，它是以损失数据细节为代价的，越久远的数据，细节损失越多。

（3）简化直接文件：它类似于简单堆积文件，但它是间隔一定时间的数据库快照，如每隔一星期或一个月做一次。

（4）连续文件：通过两个连续的简化直接文件，可以生成另一种连续文件，它是通过比较两个简单直接文件的不同而生成的。当然，连续文件同新的简单直接文件也可生成新的连续文件。

对于各种文件结构的最终实现，在关系数据库中仍然要依靠“表”这种最基本的结构。

4. 数据仓库的数据追加

如何定期向数据仓库追加数据也是一个十分重要的技术。数据仓库的数据来自 OLTP 的数据库中，问题是如何知道究竟哪些数据是在上一次追加过程之后新生成的。常用的技术和方法如下。

（1）时标方法：如果数据含有时标，对新插入或更新的数据记录，在记录中添加更新时的时标，那么只需根据时标判断即可。但并非所有数据库中的数据都含有时标。

（2）DELTA 文件：它是由应用生成的，记录了应用改变的所有内容。利用 DELTA 文件效率很高，它避免了扫描整个数据库，但同样的问题是生成 DELTA 文件的应用并不普遍。此外，还有更改应用代码的方法，使得应用在生成新数据时可以自动将其记录下来。但应用成千上万，且修改代码十分烦琐，这种方法很难实现。

（3）前后映像文件的方法：在抽取数据前后对数据库各进行一次快照，然后比较两幅快照的不同从而确定新数据。这种方法占用大量资源，对性能影响极大，因此并无多大实际意义。

（4）日志文件：最可取的技术大概就是利用日志文件了，因为它是 DB 的固有机制，不会影响 OLTP 的性能。同时，它还具有 DELTA 文件的优越性质，提取数据只要局限日志文件即可，不用扫描整个数据库。当然，原来日志文件的格式是依据 DB 系统的要求而确定的，它包含的数据对于数据仓库而言可能有许多冗余。例如，对一个记录的多次更新，日志文件将全部变化过程都记录下来；而对于数据仓库，只需要最终结果。但比较而言，日志文件仍然是最可行的一种选择。

16.1.3 数据仓库的关键技术

与关系数据库不同，数据仓库并没有严格的数学理论基础，它更偏向于工程。由于数据仓库的这种工程性，因而在技术上可以根据它的工作过程分为数据的抽取、存储和管理、数据的表现及数据仓库设计的技术咨询 4 个方面。下面将分别讨论每一个环节。

1. 数据抽取

数据的抽取是数据进入仓库的入口。由于数据仓库是一个独立的数据环境，它需要通过抽取过程将数据从联机事务处理系统、外部数据源、脱机的数据存储介质中导入数据仓库。数据抽取在技术上主要涉及互连、复制、增量、转换、调度和监控等几个方面。数据仓库的数据并不要求与联机事务处理系统保持实时同步，因此数据抽取可以定时进行，但多个抽取操作执行的时间、相互的顺序、成败对数据仓库中信息的有效性至关重要。

在技术发展上，数据抽取所涉及的单个技术环节都已相对成熟，其中有一些是躲不开编程的，但整体的集成度还很不够。目前市场上提供的大多是数据抽取工具，这些工具通过用户选定源数据和目标数据的对应关系，会自动生成数据抽取的代码。但数据抽取工具支持的数据种类是有限的；同时数据抽取过程涉及数据的转换，它是一个与实际应用密切相关的部分，其复杂性使得不可嵌入用户编程的抽取工具往往不能满足要求。

因此，实际的数据仓库实施过程中往往不一定使用抽取工具，整个抽取过程能否因工具的使用而纳入有效的管理、调度和维护则更为重要。从市场发展来看，以数据抽取、异构互连产品为主项的数据仓库厂商一般都很有可能被其他拥有数据库产品的公司吞并。在数据仓库的世界里，它们只能成为辅助的角色。

2. 数据存储和管理

数据仓库的真正关键是数据的存储和管理。数据仓库的组织管理方式决定了它有别于传统数据库的特性，同时也决定了其对外部数据表现形式要采用什么产品和技术来建立数据仓库核心，所以需要从数据仓库的技术特点着手分析。

数据仓库遇到的第一个问题是对大量数据的存储和管理。这里所涉及的数据量比传统事务处理大得多，且随时间的推移而累积，从现有技术和产品来看，只有关系数据库系统能够担当此任。关系数据库经过多年的发展，在数据存储和管理方面已经非常成熟，非其他数据管理系统可比。目前不少关系数据库系统已经支持数据分割技术，能够将一张大的数据库表分散在多个物理存储设备中，进一步增强了系统管理大数据量的扩展能力。采用关系数据库管理数百 GB 甚至 TB 的数据已是一件平常的事情，一些厂商还专门考虑大数据量的系统备份问题，好在数据仓库对联机备份的要求并不高。

数据仓库要解决的第二个问题是并行处理。在传统联机事务处理应用中，用户访问系统的特点是短小而密集。对于一个多处理机系统来说，能够将用户的请求进行均衡分担是关键，这便是并发操作。而在数据仓库系统中，用户访问系统的特点是庞大而稀疏，每一个查询和统计都很复杂，但访问的频率并不是很高。此时系统需要有能力将所有的处理机调动起来为这一个复杂的查询请求服务，将该请求并行处理。因此，并行处理技术在数据仓库中比以往更加重要。

数据仓库要解决的第三个问题是针对决策支持查询的优化。这个问题主要针对关系数据库而言，因为其他数据管理环境连基本的通用查询能力都还不完善。在技术上，针对决策支持的优化涉及数据库系统的索引机制、查询优化器、连接策略、数据排序和采样等诸多部分。普通关系数据库采用 B 树类的索引，对于性别、年龄、地区等具有大量重复值的字段几乎没有效果。而扩充的关系数据库则引入了位图索引机制，以二进制位表示字段的状态，将查询过程变为筛选过程，单个计算机的基本操作便可筛选多条记录。由于数据仓库中各数据表的数据量往往极不均匀，普通查询优化器所得出的最佳查询路径可能不是最优的。因此，面向决策支持的关系数据库在查询优化器上也作了改进，同时根据索引的使用特性增加了多重索引扫描的能力。

以关系数据库建立的数据仓库在应用时会遇到大量的表间连接操作，而连接操作对于关系数据库来说是一个耗时的操作。扩充的关系数据库中对连接操作可以做预先的定义，我们称之为连接索引，它使得数据库在执行查询时可直接获取数据而不必实施具体的连接操作。数据仓库的查询常常只需要数据库中的部分记录，如最大的前 50 家客户等。普通关系数据库没有提供这样的查询能力，只好将整张表的记录进行排序，从而耗费了大量的时间。

16.2 编程语言

16.2.1 GPU 算法交易

电子交易带来了彻底的技术革命。以量化算法为基础的交易策略和以计算机代码运行时间为单位的交易延时，给交易带来了本质的变化。随着这个趋势的发展，电子交易的算法越来越复杂。同时，以交易延时小、算法处理快为竞争力的高频交易、算法交易方兴未艾，CPU 由于其线性执行命令的运行方式，程序运行速度较慢，延时较长，已经无法满足算法交易的需要。所以，知名投行的算法交易一般都有可并行计算的硬件加速器支持。

1. 硬件加速的分类

1）FPGA

FPGA（可编程逻辑阵列）是一种可编程集成电路。FPGA 内部包括可配置逻辑模块（Configurable Logic Block，CLB）、输出输入模块（Input Output Block，IOB）和内部连线（Interconnect）3 个部分。用户可对 FPGA 内部的逻辑模块和 I/O 模块重新配置，以实现用户的逻辑。它还具有静态可重复编程和动态系统重构的特性，使得硬件的功能可以像软件一样通过编程来修改。FPGA 作为一种数字集成电路，其执行命令的延时为纳秒级，最新 FPGA 的逻辑门数可达 430k，具有强大的逻辑处理能力。

2）GPU

GPU（计算机图形处理器）在普适并行计算领域已经得到较高的认可。GPU 的通用计算是并行计算的一个分支。根据体系架构和实现方式的不同，GPU 的并行结构可分为几个层次，最微观的层面是单个核心上的指令级并行，依靠处理器内不同的运算器微观来并行执行多条指令；其次是多核并行，即在单芯片上集成多个处理器核心，在这些处理器核心上同时运行多个进程或线程，实现线程级/进程级并行；再次是多处理器并行，在一块印制电路板上安插多台处理器，实现多处理器级线程或进程并行；最后是将多台独立的计算机用网络连接起来，实现独立计算机级的集群分布式并行。并行结构使得数据处理算法在 GPU 上的运算速度比 CPU 更快。

FPGA 与 GPU 都是主要的硬件加速器，二者各有所长。一般而言，追求低交易延时的方案可采用 FPGA，追求高速复杂数据处理的方案使用 GPU。在本书中重点介绍 GPU 的开发流程。

2. GPU 技术的发展和演进

GPU 在 1999 年由 Nvidia 在其跨时代的产品——Nvidia GeForce 256 中提出，最初被用来处理着色、渲染、平面绘图、3D 绘图等功能。到了 Nvidia GeForce 6800 这一代 GPU，其并行计算能力大大提高。其后的产品 G80 在基于 DX10 统一渲染架构下，抛弃以前的渲染管线而采用统一的流处理器来进行图像渲染。除了用作图像渲染，流处理器自身有着强大的计算能力。在 G80 产品中有 128 个 ALU（算术逻辑单元），其并行计算能力远超 CPU。CPU 和 GPU 的计算能力对比如图 16-1 所示。

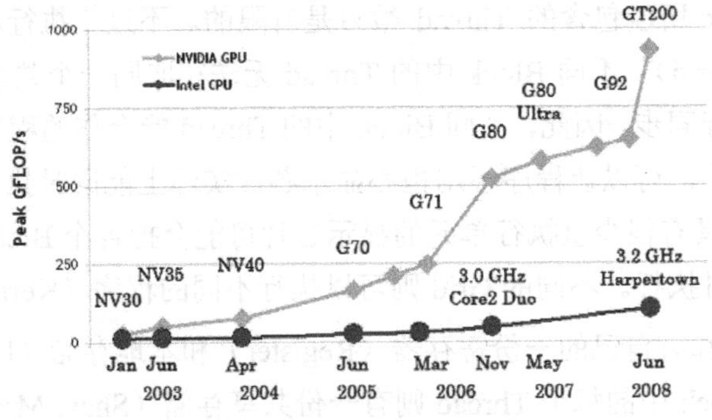

图 16-1 GPU 和 CPU 的计算能力对比

CUDA（Compute Unified Device Architecture，统一计算架构）是 Nvidia 推出的一种集成技术，是该公司对于新一代 GPU，也就是 GPGPU 的正式名称。通过这项技术，用户可利用 Nvidia 的 GeForce 8 以后的 GPU 和较新的 Quadro GPU 进行计算。CUDA 也用来指 GPU 编程中 C-编译器的开发环境。Nvidia 营销的时候，往往将编译器与架构混合推广，造成混乱。实际上，CUDA 架构可以兼容 OpenCL 或者自家的 C-编译器。

实际上，CUDA 是在 2006 年 11 月与 G80 这款产品一同诞生的；在 2007 年 2 月 Nvidia 首次发布了 CUDA 的公测版；而在 2007 年 6 月，CUDA 1.0 版与 Tesla 系列显卡正式登场；到了 2007 年年底，CUDA 1.1 测试版放出。任意一台拥有 GeForce 8 以上的显卡都能够支持 CUDA，最新的版本是 GeForce GTX 200 系列产品发布时同步推出的 CUDA 2.0 版本。在 CUDA 2.0 版本中增加了如下内容：支持双精度运算（仅支持 GT200 系列产品）、支持 Windows Vista 操作系统（包括 32 位和 64 位）、支持 MacOS X 操作系统、分析调试器、3D 纹理支持及优化数据传输等。

3. GPU 的架构和编程原理

在 CUDA 架构下，一个程序分为两部分：Host 端和 Device 端。Host 端是指在 CPU 上执行的部分，而 Device 端则是在显示芯片上执行的部分。Device 端的程序又称为 Kernel。通常 Host 端程序会将数据准备好后，复制到显卡的内存中，再由显示芯片执行 Device 端的程序，完成后再由 Host 端的程序将结果从显卡的内存中取回。

在 CUDA 架构下，显示芯片执行时的最小单位是线程（Thread）。数个线程可以组成一个块（Block）。一个块中的线程能存取同一块共享的内存，而且可以快速进行同步的动作。

每一个 Block 所能包含的 Thread 数目是有限的。不过，执行相同程序的 Block 可以组成网格（Grid）。不同 Block 中的 Thread 无法存取同一个共享的内存，因此无法直接互通或进行同步。因此，不同 Block 中的 Thread 能合作的程度是比较低的。不过，利用这个模式，可以让程序不用担心显示芯片实际上能同时执行的 Thread 数目限制。例如，一个具有很少量执行单元的显示芯片可能会把各个 Block 中的 Thread 顺序执行，而非同时执行。不同的 Grid 则可以执行不同的程序（Kernel）。

每个 Thread 都有自己的一份寄存器（Register）和本地存储（Local Memory）的空间。同一个 Block 中的每个 Thread 则有一份共享存储（Share Memory）。此外，所有的 Thread（包括不同 Block 的 Thread）都共享一份 Global Memory、静态存储（Constant

Memory）和纹理存储（Texture Memory）。不同的 Grid 则有各自的 Global Memory、Constant Memory 和 Texture Memory。

在编写程序时，通过 CUDA 编译器来指定处理器进行并行运算，能够最大限度地增加并行数，进而提高处理能力。Grid、Block 和 Thread 的关系如图 16-2 所示。

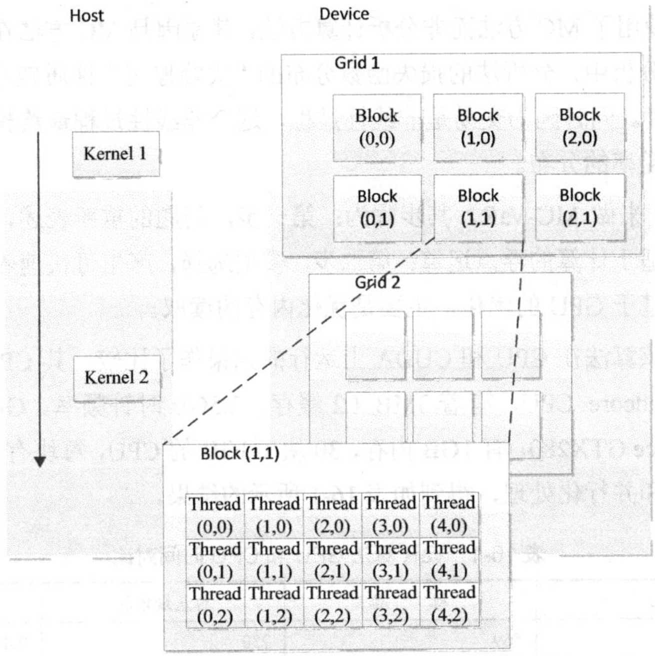

图 16-2　CUDA 的资源组织形式

4．应用举例：VaR 估计

VaR 是指在正常的市场条件和给定的置信度内，用于评估和计量任何一种金融资产或证券组合在既定时期内所面临的市场风险大小和可能遭受的潜在最大价值损失。VaR 有两种使用模型：一种是金融机构用来度量风险控制能力；另一种是交易中评估投资组合的风险和收益。VaR 程序计算复杂度非常高，特别是 Basel II 市场风险管理规则对 VaR 的要求更严格。显然在集成了 VaR 的算法交易系统中，VaR 的运算速度非常重要，因为在投资组合开始计算 VaR 到计算结果输出的时间内，投资组合是暴露在风险中的。所以，衍生品交易者和高杠杆交易者必须加速对市场风险（VaR）的算法估计以避免投资损失。

现有的投资组合估计方法有两种。一种是考察单个资产在时间区间的损失，然后将它们合并起来决定资产组合的风险。这个合并的过程要用到蒙特卡罗（Monto Carlo，MC）方法，因为合并是投资组合中各种资产联合分布函数的非线性叠加。另一种是基于投资组合的方法，则只使用 MC 方法估计投资组合损失的分布。

加利福尼亚大学伯克利分校的学者就采用 CPU 和 GPU 的 VaR 算法进行了比较。在其研究中，使用了 MC 方法而非分析计算方法，其原因是 MC 方法在期权或隐含期权的投资组合分析中，分析法的损失函数分布的“尖峰厚尾”性质较难以得出，此时 MC 算法更准确。同时因为交易是非线性过程，这个非线性过程最终聚集的分布可以认为是资产收益率的分布。

使用 GPU 来做 MC-VaR，其步骤为：第一步，问题的重新表述，其目的是将数学算法转换成适于计算的浮点运算；第二步，模型选择，产生可快速收敛的伪随机序列；第三步，基于 GPU 的优化，主要是优化内存的读取。

有学者对该算法在 CPU 和 CUDA 上运行的结果作了比较。其 CPU 平台为 Intel Core 9300 Quadcore CPU，有着 3MB L2 缓存，2.5GB 时钟频率。GPU 时钟平台为 NVIDIA GeForce GTX280，有 1GB 内存，30 块 1.3GB 的 CPU，每块有 8 条运算单元。经过问题重构和并行化处理，得到如表 16-1 所示的结果。

表 16-1　VaR 算法 GPU 和 CPU 时间对比

时间（s）	标　准	算法规划后	最终优化结果
CPU	569	230	2.47
GPU	69.3	1.15	60.3
加速量	8.21 倍	200 倍	495 倍

由此可见，通过使用 GPU，学者得到了超过 CPU 495 倍的运算速度。由此可以看出，金融算法在并行化之后采用 GPU 运算，其实时性会大大增强，进而降低风险，增加交易速度。在量化交易中，GPU 编程可以解决运算速度瓶颈。随着显卡性能的不断提升，其应用有着巨大的潜力和前景。[路冠平 2012]

16.2.2 MATLAB 语言

20 世纪 70 年代，美国新墨西哥大学计算机科学系主任 Cleve Moler 为了减轻学生编程的负担，用 Fortran 语言编写了最早的 MATLAB。1984 年由 Little、Moler、Steve

Bangert 合作成立的 MathWorks 公司，正式把 MATLAB 推向市场。到 20 世纪 90 年代，MATLAB 已成为国际控制界的标准计算软件。

1. MATLAB 是什么

MATLAB 的全称是 Matrix Laboratory（矩阵实验室），是美国 MathWorks 公司出品的商业数学软件，是用于算法开发、数据可视化、数据分析及数值计算的高级技术计算语言和交互式环境，主要包括 MATLAB 和 Simulink 两大部分。在金融领域，使用 MATLAB 可以加速产品研究、缩短开发时间、提高模型的仿真速度和控制项目成本；利用 MATLAB 及相关产品，可以进行分析数据、评估风险、开发并优化策略等一系列金融建模工作。

2. MATLAB 工具箱

MATLAB 拥有数百个内部函数的主工具箱和三十几种工具箱。工具箱又可以分为功能性工具箱和学科性工具箱。功能性工具箱用来扩充 MATLAB 的符号计算、可视化建模仿真、文字处理及实时控制等功能。学科性工具箱是专业性较强的工具箱，其中与金融领域相关的工具箱主要有如下几种。

（1）Datafeed Toolbox：金融数据工具箱。

（2）Econometrics Toolbox：计量经济学工具箱。

（3）Financial Derivatives Toolbox：金融衍生品工具箱。

（4）Fixed-Income Toolbox：固定收益工具箱。

（5）Optimization Toolbox：优化工具箱。

（6）Statistics Toolbox：统计工具箱。

通过这些工具箱，用户可以利用 MATLAB 进行交易策略实现和回测、投资组合优化和分析、资产分配、金融时序分析、期权价格和敏感度分析、现金流分析、风险管理、预测和模拟、利率曲线拟合和期限结构建模、蒙特卡罗模拟、基于 GARCH 的波动性分析等。

3. MATLAB 开发交易策略范例：一个简单的均线交易系统

交易策略：5 日均线上穿 20 日均线做多（买入，若有空头仓位先平掉空头再建多头），5 日均线下破 20 日均线做空（卖出，若有多头仓位先平掉多头再建空头）。

上穿定义如下：

$$MA5_t > MA5_{t-1} \ \& \ MA5_t > MA20_t \ \& \ MA5_{t-1} > MA20_{t-1} \ \& \ MA5_{t-2} \leqslant MA20_{t-2}$$

其中，MA5 表示 5 日均线，MA20 表示 20 日均线，$MA5_t > MA5_{t-1}$ 表示 5 日均线在拉升，$MA5_t > MA20_t \ \& \ MA5_{t-1} > MA20_{t-1}$ 表示 5 日均线已经位于 20 日均线之上并且得到确认，$MA5_{t-2} \leqslant MA20_{t-2}$ 表示 5 日均线上穿 20 日均线是一个动作，5 日均线由 20 日均线下面拉升到 20 日均线上面。类似可以得到下破定义如下：

$$MA5_t < MA5_{t-1} \ \& \ MA5_t < MA20_t \ \& \ MA5_{t-1} < MA20_{t-1} \ \& \ MA5_{t-2} \geqslant MA20_{t-2}$$

该策略暂不考虑交易成本、冲击成本等影响因素。

测试数据：股指期货 IF 连续行情数据（数据名：IF888）2011 年全年日收盘数据。

MATLAB 代码（MatlabTradingDemo.m）：

```
function MatlabTradingDemo
% MATLAB 开发交易策略范例：一个简单均线交易系统
% by LiYang@www.matlabsky.com 2012/01/13
% Email:farutliyang@gmail.com http://weibo.com/faruto
% MATLAB Version : MATLAB R2011b(7.13)

%% 清空工作空间、命令窗口等
clc;clear;close all;format compact;
%% 载入测试数据：股指连续 IF888 2011 年全年数据
load IF888-2011.mat
IFdata = IF888(:,2);
%% 选择短期 5 日均线、长期 20 日均线
ShortLen = 5;
LongLen = 20;
[MA5, MA20] = movavg(IFdata, ShortLen, LongLen);
MA5(1:ShortLen-1) = IFdata(1:ShortLen-1);
MA20(1:LongLen-1) = IFdata(1:LongLen-1);
figure;
plot([IFdata,MA5,MA20]);
grid on;
legend('IF888','MA5','MA20','Location','Best');
title('交易策略回测过程');
hold on;
```

```
%% 交易过程仿真

% 仓位 Pos = 1 多头 1 手; Pos = 0 空仓; Pos = -1 空头 1 手
Pos = zeros(length(IFdata),1);
% 初始资金
InitialE = 50e4;
% 日收益记录
ReturnD = zeros(length(IFdata),1);
% 股指乘数
scale = 300;

for t = LongLen:length(IFdata)

    % 买入信号 : 5 日均线上穿 20 日均线
    SignalBuy = MA5(t)>MA5(t-1) && MA5(t)>MA20(t) && MA5(t-1)>MA20(t-1)
&& MA5(t-2)<=MA20(t-2);
    % 卖出信号 : 5 日均线下破 20 日均线
    SignalSell = MA5(t)<MA5(t-1) && MA5(t)<MA20(t) && MA5(t-1)<MA20(t-1)
&& MA5(t-2)>=MA20(t-2);

    % 买入条件
    if SignalBuy == 1
        % 空仓开多头 1 手
        if Pos(t-1) == 0
            Pos(t) = 1;
            text(t,IFdata(t),' \leftarrow 开多 1 手','FontSize',8);
            plot(t,IFdata(t),'ro','markersize',8);
            continue;
        end
        % 平空头开多头 1 手
        if Pos(t-1) == -1
            Pos(t) = 1;
            ReturnD(t) = (IFdata(t-1)-IFdata(t))*scale;
            text(t,IFdata(t),' \leftarrow 平空开多 1 手','FontSize',8);
            plot(t,IFdata(t),'ro','markersize',8);
            continue;
        end
```

```
end

% 卖出条件
if SignalSell == 1
    % 空仓开多头 1 手
    if Pos(t-1) == 0
        Pos(t) = -1;
        text(t,IFdata(t),' \leftarrow开空1手','FontSize',8);
        plot(t,IFdata(t),'rd','markersize',8);
        continue;
    end
    % 平多头开空头 1 手
    if Pos(t-1) == 1
        Pos(t) = -1;
        ReturnD(t) = (IFdata(t)-IFdata(t-1))*scale;
        text(t,IFdata(t),' \leftarrow平多开空1手','FontSize',8);
        plot(t,IFdata(t),'rd','markersize',8);
        continue;
    end
end

% 每日盈亏计算
if Pos(t-1) == 1
    Pos(t) = 1;
    ReturnD(t) = (IFdata(t)-IFdata(t-1))*scale;
end
if Pos(t-1) == -1
    Pos(t) = -1;
    ReturnD(t) = (IFdata(t-1)-IFdata(t))*scale;
end
if Pos(t-1) == 0
    Pos(t) = 0;
    ReturnD(t) = 0;
end

% 最后一个交易日如果还有持仓，则进行平仓
if t == length(IFdata) && Pos(t-1) ~= 0
```

```
        if Pos(t-1) == 1
            Pos(t) = 0;
            ReturnD(t) = (IFdata(t)-IFdata(t-1))*scale;
            text(t,IFdata(t),' \leftarrow平多1手','FontSize',8);
            plot(t,IFdata(t),'rd','markersize',8);
        end
        if Pos(t-1) == -1
            Pos(t) = 0;
            ReturnD(t) = (IFdata(t-1)-IFdata(t))*scale;
            text(t,IFdata(t),' \leftarrow平空1手','FontSize',8);
            plot(t,IFdata(t),'ro','markersize',8);
        end
    end

end
%% 累计收益
ReturnCum = cumsum(ReturnD);
ReturnCum = ReturnCum + InitialE;
%% 计算最大回撤
MaxDrawD = zeros(length(IFdata),1);
for t = LongLen:length(IFdata)
    C = max( ReturnCum(1:t) );
    if C == ReturnCum(t)
        MaxDrawD(t) = 0;
    else
        MaxDrawD(t) = (ReturnCum(t)-C)/C;
    end
end
MaxDrawD = abs(MaxDrawD);
%% 图形展示
figure;
subplot(3,1,1);
plot(ReturnCum);
grid on;
axis tight;
```

```
title('收益曲线');
subplot(3,1,2);
plot(Pos,'LineWidth',1.8);
grid on;
axis tight;
title('仓位');

subplot(3,1,3);
plot(MaxDrawD);
grid on;
axis tight;
title(['最大回撤（初始资金',num2str(InitialE/1e4),'万）']);
```

测试结果如图 16-3 和图 16-4 所示。

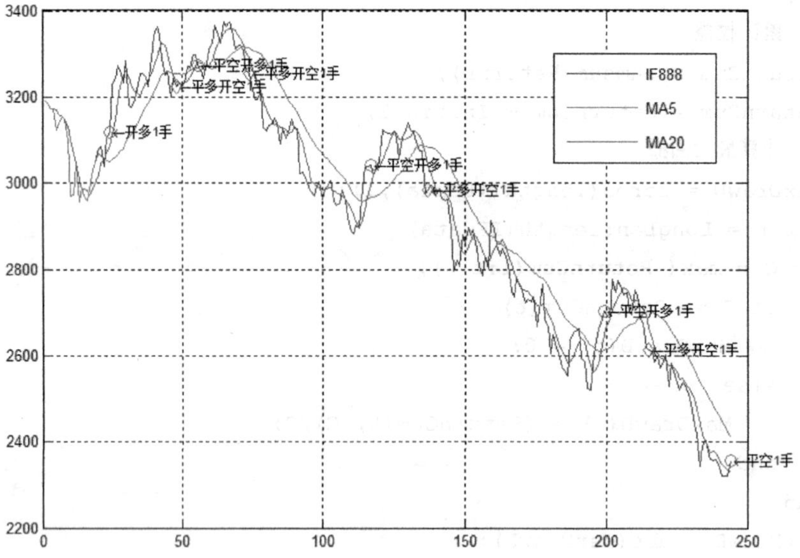

图 16-3 交易策略回测过程

资料来源：[李洋 2010]

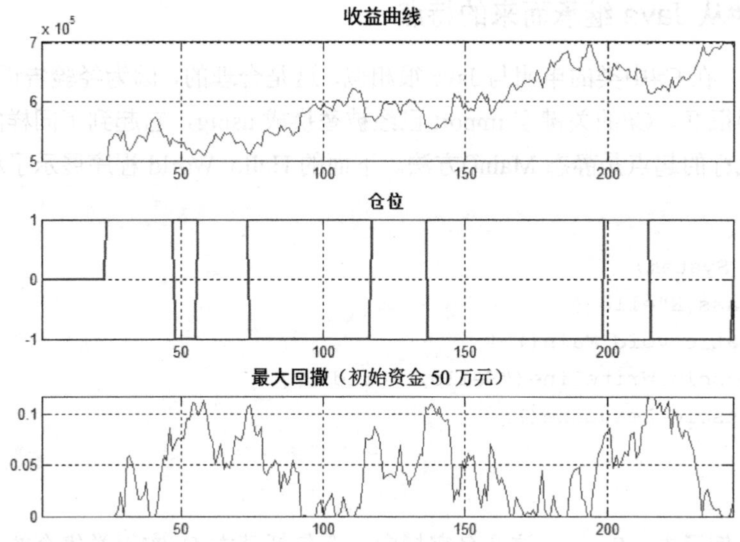

图 16-4 收益曲线和最大回撤

资料来源：[李洋 2010]

16.2.3 C#语言

C Sharp（简称“C#”）是微软公司在 2000 年 6 月发布的一种新的编程语言，并定于在微软职业开发者论坛上登台亮相。C#看起来与 Java 有着惊人的相似，它包括诸如单一继承、与 Java 几乎同样的语法和编译成中间代码再运行的过程。但是 C#与 Java 有着明显的不同，它借鉴了 Delphi 的一个特点，即与 COM（组件对象模型）是直接集成的，而且它是微软公司.NET Windows 网络框架的主角。

1. 定义

微软 C#语言定义主要是从 C 和 C++继承而来的，而且语言中的许多元素也反映了这一点。C#在设计者从 C++继承的可选选项方面比 Java 要广泛一些（如 Structs），它还增加了自己新的特点（如源代码版本定义）。

C#更像 Java 一些，虽然微软在这个问题上保持沉默，这也是意料中的事情，因为 Java 近来很成功，使用 Java 的公司都报告说它们在生产效率上比 C++获得了提高。

2. C#从 Java 继承而来的特点

（1）类：在 C#中类的申明与 Java 很相似，这是合理的，因为经验告诉我们，Java 模型工作得很好。C#的关键字 import 已经被替换成 using，它起到了同样的作用。一个类开始执行的起点是静态 Main()方法。下面的 Hello World 程序展示了程序的基本结构：

```
using System;
    class H"ello {
    static void Main() {
    Console.WriteLine("Hello, world");
    Console.ReadLine();
    }
}
```

在这个例子中，System 这个名字指向一个包括基本 C#实用类集合的命名空间。这个命名空间包括 Console 类，它在这个例子中被用来输出一个字符串。类可以是抽象的和不可继承的：一个被声明成 abstract 的类不能被实例化，它只能被用作一个基类。C#关键字 lock 就像 Java 关键字 final，它声明一个类不是抽象的，但是它也不能被用作另一个类的基类。

（2）界面：就像在 Java 中一样，一个界面是一组方法集合的抽象定义，当一个类或结构体实现一个界面的时候，它必须实现这个界面中定义的所有方法。一个单一的类可以实现几个界面，也许以后会出现一些微妙的差别，但是这个特点看起来与 Java 相比没有变化。

（3）布尔运算：条件表达式的结果是布尔数据类型，布尔数据类型是这种语言中独立的一种数据类型。从布尔类型到其他类型没有直接的转换过程，布尔常量 true 和 false 是 C#中的关键字。

（4）错误处理：如 Java 中那样，通过抛出和捕捉异常对象来管理错误处理过程。

（5）内存管理：由底层.NET 框架进行自动内存垃圾回收。

3. C#从 C 和 C++继承的特点

（1）编译：程序直接编译成标准的二进制可执行形式，如果前面的 Hello World 程序被保存成一个文本文件并被命名为 Hello.cs，它将被编译成名为 Hello.exe 的可执行程序。

（2）结构体：一个 C#的结构体与 C++的结构体是相似的，因为它能够包含数据声明和方法。但是，C#结构体与类是不同的，而且不支持继承。

（3）预编译：C#中存在预编译指令支持条件编译、警告、错误报告和编译行控制，可用的预编译指令有：#define、#undef、#if、#elif、#else、#endif、#warning、#error、#line []。

没有了#include 伪指令，无法再用#define 语句对符号赋值，所以就不存在源代码替换的概念——这些符号只能用在#if 和#elif 伪指令中。在#line 伪指令中的数字（和可选的名字）能够修改行号及#warning 和#error 输出结果的文件名。

4. 操作符重载

有些操作符能够被重载，而另一些则不能。特别的是，没有一个赋值运算符能够被重载。

能够被重载的单目操作符是：+、-、!、~、++、--、true、false。

能够被重载的二元运算符是：+、-、*、/、%、&、|、^、<<、>>、==、!=、>、<、=。

5. C#独有的特点

C#最引人入胜的地方是它和 Java 的不同，而不是相似的地方。

1）动态查阅

C# 4.0 新增 dynamic 关键字，提供动态编程（Dynamic Programming），把既有的静态对象标记为动态对象，类似 JavaScript、Python 或 Ruby。例如：

```
dynamic calc = GetCalculator();
int sum = calc.Add(10, 20);
```

具名参数与可选参数：

```
public StreamReader OpenFile(
string path,
int bufferSize =1024)
{
    ...
    }
```

调用 OpenFile 时，顺序可以完全颠倒。例如：

```
OpenFile(bufferSize:4096, path:"foo.txt");
```

2）中间代码

微软在用户选择何时 MSIL 应该编译成机器码时留了很大的余地，微软公司很小心地声称 MSIL 不是解释性的，而是被编译成了机器码。这种实现方式决定了基于 MSIL 的程序（指的是用 C#、Visual Basic、Managed C++等语言编写的程序）将在性能上超过解释性的 Java 代码。

3）命名空间中的声明

创建一个程序，也就是在一个命名空间中创建一个或多个类。同在这个命名空间中（在类的外面），开发者还有可能声明界面、枚举类型和结构体，这时就必须使用 using 关键字来引用其他命名空间的内容。

4）基本的数据类型

C#拥有比 C、C++和 Java 更广泛的数据类型，这些类型包括 bool、byte、ubyte、short、ushort、int、uint、long、ulong、float、double 和 decimal。像 Java 一样，这些类型都有一个固定的大小；像 C 和 C++一样，每个数据类型都有有符号和无符号两种类型。与 Java 相同的是，一个字符变量包含的是一个 16 位的 Unicode 字符。C#新的数据类型是 decimal 数据类型，对于货币数据，它能存放 28 位十进制数字。

5）两个基本类

一个名为 Object 的类是所有其他类的基类，一个名为 String 的类也像 Object 一样是这个语言的一部分。作为语言的一部分存在，意味着编译器有可能使用它：无论何时你在程序中写入一句带引号的字符串，编译器都会创建一个 String 对象来保存它。

6）参数传递

默认的参数传递方法是对基本数据类型进行值传递。ref 关键字可以用来强迫一个变量通过引用传递，使得一个变量可以接受一个返回值。ut 关键字也能声明引用传递过程，但与 ref 不同的是，指明这个参数并不需要初始值。

7）与 COM 的集成

C#对 Windows 程序最大的卖点可能就是它与 COM 的无缝集成，COM 就是微软的 Win32 组件技术，因此最终有可能在任何.NET 语言里编写 COM 客户端和服务器端。C#编写的类可以子类化一个已存在的 COM 组件，生成的类也能作为一个 COM

组件使用。例如，JScript 语言子类化它从而得到第三个 COM 组件，这种现象的结果是导致了一个运行环境的产生，在这个环境中的组件是网络服务，可用任何.NET 语言子类化。

8）索引下标

一个索引除了不使用属性名来引用类成员而是用一个方括号中的数字来匿名引用（就像用数组下标一样）外，它和属性是相似的，示例代码如下：

```
public class ListBox: Control {
private string[] items;
public string this[int index] {
get {
return items[index];
}
set {
items[index] = value;
Repaint();
}
}
}
```

可以用一个循环器来匿名引用字符串内部数组成员，示例代码如下：

```
ListBox listBox = ...;
listBox[0] = "hello";
Console.WriteLine(listBox[0]);
```

9）代理和反馈

一个代理对象包括了访问一个特定对象的特定方法所需的信息，只要把它当成一个聪明的方法指针就可以了。代理对象可以被移动到另一个地方，然后通过访问它来对已存在的方法进行类型安全的调用。

第 17 章 主要数据与工具

◆ 摘要 ◆

本章概要介绍与量化投资有关的主要数据与工具，这里以国内的应用环境为主，侧重介绍能在国内资本市场（包括证券、期货）进行交易的主要第三方数据及应用商提供的数据与平台。

17.1 名策数据：多因子分析平台

多因子模型建立的基础就是相似的产品应该有相似的定价。表现在股票上，就是从长期来看，除去噪声，相似的股票应该有相似的回报。对于股票而言，相似特质体现在可量化的公共因子上，如市场信息（价格、成交量、动量）、基本面（市盈率、市净率、市值）和其他因素（利率变化、流通性、所属行业）。

多元因子模型最核心的贡献就是精确地确定和量化这些公共因子，并且定量地描述公共因子和个股或组合收益之间的关系。名策多因子模型的建立流程如图 17-1 所示。

1. 原始数据的采集

在采集数据时，尤其要注意在所选取的数据期间公司发生的股利发放、资本重组等重大事件，要合理处理以保持数据的前后一致性和可比性。

2. 描述性变量的选择和检验

描述性变量产生的渠道很多，需要兼顾市场行情数据和基本面数据，结合统计的方法检验显著性，进行筛选。

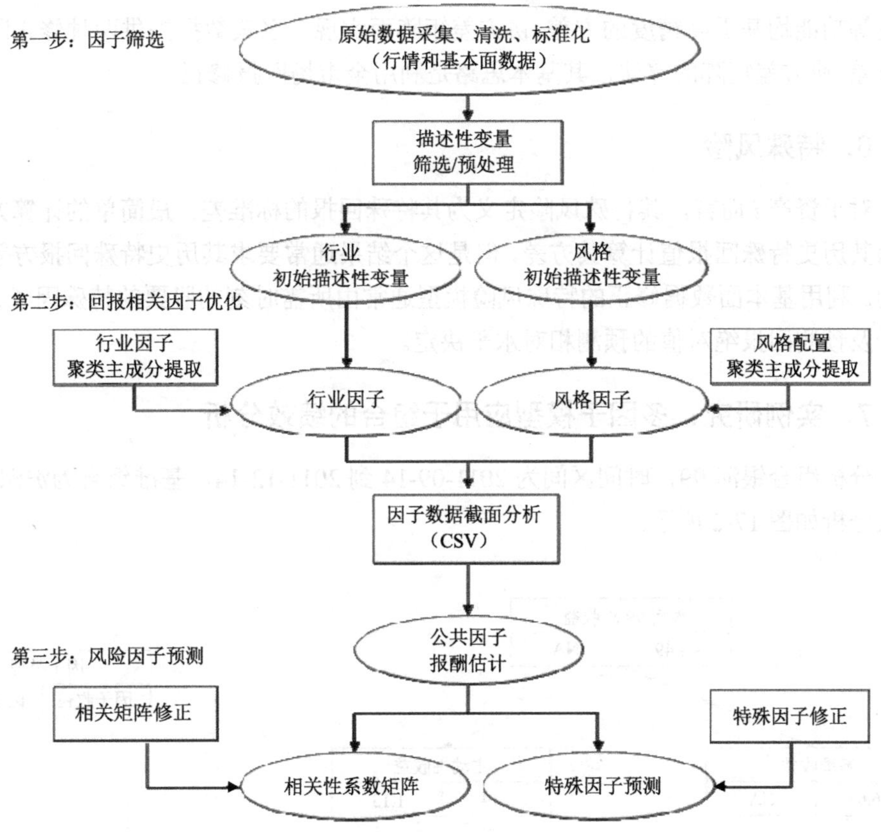

图 17-1　名策多因子模型流程

3. 风险指数的形成

标准化描述性变量之后，用资产的回报与行业因子和单个描述性变量作回归，并检验显著性。只有通过显著性检验的描述性变量才可以纳入风险指数。

4. 公共风险因子

首先得到包括 25 个行业因子和 32 个风格因子在内的 57 个描述性变量，采用先聚类分析再主成分分析的方法进行降维处理，进而得到风险模型所用的公共风险因子。

5. 关于多因子模型中协方差矩阵的建立及修正算法

在多因子模型中，因子回报的方差-协方差矩阵占有核心地位，整个模型的风险预测等功能均基于高精度的方差-协方差矩阵而实现。名策数据提供两种修正因子回报方差-协方差矩阵的算法，其基本思路是利用全市场回报修正。

6．特殊风险

对于资产 i 而言，其特殊风险定义为其特殊回报的标准差，最简单的计算方法是利用其历史特殊回报值计算其方差，但是这个结果通常要求其历史特殊回报方差是稳定的。利用基本面数据修正的特殊风险模型通常由所需时刻的股票的特殊因子、调节因子及预测回报绝对值的预测相对水平决定。

7．实例研究：多因子模型应用于组合的绩效分析

分析组合银河 99，时间区间为 2011-09-14 到 2011-12-14，基准组合为沪深 300，绩效分析如图 17-2 所示。

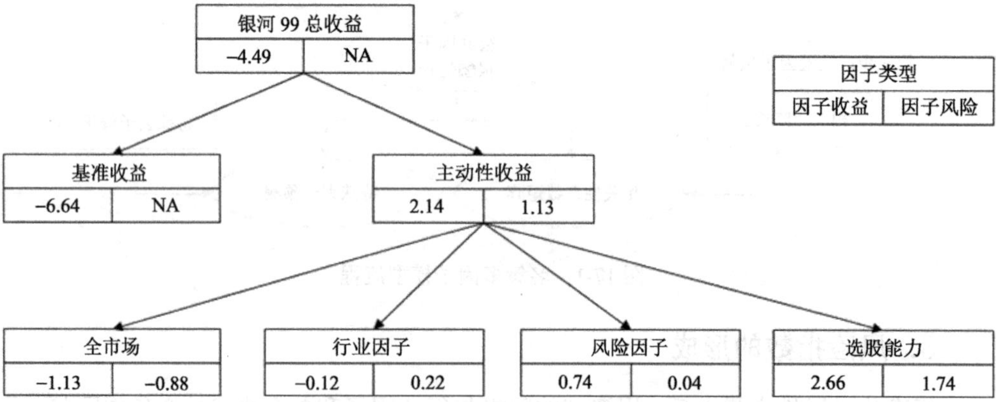

图 17-2　基于名策多因子模型的银河 99 组合绩效分析

从图 17-2 中可以看出，总收益率为–4.49%，主动性收益率为 2.14%，基准组合沪深 300 的同期收益率为–6.64%，投资收益主要来源于主动投资管理，其中风险因子 0.74%，行业因子–0.12%，个股选择 2.66%，全市场因子–1.13%。个股选择贡献了主要的主动性收益。

如表 17-1 所示为基于名策多因子模型的银河 99 组合绩效分析统计表。

表 17-1 基于名策多因子模型的银河 99 组合绩效分析统计表

因　子	平均风险暴露	贡献度（回报）	Total		
			风险（标准差）	信息比	T-stat
成长因子	−0.01146	0.0849%	0.0022%	65.067	32.01316
设备制造	0.000493	0.0004%	0.0000%	50.531	24.86137
动量因子	0.006624	0.2514%	0.0104%	40.962	20.1533
Beta 因子	−0.00652	0.0104%	0.0006%	30.832	15.16933
交易量波动率因子	0.159507	0.2340%	0.0205%	19.362	9.526412

从表 17-1 中可以看出，投资强项为成长因子（t 统计值为 32.0132）、Beta 因子（t 统计值为 15.1693）、交易量波动率因子（t 统计值为 9.5264）、价值因子（t 统计值为 9.5264），投资弱项为价格波动率因子（t 统计值为−37.8224）、动量因子（t 统计值为−8.3392）、加速因子（t 统计值为−7.6384）。

17.2 Multicharts：程序化交易平台

Multicharts 是由 TS Support 公司所开发，主要用来对金融市场进行分析及交易的技术分析软件。其策略开发语言为 PowerLanguage，提供强大的分析并撰写交易策略的能力，并完全兼容著名的系统化行业标准的 TradeStation EasyLanguage，可以对 EasyLanguage 编写的策略进行定制、优化和回测，以便于真正地运用在市场上。这里向读者介绍一下它的关键功能。

1．tick 数据回测、回放和优化功能

相对于其他平台的普遍基于数据 bar 的回测方式，Multicharts 提供了 tick 级数据回测的功能，并且测试速度相对较快，让投资者的策略不必等到实盘交易时间，就可获得接近实盘交易的测试效果，如图 17-3 所示。从笔者的使用感受来看，如果交易语句使用得当，tick 数据测试与实盘交易的结果非常接近。

Multicharts 平台同时提供了 tick 级数据回放的功能，并能调解回放的速度，让投资者对策略的实盘表现能随时有一个直观的感受，如图 17-4 所示。

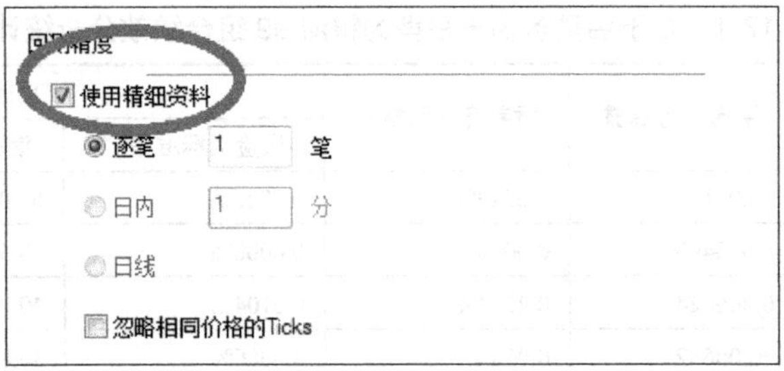

图 17-3　Multicharts 平台 tick 级数据回测

图 17-4　Multicharts 平台 tick 级数据回放

Multicharts 平台的优化功能也非常强大，除了普通的穷举优化法，还提供了遗传算法和移动取样算法等，并能通过 3D 图等观察不同参数组的盈利能力，如图 17-5 所示。

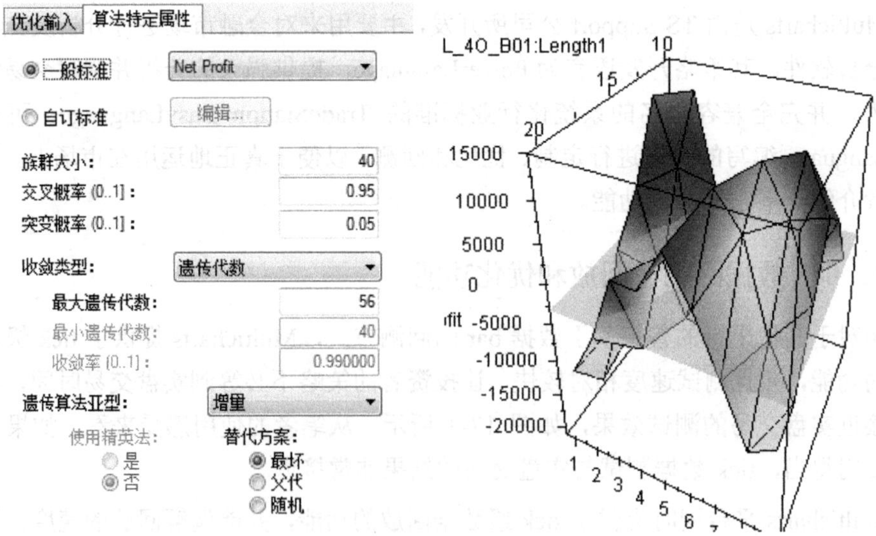

图 17-5　Multicharts 平台遗传算法优化设定和参数组表现 3D 图

2．实战实例

应用 Multicharts 平台可以方便地使用 EasyLanguage 语言进行策略开发，本案例是一个实战的趋势交易策略。

如图 17-6 所示为 Multicharts 平台策略开发编辑器界面，左侧方框中编写策略及相关指令，编写完毕后单击“编译”按钮，编译通过代表策略开发完毕。右侧方框中可以看到已经完成了的策略和系统自带的策略及指标。随后使用历史测试功能进行测试。

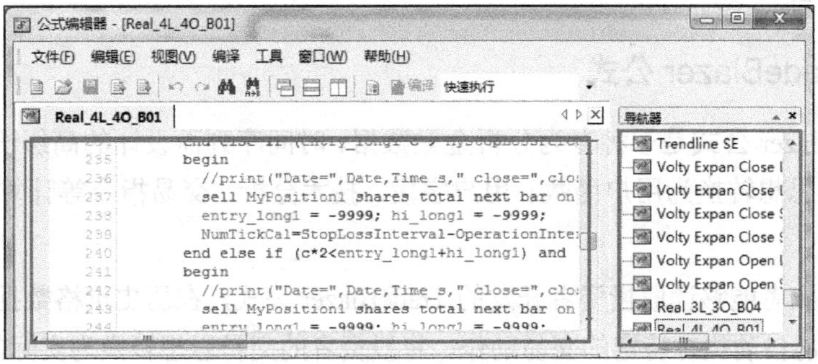

图 17-6 Multicharts 平台策略开发编辑器界面

Multicharts 平台提供的测试报告经过若干年的改进，已经基本涵盖了交易中所有重要的指标，内容非常丰富，为投资者对自己的策略进行全方位的评估提供了依据，并且回测绩效报告可以生成 Excel 格式的文本保存，如图 17-7 所示。

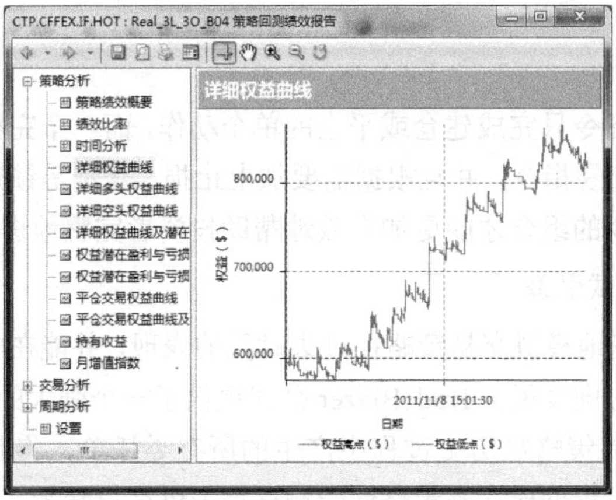

图 17-7 趋势策略后验结果

资料来源：[刘建章 2012]

17.3 交易开拓者：期货自动交易平台

交易开拓者（TradeBlazer）是一款为中国期货市场专业投资用户开发的金融投资软件，它集中了实时行情、技术分析、快捷交易及程式化交易的功能。通过使用交易开拓者，用户可以简单、快速地将自己的交易思想转换为计算机代码，让计算机帮助用户实现价值。

1．TradeBlazer 公式

TradeBlazer 公式是一种专为分析金融数据、时间序列而设计的高级语言，它提供框架将交易思想转换为用户函数、用户字段、技术分析、交易指令等计算机能够识别的代码。

交易开拓者能够读取投资者开发的 TradeBlazer 公式，在历史价格数据的基础上进行评估，并能自动执行特定的交易动作，将投资者的交易思想转换为实际的交易操作。

通过 TradeBlazer 公式，投资者能够创建自己的交易指令、技术指标、K 线形态、特征走势、用户函数及用户字段，同时也可以复制、修改并使用系统内置的几百个函数、字段、技术分析和交易指令。

通过调用 TradeBlazer 公式，投资者可以在交易开拓者中进行技术分析、交易策略优化测试、公式报警、自动交易等操作。

2．交易策略

通常单个交易指令只完成建仓或平仓的单个动作，而一个完整的交易策略应该至少包含建仓、平仓交易指令，并且根据需要加上止损、获利等锁定风险和收益的交易指令。多个交易指令的组合才能更加有效地帮助投资者完整地进行交易。

1）交易策略测试引擎

为了真实、准确地模拟交易策略在过去时段的表现，并能在实时数据更新时使交易策略沿着预定的方向发展，TradeBlazer 公式提供了一个强大的交易策略测试引擎，该处理引擎收集交易策略在历史过程中产生的所有委托单，将其应用在对应的图表中，并能根据交易设置创建交易策略性能测试报表供客户参考。

2）交易策略参数优化

交易策略参数优化模块可对多个交易指令组合的所有参数进行优化，投资者可以

通过参数设置界面对需要优化的参数进行设置。

在各项参数设置完成之后，单击“确定”按钮，将会进行参数优化的计算。参数优化计算过程中会显示优化的进程、时间、当前参数、最优参数及优化目标等信息，投资者可以通过单击“取消”按钮终止计算。

参数优化计算完成之后，将会显示出最优的记录。

3）交易策略性能测试

在超级图表中插入一个或一个以上交易指令后，菜单和工具栏中的交易策略测试报表选项将会有效。

账户分析按照 8 个方面对账户进行分析，包括交易汇总、交易分析、交易记录、平仓分析、阶段总结、资产变化、图表分析和系统设置。

3. TradeBlazer 公式范例：一个简单的顺势交易系统

该交易系统的建仓条件为：

（1）前两个 Bar 收阳，并呈上涨趋势。

（2）当前价格为最近前两个 Bar 最高价的回落，而且回落幅度大于 0.382（回落幅度是相对于最低价到最高价的范围）。

该交易系统的平仓条件为：当前价格的获利价格点数大于建仓时最低价到最高价的范围。

该交易系统的止损条件为：当前价格从建仓时的最高价格的回落大于最低价到最高价的范围的 0.5 倍。

具体代码如下：

```
Params
Numeric TrailingSet(0.382);          //回撤开仓比例设置，从最高点下跌的比例
    Numeric StopLossSet(0.5);        //止损比例设置
Vars
    Bool startCondition(False);      //启动条件
    Bool EntryCondition(False);      //开仓条件
    Bool ExitCondition(False);       //平仓条件
    NumericSeries highestValue(0);   //前两个周期的最高价
    NumericSeries lowestValue(0);    //前两个周期的最低价
    Numeric myEntryPrice(0);         //开仓价格
```

```
        Numeric myExitPrice(0);              //平仓价格
    Begin
        highestValue = highestValue[1];
        lowestValue = lowestValue[1];
        If(MarketPosition ==0 )              //当前空仓
        {
            If(Close[2]>Open[2]  &&  Close[1]  >  Open[1]  &&  Close[1]  >
Close[2])
            {
                startCondition = True;
                highestValue = max(high[2],high[1]);
                lowestValue = min(low[2],low[1]);
            }

            If(startCondition)
            {
                EntryCondition  =  ((highestValue  -  Open)  /  (highestValue  -
lowestValue) > TrailingSet )&&               //开盘价即满足回撤条件，用开盘价进行交易
                        (Open     >     highestValue    -((highestValue    -
lowestValue)*StopLossSet)) ;                 //开盘价不能低于预设的价格
                If( EntryCondition)
                {
                    Buy(1,Open);
                }Else                        //再看其他价格是否满足
                {
    //最低价满足回撤条件，用低于 TrailingSet 设置的最近价位建仓
    EntryCondition = (highestValue - Low) / (highestValue - lowestValue)
> TrailingSet ;
                    If(EntryCondition)
                    {
                        myEntryPrice  =  highestValue  -  (HighestValue  -
LowestValue ) * TrailingSet;
                            myEntryPrice    =    IntPart(myEntryPrice    /
(PriceScale()*MinMove)) *(PriceScale()*MinMove);   //对价格进行处理
                    If(myEntryPrice >= low &&  myEntryPrice <= High)
                        {
                            Buy(1,MyEntryPrice);
```

```
                }
            }
        }
    }
}else If(MarketPosition == 1)                //当前多仓
{
    ExitCondition = ( HighestValue - Low )/(highestValue -
lowestValue) > StopLossSet;                  //止损条件满足
    If(ExitCondition)
    {
        myExitPrice = highestValue - (HighestValue - LowestValue )
* StopLossSet;
        myExitPrice = IntPart(myExitPrice / (PriceScale()*MinMove))
*(PriceScale()*MinMove);             //对价格进行处理
        Sell(CurrentContracts(),myExitPrice);
    }Else                          //获利平仓
    {
        ExitCondition = (high - AvgEntryPrice()) > (highestValue
- lowestValue);                      //获利平仓条件满足
        If(ExitCondition)
        {
            myExitPrice = AvgEntryPrice() + (HighestValue -
LowestValue );
                    myExitPrice = IntPart(myExitPrice /
(PriceScale()*MinMove)) *(PriceScale()*MinMove);       //对价格进行处理
            If (myExitPrice >= low && myEntryPrice <= high)
            {
              Sell(CurrentContracts(),myExitPrice);
            }Else
            {  Sell(CurrentContracts(),Close);
            }
        }
    }
}
End
```

17.4 大连交易所套利指令

很多时候套利交易的机会转瞬即逝，特别是跨期套利，往往看到了机会，等投资者下单后，机会就已经消失了。并且在实际的交易中，由于需要下双向单子，不能同时成交而造成风险敞口暴露，会对套利交易带来极大的风险。因此，一个速度快、功能强的套利交易系统在实际的交易中就显得非常必要。大连交易所开发的套利指令可以在交易所内部直接撮合，所以比一般的交易软件中的指令，无论是在机会把握还是成交速度上都要强大，主要包括跨期套利指令和跨品种套利指令两类。

1. 跨期套利指令使用说明

1）适用跨期套利交易指令的合约

可使用跨期套利交易指令的合约由交易所指定，投资者不能自定义跨期套利交易合约。

2）跨期套利交易代码

大连交易所交易系统用“SP”表示跨期套利交易，后缀一个近月合约和一个远月合约，表示跨期套利交易指令适用的合约。

例如，SP c0707&c0709，表示玉米 c0707 合约和 c0709 合约可使用套利交易指令进行跨期套利交易。

3）跨期套利交易含义

跨期套利交易是指买入（卖出）近月合约，同时卖出（买入）同品种相等数量的远月合约。

例如，投资者申报 SP c0707&c0709 买委托，表示买入 c0707 合约，同时卖出相等数量的 c0709 合约；若投资者申报 SP c0707&c0709 卖委托，则表示卖出 c0707 合约，同时买入相等数量的 c0709 合约。

4）跨期套利交易最小变动价位

跨期套利交易最小变动价位与其合约规定的最小变动价位一致。豆一、豆粕和玉米跨期套利交易最小变动价位为 1 元/吨，豆油、棕榈油跨期套利交易最小变动价位为 2 元/吨，线型低密度聚乙烯跨期套利交易最小变动价位为 5 元/吨。

5）跨期套利交易指令有效报价范围

跨期套利交易指令有效报价下限：近月合约跌停板价-同品种远月合约涨停板价。

跨期套利交易指令有效报价上限：近月合约涨停板价-同品种远月合约跌停板价。

例如，c0707 合约涨停板价和跌停板价分别为 1664 元/吨和 1536 元/吨，c0709 合约涨停板价和跌停板价分别为 1716 元/吨和 1584 元/吨，则 SP c0707&c0709 买卖委托有效报价范围为-180 元/吨～80 元/吨，即 c0707 合约跌停板价 1536 元/吨-c0709 合约涨停板价 1716 元/吨，c0707 合约涨停板价 1664 元/吨-c0709 合约跌停板价 1584 元/吨。

6）跨期套利交易指令每笔有效委托数量

跨期套利交易指令每笔有效委托数量与其合约规定的每笔有效委托数量相同。豆一、豆粕、豆油、棕榈油、玉米、线型低密度聚乙烯跨期套利交易指令每笔有效委托数量为 1 手的整数倍。豆一、豆粕、豆油、棕榈油、线型低密度聚乙烯跨期套利交易指令每笔有效委托数量最大不可超过 1000 手，玉米跨期套利交易指令每笔有效委托数量最大不可超过 2000 手。

7）跨期套利交易指令报入形式

（1）跨期套利交易指令必须以价差形式报入交易所系统，不必对跨期套利交易指令各成分合约单独进行委托报价。

例如，某投资者认为 c0707 合约与 c0709 合约价差将会超过-100 元/吨，则可申报 SP c0707&c0709 买委托，价格为-100 元/吨，不必单独给出 c0707 合约申买价和 c0709 合约申卖价。

（2）跨期套利交易指令既可用于开仓，也可用于平仓。若投资者在任一成分合约无持仓，则不能申报跨期套利交易平仓指令。

8）跨期套利交易指令成交形式

（1）跨期套利交易指令各成分合约按规定比例同时成交。

（2）各成分合约成交价之差不劣于报入的价差。

（3）成交结果计入各成分合约持仓量和成交量。

例如，某投资者以-100 元/吨的价格报入 8 手 SP c0707&c0709 买委托，成交 3 手。根据交易系统定价原则，c0707 合约以 1588 元/吨建立 3 手买持仓，同时 c0709 合约以 1688 元/吨建立 3 手卖持仓。

9）跨期套利交易指令有效委托时间

跨期套利交易指令只能在连续交易期间申报，开盘集合竞价阶段不能申报跨期套利交易指令。

2. 跨品种套利交易指令使用说明

1）适用跨品种套利交易指令的合约

可使用跨品种套利交易指令的合约由交易所指定，成分合约比例关系为 1:1，投资者不能自定义跨品种套利交易合约。

2）跨品种套利交易代码

大连交易所交易系统用“SPC”表示跨品种套利交易，后缀一个品种指定合约和另一个品种指定合约，表示跨品种套利交易指令适用的合约。

例如，SPC a0709&m0709，表示黄大豆 1 号 a0709 合约和 m0709 合约可使用跨品种套利交易指令进行跨品种套利交易。

3）跨品种套利交易含义

跨品种套利交易是指买入（卖出）某品种指定合约，同时卖出（买入）另一品种相等数量的指定合约。

例如，投资者申报 SPC a0709&m0709 买委托，表示买入 a0709 合约，同时卖出相等数量的 m0709 合约；若投资者申报 SPC a0709&m0709 卖委托，则表示卖出 a0709 合约，同时买入相等数量的 m0709 合约。

4）跨品种套利交易最小变动价位

跨品种套利交易最小变动价位与最小变动价位较小的成分合约一致。豆一与豆粕之间的跨品种套利交易最小变动价位为 1 元/吨，豆油与棕榈油之间的跨品种套利交易最小变动价位为 2 元/吨。

5）跨品种套利交易指令有效报价范围

跨品种套利交易指令有效报价下限：“SPC”后缀的第一个品种合约跌停板价–第二个品种合约涨停板价。

跨品种套利交易指令有效报价上限：“SPC”后缀的第一个品种合约涨停板价–第二个品种合约跌停板价。

例如，a0709 合约涨停板价和跌停板价分别为 3252 元/吨和 3002 元/吨，m0709

合约涨停板价和跌停板价分别为 2579 元/吨和 2381 元/吨。SPC a0709&m0709 买卖委托有效报价范围为 423 元/吨～871 元/吨，即 a0709 合约跌停板价 3002 元/吨–m0709 合约涨停板价 2579 元/吨，a0709 合约涨停板价 3252 元/吨–m0709 合约跌停板价 2381 元/吨。

6）跨品种套利交易指令每笔有效委托数量

跨品种套利交易指令每笔有效委托数量与每笔最大有效委托数量较小的成分合约相同。

豆一与豆粕、豆油与棕榈油跨品种套利交易指令每笔有效委托数量为 1 手的整数倍，最大不可超过 1000 手。

7）跨品种套利交易指令报入形式

（1）跨品种套利交易指令必须以价差形式报入交易所系统，不必对跨品种套利交易指令各成分合约单独进行委托报价。

价差计算方式为："SPC"后缀的第一个品种合约的价格–第二个品种合约的价格。

例如，某投资者认为 a0709 合约与 m0709 合约的价差将会超过 600 元/吨，则可申报 SPC a0709&m0709 买委托，价格为 600 元/吨，不必单独给出 a0709 合约申买价和 m0709 合约申卖价。

（2）跨品种套利交易指令既可用于开仓，也可用于平仓。若投资者在任一成分合约无持仓，则不能申报跨品种套利交易平仓指令。

8）跨品种套利交易指令成交形式

（1）跨品种套利交易指令各成分合约按规定比例同时成交。

（2）各成分合约成交价之差不劣于报入的价差。

（3）成交结果计入各成分合约持仓量和成交量。

例如，某投资者以 600 元/吨的价格报入 8 手 SPC a0709&m0709 买委托，成交 3 手。根据交易系统定价原则，a0709 合约以 3118 元/吨建立 3 手买持仓，同时 m0709 合约以 2518 元/吨建立 3 手卖持仓。

9）跨品种套利交易指令有效委托时间

跨品种套利交易指令只能在连续交易期间申报，开盘集合竞价阶段不能申报跨品种套利交易指令。

17.5 MT5：外汇自动交易平台

MT5 是目前主流功能超级强大的外汇交易软件，提供各种优于炒股软件的功能。基本的功能包括挂单、锁单、自动止损止盈，以及强大的智能交易系统。该平台通过互联网为经纪公司提供全方位的服务，包括后台支持等。

与许多技术指标和曲线研究相同的是，交易策略程序中使用了内置语言 Multibank Quotes Language 4。使用这种语言，投资者可以创建自动交易、客户指标和脚本。自动交易可以分析市场情况、制定决策、挂出订单、以在线模式开设头寸。与技术指标一样，客户指标可以分析市场情况并发出各种信号，脚本可以单独执行某些特殊操作。

MetaQuotes 4 语言用来编写自定义智能交易系统软件，以便使交易程序管理自动化及执行交易商自己的交易策略。MetaQuotes 4 语言包括变量、控制当前和前期报价的算术和逻辑运算、内置指标，以及用来开启和控制头寸的命令等。

下面所给的例子中，交易通过对单一的部位进行开仓和控制。

1. 交易原则

（1）多头进场：MACD 指标在零点之下，向上走，或由下行信号线穿过。

（2）空头进场：MACD 指标在零点以上，向下走，或由上行信号线穿过。

（3）多头出场：通过执行获利限额，移动止损或当 MACD 指标穿过信号线（MACD 指标在零点以上，向下走，或由上行信号线穿过）。

（4）空头出场：通过执行获利限额，移动止损或当 MACD 指标穿过信号线（MACD 指标在零点以下，向上走，或由下行信号线穿过）。

2. 创建程序的主结构

（1）原始数据检查。

检查图表、图表上的条形数。

核查外部变量值：单位、Lots、S/L、T/P、T/S。

（2）设定快速数据存取内部变量。

（3）检查交易终端是否可用？若可用，那么：

检查账户资金的可用性等。

是否可能来做多头买卖（买单）？

开仓（买）并离开。

是否能做空仓（卖出）？

空仓（卖）并离开。

退出智能交易系统。

(4) 控制循环周期中前期的开仓部位：

如果是做多头。

是否应该出仓？

是否应该设置追踪止损单？

如果是做多头。

是否应该出仓？

是否应该设置追踪止损单？

3. 代码案例

该策略的主要代码如下：

```
    defines: MACDOpenLevel(3),MACDCloseLevel(2);
    defines: MATrendPeriod(56);
var: MacdCurrent(0),MacdPrevious(0),SignalCurrent(0),
SignalPrevious(0);
var: MaCurrent(0),MaPrevious(0);
var: cnt(0);
    //原始数据检查
    //确保智能交易系统在正常图表上运行，这很重要
    //用户正确设置外部变量 (单位数、止损、获利、移动止损)
    //若 Bars<200 或获利<10，就退出
    //临时变量中的指标数据
    MacdCurrent=iMACD(12,26,9,0,MODE_MAIN);
    MacdPrevious=iMACD(12,26,9,1,MODE_MAIN);
    SignalCurrent=iMACD(12,26,9,0,MODE_SIGNAL);
    SignalPrevious=iMACD(12,26,9,1,MODE_SIGNAL);
    MaCurrent=iMA(MATrendPeriod,MODE_EMA,0);
```

```
MaPrevious=iMA(MATrendPeriod,MODE_EMA,1);
//检查交易终端的状况
//看看是否还有任何前期开仓部位或订单
//为了安全，要确保账户有充足的资金
//比如说，取值为1000，通常可能就是提交1个单位
//如果净保证金小于1000，就退出
//检查做多头（买入）的可能性
If MacdCurrent<0 and MacdCurrent>SignalCurrent and
MacdPrevious(MACDOpenLevel*Point) and
MaCurrent>MaPrevious then
{
SetOrder(OP_BUY,Lots,Ask,3,0,Ask+TakeProfit*Point,RED); //执行
Exit; //既然交易已经执行，退出
//有10s的交易暂停时间
};
//检查空头（卖出）的可能性
If MacdCurrent>0 and MacdCurrent<SIGNALCURRENT and
MacdPrevious>SignalPrevious
and MacdCurrent>(MACDOpenLevel*Point) and
MaCurrent<MAPREVIOUS P then {
SetOrder(OP_SELL,Lots,Bid,3,0,Bid-TakeProfit*Point,RED); //执行
Exit; //退出
};
//完成了对新开仓部位的可行性检查
//没有新的开仓部位，就用退出命令退出程序
//没有要分析的任何东西
Exit;
};
//进入交易系统的重要部分：控制开仓部位
//正确进入市场很重要，但是退出市场更重要
for cnt=1 to TotalTrades
{
if OrderValue(cnt,VAL_TYPE)<=OP_SELL and //这是开仓部位吗 OP_BUY or
OP_SELL
OrderValue(cnt,VAL_SYMBOL)=Symbol then //工具匹配吗
{
If OrderValue(cnt,VAL_TYPE)=OP_BUY then //多头开仓
```

```
        {
        //检查尚有时间平仓吗
    if MacdCurrent>0 and MacdCurrent<SIGNALCURRENT and MacdPrevious>
    SignalPrevious and MacdCurrent>(MACDCloseLevel*Point) then
        { CloseOrder(OrderValue(cnt,VAL_TICKET),OrderValue(cnt,VAL_LOTS),
Bid,3,Violet);
        Exit; //退出
        };
    //检查可能已经或该是设置移动止损的时候了吗
      If TrailingStop>0 then //用户已经将移动止损进行了设置
        { //所以，我们开始着手检查
        If (Bid-OrderValue(cnt,VAL_OPENPRICE))>(Point*TrailingStop) then
        {
        If OrderValue(cnt,VAL_STOPLOSS)<(Bid-Point*TrailingStop) then
        {
        ModifyOrder(OrderValue(cnt,VAL_TICKET),OrderValue(cnt,VAL_OPENPRICE),
        Bid-Point*TrailingStop,OrderValue(cnt,VAL_TAKEPROFIT),Red);
        Exit;
        };
        };
        };
        }
        else //否则，就是多头
        {
        //检查尚有时间平仓吗
        If MacdCurrent<0 and MacdCurrent>SignalCurrent and
        MacdPrevious(MACDCloseLevel*Point) then
        {
        CloseOrder(OrderValue(cnt,VAL_TICKET),OrderValue(cnt,VAL_LOTS),
Ask,3,Violet);
        Exit; //退出
        };
        //检查，可能已经或该是设置移动止损的时候了吗
        If TrailingStop>0 then //用户已经把移动止损进行了设置
        { //开始着手检查
        If (OrderValue(cnt,VAL_OPENPRICE)-Ask)>(Point*TrailingStop) then
        {
```

```
    If OrderValue(cnt,VAL_STOPLOSS)=0 or
    OrderValue(cnt,VAL_STOPLOSS)>(Ask+Point*TrailingStop) then
    {
ModifyOrder(OrderValue(cnt,VAL_TICKET),OrderValue(cnt,VAL_OPENPRICE),
    Ask+Point*TrailingStop,OrderValue(cnt,VAL_TAKEPROFIT),Red);
    Exit;
    };
    };
    };
    };
    };
    };
    //结束
```

第 18 章 量化对冲交易系统：D-Alpha

◆ 摘要 ◆

本书前面介绍的各种投资策略和理论算法属于单兵技术，在真实的交易中，则需要将这些单兵技术整合为兵团战斗力，这样才能发挥各种策略的优势，提高收益率的同时降低风险。

本章介绍一种量化对冲交易系统——D-Alpha，该系统是笔者历时 3 年研发而成，将多种选股、择时、套利、程序化交易等策略整合而成的实用性交易平台。

18.1 系统架构

如图 18-1 所示是该系统的架构图，它主要由如下几部分构成。

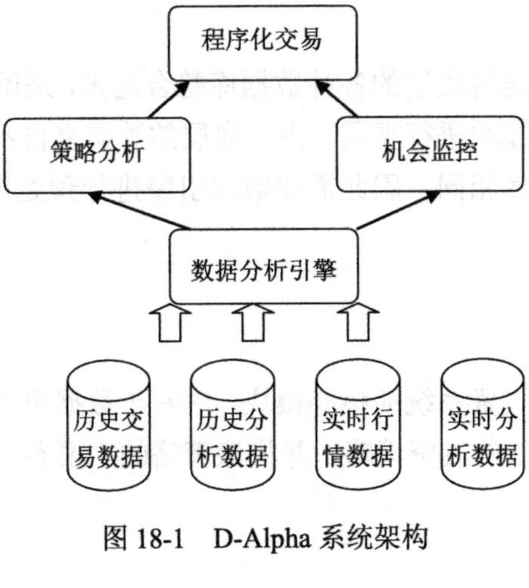

图 18-1 D-Alpha 系统架构

1．数据库与数据仓库

本系统的底层为数据库与数据仓库层，包括与量化投资交易有关的基础数据，主要有历史高频交易数据、历史分析数据、实时行情数据、实时分析数据四大块。

1）历史高频交易数据

历史高频数据回溯了A股市场历史上每一次的交易细节，包括：买一到买五价格、挂单量、成交量；卖一到卖五价格、挂单量、成交量。

2）历史分析数据

历史分析数据有两块，国内的来自万德历史数据库，国外的来自Bloomberg历史数据库。

万德历史数据库包括：宏观经济数据、微观经济数据、上市公司数据、分析师数据等。

Bloomberg历史数据库包括：全球宏观经济数据、全球微观经济数据、全球资本市场数据（股票、债券、商品、期权）、全球分析师数据等。

3）实时行情数据

实时行情数据直接来自交易所，用于对市场进行实时监控。

4）实时分析数据

实时分析数据来自各大第三方数据提供商，用于策略实时分析。

2．数据引擎

数据引擎的作用就是将底层的各种数据库整合起来，采用统一的接口供上层的策略分析和机会监控两大模块进行调用。由于底层的数据来自不同的数据提供商，它们的数据结构、接口都不尽相同，因此需要数据引擎进行预处理，剔除不合理的数据，统一格式和接口。

3．策略分析

策略分析是本量化投资系统的核心模块，它基于数据引擎提供的数据，通过对历史数据的分析，得出有效的投资策略，并将该策略的主要参数传递给监控模块，对市场机会进行监控。

4. 机会监控

机会监控有自动和人工两种。自动监控通过一个程序化的 DLL 实现。该 DLL 实时监控市场情况，当在机会出现的时候，将交易参数传递给程序化交易模块，进行下单操作。

人工监控则是在机会出现的时候，在用户界面上弹出对话框，让交易员进行人工判断后利用程序化交易系统下单。

提供人工监控的目的在于，在市场出现大幅波动或者策略出现明显不合理的情况的时候，可以让交易员对投资策略进行人工干预，以免由于程序的错误带来重大损失。

5. 程序化交易

一旦市场出现机会后，不管是开仓还是平仓交易，通过人工下单的方式都是很低效的，尤其是针对套利这种转瞬即逝的机会，只有程序化交易模块才能捕捉。

如果是自动监控的机会，则将交易指令直接发送到程序化交易模块；如果是人工监控的机会，则由交易员启动程序化交易模块。

程序化交易模块的输出是一系列指令集，传送到交易所（证券交易所、期货交易所）进行撮合回报。

18.2 策略分析流程

在 D-Alpha 量化对冲交易系统中，一个有效的策略从开始到最后实际交易，需要经过 4 个步骤：历史数据统计后验、历史高频交易数据后验、高频数据实时模拟和实盘实时交易，具体流程如图 18-2 所示。

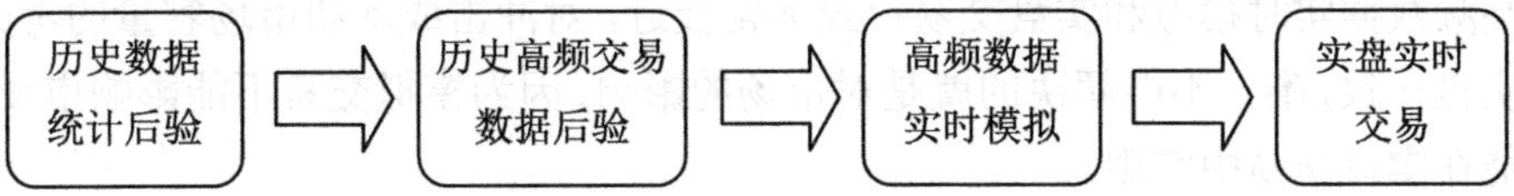

图 18-2 D-Alpha 量化对冲交易系统策略分析流程

1. 历史数据统计后验

历史数据统计一般以收盘价或者日均价作为买入卖出的交易价格，交易成本的考虑一般是事先设定一个固定的数值，比如 0.3%。然后根据设定的交易价格计算出在某一段时间内的收益率、超额收益、夏普比率等。

历史数据统计后验的优势是效率高、简单方便，一般 10 年左右的数据后验几十分钟就可以完成。其缺点是不够精确，尤其不能考虑资金量对市场的影响。因为有的策略和市场容量之间有很大的关系，例如高频交易策略，在资金量大的情况下，很多有效的策略就会失效，因为其冲击成本会吃掉所有的收益。

因此，历史数据统计后验只能作为筛选策略的初步方法，更加精细的方法需要历史高频交易数据后验实现。

2. 历史高频交易数据后验

历史高频交易数据后验的核心在于根据历史高频交易数据进行模拟撮合，撮合算法主要是判断在某个时段的成交量的成交比例。例如某只股票在历史上 5.0～5.1 价位之间成交了 10 000 股，其中的挂单量为 50 000 股。那么在后验的时候，可以设定成交股的 A%和挂单量的 B%中的最小值为模拟撮合的成交量。

如果想严格一些，将 A 和 B 的值设得小一些即可；如果想宽松一些，将 A 和 B 的值设得大一些即可。在 D-Alpha 量化对冲交易系统中，A 和 B 的值一般取 10%和 30%。

3. 高频数据实时模拟

策略后验可以解决一个策略在样本内的效果问题，但是无法检验其在样本外的效果。解决这个问题的方法是进行高频数据的实时模拟。

实时模拟也有全自动化和手工两种方式。全自动化是将策略写成一个 DLL，放在模拟平台上自动运行；手工就是利用机会监控的消息提示，进行人工交易。

高频数据实时模拟和实盘交易已经非常接近，对冲击成本和市场容量的考虑基本上和实盘一致，唯一不能解决的就是对市场的影响，因为模拟交易不能影响市场价格，这只能在实盘交易中实现。

4. 实盘实时交易

前面 3 个步骤的目的都是为了最后进行实盘交易，实盘交易对市场的影响会体现出来，只有通过了实盘实时交易，一个策略才能被证明是有效的。

18.3 核心算法

D-Alpha 量化对冲交易系统的核心算法包括如下几个部分。

1. 选股策略

选股策略采用多因子模型、资金流模型、筹码选股模型和动量反转模型的组合。

系统中采用两类多因子，分别是基本面因子和技术面因子。资金流模型采用 GSMS 的定义算法。筹码选股模型采用股东户数（季度增长率）、户均持股数（季度增长率）和机构持股数（季度增长率）这几个指标。动量反转模型的关键在于选择动量指标和动量持续时间，这里的动量指标采用收盘价，持续时间采用 3 个月作为动量轮动的指标。

2. 择时策略

择时策略主要分为大盘择时和个股择时两种。在 D-Alpha 量化对冲交易系统中，将择时策略用于个股择时中，也就是说，利用选股策略选出一批股票的候选集，然后利用择时策略得出它们的买点和卖点。

如果一只股票的买点和卖点出现，则将其放入股票池，由算法交易策略进行相应的交易。出现买点的进行买入操作，出现卖点的进行卖出操作。D-Alpha 量化对冲交易系统中的择时策略采用两个：趋势模型和 Hurst 指数模型。

3. 策略整合

策略整合有两种方法：分层法和交集法。

1）分层法

分层法就是由一个策略开始选出候选集 A1，然后利用第二个策略再次筛选得出候选集 A2，如此下去，直到所有的策略筛选完毕。

2）交集法

交集法就是每个策略都选择一个候选集，然后进行交集计算，取所有策略中的交集为股票池的股票。

D-Alpha 量化对冲交易系统选股子系统采用分层法，选股与择时系统的整合采用交集法。

4. 股指期货对冲策略

对冲策略解决的是如何利用股指期货对现货头寸进行对冲交易，包括在建仓、调仓、平仓过程中，如何及时调整股指期货的仓位，以尽可能降低敞口，避免系统性风险。

对冲策略主要包括建仓算法、移仓算法和拆借算法。

1）建仓算法

对冲流程如图 18-3 所示。

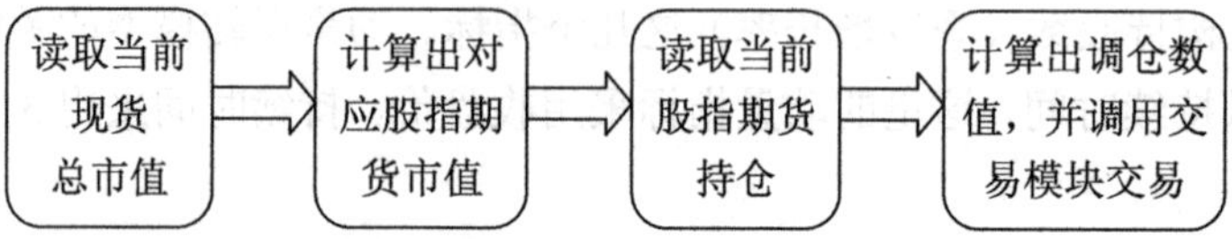

图 18-3 D-Alpha 系统中股指期货对冲算法

在建仓算法中，最主要的是要求风险敞口比例尽可能小，可以用股指期货合约市值与现货市值比来计算。

2）移仓算法

股指期货是有期限的，所以在合约到期前，需要将相应的合约移仓到新合约上。移仓算法主要是判断当前主力合约，只要通过交易量判断即可。因为一般在主力合约存续期间，交易量远远大于其他合约，只有在换月的时候，才会出现交易量的急剧变化。

3）拆借算法

股指期货采用的是保证金交易，如果市场出现大幅度上涨，则可能会出现爆仓情况，从而导致不得不平仓的结果。在出现这种情况的时候，需要到市场上拆借资金，弥补保证金。

5. 算法交易策略

策略中的各种算法最终都要转变为算法交易，发送到交易所进行撮合交易。

本系统的算法交易主要采用被动交易算法，其中每次挂单手数 K 利用 V-WAP 算法来确定。

18.4 验证结果

我们采用两种方法来验证 D-Alpha 量化对冲交易系统的效果：对于 A 股，我们采用高频数据进行模拟撮合；对于全球市场，采用 Bloomberg 的 API 进行统计后验。

全球市场后验结果如表 18-1 所示。

表 18-1 D-Alpha 系统在全球市场收益率分析

市 场	组合年化收益率（%）	年化 Alpha（%）	组合夏普比率	Alpha 夏普比率
中国香港恒生指数	34.33	29.61	0.73	1.89
印度孟买指数	41.03	32.59	0.68	1.73
巴西圣保罗指数	36.26	28.39	1.034	1.84
韩国 KOPSI 数	24.80	19.80	0.96	1.10
新加坡海峡时报指数	8.14	6.92	0.18	0.31
中国台湾加权指数	8.36	6.28	0.39	0.74
英国富时 100 指数	8.52	5.60	0.75	0.45
日经 225 指数	−0.31	2.96	−0.17	0.49
标普 500 指数	18.65	14.45	0.98	1.26

从表 18-1 中可以看出，本系统在新兴市场，如印度、巴西等国家的表现比较好，在发达国家，如日本、英国的表现相对差一些，这和市场本身的情况是一致的。

总而言之，从 D-Alpha 量化对冲交易系统在全球市场的验证结果来看，都是具有明显效果的。

金融理论篇

量化投资的理论基础就是各种金融理论，金融理论试图研究金融市场本身的问题，并从中找到规律。自20世纪50年代以来，金融理论开始大量引入数学工具，对投资组合、定价等各种问题进行定量化的分析，从而使金融学的研究进入了现代金融时代。

现代金融理论主要分为投资组合理论、定价理论和金融市场理论三大领域。投资组合理论主要解决的是如何构建不同的投资组合，在控制风险的基础上获得更大的收益；定价理论则是利用数学模型来判断某个投资品种的合理价格是多少，是否存在高估或者低估；金融市场理论研究的是金融市场本身的规律，在大量参与者的群体行为下，给资产的价格带来一些异常的波动，从而带来稳定盈利的机会。

第 19 章　投资组合理论

◆ 摘要 ◆

投资组合理论要讨论的是如何通过不同组合的构建，在控制风险的基础上获得更高的收益。马科维茨的证券选择理论将预期收益率和方差分别表示为标准投资组合的收益水平和风险水平，开创了现代金融的量化分析基础。策略组合模型是笔者的原创性贡献，将投资的分析扩展到收益、风险、资金容量三个维度，并且定义了相关系数矩阵来进行具体的策略分散与组合。

19.1　证券选择理论

19.1.1　理论产生的背景

证券投资组合理论产生于 20 世纪初，当时西方证券市场极不规范，投机十分猖獗，风险极大。直至美国于 1933 年、1934 年分别颁布了《证券法》和《证券交易法》，证券市场才得以规范。为了规避风险，出现了以风险分散为原则的传统投资组合理论。

证券投资的收益具有不确定性，所以在计算收益时结果应该是期望收益，这样就应该引入概率论的内容。具有开创性的人物是美国的马科维茨。哈里·马科维茨 1947 年从芝加哥大学经济系毕业并获得学士学位，1950 年和 1952 年在芝加哥大学分别获得经济学硕士和博士学位。证券组合选择理论就是他在考虑学位论文题目时产生的。当时他偶然想到将数学方法运用于股票市场的可能性，进而提出了有关预期收益和风险之间关系的资产选择理论，成为后来资本市场理论最重要的奠基石和核心，为现代证券投资理论的建立和发展奠定了基础。1952 年，马科维茨在他的学术论文《资产选择：有效的多样化》中，首次应用资产组合报酬的均值和方差这两个数学概念，从数学上明确地定义了投资者偏好。这是第一次将边际分析原理运用于资产组合的分析研究。

1952 年，在取得芝加哥大学经济学博士学位后，马科维茨加入了兰德公司。在兰德公司，马科维茨开始将其理论应用于实际业务，在与同事的交流探讨中开发了一系列应用于证券组合与资产分析的新技术、新方法。马科维茨在兰德公司并未研究证券组合理论，但从乔治·但泽那里学到了优化技术，并把它运用在均值-方差边界速算法中。其间受詹姆斯·托宾（美国经济学家，1981 年诺贝尔奖获得者）之邀，于 1955—1956 年到耶鲁大学考尔斯基金会工作一年，这一年他有了较充足的时间进行理论上的思考及与朋友交流，并形成了 1959 年出版的著作《资产组合：有效的多样化》的框架。

由于其出色和开创性的工作，马科维茨与威廉·夏普及默顿·米勒分享了 1990 年的诺贝尔经济学奖。马科维茨对金融经济学的主要贡献在于，他提出了有关预期收益和风险之间相互关系的资产组合选择理论，为现代证券投资理论的建立和发展奠定了基础。马科维茨的著作为投资管理者进行金融管理指明了方向，使大多数投资管理者可以依据他所提出的均值-方差分析来估计证券风险、设计不同的投资管理结构。他的关于证券组合选择理论的方法，有助于投资者选择最有利的投资，以求得最佳的资产组合，使投资报酬最高而风险最小。

19.1.2 单只证券的收益与风险

1. 单只证券的期望收益率（Expected Rate of Return）

（1）无风险证券的期望收益率。

$$R = \frac{P_T - P_0 + D}{P_0}$$

其中，R 表示投资者的收益率；P_0 表示投资者所持证券的期初价格；P_T 表示证券在持有期期末的价格；D 表示投资者在证券持有期间所获得的资本收益，由股息或利息构成。这一计算公式是非常粗略的。事实上，由于证券市场的不确定性，收益 R 会存在发生不同结果的可能，从而引入概率进行分析。

（2）考虑风险的期望收益率。

若收益率 R 服从的是离散型分布，则采用加权求和的方式。

$$E(R)=\sum_{i=1}^{N} R_i \cdot P_i$$

式中，R_i为第 i 种可能的结果发生时的投资收益率，P_i为第 i 种可能的结果发生的概率，N 表示共有可能的结果数。

若收益率 R 服从的是连续型分布，则采用积分的方式。

$$E(R)=\int_{-\infty}^{+\infty} R \cdot f(R)\mathrm{d}R$$

式中，$f(R)$为收益率 R 的密度函数。

2. 单只证券收益率的方差（Variance）和标准差（Standard Deviation）

若收益率 R 服从的是离散型分布，则方差的计算公式为：

$$\sigma^2=\mathrm{Var}(R)=E\left[R-E(R)\right]^2=\sum_{i=1}^{N}\left[R_i-E(R)\right]^2 \cdot P_i$$

式中，$\mathrm{Var}(R)$或σ^2表示方差。

若收益率 R 服从的是连续型分布，则方差的计算公式为：

$$\sigma^2=\mathrm{Var}(R)=E\left[R-E(R)\right]^2=\int_{-\infty}^{+\infty}\left[R-E(R)\right]^2 \cdot f(R)\mathrm{d}R$$

标准差是方差的平方根，它通过对方差开方恢复了原来的计量单位。相对方差来说，标准差更容易进行比较。

σ^2 表示方差，标准差是方差的平方根 $\sigma=\sqrt{\mathrm{Var}(R)}$。

方差和标准差代表了证券投资的风险。计算出的方差越大，风险越大。

例如，投资项目 A 和 B 的收益率如表 19-1 所示，测算投资项目 A 与 B 的收益和风险。

表 19-1　证券组合的案例

项目 A		项目 B	
收益率 R_A（%）	概　率	收益率 R_B（%）	概　率
5	0.1	3	0.1
8	0.2	3.5	0.1
10	0.4	9	0.2

续表

项目A		项目B	
收益率 R_A（%）	概　率	收益率 R_B（%）	概　率
11	0.2	10	0.2
13	0.1	11	0.2
		12.5	0.1
		15	0.1

项目 A：

期望收益率 $E(R_A)=9.6$

方差 $\mathrm{Var}(R_A)=4.24$

标准差 $\sigma_A=2.06$

项目 B：

期望收益率 $E(R_B)=9.4$

方差 $\mathrm{Var}(R_B)=12.29$

标准差 $\sigma_B=3.50$

19.1.3 证券组合的收益与风险

在投资风险证券时，人们为了规避风险，往往购买两种或两种以上的证券，即采取组合投资的策略，计算证券组合期望收益率和方差。

1．证券组合中各证券之间收益的相关性

在测算证券组合风险时，不仅要测算每种证券的风险，而且要测算证券组合中每种证券之间的关系对收益率的影响，这是证券组合分析与单只证券分析的最大不同。这就需要计算协方差。

协方差用来衡量证券收益率之间的变动关系。

协方差

$$\sigma_{XY}=\mathrm{Cov}(X,Y)=E\{[R_X-E(R_X)][R_Y-E(R_Y)]\}$$

相关系数

$$\rho_{XY} = \frac{\sigma_{XY}}{\sigma_X \sigma_Y}$$

相关系数在–1～1 之间。–1 表示两种证券的收益率变化方向完全相反，即证券完全负相关；1 表示完全正相关；其他数值表示一般相关关系。

马柯维茨认为证券组合的回报率不确定，没有哪只证券与其他证券有完全的相关关系。

2. 证券组合的期望收益率

证券组合的期望收益率是资产组合中每种证券收益率的加权平均值。

$$E(R_p) = \sum_{i=1}^{N} W_i E(R_i)$$

式中，$E(R_p)$表示整个组合的期望收益率，W_i表示第 i 只证券的投资金额在组合投资总额中所占的比重。

3. 证券组合的方差

$$\begin{aligned}
\sigma_p^2 &= E\left[R_p - E\left(R_p\right)\right]^2 \\
&= E\{[\sum_{i=1}^{N} W_i (R_i - E(R_i))]^2\} \\
&= E\{\sum_{i=1}^{N} W_i^2 [R_i - E(R_i)]^2 + E\sum_{i=1}^{N}\sum_{\substack{j=1 \\ i\neq j}}^{N} W_i W_j [R_i - E(R_i)][R_j - E(R_j)]\} \\
&= \sum_{i=1}^{N} W_i^2 E[R_i - E(R_i)]^2 + \sum_{i=1}^{N}\sum_{\substack{j=1 \\ i\neq j}}^{N} W_i W_j E[R_i - E(R_i)][R_j - E(R_j)] \\
&= \sum_{i=1}^{N} W_i^2 \sigma_i^2 + \sum_{i=1}^{N}\sum_{\substack{j=1 \\ i\neq j}}^{N} W_i W_j \sigma_{ij} \\
&= \sum_{i=1}^{N}\sum_{j=1}^{N} W_i W_j \sigma_{ij}
\end{aligned}$$

4. 证券组合与风险分散

$$\sigma_p^2 = \sum_{i=1}^{N} W_i^2 \sigma_i^2 + \sum_{i=1}^{N}\sum_{\substack{j=1\\ i\neq j}}^{N} W_i W_j \sigma_{ij}$$

$$= N \times \frac{1}{N^2} \times \sigma^2 + N \times (N-1) \times \frac{1}{N^2} \times \sigma_{ij}$$

$$= \frac{1}{N} \times \sigma^2 + (1 - \frac{1}{N}) \times \sigma_{ij}$$

假设在 N 种证券的情况下，每种证券的方差 σ_i^2 都相等，表示为 σ^2，每种证券的投资比例 W_i 也相等，为 $\frac{1}{N}$；用 σ_p^2 表示组合的方差，σ_{ij} 表示证券 i 和 j 之间的协方差。当 N 越来越大时，收敛于 σ_{ij}。

资产组合的风险构成如图 19-1 所示。

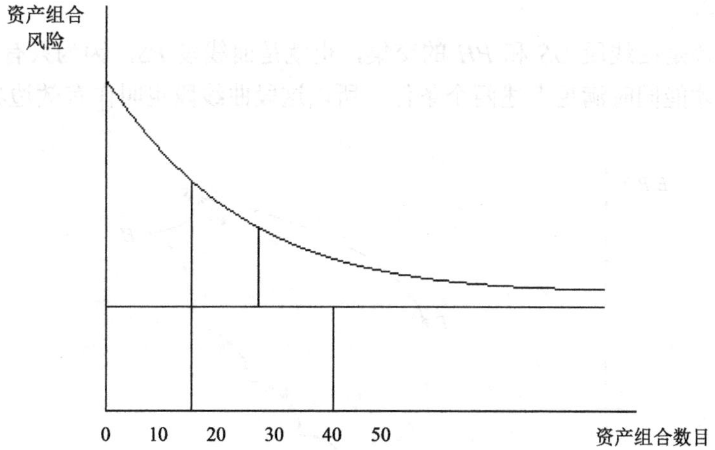

图 19-1 资产组合的风险构成

19.1.4 证券组合的选择

1. 有效集理论（Efficient Set）

马科维茨认为可行集中包括无数个可供投资者选择的证券投资组合，投资者可以通过有效集定理来找到最佳的投资组合。所谓最佳的投资组合，一般要满足以下两个条件：

（1）相同风险的水平下具有最大收益的证券组合。

（2）相同收益的水平下具有最小风险的证券组合。

在图 19-2 的可行集中，所有组合中的 *S* 点期望收益率最大，*G* 点的期望收益率最小，因为可行集中所有的点都位于 *S* 点的下方、*G* 点的上方。从 *S* 点到 *G* 点这个区间包含了各种资产组合的期望收益率。在同样的期望收益率水平下，风险最小的证券组合位于在从 *G* 点经 *P* 点到 *S* 点的曲线段上。因此，符合在相同收益的水平下具有最小风险的证券组合在从 *G* 点到 *S* 点的左边界上。

在图 19-2 的可行集中，所有组合中的 *P* 点风险最小，*H* 点风险最大，因为可行集中所有的点都位于 *P* 点的右方、*H* 点的左方。从 *P* 点到 *H* 点这个区间包含了各种资产组合的所有风险。具有最高期望收益率的证券组合位于在从 *P* 点经 *S* 点到 *H* 点的曲线段上。因此，符合在相同风险的水平下具有最大收益的证券组合在从 *P* 点到 *H* 点上方的边界上。

有效集应该是曲线段 *GS* 和 *PH* 的交集，也就是曲线段 *PS*，因为只有曲线段 *PS* 上的证券组合才能同时满足上述两个条件，所以这段曲线段也叫作有效边界。

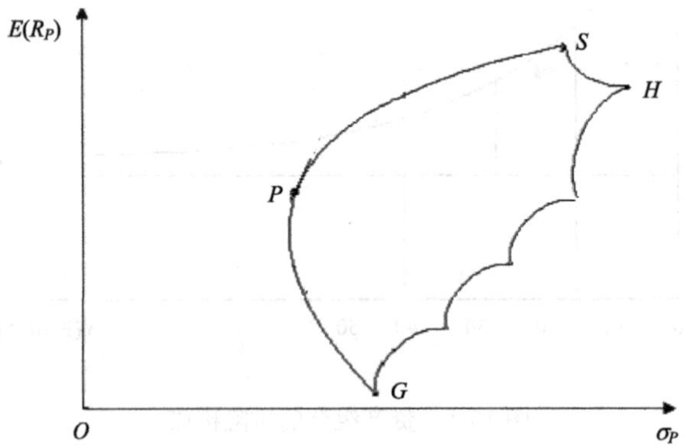

图 19-2　有效边界

无差异曲线 *I*：斜率为正；下凸（意味着在边际效用递减原理的作用下，随着投资者每次等量风险的增加，所获得的期望收益率越来越高）。

在同一条无差异曲线上给投资者带来的效用是相同的，如图 19-3 所示。无差异曲线和有效边界的对比如图 19-4 所示，风险偏好的对比如图 19-5 所示。

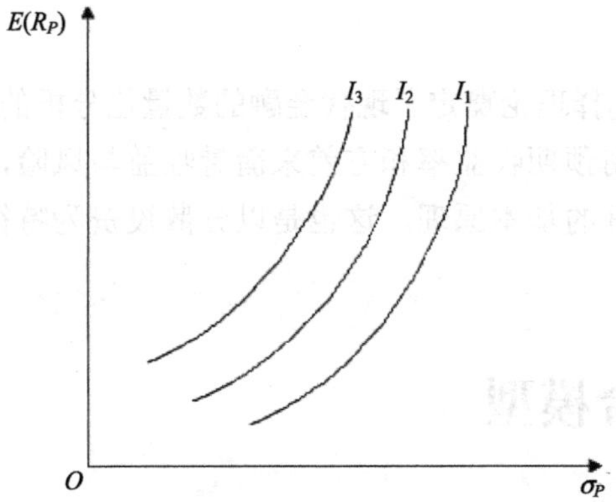

图 19-3 无差异曲线

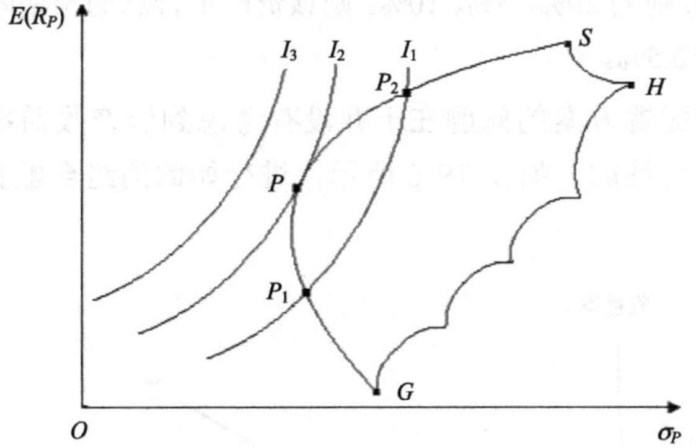

图 19-4 无差异曲线与有效边界

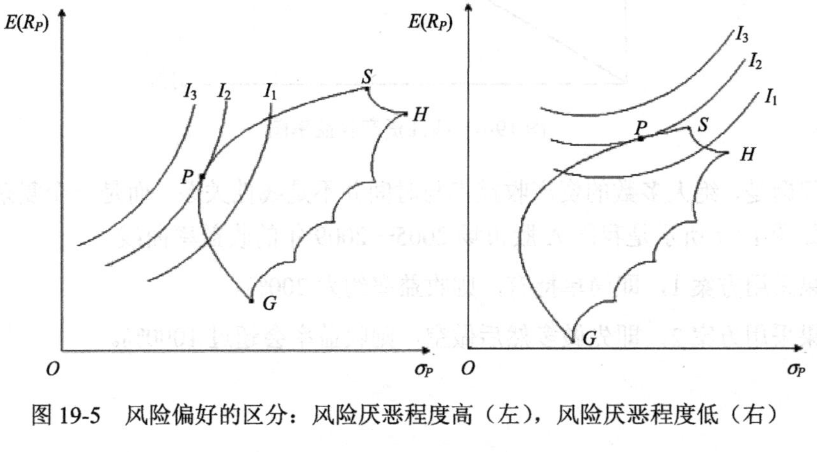

图 19-5 风险偏好的区分：风险厌恶程度高（左），风险厌恶程度低（右）

2. 小结

马科维茨的证券选择理论奠定了现代金融的数量化分析的基础，第一次将概率论引入投资分析领域，用预期收益率和方差来衡量收益与风险，从而在数学上证明了分散投资比集中投资好的基本原理。这也是以分散投资为特征的共同基金诞生的理论基础。

19.2 策略组合模型

传统的资产配置是一个静态的概念，基本上隐含了“买入持有”这种理念。例如，有 1 亿元资金进行资产组合配置，其中 3000 万元股票+5000 万元债券+2000 万元大宗商品，预期收益率分别为 20%、5%、10%。则该资产组合总的预期收益率为 0.3×20%+0.5×5%+0.2×10%=10.5%。

但是，该资产配置方案的问题在于并没有考虑到资产收益率与时间的关系。如果资产的回报是线性的，如图 19-6 所示，进行如此的组合配置自然是最佳的解决方案。

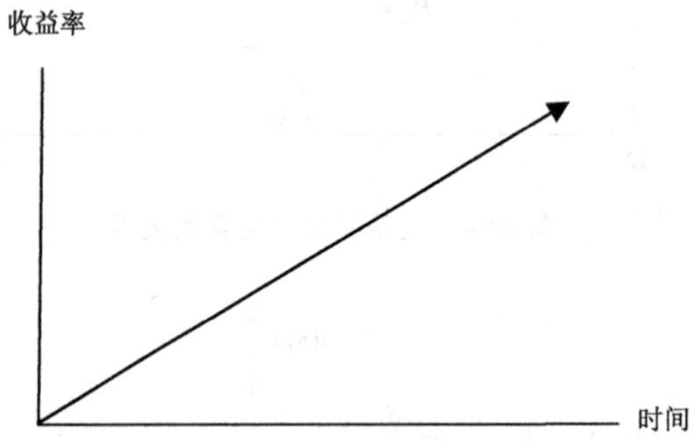

图 19-6　线性资产收益率图

但问题是，绝大多数的资产收益率与时间并不是线性关系，而是一个复杂的函数关系。如图 19-7 所示是我国 A 股市场 2005—2009 年的收益率曲线。

如果采用方案 1，即简单持有，则收益率约为 200%。

如果采用方案 2，即先做多然后做空，则收益率会超过 1000%。

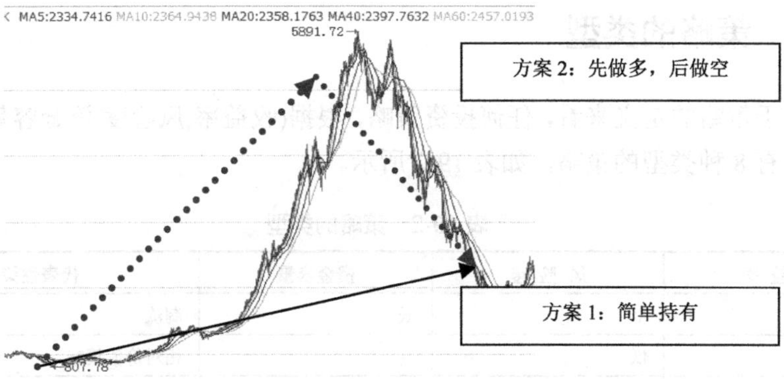

图 19-7　简单持有与动态调整收益率比较

因此，简单地进行资产组合，在越来越复杂的非线性金融市场中，并不是最佳的解决方案，而是需要根据市场的变动灵活调整资产配置，从而提高收益率。因此，在实际的交易中，需要引入一个策略组合模型的概念。

19.2.1　策略的定义

继续上面的案例，将 1 亿元资金进行如下动态操作：1～3 月份全部买入股票，4～8 月份平仓换成债券，9 月份后做空大宗商品。这样对于资产的一系列动态操作过程就是一个策略。

这里笔者给出一个策略组合模型 SCM（Strategy Combination Model）。所谓策略组合，就是对资产的一系列动态操作的集合。

数学上的定义如下。

（1）三元组 SCM_i（Return，Risk，Capacity）为一个策略，其中，Return 表示策略预期收益率，Risk 表示策略风险度，Capacity 表示策略最大资金容量。

（2）策略组合 SCM 为一系列策略的集合，即 $SCM=(scm_1,scm_2,\cdots,scm_i,\cdots,scm_n)$，其中 scm_i 为单个策略。

例如上面的例子中 SCM 组合即为(scm_1,scm_2,scm_3)，其中 scm_1,scm_2,scm_3 分别为股票、债券和大宗商品的子策略。

19.2.2 策略的类型

从对于策略的定义来看，任何投资策略，根据(收益率,风险度,资金容量)的三要素组合，共有 8 种类型的策略，如表 19-2 所示。

表 19-2 策略的类型

收益率	风险度	资金容量	代表性策略
低	低	低	淘汰
低	低	高	相对价值策略
低	高	低	淘汰
低	高	高	淘汰
高	低	低	事件驱动策略
高	低	高	不存在
高	高	低	淘汰
高	高	高	宏观因素策略

1. 策略类型的转化

1）不存在的策略：高收益/低风险/高容量

从经济学原理就可以得出结论：这种类型的策略一定是不存在的。因为一旦有这样的策略存在，大量的资金一定会涌入该策略，从而造成收益率大幅度降低，或者市场容量大幅度降低，从而转变为低收益/低风险/高容量策略，或者高收益/低风险/低容量策略。

2）淘汰的策略 1：低收益/高风险/高容量和低收益/高风险/低容量

这不符合人性，因为任何人承担了高风险，追求的就是高收益。如果是高风险/低收益的策略，则没有人愿意长期从事该策略交易，投资者会大量撤出，从而使得该策略的市场收益率变大，也就是该策略会转变为高风险/高收益/高容量策略。

3）淘汰的策略 2：高收益/高风险/低容量

在高收益/高风险的情况下，投资者肯定会选择高容量的策略来使得自己的绝对收益最大化，所以该策略也会遭到淘汰。由于采用该策略的投资者变少，从而使得该策略的容量变大，从而转变为高收益/高风险/高容量策略。

4）淘汰的策略 3：低收益/低风险/低容量

在低收益/低风险的情况下，投资者肯定优先选择高容量的策略来使得自己的绝对收益最大化，所以该策略会遭到淘汰。由于采用该策略的投资者变少，从而使得该策略的市场收益率变大，从而转变为高收益/低风险/低容量策略。

从图 19-8 中可以看出这几种不存在的策略之间的转化过程。随着投资者的涌入和撤出，最终留下的长期有效的策略只有三种。

1）低收益/低风险/高容量

这种策略属于类固定收益率策略，比如银行理财、货币基金、债券及各种对冲套利策略。目前国际上主流的对冲基金基本上以追求这种收益为主要特征。在美国证监会的分类中，称之为“相对价值策略”。

2）高收益/高风险/高容量

这种策略也是主流基金所采用的策略，即投机型策略，包括一级市场的天使投资、创投、风投，二级市场的各种单边投机策略。它们的高收益源于承担了高风险，这也是传统的资本资产定价模型（CPAM）中所揭示的原理。在美国证监会的分类中，称之为“宏观因素策略”。

3）高收益/低风险/低容量

这种策略主要利用市场的缺陷来盈利，各种制度套利都属于这种类型的策略。例如定向增发套利，参与股票的定向增发可以获得较大的折扣，然后同时对冲掉市场风险，即可获得较为稳定的高收益。但是这种策略的市场容量是有限的。在百万亿美元规模的金融市场，这只能是一个小众策略。在美国证监会的分类中，称之为“事件驱动策略”。

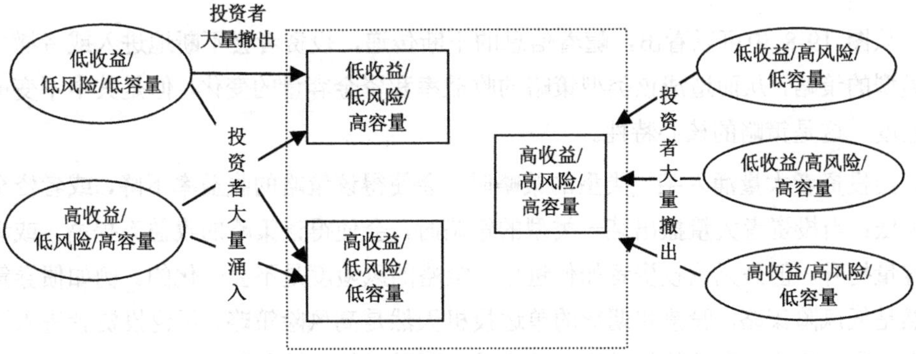

图 19-8　不同策略之间的转化

2. 高收益/低风险/低容量策略的经济学解释

传统的资本资产定价模型（CAPM）认为，市场上只有两种类型的策略：高风险/高收益和低风险/低收益，超额收益只是源于承担了更多的风险而已。但是笔者提出的策略组合模型中有一类高收益/低风险/低容量策略，那么其是否违背了经典的理论呢？下面就此进行经济学原理上的解释。

经典的资本资产定价模型有三个基本假设：（1）投资者都依据期望收益率评价证券组合的收益率水平，依据方差评价证券组合的风险水平；（2）投资者对证券的收益、风险及证券间的关联性具有完全相同的预期；（3）资本市场没有“摩擦”，“摩擦”是指市场对资本和信息自由流动的阻碍。因此，该假设意味着在分析问题的过程中，不考虑交易成本和对红利、股息及资本利得的征税，信息在市场中自由流动，任何证券的交易单位都是无限可分的，市场只有一个无风险利率，在借贷和卖空上没有任何限制。

其中第三个假设是对现实市场的一个近似，但是在实际的市场中，这个条件是不满足的。尤其是信息是不可能完全实现自由流动的，总是有少数人先得到信息，大多数人后知后觉。很多交易也是有门槛的，比如定向增发就对投资者的资质有要求。正是因为这些条件不可能满足，从而使得市场有了“缺陷”，这些缺陷就成为一种稳定获利的机会，这也就是“高收益/低风险/低容量”策略存在的原因。也就是说市场上存在“高收益/低风险/低容量”策略的本质在于“信息不对称”。

3. 策略的不变特性：风险度

从图 19-8 中可以看出，随着信息的不断传递，投资者会不断地进入或者撤出某种类型的策略，从而造成该类型策略的收益率和资金容量的变化，但是其中不变的是风险度，这是策略的核心特性。

当投资者大量涌入某一类型的策略时，会使得该策略的收益率下降，或者资金容量降低；当投资者大量撤出某一类型的策略时，会使得该策略的收益率提高，或者资金容量提升。但是无论投资者如何进出，策略的风险度是不会变化的。例如债券策略天然是低风险策略，股票和期货的单边投机天然是高风险策略，无论投资者进入还是撤出，这种策略的风险特性是不会改变的。所以对策略的各种优化方法，可以改变的是策略的预期收益率和资金容量，但是无法改变策略的风险特性。

因此，投资的核心在于控制风险。因为只有控制了风险，就可以利用杠杆放大策略的资金规模，并且获得更高的绝对收益。

19.2.3 策略的杠杆

CAPM 模型揭示了一个基本原理：风险与收益是对等的，风险越大，收益就越大。但是对此结论笔者有不同的看法。笔者认为准确的说法应该是：风险越大，收益率越大。但是绝对收益的大小并不仅仅与收益率有关，更重要的是和投入的本金有关，因为

绝对收益=本金×收益率

从上面这个简单的公式可以看出，绝对收益由本金和收益率两个指标决定，其中对最终绝对收益有重大影响的不是收益率，而是本金。本金规模的扩大要比收益率提高容易得多。从 20%的收益率提高到 30%是非常困难的，但是从 1 亿元的规模扩大到 10 亿元会容易得多。

那么，本金又与什么样的因素相关呢？很显然，本金的大小和风险是负相关的，风险越大的策略，可以投入的本金越小；而风险和收益率又是正相关的，因此可以知道，本金和收益率是负相关的。也就是说，收益率越大的策略，可投入的本金越小；收益率越小的策略，可投入的本金越大。

这也就是我们在日常市场中观察到的现象：债券市场的收益率低于股票市场，但是规模比股票市场大得多；股票市场的收益率大于期货市场，但是规模要大得多。因为投资者更愿意将主要的资金投资于低风险的策略或产品，而将少量的资金投资于高风险的策略或产品。

所以对于一个策略来说，最重要的是绝对收益，而不是收益率，那么本金的变化就成为最重要的影响因素。

低收益的策略由于风险较低，因此可以通过放大杠杆的方式扩大本金的规模，从而大大增加绝对收益。下面我们就来讨论策略的杠杆问题。

1. 策略的最大回撤

最大回撤是投资者，尤其是资产管理人需要密切关注的一个指标，因为最大回撤往往代表了投资人所能忍耐亏损的极限。很多基金产品都会有一条止损线，一旦突破

该止损线，将被强制清盘。所以纵然资产管理人对自己的策略多么有信心，认为在未来一段时间肯定会挽回亏损，但是短期的回撤一旦超过止损线，将会强制出局，再也没有挽回的余地。因此，从实战角度来说，最大回撤往往比收益率和夏普比率更加重要。

另外，最大回撤也决定了产品所能使用杠杆的比例。例如有一个策略，最大回撤是20%，那么理论上可以用20%的自由资金做保底，设计一个结构化产品，该产品亏损20%的时候先从自有资金中扣除，这样的产品就相当于获得了5倍的杠杆，放大了本金，从而获得更大的收益。

最大回撤主要有两种：一种是历史回溯后的最大回撤；另一种是对未来的预期最大回撤。历史最大回撤就是在某个时间段上收益率最低的那个数值；对未来的预期最大回撤就是在某个置信区间下，未来最大回撤的值是多少。

具体形式化定义如下：给定历史数据区间，D_1为起始日，D_n为终止日，D_i为D_1与D_n之间的第i日，P_1为起始日的组合市值，P_n为终止日的组合市值，P_i为第i日的组合市值，P_j为第j日的组合市值，则最大历史回撤Max-Recall为$(P_i-P_j)/P_j$中的最小值。计算伪代码如下：

```
For j=1 to n-1
    For i=j+1 to n
        Recall(i)=(Pi-Pj)/Pj                    // 第 i 日的收益率
    End
   Max-Recall(j)=min(Recall(i))                 //以 j 日为起始日的最大回撤
End
Max-Recall=min(Max-Recall(j))                   //最终的最大回撤
```

而对未来最大回撤的预计则可以借鉴VaR的思想。也就是说，在未来的N日中，在M%的置信区间下，最大期望回撤为Max-Recall-R。

这里有两种方法：一是直接根据Max-Recall(i)的数据来进行排序，计算出在M%置信区间下的Max-Recall-R；二是根据Max-Recall(i)的值拟合某个分布，然后根据分布来计算。

总而言之，在实战中最大回撤的计算是极为重要的，最大回撤涉及杠杆比例的大小，最终影响收益。

这里我们用M_R和M_Rr分别表示历史最大回撤和期望最大回撤，在后面的讨论中还会用到这个符号。

2. 绝对收益与杠杆

绝对收益=本金×收益率，对于最终的绝对收益而言，本金这个变量的影响是巨大的，远远超过了收益率的影响。做过期货投资的人都有经验，一般而言，期货是很难进行满仓操作的，因为一旦反向波动，就意味着出现穿仓现象，期货公司会强制平仓。出于稳健考虑，很多时候只能使用30%、40%的仓位进行交易，这样本金的利用率就会大大降低，纵然收益率很高，但是最终的绝对收益并没有想象的那么大。

下面就这个问题进行深入探讨。假定有一个策略，可以实现 R 的期望收益率（年），期望最大回撤为 M_Rr。令 P_1 表示无杠杠的收益，V_1 表示本金，则可以轻易得出

$$P_1=V_1\times R \tag{1}$$

就到此为止了吗？显然不是，可以以 V_1 作为保证金，构建一个保底的结构化产品，业绩提成为 K（年），则该结构化产品的理论最大杠杆倍数为 $1/M\_Rr$。也就是说，V_1 为本金，客户资金为 $V_2=(1/M\_Rr-1)\times V_1$，总资金规模为 $V_1+(1/M\_Rr-1)\times V_1=V_1\times(1/M\_Rr)$。

（1）当策略出现历史最大回撤 M_R 的时候，该结构化产品的亏损为 $V_1\times(1/M\_R)\times M\_R=V_1$，即刚好亏完本金，客户实现保本。

（2）当实现了 R 的期望收益率后，该策略的最终收益是多少呢？

令 P_2 为客户资金的收益，则

$$P_2=V_2\times R=(1/M\_Rr-1)\times V_1\times R$$

$$\text{业绩提成 } P_3=P_2\times K=(1/M\_Rr-1)\times V_1\times R\times K$$

$$\text{总收益}=P_1+P_3=V_1\times R+(1/M\_Rr-1)\times V_1\times R\times K \tag{2}$$

$$\text{则杠杆后收益率 } G\_R=\text{总收益}/\text{本金} = R+R\times K\times(1/M\_Rr-1) \tag{3}$$

从式（3）可以看出，该公式第一部分就是本金的收益率，第二部分是考虑杠杆后增加的收益率。考虑杠杆后的总收益与期望最大回撤 M_Rr 具有负相关的关系，即期望最大回撤越小，理论上可以放大的杠杆越大，使得最终的总收益率还是放大的。

例如，有两个策略 A 和 B，A 的期望收益率为 15%，最大回撤为 5%；B 的期望收益率为 30%，最大回撤为 20%，业绩提成为 20%，则可以计算出策略 A 和 B 的理论最大杠杆收益分别为：

$$G\_R\_A= 0.15+0.15\times(1/0.05-1)\times0.2=72\%$$

$$G\_R\_B=0.3+0.3\times(1/0.2-1)\times0.2=54\%$$

可以看出，策略 A 由于最大回撤小，获得了更大的杠杆倍数，从而获得了更高的理论杠杆收益率。所以最大回撤越小，杠杆收益率越大，再一次证明了策略稳定性的重要性。也就是说，绝对收益和风险是负相关的关系。传统的 CAPM 所说的“风险越小、收益越小”是不完备的，正确的说法应该是“风险越小，收益率越小，绝对收益越大”。

19.2.4 策略的资金容量

在实战交易中，对于策略有很多考量，如收益率、风险度，对于这些考量也有很多指标来衡量，收益率有绝对收益率、相对收益率、年化收益率、Alpha 收益率等，风险度指标也有贝塔系数、夏普比率等。

但是从绝对收益的角度来看，笔者认为一个实战策略最重要的考虑因素是该策略的资金容量。一个好的策略，不仅仅是在小资金的时候能获得高额收益，更重要的是当该策略面对大资金的时候，是否还可以保持收益率的稳定性。

收益=本金×收益率，所以最终的收益不仅取决于收益率，更取决于本金的大小。一个在 10 亿元资金可以获得 10%收益率的策略，显然要比在 1 亿元资金可以获得 30%收益率的策略更有价值，因为资金规模的限制决定了该策略可以复利的程度。

为了考虑资金规模的影响，笔者在夏普指数的基础上提出了一个新的指标：

$$\text{D-Ratio} = (R_p - R_f) / (\sigma \times (1 + e^{-c}))$$

其中，R_p为预期收益率，R_f为无风险收益率，σ为收益率标准差，c 为最大资金规模。c 的取值范围为 0～∞。当 c=0 的时候，$e^{-c}=1$；当 $c=\infty$的时候，$e^{-c}=0$。这说明最大资金规模越大，D-Ratio 的值越大。该指标可以判断大资金策略和小资金策略的区别。

例如有一个策略，1 亿元资金规模可以做到 30%的收益率，无风险利率为 5%，标准差为 10%。另外一个策略，5 亿元资金规模可以做到 15%的收益率，无风险利率为 5%，标准差为 5%。这两个策略的 D-Ratio 值分别为：

$$\text{D-Ratio1}=(0.3-0.05)/(0.1\times(1+e^{-1}))=1.83$$

$$\text{D-Ratio2}=(0.15-0.05)/(0.05\times(1+e^{-5}))=1.99$$

表 19-3 是这两个策略的收益率、夏普比率和 D-Ratio 值的比较。

表 19-3 不同策略的收益率、夏普比率、D-Ratio 值的比较

	策略 1	策略 2
收益率	30%	15%
夏普比率	2.5	2.0
D-Ratio	1.83	1.99

很明显，虽然第二个策略的收益率和夏普比率不如第一个策略，但是考虑了资金规模后，该策略的价值更大。

从 D-Ratio 的公式定义来看，其实就是在夏普比率的基础上考虑了资金规模后的一个分母项$(1+e^{-c})$，当 c 趋向 0 的时候，$e^{c}=1$，$1+e^{-c}=2$；当 c 趋向无穷的时候，$e^{-c}=0$，$1+e^{-c}=1$。可以看出，最大资金越小，D-Ratio 值越小；最大资金越大，D-Ratio 值越大。

那么，这里有另一个问题：怎么定义最大资金容量呢？这里给出一个简单的说法：让收益率趋近无风险收益率的那个资金值即为最大资金容量。数学上定义如下：

令 C_M 为最大资金容量，C 为策略的资金量，R 为策略的收益率，R_p 为无风险收益率，则

$$\lim_{C \to C\_M} R = R_p$$

19.2.5 策略的筛选

1. 策略的相关系数

在进行多策略组合的时候，首先需要考虑的是策略之间的相关系数。相关系数过大的策略，在面对同样的市场环境时，会出现近似的表现，从而带来较大的策略风险。因此，在进行策略组合之前需要将相关性过大的策略剔除。这里定义策略的相关系数为：令策略 x 的预期收益率为 $x_i(i=1,2,\cdots,n)$，策略 y 的预期收益率为 $y_i(i=1,2,\cdots,n)$，则 x_i 与 y_i 的相关系数即为策略 x 与策略 y 的相关系数。

$$\rho_{xy} = \frac{\Sigma_{i=1}^{n}(x_i - \overline{x})(y_i - \overline{y})}{\sqrt[2]{\Sigma_{i=1}^{n}(x_i - x)^2 \Sigma_{i=1}^{n}(y_i - y)^2}}$$

当 $\rho_{xy}=1$ 时，表示策略 x 和 y 完全正相关。

当 $\rho_{xy}=-1$ 时，表示策略 x 和 y 完全负相关。

当 $\rho_{xy}=0$ 时，表示策略 x 和 y 完全不相关。

在实际的交易中，我们希望策略之间最好不相关，也就是尽量进行 $\rho_{xy}=0$ 的策略之间的组合。

2. 筛选原则

策略的筛选有两个基本原则：

(1) 将与整体策略池负相关的策略剔除，因为这意味着该策略对整体的贡献为负。

(2) 两个负相关的策略，保留那个与整体策略池最独立的策略。

假定策略池中有 n 个策略$(s_1,s_2,s_3,\cdots,s_n)$，ρ_{ij} 为 s_i 与 s_j 的相关系数，则我们可以有这样一个策略池中不同策略之间的相关系数矩阵：

$$\rho=\begin{pmatrix} 1 & \cdots\rho_{1i}\cdots & \rho_{1n} \\ \vdots & & \vdots \\ \rho_{i1}\cdots & 1\cdots & \rho_{in} \\ \vdots & & \vdots \\ \rho_{n1} & \cdots\rho_{ni}\cdots & 1 \end{pmatrix}$$

从上式可以看出，这是一个对角线元素为 1 的对称阵，$\rho_{in}=\rho_{ni}$。其中第 i 行$(\rho_{i1},\rho_{i2},\cdots,\rho_{in})$表示策略 s_i 与策略池中所有策略（包括自己）的相关系数。

我们可以定义 $\rho'_i=\sum_{j=1}^{n}\rho_{ij}-1$ 表示策略 s_i 与策略池的相关系数（减 1 是因为要去除与自身的相关系数值），则可以得到策略与策略池的相关系数矩阵为

$$\rho'=\begin{pmatrix} \rho'_1 \\ \vdots \\ \rho'_i \\ \vdots \\ \rho'_n \end{pmatrix}$$

3. 筛选步骤

(1) 这样我们就可以进行策略剔除工作的第一步，即如果 $\rho'_i<0$，则将 s_i 从策略池中剔除。重复此过程，剔除所有与策略池负相关的策略后，假定还剩下 k 个策略$(s_1,s_i,\cdots,s_k),k\leqslant n$，其中 $\rho'_i>0$（i=1,…,k），则相关系数矩阵分别为

$$\rho=\begin{pmatrix}1 & \cdots\rho_{1i} & \cdots & \rho_{1k}\\ \vdots & & & \vdots\\ \rho_{i1}\cdots & 1\cdots & & \rho_{ik}\\ \vdots & & & \vdots\\ \rho_{k1} & \cdots\rho_{ki}\cdots & & 1\end{pmatrix},\quad \rho'=\begin{pmatrix}\rho'_1\\ \vdots\\ \rho'_i\\ \vdots\\ \rho'_k\end{pmatrix}$$

（2）这时候就可以进行第二步的筛选，即如果相关系数矩阵中有两个策略 s_i,s_j，其中 $\rho_{ij}<0$（意味着 s_i 与 s_j 负相关，则二者只能选其一），如果 $0<\rho'_i<\rho'_j$，则将 s_j 剔除（因为 ρ'_i 更接近 0，则表示 s_i 与策略池的关系更独立）。

经过这两步筛选后，剩下的 m 个策略就是剔除负相关的策略后剩下的有效策略，$m\leqslant k\leqslant n$，相关系数矩阵分别为

$$\rho=\begin{pmatrix}1 & \cdots\rho_{1i} & \cdots & \rho_{1m}\\ \vdots & & & \vdots\\ \rho_{i1}\cdots & 1\cdots & & \rho_{im}\\ \vdots & & & \vdots\\ \rho_{m1} & \cdots\rho_{mi}\cdots & & 1\end{pmatrix},\quad \rho'=\begin{pmatrix}\rho'_1\\ \vdots\\ \rho'_i\\ \vdots\\ \rho'_m\end{pmatrix}$$

4．案例

下面我们来看一个案例。假定策略池中有 5 个策略(s_1,s_2,s_3,s_4,s_5)，策略池的相关系数矩阵为

$$\rho=\begin{pmatrix}1 & 0.2 & -0.1 & 0.2 & 0.1\\ 0.2 & 1 & 0.1 & 0.3 & -0.8\\ -0.1 & 0.1 & 1 & 0.7 & 0.8\\ 0.2 & 0.3 & 0.7 & 1 & 0.5\\ 0.1 & -0.8 & 0.8 & 0.5 & 1\end{pmatrix}$$

计算出

$$\rho'=\begin{pmatrix}0.4\\ -0.2\\ 1.5\\ 1.7\\ 0.6\end{pmatrix}$$

第一步，剔除与整个策略池负相关的策略。可以看出策略 s_2 与整个策略池的相关系数为–0.2，则将 s_2 从策略池中剔除，留下的策略池为(s_1,s_3,s_4,s_5)，对应的相关系数矩阵分别为

$$\rho=\begin{pmatrix}1 & -0.1 & 0.2 & 0.1\\ -0.1 & 1 & 0.7 & 0.8\\ 0.2 & 0.7 & 1 & 0.5\\ 0.1 & 0.8 & 0.5 & 1\end{pmatrix}$$

$$\rho'=\begin{pmatrix}0.2\\ 1.4\\ 1.4\\ 1.4\end{pmatrix}$$

第二步，我们发现 s_1 和 s_3 的相关系数为−0.1，这意味着这两个策略是负相关的，则考虑二者相对策略池的相关系数，$\rho'_1=0.2$，$\rho'_3=1.4$，也就是说 s_1 与整个策略池的关系更加独立，则保留 s_1，将 s_3 从策略池中剔除。那么留下的策略池中就只有(s_1,s_4,s_5)三个策略，对应的相关系数矩阵分别为

$$\rho=\begin{pmatrix}1 & 0.2 & 0.1\\ 0.2 & 1 & 0.5\\ 0.1 & 0.5 & 1\end{pmatrix}$$

$$\rho'=\begin{pmatrix}0.3\\ 0.7\\ 0.6\end{pmatrix}$$

这样我们就完成了策略的筛选步骤，这个结果在 19.2.7 节中还要用到。

19.2.6 策略的组合

经过前面的筛选后，假定有 m 个策略组合 $S=(s_1,s_2,s_3,\cdots,s_m)$，资金以 $r_1,r_2,r_3,\cdots,r_m$ 权重分配到 $s_1,s_2,s_3,\cdots,s_m$ 上去，其中 $r_i\geq 0$，$\sum_{i=1}^{m} r_i=1$。

做空操作包含在策略中，所以权重就不存在为负的情况，这和马科维茨的证券组合理论中的情况有些不一致，读者需要注意。

令策略 s_i 的收益率为 x_i，则策略组合 S 的收益率为

$$R_S=\sum_{i=1}^{m}x_i r_i$$

策略方差为

$$\sigma_p^2=\sum_{i=1}^{m}\sum_{j=1}^{m}x_i x_j \operatorname{cov}(x_i,x_j)=\sum_{i=1}^{m}\sum_{j=1}^{m}x_i x_j \sigma_i \sigma_j \rho_{ij}$$

x_i,x_j 分别为策略 s_i 与 s_j 的收益率，ρ_{ij} 为 s_i 与 s_j 的相关系数。

策略的最大资金容量为

$$C_p=\sum_{i=1}^{m}c_i r_i$$

其中，c_i 是策略 s_i 的最大资金容量。

这样，根据单个策略的收益率、方差和最大资金容量，就可以得出组合策略的收益率、方差和最大容量，从而也就可以计算出夏普比率和 D-Ratio 等评价指标。

19.2.7 策略的资金分配

在不同策略之间进行资金分配的关键在于确定权重 $r_1,r_2,\cdots,r_m$，资金在不同策略之间的分配就是一个原则：与策略池独立性越高的策略要给予更大的权重。

在目前的相关系数中，1 代表完全相关，0 表示完全独立，因为我们更希望给予相关系数为 0 的策略更大的权重，所以这里需要对相关系数矩阵进行一些改造。定义绝对相关系数矩阵为

$$\rho^t=\begin{pmatrix}\rho^t{}_{11} & \cdots\rho^t{}_{1i} & \cdots & \rho^t{}_{1m}\\ \vdots & & & \vdots\\ \rho^t{}_{i1} & \cdots\rho^t{}_{ii}\cdots & & \rho^t{}_{im}\\ \vdots & & & \vdots\\ \rho^t{}_{m1} & \cdots\rho^t{}_{mi}\cdots & & \rho^t{}_{mm}\end{pmatrix}=|\rho-1|=\begin{pmatrix}0 & \cdots|\rho_{1i}-1| & \cdots & |\rho_{1m}-1|\\ \vdots & & & \vdots\\ |\rho_{i1}-1| & \cdots0\cdots & & |\rho_{im}-1|\\ \vdots & & & \vdots\\ |\rho_{m1}-1| & \cdots|\rho_{mi}-1|\cdots & & 0\end{pmatrix}$$

这样就将(0,1)的相关系数 ρ 转换为(1,0)之间的绝对相关系数 ρ^t 了。

例如，如果 $\rho_{ij}=1$，则 $\rho^t{}_{ij}=|1-1|=0$；如果 $\rho_{ij}=0$，则 $\rho^t{}_{ij}=|0-1|=1$；如果 $\rho_{ij}=0.3$，则 $\rho^t{}_{ij}=|0.3-1|=0.7$。

这样，越是独立的策略，将获得更大的 $\rho^t{}_{ij}$ 值，这就为下面的权重计算奠定了基础。

我们可以定义 $\rho^{t\prime}_{i}=\sum_{j=1}^{m}\rho^{t}_{ij}$ 表示策略 s_i 与策略池的绝对相关系数，则可以得到策略与策略池的绝对相关系数矩阵为

$$\rho^{t\prime}=\begin{pmatrix}\rho^{t\prime}_{1}\\ \vdots\\ \rho^{t\prime}_{i}\\ \vdots\\ \rho^{t\prime}_{m}\end{pmatrix}$$

则可以定义权重 $r_i=\dfrac{\rho^{t\prime}_{i}}{\sum_{i=1}^{m}\rho^{t\prime}_{i}}$，这样就可以获得资金在不同策略之间的最佳分配比例。

1. 案例

我们再以 19.2.5 节中的例子继续，该策略池共有 3 个策略(s_1,s_4,s_5)，对应的相关系数矩阵分别为

$$\rho=\begin{pmatrix}1 & 0.2 & 0.1\\ 0.2 & 1 & 0.5\\ 0.1 & 0.5 & 1\end{pmatrix}\qquad \rho'=\begin{pmatrix}0.3\\ 0.7\\ 0.6\end{pmatrix}$$

则计算出策略之间的绝对相关系数矩阵为

$$\rho^{t}=|\rho-1|=\begin{pmatrix}0 & 0.8 & 0.9\\ 0.8 & 0 & 0.5\\ 0.9 & 0.5 & 0\end{pmatrix}$$

策略与策略池的绝对相关系数矩阵为

$$\rho^{t\prime}=\begin{pmatrix}1.7\\ 1.3\\ 1.4\end{pmatrix}$$

根据权重公式 $r_i=\dfrac{\rho^{t\prime}_{i}}{\sum_{i=1}^{m}\rho^{t\prime}_{i}}$，我们可以得出策略 s_1 的权重为 1.7/(1.7+1.3+1.4)=38.6%。按此计算得出策略池的权重分别为(38.6%,29.5%,31.9%)，这就是最终的资金

分配比例。从结果可以看出，策略 s_1 与策略池的相关系数最小，也就是最独立，从而获得最大的资金权重。

这样我们就完成了策略组合模型的主要工作，包括策略定义、策略类型、策略杠杆、策略资金容量、策略筛选、策略组合和策略的资金分配。

2. 小结

SCM 模型是笔者多年投资生涯中的经验性的总结。总的来说，SCM 模型从另一个角度探讨了资产管理的问题，并且得出了和 CAPM 模型不一样的结论。

（1）证明了一个道理，即“主动管理是可行的”，因为市场上确实存在一种“低风险/高收益”的策略，虽然它的资金容量不大。传统的 CAMP 和有效市场假说都认为无法通过主动管理来战胜市场，但是笔者认为，这个结论只适合大多数的普通投资者，由于信息不对称的原因，有一些优秀的策略确实是可以战胜市场的，当然这种策略所能占据的市场规模是较小的。

（2）阐述了“赚大钱靠杠杆”的道理。文中通过一个公式证明了策略的最大回撤越小，所能放大的理论杠杆就越大，杠杆后的收益率也就越大。同时说明了传统的 CAPM 模型中“风险越小，收益越小”的说法是不完备的，正确的说法应该是“风险越小，收益率越小，绝对收益越大”。

（3）阐述了“应该积极、主动地控制风险，而不是将风险选择权交给投资者”的道理。根据 CAPM 模型和有效市场假说，过去的资本管理行业，被动投资大行其道，这其实就是管理人主动交出风险控制权，由投资者根据自己的偏好自行选择相关的被动管理产品。例如风险偏好低的，可以选择大盘指数 ETF；风险偏好高的，可以选择小盘指数 ETF。但是无论选择哪种，风险选择权都在投资者手里。笔者认为，作为一个积极的管理人，应该主动控制风险，并且通过对风险的严格控制，放大杠杆来获得更高的绝对收益。

第 20 章 定价理论

◆ 摘要 ◆

定价问题需要解决的是资产的合理价格问题，如果市场价格低估则对资产进行买入，如果高估则进行做空操作，等市场回归合理价格从而获得收益。目前主流的定价理论包括：资本资产定价模型，其基本思想就是资产的收益与其所承担的风险正相关；套利定价理论，阐述了同一个资产应该在不同的市场具有相同的价格，否则套利资金将抹平这种不均衡；期权定价中有较大影响力的是 Black-Scholes 模型和二叉树模型，这两个模型给整个金融衍生品市场的发展带来了决定性的影响；对于传统的股票投资者而言，需要的是对股票内在价值的判断，这就是各种股票、基金定价模型的价值所在。

20.1 资本资产定价模型

20.1.1 CAPM 模型的理论渊源

20 世纪 60 年代初期，金融经济学家开始研究马科维茨的模型是如何影响证券估值的，从而导致了资本资产定价模型（Capital Asset Price Model，CAPM）的产生。现代资本资产定价模型是由夏普（William Sharpe，1964 年）、林特纳（Jone Lintner，1965 年）和莫辛（Mossin，1966 年）根据马科维茨最优资产组合选择的思想分别提出来的，因此资本资产定价模型也称为 SLM 模型。

由于资本资产定价模型在资产组合管理中具有重要的作用，从其创立的 20 世纪 60 年代中期起，就迅速为实业界所接受并转化为实用，也成了学术界研究的焦点和热点问题。

20.1.2 CAPM 模型理论内容

资本资产定价模型对资本资产的定价问题从理论上给出了一个十分完美的解答，以一个简洁的方程描述了单个资产收益与市场收益之间的关系。这一模型是建立在一些严格条件之上的，尽管有些假设与现实不符，但还是抓住了一些主要因素，对实际问题在一定程度上给出了有力的说明，具有一定的指导作用。

资本资产定价模型考虑的是一个单一期限的情形，投资者在期初进行投资，在期末卖出资产，期间不考虑消费问题，同样假设市场上存在 N 个风险资产和 1 个无风险资产，同时假设：

（1）所有资产均为责任有限的，即对任何资产，其期末价值总是大于或等于零。

（2）市场是完备的，即不存在交易成本和税收，而且所有资产均为无限可分割的。

（3）市场上有足够多的投资者，使得他们可以按市场价格买卖他们想买卖的任何数量的任何可交易资产。

（4）资本市场上的借贷利率相等，且对所有投资者都相同。

（5）所有投资者均为风险厌恶者，同时具有不满足性，即对于任何投资者来说，财富越多越好。

（6）所有投资者都追求期末财富的期望效用最大化。

（7）所有投资者均可免费获得信息，市场上的信息是公开的、完备的。

（8）所有投资者对未来具有一致性的预期，都正确地认识到所有资产的收益服从联合的正态分布。

（9）对于任何风险资产，投资者对其评价有两个主要指标，即风险资产收益率的预期和方差，预期代表收益，方差（或标准差）代表风险。

前 4 个假设是对资本市场的一种理想化假定，概括起来，其实质是认为一个理想的市场应该是完备的、无摩擦的，从而对资源的配置是有效的。当然，这种理想的市场在现实中是不存在的，但是我们可以对这些条件进行放松，并发现放松后对原来的结果影响不是根本的，也就是说，这些理想的假设抓住了主要矛盾，结果也就十分有意义。同时，随着科学技术尤其是信息技术的发展，现实中的资本市场也正一步一步地向这一理想市场靠近。

假设（5）、（6）、（8）、（9）是关于投资者的假设。风险厌恶的假设是有代表性的，当然我们并不否认存在风险偏好的投资者；同时，这些假设还对投资者的选择标准给出了说明。而假设（7）则是关于市场有效性的假设。

在满足了上述假设之后，CAPM 模型可以表示为

$$E(R)=R_f+[E(R_m)-R_f]\times\beta$$

其中，$E(R)$为股票或投资组合的期望收益率；R_f 为无风险收益率，投资者能以这个利率进行无风险的借贷；$E(R_m)$为市场组合的收益率；β是股票或投资组合的系统风险测度。

从模型中我们可以看出，资产或投资组合的期望收益率取决于三个因素：（1）无风险收益率 R_f，一般将一年期国债利率或者银行三个月定期存款利率作为无风险利率，投资者可以以这个利率进行无风险借贷；（2）风险价格，即$[E(R_m)-R_f]$，是风险收益与风险的比值，也是市场组合收益率与无风险利率之差；（3）风险系数β，是度量资产或投资组合的系统风险大小尺度的指标，是风险资产的收益率和市场组合收益率的协方差与市场组合收益率的方差之比，故市场组合的风险系数β=1。

20.1.3 资本市场线与证券市场线

资本市场线（CML）和证券市场线（SML）是 CAPM 模型的两个主要结论，CML 是投资组合理论的直接延伸。

1. 资本市场线

资本市场线描述的是均衡的资本市场上任一投资组合的预期收益率与其风险之间的关系。当市场处于均衡状态时，市场组合 M 就是切点投资组合，代表所有投资者对风险资产的投资方式。所有投资者在进行最优投资选择时都是将其资金在无风险资产与 M 之间进行分配的，无风险资产 r_f 与 M 的连线也就是有效集，这条直线形状的有效集就是资本市场线，如图 20-1 所示。

这条直线描述了当市场处于均衡状态时，有效证券投资组合的预期收益率和风险之间的关系。它表明证券投资组合的收益与风险呈线性关系，风险越高，所带来的预期收益率越高；风险越低，所带来的预期收益率越低。

根据图 20-1 可以求出 CML 方程。图中 m 点的坐标为$(\sigma_m,E(r_m))$，A 点的坐标为$(0,r_f)$，则可求出两点间的直线方程，即标准的 CML 直线方程为

$$E(r_p)=r_f+\frac{E(r_m)-r_f}{\sigma_m}\sigma_p$$

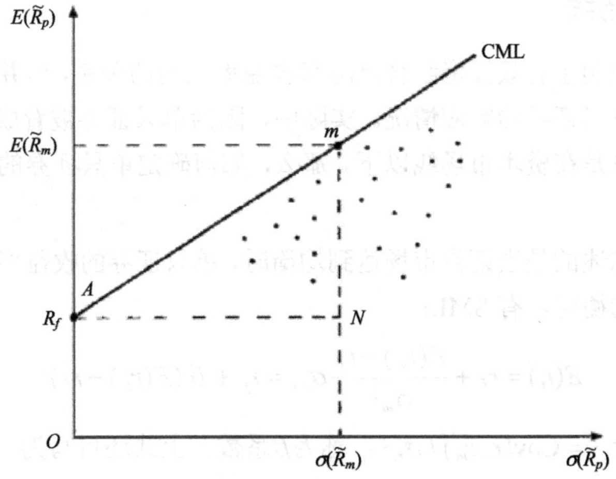

图 20-1 资本市场线

式中，斜率 $\frac{E(r_m)-r_f}{\sigma_m}$ 表示的是风险的价格，衡量的是增加单位风险需增加的预期收益率，或称为承担单位风险所要求的收益率；$E(r_m)-r_f$ 则表示投资组合的超额收益。

资本市场线实际上给出了风险资产或投资组合风险与收益之间的关系，提供了衡量有效投资组合的方法。在引入无风险资产后，有效投资组合就是分布在资本市场线上的点，这条直线就代表了有效边界。这一结论还表明，有效投资组合的风险与收益之间是一种线性关系。

假定无风险利率为 4%，市场组合为(12%,19%,69%)，包括三种证券 A、B、C，它们的预期收益率和协方差矩阵为 $\begin{bmatrix}16.2\%\\24.6\%\\22.8\%\end{bmatrix}$ 和 $\begin{bmatrix}0.0146 & 0.0187 & 0.0145\\0.0187 & 0.0854 & 0.0104\\0.0145 & 0.0104 & 0.0289\end{bmatrix}$。

协方差矩阵对角线依次为三只证券的方差，其他位置列出的是协方差，由上可知：

$$\mathrm{Cov}(r_A,r_B)=0.0187\,,\ \mathrm{Cov}(r_A,r_C)=0.0145\,,\ \mathrm{Cov}(r_B,r_C)=0.0104$$

可求得 $E(r_m)=22.4\%$，$\sigma_m=15.01\%$，则 $\frac{E(r_m)-r_f}{\sigma_m}=1.226$。则 CML 方程为 $E(r_p)=4\%+1.226\sigma_p$。

2. 证券市场线

资本市场线说明了有效投资组合风险和收益率之间的关系，但并没有说明对于非有效投资组合及单只证券的响应情况。实际中，因为单只证券被看成是非有效的，因而单只风险证券总是在资本市场线以下。那么，如何确定单只证券的收益率和标准差之间的均衡关系？

证券市场线描述的是当证券市场达到均衡时，单只证券的收益率与风险之间的关系。当市场达到均衡时，有 SML：

$$E(r_i)=r_f+\frac{E(r_m)-r_f}{\sigma_m{}^2}\sigma_{im}=r_f+\beta_i(E(r_m)-r_f)$$

其中，$\beta_i=\sigma_{im}/\sigma_m{}^2=\text{Cov}(r_i,r_m)/\sigma_m{}^2$，称为$\beta$系数。上式还可写为

$$E(r_i)-r_f=\beta_i(E(r_m)-r_f)$$

这个式子表明，证券 i 的超额收益 $E(r_i)-r_f$ 与其β系数成正比，如图 20-2 右图中的直线即为 SML。这条直线由无风险资产的收益率和市场组合的预期收益率共同决定。当市场处于均衡状态时，所有证券和投资组合，不管是有效的还是无效的，全部落在证券市场线上。

3. CML 与 SML 的关系

资本市场线和证券市场线是 CAPM 的重要结论，从不同侧面描述了风险资产的收益率与其风险之间的关系，如图 20-2 所示。

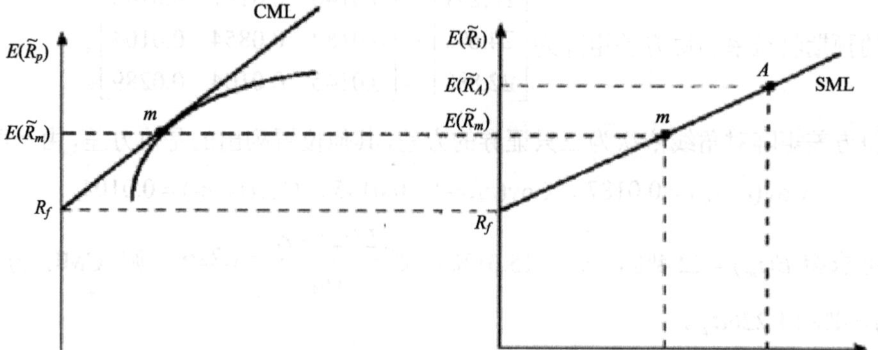

图 20-2　资本市场线与证券市场线之间的关系

CML 描述的是有效投资组合所满足的关系，给出的是投资组合的预期收益率与其标准差之间的线性关系，单个资产总是在 CML 的右边。

SML 描述的是均衡状态下单只证券所满足的关系，给出的是单只证券的预期收益率与β系数之间的关系，β系数反映的是该资产对资产组合方差的影响程度或贡献度。在均衡市场上，所有证券都落在证券市场线上。

证券市场线实际上是资本市场线的一个特例。当单个资产或资产组合有效率时，该项资产与市场组合 M 的相关系数为 1，此时的证券市场线和资本市场线是相同的。因为

$$r_p = r_f + \frac{r_m - r_f}{{\sigma_m}^2}\sigma_{pm} = r_f + (r_m - r_f)\frac{\rho_{pm}\sigma_p\sigma_m}{{\sigma_m}^2}$$

$$= r_f + (r_m - r_f)\frac{\rho_{pm}\sigma_p}{\sigma_m} = r_f + (r_m - r_f)\frac{\sigma_p}{\sigma_m}$$

而该公式即为资本市场线。

4．特征线

只考虑一种证券的投资组合，将证券市场线稍作变形，就可以得到特征线方程：

$$E(r_i) - r_f = \beta_i(E(r_m) - r_f)$$

等式左边为单只证券的超额收益率，右边为市场组合的超额收益率与β值的乘积。如果单只证券收益与市场组合收益之间的关系依赖于过去的经验，那么超额收益可以依据历史数据计算得出，也可以用来估计证券未来的收益。

计算出单只证券和市场组合的超额收益率后，以横轴表示市场组合的超额收益率，纵轴表示单只证券的超额收益率，将其描出点来。根据散点图作出的回归曲线就是特征线。散点对特征线的偏离是该证券的非系统风险，是特定公司所特有的，通过投资组合可以降低非系统风险。由图 20-3 可见，特征线的斜率为正，市场组合的超额收益率越大，单只证券的超额收益率也就越大。

根据散点图作出的特征线可能有截距项，因为现实的资本市场并不总是在有效的均衡点上运作的。特征线在纵轴上的截距就是 α 值，表示市场组合预期超额收益率为 0 时，单只证券的预期超额收益率：α<0 表示单只证券的预期收益率小于无风险收益率，理性的投资者将不会投资于该证券，证券的价格会下降，收益率会提高，特征线平行上移至 α=0；α>0 则有相反的过程发生。

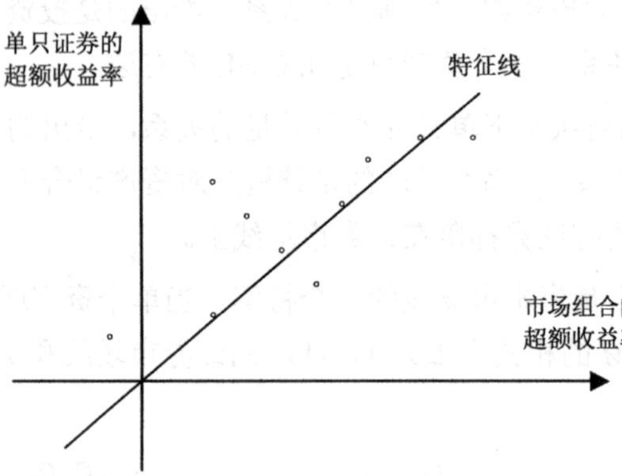

图 20-3 单只证券与市场组合超额收益率之间的关系

特征线的斜率就是β值。β值在证券市场线方程中反映的是单只证券对于整个市场组合的风险程度，在特征线上反映的是证券的超额收益率对市场证券组合的超额收益率变动的敏感程度。如果β=1，则表示证券的超额收益率同市场组合超额收益率的变动相同，也就是说该证券具有与整个市场相同的系统风险；如果β>1，则单只证券的系统风险要大于整个市场的系统风险；如果β<1，则该证券的系统风险小于整个市场的系统风险。

20.1.4 CAPM 模型的应用

CAPM 模型分析了风险资产的收益率与其对应的风险之间的关系，它指出：所有有效的风险资产或投资组合必定位于 CML 线上；在市场均衡条件下，所有证券或投资组合必定位于 SML 线上。利用这些结论，可以判断一种证券的价值是否被高估或低估，还可以用来作为资产定价的基准。

1. 证券价值的高估与低估

利用资本资产定价模型可以判断证券的相对吸引力。高风险的股票具有较高的收益率，低风险的股票具有较低的收益率，但难以判断其收益率与风险是否成比例。

如图 20-4 所示，可以根据证券市场线来判断证券价值的高估与低估。证券 A、B、C 位于 SML 直线上方，证券 H、I、J 位于 SML 直线下方，证券 D、E、F 位于 SML 直线上。其中证券 A、D、H 的β系数为 0.5，证券 B、E、I 的β系数为 1，证券 C、F、J 的β系数为 1.5，分别代表 3 种风险级别：高风险、低风险和平均风险。证券 A、B、

C 位于 SML 直线上方，对于相同的风险，其收益率高于相应的证券 D、E、F 和 H、I、J，因而具有更强的吸引力，其价值均被低估；而证券 H、I、J 位于 SML 直线下方，其收益率低于相应风险所对应的收益率，其现期价格被高估，相对缺乏吸引力；而证券 D、E、F 位于 SML 直线上，收益率为平均水平，既未被高估，也未被低估。

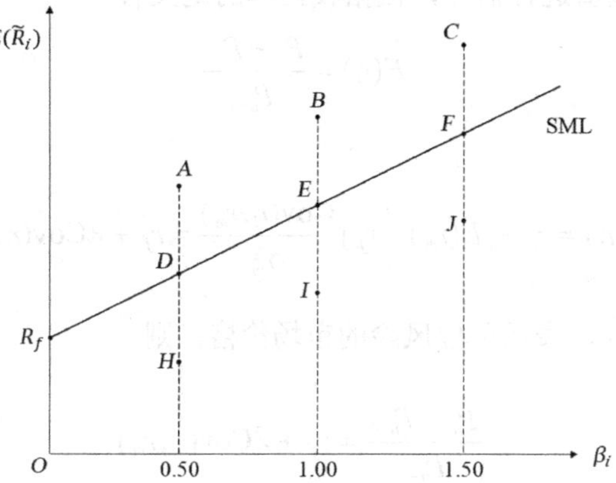

图 20-4 证券价值的高估与低估

在现实的证券市场上，由于存在交易成本及税收等影响因素，证券一般不会恰好落在 SML 直线上，因此现实中的 CAPM 可能不再是一条直线，而是一条带状的区域，这条带的宽度随市场的不完全性的程度不同而不同，如图 20-5 所示。

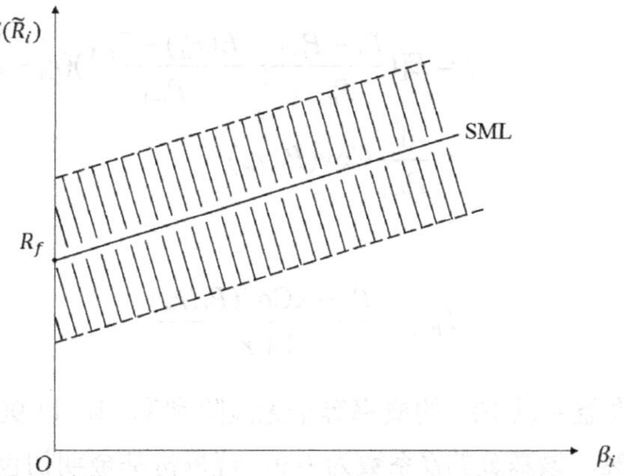

图 20-5 现实中的证券市场带

2. 利用 CAPM 来对单期资产定价

CAPM 描述了有效投资组合的收益率与风险之间的线性关系，以及单个资产的收益率与风险之间的关系，可用来作为风险资产定价的基准。

假设证券 i 的期初和期末价格分别为 P_{it-1} 和 P_{it}，P_{it} 是随机变量，在期初无法确切知道，只能对其期望值进行估计，根据收益率的定义有

$$E(r_i)=\frac{P_{it}-P_{it-1}}{P_{it-1}}$$

根据 CAPM 有

$$E(r_i)=r_f+[E(r_m)-r_f]\frac{\mathrm{Cov}(r_i,r_m)}{\sigma_m^2}=r_f+\lambda\mathrm{Cov}(r_i,r_m)$$

其中，$\lambda=\dfrac{E(r_m)-r_f}{\sigma_m^2}$，表示单位风险的市场价格，则

$$\frac{P_{it}-P_{it-1}}{P_{it-1}}=r_f+\lambda\mathrm{Cov}(r_i,r_m)$$

则

$$P_{it-1}=\frac{P_{it}}{1+r_f+\lambda\mathrm{Cov}(r_i,r_m)}$$

更进一步，有

$$\begin{aligned}\mathrm{Cov}(r_i,r_m)&=\mathrm{Cov}(\frac{P_{it}-P_{it-1}}{P_{it-1}},r_m)\\&=E[(\frac{P_{it}-P_{it-1}}{P_{it-1}}-\frac{E(P_{it})-P_{it-1}}{P_{it-1}})(r_m-E(r_m))]\\&=\frac{1}{P_{it-1}}\mathrm{Cov}(P_{it},r_m)\end{aligned}$$

化简可得

$$P_{it-1}=\frac{P_{it}-\lambda\mathrm{Cov}(P_{it},r_m)}{1+r_f}$$

假定某基金的收益率以 10%的概率等于无风险利率 7%，以 90%的概率等于市场组合的预期收益率 15%，该基金的β系数为 0.9，若每份基金期初包含的资产价值为 100 元，则基金期末价格的期望值为 114.20 元，而 $\lambda\mathrm{Cov}(P_{it},r_m)=\beta_i[E(r_m)-r_f]=0.072$，则

$$P_{it-1}=\frac{P_{it}}{1+r_f+\lambda\text{Cov}(r_i,r_m)}=\frac{114.2}{1.07+0.90\times0.072}=100$$

即该基金的现期价格等于其现期价值。

3. β系数的应用

β系数被作为度量某种投资风险的指标，表示证券或证券组合的收益率随市场收益率变动而变动的程度。证券或证券组合的β系数越大，系统性风险越大。在证券投资管理中，β系数被广泛应用于证券分析和投资决策中。其应用主要表现在以下几个方面。

（1）证券类型的划分。根据β系数的大小可将证券或证券组合分为以下几种：$\beta>0$时，证券或证券组合的收益率与市场组合同方向运动，$\beta<0$时则反方向运动；$\beta<1$时为防御型证券或策略组合，证券或证券组合的收益率比市场组合收益率的波动水平低，如公用事业、食品工业的股票等；$\beta=1$为中性投资策略，证券或证券组合的收益率与市场组合收益率的波动完全同步；$1<\beta<1.5$时，证券或证券组合的收益率比市场组合收益率的波动水平高，这是一种激进型或攻击型的证券或资产组合，如高科技行业等；$\beta>1.5$时，证券或证券组合的收益率比市场组合收益率的波动水平高很多，这是高风险的投资策略选择，如高科技行业、网络行业、传媒行业等。

（2）测度风险报酬与证券估值。β系数测度的是能够带来收益补偿的系统风险，这部分风险不能通过投资组合进行消除。β系数越大，这一证券或证券组合要求的风险报酬就越高。如果证券收益超过风险报酬，则这一证券或证券组合被市场高估；反之则被市场低估。例如，在证券市场线上，如果A、B两项资产的β系数相同，即风险相同，但A的预期收益率比B高，则投资者愿意买入A而卖出B，这样A的价格上升，B的价格下降，直到恢复均衡。可见，位于证券市场线上方的证券被低估了，因为在给定系统性风险水平的条件下，可以提供更高的预期收益率，而位于证券市场线下方的证券价值则被高估。

（3）作为证券投资组合的重要参数。在进行投资组合选择时，如果根据马科维茨的投资组合理论，直接以协方差进行计算，计算量大而复杂；如果用β系数来替代，则能大大简化计算过程，因而β系数的应用更为广泛，成为投资组合决策的重要参数。

（4）衡量证券投资组合的特性。不同的证券投资基金由于风险收益偏好不同，因而构造了不同投资风格的证券组合，如激进型、稳健型等。不同投资风格的基金，证券组合的β系数差异很大，这为投资策略选择和策略调整提供了依据。因此，中小投资者可根据自身风险承受程度选择不同风格和风险水平的基金，而基金经理可根据投资组合的β系数调整组合结构。

（5）根据市场走势，选择不同β系数的证券或证券组合可获得超额收益。由于β系数是证券或证券组合与市场组合的敏感性指标，这样投资者可根据不同的市场走势，选择不同β系数的证券或证券组合。具体而言，在牛市中，投资者选择高β系数的证券，从而成倍放大市场收益率，取得高额收益；而在熊市中，则选择低β系数（甚至负β系数）的证券，从而抵御市场下跌风险。这样投资者可选择比市场组合更好的证券或组合，从而达到战胜市场的效果。

20.1.5 传统 CAPM 模型的扩展

CAPM 是现代金融学理论的重要里程碑，在现代投资理论与实践中占有非常重要的位置。但 CAPM 是建立在严格条件下的，至少存在以下几方面的缺陷：（1）前提条件过于严格，模型的实用性存在较大局限；（2）单期静态分析，缺乏从跨期动态均衡的角度考虑资产定价；（3）缺乏对金融市场微观结构诸要素的分析；（4）缺乏从投资者行为角度分析投资者心理与情绪对资产定价的影响。基于 CAPM 模型的上述缺陷，该理论对市场的解释能力及对投资者的指导作用必然存在较大的局限性，遭到学术界的不断质疑。为弥补传统 CAPM 的不足，许多经济学家放宽了 CAPM 严格限定的前提条件，对传统 CAPM 模型进行拓展，以便找到更真实反映现实经济的资本资产定价模型。

1. 零β系数模型

布莱克（1972）提出了一种不需要无风险资产的定价模型。在可行的资产组合中，存在几种资产组合，其收益率与市场组合完全不相关，即这些资产组合与市场组合的β系数为零。从这些零β系数的资产组合中，选择一个方差最小的资产组合，尽管这个组合没有任何系统风险，但仍存在非系统模型，这种零β系数的资产组合并不影响 CML，但会对 SML 的构造产生影响。此时，截距表示零β系数资产组合的预期收益率，零β系数组合与市场组合 M 结合形成新的市场组合，其风险收益关系也呈线性特征。

$$E(r_i) = E(r_z) + \beta_i[E(r_m) - E(r_z)]$$

2. 考虑交易成本的资产定价

传统的 CAPM 是在不考虑税收的条件下推导出来的，即投资者不考虑对不同形式收益的税收影响，所有投资者持有相同的风险资产组合——市场组合。然而现实经济中的税收情况并非如此，不同投资者适用不同的税种和税率，不同资产交易的所得税也有所不同，并且为鼓励证券投资，政府对资本利得的征税一般低于对股票红利的征税。尽管投资者的资产组合的税前期望收益率相同，但税收会导致投资者持有的税后实际投资收益率不同，相应地，风险资产的均衡价格将与不考虑税收的情况有所差别。为此，布伦南（1970）第一个研究了考虑资本利得与红利税负不同时的资本资产定价模型。考虑到税负不同的条件，任意资产的收益率可表示为

$$r_i = r_f(1-T) + [\bar{r}_m - r_i - T(D_m - r_i)]\beta_i + TD_i$$

$$T = (T_d - T_g)/(1-T_{gi})$$

其中，D_m、D_i 分别表示市场组合和资产 i 的红利收益率，T_d、T_g 分别表示证券市场资本利得税和红利税。

在上述模型中，如果红利税税率等于资本利得税税率，税负调整系数 T 为 0，那么这个模型就演变为简单形式的资本资产定价模型。如果税率是有差别的，则预期收益率就像简单形式的资本资产定价模型一样，线性地依赖于 β 系数。当对红利征税的平均税率高于资本利得税税率时，税负调整系数 T 为正，预期的税前收益率是红利收益率的增函数，相应地，红利与资本利得的税率差别越大，预期收益率就越高。

3. 基于多期的资本资产定价模型（ICAPM）

针对资本资产定价模型是单期的、静态的特征，以默顿（1973）为代表的经济学家提出了多期的资本资产定价模型。他们的研究表明，在投资者最大限度地扩大其一生的消费期望效用时，经典的单期资本资产定价就可以扩充为时际模型。在该模型中，由于投资者效用是多阶段条件下的最大化求解，除了资产投资收益，还要考虑收入、消费支出、利率等约束变量，通过构建多阶段的动态规划模型进行均衡求解，以此得出类似证券市场线的结果。

$$\bar{r}_i = r_f + \beta_{im}(\bar{r}_m - r_f) + \beta_{i1}(\bar{r}_{i1} - r_f) + \beta_{i2}(\bar{r}_{i2} - r_f) + \beta_{i3}(\bar{r}_{i3} - r_f) + \cdots$$

其中，$\bar{r}_{ij}(j=1,2,3,\cdots)$ 是投资者可用来对冲其所关注的风险资产组合的预期收益率。

ICAPM 表明，在市场动态均衡的条件下，资产的风险不仅与市场组合的敏感度

有关，而且与其他状态变量的敏感度有关，从而弥补了传统 CAPM 仅对市场予以补偿的缺陷，因而具有更强的现实解释力。不足之处在于，ICAPM 并未描述影响投资可行集的状态变量是什么，也没有给出寻找与状态变量完全相关的资产（组合）的具体途径。

4．基于消费的资产定价模型（CCAPM）

在夏普-林特纳的单期静态资本资产定价模型和默顿的跨期资本资产定价模型的基础上，鲁宾斯坦（1976）、卢卡斯（1978）、布林顿（1979）等发展了基于消费的资产定价模型，以及建立在该模型基础上的其他衍生模型。CCAPM 不以均值-方差分析为出发点，而是以阿罗-德布鲁一般均衡模型为基本分析工具，构建代表投资者期望效用函数最大化的均衡价格方程。

令 $u(\cdot)$ 为 t 时期效用函数（增函数），p_t 为资产在 t 期的价格，E_t 为条件期望表达式，c_t、c_{t+1} 分别代表消费者（投资者）在 t 期和 t+1 期的消费水平，x_{t+1} 为资产在 t+1 期的收益，λ 为主观折现因子，用来度量消费者推迟消费的忍耐程度，e 为消费者的初始消费水平，δ 为消费者购买的资产数量。这样就可以对消费者选择的两期模型进行跨期选择的最优化求解。

$$\max_{\delta} U(c_t, c_{t+1}) = u(c_t) + \lambda u(c_{t+1})$$

$$c_t = e_t - p_t\delta$$

$$c_{t+1} = e_{t+1} - x_{t+1}\delta$$

对上述最优规划进行求解，就可以得到消费者效用最大化的一阶条件。

$$p_t u'(c_t) = E_t[\lambda u'(c_{t+1}) x_{t+1}]$$

将上式变形可得：

$$p_t = E_t[\lambda \frac{u'(c_{t+1})}{u'(c_t)} x_{t+1}]$$

这就是基于消费的资产定价模型，其中 $\lambda \frac{u'(c_{t+1})}{u'(c_t)}$ 被称为随机贴现因子，也就是跨期消费的边际替代率。

5．行为资产定价模型（BCAPM）

谢夫瑞和斯德特曼（1994）在行为金融等研究成果的基础上，提出了行为资产定价理论。行为资产定价理论突破了理性人假定和效率市场假说的前提，既有限度地接受了市场有效性，也秉承了行为金融学所奉行的有限理性，从而论述了行为决策问题对市场的影响。围绕如何通过噪声交易者风险的定义和衡量，分析市场超额收益率和风险之间的关系，从而更加全面地认识市场中的资产定价关系。经过 BCAPM 修正后的市场风险报酬水平包括两部分：传统 CAPM 模型中的β系数代表的风险收益和噪声交易者风险所导致的超额收益水平。即 BCAPM 的理论框架就是在 CAPM 的特征上，把以噪声交易者为代表的投资者信念、情绪和行为反应等行为因素加入资产定价机制中，从而形成行为资产定价理论的框架。

为解释 BCAPM，令ρ^*表示价格有效时的均值-方差因子ρ_{MV}，它是市场组合报酬的函数或市场因子。β^*表示与市场因子相对应的证券 Z 的β系数，则证券 Z 的预期收益率为

$$Z^* = i_1 + \beta^*(Z)(E_\Pi\rho^* - 1 - i_1) + A(Z)$$

其中，$E_\Pi\rho^*$表示预期报酬，i_1为利率水平，$E_\Pi\rho^* - 1 - i_1$表示价格有效时的升水，$A(Z)$称为异常报酬率的期望值。如果价格有效，并且根据市场因子ρ^*对证券风险资产进行定价，那么$A(Z)$为 0。然而，价格非有效时，仍假定ρ^*是对风险进行定价的唯一因子，在这种情况下就有可能发现非零的异常报酬率。

为说明异常报酬率的期望值$A(Z)$与传统资本资产定价模型的偏差，在图中引入两条线：一条是均值-方差有效风险报酬率的直线（经过无风险利率r_f和均值-方差因子ρ_{MV}的风险报酬率两点）；另一条为资本市场线（经过无风险利率和市场因子ρ^*的风险报酬率两点）。由图 20-6 可见，由于投资者有限理性的噪声因素，导致市场组合风险升水或贴水，从而异常报酬率$A(Z)$可对升水或贴水值进行解释。

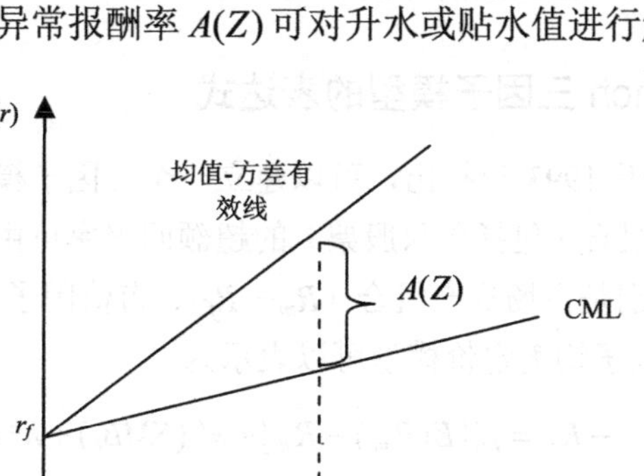

图 20-6　行为资产定价对收益率异常现象的解释

6. 基于流动性的资产定价模型（LAPM）

流动性是市场以合理价格迅速处理资产的能力。证券市场流动性可从4个方面加以定量描述：宽度（交易价偏离中间价的程度）、深度（在给定报价下可以交易的股票数）、弹性（委托不平衡的调整速度）和即时性（达成交易所需的时间长度）。基于流动性的资产定价模型考虑了资产流动性对证券预期收益率的影响。从理论上讲，股市存在流动性溢价，即换手率低、交易成本高且流动性小的资产具有较高的预期收益现象。如果股票流动性低，则交易成本越大，投资者对持有该资产的预期收益就越高。Amihud 和 Mendelson（1986）针对流动性与资产定价的这种理论关系，最早提出了流动性对资产价格的影响模型，并用对纽约证券交易所 1961—1980 年的数据进行经验研究，取得与上述理论一致的实证结果。他们认为，在均衡状态下，实行报价驱动交易制度的证券市场存在消费群效应，即投资者会主动挑选流动性小和交易成本大的资产于长期的投资组合中，流动性可由买卖价差衡量，股票的预期收益率是其相对买卖价差的分段线性和整体凹性增函数。这表明在给定β系数的前提下，流动性好的证券预期收益率较低，而流动性差的证券则预期收益率较高。

20.1.6 Fama-French 三因子模型

Fama 和 French 1992 年对美国股票市场决定不同股票回报率差异的因素的研究发现，股票市场的β值不能解释不同股票回报率的差异，而上市公司的市值、账面市值比、市盈率可以解释股票回报率的差异。Fama 和 French 认为，上述超额收益是对 CAPM 中β未能反映的风险因素的补偿。

1. Fama-French 三因子模型的表达式

Fama 和 French 于 1993 年指出，可以建立一个三因子模型来解释股票回报率。模型认为，一个投资组合（包括单只股票）的超额回报率可由它对三个因子的暴露来解释，这三个因子分别是市场资产组合（$R_m - R_f$）、市值因子（SMB）、账面市值比因子（HML）。这个三因子均衡定价模型可以表示为

$$E(R_{it}) - R_{ft} = \beta_i[E(R_{mt}) - R_{ft}] + s_i^E(SMB_t) + h_i^E(HMI_t)$$

其中，R_{ft}表示时间 t 的无风险收益率；R_{mt}表示时间 t 的市场收益率；R_{it}表示资产 i 在时间 t 的收益率；$E(R_{mt}) - R_{ft}$是市场风险溢价，SMB_t为时间 t 的市值（Size）因子

的模拟组合收益率，HMI_t 为时间 t 的账面市值比（book-to-market）因子的模拟组合收益率。

β_i、s_i 和 h_i 分别是三个因子的系数，回归模型表示如下：

$$R_{it} - R_{ft} = a_i + \beta_i(R_{mt} - R_{ft}) + s_i SMB_t + h_i HMI_t + \varepsilon_{it}$$

2. Fama-French 三因子模型的假设条件

1）理论假设

在探讨 Fama-French 三因子模型的应用时，是以“有限理性”理论假设为基础的，并在此基础上得出若干基本假定：

（1）存在大量投资者。

（2）所有投资者都在同一证券持有期计划自己的投资资产组合。

（3）投资者的投资范围仅限于公开金融市场上交易的资产。

（4）不存在证券交易费用（佣金和服务费用等）及税负。

（5）投资者对于证券回报率的均值、方差及协方差具有相同的期望值。

（6）所有投资者对证券的评价和经济局势的看法都一致。

2）统计假设

从模型的表达式可以看出，三因子模型属于多元回归模型，其基本假设为：

（1）$(R_m - R_f)$、SMB、HML 与随机误差项 u 不相关。

（2）零均值假定：$E(\xi_i) = 0$。

（3）同方差假定，即 ξ 的方差为一个常量：$\mathrm{Var}(\xi_i) = S2$。

（4）无自相关假定。

（5）解释变量之间不存在线性相关关系，即两个解释变量之间无确切的线性关系。

（6）假定随机误差项 u 服从均值为零、方差为 $S2$ 的正态分布，即 $\xi_i \tilde{} N(0,S2)$。

但是，我们应该看到，三因子模型并不代表资本定价模型的完结，在最近的研究发现，三因子模型中还有很多未被解释的部分，如短期反转、中期动量、波动、偏度、赌博等因素。

3. 小结

CAPM 模型最大的贡献在于刻画了收益率与市场风险之间的关系，并且得出比较悲观的结论：绝大多数投资人的收益率并不是来自个人的能力，而是来自市场风险补偿。正是基于此，产业界诞生了被动投资模式，即指数型基金，并且经过几十年的实证，大多数共同基金确实无法战胜指数基金，这也从另一个侧面证明了 CAPM 模型的有效。

20.2 套利定价模型

CAPM 模型刻画了均衡状态下资产的预期收益率和相对市场风险之间的关系。然而 CAPM 模型成立需要有很多假设。20 世纪 70 年代，Ross 发展的套利定价理论比 CAPM 要简单得多。

其主要假设有：

（1）资本市场处于均衡状态。

（2）投资者喜爱更多的财富而不是更少。

（3）资产模型可用指数模型表示。

引例：某人 A 希望有人陪他抛硬币赌博，为此他提出这样一个赌博方案，即抛出正面给对方 100 元，抛出反面给对方 0 元。对其他人来说，这是没有任何投入就可得到非负收入，且有 50%概率得到正收入的投资机会。该方案对其他人来说，零成本，无风险，收益非负。

这样的情况会出现吗？如果 A 周围有许多人，则他们将相互竞争。如果某人 B 答应愿意按照 A 的方案陪他赌博，某人 C 可能提出对 A 较为有利的方案，比如，抛出正面 A 给他 50 元，抛出反面给对方 0 元；某人 D 可能提出对 A 更为有利的方案，比如，抛出正面 A 给他 30 元，抛出反面给对方 0 元……依此类推，直到 A 给对方的钱降低为 0 元，即套利机会消失。

20.2.1 套利资产组合

根据“一个价格”的规律，同一种资产不可能在一个或 n 个市场中以两种不同的价格出售，否则会出现套利机会。

套利是利用相同资产的不同价格赚取无风险利润。它是一种广泛应用的投资策略，就是以资产相对高的价格出售，同时以相对低的价格购买同一种资产。低价购买驱使资产价格上涨，高价出售驱使资产价格下跌，最后价格趋于相等，使获利机会消失。

套利定价理论假设资产收益率可以用指数模型（因子模型）来解释。首先假设它是单因子模型：

$$r_i = E(r_i) + b_i F + e_i, i = 1, 2, \cdots, n \quad (1)$$

其中，r_i 是资产 i 的收益率；$E(r_i)$ 是资产 i 的预期收益率；F 是资产 i 的公共因子，并且其期望值为 0；b_i 是因子 F 的载荷（资产 i 对公共因子的灵敏度）；e_i 是随机误差项且 $E(e_i) = 0$，且与 F 不相关。

现在考虑由 3 种股票组合的套利资产组合，如表 20-1 所示。

表 20-1 股票数据表

i	$E(r_i)$/%	b_i
股票 1	20	4
股票 2	15	2.5
股票 3	10	3

套利资产组合使预期收益率增加而风险没有增加。

首先，投资者不需要增加任何投资（初始投资为 0 的投资组合）。如果 x_i 表示在套利资产组合中资产 i 的权重变化，那么要求

$$x_1 + x_2 + x_3 = 0$$

其次，套利资产组合的因子 F 的载荷为 0，也就是说它不受因子风险影响。它是资产载荷的加权平均和

$$x_1 b_1 + x_2 b_2 + x_3 b_3 = 0$$

由上例可得

$$4x_1 + 2.5x_2 + 3x_3 = 0$$

假设股票 1 的资金比例增加 $x_1 = 0.05$，那么 $x_2 = 0.1$，$x_3 = -0.15$。它们是这个套利资产组合的权重。

最后，如果这个资产组合是套利资产组合，那么资产组合的预期收益率就必须是正数，即

$$x_1 E(r_1) + x_2 E(r_2) + x_3 E(r_3) > 0 \quad (2)$$

$$0.05\times 20\% + 0.1\times 15\% + (-0.15)\times 10\% = 1\% > 0$$

假定投资者持有这 3 种股票的市值为 100 万元，那么套利资产组合的市值为 300 万元。为了套利，可以出售股票 3

$$-0.15\times 10\%\times 300 = -4.5 \text{（万元）}$$

购买股票 1

$$0.05\times 20\%\times 300 = 3 \text{（万元）}$$

购买股票 2

$$0.1\times 15\%\times 300 = 4.5 \text{（万元）}$$

其和为

$$1\%\times 300 = 3 \text{（万元）}$$

因此，投资者可以在没有任何风险的情况下获得较高收益。它是非投资获利，没有因子风险且有正的预期收益。

如果式（2）是负的，则只要改变权重 $w_i\,(i=1,2,3)$ 的符号，套利资产组合仍可得到正的预期收益。当式（2）等于 0 时，投资者没有套利机会。

20.2.2 单因子套利定价线

一般地，一个套利组合由 n 个资产组成，权重为 $x_i\ (i=1,2,\cdots,n)$。投资者没有使用其财富进行套利，因此套利资产组合要求无净投资（初始投资为 0 的投资组合）。

$$\sum_{i=1}^{n} x_i = 0$$

同时还要求套利资产组合充分多样化。

从式（1）可得

$$\begin{aligned}\sum_{i=1}^{n} x_i r_i &= \sum_{i=1}^{n} x_i E(r_i) + (\sum_{i=1}^{n} x_i b_i)F + \sum_{i=1}^{n} x_i e_i \\ &\approx \sum_{i=1}^{n} x_i E(r_i) + (\sum_{i=1}^{n} x_i b_i)F \end{aligned} \qquad (3)$$

当 n 很大时，充分多样化的资产组合可以忽略非因子风险的影响。

如果还要求套利资产组合不受因子风险的影响，那么

$$\sum_{i=1}^{n} x_i b_i = 0 \tag{4}$$

将它代入式（3）可得

$$\sum_{i=1}^{n} x_i r_i \approx \sum_{i=1}^{n} x_i E(r_i)$$

因此，如果资产组合没有套利机会，则在均衡状态必须有

$$\sum_{i=1}^{n} x_i E(r_i) = 0$$

投资者套利的目标是使套利组合的预期收益率最大化，即寻求以下优化问题的解：

$$\max \sum_{i=1}^{n} x_i E(r_i)$$

$$\text{s.t.}\begin{cases} \sum_{i=1}^{n} x_i = 0 \\ \beta_P = \sum_{i=1}^{n} x_i b_i = 0 \end{cases}$$

采用拉格朗日乘数法，建立拉格朗日函数：

$$L = \sum_{i=1}^{n} x_i E(r_i) - \lambda_0 \sum_{i=1}^{n} x_i - \lambda_1 \sum_{i=1}^{n} x_i b_i$$

要求 L 的最大值，应将其对 x_i 、λ_0、λ_1 求偏导数并令其等于零，得到如下方程组：

$$\frac{\partial L}{\partial x_i} = E(r_i) - \lambda_0 - \lambda_1 b_i = 0, i = 1, \cdots, n \tag{5}$$

$$\frac{\partial L}{\partial \lambda_0} = \sum_{i=1}^{n} x_i = 0$$

$$\frac{\partial L}{\partial \lambda_1} = \sum_{i=1}^{n} x_i b_i = 0$$

从式（5）可以求出使套利组合收益率最大的 $E(r_i)$ 与 b_i 的关系。

$$E(r_i) = \lambda_0 + \lambda_1 b_i, i = 1, \cdots, n \tag{6}$$

其中，λ_0, λ_1 为常数，表示在均衡状态下预期收益率和因子载荷的线性关系。这条直线叫作套利定价线，或叫 APT 资产定价线。

λ_0 是资产没有因子载荷（$b_i = 0$）的收益率，它是无风险收益率，记为 r_f，那么式（6）可记为

$$E(r_i) = r_f + \lambda_1 b_i \tag{7}$$

至于 λ_1，可以考虑因子载荷为 1 的资产组合 P，就是

$$E(r_P) = r_f + \lambda_1 b_P$$

其中，b_P =1，所以

$$\lambda_1 = E(r_P) - r_f$$

λ_1 是因子载荷为 1 的一个资产组合的超额收益率——超过无风险利率的那部分叫作因子风险报酬或风险溢价。令 $\delta_1 = E(r_P)$，那么

$$\lambda_1 = \delta_1 - r_f \tag{8}$$

代入式（7）

$$E(r_i) = r_f + (\delta_1 - r_f) b_i$$

如图 20-7 所示是套利定价线。根据套利定价理论，任何具有一个因子的载荷和预期收益率的资产不在套利定价线上，那么投资者就有构造套利资产组合的机会。图中资产 U 的预期回报率比资产 A 高。投资者可以购买资产 U 出售资产 A 构成一个套利资产组合，也可以出售资产 O 购买资产 B 构成一个套利资产组合。

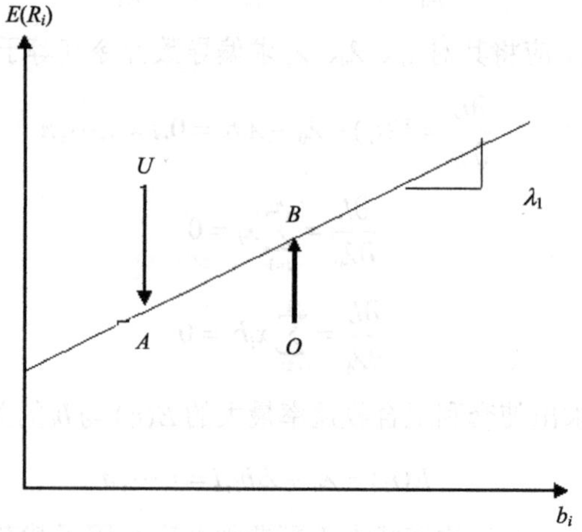

图 20-7　套利定价线

因为套利不增加风险，所以投资者没有使用任何新的资金。同时，资产 U 和 A 及资产 O 和 B 都有相同的因子载荷，这就使得构成套利资产组合的因子载荷为 0，而且套利资产组合都有正的预期回报。由于买压使得资产 U 价格上升，卖压使得资产 O 价格下跌（因为期望收益率=股息/价格，即 $E(r)=D/P$，根据期数无限的股息贴现模型计算得到），最后达到 A 和 B，套利机会消失。

在前面 3 种股票构成的套利资产组合的例子中，假设 $\lambda_0=5, \lambda_1=2$，因此，定价方程为

$$E(r_i)=5+2b_i$$

3 种股票的预期收益率分别为

$$E(r_1)=5+2\times 4=13\%$$

$$E(r_2)=5+2\times 2.5=10\%$$

$$E(r_3)=5+2\times 3=11\%$$

这三个预期收益率在图 20-8 中分别用 A、B、C 表示。股票 1、股票 2、股票 3 的预期收益率原来都不在套利定价线上，因而可以构成套利资产组合，但由于买压和卖压的影响，最终趋于均衡。

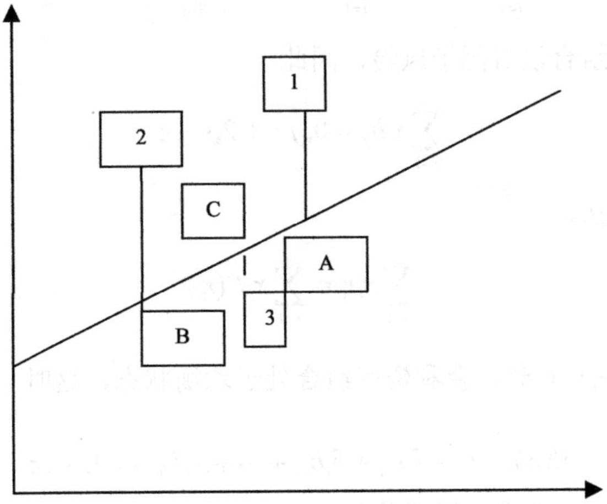

图 20-8 套利定价线

由于 $\lambda_0=5, \lambda_1=2$，即 $r_f=5$，根据 $\lambda_1=\delta_1-r_f$ 可得 $\delta_1=\lambda_1+r_f=7$。它表示公共因子的载荷为 1 的资产组合的预期收益率为 7%。

20.2.3 套利定价的多因子模型

假定每个资产的收益率满足多因子模型

$$r_i = E(r_i) + b_{i1}F_1 + b_{i2}F_2 + \cdots + b_{ik}F_k + e_i, i = 1,2,\cdots,n$$

其中，r_i 是资产 i 的收益率；$E(r_i)$ 是资产 i 的预期收益率；F_j 是资产 i 的第 j 个公共因子，并且 $E(F_j) = 0(j = 1,\cdots,k)$；$b_{ij}$ 是资产 i 的第 j 个公共因子的载荷；e_i 是随机误差项且 $E(e_i) = 0$，且与 F_j 不相关，$j = 1,\cdots,k$。

和单因子类似，因为是无风险套利，且不使用新的投资。假设 $w_i(i = 0,\cdots,n)$ 是套利资产组合资产 i 的权重，那么要求

$$\sum_{i=1}^{n} w_i = 0$$

构成的资产组合

$$\sum_{i=1}^{n} x_i r_i = \sum_{i=1}^{n} x_i E(r_i) + (\sum_{i=1}^{n} x_i b_{i1})F_1 + (\sum_{i=1}^{n} x_i b_{i2})F_2 + \cdots + (\sum_{i=1}^{n} x_i b_{ik})F_k + \sum_{i=1}^{n} x_i e_i$$

如果这个资产组合充分多样化，则非因子影响可以忽略。

$$\sum_{i=1}^{n} x_i r_i \approx \sum_{i=1}^{n} x_i E(r_i) + (\sum_{i=1}^{n} x_i b_{i1})F_1 + (\sum_{i=1}^{n} x_i b_{i2})F_2 + \cdots + (\sum_{i=1}^{n} x_i b_{ik})F_k \quad (9)$$

因为套利资产组合没有因子风险，因此

$$\sum_{i=1}^{n} x_i b_{ij} = 0, j = 1,2,\cdots,k$$

这 k 个等式成立。

$$\sum_{i=1}^{n} x_i r_i \approx \sum_{i=1}^{n} x_i E(r_i)$$

只有在 $\sum_{i=1}^{n} x_i E(r_i)$ =0 时，套利资产组合处于均衡状态，这时

$$E(r_i) = \lambda_0 + \lambda_1 b_{i1} + \lambda_1 b_{i2} + \cdots + \lambda_k b_{ik}, i = 1,\cdots,n$$

和单因子类似，λ_0 是公共因子载荷 b_{ij}=0（$j = 1,\cdots,k$）时的无风险利率，记作 r_f，λ_j 是第 j 个公共因子的风险报酬。令

$$\lambda_j = \delta_j - r_f$$

其中，δ_j 是所有其他公共因子的载荷为 0、因子 j 的载荷为 1 的一个资产组合上的期望收益率。因此，$E(r_i)=\lambda_0+\lambda_1 b_{i1}+\lambda_1 b_{i2}+\cdots+\lambda_k b_{ik}, i=1,\cdots,n$ 可以写为

$$E(r_i)=\lambda_0+(\delta_1-r_f)b_{i1}+(\delta_2-r_f)b_{i2}+\cdots+(\delta_k-r_f)b_{ik}, i=1,\cdots,n$$

因此

资产 i 的预期收益率=无风险利率+$\sum_{j=1}^{k}$(因子j的风险报酬×资产i的因子j的载荷)

20.2.4 APT 与 CAPM 的一致性

根据 APT 的资产的预期收益率等于无风险利率加上 k 个因子报酬分别乘以这个资产的 k 个因子的载荷之和，在只有一个因子时，有

$$E(r_i)=r_f+(\delta_1-r_f)b_i$$

其中，δ_1 是因子载荷为 1 的一个资产组合的预期回报。

在 CAPM 中没有要求预期回报满足因子模型

$$E(r_i)=r_f+(E(r_M)-r_f)\beta_i$$

其中，$E(r_M)$ 是市场资产组合的预期回报。

比较上两式取 $\delta_1=E(r_M)$，同时 b_i 代表 β_i，那么 APT 与 CAPM 一致。

然而，一般地，$\delta_1\neq E(r_M)$，如果上两式还成立，那么 b_i 和 β_i 有什么关系呢？

由 $r_i=E(r_i)+b_iF+e_i, i=1,2,\cdots,n$，资产 i 和市场资产组合 M 的协方差为

$$\begin{aligned}\mathrm{Cov}(r_i,r_M)&=\mathrm{Cov}(E(r_i)+b_iF+e_i,r_M)\\&=b_i\,\mathrm{Cov}(F,r_M)+\mathrm{Cov}(e_i,r_M)\end{aligned}$$

$\mathrm{Cov}(e_i,r_M)$ 很小，可以忽略。再根据 $\beta_i=\dfrac{\mathrm{Cov}(r_i,r_M)}{\sigma_M^2}$，可得 $\beta_i=\dfrac{\mathrm{Cov}(F,r_M)b_i}{\sigma_M^2}$。

把上式代入 $E(r_i)=r_f+(E(r_M)-r_f)\beta_i$ 得

$$E(r_i)=r_f+(E(r_M)-r_f)\frac{\mathrm{Cov}(F,r_M)}{\sigma_M^2}b_i$$

和 $E(r_i)=r_f+\lambda_1 b_i$ 比较，可得

$$\lambda_1=(E(r_M)-r_f)\frac{\mathrm{Cov}(F,r_M)}{\sigma_M^2}$$

在 $E(r_i)=r_f+\lambda_1 b_i$ 中没有给出因子风险报酬 λ_1 的大小，但是如果 CAPM 还成立，那么 λ_1 必须满足上式。

从 $\lambda_1=(E(R_M)-R_F)\dfrac{\mathrm{Cov}(F,R_M)}{\sigma_M^2}$ 可以看出，如果因子 F 和市场组合的回报正相关，风险溢价 $E(r_M)-r_f$ 和方差 σ_M^2 是正的，所以 λ_1 是正的，因此 λ_1 越大，资产 i 的预期回报越大；相反，如果因子 F 和市场组合的回报负相关，那么 λ_1 是负的，λ_1 的绝对值越大，资产 i 的预期回报越小。

现在考虑 $E(r_i)=r_f+(\delta_1-r_f)b_i$，假定它的因子是一个市场指数，比如 S&P 500，这个指数与市场资产组合完全相关，并且市场指数与市场资产组合的回报和方差相等，那么 $\mathrm{Cov}(F,r_M)=\sigma_F\sigma_M=\sigma_M^2$，那么 $\beta_i=b_i, \delta_1=E(r_M)$，因此因子 S&P 500 的载荷为 1 的资产组合的预期回报等于市场资产组合的预期回报。

所以，如果能找到一个市场指数与市场资产组合完全相关，并且方差相等，那么就可以用这个指数代替市场资产组合。然而市场资产组合是不可观测的，所以就不可能找到这样的替代变量。

如果 CAPM 模型成立，则 APT 多因子模型同时成立。

类似地，由 $r_i=E(r_i)+b_{i1}F_1+b_{i2}F_2+\cdots+b_{ik}F_k+e_i, i=1,2,\cdots,n$ 可以得到

$$\mathrm{Cov}(r_i,r_M)=b_{i1}\mathrm{Cov}(F_1,r_M)F_1+b_{i2}\mathrm{Cov}(F_2,r_M)+\cdots+b_{ik}\mathrm{Cov}(F_k,r_M)+\mathrm{Cov}(e_i,r_M)$$

因为右边最后一项很小可省略，再由 $\beta_i=\dfrac{\mathrm{Cov}(r_i,r_M)}{\sigma_M^2}$ 可得

$$\beta_i=\frac{\mathrm{Cov}(r_i,r_M)}{\sigma_M^2}=[b_{i1}\mathrm{Cov}(F_1,r_M)F_1+b_{i2}\mathrm{Cov}(F_2,r_M)+\cdots+b_{ik}\mathrm{Cov}(F_k,r_M)]/\sigma_M^2$$

代入 $E(r_i)=r_f+(E(r_M)-r_f)\beta_i$ 得到

$$E(r_i)=r_f+(E(r_M)-r_f)\times[b_{i1}\mathrm{Cov}(F_1,r_M)F_1+b_{i2}\mathrm{Cov}(F_2,r_M)+\cdots+b_{ik}\mathrm{Cov}(F_k,r_M)]/\sigma_M^2$$

与 $E(r_i)=\lambda_0+\lambda_1 b_{i1}+\lambda_1 b_{i1}+\cdots+\lambda_k b_{ik}, i=1,\cdots,n$ 比较得到

$$\lambda_j=(E(r_M)-r_f)\frac{\mathrm{Cov}(F_j,r_M)}{\sigma_M^2}, j=1,2,\cdots,k$$

同样，λ_j 与 $\mathrm{Cov}(F_j,r_M)$ 符号相同。如果因子 j 和市场证券组合的回报正相关，那么 λ_j 为正数；如果负相关，那么 λ_j 为负数。

20.2.5 APT 和 CAPM 的联系与区别

在单因子 APT 模型的讨论中可以看出，在形式上，当取因子为投资组合时，APT 与 CAPM 有相同的结果，即 APT 的定价模型恰好是 CAPM 中的证券市场线，二者是一致的，但这并不意味着 CAPM 模型是多因子 APT 模型的特殊（单因子）情形。实际上，Merton 于 1975 年和 Breeden 于 1979 年都讨论过 CAPM 的多因子模型。

在 APT 单因子模型中，如果选择的因子 J 并非市场投资组合而得到单因子 APT 模型

$$\overline{r}_J = r_f + b_J(\overline{I} - r_f)$$

而 CAPM 得到的单因子模型（证券市场线）为

$$\overline{r}_J = r_f + \beta_J(\overline{r}_M - r_f)$$

这两个模型并不一致。但如果因子 I 与市场投资组合的收益率完全相关且同方差，则可以得出 $b_J = \beta_J$，这时可以以因子 I 代替市场投资组合。例如某一市场指数与市场投资组合的收益率完全相关且同方差，则可以用该指数代替市场投资组合。

以上讨论的是 APT 模型与 CAPM 模型的联系，下面讨论二者之间的区别。

二者最大的区别在于虽然模型的线性形式相同，但建模思想不同。CAPM 模型是建立在市场均衡的基础上的，以存在市场投资组合为前提。假定投资者对市场中证券的收益率有相同的认识，即有相同的分布、均值、方差，只是各自的风险偏好不同，从而可以建立起最小方差集合、有效集合，每个投资者都建立有效的投资组合以分散非系统风险，并根据自己对风险的偏好在存在无风险利率时，建立无风险资产与市场投资组合的投资组合，导出每只证券的收益率与其风险 β 系数具有线性关系。而 APT 模型是建立在无套利均衡分析的基础上的，它的出发点是通过少数投资者构造大额无风险套利头寸，迫使市场重建均衡，以消除市场无风险套利机会，导出单只证券收益率与其影响因子的影响程度 β 之间的线性关系。因此，APT 理论并不需要 CAPM 那么多关于市场的假设条件，也不需要 CAPM 关于证券收益率分布的假设，但 APT 模型中关于证券收益率的线性生成结构假设却是 CAPM 模型所没有要求的。

20.2.6 关于模型的检验问题

APT 对 CAPM 提出的直接挑战是 CAPM 无法进行检验，其根源在于 CAPM 中的市场投资组合包括的资产范围太广，以至于无法通过观测取得其收益率。在模型的应

用中，常以某些市场综合指数近似代替市场投资组合，这样即使市场综合指数的收益率可以观测，其对模型的检验也很难对 CAPM 模型给出肯定或否定的结论。而 APT 模型的检验取决于因子的选择。通常在 APT 模型中选取的因子可以分为三类：

第一类是宏观经济因子，如 GDP、通货膨胀率、利率、工业生产指数等。

第二类是微观因子，如盈利增长率、股利增长率等。

第三类是市场因子，如一些市场指数或有关的β因子等。

只要选择的因子收益率可以观测，则可以相应地建立 APT 的检验。

小结

套利定价模型从另一个角度来讨论均衡市场的定价问题，也就是一旦市场出现偏差，套利力量会将投资组合的价格拉回到合理的均衡价格。从这个角度来说，APT 模型和 CAPM 模型的出发点都是一致的，即市场本身是有效的，当市场出现异常后，内在的力量会让市场回归正常。通过 APT 模型计算这种失常情况，就可以知道资产价格是被高估还是低估。

20.3 Black-Scholes 期权定价模型

自期权交易产生以来，尤其是股票期权交易产生以来，学者一直致力于对期权定价问题的探讨。1973 年，美国芝加哥大学教授 Fischer Black 和 Myron Scholes 发表《期权定价与公司负债》一文，提出了著名的 Black-Scholes 期权定价模型，在学术界和实务界引起强烈的反响，Scholes 并由此获得 1997 年的诺贝尔经济学奖。在他们之后，其他各种期权定价模型也纷纷被提出，其中最著名的是 1979 年由 J. Cox、S. Ross 和 M. Rubinstein 提出的二叉树模型。

20.3.1 Black-Scholes 模型的假设条件

Black-Scholes 期权定价模型的 7 个假设条件如下：

（1）期权标的资产为风险资产（在 Black-Scholes 期权定价模型中为股票），当前时刻的市场价格为 S。S 遵循几何布朗运动，即

$$\frac{dS}{S} = \mu dt + \sigma dz$$

其中，dS 为股票价格瞬时变化值，dt 为极短瞬间的时间变化值，dz 为均值为零、方差为 dt 的无穷小的随机变化值［$dz = \varepsilon\sqrt{dt}$，称为标准布朗运动，$\varepsilon$ 代表从标准正态分布（均值为 0、标准差为 1.0 的正态分布）中取的一个随机值］，μ 为股票价格在单位时间内的期望收益率（以连续复利表示），σ 则是股票价格的波动率，即证券收益率在单位时间内的标准差。μ 和 σ 都是已知的。

简单地分析几何布朗运动，意味着股票价格在短时期内的变动（收益）来源于两个方面：一是单位时间内已知的一个收益率变化 μ，被称为漂移率，可以被看成一个总体的变化趋势；二是随机波动项，即 σdz，可以看作随机波动使得股票价格变动偏离总体趋势的部分。

（2）在期权有效期内，标的资产没有现金收益支付。综合（1）和（2），意味着标的资产价格的变动是连续而均匀的，不存在突然的跳跃。

（3）没有交易费用和税收，不考虑保证金问题，即不存在影响收益的任何外部因素。综合（2）和（3），意味着投资者的收益仅来源于价格的变动，而没有其他影响因素。

（4）该标的资产可以被自由地买卖，即允许卖空，且所有证券都是完全可分的。

（5）在期权有效期内，无风险利率 r 为常数，投资者可以以此利率无限制地进行借贷。

（6）期权为欧式看涨期权，其执行价格为 X，当前时刻为 t，到期时刻为 T。

（7）不存在无风险套利机会。

20.3.2 Black-Scholes 模型公式

1. Black-Scholes 期权定价公式

在上述假设条件的基础上，Black 和 Scholes 得到如下适用于无收益资产欧式看涨期权的一个微分方程：

$$\frac{\partial f}{\partial t} + rS\frac{\partial f}{\partial S} + \frac{1}{2}\sigma^2 S^2 \frac{\partial^2 f}{\partial S^2} = rf \tag{9}$$

其中，f 为期权价格，其他参数符号的意义同前。

通过解这个微分方程，Black 和 Scholes 得到如下适用于无收益资产欧式看涨期权的定价公式：

$$c = SN(d_1) - Xe^{-r(T-t)}N(d_2) \tag{10}$$

其中，

$$d_1 = \frac{\ln(S/X) + (r + \sigma^2/2)(T-t)}{\sigma\sqrt{T-t}}$$

$$d_2 = \frac{\ln(S/X) + (r - \sigma^2/2)(T-t)}{\sigma\sqrt{T-t}} = d_1 - \sigma\sqrt{T-t}$$

其中，c 为无收益资产欧式看涨期权价格；$N(x)$为标准正态分布变量的累计概率分布函数（这个变量小于 x 的概率），根据标准正态分布函数的特性，有 $N(-x) = 1 - N(x)$。

2．Black-Scholes 期权定价公式的理解

1）期权价格的影响因素

首先将 Black-Scholes 期权定价公式与第 10 章中分析的期权价格的影响因素联系起来。在第 10 章中，我们已经得知期权价格的影响因素包括：标的资产市场价格、执行价格、波动率、无风险利率、到期时间和现金收益。在式（10）中，除了由于我们假设标的资产无现金收益，其他几个参数都包括在内，且影响方向与前文分析的一致。

2）风险中性定价原理

其次我们要谈到一个对于衍生产品定价非常重要的原理——风险中性定价原理。观察式（10），以及第 10 章中的期权价格影响因素分析，我们注意到期权价格是与标的资产的预期收益率无关的。即在我们描述标的资产价格所遵循的几何布朗运动时曾经出现的预期收益率μ在期权定价公式中消失了。这对于寻求期权定价的人们来说无疑是一个很大的好消息。因为迄今为止，人们仍然没有找到计算证券预期收益率的确定方法。期权价格与预期收益率μ的无关性显然大大降低了期权定价的难度和不确定性。

进一步考虑，受制于主观风险收益偏好的标的证券预期收益率μ并未包括在期权的价值决定公式中，公式中出现的变量为标的证券当前市价（S）、执行价格（X）、时间（t）、证券价格的波动率（σ）和无风险利率 r，它们都是客观变量，独立于主观变量——风险收益偏好。既然主观风险偏好对期权价格没有影响，这使得我们可以利用

Black-Scholes 期权定价模型所揭示的期权价格的这一特性，做出一个可以大大简化我们工作的简单假设：在对衍生证券定价时，所有投资者都是风险中性的。

在所有投资者都是风险中性的条件下（有时我们称之为进入了一个“风险中性世界”），所有证券的预期收益率都可以等于无风险利率 r，这是因为风险中性的投资者并不需要额外的收益来吸引他们承担风险。同样，在风险中性条件下，所有现金流量都可以通过无风险利率进行贴现求得现值。这就是风险中性定价原理。

应该注意的是，风险中性假定仅仅是一个人为假定，但通过这种假定所获得的结论不仅适用于投资者风险中性情况，也适用于投资者厌恶风险的所有情况。

为了更好地理解风险中性定价原理，我们可以举一个简单的例子来说明。

假设一种不支付红利的股票目前的市价为 10 元，我们知道在 3 个月后该股票价格要么是 11 元，要么是 9 元。现在我们要找出一份 3 个月期协议价格为 10.5 元的该股票欧式看涨期权的价值。

由于欧式期权不会提前执行，其价值取决于 3 个月后股票的市价。若 3 个月后该股票价格等于 11 元，则该期权价值为 0.5 元；若 3 个月后该股票价格等于 9 元，则该期权价值为 0 元。

为了找出该期权的价值，我们可以构建一个由 1 单位看涨期权空头和 Δ 单位的标的股票多头组成的组合。若 3 个月后该股票价格等于 11 元时，则该组合价值等于 $(11\Delta-0.5)$ 元；若 3 个月后该股票价格等于 9 元时，则该组合价值等于 9Δ 元。为了使该组合价值处于无风险状态，我们应选择适当的 Δ 值，使 3 个月后该组合的价值不变，这意味着

$$11\Delta-0.5=9\Delta$$

$$\Delta=0.25$$

因此，一个无风险组合应包括一份看涨期权空头和 0.25 股标的股票。无论 3 个月后股票价格等于 11 元还是 9 元，该组合价值都将等于 2.25 元。

在没有套利机会的情况下，无风险组合只能获得无风险利率。假设现在的无风险年利率等于 10%，则该组合的现值应为：

$$2.25e^{-0.1\times0.25}=2.19\text{（元）}$$

由于该组合中有 1 单位看涨期权空头和 0.25 单位股票多头，而目前股票价格为 10 元，因此

$$10\times 0.25-f=2.19$$
$$f=0.31\text{（元）}$$

这就是说，该看涨期权的价值应为 0.31 元，否则就会存在无风险套利机会。

从这个例子可以看出，在确定期权价值时，我们并不需要知道股票价格上涨到 11 元的概率和下降到 9 元的概率。但这并不意味着概率可以随心所欲地给定。事实上，只要股票的预期收益率给定，股票价格上升和下降的概率也就确定了。例如，在风险中性世界中，无风险利率为 10%，则股票价格上升的概率 P 可以通过下式来求：

$$10=e^{-0.1\times 0.25}\times[11P+9(1-P)]$$

$$P=62.66\%$$

又如，如果在现实世界中股票的预期收益率为 15%，则股票价格上升的概率可以通过下式来求：

$$10=e^{-0.15\times 0.25}\times[11P+9(1-P)]$$

$$P=69.11\%$$

可见，投资者厌恶风险的程度决定了股票的预期收益率，而股票的预期收益率决定了股票价格升跌的概率。然而，无论投资者厌恶风险的程度如何，从而无论该股票价格上升或下降的概率如何，该期权价值都等于 0.31 元。

3）对期权定价公式的经济理解

首先，从 Black-Scholes 期权定价模型自身的求解过程来看，$N(d_2)$实际上是在风险中性世界中 S_T 大于 X 的概率，或者说是欧式看涨期权被执行的概率，因此，$e^{-r(T-t)}XN(d_2)$是 X 的风险中性期望值的现值，更朴素地说，可以看成期权可能带来的收入现值。$SN(d_1)= e^{-r(T-t)}S_T\, N(d_1)$是 S_T 的风险中性期望值的现值，可以看成期权持有者将来可能支付的价格的现值。因此，整个欧式看涨期权公式就可以被看作期权未来期望回报的现值。

其次，$\Delta=N(d_1)=\dfrac{\mathrm{d}f}{\mathrm{d}S}$，显然反映了标的资产变动一个很小的单位时，期权价格的变化量；或者说，如果要避免标的资产价格变化给期权价格带来的影响，一个单位的看涨期权多头，就需要 Δ 单位的标的资产空头加以保值。事实上，我们在第 12 章中看到，$\Delta=N(d_1)$ 是复制交易策略中股票的数量，$SN(d_1)$就是股票的市值，$-e^{-r(T-t)}XN(d_2)$则是复制交易策略中负债的价值。

最后，从金融工程的角度来看，欧式看涨期权可以拆分为资产或无价值看涨期权

（asset-or-noting call option）多头和现金或无价值看涨期权（cash-or-nothing option）空头，$SN(d_1)$是资产或无价值看涨期权的价值，$-e^{-r(T-t)}XN(d_2)$是 X 份现金或无价值看涨期权空头的价值。这是因为，对于一个资产或无价值看涨期权来说，如果标的资产价格在到期时低于执行价格，则该期权没有价值；如果高于执行价格，则该期权支付一个等于资产价格本身的金额，根据前文对 $N(d_2)$和 $SN(d_1)$的分析，可以得出该期权的价值为 $e^{-r(T-t)}S_TN(d_1)=SN(d_1)$的结论。同样，对于（标准）现金或无价值看涨期权，如果标的资产价格在到期时低于执行价格，则该期权没有价值；如果高于执行价格，则该期权支付 1 元，由于期权到期时价格超过执行价格的概率为 $N(d_2)$，则 1 份现金或无价值看涨期权的现值为$-e^{-r(T-t)}N(d_2)$。

3. Black-Scholes 期权定价公式的拓展

1）无收益资产欧式看跌期权的定价公式

Black-Scholes 期权定价模型给出的是无收益资产欧式看涨期权的定价公式，根据欧式看涨期权和看跌期权之间的平价关系，可以得到无收益资产欧式看跌期权的定价公式：

$$p = c + Xe^{-r(T-t)} - S = Xe^{-r(T-t)}N(-d_2) - SN(-d_1) \tag{11}$$

2）无收益资产美式期权的定价公式

在标的资产无收益的情况下，由于 C=c，因此式（10）也给出了无收益资产美式看涨期权的价值。

由于美式看跌期权与看涨期权之间不存在严密的平价关系，因此美式看跌期权的定价还没有得到一个精确的解析公式，但可以用数值方法及解析近似方法求出。

3）有收益资产期权的定价公式

到现在为止，我们一直假设期权的标的资产没有现金收益。那么，对于有收益资产，其期权定价公式是什么呢？实际上，如果收益可以准确地预测到，或者说是已知的，那么有收益资产的欧式期权定价并不复杂。

在收益已知的情况下，我们可以把标的证券价格分解成两部分：期权有效期内已知现金收益的现值部分和一个有风险部分。当期权到期时，这部分现值将由于标的资产支付现金收益而消失。因此，我们只要用 S 表示有风险部分的证券价格，σ 表示风险部分遵循随机过程的波动率，就可直接套用公式（10）和公式（11）分别计算出有收益资产的欧式看涨期权和看跌期权的价值。

当标的证券已知收益的现值为I时，我们只要用$(S-I)$代替式（10）和式（11）中的S即可求出固定收益证券欧式看涨和看跌期权的价格。

当标的证券的收益为按连续复利计算的固定收益率q（单位为年）时，我们只要将$Se^{-q(T-t)}$代替式（10）和式（11）中的S就可求出支付连续复利收益率证券的欧式看涨和看跌期权的价格。在各种期权中，股票指数期权、外汇期权和期货期权的标的资产可以看作支付连续红利率，因而它们适用于这一定价公式。

另外，对于有收益资产的美式期权，由于有提前执行的可能，我们无法得到精确的解析解，仍然需要用数值方法及解析近似方法求出。

20.3.3 Black-Scholes 定价公式的计算

1．Black-Scholes 期权定价模型的参数

我们已经知道，Black-Scholes 期权定价模型中的期权价格取决于 5 个参数：标的资产市场价格、执行价格、到期期限、无风险利率和标的资产价格波动率（标的资产收益率的标准差）。在这些参数中，前 3 个都是很容易获得的确定数值，但是无风险利率和标的资产价格波动率则需要通过一定的计算求得估计值。

1）估计无风险利率

在发达的金融市场上，很容易获得对无风险利率的估计值，但是在实际应用的时候仍然需要注意几个问题。首先，我们需要选择正确的利率。一般来说，在美国，人们大多选择美国国库券利率作为无风险利率的估计值。由于美国国库券所报出的利率通常为贴现率（利息占票面价值的比例），因此需要转换为通常的利率，并且用连续复利的方式表达出来，才可以在 Black-Scholes 公式中应用。其次，要小心地选择国库券的到期日。如果利率期限结构曲线倾斜严重，那么不同到期日的收益率很可能相差很大，我们必须选择距离期权到期日最近的那个国库券的利率作为无风险利率。

我们用一个例子来说明无风险利率的计算。假设一个还有 84 天到期的国库券，其买入报价为 8.83 美元，卖出报价为 8.77 美元。由于短期国库券市场报价为贴现率，我们可以推算出其中间报价对应的现金价格（面值为 100 美元）为

$$P_{TB}=100-\left(\frac{8.83+8.77}{2}\right)\left(\frac{84}{360}\right)=97.947\text{（美元）}$$

进一步应用连续复利利率的计算公式得到相应的利率：

$$e^{r(T-t)}=\frac{100}{P_{TB}}\rightarrow e^{r\times 0.23}=\frac{100}{97.947}\rightarrow r=0.0902$$

2）估计标的资产价格的波动率

估计标的资产价格的波动率要比估计无风险利率困难得多，也更为重要。正如第10 章所述，估计标的资产价格的波动率有两种方法：历史波动率和隐含波动率。

（1）历史波动率。所谓历史波动率，就是从标的资产价格的历史数据中计算出价格收益率的标准差。以股票价格为例，表 20-2 列出了计算股票价格波动率的一个简单说明。很显然，计算波动率的时候，我们运用了统计学中计算样本均值和标准差的简单方法。其中，R_t 为股票价格百分比收益率，$\bar{R}$（或者为 μ）则为连续复利收益率（估计）均值，$\mathrm{Var}(R)$（或者 σ^2）则是连续复利收益率（估计）方差，σ 就是相应的（估计）标准差（波动率），即 Black-Scholes 公式计算时所用的参数。在表 20-2 中，共有 11 天的收盘价信息，因此得到 10 个收益率信息。

$$R_t=P_t/P_{t-1}$$

$$\bar{R}=\frac{1}{T}\sum_{t=1}^{T}\ln R_t$$

$$\mathrm{Var}(R)=\frac{1}{T-1}\sum_{t=1}^{T}\left(\ln R_t-\bar{R}\right)^2$$

表 20-2　历史波动率计算

天数	P_t	R_t	$\ln(R_t)$	$(\ln R_t-\bar{R})^2$
0	100.00			
1	101.50	1.0150	0.0149	0.000 154
2	98.00	0.9655	−0.0351	0.001 410
3	96.75	0.9872	−0.0128	0.000 234
4	100.50	1.0388	0.0380	0.001 264
5	101.00	1.0050	0.0050	0.000 006
6	103.25	1.0223	0.0220	0.000 382
7	105.00	1.0169	0.0168	0.000 205
8	102.75	0.9786	−0.0217	0.000 582
9	103.00	1.0024	0.0024	0.000 000
10	102.50	0.9951	−0.0049	0.000 053
		总计	0.0247	0.004 294
样本均值 μ=0.0247 / 10 = 0.002 47 样本方差 σ^2 = 0.004 294 / 9 = 0.000 477 样本标准差 σ = 0.021 843				

在 Black-Scholes 公式所用的参数中，有 3 个参数与时间有关：到期期限、无风险利率和波动率。值得注意的是，这 3 个参数的时间单位必须相同，或者同为天、周，或者同为年。年是经常被用到的时间单位，因此，我们常常需要将诸如表 20-2 中得到的天波动率转换为年波动率。在考虑年波动率时，有一个问题需要加以重视：一年的天数究竟是按照日历天数还是按照交易天数计算。一般认为，证券价格的波动主要来自交易日。因此，在转换年波动率时，应该按照一年 252 个交易日进行计算。这样，表 20-2 中计算得到的天波动率相应的年波动率为 $\sigma_{\text{year}} = \sigma_{\text{day}} \times \sqrt{252} = 0.3467$。

在这个例子中，我们使用的是 10 天的历史数据。在实际计算时，这个天数的选择往往很不容易。从统计的角度来看，时间越长，数据越多，获得的精确度一般越高。但是，资产价格收益率的波动率常常随时间而变化，太长的时间段反而可能降低波动率的精确度。因此，在计算波动率时，要注意选取距离今天较近的时间，一般的经验法则是设定度量波动率的时期等于期权的到期期限。因此，如果要为 9 个月的期权定价，则可使用 9 个月的历史数据。

（2）隐含波动率。从 Black-Scholes 期权定价模型本身来说，公式中的波动率指的是未来的波动率数据，这使得历史波动率始终存在较大的缺陷。为了回避这一缺陷，一些学者将目光转向隐含波动率的计算。所谓隐含波动率，即根据 Black-Scholes 期权定价公式，将公式中除了波动率以外的参数和市场上的期权报价代入，计算得到的波动率数据。显然，这里计算得到的波动率可以看作市场对未来波动率的预期。当然，由于 Black-Scholes 期权定价公式比较复杂，隐含波动率的计算一般需要通过计算机完成。

2. Black-Scholes 期权定价公式的计算：一个例子

为了使读者进一步理解 Black-Scholes 期权定价模型，下面用一个简单的例子来说明这一模型的计算过程。

假设某种不支付红利股票的市价为 50 元，无风险利率为 12%，该股票的年波动率为 10%，求该股票协议价格为 50 元、期限 1 年的欧式看涨期权和看跌期权价格。

在本题中，可以将相关参数表达如下：

$$S=50，X=50，r=0.12，\sigma=0.1，T=1$$

计算过程可分为三步。

第一步，先算出 d_1 和 d_2。

$$d_1 = \frac{\ln(50/50) + (0.12 + 0.01/2) \times 1}{0.1 \times \sqrt{1}} = 1.25$$

$$d_2 = d_1 - 0.1 \times \sqrt{1} = 1.15$$

第二步，计算 $N(d_1)$ 和 $N(d_2)$。

$$N(d_1) = N(1.25) = 0.8944$$

$$N(d_2) = N(1.15) = 0.8749$$

第三步，将上述结果及已知条件代入式（10），这样，欧式看涨期权和看跌期权的价格分别为：

$$c = 50 \times 0.8944 - 50 \times 0.8749 e^{-0.12 \times 1} = 5.92 \text{（美元）}$$

$$p = 50 \times (1 - 0.8749) e^{-0.12 \times 1} - 50 \times (1 - 0.8944) = 0.27 \text{（美元）}$$

在本例中，标的资产执行价格和市场价格正好相等，但是看涨期权的价格却与看跌期权的价格相差悬殊。其中的主要原因在于利率和到期期限对期权价格的影响。在本例中，利率高达 12%，到期期限长达一年。在这种情况下，执行价格的现值将大大降低。对于欧式看涨期权来说，这意味着内在价值的大幅上升；而对于欧式看跌期权来说，却意味着内在价值的大幅降低。因此，在计算了执行价格的现值以后，看涨期权是实值期权，而看跌期权则是虚值期权。事实上，由于实际中的市场短期利率通常较低，期权到期期限一般不超过 9 个月，因此，如果标的资产市场价格与执行价格相等，同样条件下的看涨期权价格和看跌期权价格一般比较接近。

20.3.4 Black-Scholes 公式的精确度实证

要求证 Black-Scholes 期权定价公式的精确度，我们可以运用 Black-Scholes 期权定价公式计算出期权价格的理论值，然后与市场上的期权价格进行比较。如果二者不存在显著的差别，那么这个定价公式的精确度应该是令人满意的。

从总的实证研究结果来看，Black-Scholes 期权定价公式存在一定偏差，但它依然是迄今为止解释期权价格动态的最佳模型之一。与 CAPM 模型解释股票价格差异的能力相比，Black-Scholes 期权定价公式可以较好地解释期权的价格差异。这也正是 Scholes 得以获得 1997 年诺贝尔经济学奖的重要原因。

一般认为，造成用 Black-Scholes 期权定价公式估计的期权价格与市场价格存在差异的原因主要有以下几个：

（1）计算错误。

（2）期权市场价格偏离均衡。

（3）使用错误的参数。

（4）Black-Scholes 期权定价公式建立在众多假定的基础上。

20.3.5 Black-Scholes 公式的应用

Black-Scholes 期权定价公式除了可以用来估计期权价格，在其他方面也有重要的应用，主要包括评估组合保险成本、给可转换债券定价和为认股权证估值。

1. 评估组合保险成本

证券组合保险是指事先能够确定最大损失的投资策略。比如在持有相关资产的同时买入看跌期权就是一种组合保险。

假设你掌管着价值 1 亿元的股票投资组合，这个股票投资组合与市场组合十分类似。你担心类似 1987 年 10 月 19 日的股灾会吞噬你的股票组合，这时购买一份看跌期权也许是合理的。显然，期权的执行价格越低，组合保险的成本越小。不过也许我们需要一个确切的评估，市场上可能根本就没有对应的期权，要准确估算成本十分困难，此时 Black-Scholes 期权定价公式就十分有用。比如也许 10%的损失是可以接受的，那么执行价格就可以设为 9000 万元，然后再将利率、波动率和保值期限的数据代入公式，就可以合理估算保值成本。

2. 给可转换债券定价

可转换债券是一种可由债券持有者转换成股票的债券，因此可转换债券相当于一份普通的公司债券和一份看涨期权的组合，即

$$V_{CB}=V_B+V_C$$

其中，V_{CB} 表示可转换债券的价值，V_B 代表从可转换债券中剥离出来的债券的价值，V_C 代表从可转换债券中剥离出来的期权的价值。

在实际中，V_C 的估计是十分复杂的。首先，V_C 对利率非常敏感，而 Black-Scholes 期权定价公式假定无风险利率不变，对 V_C 显然不适用。其次，在可转换债券中隐含的期权的执行与否会因为股票股利和债券利息的问题复杂化。最后，许多可转换债券

的转换比例会随时间变化。

另外，绝大多数可转换债券是可赎回的，可赎回债券的分解更加复杂。对债券持有者而言，它相当于一份普通的公司债券、一份看涨期权多头（转换权）和一份看涨期权空头（赎回权）的组合。可赎回的可转换债券对股票价格变动非常敏感，而且对利率也非常敏感。当利率下降的时候，公司可能会选择赎回债券。当然，利率上升的时候债券价值也会上升。

3. 为认股权证估值

认股权证通常是与债券或优先股一起发行的，它的持有人拥有在特定时间以特定价格认购一定数量的普通股的权利，因此认股权证其实是一份看涨期权，不过二者之间还是存在细微的差别的。看涨期权执行的时候，发行股票的公司并不会受到影响；而认股权证的执行将导致公司发行更多的股票。因此，认股权证的执行存在稀释效应，在估值的时候必须考虑这一点。

20.4 二叉树期权定价模型

Black-Scholes 模型的提出，对期权定价的研究而言，具有开创性的意义。然而，由于该模型涉及比较复杂的数学问题，对大多数人而言较难理解和操作。1979 年，J. Cox、S. Ross 和 M. Rubinstein 三人发表《期权定价：一种被简化的方法》一文，用一种比较浅显的方法导出了期权定价模型，这一模型被称为“二叉树模型（the Binomial Model）”，它是期权数值定价方法的一种。二叉树模型的优点在于其比较简单、直观，不需要太多的数学知识就可以加以应用。同时，它不仅可以为欧式期权定价，而且可以为美式期权定价；不仅可以为无收益资产定价，而且可以为有收益资产定价，应用相当广泛，目前已经成为金融界基本的期权定价方法之一。

20.4.1 二叉树模型的基本方法

我们从简单的无收益资产期权的定价开始讲解二叉树模型，之后再逐步加以扩展。

二叉树模型首先把期权的有效期分为很多很小的时间间隔 Δt ，并假设在每一个时间间隔 Δt 内证券价格只有两种运动的可能：从开始的 S 上升到原先的 u 倍，即到达 Su ；下降到原先的 d 倍，即 Sd （其中，$u>1$，$d<1$），如图 20-9 所示。价格上升的

概率假设为q，下降的概率假设为$1-q$。

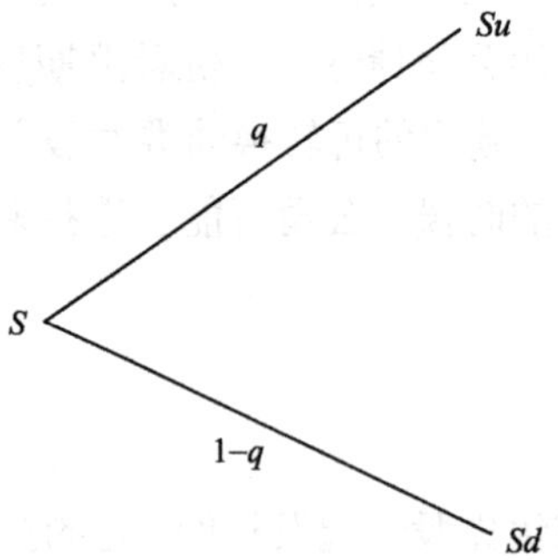

图 20-9　Δt 时间内资产价格的变动

相应地，期权价值也会有所不同，分别为f_u和f_d。

注意，在较大的时间间隔内，这种二值运动的假设当然不符合实际，但是当时间间隔非常小的时候，比如在每个瞬间，资产价格只有这两个运动方向的假设是可以接受的。因此，二叉树模型实际上是在用大量离散的小幅度二值运动来模拟连续的资产价格运动。

1. 单步二叉树模型

运用单步二叉树为期权定价，可以有两种方法：无套利方法和风险中性定价方法。

1）无套利定价法

由于期权和标的资产的风险源是相同的，在如图 20-9 所示的单步二叉树中，我们可以构造一个证券组合，包括Δ股资产多头和一个看涨期权空头。如果我们取适当的Δ值，使

$$Su\Delta - f_u = Sd\Delta - f_d$$

则无论资产价格是上升还是下跌，这个组合的价值都是相等的。也就是说，当$\Delta = \dfrac{f_u - f_d}{Su - Sd}$时，无论股票价格上升还是下跌，该组合的价值都相等。显然，该组合为无风险组合，因此我们可以用无风险利率对$Su\Delta - f_u$或$Sd\Delta - f_d$贴现来求该组合的现值。在无套利机会的假设下，该组合的收益现值应等于构造该组合的成本，即

$$S\Delta - f = \left(Su\Delta - f_u\right)e^{-r\Delta t}$$

将 $\Delta = \dfrac{f_u - f_d}{Su - Sd}$ 代入上式就可得到

$$f = e^{-r\Delta t}\left[\frac{e^{r\Delta t} - d}{u - d} f_u + \left(1 - \frac{e^{r\Delta t} - d}{u - d}\right) f_d\right] \tag{12}$$

2）风险中性定价法

在前面我们已经探讨过，期权定价可以在风险中性世界中进行，同样，我们也可以在二叉树模型中应用风险中性定价原理，确定参数 p、u 和 d，从而为期权定价。这是二叉树定价的一般方法。

在风险中性世界里：

（1）所有可交易证券的期望收益都是无风险利率。

（2）未来现金流可以用其期望值按无风险利率贴现。

在风险中性的条件下，标的证券的预期收益率应该等于无风险利率 r，因此若期初的证券价格为 S，则在很短的时间间隔 Δt 末的证券价格期望值应为 $Se^{r\Delta t}$。因此，参数 p、u 和 d 的值必须满足这个要求，即

$$Se^{r\Delta t} = pSu + (1-p)Sd$$

$$e^{r\Delta t} = pu + (1-p)d \tag{13}$$

二叉树模型也假设证券价格遵循几何布朗运动，那么在一个小时间段 Δt 内证券价格变化的方差是 $S^2 e^{2\mu(T-t)}[e^{\sigma^2(T-t)} - 1]$。根据方差的定义，变量 Q 的方差等于 $E(Q^2) - [E(Q)]^2$，因此

$$S^2 e^{2\mu(T-t)}[e^{\sigma^2(T-t)} - 1] = pS^2u^2 + (1-p)S^2d^2 - S^2[pu + (1-p)d]^2$$

$$e^{2\mu(T-t)}[e^{\sigma^2(T-t)} - 1] = pu^2 + (1-p)d^2 - [pu + (1-p)d]^2 \tag{14}$$

式（12）和式（13）给出了计算 p、u 和 d 的两个条件。第三个条件的设定则可以有所不同，Cox、Ross 和 Rubinstein 所用的条件是：

$$u = \frac{1}{d} \tag{15}$$

从以上三个条件求得，当 Δt 很小时：

$$p = \frac{e^{r\Delta t} - d}{u - d} \tag{16}$$

$$u = e^{\sigma\sqrt{\Delta t}} \tag{17}$$

$$d = e^{-\sigma\sqrt{\Delta t}} \tag{18}$$

从而

$$f = e^{-r\Delta t}\left[pf_u + (1-p)f_d\right] \tag{19}$$

比较以上两种方法我们可以得出，无套利定价法和风险中性定价法实际上具有内在一致性。首先，在无套利定价过程中，我们并没有考虑资产价格上升和下降的实际概率，由于资产预期收益率等于不同情况下收益率以概率为权重的加权平均值，在无套利定价法下无须考虑概率就意味着资产预期收益具有无关性，这正好符合风险中性的概念。其次，如果将式（16）代入式（12），最后的期权公式（15）和（19）实际上是完全相同的。那么如何理解公式（19）中的概率 p 呢？这里的概率实际上是风险中性世界中的概率而非实际的概率，因此资产的预期收益率仍然对期权定价是无关的。

一般来说，在运用二叉树方法时，风险中性定价是常用的方法，而无套利定价法则主要提供了一种定价思想。

2．多步二叉树模型：证券价格的树形结构

以上所述的单步二叉树模型虽然比较简单，但已包含了二叉树定价模型的基本原理和方法。因此，可以进一步拓展到多步二叉树模型。应用多步二叉树模型来表示证券价格变化的完整树形结构如图 20-10 所示。

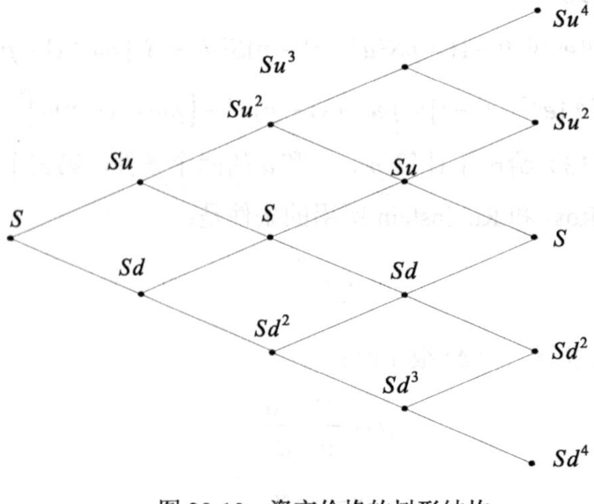

图 20-10　资产价格的树形结构

当时间为 0 时，证券价格为 S；时间为 Δt 时，证券价格要么上涨到 Su，要么下降到 Sd；时间为 $2\Delta t$ 时，证券价格就有三种可能，即 Su^2、Sud（等于 S）和 Sd^2，以此类推。一般而言，在 $i\Delta t$ 时刻，证券价格有 $i+1$ 种可能，它们可用符号表示为

$$Su^j d^{i-j}, \quad j = 0,1,\cdots,i$$

注意：由于 $u=\dfrac{1}{d}$，使得许多结点是重合的，从而大大简化了树图。

3．倒推定价法

得到每个结点的资产价格之后，就可以在二叉树模型中采用倒推定价法，从树形结构图的末端 T 时刻开始往回倒推，为期权定价。由于在到期 T 时刻的预期期权价值是已知的，例如看涨期权价值为 $\max(S_T - X,0)$，看跌期权价值为 $\max(X - S_T,0)$，因此，在风险中性条件下，在求解 $T-\Delta t$ 时刻的每个结点上的期权价值时，都可以通过将 T 时刻的期权价值的预期值在 Δt 时间长度内以无风险利率 r 贴现求出。同理，要求解 $T-2\Delta t$ 时刻的每一结点的期权价值时，也可以将 $T-\Delta t$ 时刻的期权价值预期值在时间 Δt 内以无风险利率 r 贴现求出，依此类推。采用这种倒推法，最终可以求出零时刻（当前时刻）的期权价值。

以上是欧式期权的情况，如果是美式期权，就要在树形结构的每个结点上比较在本时刻提前执行期权和继续持有 Δt 时间到下一时刻再执行期权，选择其中的较大者作为本结点的期权价值。

假设标的资产为不付红利股票，其当前市场价为 50 元，波动率为每年 40%，无风险连续复利年利率为 10%，该股票 5 个月期的美式看跌期权协议价格为 50 元，求该期权的价值。

为了构造二叉树，我们把期权有效期分为 5 段，每段一个月（等于 0.0833 年）。根据式（16）～式（18），可以算出：

$$u = e^{\sigma\sqrt{\Delta t}} = 1.1224$$

$$d = e^{-\sigma\sqrt{\Delta t}} = 0.8909$$

$$p = \frac{e^{r\Delta t} - d}{u - d} = 0.5076$$

$$1 - p = 0.4924$$

据此我们可以画出该股票在期权有效期内的树形图，如图 20-11 所示。在每个结点处有两个值，上面的值表示股票价格，下面的值表示期权价值。股价上涨概率总是

等于 0.5076，下跌概率总是等于 0.4924。

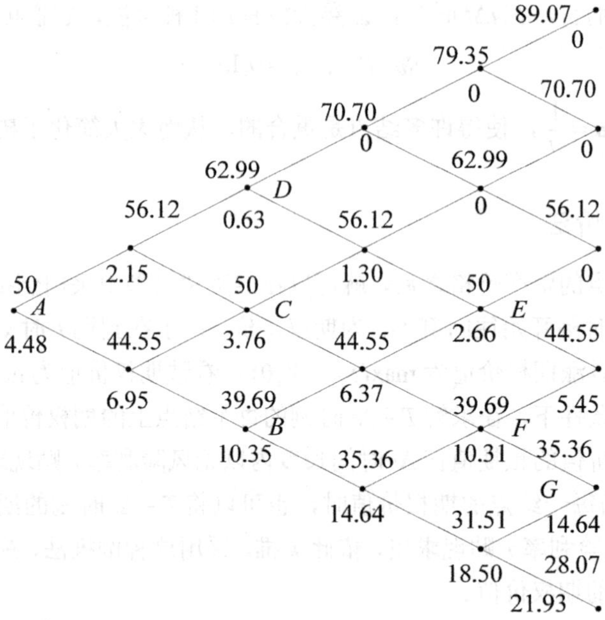

图 20-11　不付红利股票美式看跌期权二叉树

在 $i\Delta t$ 时刻，股票在第 j 个结点（$j=0,1,\cdots,i$）的价格等于 $Su^j d^{i-j}$。例如，F 结点（$i=4, j=1$）的股价等于 $50\times1.1224\times0.8909^3=39.69$（元）。在最后那些结点处，期权价值等于 $\max(X-S_T,0)$。例如，G 结点（$i=5, j=1$）的期权价格等于 50−35.36=14.64（元）。

从最后一列结点处的期权价值可以计算出倒数第二列结点处的期权价值。首先，我们假定在这些结点处期权没被提前执行，这意味着所计算的期权价值是 Δt 时间内期权价值期望值的现值。例如，E 结点（$i=4, j=2$）处的期权价值等于

$$(0.5076\times0+0.4924\times5.45)e^{-0.1\times0.0833}=2.66\text{（元）}$$

而 F 结点处的期权价值等于

$$(0.5076\times5.45+0.4924\times14.64)e^{-0.1\times0.0833}=9.90\text{（元）}$$

其次，我们要检查提前执行期权是否较有利。在 E 结点，提前执行将使期权价值为 0，因为股票市价和协议价格都等于 50 元，显然不应提前执行，因此 E 结点的期

权价值应为 2.66 元。而在 F 结点，如果提前执行，则期权价值等于 50.00–39.69=10.31（元），大于上述的 9.90 元。因此，若股价到达 F 结点，就应提前执行期权，从而 F 结点上的期权价值应为 10.31 元，而不是 9.90 元。

用相同的方法我们可以算出各结点处的期权价值，并最终倒推算出初始结点处的期权价值为 4.48 元。

如果我们把期权有效期分成更多小时段，那么结点数会更多，计算会更复杂，但得出的期权价值会更精确。当 Δt 非常小时，期权价值将等于 4.29 元。

4．二叉树方法的一般定价过程

下面我们给出用数学符号表示的二叉树期权定价方法，仍然举无收益证券的美式看跌期权为例。假设把该期权有效期划分成 N 个长度为 Δt 的小区间，令 $f_{ij}(0\leqslant i\leqslant N, 0\leqslant j\leqslant i)$ 表示在时间 $i\Delta t$ 第 j 个结点处的美式看跌期权的价值，我们将 f_{ij} 称为结点 (i,j) 的期权价值。同时用 Su^jd^{i-j} 表示结点 (i,j) 处的证券价格。由于美式看跌期权在到期时的价值是 $\max(X-S_T,0)$，所以有

$$f_{N,j}=\max(X-Su^jd^{N-j},0),\ j=0,1,\cdots,N$$

当时间从 $i\Delta t$ 变为 $(i+1)\Delta t$ 时，从结点 (i,j) 移动到结点 $(i+1,j+1)$ 的概率为 p，移动到结点 $(i+1,j)$ 的概率为 $1-p$。假定期权不被提前执行，则在风险中性条件下，有

$$f_{ij}=e^{-r\Delta t}[pf_{i+1,j+1}+(1-p)f_{i+1,j}]$$

其中，$0\leqslant i\leqslant N-1, 0\leqslant j\leqslant i$。如果考虑提前执行的可能性，式中的 f_{ij} 必须与期权的内在价值比较，由此可得

$$f_{ij}=\max\{X-Su^jd^{i-j},e^{-r\Delta t}[pf_{i+1,j+1}+(1-p)f_{i+1,j}]\}$$

按这种倒推法计算，当时间区间的划分趋于无穷大，或者说当每一区间 Δt 趋于 0 时，就可以求出美式看跌期权的准确价值。根据实践经验，一般将时间区间分成 30 步就可以得到较为理想的结果。

20.4.2 基本二叉树方法的扩展

1．有红利资产期权的定价

1）支付连续红利率资产的期权定价

当标的资产支付连续收益率为 q 的红利时，在风险中性条件下，证券价格的增长

率应该为$r-q$，因此式（13）就变为

$$e^{(r-q)\Delta t}=pu+(1-p)d$$

同时，式（16）变为

$$p=\frac{e^{(r-q)\Delta t}-d}{u-d} \tag{20}$$

式（17）和式（18）仍然适用。

显然，这一方法适用于支付连续红利率的股价指数期权、外汇期权和期货期权。

2）支付已知红利率资产的期权定价

若标的资产在未来某一确定时间将支付已知红利率δ（红利与资产价格之比），我们只要调整在各个结点上的证券价格，就可以算出期权价格。调整方法如下。

如果时刻$i\Delta t$在除权日之前，则结点处的证券价格仍为

$$Su^j d^{i-j}, j=0,1,\cdots,i$$

如果时刻$i\Delta t$在除权日之后，则结点处的证券价格相应调整为

$$S(1-\delta)u^j d^{i-j} \quad j=0,1,\cdots,i$$

对在期权有效期内有多个已知红利率的情况，也可进行同样处理。若δ_i为$0\sim i\Delta t$时刻所有除权日的总红利支付率，则$i\Delta t$时刻结点的相应证券价格为

$$S(1-\delta_i)u^j d^{i-j}$$

3）已知红利额

若标的资产在未来某一确定日期将支付一个确定数额的红利而不是一个确定的比率，则除权后二叉树的分支将不再重合，这意味着所要估算的结点的数量可能变得很大，特别是在支付多次已知数额红利的情况下将更为复杂，如图20-12所示。

为了简化这个问题，我们可以把证券价格分为两部分：一部分是不确定的；另一部分是期权有效期内所有未来红利的现值。假设在期权有效期内只有一次红利，除息日τ在$k\Delta t\sim(k+1)\Delta t$之间，则在$i\Delta t$时刻不确定部分的价值$S^*$为

$$\begin{cases} S^*(i\Delta t)=S(i\Delta t),\ i\Delta t>\tau \\ S^*(i\Delta t)=S(i\Delta t)-De^{-r(\tau-i\Delta t)},\ i\Delta t\leqslant\tau \end{cases} \tag{21}$$

其中，D表示红利。设σ^*为S^*的标准差，假设σ^*是常数，用σ^*代替式（16）～式（18）中的σ就可计算出参数p、u和d，这样就可无须考虑红利问题，而直接用通常的方

法构造出 S^* 的二叉树。通过应用式（21），把未来收益现值加在每个结点的证券价格上，就会使 S^* 的二叉树图得以转化，从而得到 S 的二叉树图。

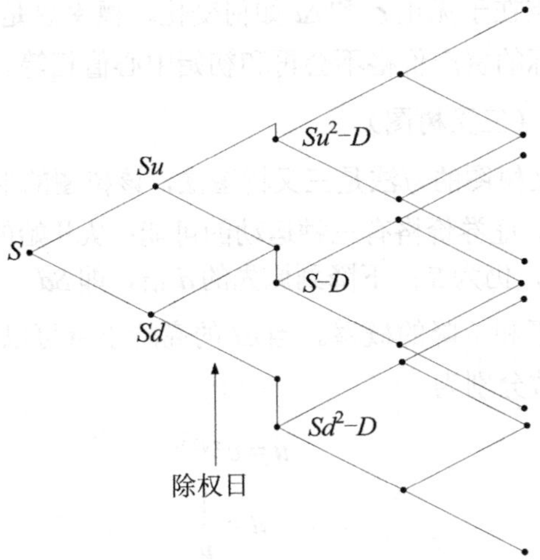

图 20-12 假设红利数额已知且波动率为常数时的二叉树图

假设零时刻 S^* 的值为 S_0^*，则在 $i\Delta t$ 时刻：

当 $i\Delta t \leqslant \tau$ 时，这棵树上每个结点对应的证券价格为

$$S_0^* u^j d^{i-j} + De^{-r(\tau - i\Delta t)} \qquad j = 0,1,\cdots,i$$

当 $i\Delta t > \tau$ 时，这棵树上每个结点对应的证券价格为

$$S_0^* u^j d^{i-j} \qquad j = 0,1,\cdots,i$$

这种方法和我们曾经分析的在已知红利数额的情况下应用 Black-Scholes 公式中所用的方法一致，通过这种分离，我们可以重新得到重合的分支，减少结点数量，简化定价过程。同时，这种方法还可以直接推广到处理多个红利的情况。

2. 构造树图的其他方法和思路

1）$p = 0.5$ 的二叉树图

在式（13）～式（15）中，前两个式子是确定参数 p、u 和 d 的固定条件，而第三个条件 $u = \frac{1}{d}$ 是人为给定的，也是最常用的条件，但它并不是唯一的。我们也可以放弃这个假设，转而令 $p = 0.5$，当 Δt 的高阶小量可以忽略时，我们得到

$$u = e^{\left(r-q-\sigma^2/2\right)\Delta t+\sigma^2\sqrt{\Delta t}}$$

$$d = e^{\left(r-q-\sigma^2/2\right)\Delta t-\sigma^2\sqrt{\Delta t}}$$

这种方法的优点在于无论 σ 和 Δt 如何变化，概率总是不变的；缺点在于二叉树图中的中心线上的标的资产价格不会再和初始中心值相等。

2）三项式树图（三叉树图）

另一种替代二叉树图的方法是三叉树图法，该树图的形状如图 20-13 所示。在每一个时间间隔 Δt 内，证券价格有三种运动的可能：从开始的 S 上升到原先的 u 倍，即到达 Su；保持不变，仍为 S；下降到原先的 d 倍，即 Sd 。p_u、p_m、p_d 分别为每个结点价格上升、持平和下降的概率。当 Δt 的高阶小量可以忽略时，满足资产价格变化均值和方差的参数分别为

$$u = e^{\sigma\sqrt{3\Delta t}}$$

$$d = \frac{1}{u}$$

$$p_d = -\sqrt{\frac{\Delta t}{12\sigma^2}}\left(r-q-\frac{\sigma^2}{2}\right)+\frac{1}{6}$$

$$p_u = \sqrt{\frac{\Delta t}{12\sigma^2}}\left(r-q-\frac{\sigma^2}{2}\right)+\frac{1}{6}$$

$$p_m = \frac{2}{3}$$

三叉树图的计算过程与二叉树图相似。

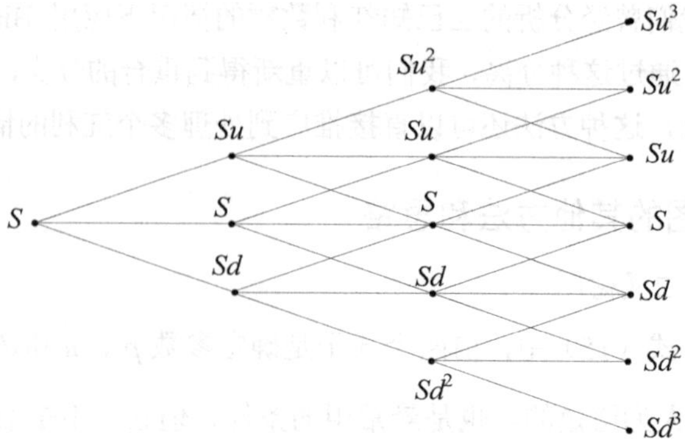

图 20-13　资产价格的三叉树图

3）控制方差技术

控制方差技术是数值方法的一个辅助技术，其基本原理为：期权 A 和期权 B 的性质相似（比如其他条件都相同的欧式期权和美式期权），我们可以得到期权 B 的解析定价公式，而只能得到期权 A 的数值方法解。用 f_B 代表期权 B 的真实价值（解析解），f_A 表示关于期权 A 的较优估计值，$\hat{f}_A$ 和 $\hat{f}_B$ 表示用同一个二叉树过程得到的估计值。这时，我们假设用数值方法计算出的期权 B 的误差应等于用数值方法计算出的期权 A 的误差：

$$f_B-\hat{f}_B=f_A-\hat{f}_A$$

进而得到期权 A 的更优估计值为

$$f_A=\hat{f}_A+f_B-\hat{f}_B$$

可以证明，当 $\hat{f}_A$ 和 $\hat{f}_B$ 之间的协方差较大时，$\mathrm{Var}(f_A)<\mathrm{Var}\left(\hat{f}_A\right)$，也就是说这种方法减少了对期权 A 的价值估计的方差，我们利用 f_B 和 $\hat{f}_B$ 的信息改进了对期权 A 的价值的估计。

可以看出，控制方差技术实际上是利用数值方法计算两个类似期权之间的价格差异而不是计算期权价格本身。虽然从计算工作量来看，我们需要计算两个估计值 $\hat{f}_A$ 和 $\hat{f}_B$，但是由于两个期权的性质相似或路径相同，实际增加的工作量并不大。

20.4.3 二叉树定价模型的深入理解

由上可见，二叉树模型的基本出发点在于：假设资产价格的运动是由大量的小幅度二值运动构成的，用离散的随机游走模型模拟资产价格的连续运动可能遵循的路径。同时二叉树模型与风险中性定价原理相一致，即模型中的收益率和贴现率均为无风险收益率，资产价格向上运动和向下运动的实际概率并没有进入二叉树模型，模型中隐含导出的概率 p 是风险中性世界中的概率，从而为期权定价。实际上，当二叉树模型相继两步之间的时间长度趋于零的时候，该模型将会收敛到连续的对数正态分布模型，即 Black-Scholes 偏微分方程。

取当前时刻为 $t-\Delta t$（这是为了后面计算的方便，并不影响结论），在给定参数 p、u 和 d 的条件下（注意这里并未限定求 p、u 和 d 的第三个条件，而是一般适用的），当 $\Delta t\to 0$ 时，二叉树公式

$$f(S,t-\Delta t)=\left[pf(Su,t)+(1-p)f(Sd,t)\right]e^{-r\Delta t}$$

可以在(S,t)进行泰勒展开，最终可以化简为

$$\frac{\partial f}{\partial t}(S,t)+rS\frac{\partial f}{\partial S}(S,t)+\frac{1}{2}\sigma^2S^2\frac{\partial^2 f}{\partial S^2}(S,t)-rf(S,t)+o(\Delta t)=0$$

Δt的高阶小量$o(\Delta t)$可以忽略，从而说明离散二叉树模型和连续 Black-Scholes 模型是十分相似的，在$\Delta t\to 0$时，二叉树模型收敛于 Black-Scholes 偏微分方程。

二叉树模型和 Black-Scholes 模型的另一个相似点在于，它们都可以通过选取适当的Δ值，构造一个由Δ份的标的资产多头和 1 份期权空头组成的无套利组合。二叉树模型中的Δ值满足$\Delta_1=\frac{f_u-f_d}{S_u-S_d}$，Black-Scholes 模型中的Δ则满足$\Delta_2=\frac{\partial f}{\partial S}$，之后二者都可以利用这个无套利组合为期权定价。这里我们可以看到Δ_1的极限就是Δ_2，又一次验证了二叉树模型和 Black-Scholes 模型的一致性。但是，三叉树图模型则无法实现这样一个无套利组合，需要运用其他方法来构造。

20.5 股票定价模型

股票定价是传统的价值投资者需要考虑的问题，在进行买入、卖出操作之前，需要对股票的实际价值给予准确的定价。股票的价格与公司的内在价值有关，如何根据公司的内在价值回推当前的股价是低估还是高估，是股票投资的核心问题。

1．零增长模型

零增长模型假定股利增长率等于零，即 G=0，也就是说未来的股利按一个固定数量支付。

假定某公司在未来无限时期支付的每股股利为 8 元，其公司的必要收益率为 10%，可知一股该公司股票的价值为 8 / 0.10=80（元），而当时一股股票价格为 65 元，每股股票净现值为 80–65=15（元），因此该股股票被低估 15 元，因此建议购买该种股票。

零增长模型的应用似乎受到相当的限制，毕竟假定对某种股票永远支付固定的股利是不合理的。但在特定的情况下，在决定普通股票的价值时，这种模型也是相当有用的，尤其是在决定优先股的内在价值时。因为大多数优先股支付的股利不会因每股收益的变化而发生改变，而且由于优先股没有固定的生命期，预期支付显然是能永远进行下去的。

2. 不变增长模型

（1）一般形式。如果我们假设股利永远按不变的增长率增长，那么就会建立不变增长模型。

假如去年某公司支付每股股利为 1.80 元，预计在未来一段时间内该公司股票的股利按每年 5%的速率增长。因此，预期下一年股利为 1.80×(1+0.05)=1.89 元。假定必要收益率是 11%，该公司的股票价格为 1.80×[(1+0.05)/(0.11−0.05)]=1.89/(0.11−0.05)=31.50（元）。而当今每股股票价格是 40 元，因此，股票被高估 8.50 元，建议当前持有该股票的投资者出售该股票。

（2）与零增长模型的关系。零增长模型实际上是不变增长模型的一个特例。特别是，假定增长率恒等于零，则股利将永远按固定数量支付，这时，不变增长模型就是零增长模型。

从这两种模型来看，虽然不变增长模型的假设比零增长模型的假设有较小的应用限制，但在很多情况下仍然被认为是不现实的。但是，不变增长模型却是多元增长模型的基础，因此这种模型极为重要。

3. 多元增长模型

多元增长模型是被普遍用来确定普通股票内在价值的贴现现金流模型。这一模型假设股利的变动在一段时间内并没有特定的模式可以预测，在此段时间以后，股利按不变增长模型进行变动。因此，股利流可以分为两部分。

第一部分包括在股利无规则变化时期的所有预期股利的现值，用 V_{T-}来表示，其值为

$$V_{T-}=\sum_{t=1}^{T}\frac{D_t}{(1+t)^t}$$

第二部分包括从时点 T 来看的股利不变增长率变动时期的所有预期股利的现值。因此，该种股票在时间点的价值（V_T）可通过不变增长模型的方程

$$V=\frac{D_1}{k-g}$$

求出

$$V_T=\frac{D_{T+1}}{k-g}$$

但目前投资者处于 t=0 时刻，而不是 t=T 时刻来决定股票的现金流的现值。于是，T 时刻以后的所有股利的贴现值 V_{T+}在 t=0 时刻表示为

$$V_{T+}=\frac{V_T}{(1+k)^T}=\frac{D_{T+1}}{(k-g)(1+k)^T}$$

根据两部分的方程，我们得出直到 T 时刻为止的所有股利现金流的现值 V_{T-}，以及在 T 时刻以后的所有股利的贴现值 V_{T+}，于是这两部分的总和就是股票的内在价值，用公式表示如下：

$$V=V_{T-}+V_{T+}=\sum_{t=1}^{T}\frac{D_t}{(1+k)^t}+\frac{D_{T+1}}{(k-g)(1+k)^T}$$

假定 A 公司股票价格为 55 元，上年支付的每股股利为 0.75 元，下一年预期支付的每股股利为 2 元，因而

$$g_1=\frac{D_1-D_0}{D_0}=\frac{2-0.75}{0.75}=167\%$$

再下一年预期支付的每股股利为 3 元，即

$$g_2=\frac{D_2-D_1}{D_1}=\frac{3-2}{2}=50\%$$

从 T=2 时，预期在未来无限时期，股利按每年 10%的速度增长，即 $D_3=D_2(1+10\%)=3\times1.1=3.3$（元）。假定该公司的必要收益率为 15%，可按如下公式分别计算 V_{T-}和 V_{T+}。

$$V_{T-}=\frac{2}{1+0.15}+\frac{3}{(1+0.15)^2}=4.01\ （元）$$

$$V_{T+}=\frac{3.3}{(0.15-0.10)(1+0.15)^2}=49.91\ （元）$$

$$V=V_{T-}+V_{T+}=4.01+49.91=53.92\ （元）$$

该价格与目前每股股票价格 55 元相比较，似乎股票的定价相当公平，即该股票没有被错误定价。

（2）内部收益率。零增长模型和不变增长模型都有一个简单的关于内部收益率的公式，而对于多元增长模型而言，不可能得到如此简洁的表达式。在计算内在价值的方程中，用 P 替换 V，用 k*代替 k，可得到：

$$P=\sum_{t=1}^{T}\frac{D_t}{(1+k^*)^t}+\frac{D_{T+1}}{(k^*-g)(1+k^*)^T}$$

虽然我们不能得到一个简洁的内部收益率的表达式，但是仍可以运用试错方法，计算出多元增长模型的内部收益率。即在建立方程之后，代入一个假定的 k^*后，如果方程右边的值大于 P，则说明假定的 k^*太小；相反，如果代入一个选定的 k^*后，方程右边的值小于 P，则说明选定的 k^*太大。继续试选 k^*，最终选出使等式成立的 k^*。

按照这种试错方法，我们可以得出 A 公司股票的内部收益率是 14.9%。把给定的必要收益 15%和该近似的内部收益率 14.9%相比较，可知，该公司股票的定价相当公平。

（3）二元模型和三元模型。有时投资者会使用二元模型和三元模型。二元模型假定在时间 T 以前存在一个股利发放的不变增长速度 g_1，在时间 T 以后有另一个不变增长速度 g_2。三元模型把股利发放分为三期，并假定在 T_1 时间前股利发放的不变增长速度为 g_1，在 T_1 和 T_2 时间之间不变增长速度为 g_2，在 T_2 时间以后不变增长速度为 g_3。设 V_{T+}表示在最后一个增长速度开始后的所有股利的现值，V_{T-}表示在这以前所有股利的现值，可知这些模型实际上是多元增长模型的特例。

4．市盈率估价方法

市盈率，又称价格收益比率，它是每股价格与每股收益之间的比率，其计算公式为：每股价格=市盈率×每股收益。

如果我们能分别估计出股票的市盈率和每股收益，那么我们就能间接地由此公式估计出股票价格。这种评价股票价格的方法就是“市盈率估价方法”。

5．贴现现金流模型

贴现现金流模型是运用收入的资本化定价方法来决定普通股票的内在价值的。按照收入的资本化定价方法，任何资产的内在价值是由拥有这种资产的投资者在未来时期中所接受的现金流决定的。由于现金流是未来时期的预期值，因此必须按照一定的贴现率返还成现值，也就是说，一种资产的内在价值等于预期现金流的贴现值。对于股票来说，这种预期的现金流即在未来时期预期支付的股利，因此，贴现现金流模型的公式为

$$\mathrm{V}=\sum_{t=1}^{n}\frac{D_t}{(1+K)^t}$$

式中，D_t 为在时间 T 内与某一特定普通股相联系的预期的现金流，即在未来时期以现

金形式表示的每股股票的股利；K 为在一定风险程度下现金流的合适的贴现率；V 为股票的内在价值。

在这个方程里，假定在所有时期内贴现率都是一样的。由该方程我们可以引出净现值这个概念。净现值等于内在价值与成本之差，即

$$NPV=V-P$$

式中，P 为在 $t=0$ 时刻购买股票的成本。

如果 $NPV>0$，则意味着所有预期的现金流入的净现值之和大于投资成本，即这种股票的价格被低估，因此购买这种股票可行。

如果 $NPV<0$，则意味着所有预期的现金流入的净现值之和小于投资成本，即这种股票的价格被高估，因此不可购买这种股票。

在了解了净现值之后，我们便可引出内部收益率这个概念。内部收益率就是使投资净现值等于零的贴现率。如果用 K^* 代表内部收益率，通过方程可得

$$K^*=\frac{Kh-(Kh-kl)\times NPVh}{NPVl-NPVh}$$

由方程可以解出内部收益率 K^*。把 K^* 与具有同等风险水平的股票的必要收益率（用 K 表示）相比较：如果 $K^*>K$，则可以购买这种股票；如果 $K^*<K$，则不要购买这种股票。

估算一股普通股票的内在价值时存在一个麻烦问题，即投资者必须预测所有未来时期支付的股利。由于普通股票没有一个固定的生命周期，因此建议使用无限时期的股利流，这就需要加上一些假定：（1）股息在支付时间上是永久性的；（2）股息的增长速度是一个常数；（3）模型中的贴现率大于股息增长率。

这些假定始终围绕着股利增长率。一般来说，在时点 T，每股股利被看成在时刻 $T-1$ 时的每股股利乘上股利增长率 GT，其计 $D(T)=D(T-1)\times(1+GT)$。

例如，如果预期在 $T=3$ 时每股股利是 4 美元，在 $T=4$ 时每股股利是 4.2 美元，那么根据股利增长率恒定的假定，可推算出 $T=n$ 时每股股利是 $4\times(1.05)^{(n-3)}$美元。

6. 开放式基金的价格决定

开放式基金由于经常不断地按客户要求购回或者卖出自己公司的股份，因此，开放式基金的价格分为两种，即申购价格和赎回价格。

1）申购价格

开放式基金由于负有在中途购回股票的义务，所以它的股票一般不进入股票市场流通买卖，而主要在场外进行。投资者在购入开放式基金时，除了支付资产净值，还要支付一定的销售附加费用。也就是说，开放公司股票的申购价格包括资产净值和弥补发行成本的销售费用，该附加费一般保持在 4%～9%的水平上，通常为 8.5%，并且在投资者大量购买时，可给予一定的优惠。开放式基金的申购价格、资产净值和附加费之间的关系可用下式表示：

$$\text{申购价格}=\frac{\text{资产净值}}{1-\text{附加费}}$$

例如，某开放式基金的资产净值为 10 元，其附加费为 8%，则其申购价格为 10/(1−8%)=10.87（元）。

但是，对于一般的投资者来说，该附加费是一笔不小的成本，增加了投资风险。因此出现了一些不计费的开放式基金，其销售价格直接等于资产净值，投资者在购买该种基金时，无须交纳销售费用，也就是说：

申购价格=资产净值

可见，无论是计费式还是不计费的开放式基金，其申购价格都与其资产净值直接相关，且成正比例关系。

2）赎回价格

开放式基金承诺可以在任何时候根据投资者的个人意愿赎回其股票。对于赎回时不收取任何费用的开放式基金来说：

赎回价格=资产净值

有些开放式基金赎回时是收取费用的，费用的收取是按照基金投资年数不同而设立不同的赎回费率，持有基金券时间越长，费率越低，当然也有一些基金收取的是统一费率。在这种情况下，开放式基金的赎回价格与资产净值、附加费的关系是：

赎回价格=资产净值+附加费

可见，开放式基金的价格仅与资产净值密切相关（在相关费用确定的条件下），只要资产净值估算准确，基金的申购和赎回没有任何问题。

7. 封闭式基金的价格决定

封闭式基金的价格除受到上述因素影响外，还受到杠杆效应高低程度的影响。封闭式基金发行普通股是一次性的，即：基金的资金额筹集完后就封闭起来，不再发行普通股。但是由于管理上的需要，这类公司也可以通过发行优先股和公司债券作为资本结构的一部分，形成末偿优先债券，并且能够获得银行贷款。这对公司的普通股股东来说，他们的收益就要受到杠杆作用的影响。优先证券对资产和收益有固定的权利。因此，当公司资产和收益总值（利息和优先股股息支付的收益）上升时，普通股的股东收益就会增加，不仅可以得到更多的股息，而且能够获得资本收益。也就是说，当基金资产价值提高时，基金普通股增长更快；反之，当基金资产价值下降时，基金普通股也下降更快。这种杠杆效应往往使某些封闭式基金公司的普通股市场价值的增减超过总体市场的升降。封闭式基金由于不承担购回其股票的义务，其股票只有在公开市场上出售才能回收；同时由于杠杆效应的影响，使得封闭式基金的普通股价格不如开放式基金的普通股价格稳定，它们的价格就如同一家商业性公司的股票价格一样，其单股资产价值与市场价值之间存在一个显著的离差。封闭式基金的价格决定可以利用普通股价格决定公式进行。

8. 可转换证券

1）可转换证券的价值

可转换证券赋予投资者以将其持有的债务或优先股按规定的价格和比例，在规定的时间内转换成普通股的选择权。可转换证券有两种价值：理论价值和转换价值。

（1）理论价值。可转换证券的理论价值是指当它作为不具有转换选择权时的一种证券的价值。估计可转换证券的理论价值，必须首先估计与它具有同等资信和类似投资特点的不可转换证券的必要收益率，然后利用这个必要收益率算出它未来现金流量的现值。

（2）转换价值。如果一种可转换证券可以立即转让，它可转换的普通股票的市场价值与转换比率的乘积便是转换价值，即

$$转换价值=普通股票市场价值\times转换比率$$

式中，转换比率为债权持有人获得的每一份债券可转换的股票数。

2）可转换证券的市场价格

可转换债券的市场价格必须保持在它的理论价值和转换价值之上。如果价格在理

论价值之下，则该证券价格被低估，这是显然易见的；如果可转换证券价格在转换价值之下，购买该证券并立即转换为股票就有利可图，从而使该证券价格上涨直到转换价值之上。为了更好地理解这一点，我们引入转换平价这个概念。

（1）转换平价。转换平价是可转换证券市场价值（即市场价格）等于该可转换证券转换价值时的标的股票的每股价格，除非发生特定情形如发售新股、配股、送股、派息、股份的折换与合并，以及公司兼并、收购等情况下，转换价格一般不作任何调整。前文所说的转换比率，实质上就是转换价格的另一种表示方式。

转换平价=可转换证券的市场价格/转换比率

转换平价是一个非常有用的数字，因为一旦实际股票市场价格上升到转换平价水平，任何进一步的股票价格上升肯定会使可转换证券的价值增加。因此，转换平价可视为一个盈亏平衡点。

（2）转换升水和转换贴水。一般来说，投资者在购买可转换证券时都要支付一笔转换升水。每股的转换升水等于转换平价与普通股票当期市场价格（也称为基准股价）的差额，或者说是可转换证券持有人在将债券转换成股票时，相对于当初认购转换证券时的股票价格（基准股价）而做出的让步，通常被表示为当期市场价格的百分比，公式为

转换升水=转换平价–基准股价

转换升水比率=转换升水/基准股价

而如果转换平价小于基准股价，则基准股价与转换平价的差额就被称为转换贴水，公式为

转换贴水=基准股价–转换平价

转换贴水比率=转换贴水/基准股价

转换贴水的出现与可转换证券的溢价出售相关。

（3）转换期限。可转换证券具有一定的转换期限，它是说该证券持有人在该期限内，有权将持有的可转换证券转换为公司股票。转换期限通常是从发行日之后若干年起至债务到期日止。

例如，某公司的可转换债券，年利率为 10.25%，2000 年 12 月 31 日到期，其转换价格为 30 元，其股票基准价格为 20 元，该债券价格为 1200 元。

转换率=1200/300=40

$$转换升水=30-20=10（元）$$

$$转换升水比率=10/20=50\%$$

9．优先认股权的价格

优先认股权是指在发行新股票时，应给予现有股东优先购买新股票的权利。其做法是给每个股东一份证书，写明他有权购买新股票的数量，数量多少根据股东现有股数乘以规定比例求得。一般来说，新股票的定价低于股票市价，从而使优先认股权具有价值。股东可以行使该权利，也可以转让给他人。

1）附权优先认股权的价值

优先认股权通常在某一股权登记日前颁发。在此之前购买的股东享有优先认股权，或者说此时股票的市场价格含有分享新发行股票的优先权，因此称为“附权优先认股权”，其价值可由下式求得：

$$M-(RN+S)=R \tag{21}$$

式中，M 为附权股票的市价；R 为附权优先认股权的价值；N 为购买 1 股股票所需的股权数；S 为新股票的认购价。

该式可作以下解释：投资者可以在股权登记日前购买 1 股股票，应该付出市价 M，同时也获得 1 股权；投资者也可以购买申购 1 股新股所需的若干股权，价格为 RN，并且付出每股认购价 S 的金额。这两种选择都可以获得 1 股股票，唯一的差别在于，前一种选择多获得 1 股权。因此，这两种选择的成本差额，即 $M-(RN+S)$，必然等于股权价值 R。

重写方程，可得

$$R=(M-S)/(N+1) \tag{22}$$

例如，如果分配给现有股东的新发行股票与原有股票的比例为 1 : 5，每股认购价格为 30 元，原有股票每股市价为 40 元，则在股权登记日前此附权优先认股权的价值为

$$40-30/5+1=1.674（元）$$

于是，无优先认股权的股票价格将下降到

$$40-1.67=38.33（元）$$

2）除权优先认股权的价值

在股权登记日以后，股票的市场价格中将不再含有新发行股票的认购权，其优先认股权的价值也按比例下降，此时就被称为“除权优先认股权”。其价值可由下式得到：

$$M-(RN+S)=0 \tag{23}$$

式中，M 为除权股票的市价；R 为附权优先认股权的价值；N 为购买 1 股股票所需的认股权数；S 为新股票的认购价。

此式原理与式（21）完全一致。投资者可在公开市场购买 1 股股票，付出成本 M；或者购买申购 1 股股票所需的认股权，并付出 1 股的认购金额，其总成本为 $RN+S$。这两种选择完全相同，都是为投资者提供1股股票，因此成本应该是相同的，其差额为 0。

把公式（23）进行改写，可得

$$R=(M-S)/N \tag{24}$$

在前面的例子中，除权后，认股权的价值应为

$$(38.33-30)/5=1.666\text{（元）}$$

3）优先认股权的杠杆作用

优先认股权的主要特点之一就是它能提供较大程度的杠杆作用，也就是说优先认股权的价格要比其可购买的股票价格的增长或减小的速度快得多。例如，某公司股票在除权之后的价格为 15 元，其优先认股权的认购价格为 5 元，认购比率为 1∶4，则其优先认股权的价格为(15−5)/4=2.5（元）。假定公司收益改善的良好前景使股票价格上升到 30 元，增长 100%，则优先认股权的价格为(30−5)/4=6.25 元，增长(6.25−2.5)/2.5=150%，远快于股票价格的增长速度。

第 21 章　金融市场理论

◆ 摘要 ◆

传统的定价理论都基于一个假设：投资者是理性的。但在实际的市场运用中，越来越多的证据表明，投资者并不是完全理性的，因此金融市场本身可能并不是一个完美的市场，这就带来了与金融市场本身特性有关的研究课题。随机游走理论认为金融产品的价格与历史数据完全无关，是无法被预测的。有效市场假说则将金融市场的成熟程度分为弱有效、半强有效和强有效三个层次；在不同的层次所需的分析信息是不一样的。行为金融学则认为投资者的情绪、认知缺乏会造成市场的异常，这些异常会长期存在，从而带来套利机会。分形市场则将分形几何用于金融市场的建模和分析，并且发展了多个指标，如 Hurst 指数等，以此来对金融市场走势进行判断。

21.1　有效市场假说

21.1.1　随机游走理论

自 20 世纪 60 年代以来，现代证券理论中讨论的一个重要内容是有效市场假说理论（Efficient Market Hypothesis，EMH），即证券的价格是否充分地反映了所有能获得的信息。

有效市场假说可以追溯到“随机游走”（Random Walk）理论。法国经济学家巴歇利埃（Louis Bachelier）1900 年在研究法国商品价格走势时惊奇地发现，这些商品的价格呈随机波动，也就是说某种商品的当前价格是其未来价格的无偏估计值。

其假设有以下三点：

（1）在市场上的每个人都是理性的经济人。

（2）股票的价格反映了这些理性人的供求的平衡。

（3）股票的价格也能充分反映该资产所有可获得的信息。

1905 年美国《自然》杂志刊登的一封通信中，向人们提出了这样一个问题：如果将一个醉汉置于荒郊野外，之后又需将他找回来，那么，从什么地方开始找起最好呢?答案是从醉汉最初所在的地点找起，该地点可能是醉汉未来位置的最佳估计值，因为我们假设醉汉是以一种不可预期的或随机的方式游走的。这篇文章首次将这一规律定义为“随机游走”。

在金融学领域，“随机游走”（Random Walk）是指基于过去的表现，无法预测将来的发展步骤和方向。应用到股市上，则意味着股票价格的短期走势不可预知，意味着投资咨询服务、收益预测和复杂的图表模型全无用处。

根据时间和资产收益率之间的相关程度不同，随机游走模型有多种不同的形式。由于其模型数学公式和处理方法皆为抽象表述，并且对本文研究的事物没有直接影响，这里只作文字上的描述。

（1）若本期收益率与下一期收益率没有相关关系，且对一组样本来说，收益率残差为独立同分布，则称为 1 类随机游走模型。

（2）若本期收益率与下一期收益率没有相关关系，且对一组样本来说，收益率残差相互独立，则称为 2 类随机游走模型。

（3）若本期收益率不受上一期收益率的影响，但与下一期收益率之间有线性关系，则称为“鞅”。

（4）若本期收益率与下一期收益率线性相关，即某一期的收益率完全取决于上一期收益率时，则称为 3 类随机游走模型。

现代文献中关于 EMH 的论述以芝加哥大学财务学专家尤金·法玛对有效市场假说的阐述最为系统。有效市场假说认为，证券在任何一个时点的价格均对所有相关信息做出了反应，股票价格的任何变化只会由新信息引起。由于新信息不可预测，所以股票价格的变化也是随机的，在一个有效市场上，将不存在证券价格被高估或者被低估的情况，投资者将不可能根据已知信息获利。

有效市场假说理论下的有效市场概念指的是信息有效，它既不同于通常所指的资源有效配置的帕累托有效，也不同于马科维茨关于组合均值方差有效组合的概念。

在一个高度竞争市场，有效市场假说具有直观的合理性：由于市场上存在大量的投资者，这些投资者都在努力寻求一切获利机会，都在把自己掌握的信息用于投资活动，因此人们有理由期待股票价格充分反映所有已知信息，新信息会立即在股票价格上得到反映。

尽管如此，在市场是否有效的问题上，争论一直在持续：如果市场是有效的，那么追求优越的投资表现就变得毫无意义；但是反过来，没有人去追求优越的投资表现，市场就不可能变得有效，这就是所谓的“有效市场悖论”。

21.1.2 有效市场形式

市场不可能是严格有效的，也不可能是严格无效的，市场的有效性只是一个程度的问题。法玛首先将信息分为历史信息、公开信息及全部信息（包括内幕信息）三类（见图 21-1），并在此基础上将市场的有效性分为三种形式：弱有效市场、半强有效市场和强有效市场。

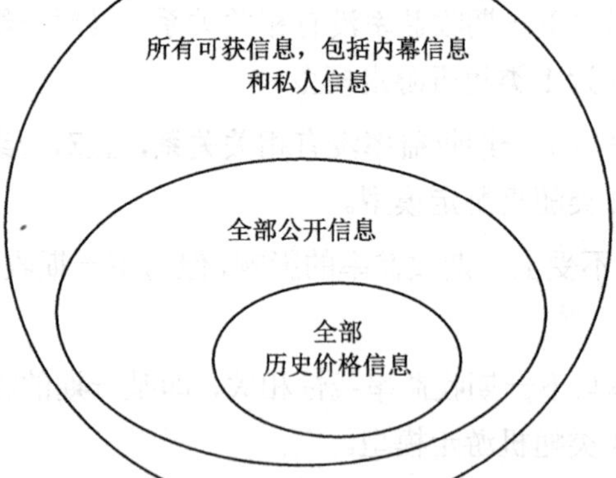

图 21-1 信息的分类

图 21-1 中最外层的区域表示全部可获知的信息，包括全部历史价格信息、全部公开信息及内幕信息、私人信息等所有可能给证券价格带来影响的信息；中间区域则仅包括全部公开信息；最内层则包括全部历史价格信息。三层信息的关系是外层信息包括全部内层信息。

弱有效市场认为，当前的股票价格已经充分反映了全部历史价格信息，如价格走势、成交量等。因此，试图通过分析历史价格信息数据预测未来股价走势，期望从过去的价格数据中获益将是徒劳的。也就是说，市场如果是弱有效的，那么投资分析中的技术分析将不再有效。

半强有效市场认为，当前的股票价格已经充分反映了与公司前景有关的全部公开信息。公开信息除了包括历史价格信息，还包括公司的公开信息、竞争对手的信息、经济及行业的公开信息等。因此，试图通过分析公开信息获取超额收益是不可能的，这样半强有效市场又进一步否定了基本面分析存在的基础。

强有效市场认为，当前股票价格反映了全部信息的影响，全部信息不但包括历史价格信息、全部公开信息，而且包括私人信息及未公开的内幕信息等。这是一个极端的假设，是对任何内幕信息价值的否定。

21.1.3 有效市场理论的应用

1. 投资者类型

技术分析流派是蒙昧时期的股票投资理论，它是精明的投资者对股票价格进行长期观察并积累经验，逐步归纳总结出来的有关股票市场运动的若干所谓的“规律”。技术分析流派普遍认为，股票价格受着某种神秘力量或神秘数字的支配，按照自身独特的方式运行。

基本分析流派是通过分析上市公司基本的历史财务信息，从而决定股票的买进或卖出的理论。信奉价值投资法的投资者认为，每一家上市公司都有其内在价值，股票价格是公司内在价值的指示器。他们使用一系列估价工具来判断一只股票的价格相对其内在价值是高估了还是低估了，从而做出自己的投资决策。

2. 不同种类投资者在两类市场上理论的运用

1）技术分析流

技术分析流派的理论从根本上说，是长期投资实践经验积累的结果，它在某种程度上揭示和运用了大众投资心理规律。它在描述和预测股市总体趋势上有一定的准确性，其所使用的一些技术指标对于预测股市的短期波动有一定的指导意义。技术分析流派的缺点是，它主张按趋势操作，但在实践中很难把握事物发展过程中量变与质变的界限，事后来看趋势很清楚，但在当时却很难抉择。

2）基本分析流

基本分析流派的理论否认市场是理性的和有效率的，认为市场价格是数百万计的投资者心理活动的结果。情绪与其他一些因素都在影响着股市，多数时间内股票市场是不正常、不理性的，所以，可以根据一些基本分析指标找到一些价值被低估的股票，从而实现战胜市场的结果。这在理论和实践上都反映了股市的实际，具有一定的科学性。

3）学术分析流

学术分析流派的理论运用复杂的数学工具证明的是简单的投资原理。该理论总的来说是主张无为而治，靠分散投资降低风险，靠股票市场的内在向上驱动的力量获利。当然，该理论的弊端也很明显，它对市场消极应对、随波逐流，分散风险的同时也降低了收益，作为其理论基础的有效市场假说难以通过时间的检验。

以上三种投资理念流派可以分为积极投资和消极投资，即我们常说的“聪明的投资者”和比较“笨”的投资者。前者希望通过各种数据比较和理论、事件分析，达到收益超越市场的目的；后者希望组成一定的资产组合，尽量达到与市场收益率相同的目的。

首先分析不可预测的随机游走部分。这一部分的影响因素并不明确，因此无法进行有效的预测，并且通过多年的数据分析，也呈现随机游走而非固定可计算的趋势，因此是无法预测和超越的，要想在这一部分获得收益，唯一的方式是靠运气。

然后反洗可以预测的部分。由于这一部分可以用回归分析建立函数模型，再加以修正，至少可以确定价格的大致走势，而非一盘散沙，因此这一部分是可以预测的，也就是说这一部分通过分析是有利可图的。

由以上分析可知，市场有效性直接影响投资方式的结果：在有效市场下，可预测的部分为0，全是随机游走，于是聪明的投资者运用各种分析也无利可图，只能运用组合理论求得与市场相当的收益；在非有效市场下，随机游走的部分也是无利可图的，但是聪明的投资者可以通过各种分析来确定未来价格，求得超越市场的收益，这与模型的拟合度、市场有效性大小有关。

由此可知，在显式市场下，无论多么发达的金融市场都不是完全有效的，所以聪明的投资者或多或少地可以运用理论分析，从对市场未来走势的预测中获得超越市场的收益。

21.1.4　有效市场与量化投资

笔者在传统的有效市场假说的基础上作了一些修订，如图 21-2 所示。

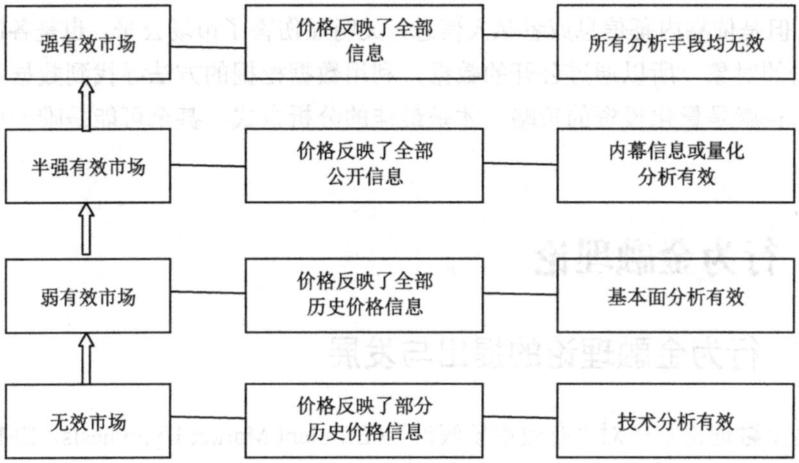

图 21-2　量化投资与有效市场假说

传统的有效市场假说认为，在半强有效市场，只能依靠非公开信息（内幕信息或者私人信息）来获得超额收益。笔者认为，非公开信息并不只有内幕信息和私人信息，还有另外一种获得非公开信息的方法，就是利用数据挖掘的方法，从公开的数据中挖掘出非公开信息，也就是量化投资的方法。

数据挖掘是指从数据集合中自动抽取隐藏在数据中的那些有用信息的非平凡过程，这些信息的表现形式为规则、概念、规律及模式等。它可以帮助决策者分析历史数据及当前数据，并从中发现隐藏的关系和模式，进而预测未来可能发生的行为。数据挖掘的过程也叫知识发现（Knowledge Discovery in Database，KDD）的过程，它是一门涉及面很广的交叉性新兴学科，涉及数据库、人工智能、数理统计、可视化、并行计算等领域。数据挖掘是一种新的信息处理技术，其主要特点是对数据库中的大量数据进行抽取、转换、分析和其他模型化处理，并从中提取辅助决策的关键性数据。数据挖掘是知识发现（KDD）过程中的一个特定步骤，它用专门的算法从数据中抽取模式（Patterns）。它并不是用规范的数据库查询语言（如 SQL）进行查询，而是对查询的内容进行模式的总结和内在规律的搜索。

传统的查询和报表处理只是得到事件发生的结果，并没有深入研究事件发生的原因；而数据挖掘则主要了解事件发生的原因，并且以一定的置信度对未来进行预测，用来为决策行为提供有力的支持。

因此，在半强有效市场，随着有效性的提高，单纯依靠公开信息已经无法获得超额收益，但是依靠内幕信息或者私人信息，又明显伤害了市场公平，也是各国监管层重点打击的对象。所以通过公开的数据，利用数据挖掘的方法寻找到数据背后隐藏的信息，也就是量化投资的策略，才是最佳的分析方式，甚至可能是唯一可行的分析理论。

21.2 行为金融理论

21.2.1 行为金融理论的提出与发展

行为金融理论是在对“有效市场假说”（Efficient Market Hypothesis，EMH）的质疑和挑战中提出来的。EMH 是现代金融理论的基础性假设。EMH 宣称金融资产的价格全面反映所有可获得的相关信息，并给出了三种形式的市场有效性：弱型有效、半强型有效和强型有效。EMH 提出之后，得到了众多学者的响应和大量实证数据的支持，并在经济、金融等领域的研究中得到了迅速推广。

一般而言，有效市场假说主要建构在三个假设下（Shleifer，2000；Naughton，2002）：第一，投资者是理性的，并且证券价格能够被合理地评估；第二，即使某些投资者的交易并非出于理性，但如果他们的交易是随机的，则能相互抵消彼此对证券价格的影响，有效市场假说仍然是成立的；第三，即使某些投资者有相同的非理性行为，理性的套利者仍可使证券价格回到合理的价格。然而，现实世界中的市场似乎并非那么有效，投资者也似乎并非那么理性。

进入 20 世纪 80 年代以后，大量股票市场异常现象，如“小公司效应”（Banz，1982）、“星期一效应”（French，1980；Gibbons 和 Hess，1981）、“反向投资策略”（Fama 和 French，1992）等的出现，表明市场可能并非有效。而且，大量的心理学和行为学的证据显示，投资者在不确定条件下的决策并非都是理性的，投资者的实际决策往往会系统性地偏离现代金融理论所设定的最优决策模式，而且这种偏离对金融资产价格的影响不能因统计平均而消除。诸如此类的现象和非理性行为是 EMH 所不能解释的。

21.2.2 行为金融的理论基础

1. 展望理论

1979 年，Kahneman 和 Tvensky（以下简称 KT）发表论文《展望理论：风险下的决策分析》，给出了解释人们在不确定条件下的决策行为的模型。不同于传统的预期效用理论，KT 称之为展望理论（Prospect Theory）。Kahneman 和 Tversky（1979）通过实验对比发现，大多数投资者并非是标准金融投资者，而是行为投资者，他们的行为不总是理性的，也并不总是风险回避的。通过实验调查，KT 把违反传统预期效用理论的部分归纳为三种效果：确定效果（Certainty Effect）、反射效果（Reflection Effect）、分离效果（Isolation Effect）。此外，KT 也提出理论模型来解释个人在面对不确定性时是如何决策的。展望理论认为投资者对收益的效用函数是凹函数，而对损失的效用函数是凸函数，表现为投资者在投资账面值损失时更加厌恶风险，而在投资账面值盈利时，随着收益的增加，其满足程度逐渐减缓。然后，KT 通过模型的设计和推导，给出了展望理论的几个要点。

（1）个人在不确定条件下的决策是以相对于某个参考点的利得或损失为依据的，而不是传统理论所认为的期末的财富或消费，即以结果和开始设想的差距为基础，而不是结果本身。

例子：让两组不同的被试者分别回答下列两组问题。

第一组：假设你现在已经有 1000 美元，除了你所拥有的，现在你可以在下面两项中选择一项。A：必定获得 500 美元；B：50%的可能获得 1000 美元，50%一无所得。

第二组：假设你现在已经有 2000 美元，除了你所拥有的，现在你可以在下面两项中选择一项。A：必定获得 500 美元；B：50%的可能获得 1000 美元，50%一无所得。

在第一组中，84%的被试者选择 A；在第二组中，69%的被试者选择 B。对于被试者可以获得的净收益来说，两个问题都是一样的。然而由于两组被试者的参照点不同，被试者的选择也会不同。第一组被试者以已拥有的 1000 美元为参照，选择比较保守；而第二组被试者以 2000 美元为参照，倾向于选择冒险。可见，可以通过改变人们的参照点来改变其行为。政治竞选者可以通过降低公众对自己的期望及增强公众对其对手的期望来影响投票者的参照点，从而提高自己在投票者中的地位。

（2）价值函数或个人的效用函数是 S 型的。在面对损失时是凸函数，在面对利得时是凹函数，这表明投资者每增加一单位的损失，其失去的效用低于前一单位损失所降低的效用；每增加一单位的利得，其增加的效用也低于前一单位利得所增加的效用。

（3）在价值函数中，损失的斜率比利得的斜率陡。即损失一单位带来的效用降低要大于获取一单位利得所带来的效用增加，也就是说个人是厌恶损失的。

（4）个人对极端概率很低的事件会过度重视，却容易忽略例行发生的事件，KT 把这称为“小数法则偏差”。

展望理论成为行为金融研究中的代表学说，利用展望理论解释了不少金融市场中的异常现象，如阿莱悖论、股价溢价之谜（Equity Premium Puzzle）、期权微笑（Option Smile）等。

2．心理偏误

行为金融学的发展与在金融理论中引入心理学的研究成果是分不开的。心理学家通过一系列的实验证明，个人在面临不确定条件时会表现出如下心理特征。

（1）损失回避（Loss Aversion）。个人对利得和风险的态度是不一样的，损失带来的影响是同样大小的利得的 2.5 倍。例如，由于受市场变化的影响，某 CEO 面临一个两难问题。他的财务顾问告诉他必须采取行动，否则公司的 3 家制造厂就得倒闭，所有的 6000 名雇员将会失业，并提交了两个计划。

计划 A：执行该计划必定可以保存 1 家工厂，保留 2000 名雇员。

计划 B：执行该计划有 1/3 的概率可以保留全部 3 家工厂和 6000 名雇员，但是另外 2/3 的概率则全部工厂倒闭及全部雇员失业。

上述两个计划可以从损失的角度进行改写。

计划 C：执行该计划必定损失 2 家工厂，损失 4000 名雇员。

计划 D：执行该计划则有 2/3 的概率损失全部 3 家工厂和 6000 名雇员，但是另外 1/3 的概率则没有任何工厂倒闭及任何雇员失业。

从客观的及期望效用理论的观点来看，这 4 个计划可能导致相似的结果。

计划 A：1.0 的概率保留 1 家工厂和 2000 名雇员=计划 C：损失 2 家工厂和 4000 名雇员。

计划 B：1/3 的概率保留 3 家工厂和 6000 名雇员=1/3×3=保留 1 家工厂和 2000 名雇员=损失 2 家工厂和 4000 名雇员=计划 D：2/3 的概率损失 3 家工厂和 6000 名雇员。

但实验结果表明，在计划 A 和 B 中，大多数人倾向于选择 A，表现出为获益而回避风险（Risk Aversion with Gains）；而对于计划 C 和 D，大多数人倾向于选择 D，表现出为回避损失而冒风险（Risk Seeking with Losses）。可见，从收益和损失两种不同的角度提出问题，可能导致很不相同的结论。人们对损失更加关注，以至于宁愿冒险去回避损失。

（2）心理账户（Mental Accounting）。所谓心理账户，是指每个人皆根据自身的参考点来订出一个决策的方案。例如，不同的股票，在买进时有不同的价格，投资者面对这种现象，会根据自身的心理账户做出适合自身的决策。

（3）过度自信（Overconfidence）。心理学家发现人们对自己的知识和能力都表现出过分自信。例如，一项关于司机对于驾驶能力的自我判断的调查显示，有 65%～80%的司机都认为自己的能力是“超过平均水平”（Above Average）的。

（4）倾向于确认偏差（Prone to Confirmation Bias）。人们往往只重视条件概率（直接观察到的现象），而忽视了先验概率（以往存在的知识）。例如，如果你在电视中看到坏人中 30%面貌丑陋，那么以后你看到这类面孔的人一定会认之为坏人。这个实验说明，在人们的认知过程中，夸大了按“常识”得到的条件概率，也就是夸大了“典型”的作用。

3. 其他偏误

除了心理偏误，还有很多其他的偏误行为。

1）代表性偏误

人类的大脑会利用“代表性”迅速地组织及处理大量信息，认为具有类似特质的事物就是相近的，而所谓的代表性偏误就是指投资人会以一般的刻板印象作为判断的基础（Nofsinger，2002）。而在金融市场中，代表性会使得投资人将好公司与利高投资获利画上等号，认为投资获利能力强、高营收成长率及管理质量优良公司的股票，其价格上涨的幅度必定高于其他公司的股票，然而诸多实证结果显示事实未必如此。

2）过度反应

过度反应认为，现在饱受异常低收益之苦的输家（Losers），在未来应会享受异常的高收益；而现在享受异常高收益的赢家（Winners），在未来应会饱受异常低收益之苦（Pettengill and Jordan，1990）。简而言之，过度反应是指投资者对于某一事件过于重视，导致股票价格偏离其均衡价格，经过一段时间之后（或新的信息出现），投资者会发现其先前所犯之错误，最后使得股价出现反转而回到其合理价格的现象。

3）反应不足

反应不足和过度反应的现象恰好相反，通常当重要消息发生时，股票价格只有些许的变化，而当一段时间过去之后，股票价格才会有大幅度的变动。反应不足认为，顺势而为的操作方式应能带来正的收益，即股价上涨之股票会顺势上涨，而股价下跌之股票会顺势下跌，此即所谓动量策略。

4）过度自信

过度自信是人高估知识、低估风险、夸大控制事件的自我能力（Nofsinger，2002）。而过度自信反映在投资行为上，往往会出现投资者交易频繁的现象，进而影响到自己的财务状况。

21.2.3 行为金融理论模型

1. DSSW 模型

DSSW 模型解释了噪声交易者对金融资产定价的影响及噪声交易者为什么能赚取更高的预期收益。噪声即市场中虚假或误判的信息。该模型认为，市场中存在理性套利者和噪声交易者两类交易者，后者的行为具有随机性和不可预测性，由此产生的风险降低了理性套利者进行套利的积极性，使得金融资产的价格明显偏离基本价值。而且噪声会扭曲资产价格，但噪声交易者也可因承担自己创造的风险而赚取比理性投资高的回报。

2. BSV 模型

BSV 模型（Barberis, Shleffer and Vishny，1998）认为，人们在进行投资决策时存在两种错误范式：其一是选择性偏差（Representative Bias），如投资者过分重视近期数据的变化模式，而对产生这些数据的总体特征重视不够；另一种是保守性偏差（Conservation），投资者不能及时根据变化了的情况修正增加的预测模型。这两种偏差常常导致投资者产生两种错误决策：反应不足（under-reaction）和反应过度（over-reaction）。由于收益变化是随机的，上述两种偏差使得投资者会做出两种错误的判断：判断 1 和判断 2。根据判断 1，投资者认为收益变化是一种暂时现象，未能及时调整自身对未来收益的预期，即反应不足；根据判断 2，投资者认为近期股票价格的同方向变化反映公司收益的变化是趋势性的，并将这一趋势外推，导致过度反应。

BSV 模型从这两种偏差出发，解释了投资者决策模型是如何导致市场价格变化偏离有效市场假说的。反应过度和反应不足是投资者对市场信息反应的两种情况。投资者在投资决策过程中，涉及与统计有关的投资行为时，人的心理会出现扭曲推理的过程。事件的典型性将导致反应过度，而“锚定”将引起反应不足。事件的典型性是指人们通常将事情快速地分类处理。人的大脑通常将某些表面上具有相同特征而实质内容不同的东西归为一类。当事件的典型性帮助人组织和处理大量的数据、资料的时候，就会引起投资者对某些旧的信息的过度反应。

3. DHS 模型

DHS 模型（Daniel, Hirsheifer and Subramanyam，1998）将投资者分为有信息的和无信息的两类。无信息的投资者不存在判断偏差，有信息的投资者存在过度自信和对自己所掌握的信息过分偏爱（Serf-contribution）两种判断偏差。然而价格由有信息的投资者决定。过度自信导致投资者夸大自己对商品价格判断的准确性，低估市场风险，进行过度交易；而对自己所掌握的信息过分偏爱则使投资者过分偏爱自己所占有的私人信息，低估关于商品价格的公开信息。因此，股票价格短期内会保持连续性，但从长期来看，当投资者的私人信息与公共信息不一致时，股票价格会因前期的过度反应而回调。当人们面对不确定时，无法做出适当的权衡，更容易出现行为认知偏差。人们往往认为近期发生的事件和最新的经验及熟悉的东西更有把握而选择它们，对不熟悉的行业、品种则敬而远之。例如，投资者总是对最近发生的事记忆犹新，人们总是对经常看的品种进行投资，并认为这些品种风险较小。人们还有“回避损失”的表现：当面对同样数量的收益和损失时，感到损失的数量更加令他们难以接受。这就是投资者在获得收益时会马上平仓，而在损失时会继续持仓的解释。人并不是一成不变的风险厌恶者或者风险追求者，面对不同的情形，人们对风险的态度也有所不同。当涉及的是收益的时候，人们表现为风险厌恶者；而当涉及的是损失的时候，人们则表现为风险追求者。当然，过度自信并不单单影响普通投资者，对市场的专业人士也构成影响。所以 Fama（1998）认为 DHS 模型和 BSV 模型虽然建立在不同的行为前提基础上，但二者的结论是相似的。

4. HS 模型

HS 模型（Hong and Stein，1999），又称统一理论模型（Unified Theory Model）。统一理论模型区别于 BSV 和 DHS 模型之处在于，它把研究重点放在不同作用者的作用机制上，而不是作用者的认知偏差方面。该模型把作用者分为“消息观察者”和“动量交易者”两类。消息观察者根据获得的关于未来价值的信息进行预测，其局限是完全不依赖于当前或过去的价格；“动量交易者”则完全依赖于过去的价格变化，其局限是他们的预测必须是过去价格历史的简单函数，在上述假设下，该模型将反应不足和过度反应统一归结为关于基本价值信息的逐渐扩散，而不包括其他的对投资者情感刺激和流动性交易的需要。该模型认为，最初由于“消息观察者”对私人信息反应不足的倾向，使得“动量交易者”力图通过套期策略来利用这一点，而这样做的结果恰好走向了另一个极端——反应过度。

5. 羊群行为模型

羊群行为模型（Herd Behavioral Model）认为，投资者的羊群行为是符合最大效用准则的，是“群体压力”等情绪下贯彻的非理性行为，有序列型和非序列型两种模型。在序列型模型中，投资者通过典型的贝叶斯过程从市场噪声和其他个体的决策中依次获取信息，投资者一次只做一个决策，即决策的序列性。在非序列模型中，假设两个投资者之间的仿效倾向是固定相同的，倾向较弱时市场总体表现为收益服从高斯分布，倾向较强时则表现为市场崩溃，这与传统的零点对称、单一形态的厚尾分布不一致。

人类由于其社会性而存在一个非常普遍的现象：经常在一起交流的人由于互相影响，他们往往具有类似或者相近的思想。所谓羊群行为，是指由于受其他投资者采取某种投资策略的影响而采取相同的投资策略。投资者采取相同的投资策略并不一定是羊群行为，羊群行为强调对其他投资者投资决策的影响，并对他的投资结果造成影响。比如说在社会中普遍存在信息不对称的现象，即使在信息传播高度发达的社会，信息也是不充分的。在信息不充分的情况下，投资者的决策往往不完全是依据已有的信息，而是依据对其他投资者行为的模仿来进行决策的，这就形成了羊群行为。

21.2.4 定价模型、组合及应用

传统的资产定价研究以有效市场假说为基础，假设市场参与者是理性的。理性假设认为每个人拥有完全相同的信息，可以对将来做出准确预测。行为金融学家坚持认为对投资者的行为进行研究至关重要。Meir Statman（1999）指出，行为金融研究的目的就是要改变 CAPM 的假设，使其更接近现实。Hersh Shefrin and Meir Statman

（1994）构筑了 BAPM（Behaviroral Asset Pricing Model）作为主流金融学中 CAPM 的对应物，对传统的 CAPM 进行了调整。BAPM 指出，金融市场上除了严格按照传统的 CAPM 进行资产组合的信息交易者，还有一部分投资者并不按传统的 CAPM 行事，他们信息不充分，会犯各种认知偏差错误。

BAPM 将投资者分为信息交易者（Information Traders）和噪声交易者（Noise Traders）两种类型。信息交易者即 CAPM 下的投资者，他们从不犯认知偏差，而且不同个体之间表现出良好的统计均方差性；噪声交易者则是那些处于 CAPM 框架之外的投资者，他们时常犯认知偏差，不同个体之间具有显著的异方差性。将信息交易者和噪声交易者及二者在市场上的交互作用同时纳入资产定价框架是 BAPM 的一大创举。

在 BAPM 中，信息交易者是严格按标准 CAPM 投资的理性投资者，不会受到认知偏差的影响，只关注组合的均值和方差，依据的是贝叶斯学习过程，即理性的信息处理器；噪声交易者不按 CAPM 行事，会犯各种认知偏差，没有严格的对均值和方差的偏好，他们不会理性地行动，而且他们并没有完全按模型的要求行动。两类交易者互相影响，共同决定资产价格。当信息交易者在市场上起主导作用的时候，市场是有效的；当噪声交易者在市场上起主导作用的时候，市场是无效的。

现代金融理论的基础是和马科维茨的投资组合理论与夏普的资本资产定价模型相联系的，二者皆以投资者理性为前提。行为金融学认为，部分投资者因非理性或非标准偏好的驱使会做出非理性的行为，而且具有标准偏好的理性投资者无法全部抵消非理性投资者的资产需求。

Hersh Shefrin 和 Meir Statman（2000）以 Lopes（1987）和 KT 的展望理论为基础，发展出行为投资组合理论（Behavioral Portfolio Theory，BPT）。他们利用单一心理账户（Single Mental Account，BPT-SA）和多个心理账户（Multiple Mental Account，BPT-MA）来推导 BPT。

BPT-SA 投资者关注各资产间的相关系数，他们会将投资组合整合在同一个心理账户里；而 BPT-MA 投资者将投资组合分散到多个心理账户，忽视资产间的相关系数。BPT 认为投资者的投资组合是一种基于对不同资产风险程度的识别和投资目的所形成的金字塔状的投资组合，位于金字塔各层的投资与投资者特定的期望相联系。

而且，Hersh Shefrin 和 Meir Statman 发展了一个两层的投资组合模型，每一层代表不同的风险偏好：底层代表避免贫穷和破产，规避风险；高层代表为了暴富，追逐风险。一些行为金融理论研究者认为将行为金融理论与现代金融理论完全对立起来并不恰当。将二者结合起来，对现代金融理论进行完善，正成为这些研究者的研究方向。

BPT 是在现代资产组合理论（MAPT）的基础上发展起来的。MAPT 认为投资者应该把注意力集中于整个组合，最优的组合配置处在均值方差有效前沿上。BPT 认为现实中的投资者无法做到这一点，他们实际构建的资产组合是基于对不同资产的风险程度的认识及投资目的所形成的一种金字塔式的行为资产组合，位于金字塔各层的资产都与特定的目标和风险态度相联系，而各层之间的相关性被忽略了。

BAPM 是对现代资本资产定价模型（CAPM）的扩展。与 CAPM 不同，BAPM 中的投资者被分为两类：信息交易者和噪声交易者。信息交易者是严格按 CAPM 行事的理性交易者，不会出现系统偏差；噪声交易者则不按 CAPM 行事，会犯各种认知偏差错误。两类交易者互相影响，共同决定资产价格。事实上，在 BAPM 中，资本市场组合的问题仍然存在，因为均值方差有效组合会随时间而改变。

行为金融理论认为，投资者由于受信息处理能力、信息不完全、时间不足及心理偏差的限制，将不可能立即对全部公开信息做出反应。投资者常常对“非相关信息”做出反应，其交易不是根据信息而是根据“噪声”做出的。在这种情况下，市场也就不可能是有效的。此外，行为金融理论从投资者行为入手对许多市场异常现象做出了解释，认为异常现象是一个普遍现象。这从另一方面说明了市场是无效的。

投资管理者如何将行为金融理论应用于投资管理实践呢？一方面是要了解和认识自己的认知偏差，避免决策错误；另一方面要利用其他投资者的认知偏差和判断错误，在大多数投资者意识到自己的错误之前，投资那些价格有偏差的品种，并在价格定位合理后，平仓获利。由于人类的心理和行为基本上是稳定的，因此，投资管理者可以利用人们的行为偏差而长期获利。具体而言，有两种应用思路，即把行为金融理论作为投资技术或者作为投资理念，实际上不少投资者是既将其作为投资技术又将其作为投资理念混合运用的。

有些公募基金（如共同基金）直接标榜为行为金融基金，它们利用投资者的各种认知偏差和市场表现出来的价格波动异常现象，在行为金融理论的指导下，利用数学工具和计算机程序来选股和操作。如美国著名的行为金融学家 Richard Thaler 和 Russell Fuller 管理着一只行为金融共同基金，其投资方法是利用投资者对信息的错误加工导致的市场非有效性来获取投资回报，采用自下而上、结合带有行为金融观念的基本分析来投资。

另一些私募基金（如对冲基金、捐赠基金、养老基金）则是将行为金融理论作为一种投资理念，它们不像公募基金那样张扬，但是在这支应用队伍中，更不乏世界顶级的投资管理人，像 Warren Buffett、George Soros、David Swensen 等，Buffett 的简单企业原则、Soros 的反射理论、Swensen 的资产类别原则等就是它们的投资理念的典型代表。

进入 20 世纪 80 年代以来，与现代金融理论相矛盾的实证研究不断涌现，主要体现在投资策略的改变上，如成本平均策略和时间分散化策略。成本平均策略是指投资者根据不同的价格分批购买股票，以防止"不测"时摊低成本的策略；而时间分散化策略是指根据股票的风险将随着投资期限的延长而降低的理念，随着投资者年龄的增长而将股票的比例逐步减少的策略。这两种策略被认为与现代金融理论的预期效用最大化法则明显相悖。

行为金融理论对于原有理性框架中的现代金融理论进行了深刻的反思，从人的角度来解释市场行为，充分考虑市场参与者的心理因素的作用，为人们理解金融市场提供了一个新的视角。行为金融理论是第一个能够有效地解释市场异常行为的理论。

行为金融理论以心理学对人类的研究成果为依据，以人们的实际决策心理为出发点，讨论投资者的投资决策对市场价格的影响。它注重投资者决策心理的多样性，突破了现代金融理论只注重最优决策模型，简单地认为理性投资决策模型就是决定市场价格变化的实际投资决策模型的假设，使人们对金融市场投资者行为的研究由"应该怎么做决策"转变到"实际是怎样做决策的"，研究更接近实际。尽管现代金融理论依然是对市场价格的最好描述，但行为金融理论的研究无疑也是很有实际意义的。

21.3 分形市场理论

21.3.1 分形理论的形成

分形理论是由 Mandelbrot 首先提出来的，并在此基础上发展为一种系统的理论，它起源于对海岸线长度测量的研究问题。Mandelbrot 在研究英国的海岸线的复杂边界时，发现了不同比例的地图上测量出来的海岸线长度是不同的，这也正是欧几里得几何所无法解释的一点。大家都知道，海岸线是不规则且极不光滑的一条曲线。如果要对它的长度进行测量，就必须要选取一定的测量单位。如果选取"公里"作为测量单位来测量海岸线，很显然从几米直到几十米的弯曲程度都被随之忽略掉了，此时测量

的结果我们记为 $M1$；如果选取“米”作为测量单位，测量的结果很明显要比上一次的准确一些，从几米直到几十米的弯曲程度都可以被包括在测量的范围内，然而厘米量级的小的弯曲却仍然被排除在计量长度范围之外，这时的测量结果我们记为 $M2$，则一定有关系式 $M2>M1$；如果继续用更小的“毫米”为单位来测量，其结果显然要比前两次精确多了，但是微米量级的小的弯曲仍然被忽略掉了，此时的测量结果记为 $M3$，且存在关系式 $M3>M2>M1$；继续设想，如果继续把海岸线分解到“分子”、“原子”这样的尺度标准，很显然测量得到的长度 $L4$ 会大到天文数字的级别。追究其原因，则是因为海岸线是一种具有各种层次且无穷多的细节的非常复杂的几何对象。

自然界中存在很多类似于海岸线这样的几何对象，它们都是一些极其不规则而且支离破碎的片段的集合，如河流、山脉、血管、云团、树枝等。Mandelbrot 用“分形”这一概念来描述这些十分复杂的几何对象。在研究过程中，他将测量长度和放大尺度（比例）分别取其对数，发现所对应坐标点之间存在一种线性的关系，这表示，这类十分复杂的集合体都具有一种共同的特征，即自相似性的特征，也就是说局部的形态与整体的形态是相似的。后来，通过研究，Mandelbrot 进一步发展了分形几何理论，这一理论不仅可以产生许多分形集曲线和图形，如 Mandelbrot 集、Koch 曲线、Cantor 集、Sierpinski 垫片等，而且可以用来描述复杂对象的几何特性。Mandelbrot 用“分形理论”这一定义来反映这种表示这些复杂的图形特征和复杂过程规律的性质。

21.3.2　分形理论的定义及特征

尽管迄今为止，分形理论还没有形成一个比较严格的定义，但是很多研究者都根据自己的理解做出了自己的定义。最开始的时候，分形定义是由 Mandelbrot 提出来的，他指出分形是这样的一种集合：它的维数严格意义上是大于其拓扑维数的。但是这个定义还是不够严谨的，而且比较抽象，不能够被人们所理解。接着他指出另一个定义：部分以某种形式与整体相似的这样的一种形状叫“分形”。但是这个定义仍然不够全面，不能够被大家所认可。直到 1990 年，Edger 指出，分形集合是这样的一种集合：它比传统的几何学所研究的所有集合还要不规则，不管是将它放大多少倍还是缩小多少倍，甚至是更进一步地进行缩小，这种集合的不规则程度仍然是十分明显的。紧接着，英国数学家 Kenneth J. Falconer 出版了 *Fractal Geometry* 一书，对分形的定义作了如下比较详尽的描述。

集合 F 如果满足以下条件，则认为它是分形的：

（1）集合 F 具有很精细的结构，即在任意小的尺度之下，它总是具有复杂的细节。

（2）集合 F 通常具有某种自相似特征，这种自相似性可能是严格相似的，但也有可能是统计意义上的相似。

（3）传统意义上的几何语言是无法对不规则的集合 F 进行局部与全局特征的描述的。

（4）集合 F 的分形维数大部分是大于它的拓扑维数的。

分形集合总的来说具有以下特征：

（1）自相似性。也就是说，局部和整体之间是相似的，这既包括严格意义上的自相似，也包括在一定的尺度范围内的近似意义上的自相似，以及存在于统计意义上的自相似。

（2）标度不变性。也就是说无论放大多少倍或者缩小多少倍，集合的不规则特征、形态结构及其复杂程度等是不会发生变化的。而且存在这样一种关系：具有标度不变性特征的集合体一定具有自相似的特征。

（3）分数维。即分形维数不是以整数表示的，而是以分数的形式表示的，而且一般来说分形维数是大于它的拓扑维数的。维数是空间理论和几何学里的一个基本概念。我们现在已经习惯于欧几里得几何的整数维数，例如，点是零维的，线是一维的，面是二维的，而体积是三维的。在欧氏空间中，物体被认为是连续且光滑的、对称的、同质的，因此我们通常可以用整数维对其进行系统的描述。但是对于描述分形体，这种既不规则又不光滑的对象，传统的欧氏维数是几乎无法做出回答的。分形维数是对几何体的不规则程度、复杂程度、粗糙程度等性质的一个有效测度。

（4）自放射性。自放射变换指的是整体的各个方向的变换比率是基本不一样的，但是局部的随机性与整体的确定性是同时存在的。

最后，分形集其实可以说是这样的一类集合体：它的局部和整体之间存在结构、形态等方面的自相似性，而且这种自相似性是不会随着测量尺度的变化而改变的，同时观测尺度和相似比例之间满足一定的指数关系。所以说，分形能够从不同的标度指数来描述集合的特征，能够用分形维数的概念来刻画分形结构的特征。

21.3.3 多重分形理论

1. 多重分形定义

多重分形（Multi-fractal）这一概念是定义在分形结构上的，它是由多个不同的标度 q 和标度指数 $h(q)$ 的分形测度来组成的这样一个无限的集合。多重分形理论是从集合的局部出发来研究整体特征的一种方法，它在直观上可将多重分形很形象地看作由众多维数不同的单一分形进行交错叠加而形成的。从几何的角度来看，组成分形集合的若干个子集的标度 q 及分形维数都是互不相同的，多重分形也被称为多标度分形。可以表征多重分形的主要方法有广义 Hurst 指数、奇异谱函数 $f(a)$。奇异谱函数 $f(a)$ 可以定量地刻画出分形体在各个不同的局部条件下对应的概率分布特征，其中奇异标度指数 a 规定了奇异性的强度，而 $f(a)$ 则描述了分布的稠密程度。

2. 多重分形过程

Mandelbrot 通过运用增量矩的尺度特性来定义了多重分形过程。

如果一个连续的时间过程 $\{X(t), t\in T\}$ 具有一个平稳的增量，并且满足

$$E\left(\left|X(t+\Delta t)-X(t)\right|^{q}\right)=c(q)\Delta t^{\tau(q)+1} \tag{1}$$

则称 $X(t)$ 为多重分形过程。其中，Δt 为时间增量，T 和 Q 是实轴上的区间，它们长度非零，并且 $0\in T,[0,1]\subseteq Q$，$c(q)$ 和 $\tau(q)$ 均是 Q 域上的函数。

式（1）表示了多重分形过程的矩的一个幂律关系的性质。函数 $\tau(q)$ 是多重分形过程中的尺度函数，通过运用序列增量的矩特性，从而刻画出不同幅度的增量的尺度特征，进而刻画出各个不同时点上的分形特征。其中，当 $\tau(q)$ 为 q 的线性函数时，这一过程是单分形过程，比如当 $\tau(q)=Hq-1$ 时，$\tau(q)$ 是由 H 唯一决定的一个线性函数；而当 $\tau(q)$ 为 q 的非线性函数时，则称这一过程是多重分形过程。

通过对不同幅度的波动进行幂次方处理，就相当于对波动的波幅放大几倍或缩小几倍。所以，不同的 q 值对应的尺度函数 $\tau(q)$ 对应不同的波动，从而反映出不同程度的价格波动信息；而且随着时间标度的取值变化，还可以观察在不同时间标度上的价格波动信息。总之，多重分形分析能够更加清晰地分析研究金融市场上不同时间的标度、不同幅度变化的价格或者收益波动的相关特征。

多重分形能够定量地刻画出十分复杂的几何对象在不同层次的分形特征，并且可

以用多重分形谱的形式表达出来。因此，我们可以知道，通过运用多重分形的相关理论去分析研究金融市场，能够更准确地对金融市场的波动性进行更加细致的剖析和描述，进而可以得到有关金融时间序列在不同的时间标度及不同幅度程度的波动信息。

3. 广义 Hurst 指数

对于时间序列 $X(t)$，根据公式（1）来定义广义 Hurst 指数 $H_q = H(q)$。

$$\left\{E\left(\left|X(t+\Delta t)-X(t)\right|^q\right)\right\}^{\frac{1}{q}} = c(q)(\Delta t)^{H(q)} \tag{2}$$

函数 $H(q)$ 描述了时间增量在 Δt 下的广义平均波动的相关信息。特别地，当 $q=1$ 时，H_1 即为前面单分形中的指数，也称全局 H 指数。当 $H_1 > 0.5$ 时，序列表现出持续性；当 $H_1 < 0.5$ 时，表现出反持续性；当 $H = 0.5$ 时，即为随机的布朗运动。

广义 Hurst 指数 $H(q)$ 与尺度函数 $\tau(q)$ 之间的关系为：

$$H(q) = \left[\tau(q)+1\right]\times\frac{1}{q} \tag{3}$$

21.3.4 分形市场理论

1. 分形时间序列

对于一个时间序列来说，只有在它受到许多等可能性事件的共同影响时才是随机的。而且对于一个非随机的时间序列，构成序列的数据之间是具有内在相关性的，也就是说时间序列是分形的。分形时间序列通常被称为有偏随机的游动，曼德勃罗特（Mandelbrot）把这种随机游动称为分数布朗运动。它表示了时间序列的非随机特征，即序列具有趋势叠加上噪声的这样一种特性。趋势的存在也导致了测出的观测值之间不是相互独立的，这个时候，序列的观测值就具有长记忆性的特征。

通常来讲，分形时间序列具有下列一些特点：

（1）分形时间序列具有无限的精细结构。当观测的对象，即股票收益率序列的尺度从年收益率改变到周收益率，继续改变到日收益率，再到分时这样的逐渐变化时，大量结果表明，股票收益率序列的复杂细节是不会随尺度改变而发生变化的。

（2）分形时间序列具有分形维数。分形维数是描述时间序列如何填充空间的一个参数，它表征了分形几何体的复杂程度及粗糙程度。

（3）分形时间序列具有自相似特征。复杂分形系统的整体与部分及部分与部分内部之间的精细的结构和性质是具有相似性的，或者是具有统计意义上的相似性的。

2. 分形市场的特征

Peters 在 1994 年开始将分形理论引入复杂的经济系统，提出了分形市场理论。分形市场理论是分形理论在金融市场分析研究中的一个具体运用。

传统的有效市场理论认为市场的收益序列具有线性、独立及有限方差等特征，并且服从正态分布。有效市场理论展现了一种理想的市场结构。Peters 则根据非线性的观点，在实际的金融市场中，提出了更符合资本市场实际的基本理论，这一理论揭示出了不同的证券市场信息接受程度和不同的投资时间尺度对不同投资者的投资决策所产生的不同影响，认为资本市场都具有分形结构的特征，其收益率的分布也并不是服从正态分布的，而是具有明显的尖峰厚尾特征，没有方差或方差无限大。

由于在资本市场中存在许多偏好不同的投资者，加上投资者的理性有限，投资者对信息的理解能力互不相同，导致投资者做出不同的投资决策。由于上述实际资本市场的种种因素，决定了资产价格的变化不是随机游动的，而是具有持续相关性的。

分形市场的特征有：

（1）标度不变性，即不同的时间标度下具有相似的统计规律。

（2）长程相关性，即过去的相关信息对现在及未来的事件不是相互独立的，而是能够产生长期性影响的。

（3）如果预测的时间越长，那么预测的结果就越不可信，不能进行长期准确的预测。

21.3.5 单分形方法

1. R/S 方法分析

R/S 分析法，即重标极差分析法，广泛用于研究时间序列的分形特征和分析长期记忆过程。该方法最初是英国水文学家赫斯特（Hurst）在 1951 年研究尼罗河水坝工程时经过研究提出来的，他发现了一个更一般的幂率形式［式（4）］并同时提出一个新的非参数统量，称为 Hurst 指数，简称 H 指数。此后，R/S 分析法被用在各种时间序列的分析当中。

$$\left(R/S\right)_n = Cn^H \tag{4}$$

其中，对于一个时间序列$\{x_t\}$，R/S是重标极差，S指序列$\{x_t\}$每段的方差，n表示每段区间的长度，C为常数。

R/S 分析方法的基本步骤如下。

（1）对一个时间序列$\{x_t\}$，把它分为k个长度为n的等长子区间，对于每个子区间，依次计算下面第（2）～（5）步。

（2）计算各段数据的均值和标准差，以第j段的均值E_j和标准差S_j为例。

$$E_j = \frac{1}{n}\sum_{i=1}^{n} x\left(\left(j-1\right)n+i\right),\quad S_j = \sqrt{\frac{1}{n}\sum_{i=1}^{n}\left[x\left(\left(j-1\right)n+i\right)-E_j\right]^2} \tag{5}$$

（3）计算各段数据的累计离差和极差，以第 j 段的累计离差序列$\{D_j(r)\}$，$r=1,2,\cdots,n$和极差R_j为例。

$$D_j\left(r\right) = \sum_{i=1}^{r}\left[x\left(\left(j-1\right)n+i\right)-E_j\right],\quad R_j = \max\left(D_j\right)-\min\left(D_j\right) \tag{6}$$

（4）计算各段的重标极差，以第j段为例。

$$\left(\frac{R}{S}\right)_j = \frac{R_j}{S_j} \tag{7}$$

（5）计算整个k段序列的平均重标极差$\left(R/S\right)_n$。

$$\left(R/S\right)_n = \frac{1}{k}\sum_{j=1}^{k}\left(R/S\right)_j \tag{8}$$

（6）改变每段长度n，使n取值在$2\sim[N/2]$之间改变，对不同的n，重复上述第（2）～（5）步，得到散点对$\left(n,\left(R/S\right)_n\right)$。

（7）绘制$\log\left(\left(R/S\right)_n\right)\sim\log\left(n\right)$图形，并用最小二乘法进行线性拟合，如果满足下式，则说明序列$\{x_t\}$是单分形，且所得到的直线的斜率就是 Hurst 指数。

$$\log\left(\left(R/S\right)_n\right)\sim\log\left(n\right)+H\log\left(n\right) \tag{9}$$

通过分析 Hurst 指数的结果，可以得出：当$H>0.5$时，说明序列具有持续性；当$H<0.5$时，说明序列具有反持续性；当$H=0.5$时，说明序列符合随机游走。

R/S 分析法对短期记忆性比较敏感，因而有其不足；而消除趋势波动分析方法（DFA）可以消去短期相关性并反映长记忆性及分形特征。

2. DFA 方法分析

C.K.Peng 等物理学家和生物学家在 1994 年研究 DNA 分子的时候，发现 NDA 分子顺序在其分子个数大于10^4时，会呈现出一种长记忆性的幂指数分布，之后他们提出了 DFA（De-trended Fluctuation Analysis）方法。DFA 方法可以消除短期的波动趋势，用来检测非平稳时间序列的长记忆性，并且得到 Hurst 指数。

DFA 方法的计算步骤如下。

（1）根据时间序列$\{x_t\}, i=1,2,\cdots,N$，得出累计离差序列$\{y(k)\}$。

$$y(k)=\sum_{i=1}^{k}(x_i-\bar{x}), k=1,2,\cdots,N \tag{10}$$

其中，$\bar{x}$是序列$\{x_i\}$的平均值，$\bar{x}=\sum_{i=1}^{N}x_i\times\frac{1}{N}$。

（2）将（1）中得到的序列$\{y(k)\}$分成$N_s=\text{int}(N/s)$个连续的不重复的区间段，其中s为每个区间段的长度。因为N不一定被s整除，为了防止末尾数据丢失，可以从序列$\{y(k)\}$末端开始反方向再重复分割一次，这样就会得到$2N_s$个长度为s的区间段。

（3）在每个区间段内，如第j段，用最小二乘法回归拟合趋势多项式$P_j^m(k)$。

$$P_j^m(k)=b_{j0}+b_{j1}k+\cdots+b_{j(m-1)}k^{m-1}+b_{jm}k^m, m=1,2,\cdots \tag{11}$$

其中，m称为回归趋势阶数。不同阶的 DFA 的比较结果能够估计时间序列里的趋势的强度。于是计算出各个区间段消除趋势后的序列$y_j(k)=y(k)-P_j^m(k)$，并分别对这$2N_s$个区间段计算出方差。

$$F^2(j,s)=\frac{1}{s}\sum_{i=1}^{s}\left\{y\left[(j-1)s+i\right]-P_j^m(i)\right\}^2, j=1,2,\cdots,N_s \tag{12}$$

$$F^2(j,s)=\frac{1}{s}\sum_{i=1}^{s}\left\{y\left[N-(j-N)s+i\right]-P_j^m(i)\right\}^2, j=N_s+1,\cdots,2N_s \tag{13}$$

（4）对所有区间段的方差求平均值，再计算方根得到 DFA 波动函数$F(s)$。

$$F(s)=\left[\frac{1}{2N_s}\sum_{j=i}^{2N_s}F^2(j,s)\right]^{\frac{1}{2}} \tag{14}$$

（5）对于不同的s，重复第（2）～（4）步，并计算出相对应的$F(s)$。如果$F(s)$

与 s 的对数函数之间存在线性关系：

$$\log F(s) = \log C + H\log(s) \tag{15}$$

则存在幂率形式的波动：

$$F(s) = Cs^H \tag{16}$$

其中，H 即为 Hurst 指数。

21.3.6 MF-DFA 方法

Kantelhardt 等人于 2002 年在原来 DFA 方法的基础上，提出了 MF-DFA 方法，也就是多重分形消除趋势分析方法。它是在验证单分形的 DFA 方法的基础上提出来的，用来验证一个非平稳时间序列是否具有多重分形特征。

MF-DFA 方法的基本步骤如下。

MF-DFA 方法的前三步与 DFA 方法的第（1）～（3）步是基本相同的。

（4）对所有区间段的方差求平均值，给定 q（任意实数），计算得到 q 阶消除趋势波动函数 $F_q(s)$。

$$F_q(s) = \left\{\frac{1}{2k}\sum_{j=1}^{2k}\left[F^2(j,s)\right]^{\frac{q}{2}}\right\}^{\frac{1}{q}}, q \neq 0 \tag{17}$$

当 $q=0$ 时，$F_q(s) = \exp\left\{\frac{1}{4N_s}\sum_{j=1}^{2N_s}\ln\left[F^2(j,s)\right]\right\}$；特别地，当 $q=2$ 时，即为标准的 DFA 方法。

（5）当分割的长度 s 取遍 $\left[2,\left[\frac{N}{2}\right]\right]$ 中的各个整数后，根据幂律关系

$$F_q(s) \sim s^{h(q)} \tag{18}$$

对 $\left(\log(s), \log\left(F_q(s)\right)\right)$ 的散点图作线性回归拟合，斜率即为对应于 q 的 $h(q)$。

（6）改变 q 的值，重复第（1）～（5）步，得到关于 q 的函数 $h(q)$，称之为广义 Hurst 指数。

（7）分析 $h(q) \sim q$ 的关系及图形，并判断序列是否符合多重分形特征。

当 $h(q)$ 的数值大小与阶数 q 无关时，即为一个常数，则时间序列是单分形的；当

$h(q)$与 q 有关时，则时间序列是多重分形的。当$q<0$时，$F_q(s)$的大小主要取决于小波动偏差$F^2(j,s)$的大小，此时$h(q)$描述了小幅度波动的标度行为；当$q>0$时，$F_q(s)$的大小主要取决于大波动偏差$F^2(j,s)$的大小，此时$h(q)$描述了大幅度波动的标度行为。于是，不同的q值也就描述了不同程度的波动对波动函数$F_q(s)$的影响。

参考文献

[1] Andrew Pole，陈雄兵．统计套利．北京：机械工业出版社，2010.

[2] 卜永强，王旭，丁鹏．行业轮动模型策略在A股的应用．2012.

[3] 卜永强，王旭，丁鹏．基于一致预期模型的选股策略．2012.

[4] 曹传琪．海外策略指数的发展与本土化．2009.

[5] 曹力．自适应均线的择时应用．2008.

[6] 曹力，刘湘宁．利用移动 Hurst 指数把握股指反转．2008.

[7] 曹力．择时调仓的利器：行业相关性集中度．2009.

[8] 曹力，徐彪．可交易组合的均线模式识别和择时交易．2009.

[9] 曹力，曹传琪，邵立夫．改进型 VWAP 策略及实证．2010.

[10] 陈四新．上海期货交易所铜套利方法．华东经济管理，2003.

[11] 曹源．Hurst 指数在A股市场中的应用．2010.

[12] 曹源．A股风格轮动策略探寻．2010.

[13] 程启月．股票市场状态的动力学过程分析．北京航空航天大学学报，2002.

[14] 程志田．新量化择时指标之二 Tsharp：时变夏普比率把握长中短趋势．2010.

[15] 程志田．新量化择时指标之三 BBCurve——牛熊线实现完美择时．2011.

[16] 杜建卫，王超峰．小波分析方法在金融股票数据预测中的应用．数学的实践与认识，2008.

[17] 戴军，葛新元．数量化投资技术综述．2008.

[18] 邓凯旭，宋宝瑞．小波变换在金融数据分析中的应用．数理统计与管理，2006.

[19] 冯平，宣慧玉．遗传算法在股票投资技术分析中的应用．预测，2001.

[20] 郭存芝．股市走势预测的随机分析方法研究．南开经济学报，2000.

[21] 高钢杰，丁鹏．Hurst 指数在中国市场的应用．2012.

[68] 杨向阳，罗业华，易海波，等．牛市看反转，熊市找动量——量化投资之动量反转策略．2009．

[69] 谢江．基于一致预期挖掘的 EM 选股策略．2008．

[70] 谢江，曹传琪．数量化投资的解读及其本土化．2009．

[71] 俞文冰．构建超越指数的股票组合——利用趋势追踪技术．2009．

[72] 叶银龙．基于关联规则挖掘的股票板块指数联动分析．统计教育，2008．

[73] 徐志超，梁艳春，时小虎．基于 SOM 网络的股票聚类分析方法．计算机工程与设计，2008．

[74] 徐玉莲．基于统计套利的中国资本市场实证研究．硕士学位论文，2005．

[75] 徐忠．遗传算法的研究．商丘师范学院学报，2005．

[76] 辛治运，顾明．基于最小二乘支持向量机的复杂金融时间序列预测．清华大学学报，2008．

[77] 肖红艳，张凤．上证综合指数的随机过程方法预测．重庆科技学院学报，2007．

[78] 易海波．基于趋势型指标的择时策略——量化择时之技术指标（一）．2010．

[79] 易海波．基于均线型指标的择时策略．2010．

[80] 杨喆，蒋瑛琨，杨振建．基于支持向量机的股票市场择时．2010．

[81] 杨卫东．探究四种期指跨期套利机会．2010．

[82] 杨希．基于数据挖掘的股票预测研究．硕士学位论文，2008．

[83] 苑莹，庄新田．多重分形理论在股市大幅波动中的应用．系统管理学报，2008．

[84] 苑莹，庄新田．股票市场多重分形性的统计描述．金融管理，2008．

[85] 张峰，胡倩．择时+指数化投资——基于海通 SWARCH 模型的量化周择时策略研究．2009．

[86] 张昊星．基于统计套利模型的豆油棕榈油跨品种套利研究．2010．

[87] 张楠，孙德山．基于支持向量回归的股市波动性预测．金融视线，2008．

[88] 张丕一．股票价格模型中的三个指标概率计算．青岛理工大学学报，2006．

[89] 中国期货行业协会．期货市场教程．北京：中国财政经济出版社，2010．

[90] 周世昊，林苍祥，倪衍森．基于遗传算法和神经网络的新股上市价格预测法．计算机工程，2007．

[91] 邹庆. 基于聚类分析的中小板 IPO 定价实证研究. Times Finance，2009.

[92] 张杨，宋恒. 基于聚类技术的股市基本趋势规律挖掘. 数理统计与管理，2006.

[93] 赵耀军，陈俊杰. 浅谈数据挖掘在证券投资上的应用. 山西科技，2008.

[94] 朱品品，严定琪，沈红梅. 分形理论及其在中国股票市场中的应用. 中国科技论文在线，2008.

反侵权盗版声明

电子工业出版社依法对本作品享有专有出版权。任何未经权利人书面许可，复制、销售或通过信息网络传播本作品的行为；歪曲、篡改、剽窃本作品的行为，均违反《中华人民共和国著作权法》，其行为人应承担相应的民事责任和行政责任，构成犯罪的，将被依法追究刑事责任。

为了维护市场秩序，保护权利人的合法权益，我社将依法查处和打击侵权盗版的单位和个人。欢迎社会各界人士积极举报侵权盗版行为，本社将奖励举报有功人员，并保证举报人的信息不被泄露。

举报电话：（010）88254396；（010）88258888
传　　真：（010）88254397
E-mail：dbqq@phei.com.cn
通信地址：北京市万寿路 173 信箱
电子工业出版社总编办公室
邮　　编：100036